The General History
of the World

最新整理图文珍藏版

世界通史

图文再现世界"四史" 温故知新人类文明

中国书店

俄国废除农奴制

事件概况

在 19 世纪上半叶，当英国、法国等国家连续发生资产阶级革命，并产生工业革命的时候，俄国还存在着野蛮落后的农奴制。直到 19 世纪中期，俄国还是一个以农奴制为基础的封建君主专制的国家。

在农奴制的禁锢下，俄国还是在 19 世纪 30 年代开始了工业革命，资本主义工厂逐步替代了手工工场，在工业生产中也开始用机器替代手工劳动。到 19 世纪中叶，俄国的纺织行业在采用了国外进口的机器设备后，其产量居世界第五位。其他诸如冶金、采矿和造船业也开始使用机器，并普遍采用蒸汽机作为动力。

从 1815 年到 1858 年，俄国资本主义工厂的数量增加了三倍，具有资本主义性质的工厂占工厂总数量的 62%。但是农奴制的存在严重制约了资本主义在俄国的发展。大量农奴被束缚在土地上而没有人身自由；在地主的压榨下，农奴生活极度贫困，导致大量农奴死亡和逃跑；劳动技能的低下阻碍了生产技术的改进；极度贫困的农奴又导致俄国国内的购买力极低，造成资本原始积累速度缓慢；工厂主为了雇佣隶属于农奴主的农奴，必须付给农奴主一定的利润，从而减少了工业资本的积累。

总的来说，俄国发展资本主义所需要的自由雇佣劳动力、国内市场购买力和工业原料都由于农奴制的存在而严重缺乏。

除了农奴要求解放自身之外，那些已经资产阶级化的贵族地主，也希望能够改变农奴制度。他们甚至上书沙皇，制定改革方案，阐明自己的政治观点。农奴通过暴动和起义，也告诉沙皇，必须废除农奴制度。从 1826 年 ~ 1854 年，俄国共发生了 709 次农民起义，平均每年 24 次以上；从 1855 年到 1860 年，俄国总共发生了 472 次农民骚动和起义事件，平均每年 94 次以上。俄国第三厅报告沙皇说：“人民情绪整个趋向一个目标——解放。”

在 19 世纪 50 年代的克里木战争中，俄国惨败于英国和法国，农奴制给俄国带来的落后和虚弱暴露无遗。沙皇俄国在军事上、经济上和政治上都落后于英国、法国等资本主义国家。在战争开始后，俄军司令部竟然找不到一张有关克里木地区的军用地图。由于军官的贪污腐化，前线作战的士兵缺少必要的军需物品，很多士兵经常饿着肚子去打仗。在武器设备上，英法早就使用以蒸汽机为动力的舰船了，而俄国仍然还使用旧式帆船；英法士兵已经使用新式来复枪，而俄国仍然使用落后的滑膛枪。

因此，克里木战争不但没有加强沙皇俄国的欧洲霸权地位，也没有挽救农奴危机，反而激化了国内革命者的革命情绪。由于战争给俄国带来了经济上的破坏，使得国内的经济更加恶化，税收不断增加，加上连年的自然灾害，使得人民生活愈加恶化。

沙皇亚历山大二世此时也不得不承认农奴制的落后，并扬言迟早要废除。他说："与其等农民自下而上来解放自己，不如自上而下来解放农奴。"1856年3月30日，沙皇在接见莫斯科贵族代表时，说明了农奴改革的必要性，并且正式宣布要改革农奴制度。次年1月，沙皇政府成立了由高级官吏组成的"农民事务秘密委员会"，亚历山大二世自己任主席，其中的委员大部分是大贵族地主。

大贵族地主占贵族阶层的10%，却拥有30%的农奴，他们享有高官厚禄和各种特权，因此事实上他们是农奴制度的坚决拥护者。由于这些贵族代表并不热衷于农奴改革，因此这个委员会事实上并没有解决任何问题。"秘密委员会"代理执行主席奥尔洛甫公爵支持大贵族，不赞成和土地一起解放农奴，甚至说："如果要我签字连同土地一起解放农奴，我宁愿把自己的手指砍掉。"经过一段时间的争吵后，委员会决定"缓慢而谨慎地改善农民生活状况"，在"不要经过巨大和激烈变革的前提下，制定逐步解放农奴的计划"。

11月20日，亚历山大二世准许在立陶宛等三个省份首先成立贵族代表委员会，拟定解放农奴的方案。方案的设定必须按照以下原则进行调整：保留地主全部土地的所有权；地主享有世袭领地治安权；保证妥善地、全部地缴纳国税、地方税和货币税。事实上，这些决定就是政府的初步改革纲领。

1858年2月，"秘密委员会"改为"总委员会"，由它的下设机构邀请地方贵族代表讨论各省的改革方案。到该年年底，除部分

世界通史

最新整理图文珍藏版

省之外，俄国大部分省都已经建立了贵族委员会。不过，各省贵族委员会的成立和诏书的公开使得农奴制问题的讨论公开化，并因此在社会各阶层中引起了强烈的反响。

由于触及自己的利益，这些大贵族在制定改革方案的时候，采取了尽量拖延的方法。对制定出的方案，也代表着自身的利益，尽量采用比较保守的做法。俄国小资产阶级和农奴对政府和委员会的做法深感不满。大俄罗斯农民发生暴动，反对地主和贵族，反对保护地主的官吏。

农奴运动的高涨和革命民主主义者对改革的不满和揭露，给统治阶级很大恐慌，迫于形势压力，亚历山大二世不得不正式宣布废除农奴制。1858年10月，亚历山大二世命令农民事务总委员会通过新的纲领。这个纲领的主要内容包括：农民取得人身自由，列入农村自由等级；农民组成村社，村社的管理机构由村社选举产生；地主同村社联系，而不是和农民个人联系；除保证农民长期使用的份地外，应使之能够购买该领地为私有财产，政府可以采用组织信贷方法帮助农民。

从1861年1月28日到2月17日，国务会议就废除农奴制的各种方案进行了讨论和审批，亚历山大二世在会上对大贵族代表说："今后的任何拖延都将不利于国家，请你们相信，为了保护地主的利益，凡是能够做到的一切，都做到了。"在会议的最后一天，代表们通过了其中一个法令。

俄历1861年2月19日（公历3月3日），亚历山大二世签署了宣布改革的诏书，正式签署了系列废除农奴制度的特别宣言。这些法令包括17个文件，包括《关于农民脱离农奴依附关系的一般法令》和《关于省、县处理农民事务的机构的法令》等地方法令。

《关于农民脱离农奴依附关系的一般法令》是这一系列法令中最为根本的法令。它主要涉及农奴生活的两个方面：人身权利和财产权利。法令规定，脱离了农奴依附关系的农民享有其他自由的农村居民同等的权利，农奴在法律上获得人身自由，地主不能任意买卖、典押或者交换农奴，不能禁止农奴结婚或者干涉家庭生活；农奴可以遵照自由农村居民的有关法规，获得不动产和动产，担任工职，从事工商活动的权利；农民在获得解放的同时，可以从地主手中获得一块份地和宅边园地。

在获取宅边园地时，农民可以依法向地主缴纳69卢布的赎金。地主在保留耕地以及其他土地（牧场、森林等）的土地所有权的情况下，作为份地分给农民使用。不过这些份地基本上是农民改革前耕种土地的4/5或者2/3。而且，农民在获得份地之前，必须承担一定的义务，交纳货币代役租和工役租。农民和地主签订赎地契约时，规定一次性交完赎金总额的20%到50%，其他由国家垫付。只有在征得地主同意之后，农民才能将这些份地转为私产，同时才能终止原来所承担的义务。所以，实际上农民在获得自由和份地的同时，遭到沙皇和地主的联合掠夺。

此外，为了加强对农民的统治，政府规定必须在农村设立村社，将农民编制在村社里，不经过村社的批准，农民不得外出谋生。在农村设立基层组织，设村长、乡长以及其他公职人员，贵族地主拥有地方治安权。

从这些政策可以看出，实际上农民虽然得到了人身自由，但是在经济上不得不依赖于地主。

改革后的俄国农村，还处于地方贵族地主的统治之下。

农奴制废除之后，沙皇政府还对政治方面进行了一些改革。在县和州设立"地方自治局"，管理修路、医院和学校的事务，一些自由派地主和资产阶级获得了参政的权利；同时实行司法制度改革，采用公开审判制度和陪审团制度；1870年，俄国还成立了由有产者组成的市杜马，以市长为首的城市行政处，市杜马的活动也受省县监督；接着，俄国实行了普遍义务兵役制，规定年满二十一岁的青年都要服兵役，六年期满后转入后备军。

在2月19日法令颁布之后，大俄罗斯、乌克兰和白俄罗斯等地区获得解放的农奴超过1000万。从1863年和1866年，又解放了100多万采邑农民和900多万国家农民。

但是由于解放农奴的条件过于苛刻，引起了农民和革命民主主义者的极大不满。在法令发布后，农民纷纷举行暴动。1861年上半年，农民暴动席卷了实行法令的43个省中的42个，共发生暴动647次。在1861年一年中，全国总共发生暴动2034次。

2月19日改革虽然保留了浓

厚的封建制度色彩，始终被认为是一次不彻底的改革。改革后，大土地占有制仍然存在，沙皇政权也基本上原封不动。但是总的来讲，它还是一个资产阶级改革的纲领性文件，对俄国资本主义的发展起到了很大的作用。这次废除农奴的改革，给资本主义发展提供了必要的劳动力、国内市场和资金。

改革后，俄国资本主义比过去有了长足发展。1861 年到 1881 年间，布匹的生产量增加了两倍；1860 年到 1890 年间，生铁的产量由 2050 万普特增加到了 5600 万普特；钢铁产量由 1800 万普特增加到了 36700 万普特。在 1866 年的时候，俄国的工厂总数还不到 3000 个，但是到 1903 年的时候已经近 9000 个了。到 19 世纪 80 年代，俄国已经基本完成了工业革命。

废除农奴制，是"封建君主制向资产阶级君主制度转变道路上的一步"，加速了俄国资本主义经济的发展，因此这场具有资产阶级性质的改革，是俄国历史上重大的转折点。列宁这样评论这次改革："如果总的看一看 1861 年俄国国家全部结构的改变，那么就必然会承认，这种改变是封建君主制向资产阶级君主制转变的道路上的一步。这不仅从经济观点来看是正确的，而且从政治观点来看也是正确的。只要回忆一下法院方面、管理方面、地方自治方面的改革的性质以及 1861 年农民改革后发生的各种类似的改革的性质，就一定会相信这种论断是正确的。"

废奴改革

俄国封建社会实行的是农奴制。农民租种地主的土地，要向地主缴地租服劳役。俄国的农奴是不自由的。他们的一切，包括人身、子女、财产都属于地主所有。地主可以随意打骂农奴，而农奴却连控告主人的权利也没有。地主可以自由买卖农奴。农奴却不能随意离开地主，逃跑要被追捕。隐藏逃跑的农奴要受法律制裁。

到了 19 世纪上半叶，俄国农奴制度陷入危机。随着商品生产的发展，市场上对粮食和原料的需求大量增加。可是，封建地主无法满足这种需求。他们只想从农奴身上压榨出更多的东西来，根本不关心生产技术的改进。多数地主不愿使用机器，他们说：买机器要花钱，还要养马来带动机器，而让农奴干活却用不着花钱，为什么要使用机器呢？当然也有少数地主购买了机器，但是，农奴也不愿使用机器，因为生产出来的东西再多，也都要被地主拿走。总之，农奴制度使俄国农业长期处于停滞落后状态。歉收、荒年频繁出现。

农奴制也严重地阻碍了资本主义工业的发展。俄国工业大部分建立在农奴劳动的基础上。农奴出来作工必须向地主缴代役租，到了农忙季节，他们还随时可能被叫回农村。这样，俄国工厂主不仅要多付工资，而且很难维持工厂的正常生产。俄国工业由于缺乏自由的雇佣劳动力。它的发展速度远远落后于西欧。18世纪末，俄国生铁的产量和英国相等。但是，五十年后，俄国的产量只有资本主义英国的十分之一。很明显，农奴制已然成为俄国经济发展的绊脚石。

1856年，曾经不可一世的沙俄在克里木战争中被资本主义的英法打败了。战争的失败进一步暴露了农奴制的腐朽落后。

人们再也不能容忍了。农民不断举行暴动，仅1858～1860年的三年期间就发生了280次。废除农奴制已势在必行。

在西欧，领导废除农奴制斗争的是资产阶级。可是，俄国资产阶级却没有能力完成这项历史使命。它诞生较晚，力量薄弱，对沙皇政府有很大的依赖性。它只是恳求政府作些改革，希望用改良来促进资本主义的发展，搞自上而下的变革以保持国内的平静。

革命民主主义者赫尔岑、车尔尼雪夫斯基等人主张用革命的办法废除农奴制。他们号召人民举行武装起义推翻沙皇政府，使农民获得自由和分得土地。但是，他们的力量比较薄弱，这条道路没能成为现实。

结果，农奴制的废除是在农奴主总代表——沙皇亚历山大二世的主持下，通过自上而下的方式实现的。亚历山大当皇太子时，曾主张保存农奴制。1855年继位后，他看到农奴制已无法再保持下去，被迫改变原来的观点。他说："与其等农民自下而上起来解放自己，不如自上而下来解放农民。"在形势的逼迫下，亚历山大二世于1857年主持召开农民事务机密委员会会议，讨论拟定解放农民的方案。经过激烈争论，方案最后得到国务会议的批准。1861年3月3日（俄历2月19日），亚历山大二世正式签署了

《关于农民脱离农奴依附地位的法令》和特别诏书。

《二月十九日法令》的基本内容有以下几个方面：

一、关于农奴的人身解放。自法令颁布时起，农奴获得人身自由。农民有权用自己的名字订契约、做买卖、任公职、打官司和拥有各种动产、不动产。地主再不能买卖、交换、抵押和赠送农奴，也无权干涉农民的家庭生活。

二、关于宅旁园地和份地。农奴在获得人身自由时，可以得到农舍、宅旁园地和份地（划归农民耕种的地段叫份地）。份地的分配由地方法令规定。法令一般把本地区划为黑土、非黑土和草原三个地带，并规定每个地带的份地最高额和最低额，一般在2.75俄亩到12俄亩之间。

农民得到的份地数额不仅要在故意压低的标准之内，而且要同地主协商决定。这就使地主可以利用规定，尽可能多地割走农民的耕地。这种被地主强占的份地，叫做"割地"，它占改革前农民份地的18%。在土地特别值钱的黑土地带，割地竟达到20%～40%。

改革后，俄国的每一个地主农民平均得到3.3俄亩的份地。最好的土地以及改革前归地主和农民所公有的水塘、牧场、森林都被地主霸占去。同时，地主故意把自己的土地插入农民的份地之中，把农民的土地分割成许多碎块。改革后，农民仍不得不租种地主的土地，继续受地主的奴役剥削。

三、对宅旁园地和份地的赎买。农民的宅旁园地可以依法赎买，只要缴纳60卢布的法定赎金，六个月后就取得农舍和宅旁园地的所有权。

赎买份地则要预先取得地主的同意。赎金的数额以每年代役租作为6%的年利率加以资本化得出。或者说，把赎金存入银行，年利率为6%，其利息应等同代役租。如果每年的代役租是六卢布，那么赎金就是100卢布。农民同地主签订赎地契约时，必须立刻付出赎金的20%～25%，其余的75%～80%由政府垫出付给地主。此后，农民必须每年向国家缴付赎地费，分49年还清这笔债款的本利。

农民付出的赎金大大高出了当时的地价。1854～1858年的份地价格是5亿5400万卢布，而赎金的总数却高达8亿6700

万卢布。可见，农民赎买的不仅是土地，而且也包括了本人的人身自由。

四、关于改革后农民的管理组织。为了便于统治和剥削农民，政府保留了原有的村社组织，要村社负责监督农民按时完成各种义务。

1861年法令解放了1000多万隶属于地主的农民。1863年和1866年又先后解放了100多万隶属于皇室的采邑农民和950万隶属于国家的国有农民。总共解放了2100多万男性农民。女性农民也同时获得解放，她们不必付赎金，但也得不到土地。

19世纪60年代废除农奴制度的改革是一场资产阶级性质的改革。它是俄国历史上从封建生产方式过渡到资本主义生产方式的转折点。列宁说："这是俄国在向资产阶级君主制转变的道路上前进的一步。"（列宁：《"农民改革"和无产阶级农民革命》，《列宁全集》第17卷，第103页）

这个改革具有进步意义。它使农奴获得人身自由，为资本主义工厂提供了自由劳动力；它向农民勒索了大量赎金，为大机器生产提供了资金。改革为俄国资本主义经济的发展创造了有利条件。

但是，这次改革是由农奴主自上而下实行的。改革极不彻底，它保留了浓厚的封建残余。经济上，地主土地所有制没有触动，大部分土地仍掌握在地主手里。政治上，沙皇专制制度也保留下来了。广大劳动农民仍然处于无权地位，继续遭受地主阶级的残酷剥削和压迫。因此，彻底消灭封建农奴制残余，仍然是摆在俄国人民面前的首要任务。

南北战争

事件概况

早在英属北美殖民地形成的时候，美国的商品奴隶制经济就开始形成了。当时，大量的黑人奴隶从非洲被运送到北美大陆。

黑奴交易

在 1661 年的时候，弗吉尼亚州制定了一部奴隶法典，确定黑人为终生奴隶。其后，全美各地相继出现了这样的法典，黑人奴隶制在美国正式确立。但是随着经济的发展，奴隶制种植园经济显然阻碍了资本主义的发展。在美国独立战争之前，一些殖民地政治家就曾主张废除奴隶制，但是遭到南方种植园奴隶主的强烈反对。

林肯像

在美国独立后，美国南方和北方沿着两条不同的道路发展。在北方，资本主义经济发展迅速，从 19 世纪 20 年代起到 50 年代，北部和中部各州相继完成了工业革命。到 1860 年的时候，整个美国北方的工业生产总值已经跃居世界第四位。但是在南方，奴隶制种植园经济还在延续，当时整个南方的黑人奴隶达到了 400 万人。

由于英国等国相继完成了工业革命，这些国家棉纺织业的发展，促使了棉花需求量的增加。因此，南方奴隶主极需要扩大和更换土地，以种植棉花。旧有领地被占领以后，南方种植园主大批越过密西西比河，侵入得克萨斯等地。这就同北部广大的工人、农民和欧洲来的新移民发生了尖锐的矛盾。总之，北方要求在西部地区发展资本主义，限制甚至禁止奴隶制度的扩大；南方却要求在西部甚至全国推广奴隶制度。

因此，南方奴隶主的做法引起了北方群众和南方奴隶的愤慨。1793 年法国废除其领地上的奴隶制和 1833 年英国宣布解放英属西印度群岛的奴隶的做法，给美国废奴运动以很大的推动。到 19 世纪 30 年代，美国废奴运动逐渐高涨起来。

1832 年，北方成立了"新英格兰反奴隶制协会"，次年全国性的废奴组织"美国反奴隶制协会"成立。而在南方，则出现了大量逃奴事件和奴隶起义运动。著名

1859 年的美国华盛顿国会大厦

的地下铁道主席利维·科芬和黑奴女英雄哈立特·塔布曼等人，就帮助几万名南方的奴隶逃到了北方。此外，以约翰·布朗为首的反奴隶制起义，给南方奴隶制以沉重打击，并激发了北方对解放南方奴隶制的情绪。

约翰·布朗早在 1850 年就建立了一个黑人武装组织——基列人同盟。四年以后，在南方奴隶主的操纵下，国会通过了反动的《堪萨斯——内布拉斯加法案》，规定让堪萨斯和内布拉斯加两地区的居民自行决定他们自己居住的地区应为蓄奴州还是自由州。南方奴隶主为了在这两个州建立奴隶制，组织了大批武装匪徒，

企图用武力控制选举。而北方的废奴主义者则决心把这里变为自由州，但是遭到了南方武装的打击。布朗带领自己的人马，处死了杀害废奴主义者的凶手。最后，经过废奴派的斗争，堪萨斯终于成为自由州。

1859 年，布朗来到弗吉尼亚州，决定在这里举行武装起义。经过一番策划，起义军决定首先进攻第一个目标——弗吉尼亚西部的哈泼斯渡口。但是由于力量相差悬殊，这次起义最终是失败了，并且大部分起义者被杀害，布朗自己也受伤被捕。最后，布朗被弗吉尼亚的州长以"杀人叛国，煽动黑奴叛乱罪"而判处死刑。

1860 年，美国第十六届总统选举开始。共和党人此时提出"不再让给奴隶制度一寸新的领地，在国外的掠夺政策必须终止"，这些口号得到了北方民众的拥护和支持。总统选举结果出来后，共和党人总统候选人、曾竭力要求废除奴隶制度的律师亚伯拉罕·林肯得以当选。此事成为南北战争爆发的导火索。

林肯于 1809 年 2 月 12 日出生在一个农民家庭。由于家境贫寒，林肯没有获得上学的机会，但是

他最终凭借勤奋好学的精神而自学成才。林肯无论干什么都始终没忘记学习，他抓紧一切空闲时间刻苦自学，攻读历史、文学、哲学、法学等著作，获得了丰富的知识。这些从书本上获得的知识，使得林肯对政治产生了很大的兴趣并积极从事政治活动。在他25岁时，林肯当选为伊利诺斯州议员，开始了他的政治生涯。此后，他又当上了律师。

在他青年时当水手时，林肯曾多次运货到南方，亲眼目睹了奴隶主的野蛮残暴和黑奴遭到的残酷折磨。他当了议员之后，经常发表演讲，抨击蓄奴制，在群众中很有影响。1854年美国共和党成立，两年后林肯在第一次全国代表大会上被提名为副总统候选人。他在竞选演说上说："我们为争取自由和废除奴隶制度而斗争，直到我国的宪法保证言论自由，直到整个辽阔的国土在阳光和雨露下劳动的只是自由的工人。"

1860年，林肯当选为美国总统。

林肯的当选，南方种植园主觉得"废除奴隶制是迟早的事情"，感到自己的利益受到了严重威胁，他们不愿意看到一个主张废除奴隶制的人当总统。

林肯当选的消息一经传开，南方奴隶主们立即酝酿脱离美国联邦。当年12月，南卡罗来纳州首先宣布脱离联邦而独立，接着密西西比、佛罗里达等蓄奴州也相继脱离联邦。此后，又有七个州宣布退出联邦。1861年2月，南方建立了一个新"国家"——"美利坚诸州联盟"，定都里士满，并且着手组织军队，拟定宪法。4月12日，南方联盟的军队炮击并于14日占领了联邦军的萨姆特要塞。

4月15日，林肯下令在北方征召志愿军以镇压叛乱。于是，一场历时四年之久的美国内战正式爆发。

由于南方军队准备充分而北军仓促应战，加上北方军队刚开始过于轻敌，导致南方军队势如

中太平洋线和联合太平洋线的两位总工程师在美国犹他州会师

海底电缆铺设船起锚

破竹。在第一次马那萨斯会战中，北方军队大败。此后，南军于24日进入弗吉尼亚，7月21日，北军被击溃而逃回华盛顿。此后，南方军队很快占领了海军基地诺福克，5月6日占领铁路枢纽马纳萨斯，进逼华盛顿。此时，北方军队才意识到南方军队的"厉害"，抛弃了原先的轻敌思想，并且紧急动员50万志愿军。

1862年1月，林肯发布第一号总作战命令，规定2月22日为"联邦陆海军部队出击叛军的总行动日"，下令50万大军发起总攻击。北军在西线节节胜利，几乎打通了南北大动脉密西西比河。海军也攻克了南方最大港口新奥尔良。但在东战场，北军又连遭惨败。

华盛顿军区司令兼陆军总司令麦克米伦是个幻想家，缺乏判断力，所以他自高自大又谨小慎微，迟迟不肯发兵进军南方，结果坐失良机，白白浪费了几个月的时间。在林肯免去了他陆军总司令的时候，他才愿意行动起来。但是此时，他不愿进攻原定的目标，而是发动了"半岛战役"，目标是攻占南方联盟的首都里士满。但是当麦克米伦率领军队抵达里士满时，南部军队早已经做了准备，并且派兵威胁哈普斯渡口，导致麦克米伦不得不撤兵保卫华盛顿。

联邦军队在东部战场频频失利的情况下，密西西比河流域的西部战场却连奏凯歌。1861年，

雷明顿打字机

格兰特将军率领的北军将南军驱逐出了密苏里。1862年，格兰特指挥军队在炮艇的配合下，先后攻克了田纳西河上的亨利堡和坎伯兰河上的唐纳尔森堡。4月初，南部军队发动了夏洛战役，但是北军在顽强的抵抗下打败了南军。5月，联军攻克科林斯和孟菲斯，解放了肯塔基和田纳西。

北军在东北战场的惨败引起了北方群众的强烈不满，并且要求政府采取有力的措施扭转战局。此时，林肯也意识到，要想取得战争的胜利，必须首先下决心解决黑人和奴隶制这一问题。

1862年5月2日，林肯毅然颁布了《宅地法》，规定从1863年1月1日起，任何没有参加叛乱的美国公民，只要交15美分的等级费，就有权利从西部国有土地中获得160英亩的土地，在耕种五年后，就获得土地的所有权。9月22日，林肯发表了《解放黑奴宣言》，宣布从1863年1月1日起，叛乱诸州内的黑奴不必向他们的主人交付赎金就可以获得永远的自由，解放后的黑奴要忠实地为合理的工资而劳动，并且允许黑人参加北方军队。这一《宣言》，使美国400万黑人奴隶获得了解放。

同时，林肯还实行了一系列革命政策，如武装黑人；实行征兵制；改组军事指挥机构，撤换了同情奴隶主、作战消极的麦克米伦，任命格兰特为总司令，向富人征累进所得税，镇压"铜头蛇"反革命分子等等。应该说，这些措施的发布，是美国南北战争的一个重要转折点。南方50万黑奴从种植园主那里逃跑，并从根本上瓦解了南部军队的战斗力。此外，这些措施极大地调动了北方人民的积极性，有近百万人踊跃参军，其中有23万黑人士兵。

1863年6月，南方军队总指挥罗伯特·李再次北进，与驻守在葛底斯堡的北方军队相遇，并且展开决战。7月1日，南方军队向北方联军防守的高地发起猛攻，

1869年，一条铁路将内布拉斯加和加利福尼亚联系起来，刺激了西北部经济的发展，减少了农产品的运输费用，加快了运输的速度。

并突破北军防线，导致北军死伤惨重。由于罗伯特·李在原先与北军的作战中屡屡得意，这时看到北军暂时失利，马上得意起来，令部队停下来休息，等待后续部队上来，从而给北军以喘息之机。

3日，南军孤注一掷，发起总攻。但是北军炮兵以猛烈火力吞噬了向前冲锋的南军士兵。这时北军全线反攻，终将南军全歼。在这一战役中，南军两个旅长和十五个团长全都阵亡，死伤2.8万人。这次大战是内战中最激烈的一次，应该说，这一仗扭转了东线战局，从此北方完全掌握了主动权。

1876年6月25日，美国内战时期的联邦将领卡斯特带领第七骑兵队的265名士兵，袭击蒙大拿州小比格霍恩河附近的达科他印第安人时，被由达科他人、沙伊安人和克劳族人组成的联军击败，卡斯特全部官兵被杀死。

同时，格兰特在西线包围了南军防守密西西比河的要塞维克斯堡。维克斯堡是控制密西西比河和西部铁路网的战略要地，南军在此严密设防，号称"南方的直布罗陀"。北军在此之前的几次进攻都失利了。5月22日，格兰特率领北军发动总攻，并在此后的四十七天里进行了连续的炮击，迫使南军7月4日举白旗投降。在这一战之后，北方控制了密西西比河，将南方领土一分为二。

从1864年开始，北方发动全面反攻。北军向南方发起三路攻势。在东部战场，格兰特采用消耗战略，经荒野战役、冷港会战，虽然每次罗伯特·李的部队都能取胜，但北军的援军不断到达，终于使南方军团主力消耗殆尽。6月15日，北军进攻彼得斯堡，双方相持不下，拖住了南军主力达九个月。

在西部战场，另一北方将领谢尔曼长途奔袭敌后方，他指挥10万大军插入南方腹地。5月谢尔曼在西线发起进攻，并于9月攻占了南方最大的工业城市亚特兰大。

第三路攻势是谢里登领导的军队。7月，南方军队再次奔袭华盛顿，期望能够挽回即将失败的趋势，但是被北军谢里登部击退。此后，谢里登发起了名为"向海

世界通史

最新整理图文珍藏版

洋进军”的战役，一个多月大军长驱三百多英里。谢里登在进军途中实施焦土战略破坏了一切南方可资利用的资源：烧毁种植园、城镇和村庄，摧毁工厂企业，连铁轨都拆下来弄弯。12 月 21 日，谢尔曼攻占萨凡纳，将南方邦联东部分割成南北两半。1865 年 1 月，谢尔曼北上相继攻克了哥伦比亚和查尔斯顿，并在此和格兰特的军队会师，完成了对南部同盟的战略包围。

4 月 3 日，北方军队攻占了彼得斯堡，并在此地接受了罗伯特·李率残部的投降。不久，其他南部同盟军的将领也先后放下了武器。历时四年之久的美国南北战争以北方军队的胜利而结束。

南北战争摧毁了奴隶制，为美国资本主义经济的发展扫清了道路。从此，美国完全确定了资本主义制度的统治地位。由于扫除了奴隶制度的障碍，美国经济以前所未有的速度发展起来，以至于在接下来的三十年内，美国工业总产值从 1860 年的世界第四位跃居到世界第一位，成为世界上经济力量最为强大的国家。恩格斯曾预见了南北战争对美国经济发展的影响，他说：“美国的政治和社会发展的最大障碍——奴

隶制一经粉碎，这一国就会繁荣起来，在最短的时间内它就会在世界历史上占据完全不同的地位。”

林肯的废除奴隶制运动

1860 年，林肯当选为美国总统。林肯的当选，使得美国南方实行奴隶制的诸州非常惶恐，因为众所周知，林肯是一个废奴主义者。当林肯走向白宫的时候，南北双方的矛盾已经非常激化，大有拔刀相向之势。林肯的前任对他说：“现在我可以轻松地度假了，你现在坐在火山口上面了。”这时，后来成为世界超级大国的美国，却面对着分裂的局面，美国将来的命运随时都会改变，就在这个时候，林肯成为美国这艘巨轮的舵手。美国是走向分裂，还是走向统一；是走向工业化，还是走向奴隶制；是走向民主，

科达他人惨遭屠杀

美军士兵与家人告别

还是走向压迫；完全不同的两条道路，摆在了美国和林肯的面前。这一切将决定着美国的命运，如果美国从此走向一条光明的道路，在不远的将来，美国将和俄国一个用犁、一个用剑来取代长期以来英国和欧洲主宰世界的局面，进而影响到世界的面貌。

1. 林肯其人

1809 年 2 月 12 日，林肯出生在肯塔基州哈丁县一个农民家庭。当时，正处在西进运动时期，他们家不断向西搬迁，1830 年，迁到伊利诺斯州的梅肯县。小时候，林肯家里很穷，他没机会上学，每天跟着父亲在西部荒原上开垦劳动。他自己说："我一生中进学校的时间，加在一起总共不到一年。"

长大后，林肯离开家乡独自一人外出谋生。他什么活都干，打过短工，当过水手、店员、乡村邮递员、土地测量员，还干过伐木、劈木头的大力气活。不管干什么，他都非常认真负责，诚恳待人。据说，他当乡村店员时，有一次，一个顾客多付了几分钱，他为了退还这几分钱竟追赶了十几里路。

平时，无论劳动多么紧张，林肯都要挤出时间读些书。1832 年，他参加伊利诺伊州议员的竞选，尽管演说很成功，但还是落选了。1834 年，25 岁的林肯当选为伊利诺伊州议员，开始了他的政治生涯。1836 年，他自学取得律师执照；次年，与人合作办律师事务所，成了一名青年律师，并获得了正直和廉洁的好名声。林肯一度加入辉格党，1847 年，作为辉格党的代表，他进入国会。林肯青年时期就痛恨奴隶制度，因为他当水手时，多次运货到南方，亲眼目睹了奴隶主的野蛮残暴和黑奴遭到的残酷折磨。因此在国会期间，他曾提出了一个在哥伦比亚特区逐渐地、有补偿地解放奴隶的方案，但没有成功。1850 年，美国的奴隶主势力大增，林肯很少参加政治活动，拒绝当国会议员，继续当律师。1854年，南部奴隶主派人进入新并入美国的堪萨斯，用武力强制推行奴隶制，引起了堪萨斯内战，南北的矛盾进一步激化。这一年，共和党成立，因为该党主张废除奴隶制，林肯就参加了，两年后他在第一次全国代表大会上被提名为副总统候选人。他在竞选演说中说："我们为争取自由和废除奴隶制度而斗争，直到我国的宪法保证言论自由，直到整个辽阔的国土在阳光和雨露下劳动的只是自由的工人。"但这次竞选没有成功。

19世纪的印第安人

·1858年6月16日，林肯在同道格拉斯竞选总统时发表了题为《家庭纠纷》的著名演说，他把南北两种制度并存的局面比喻为"一幢裂开了的房子"。他说："一幢裂开了的房子是站不住的，我相信这个政府不能永远保持半奴隶、半自由的状态。"林肯的演说语言生动、深入浅出，表达了北方资产阶级的要求，也反映了全国人民群众的愿望，因而为他赢得了很大的声誉。这次竞选最后虽然没有成功，但却扩大了林肯的影响。1860年，林肯成为共和党的总统候选人，11月，选举揭晓，他获得200万张选票当选为美国第16任总统，但在南部十个州，他没有得到一张选票。

林肯的当选，对南方种植园主的利益构成严重威胁，他们当然不愿意一个主张废除奴隶制的人当总统。为了重新夺回他们长期控制的国家领导权，他们在林肯就职之前就发动了叛乱。1860年12月，南方的南卡罗来纳州首先宣布脱离联邦而独立，接着密西西比、佛罗里达等蓄奴州也相继脱离联邦。1861年2月，他们宣布成立一个"美利坚邦联"，推举大种植园主杰弗逊·戴维斯为总统，还制定了"宪法"，宣布黑人奴隶制是南方联盟的立国基础：
"黑人不能和白人平等，黑人奴隶
劳动是自然的、正常的状态。"

2. 《解放黑奴宣言》

1861 年 4 月 12 日，南方军队
炮击并于 14 日占领了联邦军的萨
姆特要塞，挑起了内战（又称
"南北战争"）。林肯不得不宣布对

美国的百万富翁，年仅 42 岁
就掌管美国石油托拉斯的洛克菲勒

南方作战。林肯本人并不主张用
过激的方式废除奴隶制，他认为
可以用和平的方式，先限制奴隶
制，然后逐步加以废除，而关键
是维护联邦的统一。在这种思想
的支配下，北方政府根本没有进
行战争的准备，只是仓促应战，
而南方则是蓄谋已久，有优良的
装备和训练有素的军队，所以，
尽管北方在多方面都占有优势，

还是被南方打得节节败退，连首
都华盛顿也险些被叛军攻破。

北方在战场上的失利引起了
广大人民的强烈不满，许多城市
爆发了示威游行，要求政府采取
措施扭转战局。这时林肯才意识
到，要想打赢这场战争，就必须
调动农民的积极性，废除农奴制、
解放黑奴。

1862 年 5 月，林肯签署了
《宅地法》，规定每个美国公民只
要交纳 10 美元登记费，便能在西
部得到 160 英亩土地，连续耕种
五年之后就成为这块土地的合法
主人。这一措施从根本上消除了
南方奴隶主夺取西部土地的可能
性，同时也满足了广大农民的迫
切要求，大大激发了农民奋勇参
战的积极性。

1862 年 9 月 24 日，林肯召开
内阁会议，公布预告性《解放宣
言》。宣布：如果在 1863 年 1 月 1
日以前南方叛乱者不放下武器，
叛乱诸州的奴隶将从那一天起获
得自由并受保障。1863 年元旦，
林肯以总统身份，依据宪法所授
予的合众国陆海军总司令的职权
颁布了《解放宣言》。正式宣布：
仍在反叛联邦的各州及若干区域
内，"所有被据为奴隶的人们立即
获得自由，并且以后将永保自由，

合众国政府和陆海军当局并将承认和维护他们的自由"；"获得自由的人们，除必要的自卫外，应避免使用任何暴力"，并在可能的情况下"忠诚地工作"；合乎条件的人"将被容纳于联邦的武装部队"，为联邦服务。但《解放宣言》不适用于没有参加叛乱的蓄奴州，对这些州的奴隶解放仍按1862年4月国会决议，采取自愿的、逐步的、有偿的方式实行。而且《解放宣言》是作为军事措施颁布的，没有以宪法的形式固定下来。1865和1868年，国会分别通过了宪法第13、14条修正案，才正式废除奴隶制。《解放宣言》是联邦成立以来美国历史上最重要的文件之一，宣言得到国内外进步人士和广大劳动群众的坚决支持和拥护。根据宣言，有400万黑奴获得自由。被解放的黑

开赴前线的南方军向李将军敬礼

奴成为联邦军队得力的同盟军，此举使大批黑人奴隶参加了联邦军队，战争后期达到18万人，扭转了南北战争的战局，并保证了联邦政府夺得最后胜利。

这两个法令的颁布是南北战争的转折点，战场上的形势变得对北方越来越有利了。

3. 北方军转败为胜

1863年7月1日到3日，南北双方在华盛顿以北的葛底斯堡展开了内战以来规模最大的一次战斗。双方激战了三天三夜，北军重创南军主力罗伯特·李军团，南军两个旅长和十五个团长全都阵亡，死伤2.8万人。北军伤亡也达2.3万人。李率军后撤。这次大战是内战中最激烈的一次，战场上有棵树竟身中250弹。这一仗扭转了东线战局，从此北方完全掌握了主动权。

1864年，北军向南方发起三路攻势。在东战场，格兰特采用消耗战略，经荒野战役、冷港会战，使李军团主力消耗殆尽，损失3.2万人，再无力进攻。在西线，谢尔曼指挥10万大军插入南方腹地，长途奔袭敌后方，于9月攻占南方最大工业城市亚特兰大。从11月15日起，又挑选6.2万精兵，发起"向海洋进军"，一

个多月内大军长驱三百多英里，所到之处，实行"三光"政策，烧毁种植园、城镇和村庄，摧毁工厂企业，连铁轨都拆下来弄弯。南方到处火光冲天，一片废墟。12月21日大军攻占了萨凡纳，完成了摧毁南方后方的任务。与此同时，北方海军也对南方实行"窒息式封锁"，完全切断了南方的对外联系。

1865年，南方已山穷水尽，濒临崩溃的边缘。北军从陆海两个方向发起最后攻势，北军攻克重镇彼得斯堡和南方首都里士满，李军还剩不到3万残兵败将，4月9日被迫向格兰特投降。不久，南方残军17万人全部放下武器。北方取得彻底胜利。

此时，林肯在美国人民中的声望已愈来愈高，1864年，林肯再度当选为总统。但不幸的是，1865年4月14日晚，他在华盛顿福特剧院观剧时突然遭到枪击，

联邦将军格兰特取得了联邦军迫切需要的胜利

次日清晨与世长辞，享年56岁。

内战以后，美国开始走向一个彻底现代化、彻底工业化的时代。南北战争实际上就是北方工业文明对南方奴隶制大庄园经济的胜利，北方的获胜，使得美国废除了南方的奴隶制，确定了发展资本主义工业的国家目标。同时奴隶制的废除，使工业企业获得了足够的廉价劳动力、丰富的工业原料，加上美国天然的优良条件，使美国在短短的半个世纪以后，在资本主义经济体系中稳坐第一把交椅。经济上的雄厚基础，是美国走向世界超级大国的重要保障。

经过南北战争，美国走向了一个更加民主的社会，影响了世界其他的国家和民族。林肯废除奴隶制，是美国历史上的一件重大事件，它解放了占美国人口很大比重的黑人，激发了黑人的尊严，成为以后黑人人权运动的先驱，以后的黑人运动，都将林肯作为解放者来纪念。林肯在葛底斯堡的演讲，阐述了民主政府的标准，被后人无数次地引用：民治、民享、民有。

战争进程

1861～1865年，美国发生内战。交战双方分别代表南部奴隶

世界通史

最新整理图文珍藏版

1882 年，移居美国的欧洲白人

主和北部资产阶级的利益，因而历史上又称为"南北战争"。

1860 年 12 月 20 日，南卡罗来纳州的奴隶主召开代表大会，宣布"南卡罗来纳与其他各州之间现存的以'美利坚合众国'为名的联邦从此解散"。1861 年 2 月 4 日，南卡罗来纳、密西西比、亚拉巴马、佛罗里达、佐治亚、路易斯安那、得克萨斯等七个已脱离联邦的州，派代表在亚拉巴马州的蒙哥马利城开会，于 2 月 8 日成立了"美利坚联众国"，即通常所说的"南部同盟"，选举戴维斯和斯蒂文斯为正副总统，并着手组织军队，拟订宪法。统一的美国已经分裂。

面对南卡罗来纳等州的分离活动，即将卸任的总统布坎南采取了听之任之的态度，既没有在道义上予以谴责，也没有用行动进行阻止，表现怯懦，甚至纵容，致使大量金钱和军事物资流入南部，大批军事人员脱离联邦军队去为南部同盟服务。林肯政府为了用和平的方式使已脱离的各州回到联邦中来，不惜做出尊重各州的奴隶制和执行《逃亡奴隶法》的保证，也没能使南部同盟改弦易辙。它给林肯的答复是：战争。

1861 年 4 月 12 日，联邦军驻守的萨姆特堡垒，遭到南部同盟军炮火的猛烈攻击。该堡垒位于南卡罗来纳州查尔斯顿城外海湾内的一个小岛之上，驻军司令安德森少校在林肯就职的第二天曾发出要求运送给养的紧急报告。林肯政府第一次内阁会议便讨论了萨姆特堡垒的形势，并派出海军部副部长福克斯去实地调查。根据福克斯的汇报，林肯决定以粮食增援该堡垒。在此期间，南部同盟曾派代表对安德森进行劝降。安德森表示：一旦粮食告罄而未收到联邦政府的命令，他即率部投降。为了迫使萨姆特堡垒投降，南部同盟决定炮击萨姆特堡垒，挑起战争。

4 月 14 日，萨姆特堡垒陷落。

第二天，林肯发布征召令，征召7.5万名志愿军入伍，服役期限三个月。5月3日，林肯再次下令征召4.2万名服役期限为三年的志愿军。北部工人、农民和欧洲移民积极报名应征，到7月1日，应征人数达到31万，远远超过了政府所要求的11.7万人。

内战爆发不久，弗吉尼亚、阿肯色、田纳西和北卡罗来纳等四个蓄奴州也相继脱离联邦，加入了南部同盟，而另外四个蓄奴州特拉华、马里兰、肯塔基和密苏里则仍然留在联邦之内。

整个欧洲非常关注美国发生的战争。无产阶级"本能地感觉到他们阶级的命运是同星条旗连在一起的"，而统治阶级很自然地站到了南部同盟一边。尤其是英国的统治阶级，早就希望卷土重来，把共和国再次变为它的殖民地。1861年5月13日，英国

加拿大太平洋铁路全线竣工

政府发表了保持"严格的和不偏不倚的中立"的声明，但其偏袒南部同盟的倾向是尽人皆知的。1861年11月8日，美国军舰拦截了英国邮船"特伦特号"，逮捕了乘坐该船的南部同盟代表梅森和斯利德尔，使英国和美国政府之间的冲突公开化。由于美国政府处置得当，释放了被捕的南部同盟代表，英国第一次打算承认南部同盟，武装干涉美国内战的企图才未得逞。

经过三个多月的准备，7月21日，双方在华盛顿以南布尔伦河畔的马纳萨斯进行第一次会战。联邦军3万人，在麦克道尔将军指挥下，向博雷加德将军指挥的2.2万名南部同盟军发动攻击。联邦军正与凭险据守的南部同盟军厮杀之际，约翰斯顿率领9000南部同盟军前来增援，而负责率领1.5万名联邦军牵制约翰斯顿的将领帕特逊未予截击，致使南部同盟军实力陡增。在双方展开混战的紧要关头，麦克道尔下令撤退，南部同盟军趁势反攻，联邦军的退却变成溃逃。这次会战，联邦军死伤1584人，失踪1312人；南部同盟军损失共计1982人。

布尔伦河会战的失败，使北部人民清醒起来，抛弃了最初的

轻敌思想，开始认真准备进行一场残酷的持久战争。

7月21日，林肯任命麦克劳伦为华盛顿军区司令，负责指挥波托马克军团。11月，麦克劳伦升任联邦陆军总司令，兼华盛顿军区司令。妄自尊大、目空一切的麦克劳伦制订了一个名为"大蛇"的作战计划，企图用海陆联合封锁的方法迫使南部同盟投降。然而，当时的南部同盟在地理上连成一片，构成一个内部巩固的整体，联邦陆军虽然在数量上占优势，却还无力构成严密的封锁网。北部的军事物资在内战开始后仍不停地运往南部，便是联邦陆军兵力不足的见证。海军方面情况更差。内战初，联邦海军只有舰艇42艘，水兵7600名；到1861年年底，舰艇才增至204艘，而从华盛顿至墨西哥的马塔莫罗斯港（与美国交界处）的大西洋海岸线，长度为3550英里。以如此微小的舰队去封锁如此漫长的海岸线，谈何容易！

此外，麦克劳伦自己是个民主党人，他同情奴隶主，怀有个人野心。在战争过程中，他总是借口兵力不足，拒绝向南部同盟军发起攻击，因而受到舆论的谴责。1862年1月27日，林肯发布第一号总作战命令，规定2月22日为"联邦陆海军部队出击叛军的总行动日"；四天以后，林肯向波托马克军团下达特别命令，命令该军团务于2月22日攻占马纳萨斯。其他战场纷纷行动，惟有麦克劳伦按兵不动。3月11日，林肯免去麦克劳伦的联邦陆军总司令职务，麦克劳伦才表示愿意动作起来。然而，并不是去攻占马纳萨斯，而是要进攻南部同盟的首都里士满。4月，麦克劳伦开始了他那"雄心勃勃"的计划，发动了"半岛战役"。

半岛战役，按照麦克劳伦的设想，是由他亲自统兵11万，借助海军的支援，在约克半岛登陆，再在海军配合下，水陆并进，从背后进攻里士满。同时，由麦克道尔统兵4万南下弗雷德里克斯堡，与麦克劳伦呼应，造成对里士满夹击之势。但麦克劳伦所辖

英国移民搭乘火车前往美国

部队携带过多的辎重，又采取步步为营的战术，仅攻占设防很差的约克顿，就费去一个多月的时间，然后才以每天5~7公里的速度向里士满缓缓推进。联邦海军被南部同盟的铁角撞甲舰"弗吉尼亚号"阻挡在詹姆士河口之外，不能溯河而上与陆军配合。5月14日，当麦克劳伦率军抵达里士满外围时，南部同盟军早已筑起道道防线，并派出杰克逊去攻击谢南多亚河谷的上方。哈普斯渡口的安全受到威胁，麦克道尔被迫撤兵去保卫华盛顿。麦克劳伦的计划已被打乱。

接替约翰斯顿担任南部同盟军司令的是罗伯特·李将军。他抓住麦克劳伦孤军深入的机会，于6月26日发动了"七日战役"。27日，5.7万名南部同盟军轮番向处于防守状态的3.4万名联邦军发动进攻，并于第二天黄昏冲破了联邦军的防线。7月1日，联邦军经过殊死战斗，造成南部同盟军1/10的重大伤亡，罗伯特·李才被迫撤回里士满。然而，麦克劳伦没有乘胜追击，反而下令联邦军撤至詹姆士河畔的哈里森斯兰丁，处于联邦海军保护之下，从而失去一次取胜的良好机会。七日战役中，联邦军投入兵力为

91169人，损失15849人；南部同盟军投入兵力为95481人，损失20614人。

半岛战役后，麦克劳伦被解除了对波托马克军团的指挥权。

8月29日至9月1日，南部同盟军发动了第二次布尔伦河会战。杰克逊与罗伯特·李配合默契，使由弗吉尼亚军团司令波普统帅的联邦军处于腹背受敌的地步。林肯紧急起用麦克劳伦，让他指挥华盛顿城防及保卫首都的部队并要他"集中现有一切兵力打通与波普的联系"。但麦克劳伦置林肯命令于不顾，坐视波普的联邦军在敌人的攻击下遭受重大损失。

9月5日，南部同盟军在华盛顿以北渡过波托马克河，进入马里兰州境内。这时，联邦政府处境非常险恶：首都华盛顿被包围；西部战场上，南部同盟军在威胁辛辛那提，并与联邦军争夺路易斯维尔。如果南部同盟军获胜，不仅肯塔基州会处于它控制之下，俄亥俄州也将受到侵犯，而一旦南部同盟军进入俄亥俄，英国便可能赞同法国承认南部独立的主张。在此情况下，林肯再次授权麦克劳伦指挥波托马克军团，命他率军迅速迎击敌军。

美国诗人、小说家杰克逊的作品
《世纪之辱》1881年在纽约出版

南部同盟军此次北上，目标是夺取宾夕法尼亚境内哈里斯堡附近的一座铁路桥。这座桥位于萨斯奎哈那河上，是连接西部铁路的枢纽，控制了它，既可随时对华盛顿、费城、巴尔的摩等重要城市发动攻击，它可沿铁路西进，切断联邦政府同西部的联系。这一计划如果得逞，不仅会导致英法等国对南部同盟的承认，而且很可能会使联邦政府垮台。因此，无论对联邦政府还是南部同盟来说，这次行动都至关重要。

事情的发展往往出乎人们的意料，一向小心谨慎的罗伯特·李，根据以往的经验，认为麦克劳伦不会很快赶来，因而派杰克逊率领一部分军队去夺取哈普斯渡口，分散了兵力。9月13日，麦克劳伦截获南部同盟军一份重要情报，第二天联邦军便抢占了

有利地形。9月16日，杰克逊抢渡波托马克河，与罗伯特·李会师。17日，两军展开激战。9万名联邦军把南部同盟军的4.5万人围困在波托马克河与安提塔姆河之间的狭小阵地上。南部同盟军的多次反攻均被击退。双方在各损失1.2万人后，罗伯特·李于第二天借助夜幕掩护，率军撤过了波托马克河。这便是南北战争中有名的安提塔姆会战，因交战地点位于沙普斯堡附近，故又称沙普斯堡战役。

安提塔姆会战的胜利，粉碎了南部同盟的战略进攻，再次成功地防止了英法等国对南部同盟的承认。联邦政府的地位得到巩固，北部人民受到鼓舞，林肯借此机会发布了预告性的《解放黑人奴隶的宣言》。从此，南北战争进入相持阶段。

美海军部长约翰逊

美国总统麦金莱

当联邦军还在东部战场频频失利之际，密西西比河流域的西部战场却连奏凯歌。1861年4月，格兰特上校率领的联邦军把南部同盟军逐出密苏里。1862年2月，晋升为准将的格兰特，由联邦内河炮艇配合，先后攻占了田纳西河上的亨利要塞和坎伯兰河上的唐纳尔逊，逼近纳什维尔，迫使南部同盟军退守孟菲斯—查塔努加铁路线。4月6~7日，南部同盟军发动夏伊洛会战。最初联邦军处境非常不利，但由于格兰特的坚定沉着和士兵的奋勇作战，联邦军反败为胜，迫使南部同盟

军退守科林斯。这次会战联邦军投入兵力为6.3万人，损失1.3万人；南部同盟的相应数字分别为4万人和1.1万人。因为损失惨重，舆论大哗，格兰特一度被剥夺了指挥权。5月30日，联邦军占领科林斯，6月5日和6日，又占领皮洛要塞和孟菲斯。

联邦海军虽然薄弱，但很活跃。它除收复了沿海一些要塞，对南部的主要港口进行封锁外，还与巴特勒将军率领的陆军配合，于1862年4月26日攻克了南部最大的商业港口新奥尔良。随后又溯密西西比河而上，闯过防卫森严的维克斯堡，与联邦炮艇队会合，从而使"众水之父"密西西比河，除维克斯堡和哈得逊港以外，尽处于联邦军队控制之下。

1862年10月6日，林肯命令麦克劳伦渡过波托马克河并与敌人交战，或者把敌人赶回南部。麦克劳伦拒绝执行命令，并大吵大闹。1862年11月7日，林肯再次将麦克劳伦免职，由伯恩赛德接掌了波托马克军团的指挥权。12月13日，伯恩赛德在弗雷德里克斯堡与罗伯特·李率领的南部同盟军进行会战，联邦军损失12700人，高出敌人一倍以上。伯恩赛德引咎辞职，军团司令一职

落入胡克手中。

胡克以作战勇猛闻名。他把军队加以整顿后，于5月1日率军渡过拉帕汉诺克河，在钱瑟勒斯维尔向南部同盟军发动进攻。联邦军有13万人，并占据着有利地势，然而罗伯特·李采取灵活战术，派杰克逊去包抄联邦军的右翼，自己则率其余部队集中攻击联邦军的薄弱环节。这样，在总体上处于劣势的南部同盟军，由于相对地集中优势兵力，把只知墨守成规不懂随机应变的胡克弄得手足无措，只得在5月5日撤回拉帕汉诺克河以北，从而使钱瑟勒斯维尔会战以南部同盟获胜告终。

钱瑟勒斯维尔会战失败，造成北部人心浮动，英法等国承认南部同盟的可能性又一次出现。罗伯特·李抓住这一大好时机，于6月3日开始向谢南多亚河谷进犯。6月29日，罗伯特·李所统

美陆军部长拉塞尔·阿尔杰在他的办公室

率的南部同盟军全部进入宾夕法尼亚，更使北部人心惶惶，北部暗藏的敌人也乘机大肆活动。6月30日，一部分南部同盟军闯入葛底斯堡，与驻守在那里的联邦军遭遇。

葛底斯堡的南面，两座小山夹着一片开阔地。东面的小山叫公墓岭，有联邦军构筑的阵地；西面的叫学堂岭，由南部同盟军据守。7月2日，南部同盟军发起攻击，联邦军右翼阵地几为所陷。翌日清晨，南部同盟军转攻左翼，无功而返，引起内部意见分歧，联邦军乘机加固了阵地。下午，一阵激烈炮战之后，南部同盟军1.5万人发起冲锋，结果在联邦军猛烈炮火和白刃格斗的打击下，损失惨重。第三天，联邦军进行反击。7月4日，罗伯特·李把军队撤至沙普斯堡附近，准备渡过波托马克河，因河水暴涨，退路被截断。自6月28日接替胡克任波托马克军团司令的米得，没有听从林肯不要召开军事会议的劝告，结果丧失了全歼罗伯特·李所部的良机，使南部同盟军安全渡河南遁。这次会战中，联邦军损失2.3万人，南部同盟军损失3.6万人。

在葛底斯堡会战取得胜利的

同时，西部战场也传来维克斯堡投降的消息。维克斯堡矗立在密西西比河东岸，居高临下，扼守着密西西比河航道，易守难攻，战略地位十分重要。格兰特率部7.3万人，先用猛攻，继以围困的办法，使据守该堡的南部同盟军弹尽粮绝，守将彭伯顿被迫率众2.9万人投降。7月9日，哈得逊港的南部同盟军也放下武器。至此，密西西比河完全置于联邦军控制之下，南部同盟被分割成互不连接的两个部分。

联邦军在葛底斯堡和维克斯堡的胜利，是南北战争的转折点。从此南部同盟军被迫转入战略防御，英法等国政治上承认南部同盟的可能性不复存在。

1863年11月，格兰特会同谢尔曼、胡克和托马斯，发动了查塔努加战役，收复了这座曾由联邦军在9月间丢失的城市，打开了通往亚拉巴马和佐治亚的门户。

1864年3月9日，格兰特被任命为联邦陆军总司令，其西部战场最高指挥员的遗缺由谢尔曼填补。谢尔曼积极贯彻格兰特制定的切断敌人交通线，断绝其内部联系；以优势兵力不断压迫敌人，使其不能得到喘息和休整，从而在运动中加以削弱和消灭；

破坏一切可以资敌的设施的方针，率领10万大军与南部同盟军的约翰斯顿周旋。约翰斯顿采用坚壁清野和边打边走的策略，企图把谢尔曼饿死和拖垮；谢尔曼则轻装前进，跟踪追击，紧紧缠住约翰斯顿不放。自5月7日至7月17日，经过两个多月兜来转去，终于翻过阿巴拉契亚山脉，来到亚特兰大城下。这时联邦军孤军深入，交通运输线成了薄弱环节，但接替约翰斯顿指挥南部同盟军的胡德却没有抓住联邦军的弱点加以攻击，反而同联邦军展开对垒战，打硬仗，结果被迫于9月2日放弃亚特兰大城。

亚特兰大位于南部同盟腹地，是佐治亚州首府，交通中心和粮食供应基地。南部同盟最大的兵工厂便设在这里。它的被占领，不仅在政治、经济和军事方面使南部同盟遭到深重打击，而且在心理方面也造成了强烈的影响。从此，南部同盟笼罩上失败的阴霾，林肯政府在北部人民中的声望进一步提高。

经过一番整顿，谢尔曼开始了以萨凡纳为目标的"向海洋进军"。为了对付胡德的袭扰，他分兵6万，由托马斯指挥，去保卫联邦军漫长的交通线。11月15

日，谢尔曼亲率 6.2 万名大军，兵分四路，不带给养，开始了对南部同盟腹地的扫荡。经过 32 天跋涉，来到萨凡纳城下时，身后留下的是一条长 300 英里、宽 60 英里的焦土地带。12 月 21 日，在联邦海军配合下，谢尔曼攻占了萨凡纳，使密西西比河以东的南部同盟占领区被分成南北两半，心脏地区与下腹部的联系被切断。

1865 年 2 月 1 日，谢尔曼挥师北上，3 月 21 日在戈尔兹伯里与格兰特会师，完成了对南部同盟的战略包围。

还在谢尔曼向亚特兰大进军之际，格兰特指挥 10 万 2 千名联邦军，与罗伯特·李进行角逐。1864 年 5 月上旬，双方在拉皮丹河以南，弗雷德里克斯堡以西的

“缅因”号军舰舰长萨格斯比

鲁士政府官员的妻子们正在为前线战士缝制绷带

“荒野”地区会战，8～12 日又在斯波特西尔法尼亚，6 月 1 日至 3 日在冷港进行会战。这几次会战中，联邦军的炮兵不能发挥优势，而南部同盟军的骑兵在这荆棘丛生、遍地泥沼的地区却运动灵活，因而联邦军伤亡远远超过敌方，达五六万人。格兰特因此受到舆论指责，但他全然不顾，仍紧紧咬住罗伯特·李不放。6 月 15 日～18 日，联邦军强攻彼得斯堡不克，又损失 8000 人。此后，格兰特才改变战术，利用优势兵力把彼得斯堡围困起来。格兰特在这段时间虽无建树，但以不断地进攻吸引了南部同盟的注意力，从而牵制了敌人，起到了支援谢尔曼的作用。

罗伯特·李为了摆脱被围困的处境，1864 年 7 月初，派部将厄尔利孤军北上，占领位于华盛顿西北的温切斯特，并于 7 月 11 日到达距华盛顿五英里的地方。

格兰特抽调两个师的兵力紧急回防首都，击退厄尔利的进袭，旋即在温切斯特和渔父山两次战斗中获胜，把南部同盟军逐出谢南多亚河谷，华盛顿才转危为安。罗伯特·李在彼得斯堡被围困九个月，兵力下降至5万4千人，而格兰特却有11.4万人。罗伯特·李曾尝试突围。他攻击联邦军左翼，遭受重大伤亡，而自己的右翼被联邦军的谢里登击败，中段防线也为格兰特突破。4月3日，联邦军进驻里士满。罗伯特·李企图南逃，因为谢里登先行一步占据铁路，被迫折而向西，打算同约翰斯顿会合，结果道路又为谢里登所截断，复陷入7万多名联邦军的包围之中。在走投无路的情况下，4月9日在阿波马托克斯，罗伯特·李树起白旗，率所剩3万余人向格兰特投降。不久，其他南部同盟军将领也先后放下武器，历时四年之久的南北战争宣告结束。

这次战争，就其规模和残酷程度而言，均为美国历史上前所未有。据统计，联邦政府先后征集220万人入伍，有360222人死亡，635397人受伤；南部同盟征集人数为80万，死亡人数为25.8万，受伤为38.3万人。战争结束之际，宣布投降放下武器的为174223人，战争耗费了大量资财，双方总数加起来估计在200亿美元以上，为1789～1865年联邦政府全部开支的五倍。

经过四年苦战，北部终于在林肯为首的联邦政府领导下，打败了南部同盟，结束了资产阶级和奴隶主联合掌权的局面。资产阶级单独控制了美国政权。

资产阶级之所以能够获胜，是与美国广大人民，尤其是工人、农民和黑人的支持分不开的。美国人民要求在美国彻底废除奴隶制度，他们也希望能廉价或无偿得到西部的国有土地。战争初期，以林肯为首的联邦政府一方面号召人民拿起武器反对南部奴隶主，另一方面回避奴隶制的存废问题，只谈保卫联邦，维护宪法，甚至忠实执行《逃亡奴隶法》，对人民群众的迫切要求则置之不理，因而引起人民不满，造成军事上连连失利。

南北战争期间，曾经几度出现外国武装干涉的危险。这些干涉最后没有成为现实，除了美国政府的策略正确，军事上取得了关键性的胜利等原因之外，一个不可忽视的重要因素便是欧洲无产阶级的同情和声援。欧洲无产阶级坚定地站在以联邦政府为代表的北部一边，为反对南部奴隶主，不惜忍受失业痛苦和饥饿的煎熬。为了反对本国政府干涉美国内战和承认南部同盟的阴谋，英国兰开夏等地的纺织工人多次举行抗议集会和示威游行。设菲尔德的工人甚至声称，如果英国政府干涉美国事务，便要进行革命。法国工人则以在选举中投票支持政府反对派的方式，来迫使政府做出让步。

南北战争以奴隶制度的消灭告终，从此，美国完全确立了资本主义制度的统治地位。南北战争所完成的是独立战争未能完成的使命，从这个意义上讲，南北战争是美国历史上的"第二次革命"。由于扫除了奴隶制度的障碍，美国资本主义经济以前所未有的速度发展起来，以致在三十多年的时间里，美国工业生产总值便由1860年的世界第四位一跃而为世界之冠，成为世界上经济力量最强大的国家。

意大利的统一

概况

意大利西临第勒尼安海，东临亚得里亚海，南临爱奥尼亚海，北面则有著名的阿尔卑斯山脉，意大利也因此和欧洲大陆其他国家隔离开。在历史上，意大利是古代罗马帝国的本土，文艺复兴的发源地。但是自从罗马帝国灭亡，这个曾经一度盛极一时的国家处于四分五裂的状态。

14世纪开始的文艺复兴，曾经振奋了整个意大利的民族精神，很多思想家、革命家曾经费尽心思重新统一意大利。但是自16世纪起开始，西班牙等国家先后入侵意大利，使得意大利的统一问题一拖再拖。1521年到1713年间，西班牙侵入意大利而占领了其大部分领土，并且将意大利分为四个由西班牙统治的国家：那不勒斯王国、西西里王国、撒丁王国和米兰公国。

1796年拿破仑带领法国军队侵入意大利，占领意大利达二十多年之久。在拿破仑帝国垮台后，维也纳会议将意大利分为八个封建小王国，并且由奥地利、西班牙、法国等分别占领，只有撒丁王国是独立的。

法国大革命和拿破仑入侵，也给意大利带来了资产阶级革命的思想，促进了意大利民众的觉醒。随着意大利资本主义经济的发展，意大利要求民族独立和国家统一的呼声越来越强烈。封建势力对国家的分裂，对资本主义在意大利的发展起到了很大的阻碍作用。各个小王国的法律、货币和度量都互不相同，而且关卡林立，税收繁重。

意大利统一战争中的蒙特贝洛之战

1848 年，意大利和欧洲其他国家一样，也发生了由资产阶级领导的民族独立革命，1 月，西西里岛首先爆发革命，揭开了意大利革命的序幕；3 月，米兰人民也开始革命，并且解放了米兰，威尼斯宣布起义，并建立了威尼斯共和国。为了控制革命在其他小王国的兴起，其他王国的统治者们都先后准许进行民族独立和民主改革。

但是 4 月底，在罗马教皇的建议下，意大利各个王国从前线撤回了反奥军队，随即反过来镇压国内民众起义。到 5 月的时候，西西里起义被镇压，7 月奥军占领

了米兰并转而围攻威尼斯城。8 月，撒丁王国国王被迫将伦巴底、威尼西亚等地割让给了奥地利。1848 年意大利革命最终在国内外势力的共同镇压下失败了，意大利重新回到了四分五裂的封建统治下。

在意大利民族统一运动中，存在两个持有不同意见的派别，他们各自提出了两种不同的主张和道路，他们一是以中小资产阶级为代表的资产阶级民主派，主张"自下而上"的民族革命战争，驱逐外国在意大利的势力，最终建立一个统一的资产阶级民主共和国；二是以大资产阶级和资产阶级化的贵族联盟为基础的资产阶级贵族自由派，主张"自上而下"的统一道路，以撒丁王朝作为统一意大利的力量，把意大利统一在萨伏伊王朝为主的统治之下。

民主派的代表人物是朱泽佩·马志尼，他是意大利统一过程中的主要人物之一，也是一个意志坚强的思想家、政治家。马志尼出生在热那亚一个医生家庭，后来进入热那亚大学攻读法学，毕业后成为律师。早在 19 世纪 20 年代末，马志尼就在热那亚创办报纸，撰写各种政论文章。1830

世界通史

最新整理图文珍藏版

年，马志尼因为叛徒出卖而被捕入狱，并随之被驱逐出境。次年4月，马志尼在法国联络了一批爱国侨民，建立了著名的"青年意大利党"，同时创办了同名刊物。青年意大利党将推翻异族统治，建立统一的民主共和国作为其政治纲领。

继马志尼之后，民主派的另一位主要人物——加里波第，成功地实现了意大利的统一。加里波第，1807年出生于尼斯一个水手家庭，早年当过海员。1833年，加里波第加入青年意大利党，开始从事民族解放斗争。次年，他参加热那亚共和国起义失败后，被迫逃亡南美长达十四年，并在那里参加了巴西南部共和主义者的起义和维护乌拉圭独立的战争。1848年革命爆发后，他回到意大利参加革命，1849年，他为建立与保卫罗马共和国，进行了英勇

"千人红衫军"远征西西里岛

战斗。失败后，他再度流亡，在纽约住了几年，先是在一家蜡烛厂当工人，后来当一艘商船船长。

加里波第对后来意大利的最终统一起到了很大的作用，通过一系列军事实践活动，多次打败兵力上占优势的敌军，取得辉煌战绩。同时，加里波第善于发扬军队的政治优势，深入敌后开展游击战，为意大利统一做出了巨大的贡献，被后人称为"现代游击战之父"。

自由派以卡米洛·加富尔为代表人物。加富尔出生在都灵一个贵族家庭，青年时代曾为撒丁国王效力而参加了撒丁军队。结束军旅生涯后，加富尔游历法国、英国等国家，对资产阶级思想有了一定了解，并且非常崇拜英国的君主立宪制。他曾在自己的领地上应用新式农具和耕种方法，并且开设化肥厂，主张自由贸易和发展近代工业。后来，加富尔创办了《复兴报》，公开宣扬英国宪法利政治制度，呼吁意大利各小王国进行改革，"自上而下"实现意大利的统一和资产阶级革命。他竭力主张由萨伏伊王朝来统一意大利。从1852年开始到其逝世，加富尔一直是撒丁王国的首相。

在意大利真正统一之前，这两个派别一直就如何实现意大利统一而进行各种争论和错综复杂的斗争。

1852年，加富尔出任撒丁王国的首相，并推行一套意在富国强兵的改革，例如大力发展工业、实现自由贸易政策、大力加强国防建设、增加军费开支等。1857年，欧洲经济危机开始波及意大利，发生了严重饥荒，意大利民众对奥地利的统治非常不满，经常与之发生冲突。

加富尔深知，仅以撒丁王国的单薄力量，是不可能将奥地利驱逐出意大利的。因此，他采取了联合法国共同打击奥地利的策略。1858年7月，加富尔利用法奥的矛盾，在法国一个避暑圣地秘密会见拿破仑三世，共同组成反奥军事同盟，并约定：法国出兵协助撒丁王国驱逐奥地利在伦巴得和威尼斯的军队；作为报酬，撒丁王朝允诺把萨伏伊和尼斯割让给法国。

1859年4月，意法联盟对奥地利的战争爆发。5月底，双方进行首次交战，联军获胜。加里波第于1854年春天回到意大利，并受加富尔的邀请而加盟联军。战争爆发后，加里波第率志愿军深入敌后，连战连胜，解放大片地区，广大群众揭竿而起，纷纷加入志愿军，加里波第力量不断壮大。6月，奥军在联军的攻击下损失惨重，不得不撤出伦巴得而退守威尼斯。

1860年4月，西西里首府巴勒莫爆发起义，遭到西西里王国军队的镇压。加里波第招募了1400多名志愿军，5月，乘两艘船离开了热那亚海岸，远征西西里。这些志愿军身穿红衫，又称红衫军。红衫军在西西里登陆后，得到人民的支持，攻城略地，只用了20天就占领了巴勒莫；不久，又攻占了西西里王国首府那不勒斯，使整个意大利南部顺利并入撒丁王国，为意大利的统一事业建立了不朽的功勋。

意法对奥战争的胜利，有力推动了意大利人民的革命运动，中部各个小邦的人民持续进行起义，推翻封建政权，建立了资产阶级政权。1860年，这些已经建立资产阶级政权的小邦在加富尔的游说下进行了全民投票，正式宣布和撒丁王国合并。战至1861年3月，意大利王国宣布成立，定都佛罗伦萨。撒丁王国国王成为意大利王国的国王，加富尔为首相。加里波第在将政权交给撒丁国王后，并且解散了红衫军。

但是撒丁王朝的合并活动受到了法国的阻挠。拿破仑三世之所以同意出兵奥地利，并不真的是为了意大利的统一，而是为了争霸。一心想控制意大利的拿破仑三世在见到意大利王国成立后，急忙和奥地利国王签订了停战协议。协议规定：奥地利放弃伦巴得，由法国转交给撒丁王国，但是奥地利继续保持对威尼斯的控制权。

法奥协议签订后，加富尔迫于拿破仑三世的压力而不得不将意大利领土萨伏伊和尼斯割让给了法国。加里波第闻讯后大怒，强烈谴责"这种拿民族来做交易的事情，朝野上下无不感到深恶痛绝"。一气之下，加里波第辞掉

加富尔

了撒丁王国议员和将军的职务。

意大利王国成立后，全国领土基本上得到了统一。但是意大利统一事业还没有最后完成，根据法奥停战协议，威尼斯还在奥地利的统治之下，而罗马教皇还依靠驻守在罗马的法国军队而维持自己的统治。意大利王国成立后，企图通过战争，从奥地利手中夺取威尼斯。1866年，普鲁士和奥地利为争夺德意志统一的领导权而发生矛盾。利用这一机会，意大利王国和普鲁士结成反奥军事同盟。

该年6月，普奥战争爆发后，意大利也向奥地利宣战。加里波第接受了自由派的邀请而参与了此战争，并取得了多次胜利。6月24日，意军在库斯托扎大会战中遭到重创，被迫撤至明乔河。同时，奥军主力撤回本土，意军免遭打击。加里波第协助政府军作战，深入敌后，连战皆捷。在萨多瓦决战中，奥地利军队被普鲁士军队打败。根据1866年制定的维也纳和约，威尼斯回归意大利。

威尼斯回归意大利后，只剩下罗马还被教皇占领着。为了彻底完成意大利统一，加里波第曾经三次远征罗马。

1862年7月，加里波第前往

巴勒莫，很快组织了 3000 名志愿军，并于 8 月渡过西西里海峡，北进罗马。占据罗马的法军十分恐慌，在派兵加强罗马防务的同时，给意大利王国的国王压力，要求意大利政府军阻截志愿军。为了避免自相残杀，加里波第命令自己的部队不要对前来镇压的政府军开枪。但是政府军却朝志愿军开枪射击，加里波第也在此战役中受伤被捕。

1864 年，加里波第为了远征罗马而前往英国筹集经费，但是被英国驱逐出境。在意奥战争爆发后，加里波第再次组织志愿军远征罗马，但是再次遭到政府逮捕。此后，加里波第被关押在卡普里岛，并受到六艘军舰的看守。但是加里波第还是在战友们的帮助下逃出了小岛，并马上率领志

意大利的全面统一

愿军前往罗马。

但是意大利国王和拿破仑三世沆瀣一气，共同派兵镇压加里波第的远征行动。加里波第在一次战役中，再次被意大利政府军逮捕。1870 年普法战争爆发后，驻守在罗马的法国军队受命撤回法国参战。加里波第乘机再次组织志愿军进军罗马，并于 1870 年 9 月解放了罗马。该年年底，意大利王国首都从佛罗伦萨迁往罗马，意大利最终实现了全国统一。

罗马城非一日可造，意大利的统一也非一蹴而就。意大利的独立统一战争是在马志尼、加富尔和加里波第的共同领导下获得的。独立战争的最终胜利，使意大利摆脱了长期受外族压迫和分裂割据的局面，为资本主义发展扫除了障碍，大大推动了历史的进步。正是有了这次统一的基础，才使得后来意大利成为欧洲战争策源地之一。

1848～1849 年意大利革命

1814～1815 年的维也纳会议后，欧洲封建复辟势力恢复了各国被推翻的封建秩序，残酷镇压各国的革命和民族独立运动，阶级、民族矛盾进一步加剧。1845～1846 年，欧洲发生农业灾荒；1847 年，又爆发了经济危机，给

世界通史

最新整理图文珍藏版

人民带来沉重的灾难，城乡居民生活恶化，群众革命情绪高涨。1848 年，欧洲大陆上掀起了一场大规模的资产阶级民主革命。意大利革命是欧洲革命的重要组成部分。意大利革命的任务是要推翻奥地利的民族压迫和本国的封建统治，实现意大利的独立与统一。意大利人民广泛地投入了革命，资产阶级民主派和自由派为争夺革命领导权展开了激烈斗争。1848～1849 年革命推动了意大利统一运动的发展，成为意大利统一史上的一个重要阶段。

还在 1847 年，意大利已呈现一幅悲惨景象：农村瘟疫流行，饿殍遍野；城市企业倒闭，工人失业，粮价飞涨。反动统治者不顾人民的死活，苛捐杂税有增无减。陷于困境的城乡居民，奋起反抗，不断举行暴动。资产阶级自由派利用这个形势，胁迫各邦君主进行一些改革，自由派自己则参与其事；同时，自由派又欺骗群众，竭力避免发生革命。各邦君主为维护其统治，准备接受自由派的主张。刚上台不久的教皇庇护九世首先把自己打扮成为"改革者"，利用自由派的头面人物进行所谓政治改革：赦免政治犯，设立罗马参政会，实行出版

自由，允许资产阶级修筑铁路，组织国民自卫军，等等。撒丁王国、托斯坎纳公国的统治者也作出了"改革"的姿态，成立有自由派代表参加的内阁。但是，愤怒的人民群众不理睬这些所谓改革，而是发动了革命。

1848 年 1 月，西西里岛巴勒摩城人民首先发动了起义。他们赶走两西西里王国的军队，建立自己的政权，揭开了意大利和欧洲革命的序幕。巴勒摩人民起义的胜利，极大地鼓舞了意大利人民。继法国二月革命后，奥地利首都维也纳也在 3 月 13 日发生了革命，这对意大利革命的发展起了很大的推动作用。3 月 18～22日，手无寸铁的米兰人民经过五天激战，击败了 15000 名装备优良的奥地利军队，解放了米兰城。恩格斯称赞米兰是"在 1848 年革命中完成了最光荣的革命的英雄城市"。3 月 22 日，威尼斯人民也取得了起义胜利，并宣布建立威尼斯共和国。奥地利直接统治下的米兰、威尼斯人民起义的胜利，推动了意大利反对奥地利的斗争。"奥地利人滚出意大利"的怒吼声，响彻意大利。都灵人民包围了王宫，要求撒丁国王查理·阿尔伯特立即向奥地利宣战。查理

·阿尔伯特在人民群众的压力下，被迫于 3 月 23 日对奥宣战；3 月 26 日，又亲率撒丁军队进入伦巴底，教皇庇护九世、托斯坎纳大公、两西西里王国国王害怕压制人民的反奥运动会危及自己的统治，也都先后派出军队到伦巴底对奥作战。

当撒丁王国军队进入伦巴底时，奥地利军队正向北部边境溃退，但是，查理·阿尔伯特没有抓紧战机追击奥军，而是用各种手段先后将伦巴底——威尼斯、帕尔玛、莫德纳并入撒丁王国。1848 年 6 月，加里波第和马志尼相继回到国内。加里波第为了参加对奥战争，卖掉了身上仅有的一件衬衣，带领 63 名战士从遥远的南美赶到撒丁王国军队的大本营。然而，迎接这位爱国志士的却是无情的冷落！查理·阿尔伯特和陆军部长不但拒绝了加里波第组织志愿军的要求，而且还严密防范加里波第及其部下的行动。马志尼也同样受到了排挤，无法在撒丁王国立足。这表明，查理·阿尔伯特发动反奥战争是为了把反奥的旗帜抓在自己手中，乘机扩大撒丁王国的版图，以防止资产阶级民主派夺取战争的领导权，查理·阿尔伯特害怕民主派在赶走奥地利后，将革命引向深入，危及他的统治。

资产阶级自由派利用三月革命形势，掌握各地政权以后，就破坏革命。伦巴底临时政府不仅没有改善人民的生活，反而集中力量镇压起义农民。自由派控制的那不勒斯国民自卫军，还开枪射击罢工的印刷工人。要求工作和面包的罗马失业者也遭到了枪杀。自由派的上述行动，助长了封建统治者的反动气焰。1848 年 4 月 29 日，对奥作战还不到一个月，罗马教皇就呼吁停止反奥战争，并从前线召回了教皇国的军队。5 月 15 日，两西西里王国国王斐迪南二世在那不勒斯发动反革命政变，血洗起义的群众。

6 月，奥地利军队经过休整并得到增援后转入反攻，重新占领了威尼斯地区。接着在 7 月库斯托查战役中击溃了撒丁王国军队。8 月，查理·阿尔伯特同奥军将领拉德茨基签订了停战协定，米兰城及整个伦巴底地区又落入奥军之手。加里波第冲破重重障碍才组织起来的志愿军也陷入奥军包围之中。

反奥战争失败，三月革命成果的丧失，标志着意大利革命第一阶段（1848 年 1 月 ~1848 年 8

月）结束。

这时，资产阶级自由派已脱离革命阵营，有的公然投入封建统治者的怀抱，资产阶级民主派因此才得以掌握革命领导权。意大利革命的第二阶段（1848年8月~1849年8月）也从此时开始。

还在查理·阿尔伯特与拉德茨基签订停战协定时，资产阶级民主派的领袖马志尼就号召发动人民革命战争。马志尼说："国王的战争结束了，民族的或人民的战争开始了。"加里波第也斥责查理·阿尔伯特是民族的叛徒，并宣布不承认停战协定，要把反奥战争继续下去。加里波第指出，只有进行游击战，才能使整个民族投入战争，使没有革命正规军的意大利取得胜利。加里波第率领志愿军转移到阿尔卑斯山与奥军周旋，给奥军以有力打击。但是，由于志愿军力量薄弱，未能挡住奥军占领北部地区。加里波第只得率志愿军向南撤退，并在撤退中扩大队伍，积蓄力量，以寻找新的战机。马志尼和另外一些民主派成员，也与加里波第的部队会合到一起。

在民主派的号召下，人民群众掀起新的革命高潮。威尼斯城虽已陷入奥军重围，但威尼斯人民仍在坚持斗争，共和国的旗帜依然飘扬在城头，奥军久攻不克。托斯坎纳的群众也发动起义，推翻了利奥波德二世大公的统治，并成立了共和国。1849年初，罗马人民举行起义，推翻了教皇政权，宣布建立罗马共和国。罗马起义成功并建立了共和国，在意大利有重大的意义。马志尼和加里波第也率军赶往罗马，支援罗马人民的斗争。

1849年3月，罗马制宪议会选出以马志尼为首的共和国三执政，并指令政府实施民主改革：没收教会财产，取消僧侣特权；废除宗教裁判所，设立世俗法庭；免除农民的磨粉税，减轻小手工业者和小商人的赋税负担。共和国政府改善了罗马人民的生活，人民则把罗马共和国看作是争取独立和统一的革命圣地，是他们解放和自由的希望所在。

但是，形势却对罗马共和国越来越不利。这时，欧洲革命已处于低潮，巴黎工人六月起义被镇压，奥地利境内的革命也遭到失败，法国和奥地利统治者又可以集中力量来镇压意大利革命了。

3月20日，撒丁王国与奥地利停战协定期限已满，查理·阿尔伯特鉴于意大利的革命形势威胁着他的统治，不敢贸然放弃对奥地利的战争。他与欧洲列强磋商之后，决定继续对奥作战。他认为，如果能侥幸击败奥军，他本人及撒丁王国的威望将会大大提高，这样就能遏止革命，保住萨伏伊王朝的统治；如果撒丁王国战败了，有欧洲列强的斡旋，萨伏伊王朝也不至于垮台，还能把奥军引来镇压革命。就这样，查理·阿尔伯特心怀鬼胎与奥地利开战。他既不认真准备，又不让群众武装起来参战。3 月 23 日一战，撒丁王国军队溃不成军。为了避免人民群众追究战败的责任，查理·阿尔伯特将王位传给其子维克多·埃曼努依尔二世之后，便逃出意大利。新上台的国王赶忙与奥地利签订割地赔款的和约，才保住了王位。反奥战争就这样结束了。

奥地利与撒丁王国签订和约以后，奥军长驱直入，很快就镇压了托斯坎纳的革命。接着，又加紧围攻威尼斯共和国，同时，向罗马共和国逼近。

教皇庇护九世在其政权被推翻后，即逃到那不勒斯的加埃塔，并向欧洲天主教国家求救。紧接着，法国、奥地利、西班牙以及两西西里王国的代表聚集这个沿海小城，商议制订干涉罗马共和国的计划。这时，奥军正向罗马推进。由乌迪诺将军指挥的十四艘法国军舰载着一万名法军也从契维塔韦基亚港直达罗马城下。敌军大兵压境，罗马城被敌军团团围住。罗马共和国在危急中！

罗马共和国政府虽然推行了一些改革，但是没有解决农民的土地问题，没有把革命扩展到农村。这是资产阶级民主派的阶级局限所决定的。因此罗马必定陷入孤军作战，并预示着罗马共和国必然要失败。

加里波第曾经几次提议：不要困守孤城，应当把军队开到罗马城外，进行积极主动的防卫战。同时，发动人民群众，打击敌军。加里波第还提出：为了应付紧急局面，共和国必须实行革命专政，并加强军队的作战力量。但是，这些正确的主张，都被马志尼否决了。不仅如此，马志尼还认为加里波第刚愎自用，排挤加里波第，使加里波第未能掌握共和国军的指挥权。然而，这位伟大的民族英雄却以大局为重，服从命令，多次率本部士兵浴血奋战，立下了不朽的战功。4 月 29 日夜到 30 日晚，发生一场恶战。加里波第指挥人数不多的志愿军主动出击，打得乌迪诺指挥的一万法军大败而逃，击毙、俘获了法军一千三百余人。接着，加里波第又率领2500名士兵，迎击斐迪南二世亲自指挥的两西西里王国的两万大军。加里波第在人民群众的支持下，只用了十几天时间，就把两西西里王国军队赶回那不勒斯。

乌迪诺指挥的法军，经过一个月的休整并得到增援之后，又以四万之众于6月2日包围了罗马。法军用重炮猛烈轰击罗马城。6月3日，罗马城外的制高点在两军之间几次易手，战斗十分激烈。加里波第和他的战士冒着弹雨冲杀，最后用长枪和马刀与敌人展开肉搏战，付出了重大牺牲，才挡住法军的攻势。直到这个时候，加里波第才被任命为共和国军总司令。他再次建议三执政：批准突围出城，把战场转移到广阔地区；劝说三执政"唤醒外省和全意大利"，以便挽回败局。可是马志尼等人仍然没有采纳加里波第的建议。加里波第在物资匮乏、居民忍饥挨饿、部队伤亡惨重的情况下，仍然克制着内心的痛苦，身先士卒、出生入死地战斗，又一次顶住了6月23日法军发动的总攻击。一周之后，共和国军队已疲惫不堪，几乎失去继续作战

的能力。7月1日，罗马制宪议会开会商讨大计，并派特使从城外召回加里波第，听取他的意见。当加里波第走进议会大厅时，只见他浑身是血，衣服已被烧破，他的剑由于砍杀敌人过多已弯曲，只有半截能插进剑鞘，全体议员起立向加里波第欢呼。加里波第在会上批评了共和国领导人的错误，指出"大错已经铸成"，局面难以挽回，只有率军离开罗马，到外地坚持斗争。议会同意加里波第的意见，发布了结束罗马保卫战的命令。

7月2日，加里波第在梵蒂冈广场向部队发表演讲。他说："我打算带你们开辟一个新的战场。愿意跟我走的，所到之处，必将受到人民的热烈欢迎，这是可以断定的。我对你们没有别的要求，只要求你们有真挚的爱国之心。我不能给你们薪饷、也不能给你们休假。至于吃的东西，找得到就吃、找不到就要挨饿。能够忍受这种艰难困苦的，才是我的战友和兄弟。如果做不到这一点，就请留下不要跟我走。"许多战士当即表示响应加里波第的号召，跟他去开辟新的战场——支援威尼斯人民的斗争。当晚，加里波第率部队突围出城，踏上去威尼

最新整理图文珍藏版

斯的征途。马志尼等共和国领导人跟着加里波第撤出了罗马。

7月3日，法军进入罗马。

加里波第突围出城后，甩掉法军的追击，冲破奥军的堵截，击败托斯坎纳反动军队的围攻，一个月内穿过意大利中部地区，抵达圣马力诺境内。他出色的军事才能，连敌人也深表钦佩。由于长途跋涉，不断作战，许多战士已筋疲力尽。加里波第遣送一部分战士回乡后，率领留下来的200名老战士，继续向亚得里亚海岸进发。当地渔民冒着生命危险，为加里波第部队提供了13艘渔船。在渡海时，有九艘渔被奥地利舰队击沉，其余的四艘渔船靠岸以后，战士们只得分散隐蔽起来，因而又有一些战士被奥军抓住、枪杀。这时，加里波第身边只剩几个人了。行军途中，加里波第的妻子、他生死与共的战友阿尼塔不幸病故。为了摆脱奥军的追踪，加里波第未能埋葬好妻子，就从东到西横穿意大利半岛，回到撒丁王国境内。不料，撒丁王国政府把他逮捕、监禁了起来。在群众强烈抗议下，撒丁政府才被迫释放了他，但又宣布把他驱逐出意大利。

8月22日，威尼斯共和国陷入奥军之手，标志着意大利1848～1849年革命的结束。

意大利革命失败了。奥地利在意大利北部和中部横行无忌，各地封建势力又重新抬头。加里波第难于在国内立足，就离开了意大利，以等待机会回国战斗。

1848～1849年的意大利革命，由于撒丁国王查理·阿尔伯特的叛卖、资产阶级自由派的破坏和奥地利与法国的武装镇压而失败了。但是，这次革命还是取得了一些积极成果：人民群众在革命中经受了锻炼和考验，看到了自己的力量，增强了信心，为未来的民族革命打下了基础。在革命高涨时期，国内外反动势力受到了沉重打击，为资本主义的发展扫除了障碍。随着资本主义的发展，民族独立、国家统一问题必将再次提到历史日程上来，这就为民族解放运动重新高涨准备了前提。意大利的独立、统一已为时不远了。

1859～1860年的意大利战争与革命

1848～1849年意大利革命失败后，奥地利不但恢复了伦巴底——威尼斯地区的统治，而且在中部各邦驻有军队，加强了对北部和中部地区的控制。西班牙波旁王室重新统治了两西西里王国。法军占领罗马后，也赖着不走。封建统治者采用残暴手段，对人民进行报复，数万革命者被投入监狱，或被流放、服苦役，或被判处死刑。革命团体被取缔，进步报刊被查封。除撒丁王国外，其他各邦国革命时期颁布的宪法都被废除，议会也被解散。

资产阶级民主派在革命中流血牺牲，这时又备受打击、摧残，因而力量大为削弱。流亡伦敦的马志尼没有很好总结革命失败的原因，却陷入幻想和盲动之中。他不顾民主派的困难处境，也不考虑意大利和欧洲的形势，仍然相信只要靠少数人的突然发动革命就可以成功。50年代初，马志尼先后建立的"意大利民族委员会"、"行动党"等密谋组织，接连在国内发动暴动，并想暗杀各邦统治者。这些举动，除了白白消耗革命力量外，一无所获。民主派经受一连串的失败后，分化、瓦解了。有些人已投入自由派的营垒，例如革命时期曾任威尼斯共和国总统、民主派的著名活动家曼宁成了君主立宪制的鼓吹者，并站在加富尔的一边；具有空想社会主义色彩、激进的民主派拉法里纳也成了自由派的骨干，并

得到加富尔的信任与重用。有些人虽然还效忠于马志尼，但已放弃共和制的主张，例如西西里岛民主派的领袖克里斯皮，决定与萨伏伊王朝合作。这样，资产阶级民主派的影响越来越小，自由派的力量则不断地壮大，威望也越来越高。

北方资产阶级为了弥补1848～1849年革命期间遭受的损失，积极发展资本主义工商业。他们建工厂，办农场，修筑了铁路，扩大了贸易。意大利的资本主义在50年代有了较大发展。资本主义的发展，尤其是铁路的修筑，消除了各地的闭塞状态，形成了国内的统一市场，同时，也为国家统一创造了条件。意大利史学家在评述资本主义发展的意义时，特别谈到了铁路是缝好意大利靴子的"丝线"。从资本主义的发展中首先得到好处的是自由派。因为他们有优越的社会地位，有较多的资金，又控制着经济命脉。他们的经济实力大大地增强了。随着经济实力的增强，他们的政治地位也大大提高了。这在撒丁王国表现得最明显。

撒丁王国的自由派，早在革命期间就与封建统治者结成紧密的同盟。革命失败以后，撒丁王

国仍然执行照顾自由派利益的1848年3月的宪法。不仅如此，自由派的代表人物还掌握了政府权力。加富尔于1848年当选为议员，1850年当了农商大臣，1852年又当了财政大臣，同年，出任王国首相。加富尔掌握政权之后，对撒丁王国的经济、财政、军事和行政进行了一系列改革，发展资本主义，扩充军备。推行富国强兵政策。加富尔的改革取得了较大成果，增强了撒丁王国的国力，也提高了自由派的威望。撒丁王国成了意大利地主资产阶级向往的"理想王国"。民主派在北方活动的场所被自由派挤掉了。这就为资产阶级自由派以撒丁王国为中心统一意大利奠定了基础。

加富尔为首的自由派有了巩固的基地以后，就抛弃过去建立联邦制国家的设想，进而主张完全统一意大利。但是，撒丁王国是一个不大的邦国，靠它自身力量，是难以实现目标的。为了避免革命，也为了防止马志尼为首的民主派争夺领导权，加富尔就利用欧洲列强的矛盾，依靠法国来与奥地利抗衡。拿破仑三世早在法军占领罗马后，就有取代奥地利控制意大利的野心，所以，他们一拍即合。1858年夏，加富尔与拿破仑三世秘密签订反奥军事同盟条约，约定：法国协助撒丁王国将奥地利逐出伦巴底——威尼斯地区，并将这一地区并入撒丁王国；撒丁王国则将萨伏伊和尼斯割让法国作为报偿。这个盟约暴露了拿破仑三世的扩张野心，也说明加富尔的统一道路必然会损害意大利的民族利益。

欧洲自1857年开始又爆发了一次经济危机。危机也袭击了意大利，各邦国都遭受沉重的打击。群众的生活恶化了。1858年，意大利又出现了类似1847年的革命形势。为了避免革命、把人民群众纳入撒丁王国领导的对奥战争的轨道，同时，也为了解决王国军队的补充问题，加富尔于1859年2月把加里波第请到都灵，要加里波第招募志愿军参加反奥战争。但是，加富尔隐瞒了自己与拿破仑三世的秘密交易。加里波第考虑到民主派的分化、瓦解，为了国家的统一，同意与萨伏伊王朝合作。所以，加里波第答应了加富尔的请求。加里波第说："我已经惯于使自己的一切政治信念都服从于意大利统一的目的，不论这个统一将要怎样实现"。这以后，他一直坚持这样的立场。加里波第在都灵发出了组织志愿军的号召，很快就组成一支3000人的队伍。壮大了撒丁王国军队的力量。但是撒丁王国陆军部对加里波第总是疑云难消，经常给以牵制和刁难。加里波第虽然得到了"将军"的头衔，却无权指挥他的全部队伍。他的部队有"阿尔卑斯山猎兵"的番号，却领不到枪支弹药、大炮、马匹和给养。然而，加里波第为了对奥战争的胜利，仍率领他的士兵英勇地投入了战争，并建立了功勋。

1859年4月，奥地利首先发动了战争。拿破仑三世亲率法军进入皮蒙特与撒丁军队汇合，迎击奥军。战争虽然开始了，但大规模的战斗却迟迟未见展开。双方集结兵力，互相试探，谁也不肯轻易把主力部队投入战斗。前线的撒丁王国正规军按兵不动，只派加里波第率少数部队进入敌后作战。恩格斯曾一针见血地揭露了撒丁王国政府和拿破仑三世的险恶用心，"是想借此把他（指加里波第。引者注）和他的志愿军消灭掉，因为看来他们是这次王朝战争中过于革命的因素。"但是，撒丁王国政府的阴谋没有得逞。当加里波第率志愿军进入伦巴底以后，群众以大规模的反奥行动支援了加里波第。人民群众揭竿而起，参加志愿军，投入反奥战争。在群众的支持下，加里波第的志愿军每战必胜，解放了一座又一座的城市。加里波第取得了辉煌战果，使撒丁王国政府和拿破仑三世十分难堪，至此他们才开始认真作战。6月，撒丁王国与法国的联军取得两次大的胜利，并占领了伦巴底首府米兰。

对奥战争的胜利，促进了意大利各地革命运动的高涨。4月至6月，托斯坎纳、莫德纳、帕尔玛、教皇国相继爆发人民起义。起义者推翻了封建政权，建立了自由派掌权的新政府。两西西里王国也出现了革命形势。这些情况是拿破仑三世所没有料到的，也打破了他取代奥地利控制意大利的梦想。于是拿破仑三世背信弃义，抛开撒丁王国单独与奥地利媾和，停止战争，并于7月11日签订了和约。根据这个和约，奥地利继续占有威尼斯，但须将伦巴底交由法国"转让"给撒丁王国；法国则保证恢复托斯坎纳、莫德纳、帕尔玛、教皇国的反动政权。

拿破仑三世的背叛，激起了意大利人民的愤怒。马志尼、加里波第来到托斯坎纳首府佛罗伦萨，支援群众的斗争。他们号召人民群众拒绝承认这个出卖意大利民族利益的和约，继续坚持反奥战争。意大利中部各邦国的人民，积极响应马志尼和加里波第的号召，纷纷加入志愿军，反对复辟旧政权，准备掀起反奥战争的新高潮。但是，已掌握政权的自由派害怕人民革命，竭尽全力阻挠马志尼和加里波第组织志愿军、进行反奥战争，同时与撒丁王国政府秘密勾结，把中部各邦国并入撒丁王国。撒丁王国就这样利用对奥战争，兼并了伦巴底和中部地区，扩大了地盘。为了换取法国承认中部各邦国的合并，1860年3月，加富尔又与法国签订条约，将萨伏伊和尼斯割让给法国。

加里波第对加富尔的行径非常愤慨，他辞去撒丁王国议员和将军的职位，以示抗议。加里波第在一封公开信中声明："为我自己、为我的同胞，我保留在民族权利不再是空话的那天，收复我们在那里出生的故土的权利。"加里波第等待着新的战斗。

意大利北部、中部地区的革命运动虽遭受了挫折，但南部地区革命形势却在高涨。4月下旬，农民起义已遍及整个西西里岛。马志尼等民主派领袖为支援西西里岛的革命运动，在热那亚成立了"西西里委员会"，并准备组织远征军与起义者汇合，计划占领西西里岛后进军那不勒斯，以推翻两西西里王国。加里波第应召也赶到了热那亚，负责组织远征军的工作。他从自愿参加远征军的人员中挑选出1200名战士组成了著名的"千人军"，其中许多人是参加过"阿尔卑斯山猎兵"的老战士。为了解决武器装备，"西西里委员会"以加里波第的名义发起了"捐献百万支枪"的运动。很快他们就搞到了5000支枪。加里波第的战友毕克西奥还设法找到两艘轮船，解决了渡海的问题。1860年5月5日夜间，加里波第率"千人军"乘船离开热那亚，开始了历史上有名的"千人军"远征。

早在出发前，加里波第就派出六十多人潜入罗马，四处扬言加里波第将率军进攻教皇国，用这种办法来转移敌人的注意力。运载"千人军"的两艘轮船也没有直接开往西西里岛，而先驶往非洲海岸，以迷惑两西西里王国的海军。后来，加里波第的两艘轮船突然改变方向，快速驶往西西里岛。这时，敌舰已被甩在后面。等敌舰追近时，"千人军"已安然登陆，并于5月11日一举攻占了海港城市马尔萨拉。

加里波第进入马尔萨拉后，立即散发了《告西西里人民书》，向人民群众发出动人心弦的号召：

"西西里的居民们！我为你们带来了历经伦巴底各次战役的一些勇士。我们早已听到西西里英勇的召唤——现在就来到你们这里。我们唯一的希望是解放祖国。只要我们万众一心地团结起来，困难是会克服的。拿起武器吧！不拿起武器的人，不是胆小鬼，就是叛徒！缺少武器不应成为任何人的借口；在勇士的手里任何武器都是利器……拿起武器来！让西西里再一次向世界表明：它的勇敢的人民将怎样从暴君的统治下解放出来。"

西西里岛人民热烈响应加里波第的号召，用长缨枪、马刀、短剑、木棒等武装起来，成群结队加入加里波第的队伍。

5月底，加里波第使用调虎离山计，引诱敌军出城，然后迅速攻占了巴勒摩。受骗的敌军以2万兵力围城。加里波第率部队拼死作战，扫清城内残敌，击溃了围城敌军，取得了具有历史意义的解放巴勒摩的胜利。攻占巴勒摩后，西西里岛上的敌军士气低落。加里波第乘胜追击，于7月初解放了全岛，并建立了新政权。这时，来自意大利北方的志愿军源源不断地进入西西里岛，加里波第的部队增加到2.3万余人。于是，加里波第准备进军那不勒斯。

当加里波第进军西西里岛时，以加富尔为首的自由派采取了既不支持也不反对的态度。自由派认为，如果加里波第进军失败，民主派的声望会更加下降；如果进军成功，可以利用加里波第愿意与撒丁王国政府合作的态度，把西西里岛并入撒丁王国。这时，加里波第已解放了全岛。加富尔赶忙派拉法里纳等人来到岛上，名义上是帮助加里波第建立政府，实际上是来夺权；同时，阴谋破坏加里波第进军那不勒斯的计划。加富尔担心加里波第的进军会引起意大利革命的高涨，如果革命蔓延到北方，势必危及萨伏伊王朝的统治。事实上，加里波第并不反对西西里岛与撒丁王国合并，只是不愿意合并得过早。因为合并以后，加里波第要受撒丁王国政府的牵制，妨碍他解放南方进而完成统一的计划。因此，加里波第赶走了拉法里纳，挫败了加富尔兼并西西里、破坏北进的阴谋。加里波第抓紧时间，整编、训练军队，很快作好了进军那不勒斯的准备工作。这时，那不勒斯地区的农民也掀起了夺取土地的运动；一些城市爆发了手工业者和工人的起义。进军那不勒斯的时机成熟了。

8月初，加里波第开始进军那不勒斯。他先派出一支较大的部队来到西西里岛北部海岸米拉措和法罗岬之间的地方，让敌人误以为他们将从这里起航在卡拉布里亚西岸帕耳米一带登陆。然后，加里波第又派米索里少校带一支约三百人的小部队，渡过墨西拿海峡，进入卡拉布里亚山区。米索里登陆后，按照加里波第的指示，发动当地人民举行起义。加里波第迷惑了两西西里王国的海军，搞得他们晕头转向。8月19日拂晓，加里波第率领大部队在卡拉布里亚南端登陆。第二天，加里波第发动攻打勒佐的战斗。勒佐是两西西里王国在卡拉布里亚的军事重镇，有四万名正规军驻守。由于勒佐的守军久闻加里波第的英名，早已丧失了斗志。加里波第部队攻占了前沿阵地后，城内守军就开城投降。勒佐一战，奠定了加里波第胜利的结局。两西西里王国军队士气瓦解，士兵们一看到加里波第的部队，不是

逃跑，就是缴械投降。加里波第从勒佐进军那不勒斯的途中，几乎是兵不血刃，一路高奏凯歌。各地居民也在加里波第部队到达前发动起义、夺取了城市，然后夹道欢迎他们进城。

加里波第部队迫近那不勒斯，两西西里王国统治集团惊慌失措。弗郎西斯二世一天之内就打了三个电报请求教皇为他祝福，但是，上帝却帮不了他的忙。国王见大势已去，留下两万军队守卫那不勒斯，自己仓皇出逃。9月7日，加里波第带着几名随从人员，乘坐敞篷马车进入万众欢腾的那不勒斯城。弗郎西斯二世的两万守军放下武器，加入了欢迎加里波第的行列。

那不勒斯居民为庆祝胜利，举行了一周的庆祝活动，张灯结彩，燃放焰火，集会游行。

加里波第在那不勒斯建立了新政权。他成了西西里和那不勒斯的执政者。这时，马志尼等人建议加里波第宣布在南方成立共和国，并进行民主改革。但是，加里波第拒绝了上述建议。加里波第认为，意大利人应当首先建造一座归自己所有的房子，把不速之客赶出去，而后才能考虑如何安排房子里面的秩序。他对马

志尼等人说，只要与奥地利和罗马教皇的斗争还在进行，民主派就应当"使自己的共和主义的良心沉默"，至于统治的形式，待统一以后再说。

逃到加埃塔的弗郎西斯二世并不甘心失败，他在沃尔土诺河一带纠集五万军队，准备与加里波第进行最后一战。10 月 1 日，加里波第率部队投入战争，沃尔土诺河战斗开始了。这次战斗，加里波第是与两倍于己的敌军交锋。加里波第付出了重大代价，才击败了敌军。敌军龟缩阵地死守。这时，撒丁国王维克多·埃曼努依尔二世率两万大军前来，协助加里波第粉碎了弗郎西斯二世的反扑。两西西里王国被推翻了，整个南方解放了！加里波第在人民群众的支持下，仅仅用了五个月时间就解放子半个意大利，把 1859～1860 年的革命推向了高峰，写下意大利统一史上最光辉的篇章！

撒丁国王率两万大军进入南方，其真实目的是要阻挡加里波第在解放那不勒斯后继续北进。加里波第的部队经过沃尔土诺河战斗，已元气大伤。这时，加富尔为首的自由派又乘机煽动南方的地主、资产阶级掀起"归附撒丁"的运动。加里波第经过认真考虑，感到继续北进已不可能；如果北进，很可能会引起内战，因为撒丁王国已作好了内战准备。为顾全大局，避免内战，加里波第决定放弃北进，并交出政权和自己的军队。

1860 年 11 月 6 日，维克多·埃曼努依尔二世率撒丁军队进入那不勒斯。撒丁王国政府解散了加里波第的军队，通过"公民投票"，把南方并入撒丁王国。11 月 8 日，加里波第带着从朋友手中借来的旅费和一袋蔬菜和种子，回到卡普列岛住地。加里波第以统一大局为重，不贪恋权位的高尚情操确实令人敬佩。

1859～1860 年的战争与革命，是意大利统一运动的高潮。由于资产阶级自由派势力的强大，最终资产阶级与封建势力妥协，在萨伏伊王朝的旗帜下基本上实现了意大利的统一。

意大利的统一

50 年代以后，意大利的统一运动又逐步趋向高涨。这时，"自上而下"和"自下而上"两条统一道路的斗争仍在继续。在 1848 年意大利革命中，以马志尼和加里波第为代表的民主派曾企图实现"自下而上"的统一。由于意大利资产阶级民主派的软弱，这条道路没有走通。50年代初，马志尼在伦敦建立"意大利民族委员会"、"行动党"等组织，发动了几次起义（1852年在曼图亚、1853年在米兰和都灵），但都失败了。马志尼派转而采取个人恐怖手段。于1854年刺死帕尔玛大公，1856年刺伤那不勒斯国王斐迪南二世。这些行动更加暴露了马志尼派的软弱、他们策略的错误和脱离群众。马志尼派许多人对民主革命的前途失去信心，他们纷纷背弃了共和主义的理想，投入自由派的怀抱。马志尼本人也在1853年8月前往佛罗伦萨，拜倒在自由派的膝下，声称为了联合一切争取意大利统一的力量，准备取消共和口号。共和派放弃了统一运动的领导权，以加富尔为代表的资产阶级自由派则充当了这个运动的主角。

1848年革命失败后，意大利各个小邦都恢复了封建君主制度，只有撒丁王国继续保留革命时期所颁布的宪法，实行君主立宪制度。这个宪法限制国王权力，建立议会制（包括贵族院与众议院），宣布人人在法律面前平等，赋予人民言论、出版、集会的自由，保护私有财产，议会监督税收等等。通过这种君主立宪体制，萨伏依王朝与资产阶级自由派结成了同盟。国王维克多·伊曼纽尔企图依靠自由派的支持来扩张王朝的领土。自由派则指望这个王朝维护他们的利益。于是，撒丁王国在意大利各邦中了政治开明的声誉。

自由派以撒丁王国为基地，利用1848年革命失败后民主派的消沉，准备把意大利各个小邦合并于撒丁王国，自上而下地把意大利统一起来。1852年，加富尔出任撒丁王国首相，开始推行一系列富国强兵的改革。这些改革措施有：一，大力发展工业，如兴修铁路，鼓励私人兴办企业，扩建热那亚港，建立商船队等等。二，实行自由贸易政策，先后与英国、法国、比利时、瑞士等国签订通商条约，并降低关税率。从1851至1858年，撒丁王国的对外贸易额增加了一倍之多，其中机器、矿石、生铁和煤的进口量增加特别快。三，大力加强国防建设，建造堡垒，改编旧军，逐年增加军队，改善军事装备。四，限制教会和寺院的权力，将教会部分财产收归国有，剥夺教会的各种特权。这些改革推行以后，增强了撒丁王国的国力，提高了王国在意大利人民中间的威望，从而为建立统一的意大利王国打下了基础。

1856 年间，加富尔建立"民族协会"，它大力鼓吹"在皮埃蒙特君主制的保护下来实现意大利的独立和统一"。民主派许多人对这个口号表示支持。这期间，从意大利各地聚集到撒丁王国的爱国者达 3 万人之多。加里波第也参加了民族协会，积极发动人民捐款购买 10 万支枪，支持撒丁王国扩大军队。加里波第的行动，博得了自由派的好感，被授予撒丁王国的军衔和军职，开始为国王效劳。在 1860 年率领红衫军向西西里进军时，加里波第已明确地提出了"意大利万岁"和"伊曼纽尔万岁"的口号，在一定程度上反映了他的忠君意识。

加富尔深知，以撒丁王国单薄的力量，不可能驱逐外国侵略势力，实现意大利的统一。因此，他在外交上采取与法国结盟以打击奥地利的方针。他认定同法国结盟是可行的。因为，法国与奥地利存在矛盾，有嫌隙可以利用；拿破仑三世的祖先是科西嘉人，科西嘉原属意大利，就连拿破仑三世本人也曾参加过烧炭党，自然有亲意情绪。

加富尔在外交上靠拢法国的第一个步骤是在 1854 年参加克里木战争，站在英、法一边对俄国作战。在这次战争中，撒丁王国派出军队 1.7 万人，为打败俄国尽了一份力量。战后举行巴黎和会，加富尔代表撒丁王国出席，跻身强国之列。他在会上痛陈奥地利对意大利的专横统治，博得欧洲舆论的同情。此后，撒丁王国与法国在外交上日益亲近。

1858 年 6 月 21 日，加富尔利用法奥矛盾，在法国避暑胜地普隆比埃与拿破仑三世会晤，双方达成联合对奥作战的秘密协定。拿破仑三世答应参加对奥作战，帮助撒丁王国收复奥地利占领的领土，建立北意大利王国，加富尔则答应把萨伏依和尼斯割让给法国作为酬谢。为了巩固与法国的结盟，加富尔还撮合两个王朝进行联姻。伊曼纽尔把女儿玛丽·克洛蒂尔德嫁给比她大二十岁的法国王子热罗姆·波拿巴。法、撒结盟以后，1859 年 1 月 1 日拿破仑三世接见外交使团时，突然对奥地利的大使说："我很惋惜，我们同贵国政府的关系已经不像从前那么友好了。"这是法国对奥地利战争的信号。

1859 年 4 月 29 日，奥军渡过蒂奇河首先开始军事行动。战争开始后，加里波第应加富尔之请，立即组织红衫军参加抗奥战争。这支军队在伦巴底一带连战皆捷，给奥军以沉重打击。革命战争的胜利促进了意大利中部各小邦人民的斗争。托斯卡纳、莫登纳、帕尔玛和罗曼那的人民起来推翻封建政权，成立资产阶级政权。这时加富尔抓住了有利时机，用几个月时间突击地访问了中部这几个小邦，游说他们合并于撒丁王国。加富尔的活动受到各小邦资产阶级自由派的支持。1860年3月，这些小邦在自由派控制下举行全民投票，正式宣布与撒丁王国合并。

撒丁王国合并各邦的活动受到法国拿破仑三世的阻挠。拿破仑三世之所以联合撒丁王国对奥作战，其真正目的是为了争霸，而并非同情意大利的统一事业。因此，当意大利人民革命运动胜利发展，意大利出现了实现统一的前景时，一心想控制意大利的拿破仑三世感到震惊，连忙于1859年7月8日至11日同奥地利皇帝在维拉弗郎科会晤，签订停战协定。根据这个协定，奥地利答应将伦巴底交由法国转让给撒丁王国，而法国则赞同奥地利继续占领威尼斯。同时拿破仑三世还保证重建帕尔玛、莫登纳的托斯卡纳等邦的封建政权。

法奥协定签订后，加富尔屈从拿破仑三世的政治压力，于1860年3月与法国政府缔结密约，将意大利的领土萨伏依和尼斯割让给法国，以换取拿破仑三世承认伦巴底归还意大利，以及中部各小邦合并于撒丁王国。加里波第闻讯后怒不可遏。他在议会强烈谴责"这种拿民族来做交易的事情，朝野上下无不感到深恶痛绝"。他一气之下，辞去了撒丁王国议员和将军的职务，以示抗议。

当时，意大利的革命运动方兴未艾，高潮迭起。北方的运动虽因自由派的妥协而受到抑制，但是南方的运动又起来了。加里波第和民主派的革命志士继续为争取意大利的统一而斗争。1860年初，加里波第在都灵建立了一个爱国军人团体"国民军协会"，并发表了《致意大利人民书》，号召建立人民武装，开展革命运动。他说："意大利武装起来之日，就是它获得解放之时。"

4月，民主派在西西里组织起义。加里波第闻讯，立即组织"千人团"向西西里挺进。当加里波第的部队在西西里登陆时，当地人民箪食壶浆，热烈欢迎。在当地起义军的配合下，千人团所向披靡，6月解放整个西西里岛。9月轻取那不勒斯。至此，意大利南部除罗马外，已全部获得解放，加里波第受到了广大人民的拥戴，担任了那不勒斯的执政官。他随即实行一系列民主改革，释放政治犯，废除苛捐杂税，向贫民分配廉价食品，将波旁王室的土地分给无地贫民，给受伤和残废军人发放抚恤金，成立孤儿院和各种慈善团体。这些措施对于改善人民的生活起了重大作用。随后，加里波第又着手准备进军罗马，解放在教皇统治下的意大利人民。

自由派这时又施展手段来夺取民主派艰苦斗争所得到的胜利果实。加富尔早就派出他的亲信帕拉维西诺打入加里波第的队伍，担任了那不勒斯副执政官。帕拉维西诺利用职权，扶植自由派势力，为那不勒斯合并于撒丁王国作组织上和舆论上的准备。在加里波第决定进军罗马的时候，撒丁国王维克多·伊曼纽尔二世又调动两万大军来到那不勒斯进行拦阻。他公然发表文告，号召人民向君主制度妥协，宣布"革命时代已经结束"。帕拉维西诺在那不勒斯把保皇党人和自由派的势

力联合起来，组织了一次大规模示威游行，要求把那不勒并入撒丁王国。在自由派的压力下，加里波第被迫同意举行自由派所控制的所谓民意投票。根据1860年10月21日投票的结果，伊曼纽尔二世从民主派手里夺取了政权。

1861年3月19日，意大利王国宣告成立。撒丁国王伊曼纽尔二世成了意大利国王，加富尔当了首相。意大利除了威尼斯和罗马两个地区之外，已基本上实现了统一。

1866年6月16日，普奥战争爆发。6月20日，意大利乘机向奥地利宣战。加里波第组织志愿军参战。在这次战争中，意大利政府军的将领无能透顶，连遭败绩，而加里波第的志愿军则捷报频传。奥地利战败求和。10月3日签订意奥条约，威尼斯回归意大利。

为了彻底完成统一祖国的大业，加里波第先后三次组织志愿军远征罗马。1862年7月，加里波第前往巴勒莫，号召人民武装起来进军罗马。他提出"不解放罗马毋宁死"的战斗口号，很快便组织了3000名志愿军，于8月间渡过西西里海峡在卡拉布里亚登陆，北进罗马。拿破仑三世十

分恐慌，连忙派兵加强罗马防务，同时要求伊曼纽尔二世阻截志愿军。伊曼纽尔称这次远征是一场叛乱，派出王室军队在阿斯普罗山区袭击志愿军。加里波第一心避免自相残杀，下令志愿军不要还击。一向纪律严明的志愿军遵令未发一弹，但政府军却开枪射击，打中加里波第足踝，他不支倒地，被政府军逮捕，这次进攻失败了。

1864年春，加里波第为了远征罗马而前往英国募捐经费，被英国政府驱逐出境。1866年意奥战争后，加里波第在次年再次组织志愿军远征罗马，但都灵和巴黎的暗探到处跟踪他，监视他。9月24日再次将他逮捕。由于人民群众的抗议，伊曼纽尔下令把加里波第解回卡普里岛，并派了六艘军舰包围这个小岛以防止他出逃。10月间，加里波第在战友帮助下逃出小岛前往佛罗伦萨，并率志愿军进军罗马。伊曼纽尔与拿破仑三世沆瀣一气，法、意军队共同夹击志愿军，加里波第在指挥志愿军撤退时被本国政府军逮捕，再度被囚禁于卡普里岛。伊曼纽尔二世由于害怕加里波第解放罗马会激起人民的革命情绪，引起动乱而损害自由派地主资产

阶级的利益，更害怕自己会因此丧失威望而丢掉王冠。因此，他极力阻挠和破坏加里波第的进军，企图通过同法国谈判占领罗马，但始终未获成功。

1870年普、法战争爆发，罗马的法国驻军奉调回国参战。加里波第趁机再次组织志愿军向罗马进军。于9月20日解放了这个故都。1870年年底，意大利王国的首都从佛罗伦萨迁往罗马，意大利的全国统一终于大功告成。

加里波第的贡献

朱泽培·加里波第（1807～1882年）是一位资产阶级革命家，杰出的军事家，意大利的民族英雄。他把他的一生都献给意大利的民族独立和统一事业，作出了巨大的、值得纪念的贡献。

加里波第1807年7月4日生于尼茨。尼茨是在1815年脱离法国并入北意大利的撒丁王国的。

意大利从1815年起分为八个封建小邦。国家的分裂同外族压迫交织在一起，奥地利统治着伦巴底——威尼西亚，控制着意大利中部各邦；教皇领地罗马地区驻扎着法国军队；南部的两西西里王国（西西里和那不勒斯）则被西班牙波旁王朝所控制；只有撒丁王国保持着独立。国家的分

裂和外族的统治严重地阻碍了意大利资本主义的发展，因此，意大利的革命任务是实现国家的统一和民族解放。这样一场革命具有反封建的资产阶级革命和民族独立运动的性质。

在这场民族统一运动中，主要存在两大派别，一派是资产阶级——贵族自由派，主张通过资产阶级同贵族地主妥协的道路，"自上而下"建立统一的意大利王国。这一派的政治代表是撒丁王国的首相卡米洛·本佐·加富尔伯爵（1810～1861年）。撒丁王国是唯一未受外国控制而资本主义最为发达的邦。另一派是资产阶级民主派，力求通过推翻各邦封建王朝，驱逐外国势力，"自下而上"建立统一的资产阶级共和国。这一派的领导者是朱泽培·马志尼（1805～1872年）和加里波第。

青年时代的加里波第，当过商船的水手和撒丁王国的海军，曾参加马志尼组织的"青年意大利党"。1834年该党起义失败后，加里波第逃亡南美，参加巴西南部共和主义者的起义和维护乌拉圭独立的战争。1848年回意大利参加革命，领导保卫罗马共和国的战斗，罗马共和国是1849年在罗马教皇领地上建立的资产阶级

共和国。1848～1849年的意大利革命最终被外国统治者所镇压。

50年代后期，意大利的民族运动再度高涨，北部诸邦反奥斗争激烈。加里波第率领一支志愿队，在1859年6月4日的马金塔会战和24日的索尔非利诺战役中，大败奥军，战功卓著。这次胜利推动了全意大利人民的革命运动。中部各邦推翻了封建专制政权，建立了临时政府。加富尔则使这些邦并入撒丁王国。撒丁的统治阶级利用人民革命斗争，完成意大利的局部统一。

加里波第对加富尔的行为（包括卡富尔把尼斯和萨伏依两地割让给法国，以换取拿破仑三世支持一事）极为愤慨。他和马志尼力图独立行动，使民主派成为统一运动的真正领导者。

1860年春，南部西西里首府巴勒摩爆发起义，接着，波澜壮阔的农民起义席卷南意。王国政府派出大批军队进行镇压。消息传到北意大利，人民立即向加里波第呼吁，要他率远征军去南意支援人民起义。加里波第组成了"千人团"（又称"红衫军"），5月5日从热那亚城启程，渡海前往西西里。"千人团"是一支志愿军队伍，主要由工人、手工业者

最新整理图文珍藏版

和渔民组成，也有一些知识分子。5月11日，加里波第在西西里小港口马尔萨拉登陆，当地群众箪食壶浆，热烈欢迎。加里波第队伍的解放斗争同广泛的人民运动融汇在一起了。5月15日，加里波第志愿队在卡拉塔非米同王国政府军相遇，志愿队战士冒着猛烈炮火，强攻梯形山顶的政府军防御工事。他们克服巨大困难，攀上悬崖峭壁，击溃两倍于自己的政府军。加里波第的志愿队很快发展到五六千人。5月27日，在农民军的配合下，加里波第部队发动夜袭，一举攻克巴勒摩。到7月初，整个西西里解放了。加里波第接受西西里"专政者"的称号。

全意大利的眼睛都注视着加里波第"千人团"的远征。加富尔也只能坐视加里波第创造惊人的功绩。西西里解放后，加富尔力图使西西里归并于撒丁王国，加里波第没有同意。8月初，加里波第决定渡过海峡，解放那不勒斯。8月18日，加里波第率领的1.6万名志愿队渡过海峡。手持猎枪、鱼叉、长矛和斧头的农民队伍从四面八方赶来迎接加里波第的队伍。许多王国政府的团队在同志愿队接触时，就高呼"加里

波第！"转到人民革命方面来。9月7日，加里波第志愿队在胜利进军中进入两西西里王国首都那不勒斯，波旁王朝被推翻，南部意大利解放基本完成。加里波第被推为那不勒斯临时政府的"专政者"。

南部意大利是经由人民革命的途径取得胜利和解放的。加里波第与起义群众保持密切的联系，是他的部队取得胜利的原因。加里波第本可依靠广大人民力量，建立民主共和国，"自下而上"地统一意大利。马志尼也向加里波第提出这样的建议。在这个关键时刻，政治上的不成熟性和不彻底性在加里波第身上暴露出来。加富尔派出4万撒第丁军，假道教皇辖地，匆匆赶到那不勒斯，加富尔向加里波第提出让南意人民实行"人民表决"，根据"民意"决定南意的归属。加里波第没有发动人民起来反对撒丁王国的君主政体，在所谓"民意"的考虑下居然同意"人民表决"1860年10月21日，在撒丁政府的一手摆布下，投票"结果"把南意并入撒丁王国，加里波第放弃"专政者"的大权，把政权交给撒丁国王。加里波第事实上被解甲归田，放逐到卡普雷拉岛他

的岩石重叠的家乡去。1861 年 3 月，宣布成立在撒丁王国领导下的意大利王国。没有统一的意大利领土还留下威尼西亚（奥占）和罗马教皇辖地（法国控制）。法国皇帝拿破仑三世威胁说，谁向罗马走去，路上将碰到法兰西！

1862 年，加里波第又突然出现在巴勒摩，率领 2000 名志愿队奔赴罗马。但是这支队伍在向罗马的进军途中却遭到意大利王国政府军的截击。国王艾曼努尔不敢同法国冲突，又不愿让民主派势力壮大。在双方的互射中，加里波第负伤，向罗马的进军失败了。1867 年，加里波第志愿队再次进攻罗马，在曼塔纳附近的战役中，被教皇军和法国联军所击败。1870 年，加里波第志愿队和意大利王国政府军，趁普法战争之际，进军教皇领地，9 月 20 日占领罗马，意大利的统一最后完成。1871 年 1 月，意大利王国首都迁到罗马。

意大利最后虽然统一于撒丁王国，但可以看到，意大利的统一是人民长期艰苦斗争的结果，在历史上是一个进步的事件。加里波第为意大利的统一立下了汗马功劳，在重要的关头起了决定性的作用。这位具有古代雄风的勇士，受到意大利人民的崇敬和怀念。

加里波第支持第一国际和巴黎公社的事业，曾热烈祝贺巴黎公社的成立。他被缺席当选为巴黎国民自卫军中央委员会委员。加里波第 1882 年 6 月 2 日死于卡普雷拉岛。马克思和恩格斯肯定并赞扬了加里波第在意大利统一中所起的进步作用。

德意志帝国的诞生

概况

1848 年，德国也曾发生了旨在统一德国的革命行动，但是那次革命最终还是失败了。1848 革命失败后，整个德意志依然在政治上和经济上处于分裂状态，封建制度仍然统治着德意志各个城邦，有些城邦甚至更加封建、反动。例如，奥地利于 1851 年正式废除了 1848 年的帝国宪法，恢复封建君主的专制统治；普鲁士于 1850 年颁布"钦定宪法"，加强君主统治。

进入 19 世纪 50、60 年代后，德国的资本主义经济有了很大程度的发展。从 1850 年到 1870 年，德国的工业总产值增长了 1 倍，

最新整理图文珍藏版

重工业部门的生产产量每 10 年翻 1 倍；1846 年，整个德国的机器制造厂只有 131 家，到了 1861 年年底的时候，这个数字已经变成 300 多家；钢铁产量从 1850 年到 1860 年增长了两倍多；轻工业的发展也很迅速，1849 年有纺织机器 5018 台，这个数字到 1861 年就变成 15258 台了。到 19 世纪 60 年代，整个德国的工业发展已经超过了法国，居世界第三位。

德国资本主义的发展，和各城邦分裂割据的格局产生了尖锐的矛盾。各城邦的分裂，造成德国政治政策、经济政策的不相同，货币、度量等都不同；各个城邦之间婚姻和居住制度的约束，使得工人和资本不能自由流通，资本家因此不能自由支配工人；分裂的德国，使得德国资产阶级在国际市场上的竞争能力受到限制。因此，建立统一的德意志帝国，成为资本主义进一步发展的前提。

但是在采用何种方式来达到统一的目的的时候，资产阶级内部却产生了不同的声音。普鲁士和德意志北部各城邦的资产阶级主张把奥地利排除在统一德国的外面，由普鲁士领导德国统一，鼓吹"小德意志方案"；而奥地利和西南一些资产阶级则认为把德意志联邦改组成以奥地利为首的瑞士式联邦共和国，在奥地利的霸权下，建立一个"中欧大国"，这就是"大德意志方案"。

奥地利当时是德意志联邦议会的主席，因此在德国具有比较大的政治影响。但是它的经济发展比较落后，导致其境内的矛盾比较多。因此，奥地利本身并不希望能有一个统一的德国，而是希望赢得各个城邦的支持来维护目前城邦分裂的状态。

普鲁士是德意志各个城邦中领土面积最大，资本主义经济最发达的地区，拥有莱茵、西里西亚、柏林等德国先进的工业区。经济的发展，使得普鲁士和奥地利相比有比较优厚的物质优势，

威廉一世加冕为德意志帝国的皇帝

也使它具有更为强烈的统一要求。1834年，普鲁士带领几个城邦建立了德意志关税同盟，以发展资本主义经济。到19世纪60年代，在小德意志地区已经形成了一个"一体化"的经济区。

普鲁士和奥地利都认为应该由自己来领导统一德意志，因此双方自1850年开始展开了争夺德意志霸权的斗争，1850年春，奥地利主动向普鲁士发起军事进攻。5月，奥地利在法兰克福召开会议，决定恢复全德议会，并由奥、普轮流担任主席。但是，普鲁士对此决议予以断然拒绝。

60年代后，普鲁士为了和奥地利争夺领导权，准备大力扩军备战，进行积极的军事改革。1860年，普鲁士威廉一世政府向议会提交军队改革方案，要求扩大军费支出。但是以资产阶级为

德国统一的历程

代表的议员们害怕更加强大的军队，将有可能进一步加强普鲁士王朝的专制统治，不利于资产阶级分享政权，因此否决了国王的要求。威廉一世一怒之下解散了议会。次年，普鲁士议会重新改选，但是资产阶级建立的"自由党"在选举中获得多数票，再次否决了国王的军事改革方案。

威廉一世无法在议会中贯彻自己的意志，又不能违反议会的意志而强行进行军事改革。恼怒之极的威廉一世此时甚至拟定要退位，放弃王位。这时，陆军大臣请威廉一世起用普鲁士驻法大使奥托·冯·俾斯麦。1862年9月，威廉一世任命俾斯麦为宰相兼外交大臣。

奥托·冯·俾斯麦，1815年出生于普鲁士雪恩豪森一家大容克贵族家庭，他的童年是在他父亲的庄园里度过的。贵族的家庭，养成了他强暴蛮横、凶悍粗野的性格，据说在大学期间，曾与同学进行过27次决斗。1835年，俾斯麦从柏林大学毕业，然后回到老家管理自己的两处世袭领地。作为贵族，俾斯麦再次以粗野的个性、对待农民的残忍、追求目标的毅力和不择手段以及现实主义的态度而闻名当地。

在 19 世纪 40 年代，俾斯麦政治上属于顽固的保守派，热烈拥护普鲁士王权和贵族的特权。1848 年革命时，俾斯麦在自己领地上组织军队，准备前往柏林武力镇压革命。面对法兰克福全德国民议会中资产阶级代表们的清谈阔论，俾斯麦非常反感，并且主张用武力把它驱散。此后，1851～1858 年期间，俾斯麦被任命为驻德意志联邦代表会的普鲁士邦代表；1859 年，任驻俄公使；1861 年，改任驻法公使。

19 世纪 50 年代后，俾斯麦的政治立场发生了变化。在他的任职期间，俾斯麦受到资产阶级思想的影响，逐渐成为资产阶级化的容克。俾斯麦认为，德国的统一是无法阻止的，而且应该由普鲁士领导这场统一运动，只有这样才能挽救普鲁士君主政体和容克利益。同时，俾斯麦清楚地认识到，法国和俄国等欧洲列强都会阻止德国的统一，在德国内部，普鲁士的霸权也会遇到奥地利的坚决反抗。因此，俾斯麦认为要统一德国，必须用武力和战争作为后盾。

在俾斯麦被任命为宰相后，他于 9 月在普鲁士议会上发表了他的首次演说。他大声宣称："德国所注意的不是普鲁士的自由主义，而是权力……普鲁士必须积聚自己的力量以待有利时机，这样的时机我们已经错过了好几次……当代的重大问题不是通过演说与多数人的决议所能解决的——这正是 1848 年和 1849 年的错误——而是要用铁和血。"由此，他获得了"铁血宰相"的称呼，其采取的政策也被认为是"铁血政策"。

上任伊始，俾斯麦就开始了和议会之间长达四年的"宪法纠纷"。俾斯麦认为，议会里的那些资产阶级议员只会吵吵嚷嚷，他们懦弱无能，根本没有实力和政府对抗。因此，他干脆一脚踢开议会，根本不害怕议会指控政府"违背宪法"，照旧进行军事改革，扩大军队，并解散了众议院，并且下令关闭自由派的报纸。

1864 年，俾斯麦挑起对丹麦的战争，迈出了统一德国的第一步，战争的导火索是什列思维希—霍尔斯坦问题。什列思维希、霍尔斯坦是位于波罗的海和北海之间的两个公国，是德意志联邦的成员，同时也是丹麦国王的个人领地，但并没有和丹麦合并，成为德国和丹麦事实上的边界。什列思维希的大多数居民是丹麦人，而霍尔斯坦则多以德意志人居多。1863 年 3 月，丹麦国王颁布了一部适用于全国各州的宪法，把什列思维希纳入了丹麦。同年 11 月，丹麦政府向德意志联邦议会提交了这份宪法，此举意味着丹麦对什列思维希事实上的兼并。不久，丹麦新任国王正式签署了"十一月宪章"，目的在于直接兼并这两个公国。

德国国内对丹麦国王的举动感到异常愤怒，纷纷声援两公国的独立行动。俾斯麦抓住这一机会，在取得俄国和法国不干涉德国事务的保证下，和奥地利结成反丹麦联盟，并在"为德意志民族利益"的口号下开始对丹麦宣战。1864 年 2 月，普奥联军在普鲁士陆军元帅的指挥下，进军什列思维希，并于 18 日发起总攻击。战争进行的非常顺利。到 10 月 30 日，普奥联军和丹麦在维也纳正式签订"维也纳和约"。和约规定：什列思维希—霍尔斯坦以及另外一个小公国劳恩堡脱离丹麦，交给普鲁士和奥地利共同管理。德国和丹麦的战争结束。

此后，普奥双方开始瓜分战利品。后来达成的协议是：什列思维希归普鲁士管辖，霍尔斯坦归奥地利管辖，普鲁士向奥地利支付 250 万塔勒得到了小公国劳恩堡。但是这个和约造成的政治、行政管理的混乱状态，成为后来俾斯麦挑起普奥战争埋下了伏笔。

在完成对丹麦的战争后，俾斯麦将枪炮对准了奥地利，准备发动对奥地利的战争。1866 年 6 月 1 日，奥地利驻法兰克福代表宣布，两公国的前途应该由联邦议会决定。俾斯麦据此攻击奥地利单方面讨论这一地区未来归属问题而破坏了普奥原来签订的协议，派兵进入霍尔斯坦。10 日，普鲁士公布了《联邦改革纲要》，要求把奥地利开除出德意志联邦；奥地利则呼吁其他各邦行动起来反对普鲁士。

14 日，联邦议会以多数票数通过了反对普鲁士的方案。俾斯麦见此后发表声明：联邦议会无权以这种方式对待它的成员，联邦宪法已遭到破坏，并要求解散联邦议会。17 日，奥地利发布宣战书，普鲁士也马上对奥地利宣战。普奥战争爆发。

战争开始后，普军很快攻入汉诺威、黑森加塞尔以及萨克逊，迫使他们投降。7 月 3 日，普鲁士军队和奥地利、萨克逊联军集结于萨多瓦村附近展开决战。应该说，欧洲历史上从来没有见过如此阵容庞大的战役：奥萨联军的数量达到了24万，普军则有29万。俾斯麦下决心在此战役中击溃奥军主力，据说当时他随身带了毒药，准备一旦失败就服毒自杀。

结果，奥地利军队大败。普军乘胜追击，于7月14日逼近奥地利首府维也纳。奥地利皇帝此时急忙要求拿破仑三世进行调停。考虑到如果战争继续进行下去，将导致法国的强行干涉，甚至可能导致奥地利国内产生革命，俾斯麦说服了普鲁士国王，和奥地利国王签订了《布拉格和约》。《布拉格和约》规定，奥地利宣布退出德意志联邦，并将法兰克福等4个邦国和1个自由市让归普鲁士，双方不干涉巴伐利亚等南方诸邦的独立自治。

普奥战争的胜利，普鲁士基本上统一了德意志。1867年，德国成立了以普鲁士为中心的北德意志联邦，包括了21个邦和3个自由市。同时，国内对俾斯麦另眼看待，资产阶级热烈拥护俾斯麦的政策，并且追认军事开支预算，长达四年的"宪法纠纷"也宣告结束。但是由于拿破仑三世的阻挠，南方四邦还保持着独立地位，并没有加入北德意志联邦。

为了实现德国的最后统一，俾斯麦不得不准备和法国作战，这是他实现德国统一的第三步。1866年后，普奥战争结束后，法国和普鲁士都加紧军事备战。1870年7月，普法战争爆发。在战争爆发后，拿破仑三世曾吹嘘说："这只是一次到柏林的军事散步。"但是由于法国对德国事务的不断干涉而激起德国民族运动的高涨，同时欧洲列强因同法国有矛盾而宣告"中立"，装备精良的普军很快就攻入了法国境内。经过色当决战，法军宣布投降，拿破仑三世也成了普军的俘虏。

拿破仑三世被俘投降

法国战败后，南方各邦相继于1870年年底宣布加入北德意志联邦。12月9日，经过联邦国会同意，北德意志联邦改名为德意志帝国。1871年1月18日，俾斯麦在法国的凡尔赛宫正式宣告统一的德意志帝国成立。威廉一世为德意志帝国皇帝，俾斯麦就任帝国宰相。同年4月，德意志帝国议会批准了德意志帝国的宪法。

俾斯麦领导的德国统一，使德国历史向前跨越了一大步。它结束了德国各邦在政治上长期分裂的局面，给资本主义经济的发展提供了良好的前提。由于统一后的德国还保留了君主专制制度和大量封建残余，导致军国主义在德国迅速发展起来，并最终走上了发动第一次世界大战和第二次世界大战的道路。列宁指出："俾斯麦按照自己的方式，依照容克的方式完成了历史上进步的事业。"

俾斯麦的铁血政策

拿破仑帝国覆灭后，英、俄、奥、普等欧洲国家在维也纳召开国际会议，决定建立一个"德意志邦联"，由德意志的34个邦国和4个自由市组成。邦联各国在政治上、外交上都有独立性。因此，它不是一个统一的国家。1848年革命失败，德国统一的任务没有完成，继续保持分裂的局面。随着工业革命的深化和资本主义经济的发展，各地之间的联系日益密切。但是，由于缺乏统一的国内市场，资本主义经济受到很大的阻碍，资产阶级越来越感到，要加强在国际市场上的竞争，必须有强大的国家作后盾。于是，德意志的统一变得日益紧迫。

1. 普鲁士和奥地利

在德意志的众多邦国中，奥地利历来居于领导地位。1848年5月，德意志联邦的各邦代表，在美因河畔的法兰克福召开预备会议。最后，虽然选出了奥地利的约翰大公担任临时的帝国首脑，但他并没有任何实权，各邦的王公根本不听他的调遣，所以这个首脑形同虚设。德意志仍然无法统一。相反，彼此间的矛盾日益发展，两个大邦国即奥地利和普鲁士争夺统治权的斗争，变得更加尖锐和公开。于是，王朝战争成为德国统一的唯一之路。

当时，有可能完成德意志统一大业的只有奥地利和普鲁士。奥地利在德意志各邦中占有首席地位，是一个多民族的国家，除了日耳曼人以外，还包括很多其他民族，因此奥地利的统一是希望把普鲁士与别的小国都包括在内。而普鲁士则不同，它是一个纯粹由日耳曼人组成的国家，所以他们计划要统一的国家中，排除了奥地利。就这样，双方展开了斗争。

19 世纪 50 年代，普鲁士的重工业生产已占全德意志的一半以上，它的鲁尔、萨尔和西里西亚等地是德意志最发达的工业地区。同时普鲁士有当时欧洲最强大的陆军。1834 年，以普鲁士为主，共有 18 个主要邦国参加的德意志关税同盟成立。它实行统一的对外关税，免除内部各邦之间的关税。这就为统一创造了条件。

1850 年春，奥地利主动发起攻势。5 月，奥地利在法兰克福召集全德代表会议，会议决定恢复全德议会，并由奥、普轮流担任主席。但普鲁士予以断然拒绝。结果，双方不欢而散。

19 世纪 50 年代末，普鲁士开始反攻。它首先与许多德意志小国发展了经济联系，并利用 1859 年法、意与奥地利打仗的机会，企图迫使全德议会交出领导权。

2. 铁血宰相

俾斯麦一生叱咤风云，充满传奇色彩。但是读中学时，就连他的母亲都对他充满失望，以至于只期待他能够"比我这样的女人有更高的思想境界"。在哥廷根大学，俾斯麦曾与同学进行过 27

"铁血宰相"俾斯麦

对普鲁士统一德国的讽刺漫画："德国的未来"

次决斗，21岁刚到亚琛任职，就为追求一位英国小姐开了三个月小差。尽管他声称自己的抱负是指挥别人而不是被人指挥，可并没有什么迹象让人相信他会前程远大，平步青云。

然而正是这位昔日人们眼里的疯子和野人，在他享尽天年时，却被前去吊唁的威廉二世赞美成上帝为实现德国统一和伟大而创造的工具。

1848年，德国爆发革命，俾斯麦在自己的领地上组织起军队，准备武力镇压革命。1851年~1859年，他担任普鲁士邦驻德意志联邦代表大会的代表，1859年又出任驻俄大使，1861年改任驻

威廉一世

法大使，1862年他出任普鲁士宰相兼外交大臣。由以上介绍可以看出，俾斯麦是一个主张使用武力的顽固分子，而且很了解俄、法统治者的内心想法，这就使他当上宰相后深知该如何使用武力去对付敌人。

俾斯麦当上宰相的第一周，就在邦议会上发表了他的首次演说，他非常激动地说道："当代的重大政治问题不是通过演说和多数派决议所能决定的，而必须用铁和血来解决。德国所指望的不是普鲁士的自由主义，而是它的武力！"这就是"铁血宰相"的由来。俾斯麦深知，议会里的资产阶级议员只会吵吵嚷嚷，他们懦弱无能，根本没有实力对抗政府，所以，为了更有效地实行"铁血政策"，他干脆一脚踢开议会，在议会指控政府"违背宪法"的情况下，他不但不害怕，反而公开扬言："冲突在所难免，在冲突中最有力量的方面，一定获胜！"一副挑战者的姿态。同时，他还知道，一旦自己的"铁血政策"得到最后胜利，取得了全德的统一，那么，这些叽叽喳喳的资产阶级议员就会立刻拜倒在他的面前。

俾斯麦竭力推行"铁血政策"。对此，俾斯麦花了巨大精

力。首先，积极开展外交活动，争取同盟者或中立者支持战争。其次，积极进行财力准备，以筹备足够的军费。再次，大力加强军事工作，积极改善武器装备，改组军队并加强训练，始终不懈地进行战争准备。俾斯麦大声疾呼："让我们把德国扶上马！它一定会策马奔腾。"

3. 统一德国

俾斯麦"铁血政策"的第一步，就是向丹麦进攻。1863年末，丹麦合并了属于德意志邦联的什列思维希小公国。次年初，俾斯麦联合奥地利对丹麦作战。俾斯麦之所以要联奥抗丹，原因是既解除了后顾之忧，又能共同对外。奥地利马上同意了普鲁士的要求，普奥联合向丹麦发出最后通牒，随即开始战争。丹麦以4万士兵对6万敌人，结果战败。普鲁士得到了什列思维格。奥地利也得到了另一小公国霍尔斯坦。"铁血政策"的第二步，就是挑起对奥地利的战争。打败丹麦后，俾斯麦调转枪口，对准了奥地利。但打败奥地利并不像打败丹麦那样容易。于是俾斯麦先联合意大利，意大利因威尼斯地区一直受奥地利欺凌，所以马上答应了普鲁士的请求，双方结成反奥联盟。然

后，俾斯麦三次亲往法国，假意许诺拿破仑三世，打败奥地利后，让法国得到一份领土报酬。这样，稳住了法国。

普鲁士经过全面战争准备，到1866年上半年，可以说是万事俱备，只欠东风，即寻找战争借口。6月14日，德意志联邦议会以9比6的票数通过了反对普鲁士的方案。俾斯麦立即授权普鲁士公使声明：联邦议会无权以这种方式对待它的成员，并坚决要求解散联邦议会。同时，向萨克逊国王、汉诺威国王提出最后通牒，要求他们接受普鲁士提出的《联邦改革纲要》，并且允许普军自由通过他们的国土。这当然都遭到上述国王的拒绝。于是，任何外交谈判都已无济于事。6月17日，奥地利首先发表宣战书；18日，普鲁士接着对奥宣战。20日，意大利按照意普盟约对奥宣战。普奥战争终于在俾斯麦的策划之中揭开了序幕。

这场战争的爆发，对于双方来说都不意外，而且阵线早已分明。站在普鲁士方面的，有意大利王国以及北德的一些中小邦国；站在奥地利方面的，有萨克逊、汉诺威、巴伐利亚等一些德意志邦国。1866年7月3日，28万奥

军与 25 万普军在萨多瓦村附近展开决战，俾斯麦下决心一举击溃奥军，并自带毒药，准备一旦失败就服毒自杀！

结果，普军大获全胜。十天后，俾斯麦逼近奥地利都城维也纳。在有人提议一举占领奥地利全境时，狡猾的俾斯麦没有听从，他估计到法国会出面干预，另外，他觉得可能还会利用到奥地利。

果然，拿破仑三世出面进行了调停。7 月 20 日，普奥双方代表在尼科尔斯堡进行谈判，8 月 23 日，双方正式签订《布拉格和约》，战争至此结束。和约规定：德意志邦联议会解散，奥地利完全退出旧的德意志联邦，并将四个邦国和一个自由市让归普鲁士。

这样，普鲁士就统一了德国整个北部和中部地区，建立起了一个北德意志联邦。这时只有德意志南部紧邻法国的四个小邦国仍旧保持着独立。俾斯麦想兼并这四个小国，但他知道，法国也有同样想法，而法国是这样的强大，不打败他，德国的统一将不可能实现。同时，俾斯麦对法国境内矿藏富裕的阿尔萨斯和洛林也早已垂涎三尺。所以，俾斯麦"铁血政策"的第三步，就是进行普法战争，打败法国。

经过充分准备，俾斯麦于 1870 年发动普法战争，当年大获全胜。普鲁士军队开进巴黎附近的凡尔赛，并在凡尔赛宫宣布以普鲁士为首的德意志帝国成立。普鲁士国王威廉一世为德意志帝国皇帝，俾斯麦为首相。德意志的统一完全实现。

德意志帝国的建立

北德意志联邦的建立为全德国的统一奠定了基础。但是，由于拿破仑三世的阻挠，南德四邦依然置身于联邦之外。为了实现德国的统一，俾斯麦的最后一步，必然要与法国决一雌雄。

法国战败后，1870 年底，南德各邦声明加入北德意志联邦。11 月 15 日起，德意志各邦的联盟定名为德意志联邦。12 月 9 日，根据联邦国会的决定，改名为德意志帝国。1871 年 1 月 18 日，在凡尔赛镜宫宣告德意志帝国正式建立。普王威廉一世成了德意志帝国的皇帝。俾斯麦任帝国宰相。1871 年 4 月 16 日，帝国国会通过帝国宪法，5 月 4 日，正式公布。根据宪法，德意志帝国由 22 个自由的君主国、3 个自由市和 1 个帝国直辖市（阿尔萨斯—洛林）组成。德意志帝国的建立，标志德意志的统一最后完成。

19 世纪 60 年代，德国统一的条件日益成熟，俾斯麦凭借自己手中的武装和暴力，大胆而狡猾地利用国际纠纷，走上了王朝战争的道路，开始对德国进行"自上而下"的统一了。

俾斯麦统一德国，是通过三次对外战争来完成的，是真正建立在"铁和血"的基础上的。1864 年初，他首先挑起对丹麦的战争。战争的借口是，在丹麦与易北河之间，有丹麦国王领有的两个公国，一个是什列思维希，一个是霍尔斯坦。霍尔斯坦居民，基本上是日耳曼人，1815 年曾经加入德意志联邦。什列思维希南部是日耳曼人，北部是丹麦人。丹麦民族主义者企图吞并两公国，于是引起德国民族主义者的抗议。俾斯麦借助这个事端，开始发动了对丹麦的战争。他为了解决自己的后顾之忧，也把奥地利拉进了战争漩涡，结果，普、奥联军迅速打败丹麦主力。10 月，交战双方签订了《维也纳和约》，丹麦被迫放弃两公国，由普鲁士占领什列斯维希，霍尔斯坦为奥地利所攫取。俾斯麦在统一德国的道路上，迈出了胜利的第一步。

俾斯麦统一德国的第二步，是发动对奥地利的战争。这次普、奥之战，也叫"七星期战争"，是普、奥两国为争夺德意志领导权而进行的一场武装冲突。对丹麦战争结束以后，普奥两国之间的矛盾迅速激化。俾斯麦认为，"如果奥国不在战场上遭受失败，它不会允许普鲁士成为统一德意志的主宰"。为了准备对奥战争，俾斯麦首先拉拢意大利，与之签订同盟条约，而后又用甜言蜜语和诡诈伎俩稳住俄国和法国，取得他们不干涉德意志内部事务的保证。当他完成了这一切准备之后，开始对奥一再挑衅，要求奥国吐出霍尔斯坦，交给普鲁士管辖。1866 年 6 月，普鲁士悍然出兵霍尔斯坦，普奥战争爆发。7 月，在现在捷克境内的萨多瓦村附近，两军决战，奥军惨败，普军逼近维也纳，奥方被迫请求法国调解。8 月，双方签订《布拉格和约》，规定奥地利退出德意志联邦，承认普鲁士在莱茵河以北建立北德联邦，霍尔斯坦等地划归普鲁士管辖。奥地利从德意志联邦中终于被排挤出来了。俾斯麦在统一的道路上又前进了一步。

俾斯麦统一德国的第三步，是普法战争，北德联邦建立以后，南德的巴伐利亚、符腾堡、巴登和黑森四邦，还留在联邦之外，法国皇帝拿破仑三世把自己打扮成南德诸邦的保护人。他这样做，倒不是因为要主持什么正义，而是出自对法国利益的考虑。他想通过胜利的战争，来转移国内人们的视线，以保住自己摇摇欲坠的皇位。在俾斯麦的挑动下，1870年9月，法国向普鲁士宣战，普法战争爆发了。拿破仑三世狂妄地吹牛皮说：这场战争不过是一次"到柏林的军事散步"！9月2日，色当一战，拿破仑三世被俘，德军直捣巴黎。反法战争的胜利，扫除了统一南德的障碍，德国统一事业的完成指日可待了。1871年1月18日，在法国凡尔赛宫成立了德意志帝国，宣告了德国的统一。

德意志的统一，是历史上的一个进步。它结束了德国长期分裂的局面，推动了资本主义经济的发展。俾斯麦统一德国的历史活动，虽然顺应了历史要求，应予肯定，但是他在这些活动中，充其量也只是一个不自觉地历史遗嘱的执行人。

巴黎公社

位于法国巴黎市东区的拉雪兹神甫公墓地区，耸立着一堵墙。墙上的花岗石浮雕再现了巴黎公社战士浴血奋战的悲壮情景：1871年5月27日，公社战士在墓地上同凡尔赛匪徒进行殊死搏斗之后，最后在这堵墙垣下，迎着敌人的子弹，一个个刚毅不屈，视死如归，全部壮烈牺牲。这座墙就是震惊世界的公社社员墙。这是一座用公社烈士的血肉砌成的人类历史上第一个无产阶级政权——巴黎公社的纪念碑。从1880年起，每年5月最后一周，革命人民在此处集会纪念巴黎公社。

巴黎公社在麦罗特港设置的军事障碍，遭凡尔赛反动军破坏。

巴黎公社是怎样建立起来的呢？普法战争爆发后，法国所面临的民族矛盾和阶级矛盾更加尖锐。普鲁士军队长驱直入，侵占了法国三分之一以上的领土，野蛮屠杀法国人民，并从9月19日起，以二十万之众包围了巴黎。

法国工人阶级坚决担当起抗击德国侵略、挽救民族危亡的任务。早在 9 月 4 日革命中，巴黎工人阶级在二十个区选出了区警备委员会，并由每个区选出四名代表组成二十区中央委员会。这是工人群众自己组织起来的政治组织，以监督政府抗战。当普鲁士军队逼近并包围巴黎时，巴黎人民纷纷起来，要求普遍武装人民，打退外来侵略者，保卫法兰西。在不到一个月的时间里，工人们组成了一百九十四个营的国民自卫军，共三十万人。1871 年 2 月中旬，工人武装又选出了自己的领导机关——国民自卫军中央委员会。

国民自卫军中央委员会的成立是一项具有决定意义的组织措施，因为"无产阶级专政的首要条件就是无产阶级的军队"（马克思：《纪念国际成立七周年》，《马克思恩格斯全集》第 17 卷，第 468 页）。2 月 24 日，通过了国民自卫军联合组织的章程，明确宣布国民自卫军今后应代替所有的常备军。3 月 15 日，国民自卫军中央委员会正式成立，瓦尔兰、阿西等第一国际的委员也当选为中央委员会委员。国民自卫军中央委员会实际上成为巴黎革命的

政治领导者，"正是它在 3 月 18 日掀起了本世纪最伟大的革命。"（马克思《法兰西内战》，《马克思恩格斯选集》第 2 卷，第 408 页）巴黎工人在中央委员会的领导下，将可能落入敌人手中的大炮运集到工人住宅区，这些大炮是工人自己出钱铸造，为政府军队所弃散。蒙马特尔高地是他们的主要停炮场，那里停放着一百七十一门大炮。

与巴黎工人阶级英勇抗敌形成鲜明对照，"国防政府"却加紧了它的投降叛国活动。法国资产阶级害怕日益觉悟的工人阶级甚于害怕普鲁士强盗，因此，"国防政府在民族义务和资产阶级利益二者发生矛盾的时候，没有片刻的犹豫便把自己变成了卖国政府。"（马克思：《法兰西内战》，《马克思恩格斯选集》第 2 卷，第 354 页）政府首脑特罗胥口头上叫嚷"永不投降！"外交部长法夫尔也发誓"决不会让出一寸领土！"他们背地里却同俾斯麦密商投降条件。普遍武装起来的巴黎无产阶级同资产阶级反动政府之间的对立日益尖锐地暴露出来。巴黎公社革命前，在不到半年的时间里，巴黎人民就举行过两次武装起义。第一次是 10 月 31 日的起

义。10月27日，被包围在麦茨要塞的法国巴赞元帅带领十七万大军不战而降。消息传来，群情激愤。10月31日，巴黎爆发推翻"国防"政府的起义。工人们占领了市政厅，逮捕部分政府成员，并曾试图建立公社。但起义遭到反动政府的镇压。1871年1月22日巴黎工人再次举行起义，"国防"政府竟开枪屠杀国民自卫军和革命群众几十人。这两次起义虽然都失败了，但它是无产阶级革命武装与资产阶级反革命武装间的公开对抗，是无产阶级变对外战争为国内革命战争的初次尝试。

1871年1月28日，"国防"政府向德军公开投降，签订停战协定。正规军被解除了武装，但国民自卫军牢牢地保持着自己的枪械和大炮。接着，资产阶级的反动政客、工人阶级和社会主义的死敌梯也尔，被捧上了政府首脑的职位。这是一个背信弃义、卖身变节的老手，私人生活和社会生涯同样卑鄙龌龊。马克思说："他的社会活动编年史就是一部法国灾难史。"（马克思：《法兰西内战》，《马克思恩格斯选集》第2卷，第357页）梯也尔上台后加快了卖国投降的步伐，很快同德国订立了屈辱的和约草案（割让阿尔萨斯全省、洛林省一部分，赔款五十亿法郎），以便腾出手来对付他所面临的革命风暴。

武装的巴黎工人是梯也尔政府实现其卖国投降和反革命阴谋的唯一严重障碍。因此，梯也尔上台后的第一件事，就是阴谋解除工人武装。可是，梯也尔清楚知道，单凭他手下不到3万人的反动军警，要去解除30万人的工人武装并非容易，因而他们采取了偷袭的手段，而且把从工人手中夺取大炮作为其实现反革命阴谋的第一步。

1871年3月18日凌晨三时，梯也尔的反动军队鬼鬼祟祟地向巴黎工人居住区出动。巴黎卫戍司令维努亚亲自率领一大队市警和几个常备军团，向国民自卫军的战略要地蒙马特尔高地进发。

人民武装很快向市中心推进。下午2时30分，国民自卫军中央委员会举行临时会议，决定领导已开始的巷战，并立即下令占领陆军部、市政厅和其他政府大厦。反动军队被打得人仰马翻，溃不成军。那些资产阶级官僚眼看自己快要完蛋了，争先恐后地逃往法国的旧王宫——凡尔赛（距巴黎23公里）。卫戍司令维努亚和他的参谋部丢下三个步兵团、六个炮兵连以及大批枪弹、辎重，狼狈逃跑。外交部长法夫尔在"我们被大家抛弃了，谁也不支持我们！"的哀叹声中逃之夭夭。梯也尔如同丧家之犬，连自己家里都没来得及告诉，就从市政厅侧面的楼梯溜出去，跳上一辆马车，向凡尔赛急驰而去。一路上他不时地把头伸出车窗外，生怕国民自卫军追来抓他，用他那沙哑的嗓子喊道："快点跑！快点！快点！"昔日作威作福的达官权贵、巨亨富商，个个丧魂落魄，夹着尾巴溜出巴黎城。

晚上八点钟，国民自卫军占领了市政厅，一面鲜艳的红旗从市政厅的屋顶上冉冉升起。顿时，起义工人和人民群众的欢呼声响彻云天，震撼整个巴黎城。巴黎工人的武装起义胜利了。实际上成为临时革命政府的国民自卫军中央委员会，在起义的当天发出宣言，庄严宣告："巴黎的无产者，目睹统治阶级的失职和叛变行为，已经了解到，由他们自己亲手掌握公共事务的领导以挽救时局的时刻已经到来……他们已经了解到：夺取政府权力以掌握自己的命运是他们必须立即履行的职责和绝对的权利。"并宣布即

将通过选举成立公社，在选出公社后，把政权移交给它。

3月26日，举行了巴黎公社的选举。巴黎劳动人民第一次行使自己的神圣权利，选举产生一个真正代表人民利益的无产阶级政权。男女公民象庆祝节日一样涌向自己的选区，踊跃参加投票。公社是由巴黎各区普选产生的城市代表组成的。共选出86名公社委员。资产阶级选区选出的21名资产阶级分子不久即退出。缺席当选的老革命家布朗基，在3月18日革命前就在外省被梯也尔反动政府逮捕，关在凡尔赛狱中。公社委员最初只有64人。其中有工人27人，如装订工瓦尔兰，翻砂工杜瓦尔，首饰工弗兰克尔都是公社著名的领导人，此外，有职员8人，新闻记者、医生等自由职业者29人。革命诗人、后来的《国际歌》歌词的作者欧仁·鲍狄埃也是公社委员。从政治派别看，在全部公社委员中，以布朗基派人数最多，其次是蒲鲁东派，还有一些小资产阶级民主派。布朗基派和小资产阶级民主派合起来被称为是"多数派"，蒲鲁东派被称为是"少数派"。公社委员会是由工人和被公认为可以代表工人的人组成的。马克思指出：

"公社的真正秘密就在于：它实质上是工人阶级的政府。"（马克思：《法兰西内战》，《马克思恩格斯选集》第2卷，第378页）

3月28日，隆重举行了巴黎公社的成立大会。市政厅大楼前面搭起了一个很大的主席台，几十万巴黎人民从四面八方聚集到广场上，欢呼这次革命的伟大胜利。国民自卫军荷枪实弹，刀光闪闪，在雄壮的乐曲声中高举红旗列队进入会场。男子把帽子扔向天空，妇女挥舞头巾，巴黎人民从来没有这样兴奋过。下午四时，当主席台上宣布当选的公社委员名单，宣告公社正式成立时，"公社万岁！"的呼声响彻云霄，礼炮齐鸣，欢声雷动。人类历史上第一个无产阶级的政权就这样诞生了！

概况

1870年，普鲁士和法国正式宣战，普法战争爆发。双方发动战争的原因是：俾斯麦从1860年开始已经统一了大部分德意志领土，但是只有罗马还处于法国驻军的保卫之下，因此它企图通过战争来建立一个由普鲁士领导的统一德意志帝国，最终称霸欧洲；而法国则不希望看到一个统一强大的欧洲大国，因此当时的拿破仑三世希望通过战争阻止德意志的统一，扩大法国在欧洲大陆的势力范围。另外，由于拿破仑三世上台后国内阶级矛盾激化，为了摆脱困境，他企图发动对普鲁士的战争，以转移人民的视线，缓解国内的矛盾。

普法战争的导火线，是西班牙王位继承问题。1868年，西班牙革命推翻了女王的统治，王位虚悬，西班牙议会决定让普鲁士国王威廉一世的堂兄利奥波德继承王位。俾斯麦对此建议非常赞同，只要控制了西班牙，就可以置法国于背腹受敌的境地。拿破仑三世对俾斯麦和西班牙的做法感到极为惊恐，并邀请普鲁士国王进行谈判。普王基本上拒绝了拿破仑三世提出的几个要求，并将谈判的结果以平和的语气传达给了俾斯麦。

俾斯麦决定要和法国交战，但是又不能主动发起战争。因此，

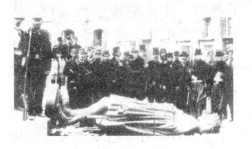

激愤的巴黎公社社员把拿破仑·波拿巴的塑像推翻在地。

他对普王传来的文件进行了修改，使其含有侮辱法国之意，然后在报纸上发表。法国见报纸后，觉得受到了侮辱，就于1870年7月19日向普鲁士宣战。普法战争正式爆发。

普法战争爆发后，马克思为国际总委员会起草的《关于普法战争的第一篇宣言》指出：拿破仑三世企图通过战争来延长他的统治，这场战争对法国而言是侵略性的，对普鲁士而言则是防御性的。同时，马克思号召法国工人起来反对这场侵略战争，并且预言俾斯麦将把防御性转变为掠夺性战争。因此，《宣言》号召法国和德国无产阶级加强团结，杜绝一切战争。

战争开始后，法军屡次败北，主力被分割为两部分：一部分法军被围困在麦茨要塞；拿破仑三世指挥的另一部分部队逃到色当要塞。9月1日，20万普军包围了色当，并且发动色当战役，法军惨败。次日，拿破仑三世率领86000名法国官兵投降，自己也成了普军的俘虏。

色当战役的结果激怒了法国人民。9月4日，巴黎工人、市民和国民自卫军包围了政府大厦，宣布推翻帝制，恢复共和，成立了法兰西第三共和国。当天，前立法院议员中的几个保皇分子和共和派组成临时政府，并且自称为"国防政府"。但是实际上，"国防政府"，正准备向普鲁士投降。

普法战争色当惨败后，法军全面崩溃。由于"国防政府"的不抵抗政策，普军长驱直入，不久便侵占了法国1/3以上的领土，之后就包围了法国首都巴黎。对于普鲁士的入侵，法国人民纷纷拿起武器，并于9月底成立了194个新营的国民自卫军，其中主要是工人、手工业者和城市贫民，成为当时捍卫巴黎的主要力量。"国防政府"虽然口头上叫嚷坚决抵抗，并且高喊"永不投降"、发誓"决不让出一寸土地"，但是政府首脑却从背后暗通俾斯麦，商量投降条件。

10月27日，法国10万军队向普军投降。巴黎无产阶级坚决反对法军的投降行为，并于10月31日和次年1月22日发动了两次起义，但最终都被临时政府镇压。为了借助普鲁士军队来镇压国内起义，"国防政府"同普鲁士政府签订了丧权辱国的临时停战协议，条件是：法国解除正规军武装，交付2亿法郎赔款，并限期召开国民议会，批准普鲁士提出的"和约草案"。

次年2月21日，法国国民会议在波尔多召开，宣布组成以梯也尔为首的政府。梯也尔上台后，为了镇压巴黎的群众运动，加快了和普鲁士谈判的速度，26日同普鲁士签订了和约，规定：法国赔款50亿法郎，割让法国阿尔萨斯全省和洛林大部分地区给普鲁士。这个条约的签订，使法国人民感到受到了莫大的侮辱。因此，巴黎无产阶级推翻资产阶级政权，实现无产阶级革命的任务，被提上了日程。

1871年2月中旬，工人武装选出了"国民自卫军中央委员会"来领导法国的工人运动。梯也尔上台后，首先必须解除国民自卫军拥有的武装。3月17日夜，梯也尔举行秘密军事会议，计划先夺取国民自卫军的大炮弹药，然后逮捕中央委员会首脑。会议结束后，政府军队就开始了占领国民自卫军的停炮场、工人居住区和交通要道的行动。

1871年3月18日凌晨，梯也尔派了3万多军队去偷袭国民自卫军的主要战略要地蒙马特尔高地，那里停放着自卫军的大部分大炮。当反动军打死国民自卫军的巡逻队，要拖走大炮时，被一群妇女发现，并且拦住政府军，严厉谴责反动军官和士兵："你们投降卖国，交出你们自己的武器弹药还不够，还要偷我们大炮送给德国鬼子，你们还有良心没有？还知道不知道什么是耻辱？你们是不是还要向自己的弟兄、孩子们开枪？"

士兵们被问得无言以对，虽然军官多次下令枪毙这些妇女，但是士兵们拒绝执行命令，并且逮住了带队的军官，然后加入了国民自卫队。

蒙马特尔事件使巴黎工人惊醒了过来，他们明白只能通过武力来推翻反动政府。上午10点左右，国民自卫军的八九名中央委员集合到一所小学里，发出命令，指挥起义。然后，国民自卫队官兵迅速占领了区公所、兵营及政府机关，向市政厅进发，并开始修筑工事。到下午的时候，自卫队占领了陆军部、市政厅和其他政府机构。经过奋力作战，国民自卫军占领了警察局、政府军参谋部、巴黎圣母院等。梯也尔的军队根本抵挡不住国民自卫军的进攻。下午3点左右，梯也尔匆忙带着一队骑兵逃往凡尔赛。

在占领了市政厅之后，国民

自卫军中央委员会当即向世界宣告："巴黎的无产者，目睹统治阶级的失职和叛变行为，已经了解到了由他们亲手掌握公共事务的领导以挽救时局的时刻已经到来。他们了解到，夺取政府权力以掌握自己的命运是他们必须立即履行的职责和绝对的权利。"

巴黎公社成立之后，公社从无产阶级和劳动人民的根本利益出发，实施了大量政治、军事、经济和文教方而的革命措施。包括：

废除资产阶级议会制度，建立了公社委员会，下面设置相当于政府各部的 9 个委员会——军事、政治、粮食、司法、财政、对外关系、社会服务、教育以及劳动与交换委员会等。此外，还设置了执行委员会，以监督各委员会所颁布的法令的实施。

废除资产阶级官僚制度，实行民主集中制，采取民主选举制度。公社的选举体现了真正的民主原则：选举不受任何限制，是名副其实的普选制；选举程序简便；实行无记名投票，不许任何人干预选举。不但公社的最高权力机关是通过民主选举选出的，而且公社所属单位——工厂企业的负责人、国民军各级领导人、司法部门的工作人员也都是通过选举产生的。

取消原来的官员高薪制，规定最高薪金限额，并提高低工资。在拿破仑三世时，高级官员的薪金收入与一般职员、工人的收入相比，相差非常大。拿破仑三世本人每年领取 2500 万法郎的皇帝赡养费。一个外交部长的年薪为 13 万法郎。梯也尔的年薪高达 300 万法郎。但是，一个铁路粗工年工资只有 540 法郎，普通工人和低级职员的年工资也只有 800 法郎到 1400 法郎。公社成立后，公布了最高薪金额的法令：各市政机关职员所得的最高薪金每年为 600 法郎。

在社会经济方面，公社没收逃亡资本家的工厂，并转交工人合作社；把逃亡资本家的住宅分给无住房的工人；颁布"禁止任何机构收取罚金或者任意克扣工人工资"的法令；取消面包工人夜班制；禁止当铺拍卖过期的典当物品，凡在 20 法郎以下的物品，一律无条件地退还原主；成立救济贫民的专门机构，设立劳动就业登记处。

在文化教育方面，公社也采取了一些革命性的措施：实行"学校和教会分离，并且开办世俗学校"，把教士和修女一律驱出学校；实行全民教育、职业教育和免费教育，兴办职业学校，实行男女教师同工同酬；成立俱乐部，开放图书馆。

这些措施，都体现了无产阶级政权的基本特征，也是巴黎公社的伟大创举。虽然这些措施在战争年代没有全面实行，但是还是在短时间内改变了巴黎的面貌，"第二帝国那个荒淫无度的巴黎已经消失的无影无踪了"。

巴黎公社成立后，资产阶级惊慌失措，他们纷纷逃离巴黎，奔向不远的凡尔赛。同时，这个世界上第一个无产阶级政权也遭到了其他国家的反对，沙皇亚历山大、俾斯麦、美国大使等，自公社诞生第一天起，就打算将它扼杀在摇篮里。

由于缺乏兵力，梯也尔派亲信到德国阵地面见了俾斯麦，要求放回被德军俘虏的十几万法军，这个要求得到了俾斯麦的同意。而且，俾斯麦还允许反动军经过德军防线，从北面进攻巴黎。

梯也尔纠集了大量军队后，巴黎公社就陷入了敌人的包围之中，东面和北面普军15万大军压境，西面和南面则有梯也尔军队伺机反扑，形势对公社极为不利。

但是公社却对此局势估计不足，疏于防范。4月2日清晨，凡尔赛军开始炮轰巴黎，从巴黎西面发动进攻。公社2000名战士和5倍于自己的敌军激战数小时后，放弃了讷伊桥等阵地。

起义军对巴黎外围的防御力量非常薄弱，由于战线过长，兵力分散，所有伤亡都难以得到有效的兵源补充，因此公社方面损失惨重。即使这样，由于起义军战士的顽强抵抗，梯也尔军队因不知虚实也不敢贸然入城。直到5月21日中午时分，敌军才在一个奸细的指点下潜入防范不严的圣克鲁门攻进城内。从此，巴黎开始了可歌可泣的浴血战斗。

为了保卫公社，巴黎工人和广大群众拿起武器，并且筑起了几百个街垒。在塞纳河左岸，公社战士与敌军进行白刃战，直到被敌包围，才撤过塞纳河。在市中心，妇女、儿童与公社战士并肩作战，抗击敌人的轮番进攻。但由于寡不敌众，5月22日，梯也尔军队的12个师约10万人进占了巴黎大部分市区，全城1/4地区落入敌人手中。23日，凡尔赛一部分军队通过德军驻地，由北部和东北部侵入巴黎市内，蒙马特尔高地的公社军将领不幸壮烈牺牲。24 日，公社领导机关的所在地市政府失守，战斗转移到东部工人住宅区。

27 日，敌军开始围攻最后两个工人区，在拉雪兹神甫墓地 200 名公社战士与 5000 名凡尔赛士兵展开肉搏，战至傍晚，大部分公社战士壮烈牺牲或者被俘。不久，敌军又从远处押来一批批公社战士，准备在这里把他们全部屠杀。随着"公社万岁"的呼喊，敌人的枪响了，战士们一排排倒了下去。战士全部被枪杀在墓地的一堵墙前。这堵墙后来被称为"巴黎公社社员墙"。

巴黎公社墙成为历史永远的叹息

从 5 月 21 日到 28 日，巴黎公社的社员战士和巴黎工人们，为了捍卫公社的胜利果实，与敌人进行了一周的激战，这就是世界历史上有名的"五月流血周"。

梯也尔重新占领巴黎后，对工人和革命者进行了极为残酷的大屠杀：凡是右肩上有枪带痕迹的杀，凡是穿着国民自卫军制服的杀，国民自卫军的伤员和医生杀，有嫌疑的妇女和儿童杀，在教堂避难的难民、俘虏杀。凡尔赛军先后在巴黎杀死了 3 万人，逮捕了 5 万人，巴黎居民减少了 10 万。

巴黎公社是无产阶级推翻资产阶级统治、建立无产阶级专政的第一次尝试，国际共产主义运动因巴黎公社而揭开了新篇章。此后，无产阶级在巴黎公社精神的感召下，举行了一次又一次的起义，开创了世界历史的新纪元。公社的选举、监督、罢免和民主集中制度，是无产阶级政权的最初特征，为后来社会主义制度的建立提供了参考。马克思说："工人阶级反对资本家阶级及其国家的斗争，由于巴黎人的斗争而进入一个新阶段。不管这件事情的直接结果怎样，具有世界历史意义的新起点毕竟是已经取得了。"

第一次建立无产阶级政权的尝试

巴黎公社是 1871 年法国无产阶级建立的工人革命政府，也是世界历史上第一个无产阶级专政的政权。巴黎公社起义是 1871 年 3 月 18 日至 5 月 28 日，巴黎工人阶级在广大民众的支持下，为推翻资产阶级的统治，建立无产阶级国家政权而进行的一次武装斗争。它作为无产阶级推翻资本主义制度的具有世界意义的第一次演习，载入了史册。

1. 法国战败和巴黎起义

导致巴黎公社起义的直接原因是法国在普法战争中的惨败。1870 年 9 月 2 日，被围困在色当的法王路易·波拿巴下令投降，帝国也就随着皇帝的投降而崩溃。9 月 4 日，巴黎爆发革命，宣布成立第二共和国。由资产阶级共和派和奥尔良派分子组成的新政府，自称为"国防政府"。普鲁士并不满足于色当的胜利，继续大举进攻法国。9 月 19 日，普军包围巴黎。为了保卫巴黎，巴黎工人阶级建立了 194 个营的国民自卫军，人数达 30 万人，由工人自己选举产生的国民自卫军中央委员会领导。这是一支与"国防政府"对立的政治力量。国防政府的首脑梯也尔就是 1848 年镇压巴黎六月起义的同谋，而当年起义的幸存者大多又参加了巴黎的工人武装。

这时，普军继续向法国内地推进，但"国防政府"不顾国家民族利益，与敌人屈辱求和，妄图把巴黎交给敌人，利用敌人之手镇压人民革命。于是普军得以长驱直入，包围巴黎，占领了法国三分之一以上的国土。10 月 27 日，17 万法军向普鲁士投降。

1871 年 1 月 28 日，"国防政府"同普鲁士签订了割地赔款的停战和约。2 月 17 日，奥尔良党人首领梯也尔上台。由于与普鲁士达成妥协消除了后顾之忧，法国资产阶级便集中全力来对付国内无产阶级特别是巴黎的工人武装，以图巩固自己的统治地位。1871 年 3 月 18 日凌晨，资产阶级政府派军队偷袭蒙马特尔高地，企图一举夺取困民自卫军集中在那里的大炮，逮捕中央委员会成员。

当时，巴黎的国民自卫军有 417 门大炮，分别集中在蒙马特尔高地和梭蒙高地等地。3 月 18 日凌晨 5 时，政府军一个团占领了蒙马特尔停炮场。枪声惊醒了附近居民，大炮被抢的消息迅速传开。该区的国民自卫军战士立即集合起来，包括许多妇女、儿童和老人在内的人民群众也随同一起拥上蒙马特尔高地。政府军士兵发生哗变，与人民群众联合行动，逮捕了反动军官、警察和宪兵。偷袭梭蒙高地的政府军也未能迅速把大炮拖走，很快就被赶到的国民自卫军击溃。

巴黎各地特别是工人区爆发的武装起义迅速展开。国民自卫军和人民群众自动拿起武器，建筑街垒，布置岗哨，派出巡逻队，集中分散的大炮。中央委员会采取紧急措施领导武装起义，占领了部分地区、中午以后，国民自卫军开始越出本区，向巴黎市中心挺进，起义由防御转入进攻。22时许，国民自卫军进入市政厅，升起红旗。至此，中央委员会掌握了巴黎全城，武装起义推翻了梯也尔政权，取得了伟大成功。梯也尔反动政府匆忙逃往巴黎城郊的旧王宫——凡尔赛宫。

2. 建立第一个无产阶级政权

3月26日，巴黎公社进行了普选，一大批工人、社会主义者和国际主义者参加了巴黎公社领导机构，一个崭新的无产阶级国家政权诞生了。

巴黎公社一开始就认识到，工人阶级一旦取得政权，就不能继续运用旧的国家机器来进行管理。他们一方面铲除全部旧的、一直被用来反对工人阶级的压迫机器；另一方面为了防范社会公仆变为社会主人，采取了两个可靠的办法。第一，公社把行政、司法和教育方面的一切职位交给由普选选出的人担任，而且规定选举者可以毫无例外地随时撤换被选举者。第二，公社对所有公务员，不论职位高低，都只付给跟其他工人同样的工资。

巴黎公社虽然存在的时间很短，但确实做到了"人民作了主，公仆都姓公"。公社委员会对人民负责，受人民监督；它制定法律，又负责执行法律；它既是代表人民利益的权力机关，又是效率极高的工作机关。在公社委员会内部实行民主集中制，一切重大决策和法令都由集体讨论决定，在充分展开讨论和争论的基础上，按照少数服从多数的原则形成决议。公社委员和各区工作人员以身作则，废寝忘食地为人民服务。他们在最困难、最复杂的情况下，公开地、朴实地、光明正大地进行工作，不自以为是，不埋头在文牍主义的办公室里，不以承认

巴黎公社成立大会

错误为耻而勇于改正。

巴黎公社成立后的两个月里施行了许多具有深远影响的重大措施：宣布公社委员会是取代旧政府的唯一政权，新建10个委员会以取代过去政府的各部；取消征兵制和常备军，宣布以工人为主体的国民自卫军是唯一的武装力量；实行民主选举与群众监督相结合的民主制度；废除高薪，实行兼职不兼薪的制度。公社还颁布了一系列保护劳工的法令。这些措施为无产阶级政权建设提供了宝贵经验，丰富和发展了科学社会主义理论。

3. 巴黎公社的失败

这时，逃往凡尔赛的梯也尔政府并没有足够的实力来对付巴黎公社。但公社却没有乘胜追击，直捣反革命巢穴。为了夺回巴黎，梯也尔不惜与民族仇敌勾结，与普鲁士签订了《法兰克福和约》。普鲁士答应放回十万名法国战俘，并同意凡尔赛军可通过普军阵地去进攻巴黎。梯也尔将军队整编为2个军，加上普军后来释放的战俘，约11万人，与东面和北面的普军对巴黎形成了包围。

公社方面仅有1.6万作战部队和4.5万预备部队。虽然拥有1200门大炮，但由于组织不善，能够配置使用的只有200门，且缺少熟练炮手。但为了保卫革命成果，公社战士与敌人浴血奋战。4月7日，凡尔赛军队依仗优势炮火攻占了讷伊桥和附近据点。巴黎城防司令东布罗夫斯基率领西线5000名装备很差的部队，同9倍于己的敌人激战。17日，250名公社战士在贝康城堡抗击5000名敌军进攻达6个小时。21日，在讷伊方向坚守的公社战士日夜作战，与敌人展开肉搏，击退了强渡塞纳河之敌。在南线，凡尔赛军为夺取伊西和旺夫炮台，不惜用数百门重炮轰击炮台，公社战士为守卫炮台顽强战斗。

到4月底，公社守住了巴黎西线和南线，给凡尔赛军以大量消耗。5月初，公社调整了巴黎防御部署，东布罗夫斯基指挥第一军在西线抗击敌6个步兵师和1个骑兵队的猛攻，公社战士充分利用5辆装甲车和塞纳河上的10艘炮艇与敌厮杀，不仅以少量兵力顶住了敌军主力的进攻，而且支援了南线作战。5月3日夜，防守木兰—萨克多面堡的第五十五营军官叛变，敌军突然占领了南线这个主要据点，数百名公社战士阵亡或被俘。接着凡尔赛军发起全线总攻，8日伊西炮台失守。公社虽在此时加强了军事指挥，但大局已难挽回。13日旺夫炮台被攻克。在西线，8000名连续作战、疲惫不堪的公社战士与8万名装备精良的敌人作战，有时还主动出击。但从5月17日起，凡尔赛军集中重炮开始猛轰巴黎，并集中了13万人准备进攻巴黎。

5月21日下午，凡尔赛军从圣·克卢门进入巴黎，一场震撼世界的流血大巷战开始了。为保卫公社政权，巴黎无产阶级和广大人民群众奋起抗敌，他们在街道和广场筑起街垒，不论男女老少，人人拿起武器同敌人进行殊死的战斗。22日拂晓，敌军12个师约10万人进占了巴黎大部分市区。25日，公社战士同敌人展开了激烈战斗。在塞纳河左岸，公社战士与敌人进行白刃战，直到被敌包围，才撤过塞纳河。27日，敌军开始围攻最后两个工人区，在拉雪兹神甫墓地200名公社战士与5000名凡尔赛士兵展开肉搏，战至傍晚，大部分公社战士壮烈牺牲，被俘战士全部被枪杀在墓地的一堵墙前。这堵墙就是永为世界无产阶级纪念的"巴黎公社社员墙"。28日16时，公社战士坚守的最后一个街垒被攻克。

梯也尔政府对公社社员进行了血腥镇压，大屠杀整整持续了一个多月，2万人未经审讯就被枪杀，加上在战斗中牺牲的，总计死难3万多人，逮捕、监禁、流放、驱逐的人达十万以上。巴黎公社虽然只存在了两个多月的时间，但它是无产阶级推翻资产阶级统治、建立无产阶级专政的一次伟大尝试。

巴黎公社起义是一个划时代的伟大革命，是无产阶级推翻资产阶级统治，建立无产阶级国家政权的第一次总演习，为无产阶级国际共产主义运动提供了丰富而宝贵的经验。公社战士高昂的革命斗志永远激励着世界无产阶级起来进行斗争。它的经验教训更是世界无产阶级革命的宝贵财富。

鲍狄埃和他的《国际歌》

"起来，饥寒交迫的奴隶
起来，全世界受苦的人
满腔的热血已经沸腾，
要为真理而斗争！
……"

每当我们听到这气势磅礴、庄严雄伟的《国际歌》时，很自然地会联想起这首歌词的作者——法国著名的无产阶级诗人和战士欧仁·鲍狄埃。

1816年10月4日，欧仁·鲍

世界通史

最新整理图文珍藏版

狄埃生于法国首都巴黎。他出身于贫穷的工人家庭，父亲是包装工人，母亲是劳动妇女。鲍狄埃的整个一生是在贫穷中度过的，他从十三岁起就跟父亲到包装厂劳动，后来当绘图工，靠绘制印花布图样维持生活。

鲍狄埃生活在无产者的环境中，他熟悉、了解和同情这些深受阶级压迫和剥削的无产者，立志献身于无产阶级的解放事业。他以顽强的毅力自学，抓紧一切工余时间，阅读他所喜欢的书籍。法国大诗人贝朗瑞（1780～1857年）和著名的空想社会主义者傅立叶（1772～1837年）的作品，是他在青少年时代最喜爱的读物。

鲍狄埃的诞生地巴黎，是一个不断受到革命暴风雨洗礼的历史名城。在这里，鲍狄埃经历了或亲自参加了声势浩大的革命运动：1830年的"七月革命"，1848年的"六月起义"，1871年的"巴黎公社革命"。鲍狄埃是在革命环境中成长的，阶级斗争的暴风骤雨深刻地影响了这个渴望追求真理的年轻无产者，使他在政治上日益成熟，终于把他锻炼成为坚定的无产阶级的先锋战士。

1815年6月，拿破仑·波拿巴的法兰西第一帝国垮台了，波旁王朝在法国复辟。在长达十五年的复辟时期，以波旁王朝为核心的封建贵族势力，不仅残酷压迫剥削劳动人民，而且竭力剥夺资产阶级的政治权力，终于导致1830年"七月革命"的爆发。在这场革命中，法国大资产阶级利用劳动人民的力量，推翻了波旁封建复辟王朝。

当七月革命爆发时，鲍狄埃虽然只有14岁，但已经是一个勇敢的反封建小战士，他高喊"打倒波旁，自由万岁！"的口号，再三要求参加起义队伍，因为岁数小才被阻止。鲍狄埃于是转而用笔杆参加战斗，他写了一首题为《自由万岁！》的诗歌，去鼓舞人民的斗志。他的处女作受到人们的欢迎和赞扬。第二年，他的一本诗集《年轻的诗神》出版了。鲍狄埃的诗歌创作从写政治诗开始，同人民的革命斗争紧密结合始终成为他的诗歌的主要特色。

七月革命后，法国大资产阶级篡夺了革命的胜利果实，建立了七月王朝。法国大资产阶级统治地位的确立，以及七月王朝时期法国工业革命所取得的显著成就，使法国资本主义生产力空前提高，同时也使资产阶级和无产阶级之间的矛盾激化，上升成为

最新整理图文珍藏版

法国社会的主要矛盾。残酷的剥削，悲惨的生活，迫使无产阶级走上反抗的道路。从 30 年代起，法国各地工人起义和罢工斗争，此伏彼起。1831 年和 1834 年的两次里昂工人起义，标志着法国工人阶级已经以战斗的姿态登上历史舞台。

在这个时期，法国的工人运动深受傅立叶的空想社会主义和巴贝夫的平均共产主义的强烈影响。鲍狄埃也受到这些思潮的极大影响。特别是巴贝夫关于用革命手段实现平均的共产主义社会的思想，像磁铁一般吸引了鲍狄埃。1840 年，鲍狄埃发表了《是人各一份的时候了》，这首诗实际上是用诗歌的形式表述了巴贝夫的平均共产主义思想。它是鲍狄埃从一个共和主义者转变成为社会主义者的转折点。从此，鲍狄埃"就用自己的战斗歌曲对法国生活中所发生的一切巨大事件作出反应，唤醒落后的人们的觉悟，号召工人团结一致，鞭笞法国的资产阶级和资产阶级政府。"（列宁：《欧仁·鲍狄埃》，《列宁选集》第 2 卷，第 435 页）

1848 年 6 月，巴黎爆发了震撼欧洲的六月起义。六月起义是无产阶级反对资产阶级的第一次大搏斗。鲍狄埃满怀革命激情，奋不顾身地参加这场战斗，险些牺牲在敌人的枪弹之下。由于敌我力量悬殊，这次起义被资产阶级残酷镇压了。在六月起义失败后的第五天，鲍狄埃写了《一八四八年六月》，愤怒地控诉资产阶级对无产阶级的惨无人道的血腥镇压。但是，这时鲍狄埃毕竟还不是一个马克思主义者，因此他的这首诗悲愤多于抗争，缺乏鼓舞力量，更未能向刚刚遭到沉重打击的工人群众指出革命的前景。

1871 年 3 月 18 日，巴黎无产阶级发动了伟大的革命，成立了巴黎公社，第一次掌握了政权。在巴黎公社时期，鲍狄埃被选为公社委员。在 3600 张选票中，有 3352 张票是选他的。鲍狄埃以充沛的革命热情，带病忘我地工作。作为公社委员，鲍狄埃担任了多种社会工作：参与公社的决策；具体负责第二区的领导工作；防备敌人的阴谋破坏；争取社会各阶层对公社革命的支持和同情；领导工人协会联合会和艺术家协会联合会等等。总之，他为第一个无产阶级政权作出了卓越的贡献。

公社在凡尔赛反动军队的镇压下，只存在了 72 天。公社失败后，白色恐怖笼罩了整个巴黎，巴黎变成了凡尔赛军队屠杀革命者的大屠场。从杀人场流出的鲜血，流进塞纳河，把大片河水染红了。鲍狄埃被迫转入地下，逃避敌人的搜捕。这时，残酷的阶级斗争已经把鲍狄埃锻炼成为成熟老练和刚毅坚强革命战士。新生的无产阶级革命政权的暂时失败，敌人野兽般的反攻倒算，许多战友相继倒在血泊里，使他怒火中烧，热血沸腾。鲍狄埃满怀深沉的阶级仇恨，写了一首诗，表达了无产阶级永不屈服，一定要最后消灭世界上一切剥削阶级的气壮山河的誓言。

"一切归劳动者所有，
　哪能容得寄生虫！
最可恨那些毒蛇猛兽，
　吃尽了我们的血肉。
一旦把它们消灭干净，
鲜红的太阳照遍全球！

这是最后的斗争，
　团结起来，到明天，
英特纳雄耐尔
　就一定要实现。"

1888 年 6 月 16～18 日，法国工人作曲家狄盖特（1848～1932

年）怀着满腔的无产阶级激情，为欧仁·鲍狄埃的《国际歌》谱写了歌曲。《国际歌》曲谱完成后，迅即在法国工人群众中唱开了，并且付印出版。《国际歌》像长了翅膀，从法国越过千山万水，唱遍了全世界，成为全世界无产者争取解放的嘹亮战歌。它使一切剥削阶级闻风丧胆，并预感到自己末日的到来。

《国际歌》是伟大的巴黎公社的产儿，是巴黎公社历史经验的艺术总结，是巴黎公社思想的传播者。

《国际歌》标志着鲍狄埃具备了科学社会主义的世界观，标志着他的艺术创作达到了前所未有的新高度。

1871 年 6 月以后，鲍狄埃先后流亡英国和美国，直到 1880 年法国资产阶级政府被迫宣布大赦公社流亡者，鲍狄埃才重返巴黎。在流亡期间，以及重返祖国以后，鲍狄埃虽然体弱多病，仍继续用笔进行战斗，写了大量诗歌。在鲍狄埃晚期的诗歌创作中，"巴黎公社万岁！"成为他的诗歌的主题。他永不停歇地、始终充满激情地歌颂巴黎公社，宣传公社思想，鼓舞无产阶级为实现公社的理想而奋斗。著名的长诗《美国工人致法国工人》（1876年），以及《巴黎公社》、《巴黎公社走过这条路》、《巴黎公社社员纪念碑》、《它还没有死》、《起义者》、《纪念一八七一年三月十八日》等等，都倾注了鲍狄埃对巴黎公社事业的无限热爱、希望和信心。

1887年11月6日，鲍狄埃在巴黎逝世，享年七十一岁。巴黎劳动人民为自己的歌手举行了隆重的葬礼，把他的骨灰送到拉雪兹神甫墓地，与壮烈牺牲的公社战士的遗体埋葬在一起。在葬礼进行过程中，警察企图夺取红旗，与人民群众发生了一场冲突。人民群众在高呼"鲍狄埃万岁"的口号声中，最后送别了这位不朽的无产阶级革命诗人。

列宁高度评价工人诗人欧仁·鲍狄埃的战斗的一生："他是一位最伟大的用歌作为工具的宣传家"，"他在自己的身后留下了一个非人工所能建造的真正的纪念碑。"

普奥战争

普鲁士王国的兴起

普奥战争是近代战争史上发生在中欧地区的一场著名战争。参战的一方是普鲁士王国和意大利王国，以及北德的一些中小邦国；另一方为奥地利帝国和巴伐利亚、汉诺威、萨克逊等一些德意志邦国。双方参战的总兵力：普方为63万人；奥方为58.5万人。这场形式上的联盟战争，实际上只不过是德意志联邦中两个最大的邦国，即普鲁士和奥地利，为争夺对德意志的领导权而进行的王朝战争。因此，史家也称之为德意志战争。由于战争只延续了7个星期，故又称七周战争。

古老的神圣罗马帝国，曾在欧洲存在800多年。它是德意志民族的一个松散联合体，也是德意志各邦王公贵族不断争夺德意志领导权的政治舞台。这个舞台上的两大主角，历来都是奥地利和普鲁士。尽管大帝国已于1806年在法国皇帝拿破仑一世的威逼下宣告解体，但在解体后的半个多世纪中，其内部斗争仍很激烈，直到1866年普奥战争结束为止。普鲁士取得对奥战争的胜利，为最后解决德国的统一问题创造了条件。

公元12～13世纪，在中欧易北河中游到奥得河中游的整个地区，出现了一个名为"勃兰登堡"的新国家。这里原是比较荒芜的沙地平原，是德意志封建领主防御斯拉夫人部落的前哨，是他们向东方扩张的军事殖民地，而神圣罗马帝国在易北河以东的领土，正是通过对斯拉夫人的长期侵略扩张而获得的。15世纪初，霍亨索伦家族从德意志民族神圣罗马帝国的皇帝手里，领得了勃兰登堡这块封土，随后，不断兼并原来被条顿骑士团所占领的普鲁士，从而形成为勃兰登堡—普鲁士公国。进入17世纪以后，霍亨索伦王朝利用德意志皇帝和德意志各邦国在三十年战争中的衰落，不断扩充领地，增强实力，终于在1701年由腓特烈一世宣布建立普鲁士王国，逐步成为德意志和欧洲政治生活中一个举足轻重的大邦。

18世纪上半叶，普鲁士的第二代君主腓特烈·威廉一世（1713～1740年在位）进行了粗暴的统治，使王国发展成为中央集权制的专制主义国家。他用棍棒和体罚"教育"臣民，"治理"国家，力图把普鲁士提高到欧洲强国的地位。为此，他在国内加征赋税，压缩民用开支；禁止外国商品输入，以防资金外流；打破容克贵族垄断各省政治、经济的独立性，加强中央集权。腓特烈·威廉一世颇知富国与强兵的关系，因而在采取上述措施的同时，不断扩充军队。他不惜把国库收入的6/7用于军费，养兵竟达8.5万人，使一个当时在欧洲国土面积居第10位、人口数量居第13位的中等国家，兵力总数竟跃居欧洲的第4位，以致全国兵营林立。他不仅使每一个青壮年都要接受强制性的军事训练，而且规定士兵的服役年限竟长达25年。这样，普鲁士终于迅速振兴起来了。腓特烈·威廉一世为他的继承人准备了一支庞大的军队和一个年收入达700万塔勒的国库，从而也为普鲁士奠定了到那时为止尚不为人所知的强国的基础。

1740年，普鲁士王国的第3代君主即位。这位后来被容克贵族尊称为"腓特烈大帝"的腓特烈二世（亦译弗里德希1740～1786年在位），是一位雄才大略而又手段暴虐的国王。他继承其父衣钵，进一步强化容克贵族的军事官僚机构，扩充军事实力，把军队增加到了20万人，号称欧洲第一。他在统治期间，利用这支庞大的军队和充实的国库，连年征战，岁岁用兵，大肆扩充疆土。他在即位之初，即利用奥地利哈布斯堡王朝在王位继承战争中的困难，加入了法国所组织的反奥同盟，参与瓜分奥地利皇室的遗产，以求夺取人多地广、物产富庶的西里西亚。腓特烈二世主动出击，在 1740～1742 年和 1744～1745 年，先后两次发动了西里西亚战争，打败了奥地利。可是，到 1748 年，普鲁士却抛弃了它的同盟者，单独同自己德意志民族神圣罗马帝国中唯一的大邦奥地利签订了《亚琛和约》，摘取了"奥地利王冠上的明珠"——西里西亚，从而获得了面积约 3.5 万平方公里的领地，使普鲁士的国土一下子扩大了 1/3。当然，腓特烈二世攫取西里西亚以后，普奥两国的矛盾便进一步加深了。双方的斗争日益发展。奥地利不甘心于自己领地的丧失，不断联合其他强国反对普鲁士。而腓特烈二世及其继承者，则企图进一步侵占波希米亚，彻底打败奥地利，控制整个德意志。虽然，在尔后的历史进程中，普奥两国由于共同的利益，曾于 1772 年、1793 年和 1795 年暂时结盟，共同瓜分了波兰，但是，两国之间争夺对德意志领导权的斗争，则始终没有停止并且不断深化。在此期间，普鲁士更加强大起来了，到该世纪末，其国土面积已由 1740 年的 11.8 万平方公里扩充到 30.5 万余平方公里，人口从 224 万增加到 868 万，从而成为德意志境内重要的邦国。普鲁士王国的崛起，随之也就带来了争霸的战争。

1. "德意志联邦"中的两强争霸

在神圣罗马帝国的众多邦国之中，奥地利历来居于领导地位。神圣罗马帝国的历届皇帝，绝大多数都是由奥地利国王兼任的。大帝国皇帝作为德意志民族各邦国的共主，尽管直接统治各邦的权力有限，但他毕竟是民族领袖的象征，在漫长的历史进程中发挥过重要作用。后来，由于各邦实力的增长，特别是普鲁士王国、巴伐利亚王国和萨克逊王国等大邦的崛起，自 17～18 世纪以来，德意志便一直处于封建割据的局面，由维也纳发出的帝国号令，往往不能制约其他邦国。19 世纪初，在震撼整个欧洲的拿破仑战争期间，拿破仑一世先后打败奥地利和普鲁士，并把德意志西部和西南部的 21 个邦国组成"莱茵联邦"，使之成为法兰西帝国的附庸。这样，便迫使神圣罗马帝国不得不在名存实亡的形势下宣布解体。

1814 年，拿破仑一世被反法

联军打败，法兰西第一帝国随之灭亡。于是，以奥地利帝国为首，又把德意志境内的各邦国重新联合起来，宣布成立"德意志联邦"。联邦包括了德意志境内仍然存在的 34 个邦国和 4 个自由市。它们在民族利益的前提下结合起来，设立了由各邦代表组成的"联邦议会"，以便共同对付外敌，即当时的法、英、俄等欧洲强国。但是，各邦在内政、外交和军事上照旧各自为政，所采用的经济政策包括币制、度量衡等也各不相同。实际上，德意志联邦仍旧保持着封建割据的局面。这种局面并不能适应历史潮流的发展，而是严重地阻碍着资本主义的增长，使整个德意志地区难以实现民族国家的统一。

当时，奥地利和普鲁士是德意志联邦中两个最大的邦国。它们为了实现政治和经济上的统一，彼此的争斗更加激烈起来。早在 17～18 世纪，奥地利也和普鲁士一样，不断对外用兵，扩张疆土。19 世纪初，在打败拿破仑帝国以后，奥地利依靠其精明能干的首相梅特涅，以及国际上的反法工具"神圣同盟"，使其扩张势头有了新的发展。它的版图除奥地利本土外，还包括了匈牙利、罗马尼亚，以及意大利、捷克、斯洛伐克、波兰和塞尔维亚等部分地区和民族。其发展趋势，似乎要比普鲁士更胜一筹。

1848 年，欧洲大陆爆发了大规模的革命运动。这股属于资产阶级民主革命的潮流，冲击着大陆所有封建王国和封建专制主义，给欧洲的社会进步带来了一丝希望。在德意志联邦中，各邦的革命也像暴风雨一样席卷了全境。废除封建统治，实现德国统一，成了联邦中各邦各族人民的一致要求。当时，几乎所有德意志邦国的资产阶级自由派都参加了政权，为德意志的统一创造了良好的条件。但是，自由资产阶级却不敢依靠人民群众的力量来彻底摧毁封建专制制度，以实现德国的统一。他们主张由各邦选出代表组成全德国民议会，制订统一的《帝国宪法》，并沿袭神圣罗马帝国时代的做法，推举一个邦的国王来做全德意志的皇帝，从而实现德国的统一。

当年 3 月底，德意志联邦的各邦代表，在美因河畔的法兰克福召开预备会议。5 月 18 日，全德国民议会正式开幕，到会者大多是拥护君主立宪制的资产阶级和贵族代表。会上，对以谁为核心组成统一的德国的问题，出现了两种意见：多数代表主张，应由奥地利领导，建立统一的德意志帝国，称"大德意志派"，少数代表认为，应把奥地利排除在外，建立一个由普鲁士领导的统一的德意志帝国，称"小德意志派"。此外，也有若干小资产阶级民主派的代表主张，在德意志境内建立一个联邦制的共和国。各派都固执己见，不肯妥协，以致争论不休。最后，虽然选出了奥地利的约翰大公担任临时的帝国首脑，但他并没有任何实权，各邦的王公根本不听他的调遣，所以这个首脑有名无实，形同虚设。德意志仍同原来一样，无法统一；相反，彼此间的矛盾日益发展，两个大邦即奥地利和普鲁士争夺统治权的斗争，则变得更加尖锐和公开化。

2. 王朝战争成为德国统一之路

由于德意志境内资本主义工商业的迅速发展，以及容克贵族实力的壮大和农业经济的日益繁荣，德意志各邦的封建君主制已经不能像从前那样继续统治下去了。无论从政治上来说，还是从各自的经济利益出发，各邦都要求建立统一的国家。那么，统一之途何在？从当时的情况来看，本来是有两条道路：一条是通过革命，由无产阶级领导人民起来进行革命，推翻封建邦国，建立一个统一的民主共和国；另一条是通过王朝战争，各邦之间互相残杀兼并，大并小，强吞弱，最后造成威服统一的局面。前一条道路，在1848年的革命中有人尝试了，当时是行不通的。剩下的另一条道路，是历史发展的逻辑，在当时是各个阶级都能接受的。

于是，历史把奥地利和普鲁士推向了争夺德国统一运动领导权的大舞台。它们各自不遗余力地采取了措施和行动。1848年6月，奥地利派兵开进捷克，扼杀了当地的民族起义运动；8月，重新占领意大利北部地区；9月，进军匈牙利；10月，镇压了维也纳起义；次年7月，在沙皇俄国军队的支持下，扼杀了匈牙利的独立运动。经过一系列的武力镇压和侵略战争，奥地利又恢复了它昔日威震中欧的雄风。这样，到1851年，奥地利便正式废除了1849年3月的帝国宪法，恢复了君主专制。它凭借武力扩张和统一德国的势头，一时大有发展。但是，在德意志联邦中，奥地利毕竟是最反动的国家。它比其他国家更违反时代潮流。因此，德意志在奥地利保护下的统一，终归是一种不切实际的幻想。

普鲁士统一德意志各邦的企图，自 1848 年全德国民议会以后，也在不断付诸实践。它虽然没有像奥地利那样公然废除帝国宪法，但实际上也恢复了国王的专制统治，并积极地与奥地利进行夺权斗争。1849 年 5 月，普鲁士公然提出：要把德意志的行政、外交和管理军事的权力，授给以普鲁士国王为首的各邦国王的联盟；其他事务则由各大邦君主联席会议管理。这个方案曾得到各邦资产阶级的支持，并由 1850 年 3 月的议会予以通过。但是，当时德意志联邦议会的主席是奥地利；奥地利及其追随者的各邦君主，都竭力反对普鲁士方案。5 月，奥地利皇帝弗兰茨·约瑟夫一世亲自出面，在法兰克福召开了由奥地利领导的全德各邦国王会议，否决了普鲁士的方案，并恢复了旧的联邦议会。

普鲁士的初次尝试虽然失败，但它并没有就此罢休，只是因为当时的欧洲形势对它不利而暂时有所收敛而已。1861 年 1 月，普王威廉一世登上宝座。他为了实现兼并全德的目的，立即扩充军

备，计划建立一支拥有 37 万常备军和 13 万后备部队的大型军队，并在全国储备 16 万人的国民预备兵。这在当时的欧洲，可以说是无与伦比的。同时，他任命具有新思想的人物罗恩为军政大臣，毛奇为总参谋长，着手进行军事改革。1862 年，又任命俾斯麦为首相兼外交大臣。

俾斯麦的任用，标志着普鲁士加快走上用王朝战争统一德国之路。这位出身于容克贵族的政治家，历任普鲁士驻法兰克福联邦议会公使、普鲁士驻俄公使、驻法大使，有着丰富的政治和外交斗争经验。他眼界宽阔，逐渐抛弃了传统的旧观念，懂得从欧洲的角度来考虑德国的问题，认识到德国的统一是势不可挡的，而普鲁士要领导各邦统一德国，必然要遭到欧洲大国特别是奥地利的拼死反对，非以武力解决不可。因此，他宣称："德意志的未来不在于普鲁士的自由主义，而在于强权。"并明确指出："当前的种种重大问题不是演说词与多数决议所能解决的"，"要解决它只有用铁和血"。这就是曾经嚣张一时的所谓"铁血政策"，用当时普鲁士进步党领袖福尔肯贝尔的话来说："这意味着不要预算进行

统治，对内是军刀制度，对外是战争。"

由于俾斯麦等容克贵族上台后得到国王的信任与支持，掌握了德国统一运动的领导权，普鲁士加快了军事改革和扩军备战的步伐，并以其日益强大的经济力量用于军事目的，贯彻施行"铁血政策"，以求在战争中取胜来实现德意志的统一。这样一来，德意志境内的战争也就势不可免了。

普奥战争

1866年的普奥战争是关系到建立德国民族资本主义国家的霸权究应属于普奥这两个资产阶级君主国中哪一个的问题，是俾斯麦统一德国的关键性一步。从1864年10月至1866年6月，俾斯麦政府从各个方面做了大量准备工作，以解决普鲁士在德意志的霸权问题。

1865年底至1866年初，俾斯麦同拿破仑三世举行谈判。他一方面竭力使拿破仑三世感到普奥战争将是持久的，将会使普鲁士蒙受极大消耗；另一方面又迎合拿破仑三世建立新版莱茵同盟和在莱茵河左岸吞并德国领土的扩张野心，含混地暗示法国可以获得比利时、卢森堡以及普鲁士在莱茵河地区的某些领土作为"补

偿"，希望法国在未来的普奥战争中保持中立。

与此同时，俾斯麦在柏林还同意大利果沃内将军就共同进行反奥战争一事谈判。1866年4月8日，双方签署了秘密条约，规定：如果普鲁士在缔约后3个月内对奥地利采取军事行动，意大利有义务反对奥地利；一旦战胜奥地利，就把威尼斯交给意大利。意大利还从普鲁士手中得到1亿2千万法郎的援助。俾斯麦的这一步骤，使奥地利在未来的战争中腹背受敌。

俾斯麦竭力利用哈布斯堡王朝内部的困难。他同匈牙利的政治流亡者进行谈判，在匈牙利点燃民族革命烈火。他还考虑煽动捷克人、罗马尼亚人、马扎尔人和塞尔维亚人起义，甚至考虑让加里波第率领一支匈牙利和南斯拉夫人的联军到奥地利占领的达尔马提亚沿海地区作战，以便从内部把奥地利"炸得粉身碎骨"。尽管这些意图难以实现，但确实使奥地利的统治者惊恐不安。

在财政方面，俾斯麦得到了埃森的克虏伯和萨尔的施士姆等大工业家的支持。1864年，克虏伯表示，如果普鲁士下院拒绝预算案，他将提供100～200万塔勒

武器的长期贷款。1866年春，俾斯麦越过议会，转让给科伦—明登铁路公司1300万塔勒的股票，俾斯麦由此而得到一笔巨款，解决了财政的困难。此外，俾斯麦未经议会批准，发行了4千万塔勒的钞票，作为保证战争的资金。

在军事方面，以毛奇为首的参谋本部和陆军大臣罗恩为首的军事部门积极制订作战计划，主张军队应作好对奥地利作战的准备。

为了赢得德意志各阶级、阶层的支持，继续瓦解敌对阵线，俾斯麦政府于1866年4月9日向德意志联邦议会提出一项联邦改革的提案。提案要求：在普遍、直接选举的基础上，召开全德议会，对德意志联邦进行改革。改革的内容包括：建立铁道，邮政、电报、电话事业的全德管理机关；迁徙自由，营业自由，统一货币与度量衡；在国外保护德国贸易和德国领事；合并全德各邦的军队等等。俾斯麦政府企图以此在王朝和民族之间，资产阶级和无产阶级之间两面讨好，把自己装扮成为全德意志民族利益的保护者，以便先发制人，制止反对普鲁士强权的人民运动；进一步挫败奥地利的力图恢复皇帝尊严的

联邦改革计划，赢得人民对他准备的反奥战争的支持。但是，德意志联邦议会对这个提案没有作出任何答复。

寻找战争的借口是没有困难的。早在1865年的最后两个月，普鲁士政府就一直想在什列思维希—霍尔斯坦问题上激怒奥地利首先行动。1866年1月23日，奥地利驻霍尔斯坦总督路德维希·冯·加布伦茨将军批准在霍尔斯坦的中心阿尔托纳举行一次支持奥古斯滕堡大公的群众集会。3天后，俾斯麦向维也纳提出抗议。奥地利首相孟斯多夫的回答是：只有奥地利才有管辖霍尔斯坦的权利。

2月28日，普王威廉在柏林召开御前会议，商议攻击奥地利的政策，表示吞并两公国是整个普鲁士的愿望。由于普奥在两公国问题上不能达成一致意见，6月1日，奥地利驻法兰克福代表宣布，两公国的前途应由联邦议会决定。俾斯麦攻击奥地利破坏了1864年1月普奥缔结的共同行动计划。6月7日，俾斯麦令曼托伊费尔将军从什思斯维希越过艾德河向霍尔斯坦进军。加布伦茨将军不战而退。

6月10日，普鲁士公布《联

邦改革纲要》，要求把奥地利开除出德意志联邦。次日，奥地利公使呼吁德意志各邦实行动员，反对普鲁士。6月14日，联邦议会以9比6票通过反对普鲁士的方案。俾斯麦立即授权普鲁士公使声明：联邦议会无权以这种方式对待它的成员，并坚决要求解散联邦议会。次日，普鲁士向萨克逊、汉诺威国王以及黑森—加塞尔选帝侯提出最后通牒，要求接受普鲁士提出的《联邦改革纲要》，并且允许普军自由通过他们的国土。3个君主拒绝。6月17日，奥地利发布宣战书。6月18日，普鲁士对奥宣战，普奥战争爆发。

站在奥地利一边的有：萨克逊、汉诺威、巴伐利亚、巴登、符腾堡、黑森—加塞尔选帝侯国、黑森—达姆施塔德以及德意志联邦的其他成员国。站在普鲁士一边的有：梅克伦堡、奥尔登堡和其他北德意志各邦。另外还有3个自由市：汉堡、不来梅、吕贝克。

普奥战争有3个战场。奥地利被分割成南北两线作战。

南线意大利战场。战事一开始就对奥地利有利。6月24日，意大利国王维克多·厄曼努尔统率的人数众多、装备精良的意军在库斯托查同阿尔布雷希特率领的奥地利军队发生一场会战。意军四处逃散，俾斯麦对自己的盟军如此缺乏战斗力，十分恼火，它使俾斯麦想把奥军分割成南北两线作战的计划化为泡影。但是，奥军由于北战场进展不利，被迫放弃威尼斯，大部分兵力向多瑙河转移。

德意志战场是普鲁士军队对奥地利集团成员国作战。6月16日，普军攻入汉诺威，黑森—加塞尔及萨克逊。萨克逊军队被迫撤到摩拉维亚，与奥地利军队会合。6月27日，冯·法尔肯施泰因将军率领的5万普军在朗根萨尔察打败汉诺威军队，围困汉诺威王奥格尔格。6月29日，汉诺威投降。7月，当法尔肯施泰因军队准备占领法兰克福，进攻巴登、符腾堡时，波希米亚战场告急。

北战场，即波希米亚战场，是普奥战争的主战场。战线长达260英里。毛奇计划在外线作战，军队在战地集结。他的原则是"分兵推进，联合打击"。为了迅速集结部队，毛奇通过5条铁路线调动军队，并由柏林大本营用电报统一指挥。6月22～23日，由腓特烈—卡尔亲王率领的第一军团和赫尔瓦特·冯·毕腾菲尔德将军率领的易北河军团由埃尔兹山和黑森山的隘口开入波希米亚。王太子弗里德里希—威廉率领的第二军团从西里西亚翻山越岭进入波希米亚谷地。开头几天的战斗，普军旗开得胜。只有在6月28日这一天，普军略为失利。卡尔亲王的部队在占领吉钦后，被奥地利埃德尔斯海姆将军的骑兵队赶出。工太了军团的第一军被加布伦茨将军的部队阻止在特劳特瑙附近。次口，卡尔亲工的军队夺回吉钦，王太子军团则彻底击溃奥地利的3个军。奥地利北战区总司令贝奈德克将军因遭重创，建议弗兰茨·约瑟夫皇帝言和。奥皇则期待一次决战。

普、奥两军骑兵交战的情景

1866年7月3日，以奥地利和萨克逊的军队为一方，以普鲁士军队为另一方，在捷克的柯尼希格莱茨附近的萨多瓦村进行决战。奥军23.8万人，普军29.1万人，这是欧洲历史上前所未有的大决战。上午8时，卡尔亲王率领的第一军团向奥地利阵地发起攻击。奥军顶住了卡尔亲王第一军团的进攻。中午，王太子率领的第二军团赶来增援，从侧翼包抄，经过激战。奥军大败。死伤计2.4万多人，被俘1.3万人。由于奥骑兵队奋勇作战，以及卡尔亲王的部队错过时机，使奥军得以渡过易北河，向奥尔缪茨退却。渡河时，奥军淹死甚众，损失惨重。最后才艰难地把部队转移到多瑙河一线。

尽管在南方意大利战场上得胜的奥军赶来增援，但萨多瓦战役的败局已定。战争表明，经过改革以后的普军在军事上取得明显的优势。普军使用的是后膛枪，即撞针发射枪，3/5的陆战炮兵都装备有来复线的大炮。而奥军使用的却仍然是老式的前膛枪、前膛炮。普军经过改革以后，清除了军队中年长的或不称职的指挥官，代之以年轻、能干的指挥员。赫尔穆特·毛奇参谋总长英勇、果敢的指挥，在战斗中起了很大作用。普军士气高涨，他们认为，这是为德意志的统一而战。此外，普军通过铁路快速调动，用电报统一指挥，都保证了军事上的胜利。

7月5日，拿破仑三世经奥地利皇帝弗兰茨·约瑟夫的请求，提议调停。此时，为胜利冲昏头脑的普王威廉及其将领们要求继续作战，彻底击溃奥地利，占领维也纳。俾斯麦担心拖延战争将会导致法国的干涉，以及在被击溃的奥地利境内发生革命，从而使普鲁士统一德国的计划毁于一旦。他认为不应该过分伤害奥地利的民族感情，以便在未来的对法战争中争得奥地利的中立，因此，他力排众议，主张立即缔约，甚至以辞职相要挟，最后普王威廉一世让步。7月22日，普奥双方代表在尼科尔斯堡谈判。26日，签订《尼科尔斯堡预备和约》。8月23日，正式签订《布拉格和约》，规定：德意志联邦议会解散，普鲁士有权建立以它为首的北德意志联邦；奥地利把威尼斯割给意大利；奥地利偿付一笔不大的赔款；奥地利把它对什列思维希——霍尔斯坦的管理权让给普鲁士。

9月20日，普鲁士吞并了汉诺威王国、黑森—加塞尔选帝侯国、拿骚大公国、法兰克福自由市、什列思维希—霍尔思坦两公国以及巴伐利亚、黑森—达姆施塔德的部分领土，东西普鲁士连成一片。1867年，成立以普鲁士为首的北德意志联邦，由美因河以北的21个德意志邦和3个自由市组成。同年4月17日，由北德意志联邦制宪议会通过北德意志联邦宪法。7月1日，正式生效。宪法规定：普王威廉一世为北德意志联邦元首、武装力量最高统帅。俾斯麦任联邦首相。联邦设两院制议会。下院由普遍、直接、秘密的选举选出；联邦议会由各邦任命的代表组成，共有43名代表，其中普鲁士的代表占17人。下院立法权受到限制，法律要经联邦议会通过、国王批准才能生效。南德各邦——巴伐利亚、巴登、符腾堡、墨森——达姆施塔德与德意志联邦缔结关税、贸易协定，武装力量由普鲁士参谋本部监督。

由于北德意联邦的建立，联邦内部货币、度量衡得到统一，对外政策和对外贸易由联邦政府统一确定，先前的交通限制和阻塞商品流通的障碍一扫而光。这时，在经济上得到明显好处的德国资产阶级径直拜倒在给它带来美好前景的"铁血宰相"脚下。进步党内部分裂，其中一部分人另组成民族自由党，支持俾斯麦的外交政策和统一德国的方针。"宪法纠纷"烟消云散。1867年，奥地利统治者与匈牙利自由主义贵族联盟建立了奥匈二元帝国。

普奥战争阶段和战场

普奥战争是在有利于普鲁士的国际形势下展开的。当时，1853～1856年的克里木战争结束不久，敌对的英法与俄国之间，关系仍然紧张；奥地利与俄国之间的关系，也因为战争的影响而逐渐恶化。1859年法、意对奥地利进行战争以后，法奥矛盾正在不断加深。普鲁士则因俾斯麦成功的外交手腕，加强了俄普之间的"友好"关系。英国由于害怕拿破仑三世日益强大，有意支持普鲁士去抑制法国。因此，欧洲出现了英、法、俄不能联合行动，而奥地利则陷于孤立境地的格局。尽管如此，普奥战争的爆发和展开，仍然是一个精心策划和大胆实施的有预谋的军事行动。其中，尤以普奥两国的联合攻丹富有戏剧特色。

1. 从普奥联合攻丹到彼此开战

1864年的德丹战争，是普鲁士完成德国统一的第一个步骤。这次战争给俾斯麦提供了初试军威和清理后院的绝好机会。战争起因于普鲁士与丹麦对边境地区什列思维希与霍尔斯坦两个公国的争夺。这两个公国位于波罗的海与北海之间，构成易北河下游地区与丹麦同日德兰半岛之间的边境，霍尔斯坦的居民大多数是德意志人，什列思维希的居民则多是丹麦人；但是两公国历来没有分离。历史上，霍尔斯坦曾是德意志民族神圣罗马帝国的属国，1815年重新分割欧洲势力范围的维也纳会议，把这两个公国及其近旁的劳恩堡小公国一并划归丹麦王国管辖，但是明确规定，丹麦对于两国的传统利益不得侵犯。然而，丹麦并不以此为满足。1863年3月，丹麦国王颁布一个新宪法，竟把什列思维希公然并入丹麦，同时又对霍尔斯坦和劳恩堡的权利加以限制。当年11月，新国王克里斯蒂安九世继位。他立即签署"11月宪章"，进而直接兼并了两个公国，并把军队开进那里。

对于丹麦国王的作为，德意志民族当然是决不能同意的。两个公国的官员，拒绝向新国王宣誓效忠，士兵拒绝服役，他们极力向普鲁士求援，并请求德意志联邦议会予以援助，要求摆脱丹麦的统治。这正是俾斯麦实现德国统一的最好借口和机会。普鲁士立即决定进行干预。然而，卓有远见的俾斯麦，考虑到当时的中欧形势，想了一个一箭三雕的奇招。他积极拉拢普鲁士的头号对手奥地利，建议结成联盟，打着德意志联邦联合行动的旗号，共同对丹麦作战。这样做的结果是：一方面，可以利用奥地利的军事力量参战，形成绝对的优势；另一方面，可以避免丹麦与奥地利实行联盟，从而解除了后顾之忧；再一方面，可以顺利地取得德意志联邦议会的支持，从而麻痹欧洲列强，不致因此引起对普鲁士单独扩张的反对。而且，奥丹结仇以后，对普鲁士下一步将要采取的对奥军事行动，也会是极为有利的。

当时，奥地利当局只考虑到要维护欧洲格局的现状，并希望防止普鲁士在率先反对丹麦的斗争中加强在德意志联邦中的影响，同时也抱着与普鲁士共同宰割什列思维希与霍尔斯坦的念头，因而很快便同意与普鲁士联合行动。于是，两国在 1864 年 1 月拟订了共同行动的计划。

1864 年 2 月，普奥两国组建一支拥有 6 万人的联军，由担任最高司令官的普鲁士陆军元帅弗兰格尔统率，越过艾德河边界，进军什列思维希。丹麦军队不是对手，早已撤出霍尔斯坦，此时正沿着什列思维希南部边界的古老防线构筑防御工事，随着普奥联军的逼近，又继续后撤，退到了日德兰半岛东岸一个名叫迪博尔的小村镇，并在那里遭到普奥联军的围攻和炮击。4 月 18 日，迪博尔陷落，战争的第一阶段结束。随后，英国出面进行调停，但是毫无结果。5 月 9 日战争再起，丹麦难以坚持下去，于 12 日被迫签署停战协定。可是谈判仍然破裂。6 月 26 日，普奥联军渡过阿尔斯海峡，完全控制了日德兰和阿尔斯岛。此后，丹麦再也无力抵抗。8 月 1 日，普奥和丹麦在维也纳签署预备和约，后于 10 月 30 日正式签字。《维也纳和约》规定：什列思维希—霍尔斯坦两个公国和劳恩堡小公国完全脱离丹麦，交由普鲁士和奥地利共管。德丹战争至此结束。

历史的发展有其自身的逻辑：旧的战争刚刚结束，新的战争已开始萌芽了。1864 年 8 月 14～21 日，普奥两国就执行维也纳和约问题进行谈判，并签订了《加斯泰因专约》。专约规定：什列思维希与荷尔斯泰因两公国从总体上仍归普奥共管，但什列思维希归普鲁士管辖，霍尔斯坦因归奥地利管辖；奥地利以得到 250 万塔勒的补偿，将劳恩堡让给普鲁士；普鲁士获得在霍尔斯坦因开凿基尔运河、建筑铁路及敷设电缆的权利；基尔的防务由普军担任；奥尔登堡成为普奥联防要塞。这个使普鲁士得到了明显好处的专约，同时也蕴藏着决定性破裂的机缘。由它所造成的政治管辖与行政管理上的混乱状态，为俾斯麦挑起普奥战争埋下了伏线。正如俾斯麦所说："只要欧洲的政治形势许可，我们可以把在这里所遇到的问题，随时用来作为发动的借口。"正因为如此，普鲁士政府创造争霸战争的机器便积极地开动起来了。

2. 普奥战争爆发

进行对奥战争，是普鲁士领导德国统一的关键性一步。俾斯麦对此花费了巨大精力。从 1864 年 10 月即对丹麦的和约签字开始，俾斯麦就领导普鲁士政府积极投入战争准备工作，决心使用军事力量来解决普鲁士在德意志的霸权问题。

首先，积极展开外交活动，争取同盟者或中立者。1865 年底至 1866 年初，俾斯麦同法国皇帝拿破仑三世进行谈判。他竭力施展外交才华，一方面迎合拿破仑建立新版莱茵同盟和在莱茵河左岸吞并某些德国领土的扩张野心，含混地给以暗示，法国只要在未来的普奥战争中保持中立，它就可以获得比利时、卢森堡以及普鲁士在莱茵河地区的某些领土作为"补偿"；另一方面，又使拿破仑似乎感到，普奥战争可能不是短时间内可以结束的。普鲁士将要遭受极大消耗，因而法国有着坐收渔人之利的可能。

在此期间，俾斯麦也就共同进行反奥战争一事，在柏林同意大利的果沃内将军举行谈判。1866 年 4 月 8 日，普意签署一项秘密条约，规定：如果在缔约后的 3 个月内普鲁士在奥地利采取军事行动，意大利有义务反对奥地利；一旦战胜奥地利，意大利有权获得威尼斯。随着密约的执行，意大利将从普鲁士方面得到 1.2 亿法郎的援助。这一结盟成功，将使奥地利在未来战争中处于腹背受敌的境地。

此外，普鲁士政府的代表多次同匈牙利的政治流亡者进行谈判，在匈牙利点燃民族革命烈火。俾斯麦还考虑到，要煽动并组织

最新整理图文珍藏版

捷克人、罗马尼亚人、马札尔人和塞尔维亚人举行起义，甚至设计了让加里波第率领一支匈牙利和南斯拉夫人的联军，到奥地利占领的达尔马提亚沿海地区去作战，以便从内部把奥地利炸得粉身碎骨。

其次，积极进行财力准备，以筹备足够的军费。俾斯麦经过不断的斡旋与允诺，取得了许多银行家和大工商业家的支持，特别是埃森的克虏伯和萨尔的施士姆等的赞同。1864 年，克虏伯表示，如果普鲁士下院拒绝批准预算案，他保证提供 100～200 万塔勒的长期贷款，以供武器采购费用。1866 年春，俾斯麦越过议会，向科伦—明登铁路公司转让 1300 万塔勒的股票，使政府由此获得一笔巨款，解决了政府财政上的困难。同时，俾斯麦还未经议会批准便发行了 4000 万塔勒的钞票，作为保证战争需要的资金。

再次，大力加强军事工作。普军积极改善武器装备，改组军队并加强训练，始终不懈地进行着战争准备。在对丹麦的战争中，普奥双方都暴露出了一些缺点，普军领导者也摸清了奥军的底细。据此，普军的改组和训练工作，一直是在很有针对性的情况下实施的，因而很快取得成效。与此同时，以毛奇为首的总参谋部则精心制订了周密的作战计划。根据毛奇的设想，普军将力求先发制人，必须趁奥地利军队通过萨克逊西进之机，切断奥地利与其盟邦的联系，计划派出 4 个军团迅速侵入敌方内地，继而在决战中彻底击败敌军。由于普鲁士缺乏天然的防御阵地，在本土作战不利，毛奇制订的计划以实施外线作战为主导思想，力求打一场速决战。为此，计划规定，大力发挥铁路在战略上的作用，在内线集结部队，用铁路快速运送部队，以争取时间，改善普鲁士的战略地位，达到迅速突然地向外线出击的目的。

经过全面准备，到了 1866 年上半年，可以说是万事俱备，只等东风，即最后寻找战争借口。寻找战争的借口是没有什么困难的。早在 1865 年的后 2 个月，普鲁士政府已在有意挑衅，想要在什列思维希—霍尔斯坦问题上激怒奥地利，让对方首先发难。1866 年 1 月 23 日，奥地利驻霍尔斯坦总督加布伦茨将军，批准在霍尔斯坦的中心阿尔托纳举行群众大会，以支持奥古斯滕堡大公。对此，俾斯麦随即向维也纳提出抗议。奥地利首相孟斯多夫针锋相对地予以回答，说是奥地利拥有全权管辖霍尔斯坦的事务。于是，双方的外交战开始了。

2月28日，普鲁士国王威廉一世召开御前会议，攻击奥地利的政策，表示吞并霍尔斯坦等两公国已是整个普鲁士的愿望。4月9日，普鲁士政府向德意志联邦议会提出一项联邦改革提案，要求对德意志联邦进行全面改革，特别主张合并全德各邦的军队。由于普奥双方在两公国问题上根本不能达成一致意见，奥地利驻联邦议会的代表于6月1日宣布，两公国的前途应由联邦议会讨论决定；至于联邦的改革，必须征询联邦大多数成员的意见才能讨论。对此，俾斯麦发表声明，攻击奥地利破坏了1864年1月普奥签署的共同行动计划。6月7日，俾斯麦下令给曼托伊费尔将军，命他率领普军驻什列思维希的部队越过艾德河，向霍尔斯坦进军。奥军加布伦茨将军不战而退。6月10日，普鲁士公布《联邦改革纲要》，公开要求把奥地利开除出德意志联邦。次日，驻联邦议会的奥地利公使发出呼吁，要求德意志各邦实行动员，反对普鲁士的霸道行径。于是，联邦内部的形势急剧变化了。

1866年6月14日，德意志联邦议会召开会议，会上以9∶6的票数通过了反对普鲁士的方案。俾斯麦立即授权普鲁士公使声明：联邦议会无权以这种方式对待它的成员，并坚决要求解散联邦议会。次日，普鲁士向萨克逊国王、汉诺威国王和黑森—加塞尔选帝侯提出最后通牒，要求他们接受普鲁士提出的《联邦改革纲要》，并且允许普军自由通过他们的国土。3个君主都予以拒绝。至此，任何外交谈判都已无济于事。6月17日，奥地利首先发表宣战书；18日，普鲁士接着对奥宣战。20日，意大利按照意普军事盟约对奥宣战。普奥战争终于在俾斯麦的策划之下揭开了序幕。

3. 三个战场

这场战争的爆发，对于双方来说都不意外，而且阵线早已分明。站在普鲁士方面的，有梅伦堡、奥尔登堡和北德意志的其他各邦，以及汉堡、不来梅和吕贝克3个自由市。站在奥地利方面的，有萨克逊、汉诺威、巴伐利亚、巴登、符腾堡、黑森—加塞尔、黑森—达姆施塔德和德意志联邦的其他成员国。从大邦国的数量和人口、面积来说，奥地利方面占有优势。但是，从军事实力来说，普鲁士则显然强于对方。当时，普鲁士方面的总兵力已多达63万人，而奥地利方面的实力，总共只有约58万余人。不过，奥地利处于内线阵地，且其骑兵和炮兵都在数量上占有优势，并便于机动作战。因此，奥军当局准备以消极防御等待对方进攻。他们以为，这样可以延缓战争的进程，在此期间，加速扩充兵力，积蓄力量，然后施行反击，再以优势兵力一举击败进犯的普军。由于被迫实施两线作战，奥军将其兵力分为2个军团：以8万人编成南方军团，对付意大利军队；以其余军力编成北方军团，对付普军；该军团获得萨克逊军增援后，兵力达26.1万人，由贝奈德克将军统一指挥，并迅速地在奥地利北部的摩拉维亚境内集结，抵御普军从西里西亚南下进攻。

普鲁士方面，战争的实际指挥者为总参谋长毛奇将军。他根据自己领导制订的作战计划，利用先进的铁路运输线实施战略输送，使用先进的电报手段进行统一指挥，从而克服了远距离机动和外线作战所带来的困难，并且在很短的时间内，就将25万余人的兵力和800门火炮集结到了萨克逊和奥地利的边境地区，使之在宽度约420公里的正面上完成了集结和展开。根据作战部署，普军在这个预期的主战场上分成为3个军团：易北河军团，由赫尔瓦特·毕腾菲尔德将军指挥，约4.6万人，在莱比锡东西一线展开；第一军团；由腓特烈—卡尔亲王指挥，约9.3万人，在易北河以东至格尔利次一线展开；第二军团，由王太子腓特烈—威廉指挥，约11.5万人，在格尔利次以东至奥得河一带集结。

随着普军战略展开的完成，双方开始交火，战争进程发展迅速。但是，整个战争是在3个战场上差不多同时展开的，其决定性的作战行动发生在波希米亚战场上，它决定了战争的命运。

在南线，即意大利战场，由奥意军队交锋。战事一开始，形势就对奥地利有利。本来，意大利拥有一支人数颇多、装备精良的军队。它由国王维克多—厄曼努尔二世亲自统率，主动地向阿尔布雷希特将军率领的奥地利军队出击。可是，6月24日，两军在库斯托查发生的第一场会战中，意军竟被打得惨败，官兵四处散逃，以致达到无力再战的程度。俾斯麦对自己的盟军如此缺乏战

世界通史

最新整理图文珍藏版

斗力感到非常恼火，但却无可奈何。意军的惨败使普军迫敌两线作战的战略计划不能实现。奥军在意大利获胜以后，并没有继续发展攻势，而是放弃了威尼斯，只留少量兵力驻防，而将大部分兵力迅速调回多瑙河沿线，以支援形势紧迫的北战场作战。

在西线，即德意志战场，是由普鲁士军队对奥地利阵营中一些成员国的进攻。宣战后，普军迅速开进了奥地利的盟邦汉诺威、黑森—加塞尔和萨克逊等毗邻国家。这些国家的军队，在普军的强大威势之下节节后退。萨克逊军队被迫撤退到摩拉维亚地区，并在那里与奥地利的军队会合，并入了贝奈德克将军指挥的北方军团。6月27日，冯·法尔肯施泰因将军率领普军5万余人，挺进到朗根萨尔察附近，在那里大败汉诺威军队，进而围困了汉诺威城。6月29日，汉诺威王奥格尔格宣布投降。尔后，在7月初，法尔肯施泰因挥军南下，准备先占领法兰克福，随后向巴登和符腾堡进军。

在北线，即波希米亚战场，由普军发起主要突击。起初，毛奇命令3个军团向东移动：第一军团向尼斯河以东挺进，第二军

团进至格尔利次以东地区，易北河军团则沿易北河南移，向第一军团右翼靠拢。6月22日，易北河军团占领了德累斯顿，随后即与第一军团汇合。这时，毛奇得知奥军正由摩拉维亚向西北方向的边境开进，于是当机立断，命令第二军团翻越苏台德山脉，回师向西南突进；第一军团和易北河军团则沿厄尔士山脉的隘路行进，向山南进军。这样，普军构成钳形攻势，分进合击，首先消灭贝奈德克统率的奥军主力，然后直取维也纳。

6月25日，普军按命令向前开进。两路大军都因为并不知道奥军的具体位置而摸索前进，指挥又无法协调，因而在翻山越岭通过山隘时，行动颇为缓慢。此时，正在朝西北方向开进的奥军，如能利用普军行军困难之机，扼守山南各个隘口，本来是有把握将普军各个击破的。遗憾的是，贝奈德克将军不是高明的战略家，他白白地坐失了良机，致使普军顺利地通过了山地，进入到山南地区。6月26日，进到山南的普军易北河军团和第一军团，在伊塞尔河西侧与奥军阿尔贝耳特将军率领的2个军相遇。阿尔贝耳特不敢固守伊塞尔河，未经严重

战斗即撤出该地区，主动朝东南方向退却。易北河军团抓住良机，乘胜追击。此时，普军第二军团还在翻山越岭，艰苦推进。

同一天，即6月26日，贝奈德克率领的奥军主力，共6个军28万余人，已经到达易北河上游亚罗默希以西地带。他在那里观望等待，企图在普鲁士的两路大军之间选择一路，准备集中力量予以打击。次日，奥军主力一部与普军的第二军团相遇，结果被行军疲乏的普军打败。贝奈德克得知警戒部队遭到打击的消息，命令部队向西撤退，打算在波希米亚境内集中其全部兵力，然后选择二者之一进行打击。可是，撤退的后果只能是军心浮动，体力损耗。其西面此时正好也陷入困境。阿尔贝耳特在伊塞尔河失利后，追击的普军步步逼近；东线的普军第二军团在打败奥军警戒部队后，也步步跟进，咄咄逼人。这样，奥军顿时丧失了主动权，处在普军两路部队的夹击之中。6月30日，贝奈德克率奥军主力向东南退却，以逃避普军的钳形攻势；7月1日夜间，奥军到达易北河的上游河畔，位于凯尼格列茨与萨多瓦之间的高地上。贝奈德克眼见形势危急，决心在7

月3日向南渡过易北河，经由帕尔杜比策向南方撤退，尔后再希图抵御之策。然而，他还没有来得及南撤，决定性的萨多瓦会战便打响了。

4. 萨多瓦决战

普鲁士的两路大军在击退奥军之后，各按计划继续前进。6月30日，两路大军的骑兵部队相互会师。毛奇及时掌握了奥军的撤退方向和位置，立即命令第二军团停止前进，在亚罗默希以北、易北河两岸待命，但令其右翼部队稍稍西移，直到与第一军团的左翼部队连接起来；同时，命令第一军团继续向东南方向前进，在萨多瓦（今捷克的赫拉德茨—克拉洛维）的西北方向展开，易北河军团则以一部在第一军团以南展开，另一部迂回到萨多瓦南面，前出到奥军的左侧。这样，就从北、西、南三面形成了对奥军的包围态势。但是，当时在第二军团的前方和第一军团东侧部队当面，都没有发现奥军，因而他们对毛奇将军的判断产生了怀疑。不过，老谋深算的总参谋长没有犹豫。他为了应付奥军所在位置发生新的变化，防止奥军向南撤退，进而命令易北河军团再向东南推进，第一军团也紧跟易北河军团之后向南转移，进至萨多瓦的西南；同时，又命令第二军团在易北河以东向南推进，如果发现奥军准备在易北河以南高地交战，则该军团应再向南迂回，切断奥军与维也纳的联系。照此部署，便可以从东、西、南三面形成对奥军的包围态势。同时，毛奇还就奥军可能的行动作出设想：如果奥军集结强大兵力，在亚罗默希至凯尼格列茨之间组织反击，那么，就由第一军团承担正面突击任务，以优势兵力在两侧实施进攻。毛奇将军作出这种部署，堪称大胆、严谨而又十分周密。

7月2日，普军除派出侦察部队探查奥军的具体位置及其兵力配置外，其余部队就地休整1天。通过侦察得知，奥军的强大兵力正集结在易北河以西的萨多瓦一线，正好与普军第一军团成平行态势。于是，毛奇迅速给第一军团下达命令，决定于7月3日发起进攻；同时，命令第二军团和易北军团对敌开进，在预定方向形成对奥军的包围。

就在7月2日这一天，奥军也仍然留驻原地，似乎等待敌军来攻。本来，贝奈德克计划于7月2日南渡易北河，准备经由帕尔杜比策向南撤退。由于7月3日非常平静，未见普军采取行动，贝奈德克突然改变了主意，决定放弃撤退，留在原地准备应战。他这样做，似乎是考虑到，萨多瓦南北一线有着非常有利的地形可作依托，如果普军发起进攻，奥军既可凭险固守，又可依托有利地形实施反击。据说，奥军统帅贝奈德克将军此前曾给弗兰茨·约瑟夫提出建议，希望皇帝同意与普鲁士谈和，但是，皇帝却期待着进行一次决战。这样，双方都有作战考虑，一场决战就呼之即出了。

1866年7月3日，普奥两军终于相会在柯尼希格莱茨附近的萨多瓦村，进行了一场欧洲近代历史上前所未有的大会战。当地集结的奥军和萨克逊军兵力有23.8万人，赶到前线的普军兵力为29.1万人。

上午8时，普军第一军团自西向东对奥军发起正面攻击。由于拥有天然的有利阵地作屏障，又有强大的炮兵火力作支援，奥军很快就挡住了普军的进路，并且展开了反击。第一军团随之陷入危急状态，卡尔亲王极为恐慌，曾要求派预备队支援第一军团战斗，还建议第二军团立即投入战

最新整理图文珍藏版

斗。然而，毛奇对于自己的部署却信心十足。他拒绝改变原来的作战计划。事实上，毛奇的决策是正确的。他之所以用第一军团去作正面攻击，是要以此吸引和牵制奥军的主要兵力与火力，而以易北河军团和第二军团攻击敌军的两侧和后方，实行夹击。他在7月1日命令易北河军团南移再南移，其用心就在于此。现在，只要是奥军在第一军团正面投入的兵力越多，战斗的时间越长，普军的两面夹击就越容易成功，胜利的把握就越大。

时间已到中午，普军的易北河军团和第二军团正在迅速实施迂回，趁着奥军集中主力不断向普军第一军团进行反击之机，前锋到了预定地段。易北河军团首先从奥军的南翼发起猛攻，使得战场形势立即发生了急剧变化。正在向西攻击的奥军，突然遭到敌军来自南侧的冲击，其左翼2个军顿时混乱起来，随后便被迫向东撤退。可是，易北河军团的后续部队，特别是它的1个骑兵师，因距离过远而未能及时赶到前线，以致没有力量进行追击，失去了乘胜粉碎奥军的机会，待到下午2时他们全部赶来之时，已经晚了一步。正好就在下午2

时，北面开来的第二军团也已赶到作战位置，开始同奥军交火。该军团在此之前一直未曾遇到敌人，一上场便奋勇进击，很快突入奥军右翼的防御阵地，并在1个小时之内把敌人的北面阵地冲垮了。

在普军实行南北对进、两翼夹击的形势下，奥军的整个正面动摇了，被迫纷纷后撤。贝奈德克眼看局势严峻，立即将预备队全部投入战斗，实施反突击。他本想借此挽回败局，随即获悉南翼已经全线溃败，整个阵线面临崩溃危机，于是改以预备队的反突击作掩护，保证其他部队安全撤退。奥军凭借其尚有一定优势的骑兵和炮兵进行阻击，在其预备队投入战斗后，曾暂时抵挡了普军的进攻，因而其主力得以急匆匆地向凯尼格列茨方向退走。

在当时的战况发展中，普军也显得相当混乱。各军团分别进攻，缺少协同配合，有的已经失去统一指挥，一时竟摸不清奥军撤退的方向。他们大都以为奥军必定向南撤退，经由帕尔杜比策回守维也纳。而实际上，奥军因为南翼被堵，只有向东开进。由于普军统帅部未能及时掌握情况，普军官兵因连续行军作战而疲惫不堪，加上第一、第二两个军团以及奥军一些部队互相混杂在一起，统帅部也就一时无法进行指挥和调整，以致未能组织有效的战术追击，使奥军避免了全军覆灭的厄运。

萨多瓦决战以普军的大胜而结束了。奥军的伤亡和被俘人员虽然达4.5万余人，但总司令贝奈德克仍率主力约15万余人安全地撤退了。普军在作战中的伤亡，总共约达1万人。但是，经此一役，战争中的命运也就最后决定了，奥地利已经无力再战。

日俄战争

1904年到1905年，在东亚爆发了一场激烈的帝国主义战争——日俄战争。日本和俄国都是军事封建帝国主义国家，都具有对外侵略扩张的本性，都想侵占中国东北和朝鲜，并进而称霸亚洲和太平洋地区。日俄战争是日、俄帝国主义侵略扩张政策的必然结果。

日本经过明治维新后，资本主义迅速发展。尤其是甲午战争（1894年）以后，日本从中国勒索了大量赔款，取得了中国广大市场，资本主义发展的速度更加迅猛，很快就成为帝国主义国家。日本帝国主义的特点是：封建残余浓厚，军国主义倾向显著，国内市场狭窄，原料缺乏。因而日本帝国主义在形成过程中，就已迫不及待地走上对外侵略扩张的道路，参加帝国主义列强重新瓜分世界的斗争。在甲午战争中，日本打败了中国，侵占了我国辽东半岛、台湾和澎湖列岛，并把朝鲜变成了它的半殖民地。后来由于俄国勾结德国和法国，进行干涉，日本被迫归还辽东半岛。日本对此怀恨在心，伺机报复。日本帝国主义进一步制定了所谓"大陆政策"，企图吞并朝鲜、灭亡中国和独霸亚洲。

俄国帝国主义的特点是：资本帝国主义比较薄弱，它被浓厚的封建农奴制残余的层层密网缠绕着，同沙皇专制制度溶合在一起，因此它特别富于侵略性，力图用军事侵略和对外扩张来弥补先天的不足。

中国成为沙俄对外扩张的重要目标。19世纪后半期，沙俄先后侵占了我国150多万平方公里的领土。沙俄还妄图进一步直接占领我国东北、蒙古、新疆地区，把俄国的疆界推进到长城脚下。

1900年，沙俄乘八国联军镇压义和团运动之机，悍然侵占整个中国东北，并赖着不走。同时，它还提出所谓《黄色俄罗斯计划》，妄图吞并东北，进一步肢解中国。沙俄对朝鲜也觊觎良久，想把它占为己有。

俄国在中国东北的侵略活动，不仅对日本造成威胁，而且触犯了其他帝国主义国家在中国的利益。英国惟恐俄国在远东势力强大起来，因而采取联日抗俄政策。德国为了把俄国牵制在亚洲，以便放手对付法国，鼓动俄国与日本开战。法国支持沙俄，反对日英同盟。美国则怂恿日俄厮杀，使日俄两败俱伤，以便坐收渔人之利。在国际帝国主义勾心斗角、互相角逐的背景下，日俄双方加紧扩军备战。两国矛盾愈演愈烈，终于发展成为火并。

1900年后，日俄两国都发生严重的经济危机，国内阶级矛盾激化，两国统治阶级都企图用发动战争来转移本国人民的视线。特别是在沙皇专制主义统治下的俄国，阶级矛盾和民族矛盾错综复杂，极其尖锐，革命形势日益成熟。俄国内政大臣普列维叫嚣说："为了避免俄国的革命，我们需要一次小小的、但是胜利的战争"。

日俄战争前夕，两国一方面疯狂备战，剑拔弩张；另一方面，为了争取时间，迷惑对方，双方都放出了"缓和"的烟幕。从1903年6月起，日俄两国举行"和平"谈判。但随着双方备战工作接近完成，两国的外交谈判越谈越僵。到1904年2月，谈判终于破裂。

日俄战争的主要战场在我国东北。日本首先必须夺取制海权，然后才有可能把陆军运送到中国东北，同俄军作战。

1904年2月8日晚上，停泊在旅顺口的俄国太平洋舰队，舰上灯火通明，挂满了节日的舷灯，军官们都上岸到海军俱乐部参加为庆祝俄国太平洋舰队司令斯达尔克将军夫人的命名日而举行的舞会去了。在充满着节日气氛的夜晚，旅顺口的俄国舰队戒备极为松弛，舰上只有几个值班人员，水兵们都在舱里睡觉。午夜时分，日本驱逐舰悄悄地开到旅顺口，突然偷袭和炸坏在那里停泊的俄国军舰多艘。正在岸上翩翩起舞、狂欢作乐的军官们，听到炮声还以为那是向舰队司令夫人祝贺的礼炮，万万没有想到日本已经向沙俄不宣而战。次日，日舰又来袭击，沙俄舰队不仅没有出击，反而把港外的舰队全部开进了旅顺港内。这样，日本便夺得了制海权。

日本不宣而战，用鱼雷偷袭了停泊在旅顺港湾的俄国舰队。

日军第一军抓紧时机，首先在朝鲜登陆，然后跨过鸭绿江，侵入中国东北，占领了九连城、凤凰城等地，迫使俄军退守辽沈地区。接着，日军第二、三军先后在辽东半岛登陆，切断了旅顺和辽沈之间俄军的陆上联系。从1904年8月下旬起，日军和俄军在辽阳进行大会战。在这次战役中，日军伤亡2.4万人，约占参战兵力的1/5；俄军虽然有巩固的防御工事，兵力占优势，而且伤亡不到1/10，即只损失1.6万人，但由于指挥错误，却吃了败仗。9月4日，日军占领了辽阳。

旅顺要塞争夺战是日俄战争中最激烈的战役，战斗从1904年8月19日一直打到1905年1月1日。在这次争夺战之前，日军从潜伏在旅顺的间谍那里事先得知俄国舰队企图突围的计划，在黄海海战中日本舰队击溃了俄国太平洋舰队，使它失去了战斗能力。指挥进攻旅顺的日军司令是乃木希典。俄军凭借坚固的防御工事，顽强抵抗。乃木用猛烈炮轰、人海战术、挖掘坑道堑壕、组织敢死队等多种战术，付出了重大代价（参战的13万官兵中，死伤近二分之一），最后才迫使俄军开城投降。在这次战役中，俄军约死3万余人，2.2万人被俘。

1905年3月，日军占领沈阳和铁岭。两军在昌图和四平之间对峙。在陆上战斗中，日俄双方损失惨重，都打得筋疲力尽。日军占领沈阳后，陆上战斗实际上已近尾声。

但沙俄不甘心失败，它还寄希望于1904年10月从欧洲起航到远东的第二太平洋舰队会挽回败局。但是，日本舰队以逸待劳，1905年5月在对马海峡消灭了俄国第二太平洋舰队。至此，俄国在军事上的败局已定。

这时，沙俄在军事上惨败，无力继续进行战争，同时战争引起国内革命运动高涨，沙皇想腾

罗斯福促使日俄和解

解停战。1905 年 9 月，日俄在美国朴次茅斯签订和约。沙俄承认朝鲜为日本的"保护国"。沙俄无视中国的主权，把从中国攫取的辽东半岛以及它所霸占的南满铁路及附属权益转让给日本。

日俄战争是瓜分掠夺中国东北和朝鲜的帝国主义战争。《朴次茅斯和约》是典型的帝国主义强盗分赃条约。日俄战争是世界帝国主义形成的标志之一。日俄战争揭开了沙俄专制主义的一切痛疽，暴露了它的全部腐败，加速了俄国 1905 年革命的爆发。日俄战争和俄国 1905 年革命是促进亚洲各国民族觉醒的外部因素。

出手来对付国内革命运动，因而急切地求和，以免彻底崩溃。日本军事目的已经达到，它虽然取胜，但同样也到了兵竭财枯的地步，因此也极想和谈。而英美等国担心日本过于强大对己不利，更害怕沙皇俄国毁于革命和俄国革命蔓延开来，于是急忙出面调

日俄辽阳会战

5 月下旬，日第二军攻克金州后，留下一个师驻守，其余主力北上，向辽阳方向进军，一路同俄军战斗不断，先后占领了南关

日俄战争在中国东北爆发

岭、得利寺、大石桥、营口、海城等地，直趋辽阳。与此同时，日军独立第十师攻占了岫岩和析木城后，也扑向辽阳。6月初，日第一军、第二军和独立第十师均已到达辽阳，在大山岩元帅主持的满洲军总司令部的统一指挥下，准备同俄陆军在辽阳展开决战。

日陆军主力在积极准备辽阳会战时，第三军正在旅顺向俄军发动强攻。原拟攻陷旅顺后抽调第三军参加辽阳会战，但在旅顺争夺战中，日军伤亡巨大而要塞却久攻不下，被迫改变速战速决计划，而对旅顺实行长围久困，伺机再攻。然而，战场上形势的发展又不允许辽阳战役再继续拖延下去，因为俄国援军正从国内源源不断地向中国东北地区开来。6月下旬，日军独立第十师和第二军的第五师已合并成第四军，日军决定以第一、第二、第四军的13.5万兵力同俄军决战。

俄国陆军的主力驻守在辽阳，计有7个军，13个师，约22.5万人，由库罗帕特金指挥。俄军在这里修筑了坚固的工事，无论在人力上和兵力上都占优势。库罗帕特金曾扬言，"宁死不从辽阳后退"。

俄军在辽阳设有三道自认坚不可摧的防线。第一道防线系前沿阵地，位于辽阳以南和东南方向30公里，全长75公里。第二道防线距辽阳约8公里，全长22公里。第三道防线则紧接辽阳城，全长15公里。但是，俄满洲陆军总司令库罗帕特金在指挥上的失误却使俄军的优势无法发挥。他不仅在战略上对辽阳会战犹豫不决，举棋不定，而且在具体战术上也往往朝令夕改，使属下无所适从，前线指挥官往往是在不了解他的意图的情况下带兵作战。当日军已经完成了对辽阳的合围，战斗即将开始之时，俄军的作战计划仍在变动之中，直至日军发起攻势的前一天，库罗帕特金才作出依托俄军的前沿防线抗击日军，以逸待劳，然后转入反击。然而，这是一个灾难性的计划，俄军虽占有优势，却把主动权拱手让给了日军，而自己消极防御。俄军只有一半左右的兵力投入前线战斗，其余则作为预备队，日军虽在兵力总数上少于俄军，但却全部投入战斗，在前线相对地占有优势。

早在6月底，辽阳会战的外围战斗即已开始。俄军的第一道防线纵深小，且翼侧暴露在外，整个阵地没有按原订计划完成，

最新整理图文珍藏版

所以这道防线很容易被日军突破。摩天岭、石门岭一带落入日本第一军手中，辽阳东南的第一道防线被日军突破，无疑加大了对辽阳的威胁。7月17日，库罗帕特金令两个师的俄军对摩天岭一线进行反扑。但未能成功。8月1日，日军经过周密准备，向样子岭发起攻势，俄军奋力阻击，虽付出死伤2000余官兵、第三军军长卡尔莱尔阵亡的沉重代价，但仍没能打退日军的进攻。样子岭失陷使俄第二道防线开始暴露在日军面前，对固守辽阳的俄主力部队又是一个沉重打击。

8月23日，俄军进入阵地准备抵抗日军新的进攻。俄军右翼是3个军组成的南部集团军，左翼为2个军组成的东部集团军。除辽阳以东、辽阳和奉天（今沈阳）都分别驻有俄军外，已经进入阵地的各个军，又分别以50%左右的兵力作为预备队，直接投入第一线的兵力被大大削减了，而日军则集中优势兵力攻打俄军两翼，没有留任何预备队。日军围歼俄军的具体计划是，由第四军从正面发起进攻，吸引俄军主力，然后由第一、第二两军分别从东西两个方向迂回攻击俄军左右两翼，其中以右翼为主。

8月24日，日俄战争中最重要的战役之一——辽阳会战开始了。战斗打响后，日第一军首先对俄军的左翼实施重点进攻，给俄军一种错觉，似乎日军的主攻方向是守卫在左翼的东部集团军，诱使库罗帕特金把预备队调到左翼，从而造成右翼的防卫力量削弱，为日本第二、四军在右翼同俄军展开决战创造有利条件。

俄军左翼的战斗进行得异常激烈。日第一军按着原订计划，对东部集团军实行迂回作战，同时由日第一军的一个近卫师在俄军防线中突入，迅速出现在俄军面前。这时，库罗帕特金命令预备队投入。俄马尔丁诺夫上校奉命率领一个团前去支援。行军途中，他获悉日近卫师的行踪后，决定改变既定的行军路线，在高粱地的隐蔽下秘密接近日近卫师右翼，对日军发起突然袭击，马尔丁诺夫指挥俄军与日军展开白刃战，日军溃败而逃，出现了对俄军有利的形势。但是，东部集团军比尔德林格中将却不敢利用这一形势主动出击，扩大战果，仍是消极防御。俄官兵浴血奋战换来的有利于歼灭日军的大好时机，被上层指挥官轻易地断送了。

8月26日，日第四、第二军

向俄军右翼发起进攻，占领了弓长岭。库罗帕特金下令俄军全部撤回第二道防线。俄军在第二道防线仍采取消极防御的战略，继续把一半以上的兵力留作预备队，日军全线突破俄军的第一道防线后，继续采取围歼的战术打击俄军，同时，加强日军务部向俄军发动进攻的统一性，使俄军主力同时挨打，彼此不能支援。

8月30日，日第一军从辽阳的东面，第二军向小高地馒头山，第四军从东南向时官屯方向发起全线进攻。日军派出敢死队轮番向俄阵地发起冲锋，但俄军在构筑坚固的工事中用火炮和机枪有效地顶住了日军的进攻，使日军进展缓慢，人员伤亡惨重。日军见强攻受阻，久战不克，便改变了正面进攻的战术，于30日夜派1.8万日军偷渡太子河，31日拂晓到达右岸，从俄军左翼迂回，同时对俄军右翼继续进行强攻，从而使俄军腹背受敌。但是，俄军的顽强反击使日军受到巨大伤亡，再次出现了可趁势反击，围歼日军的好机会。但是，库罗帕特金此时想的却是如何保全自己，使俄军不被包围，而不是如何主动打击日军，所以他命令俄军在31日晚，利用夜色掩护，撤退到

紧接辽阳的最后一道防线。

俄军在占优势的情况下撤军，使伤亡不断增加、给养和弹药匮乏的日军得到喘息时机。9月1日俄在日第一军左翼集结了3个军，企图将日军逼迫到太子河歼灭。俄军的反击战定于9月2日开始，但在1日夜，日军向俄军左翼的东部集团军发起进攻，占领了时官屯及其北面的馒头山小高地等重要的战略要点，打乱了俄军的计划，库罗帕特金命令俄军夺回馒头山。为此，临时仙山了7个兵步团，154门炮前去作战。但由于临时拼凑而成，各步兵团之间缺乏统一的指挥和配合，所以并不能充分发挥其战斗力。9月2日晚7时，争夺馒头山高地的战斗打响。俄军同日军在黑暗中展开激烈战斗。伊斯托明率领的步兵团作为俄军的主力冲锋在前。俄军曾一度收复馒头山，但很快又在日军的攻击下退出。日军的猛烈炮火，使俄军陷入一片混乱之中，最终没能收复馒头山。

日军仍然固守着馒头山等战略要地，但却付出了极大的代价，日军所投入的兵力已达到最大极限，没有能力不经休整继续进行大规模的作战，特别是日第一军损失严重，处在无论是兵力上还

是在火力上都占优势的俄军的威胁之下，拟在9月3日从太子河右岸撤回到左岸。正当日军陷入困境处于危机之时，库罗帕特金却又帮了他们的忙。他在收复馒头山战斗失利之后，放弃了原拟的反击日第一军，将其消灭在太子河的计划，同时过高估计了日军的实力，担心日军会切断他同后方的联系，于是在日军准备撤回太子河右岸前两小时，库罗帕特金下令放弃辽阳退守奉天。日军喜从天降，但因自顾不暇，所以对撤退的俄军也就没有再去追击。9月4日，俄军全部撤出后，日军轻松地进入了辽阳。在辽阳会战中，日军参加战斗总人数的1/5，约2.4万人伤亡，俄军伤亡人数不到参战人数的1/10，约1.7万人。日军投入大炮484门，使用炮弹12.4万余发，枪弹857万发，俄军投入大炮592门。库罗帕特金指挥上的错误，使处处占优势的俄军打了败仗，丢了辽阳城，1.6万俄军白白送了性命。

辽阳会战开始时，日军大肆宣扬他们定将获胜，英国驻日军司令部的代表扬·汉弥尔顿也公开表示，他希望能亲自经历"满洲战争伟大的最后一幕"。日军取胜后，汉弥尔顿问大山岩元帅，

"是否满意日军行动的结果"时，大山岩却不以为然说，"不过尔尔，俄军撤退得太熟练了"。俄军从精心筑构的坚固的阵地撤退时，确实是有条不紊，不曾出现大的混乱，但是，辽阳失守对俄国无论在军事上还是在政治上，都是大失败。俄国不仅失去了企图用陆军支援、保卫旅顺的可能，而且辽阳会战的结果对整个战局都产生了深远的影响，当时一些国家的武官都认为，俄军在辽阳的失败已经表明它将在这场战斗中彻底失败。

因此，沙皇政府对辽阳会战的结局极为不满。尼古拉二世对库罗帕特金严加训斥，命令他将失去的阵地重新夺回，希望借此

俄国从中国烟台港口掠夺大量的牛和煤炭，供给驻扎在旅顺港的俄海军使用。

解救被日军重重包围的旅顺，改变俄军面临的彻底失败的命运；平息国内日益增长的不满情绪，提高因俄军屡战屡败而威信扫地的沙皇政府的声誉。然而辽阳一役已使俄陆军大伤元气，想再把辽阳夺回又谈何容易？

日俄沙河会战

日军虽在辽阳战役中取胜，但付出代价极大。兵员严重损耗，使日陆军在力量对比上更加劣于俄军。日在国内进行动员，大力补充兵员，但收效不大。所以日军不忙于展开新的攻势，而是在沙河地区与俄军对峙。日军在此地区约有 12 万人，488 门炮。日军在辽阳战役后进行休整的同时，等待日陆军第三军尽快在旅顺结束战斗，北上辽阳，支援在沙河地区的日军。

俄军虽然放弃了辽阳，却在兵力仍占有优势。在辽阳会战中，俄军预备队大部分始终没有加入战斗，保存完整。但库罗帕特金却不想冒险向日军发起反攻，仍是凭借着坚固的工事等候日军进攻，再做反击。无奈的沙皇尼古拉二世再三催促向日军发起进攻。9 月 27 日，沙皇在给库罗帕特金的电报中命令，今后不得再向北退一步，应抓紧时机向日军发起进攻，驱逐日军，以救旅顺之急。库罗帕特金不得不执行命令。

库罗帕特金的反攻计划是在浑河和太子河之间同日军作战，把日军赶过太子河。从而收复辽阳。为此，俄军编制为左右两个集团军。左翼集团军由施塔克尔堡中将指挥，该集团军由 3 个军组成，主要任务是从本溪湖方向向日军发动主攻。右翼集团军由比尔德林格中将指挥，由 2 个军组成，主要任务是配合左翼集团军作战，分散主攻方向的日军兵力。此外还有 3 个军留作预备队，随时支援左右两集团军。但是，这一计划无异于纸上谈兵，俄军缺乏周密的布置和准备，甚至连必要的作战地图都没有。左翼集团军主要是在山地作战，却非常缺少山炮。

10 月 2 日，库罗帕特金向俄军官兵发表长篇讲话，进行战前动员，他说，俄军兵力充足，装备精良，足以战胜日军。辽阳失守后，全军上下都渴望向日军主动出击，歼灭敌人，现在同日军会战的时机已经成熟了，使日本人屈从俄国人意志的时机既然已经到来，俄军应该勇猛对敌。他要求俄军官兵不怕流血牺牲，通过这次战斗不仅解救旅顺口之危急，同时恢复俄国在整个东北地区的统治。

日军统帅大山岩事先获悉了俄军的作战意图和具体计划，这要归功于在俄军后方活动频繁的日本间谍。日军于是针对俄军的部署确定了自己的作战计划：即以逸待劳，尽最大可能消耗俄军，通过有效的防御使俄军疲惫不堪，然后再以精锐部队转入反攻，所以对俄军的多次挑战均拒战。

10月5日，俄军开始大规模进攻。俄左翼集团军轻松地进入到本溪湖地区，从此地可以有力地打击日军的侧翼。10月9日，俄军分四路向南推进，日军本溪湖支队一度被围。两军交火后战斗十分激烈，正当俄军进展顺利时，库罗帕特金却命令俄军暂停进攻，准备查明情况后修改作战计划。日军得此喘息机会开始向俄军反攻。10日，日军本溪湖支队在浓雾的掩护下，夺取了本溪湖东部山丘，同日，日军还占领了孤家子、双台子至二台子一线和大东山堡等地。

11日，俄军炮兵向日军阵地猛轰，陆军多次发起冲锋，都被日军击退。在孤家子一带，战斗十分激烈。俄军精锐部队死守三块石山，战斗直至11日夜12日晨才被日军攻下。俄军官兵百余人被俘。同日，日军还攻占了杨家湾和板桥堡柳塘沟一带。俄军的处境日趋危急。

日俄两军在本溪湖、十里河、三家子、花岭堡子、沙河堡等地展开激战。战斗不分白天黑夜进行，由于交战双方相距很近，而且又是大部队以密集队形投入，所以炮兵已无用武之地，而多是以白刃战结束战斗。夜间作战时，俄军在胳膊上缠上白布作为标记。14日，日本陆军中将闲院载仁亲自率军在土门子、平台子等地同俄军激战，当天俄军退至沙河以北。15日，日军向沙河堡及附近的拉木屯发动进攻。俄军投入重兵死守，日军伤亡惨重，日军占领了拉木屯后，调兵遣将急欲攻下沙河堡，但在俄军拼命抵抗下却未能如愿。当天夜里，日军奇袭沙河堡地区的制高点万宝山成功，对俄军构成严重威胁。

库罗帕特金命令俄军不惜一切代价夺回这一战略高地，16日至17日，俄军集中优势兵力连连向日军发起进攻，战斗进行得异常激烈，俄军最后以伤亡3000余人的代价夺回高地，日军伤亡1500余人，丢失大量包括重炮在内的武器装备。连日战斗使交战双方都损失惨重，疲惫不堪。俄军投入兵力 22.16 万人，死亡 4.14 万人，日军兵力约 13 万人，死亡 2 万多人。自 20 日开始，双方基本停止进攻，加紧修复工事，两军对峙的形势一直持续到 1905 年初。俄军在此期间按兵不动，等候从国内大批增兵到来，因为西伯利亚大铁路贝加尔湖支线此时已基本修成，将大大加快向中国东北地区运送兵力和军备的速度。日军则趁机养精蓄锐，等待围攻旅顺口的日军攻占旅顺后，抽出主力支援。日俄两国军队都在积极准备一场新的战役。

库罗帕特金在沙河会战中没有实现收复辽阳，解救旅顺的目的。而日军顶住了俄军的攻势，基本达到了战前的既定目标，因而受到了天皇的嘉奖。天皇在嘉奖令中说："我满洲军，对敌军得新锐增援大举来攻，扼制机先以逆击之，激战数日，使彼损害多大，遂溃走沙河以北，挫折其规图。朕深嘉尔将卒忠勇，克堪连日劳苦，以奏伟大功绩。"

旅顺口失陷

沙河会战后，日本陆军面临着两种选择；要么是尽快攻下旅顺，将长期陷在旅顺的日陆军第三军解脱出来，同其他各军汇合

后早日同俄军在地面展开决战；要么是拖下去，使日第三军继续陷在旅顺地区，坐等俄援军大批到来，使原本已严重减员的陆军更加捉襟见肘，这当然是俄军所希望见到的。

事实上，日陆军自 8 月 19 日第一次强攻旅顺失利后，就一直做新的强攻准备。大山岩等日军统帅很清楚，如果不占领旅顺，彻底摧毁旅顺港内的太平洋舰队，日本就不可能在这场战争中取胜。尽管开战后取得不少战果，但随时都会因为太平洋舰队与远道而来的波罗的海舰队（太平洋第二舰队）汇合后，重新夺取制海权，而使这些战果丧失殆尽。

第一次强攻时，乃木希典标榜"肉弹"战术，从正面攻击。受挫后，日军各师团开始在旅顺外围构建新的炮兵阵地，同时运来 11 英寸大口径攻城炮，自 9 月

日军用重炮轰击旅顺港内的俄国军舰，俄军败退。

初开始步步紧逼俄军的防御工事。辽阳会战以日军获胜结束后，围守旅顺的日第三军大受鼓舞。第三军免去了后顾之忧，加快了准备新的强攻的步伐。

9月19日，日军各师团奉第三军司令部的命令，开始了第二次强攻。强攻的主目标仍是位于旅顺城西北的203高地。日军采取开凿地道的办法接近俄军阵地，然后实行爆破，最近处只距俄军阵地不过50多米。俄军对此早有察觉，或开炮或抛掷炸药包阻挡日军，同时也效法日军，同样用开凿地道的办法接近日军阵地，破坏日军的工事。俄军将太平洋舰队主力舰上大口径火炮拆下安放到陆军阵地上，一些水兵也配合陆军作战，奋力抵抗日军的强攻。日军在向高地推进的同时，还炮轰旅顺港内的俄舰队及市区内的军事和非军事设施。自9月19日起激战数日，日军只占领了前沿若干无关紧要的地段，但却付出了极大的代价。日军在高地前有6千余人毙命，但仍没能把高地夺到手。

9月下旬，日军大本营送来28厘米口径的榴弹炮，装备日第三军炮兵。不久又新派一个师团和三个工兵连，加强第三军的战斗力。但是，自10月10日开始的沙河会战迫使日第三军推迟发起新的强攻。在此期间小的战斗却从不曾停止。10月30日，日军在重炮的支援之下，向位于旅顺城东南的第二号炮台和城东北的第三号炮台发起进攻。日军猛烈的炮火使俄军阵地多处被摧毁，但第二、三号炮台仍牢牢掌握在俄军手中。

日军炮兵对俄军前沿阵地，港湾内的舰队及市区连续不断的炮轰，使俄军的处境越来越加困难。不仅一些工事需重新构筑，一些舰船被日炮弹击中或沉入海底或燃起大火完全报废，更严重的是俄军兵员锐减，有战斗力的兵员只有1.8万余人。

10月15日，由海军少将罗日捷斯特文斯基率领的波罗的海舰队（太平洋第二舰队）从里巴夫军港（今利耶帕亚港）起航经非洲前往远东，支援太平洋舰队。11月上旬，俄军陆续向旅顺地区增兵，企图扭转俄军兵力明显弱于日军的局势，在此情况下，日军不能再拖延时间了，11月9日，日军统帅部召开了陆海军参谋部联席会议，作出彻底消灭旅顺港内俄舰队的决定。乃木希典奉日本最高统帅部的命令，决定11月

26日发起第三次强攻，企图一举攻占旅顺，彻底摧毁太平洋舰队，使其在同波罗的海舰队会合之前被消灭，从而完成日本天皇在诏书中提出的任务，通过占领旅顺，给日本海军以行动自由。

乃木希典指挥日军精锐部队第三军两次强攻旅顺失利后，在日本国内引起强烈反响。军界对近2万名官兵死于旅顺极其不满，他们将此归咎为乃木希典的无能。不少人要求撤换他，任命新的将领统率第三军，还有人指责他这是在残杀士兵，让他剖腹自杀，向国民谢罪。乃木希典的住宅也不时遭到袭击，玻璃窗和屋顶上的瓦被石块砸碎，约2400封信件寄给他，质问他居心何在，要求他尽快辞职或自杀。

由于俄太平洋第二舰队已从波罗的海驶向远东，该舰队同海参崴分舰队会合将明显强于日本联合舰队，很可能将其击溃而重新夺回制海权，从而使日陆军已获取的战果也化成泡影。因此，此时能否攻克旅顺已成为日俄战争中日本能否取胜的关键。东乡平八郎频频向大本营告急，认为到11月底旅顺战况仍无明显变化，日海军对海上的封锁将会减弱，他还以个人的名义写信给乃

木希典，要求他尽快攻克旅顺，扭转对日军越来越不妙的形势。

11月19日，日军参谋总长兼兵站总监山县有朋元帅致电给乃木希典说：顷接司令官报告，称你军将近日发起进攻，以图占领望台一带高地。当即进宫，奏明天皇。此战需大胆谨慎，不能使俄军有丝毫反复抵抗的余地。此役若再不成功，以后弹药、兵员及有关补给将再难有机会，也将失去与北满战场之平衡，鉴于波罗的海舰队日趋东进，到12月上旬，即我舰队大部分返回检修完毕前，俄军将再次恢复海上交通，运输粮食弹药，并将危及第三军补给基地大连湾的防务。因此，当今攻克旅顺实为只争朝夕之机，成败与否，关系到陆海作战全局和国家的安危。山县有朋最后表示，希望乃木希典能深知他的苦心，打好这一仗。

日俄战争爆发后，日陆军部队陆续开赴前线，唯一留在国内的现役师团是由屯田军改编的第七师。日军统帅部得到波罗的海舰队起航的情报后，决定将第七师立即派往东北，参加攻占旅顺的战斗，这样日本国内只有后备役的老兵了。明治天皇做诗感慨道："男儿意志刚，纷纷踊跃上战

场，国事应共当。留下庭院寂无声，可怜孤老耕作忙。"

11月22日，日本天皇向第三军发布敕命，鼓励日军官兵为其卖命，大山岩元帅也致电勉励第三军，不惜一切代价攻占旅顺，保证战场全局按着有利于日军形势发展。发动第三次总攻前，乃木希典向全军表示，如有必要，他将亲自率领预备队冲锋陷阵。

第三次强攻开始后，日军决定通过逐个夺取俄军的每一个堡垒，最终夺取203高地，乃木希典还组织了一支由3000余人组成的敢死队，因每人都斜挎有两条白色布带，被称为"白襻队"，担负攻坚任务。敢死队上战场前，乃木希典亲自为他们送行，鼓励他们为天皇捐躯。26日，在松树山、二龙山和东鸡冠山等地展开了殊死战斗。27日夜，日军集中主力攻打203高地。当时战斗进行得异常激烈，腥风血雨，在俄军炮台前日军伏尸累累。在俄军的顽强抵抗下，乃木希典命令日炮兵连续不断地炮击，不惜一切也要攻下203高地。

203高地上筑有一个巨型堡垒和两个核堡，堡垒四周布满带有利刺的铁丝网，该高地与附近山丘的空隙中也精心构筑有几道工事。203高地附近的山丘上也筑有坚固的堡垒群和防御日军进攻的堑壕线。在203高地地区约有俄军2200人驻守，由季泰科夫上校指挥，俄军凭借着有力的地形和坚固的工事打退日军一次又一次的进攻，当时亲临了这场恶战的某人曾写道："这不是人与人之间的战斗，而是人类与钢铁、燃烧着的石油、炸药、和尸臭等的斗争。"

经过九天的殊死战斗，12月5日下午1时30分左右，日军的一个连登上了203高地的俄军堡垒。这时，他们发现只有一个俄国人还是活着的。下午5时左右，日军占领了203高地。《旅顺》一书的作者A·巴尔特里特是这样描述此时的203高地的："自从法军攻击波罗底诺大要塞之后，还可能不曾再看见过这样多的死尸，堆在这样一个狭小的空间之内。日本人的死尸十分难看，因为他们的皮肤变成了绿色，显出一种极不自然的样子。没有一具死尸是完整的，在炮弹碎片，破碎枪刀的堆积中，到处夹着零碎的肢体和头髅。"日军以付出1.1万名官兵的代价最终才把203高地夺到手。乃木希典在得意之余也做诗感叹道："愧我何颜看父老，凯歌今日几人还。"乃木希典的两个儿子在攻打旅顺的战斗中丧生。他将203高地改名为"尔灵山"，尔灵与203谐音，借此来祭奠战死在战场上的亡魂。

日军在争夺203高地的战斗中获胜，决定了日军在争夺旅顺的战斗中已稳操胜券。站在203高地的顶端，可将旅顺港一览无余，太平洋舰队的大小舰船完全暴露在日军的炮口下。日军迅速在高地建立观察哨，精确地校正炮兵射击的准确度。自12月6日起，日军用28厘米口径榴弹炮向旅顺市区及港口猛烈轰击。到12月9日，太平洋舰队除1艘战列舰、1艘炮艇和7艘小舰外，其余全部被击毁，战列舰塞瓦斯托波尔号仅仅是暂时逃脱了被日军重炮击毁的厄运，后来旅顺陷落时，该舰奉命自沉。

日军凭借着掌握着制高点的有利地形，改变了派军队正面强攻俄军堡垒的做法，而是用远射程大炮直接轰击俄军阵地，同时加强坑道作业，用连续爆炸的办法步步逼近俄军其他重要阵地。

12月12日，俄军高级将领在旅顺要塞司令斯捷塞尔主持下，召开军事会议，研究203高地失守和俄太平洋舰队被摧毁后的军事形势。会议决定继续同日军作战，重点加强坑道工事的修筑和紧急埋雷工作。12月15日，一发重型炮弹射入要塞，俄军陆上城防司令康德拉琴科少将被击毙。他被俄军称为防御旅顺的"灵魂"，俄军士气因他的阵亡大受影响，同时斯捷塞尔此后独揽大权，把主要心思多用在如何向日军投降，而不是如何同日军作战。

12月18日，日军集中优势兵力向俄军凭借旅顺天险修筑的堡垒和炮台发起进攻。18日当天，日军占领了东鸡冠山北堡，这样，俄军耗费巨资和大量人力修筑的53个堡垒，全部被日军摧毁。到12月底，俄军第二、三号炮台也失守。炮台内储存的上千颗手榴弹中弹爆炸，使守卫炮台的俄军全被炸死。七光炮台附近幸存的俄军官兵被迫退到望台附近，但望台附近的高地很快又被日军占领，俄军四处逃窜。

日军攻占望台后，已取得了旅顺攻防战的决定性胜利，这时口口声声表示要抵抗到底的斯捷塞尔擅作主张，在日军即将大举攻入旅顺前，于1905年1月1日下午4时30分左右，派使者马尔申克中尉举着白旗递信给乃木希典，请求投降。斯捷塞尔准备开城投降日军的理由是弹药殆尽，俄军官兵严重减员，在军队中疾病流行，仅存的 1 万余人也多患病，除了投降之外已无路可走。而事实并非如此，当时俄军官兵仍有 3.24 万名，除伤病员外，有战斗力的约 1.5 万人；除一般武器外，还有火炮 610 门，炮弹 20.3 万发。此外，还有大批粮食。

乃木希典同意接受俄军投降。约定 1905 年 1 月 2 日中午双方会谈投降事宜。晚 9 时 45 分，签订了投降条约。条约规定：旅顺要塞及港内的俄国陆海军官兵及其他一切文职官员，均成为俘虏；旅顺地区的所有堡垒、炮台、舰船炮艇、兵器、弹药、马匹及其他一切军用品，以及营房等均得维持现状，交付日军；俄军将旅顺要塞的配置图，地雷、水雷等危险物的布设位置图，旅顺口陆海军的配置表，陆海军军官的名单、文职官员的名单，海军舰船炮艇的清单和一般人员的名单等，均需交付日本军。条约还特别强调：如果俄国陆海军破坏上述协定或以种种办法变更现状，"则日本军当停废协议，采取自由行动"。1 月 4 日，仍在俄军手中的堡垒和阵地，全部交与日军。5 日到 7 日，俄军官兵从营地集中在日军指定的地点，向日军投降。据日文文献记载，被俘的俄将校级军官有 1456 人，士兵 40185 人，计 41641 人。俄文及英文文献记载则是被俘军官 878 名，士兵 23481 名，共计 24359 人。

在乃木希典的指挥下，日军以伤亡、失踪近 6 万人的代价取得了旅顺攻防战的胜利。天皇来电对乃木希典等攻下水陆重镇旅顺进行嘉奖。要求他们在"夺取铁垒，歼灭坚舰，使敌至遂开城乞降"的基础上，担负其夺取日俄战争最后胜利的重任，"奏伟大功绩"。斯捷塞尔在关键时刻苟且偷生，开城投降，使旅顺失陷，在欧洲和俄国都引起强烈反响。斯捷塞尔虽找出许多理由为自己辩护，但仍被沙皇法庭判处死刑（后改为有期徒刑 10 年）。旅顺口失陷直接导致了俄国国内革命运动的发展。正如列宁所指出的那样，"旅顺口的陷落给沙皇制度的罪行作了一次最伟大的历史总结"，"专制制度所遭到的军事破产具有更为重大的意义，它是我国整个政治制度崩溃的标志"，"军事上的破产不可能不成为深刻的政治危机的开端"（《列宁全集》第 8 卷，第 32、34 页），旅顺口陷落后一周。在俄国爆发了第一次资产阶级革命，它被称为"革命的前奏"，从根本上动摇了沙皇专制制度。

日俄奉天（沈阳）会战

旅顺口失陷和太平洋舰队覆灭，是日俄战争的转折点。俄军在陆战和海战的惨败已决定了战争的最后结局，俄国已失去了取胜的可能。尽管如此，俄军仍在进行垂死抗争，奉天（沈阳）会战即是在这种形势下进行的最大的一次陆地战斗。

旅顺口失陷后，俄军极力挽回败局。这时，远东总督阿列克赛耶夫在辽阳会战失利后不久奉召回国，实际上已被撤职。根据沙皇尼古拉二世的命令，俄国满洲军总司令库罗帕特金积极准备在奉天同日军展开战略决战。日军占领旅顺后，在军事上处于更加主动的地位，企图利用已掌握有制海权这一优势，集中大军围歼俄军于奉天地区，尽快取得战争的最后胜利。日军统帅部将攻打旅顺口的日军中抽出一部分组成"鸭绿江军"，负责辽南的防守任务，日军的主力部队第三军则迅速开往奉天地区。

在沙皇政府的催促下，库罗帕特金在1月19日开始了对日军的新的攻势。当日，他命令俄军驱逐太子河左岸的日军。俄军出动了近10个师的兵力，其中包括1个骑兵师，预定在25日夜进攻在奉天西南方向的战略要地黑沟台。日军在23日提前得到了这个消息，匆忙调集部队准备抵抗俄军突袭。当日，俄军渡过浑河进攻黑沟台时，遭到已有准备的日军的顽强抵抗。黑沟台原有小股日军驻守，在占绝对优势的俄军猛攻下，当天夜里退守古城子。日本满洲军总司令部及时派出 个师和 个旅前去支援。

日俄两国军队在黑沟台一带进行了3昼夜的激战，29日夜战斗尤其激烈。日军向黑沟台发起数次冲锋都被俄军打退。俄军的机关枪在战斗中发挥了重要作用，数以千计的日军横尸遍野，血流成河。日军在凛冽的寒风中，踏着积雪继续冲锋，俄军渐渐抵挡不住，开始撤出阵地。日军冲入黑沟台后继续追击经烟台子、土台子占领黄蜡砣，俄军向西方台、年鱼泡方向撤退后，最终被日军追赶到浑河右岸。在黑沟台战斗中，日军伤亡7千余人，俄军伤亡近万人。

2月1日，俄军又派兵进攻柳条口，在日军的反击下，撤向长滩。次日晨，俄军炮兵又炮轰沈旦堡和鸭子泡等地，在长滩东南的王家窝棚同日军激战，后在日军的反击下撤退。俄军在旅顺失守后频繁出击日军，日军打退俄军的进攻后并不主动追击，而是按着自己的既定计划，加紧准备即将开始的最终决定战争胜负的陆地决战。日军总司令部决定这场决战必须在解冻之前进行，所组建的鸭绿江军也将同时参战。

奉天会战开始前，大山岩已在100余公里的战线上部署有5个军，27万人，1082门大炮，200挺机关枪，此时俄军的总兵力有33万人，大炮1266门，机关枪560挺。无论在兵力上还是在火力上，俄军都占有优势。

日军在战前进行了周密的部署。大山岩元帅决定投入5个军的兵力同俄军决战，其中新增援来的第三军和鸭绿江军分别迂回进攻俄军两翼，第一军、第二军、第四军则从正面进攻，在沙河地区牵制俄军，从而保证第三军和鸭绿江军的军事行动顺利进行。大山岩决定由乃木希典任军长的第三军担任主攻，希望他在刚刚结束的旅顺攻防战中获胜后，再立新的战功。

俄军在库罗帕特金的指挥下，也进行了积极的准备，他提出了一个所谓"坚决进攻计划"，命令俄军只许前进，决不许后退。俄军投入战斗的11个军组成了3个独立的野战兵团。左翼为第一集团军，由李涅维奇指挥；中央为第三集团军，由比尔德林格指挥；右翼为第二集团军，由考尔巴斯指挥，左、中、右翼的正面分别是45公里、20公里、25公里。暴露的翼侧则由独立部队进行掩护。

库罗帕特金虽然大肆鼓吹他的作战计划是进攻性的，但实际上却没有改变他一贯所主张的消极防御的作战方针，而为了防御，处处布兵，分散兵力，使原有的优势变成劣势。根据他的命令，由10万余人组成的第二集团军（右翼）担任主攻，其任务是在会战开始后，首先突击到奉天西南约40公里的沈旦堡，占领日军的关键阵地，而第一、第三集团军则负责佯攻，在负责主攻的第二集团军中，他只派出约1/4的兵力首先投入战斗，其余则按兵不动。与此同时，他还留出近5万人作为俄军统帅部的预备队，没有直接投入前线，同时还留出1.5万人保卫后方。日统帅部在派其精锐部队开赴奉天地区时，故意散布谣言，说日本第三军正向海参崴方向进发，以迷惑俄军，库罗帕特金果然上当，派出一些部队开赴南乌苏里边区。这样，俄军被调动的七零八散，原有的优势丧失殆尽，而日军原有的劣势却变成了局部的优势。日军准备主动向俄军发起进攻，先发制人，企图在会战一开始就掌握战争的主动权。

2月20日，日军先声夺人，首先发起攻击，从东南方向对奉天实行包围迂回，进攻抚顺，当日占领了千合岭及榛子岭、小高力营、恰蟾岭等地。22日，日俄两军在湾柳河边展开激战，日军攻占金斗峪后，开始调集主力部队准备攻打通向奉天的俄军重要据点清河城。清河城位于抚顺东南，俄军在城围依据天险筑有坚固堡垒。23日，大雪纷飞，天气异常寒冷，日鸭绿江军向清河城发起攻击。午后，雪越下越大，咫尺之间已辨不清人，日军继续猛攻，但直至天黑也未能攻下。24日，日军经过充分准备后，再次向清河城发起进攻，俄军奋力抵抗，由于伤亡惨重，在晚6时左右被迫弃城逃往马群丹。日军打死俄军150余人，获得小炮200余门，机关枪3挺，子弹约10万发，乘胜追击，由于天黑地险，未能再获新的战果。

鸭绿江军攻占清河城后，使俄军的左翼受到严重威胁。这时，库罗帕特金对其制订的作战计划开始发生动摇，做出了错误的战略判断，这为俄军在奉天会战的最后失利和俄国在日俄战争中最后失败埋下致命的祸根。库罗帕特金认为鸭绿江军的行动是日军的主攻方向，错误地认为该军是日军的主力，而把日军真正的主力第三军丢到了一边，同时也不再认为日军的主攻方向是指向俄军右翼。这样，库罗帕特金便下令俄第二集团军停止向奉天西南沈旦堡出击，轻易地改变了原订的计划，同时慌忙地将右翼预备队24个营向东调动，加强左翼，而这恰恰中了日军统帅部的计策。这样，日军便可按原订计划轻松地攻打俄军的右翼。

日军占领清河城后，第一、四、二军配合鸭绿江军或在中央或在左翼继续向俄军发起攻击，重炮轰击俄军阵地，而担任主攻的第三军则在隐蔽中迂回北上，向奉天西北方向进军。2月27日，日军开始以第二、第三两个军的兵力攻击俄军的右翼。而此时的俄军右翼只有第二集团军和一个师的预备队，且分布在绵延约100公里的战线上。俄军右翼在日军的攻击下，很快就陷入被动。27日，在王富岭和小堡等地，日俄两军展开炮战。入夜，俄军从四方台及温盛堡等地集中重炮，轰击日军铁路桥和前沿哨所。一部分俄军在夜色掩护下突入日军散兵壕内同日军展开肉搏。乃木希典从日本间谍的报告中得知，俄军在辽河沿岸防守稀疏，易于突破，于是便率第三军迂回前进，迅速突破辽河，又在辽阳西北渡过浑河，矛头直指奉天。

28日晚10时30分，日本满洲军总司令部向参战全体日军发出对奉天发起总攻击的命令，总攻击的时间为3月1日。日军自2月20日发动进攻起，始终是采取声东击西的战术，进攻俄军左翼的真正意图是掩盖日军主力包抄俄军的右翼，实现中间突破。当俄军遭到一连串挫折，担任主攻的第二集团军被迫在日军的强大攻势下收缩后，库罗帕特金又匆忙命令预备队从左翼再调回右翼，数以万计的俄军疲于奔命，虽不情愿，但也没有办法，只能在无能的库罗帕特金的指挥下跑来跑去。

3月1日，日军发起总攻。日军总攻的具体部署是：第一军继续加强对俄军左翼的攻击，扩大包围圈，支援已攻占了清河城的鸭绿江军，进一步威胁俄军的左翼。第二军攻击二台子、长滩之间的俄军，第四军攻打万宝山的俄军。日军主力第三军则在上述各军直接或间接的支持下，攻打四方台附近的俄军。不难看出，日军明显加强了对俄军右翼的打击。

总攻开始后，日军遭到俄军的顽强抵抗。俄军依托多层坚固的防线与日军苦战。日军在头道沟、东勾山、王家窝棚和李家窝棚等地受阻，但第三军却进展迅速，当日下午占领了俄军重要据点四方台，然后又乘胜北进，占领了大民屯和新民。新民位于辽河以西，奉天西北，是奉天俄军通往辽西的重要交通要冲，俄军在新民和奉天之间擅自筑有军用铁路线，其军需给养均需通过新民，新民失陷，使俄军的一条重要交通要道被扼断，使库罗帕特金十分恐慌。3月3日，俄军组织反击，库罗帕特金为此特意成立了一支特混部队，交由考尔巴斯统一指挥。反击预定在3月4日开始。

3月4日，日军自凌晨开始即对俄军务阵地发起攻击，频频取胜后，很快接近通往奉天的铁路

世界通史

最新整理图文珍藏版

线。特别是一支日军先后占领了苏胡堡、崔家堡、鱼鳞堡后，逼近沙坨子至旧铁路桥的俄军。俄军大股部队被迫从官林堡经边城向奉天附近的苏家屯车站退却，情况十分危急。这时，原准备在3月4日对日军发起反击的考尔巴斯却按兵不动。他以部队没有完成集中为借口，将反击时间推迟到3月5日，丧失了给日军以措手不及打击的大好时机。3月5日至7日，考尔巴斯指挥俄军反击作战，虽然战斗进行得异常激烈，但始终没有达到预定的目的，被迫停止反击行动。日第三军多次打退俄军的进攻，有力地牵制住俄军的同时，继续北上向奉天逼进，奉天的形势更加危急。就在考尔巴斯停止反击行动的同一天，库罗帕特金命令俄第一、第三集团军放弃沙河阵地，迅速撤到浑河以北，以加强俄军右翼的力量，防止日军占领奉天以北的铁路线，阻止日军迅速逼近奉天市区。

匆忙放弃沙河阵地的俄第一、第三军，还没来得及在浑河岸边构筑新的防御工事，便遭到日军强有力的打击。9日，俄第一集团军的防线便被日军突破，日军开始从左翼迂回奉天；同日，日本第三军也出现在俄第二集团军的

后方。深夜，奉天东部最重要的战略要地抚顺被日军占领，奉天危在旦夕。此时，俄军已陷入日军的包围之中。库罗帕特金急忙命令俄军向北部铁岭撤退。俄军纷纷逃命，使俄军阵地一片混乱。没有参战的哥萨克骑兵部队先于炮兵和步兵撤退，笨重的辎重堵塞了道路，进一步加剧了混乱，俄军丢弃的枪炮等武器装备和粮食不计其数。俄军撤退时，日军在后面追击使俄军雪上加霜，不少人陷入日军包围之中。9日的战况使日军统帅部极为兴奋。日军不仅占领了抚顺，而且一些先头部队已开至距奉天西北约2里的小集屯和距奉天以北约4里的三台子。奉天已是伸手即可夺取。

3月10日，俄军在奉天失守前进行最后抵抗。此时因天气渐暖，浑河水开始解冻，没有桥梁，给日军渡河造成不少困难，日军的突击时时受阻。日军集中兵力攻打抚顺北部的俄军阵地，在距抚顺北2里的会元堡处缴获轻便铁路货运车数百辆，并基本扫清了抚顺四周地区的俄军。日军加紧对奉天包围，并在鱼鳞堡东北至二台子一线及距奉天西约10里的马头西塔太平庄后塔一线布置重兵，追击堵截俄军，断其后路，

使其不能逃窜。上午 10 时许，日军主力部队攻入奉天城，奉天会战又以俄军的惨败告终。

奉天失守后，俄军争先恐后逃跑，一时拥挤在距奉天约 3 里的三洼。数以万计的俄军集中在奉天公路及铁路线上，疲惫不堪，溃不成军。日军乘机集中火炮左右夹击。炮弹在人群中爆炸，血肉横飞，惨不忍睹。俄军官兵四处逃窜，相互践踏，进一步加重了俄军的伤亡。在日军的步步紧逼和围攻下，大部分俄军被俘虏。11 日至 12 日，日军继续追击溃逃的俄军，在距奉天以北 10 余里处，又歼灭一部分俄军。自高力屯到距奉天约 6 里的黑沟子存有大批俄军的军火及各类军需品，也都落入日军手中。俄军主力部队虽最后冲出重围，经铁岭、开原等地逃至四平，但却付出了极大的代价。尽管如此，库罗帕特金却仍向沙皇谎报军情，说由于被日军包围，故需从奉天退却，但极为困难。日军向预定阵地进发时，秩序井然。但因沿奉天铁路行进会遭日军炮击，铁岭至奉天间道路险恶，所以后进时不如人意，特别是辎重庞大，需依次行进，更使部队行动缓慢等等。他把奉天失守的责任归结为中国

东北地区距日本本土近，日本有海路运输之便，使兵员和武器装备能及时得到补充，同时情报工作出色，而从不提及他在指挥上一次又一次的失误。

奉天会战是日俄战争中陆上最大的一次会战，也是最后一次会战。俄军伤亡约 12 万人，日军伤亡 7 万人。沙皇一气之下撤掉了库罗帕特金的职务，将其降为满洲第一集团军司令，由李涅维奇代替他出任满洲陆军总司令。奉天会战结束后，俄军集结在四平等地待命。沙皇不甘心失败，继续加紧向东北地区派兵。沙皇更把希望寄托在正向远东驶来的太平洋第二舰队，希望这支舰队从波罗的海东来能消灭日本联合舰队，扭转日俄战争的形势。奉天会战虽以日军取胜结束，但日军在会战中也损失惨重，没有能力继续北进追击俄军。陆军在养精蓄锐的同时，日本海军在全力准备同远道而来的太平洋第二舰队决战。但是，连续不停的陆海军作战已使日军消耗过大，日军虽在战争中握有主动权，处于优势，但也感到再打下去，对日军不会有什么好处，在占领奉天后，日本满洲军总司令部开始向日军统帅部提出建议，认为在日军已

世界通史

最新整理图文珍藏版

占上风的情况下，军事行动可适可而止，现在应着手考虑如何通过外交途径来最终解决问题，在谈判桌上得到在战场上尚没得到的东西。

走向覆灭的航行

日俄战争爆发后不久，俄国即作出决定：从波罗的海舰队（后来又包括黑海舰队）中抽调舰船，组成太平洋第二舰队开赴远东，支援以旅顺和海参崴为基地的太平洋舰队。1904 年 6 月 2 日，海军少将罗日捷斯特文斯基奉命开始组建这支舰队。该舰队由苏沃洛夫号旗舰等 38 艘主力舰和 20 余艘辅助舰船组成，下编 3 个大队，预订 7 月起航。

这支舰队是在极短的时间内匆忙拼凑而成的，各项准备工作十分繁杂，致使起航的时间一拖再拖。进入 10 月后，远东战场的形势已不允许再拖下去。太平洋第二舰队准备在 10 月中旬离港，但直至起航前，一些必要的准备工作仍没能完成，某些重要的设备只能在军舰启程后，在航行途中安装，一些官兵军事素质极差，也只能在漫长的航程中加紧培训。

10 月 15 日，太平洋第二舰队在罗日捷斯特文斯基的率领下开始了 1.8 万余海里的漫长航行，

驶向远东。起航前，沙皇尼古拉二世亲自检阅了舰队。他在发表演讲时，号召舰队全体官兵在对日作战中为沙皇政府献出一切，他说：为了保卫我们俄国的和平，为了俄国海军的名誉，一定要夺取胜利，凯旋返回祖国。日军间谍及时掌握了太平洋第二舰队离港的情报，报告了大本营。

舰队司令罗日捷斯特文斯基出生在一个贵族的家庭，1903 年起任海军总部参谋长。在 1877～1878 年的俄土战争中曾荣立战功。在俄国众多的海军高级将领中，他同那些平庸之辈相比，属于有识之士之列，但他生性骄横暴躁，经常辱骂训斥海军官兵，其中包括颇有名望的高级军官和海军舰长，所以罗日捷斯特文斯基并不为大多数海军官兵所喜爱。一些人背地里给他起绰号，认为他是舰队中最讨厌的人。

太平洋第二舰队起航时，俄陆海军在远东前线已接二连三失利，消息不断传来，严重地影响了舰队官兵的士气。不少官兵认为这次出航凶多吉少，不知是否还能回到俄国，极其悲观。既然强大的太平洋舰队已成为日联合舰队的手下败将，那么这支新组建的舰队能否经过长途航行打败

日舰队，实在令人怀疑，特别是一些新入伍的年轻水兵对战胜日本海军更无信心，俄军一次次战败的消息使他们患上了恐日症，还没同日舰队交火，就已失去了斗志。太平洋第二舰队中有一些原黑海舰队的水兵，他们曾参加过俄国的革命运动，受到革命思想的影响，积极反对帝国主义的日俄战争，在舰队中秘密宣传布尔什维克的主张，反战思想在舰队广大水兵中迅速蔓延。

太平洋第二舰队的航线预定是从波罗的海经非洲南端好望角，直至海参崴。在全程1.8万余海里的航行中，没有一个停靠的基地，因为按照国际法的规定，交战国的军舰不得在中立国港口停泊，这给舰队造成了很多困难，首先是加煤问题不好解决。每次加煤都需在公海解决，由于不能保证军舰在需要加煤的时候，加煤船都能及时赶到，所以每次加煤时，各舰都尽可能地多装煤，除了煤仓装满之外，在甲板上、轮机舱里，甚至在浴室和军官舱中，也都是煤袋子，使军舰严重超载。再加上漫长的航程使舰底挂满藻类和海草，致使船速变得越来越加缓慢。

由于受国际法的限制，舰队

的后勤供应也受到严重影响，使原来生活条件就差的俄军水兵的生活更加恶化，如冷藏船电力系统出现故障后，不能及时得到修理，致使冷藏的700吨冻肉腐烂变质，舰船长距离航行不能中途停靠码头修整，使船内老鼠蟑螂大量繁殖，传播疾病，病号不断增加，医疗船空前繁忙，船上的病房人满为患。舰队水兵失望与不满的情绪与日俱增，士气更加低落。

俄海军官兵的恐日症使太平洋第二舰队离港后便风声鹤唳、草木皆兵，仿佛日本舰队像个影子似的跟在俄舰队后面，无论如何也摆脱不掉。过度的恐惧与紧张使俄舰队不仅操作失误，事故百出，而且无论遇到什么船，都误认为是日本舰队到来，闹出了不少世界海军史上罕见的笑话。离开里巴夫港后仅两天，俄舰队驱逐舰奥斯利亚比亚号即与僚舰相撞，舰首的鱼雷发射管被撞坏，战列舰伟大的西索伊号和一艘炮艇的吊杆断裂。不久，因发动出现故障行驶在舰队后面的修理舰堪察加号，突然向舰队发出SOS紧急求救信号，并向旗舰苏沃洛夫号报告遭到8艘日本鱼雷快艇的袭击，罗日捷斯特文斯基当即命令舰队准备迎击日舰，堪察加号匆忙之中向四面八方发射炮弹近300发，事后查明，根本没有什么日本鱼雷快艇，而是因过度紧张而产生的一种幻觉的结果。10月22日夜，当舰队即将航行到多乌海尔班克附近时，俄舰队第一分队突然发现在海面前方燃起浓烟，罗日捷斯特文斯基虽然在浓重的夜幕中无法准确判断前方是什么船，却断然命令重炮猛轰，认为那里至少有20余艘日本驱逐舰。旗舰的探照灯指向那里，俄舰队的主炮、副炮、小口径炮就打向那里，经过一阵猛烈的激战后，才搞清楚前方原来是由海军少将恩克维斯特指挥的巡洋舰分舰队。罗日捷斯特文斯基急忙命令各舰停止炮轰，但处于极度紧张与恐惧之中的水兵仍速射了一阵子之后才停火。阿芙乐尔号巡洋舰多次被击中，船舷和烟囱被炸穿，人员也有伤亡。

太平洋第二舰队在驶往远东的途中，还曾把德国、瑞典、法国、挪威等国的商船误认为是前来截击的日本海军，匆忙开炮，但幸未击中。10月22日夜俄国舰队互相炮击时，曾把英国渔船误认为是日本的鱼雷快艇，顿时数百门大炮齐轰，英国渔船克兰号、莫利米恩号、米纳号和斯奈普号当即被炸沉或重创。尽管英国渔民拼命呼救，一些被击中的渔船燃起熊熊大火正在下沉，但俄舰队却置若罔闻，从其附近迅速驶过而不肯搭救，俄军官担心在燃烧的渔船附近会隐藏着日本军舰，所以尽快脱离现场以保自己安全而不顾英国渔民的死活。

俄太平洋第二舰队炮轰英国渔民并见死不救的消息传到英国国内，使英国政府和各阶层英国人极为愤怒，引发了一场外交纠纷，英国政府甚至以武力相威胁。当俄舰航行至西班牙的大西洋海岸的维戈时，罗日捷斯特文斯基从俄国总领事那里了解到了炮轰英国渔船一事已造成了极为严重的后果，于是派遣克拉多上校等3人回国进行解释。英国由于同日本已结成同盟，所以对此事大张旗鼓地宣传，当时正值英国舰队1805年在特拉发加海战大败拿破仑的法国和西班牙舰队99周年，所以对此事件便进一步渲染，俄国海军将领最终被推上了设在巴黎的国际调查法庭。该法庭由包括3个中立国的5名海军将领组成，俄军杜巴索夫上将等到庭陈述了事件的经过，并对英国进行了赔偿。

然而，太平洋第二舰队并没因此而被英国谅解。英国舆论继续大骂俄舰队是海盗，要求严惩该舰队司令罗日捷斯特文斯基，同时派出自己的舰队监视俄舰队的动向，对其进行武力示威和军事挑衅。20余艘装备精良的英国巡洋舰，有时跟在俄舰队的后面，有时横穿过俄舰队的航线，也有时与其并肩航行，或者对俄舰队形成半圆形的包围圈。俄舰队由于误击英国渔民，已欠下了一笔账，而且重任在身，要尽快赶到远东，所以只得忍下这口气，听任英国海军的挑衅，直至驶近非洲大陆的水域后，英舰队才返回。

俄舰队航行到非洲海岸的丹吉尔港后，停泊补充给养。丹吉尔建于公元前2世纪，因是在非洲西北角由大西洋进入直布罗陀海峡的入口，地势险要，所以近几百年来一直是欧洲大国争夺的地方，当时由法属殖民地摩洛哥管辖，因俄法结盟，所以俄舰队在这里受到了较好的接待。数日后，俄舰队补充好煤炭和食品离港时，舰队一分为二，分两路驶向远东。一路由罗日捷斯特文斯基率领，主要是设备和性能较好的舰船，绕行好望角前进，另一路由海军少将弗尔克萨姆率领，经由地中海和苏伊士运河前进，两路将在马达加斯加附近汇合。此外，单独行驶的几艘驱逐舰和辅助巡洋舰也将在马达加斯加附近汇齐。

俄两支舰队先后在达卡、法属刚果、德属西南非和比塞大、克里特岛的苏达湾、塞得港、吉布提、瓜达富伊角等地加煤，长时间的超体力劳动，加上热带航行气候燥热，使俄军官兵的身体状况进一步恶化，并直接影响士气，斗志低下，纪律涣散。1904年12月28日、29日，两支舰队历尽艰辛，终于到达了马达加斯加水域。

罗日捷斯特文斯基率舰队抵马达加斯加后，原拟停靠两周后，在1905年1月14日起航。在这之前，他已被沙皇政府晋升为海军中将，并授予陛下侍从长的称号。但他很快接到命令，首先他须同仍停泊在马达加斯加努西贝岛的弗尔克萨姆的舰队汇合，然后再等待由涅鲍加托夫海军少将指挥的太平洋第三舰队由波罗的海里巴夫军港赶来，待三方面的力量汇齐后，再向远东行驶。

罗日捷斯特文斯基收到命令后极为不满，这样一拖至少要有8~10周，他的自尊心也受到损害，似乎新组建的太平洋第三舰队不赶来参战，就不能战胜日本海军。罗日捷斯特文斯基大发雷霆之后，精神一蹶不振，甚至要向沙皇政府提出辞职。罗日捷斯特文斯基率舰队经圣诞岛，向努西贝岛驶去，但积愤攻心，他终于病倒了。罗日捷斯特文斯基患病后，俄舰队几乎无人指挥。这时，弗尔克萨姆的健康状况也明显恶化，同样放松了对俄海军官兵的管理。俄官兵可以轻易地离舰上岸，没有任何顾忌地出入酒吧、赌场甚至妓院，一些法国、德国、英国和荷兰的妓女纷纷赶到努西贝岛赚俄国人的钱。俄军官兵酗酒后行凶斗殴的事更是层出不穷，他们通过各种渠道千方百计把烈性的酒弄到舰上。水兵们不知道今后等待着他们的将是什么样的命运，所以大肆挥霍手里的金钱，钱花光了就去偷去抢，激起当地居民的严重不满。

罗日捷斯特文斯基病初愈后，向沙皇政府明确提出辞职，要求解除他的舰队司令职务，但被拒绝，于是他只得拖着病体，继续指挥舰队。他下令禁止官兵随意上岸，当地的商人及其他市民不得登舰，执勤时严禁饮酒，同时强行关闭了岛上主要是为俄海军官兵服务的赌场、酒馆和妓院。

俄太平洋第二舰队停泊在努西贝岛等候涅鲍加托夫率领的太平洋第三舰队到来时，连续传来俄军在远东前线接连失利的消息：203高地被日军攻下，旅顺失陷，太平洋第一舰队覆灭，奉天会战俄军惨败，俄国国内爆发了矛头指向沙皇专制制度的资产阶级民主革命。此时，长期的停泊使俄军的给养发生危机，官兵们缺吃少穿，甚至衣不遮体，食不果腹，纳希莫大海军上将号等舰船出现了哗变事件。

罗日捷斯特文斯基决定不再等待远道而来的太平洋第三舰队。3月14日，他率舰队离开马达加斯加，而此时，太平洋第三舰队还在克里特岛。当由45艘舰船组成的庞大的舰队驶出时，两艘法国驱逐舰前来送行，桅杆上高悬着"祝一路顺风"的信号旗，罗日捷斯特文斯基则命令军乐队在旗舰苏沃洛夫号的甲板上演奏法国国歌，作为回礼。

太平洋第二舰队离开马达加斯加努西贝岛后，便"失踪"了，日本和不少国家都在猜测它的航线，但都得不到证实，以至有的报纸报道说，该舰队已奉召回国，现正在归国途中。实际上，俄舰队继续按既定目标航行，只不过是在3个多星期的航程中没有遇到过任何船只。4月5日，苏门答腊海岸已出现在远方，4月8日，舰队到达新加坡海域，新加坡市街的行人车马历历在目。

太平洋第二舰队在新加坡得到了俄陆军在奉天最终战败的消息，这样，改变俄国在这场战争中所处劣势的重任，就完全落到了海军身上。这时，罗日捷斯特文斯基从俄国驻新加坡领事处得知，太平洋第三舰队已离开法属索马里的吉布提。领事还向他转交了俄国政府的训令。训令是由海军部签署的，命令他将舰队开往法属印度支那海岸的金兰湾，在那里等待太平洋第三舰队，与其汇合后组成联合舰队，打败日本舰队，并驶向海参崴。到达海参崴后，将舰队的指挥权交给海军上将阿维兰，不得有违。阿维兰已被任命为舰队司令，正由陆路前往远东。

罗日捷斯特文斯基对沙皇政府由失望进而完全绝望了。他被迫将舰队开往距西贡以北约200海里的金兰湾。但他对因长途航行而沾满船底的水草和海藻不去清理，对各舰船也不去检修，而是消极等待。日本政府认为俄舰队停泊在金兰湾港是明目张胆地破坏国际法，开始向法国政府提出抗议。4月22日，海军远东舰队副司令德·琼凯尔少将命令俄舰队离开，罗日捷斯特文斯基则将舰队开往距金兰湾港仅40海里的万丰湾，继续同法国周旋，直至5月9日太平洋第三舰队驶到，两支舰队会师，组成了一支由50艘舰船组成的庞大的舰队，新组建的联合舰队由罗日捷斯特文斯基任司令，弗尔克萨姆任副司令。5月1日，俄舰队起航，罗日捷斯特文斯基要求俄海军官兵用血来洗刷以往的耻辱。

5月25日，俄舰队最后加了一次足以够航行到海参崴的煤，加煤期间，长期患病的海军少将弗尔克萨姆死了。罗日捷斯特文斯基下令此事不得向任何人宣布，其继任者涅鲍加托夫也不例外。弗尔克萨姆的旗号仍像以往一样飘扬在第二战舰支队的旗舰奥斯拉比亚号上。由于煤加得过多，所以各舰的吃水都很深，缓慢地继续向海参崴方向驶去。

日本舰队在机动性强的小型舰艇方面强于俄舰队，火力上占据优势。日本舰队共装有127门重炮，舷炮发射量达2.84万磅，而俄舰队只装有92门重炮，舷炮的发射量虽稍强，但因其现代化程度劣于日舰队，所以发射缓慢，且命中率又低，所以并不占上风。日舰队每分钟可发射360发炮弹，总重量21949公斤，而俄舰队只能发射134发，重8190公斤。

俄舰队自波罗的海起航后，日军即密切注视其动向。2月初，日本联合舰队的修整基本结束。2月中旬，海军官兵奉命登舰，结束休假。2月21日，东乡平八郎率第一、第二舰队驶入位于朝鲜南岸的镇海。镇海港是日海军的秘密基地，港口四周有天然屏障，港内水深且平静，极宜停泊大型舰队，且不易被发现。第三舰队则在出羽重远的率领下驶入对马的竹敷港，在通向海参崴的广阔水域上布设水雷，防止日后交战时俄舰队经此逃向海参崴，同时防止仍残存在海参崴的俄舰驶出海参崴助战。

经过检修和重新装备的日舰和充足休息的日海军官兵，做好准备迎战经过1.8万海里长途跋涉的俄舰队。日军抓紧战前的短暂时间进行实战训练。其中包括战略和战术演习，着重提高同俄舰队对抗的能力，提高鱼雷快艇攻击的效率。无论是白天还是夜晚，也无论是晴天还是风雨交加

的恶劣天气，训练都不停止。东乡平八郎向部下说：取得海战胜利的秘诀，在于平时要积累和钻研战术，战时则要随机应变，因势利导，而要做到这一点，主要是靠实践，而不是靠书本知识。

日军利用其在距基地较近的海域作战的优势，有更多的时间进行备战。双方一旦交火，浓烟升腾，烈火燃烧，加上水雾弥漫，往往会将舰船隐没其间，在激烈的混战中看不清楚，无法准确分清敌我舰船。于是，日舰军官将俄舰队主力舰的舰形描摹下来，反复让水兵熟悉识别，同时想方设法让他们记住俄舰的船名。

日俄海军决战前，双方都紧张地开始了间谍战，日本尤甚，不惜投入大量人力和巨额资财。日俄战争爆发后，仅仅靠驻外使领馆的外交官搜集情报已不够了，于是派出谍报人员化装成旅行者和一般平民在远东和欧美、东南亚进行间谍活动，所获情报汇集到日军最高统帅部和满洲军总司令部进行分析使用，成为日本政府决策的重要依据之一。日本情报人员还用重金收买俄奸，千方百计刺探俄军舰的动向。日本相继派出香港号、日本号轮船和巡洋舰南下进行谍报活动时，大量

派人四处散布谣言迷惑俄军。在一个代号为"水鸟"的行动中，日间谍在新加坡一带大肆散布日本主力舰和潜水艇频繁活动的假情报，俄国人果然上当，俄国驻新加坡领事鲁道诺夫斯基将此作为重要情报报告给罗日捷斯特文斯基率领的舰队，而且说这是确切的准确情报，并煞有介事地说：东乡平八郎指挥的 22 艘日海军主力舰，已在 3 月 5 日来到新加坡，位于婆罗洲的拉布安岛，巡洋舰队和驱逐舰队则隐蔽在纳土纳群岛。这个消息很快传遍俄舰队上下，官兵们人心惶惶，迅速进入临战状态，使原本已十分疲倦的俄军心神不定，草木皆兵，无论在体力上还是在精神上一刻也得不到安宁，尽管在新加坡附近水域，根本就没有一艘日本军舰。

俄舰队为完成既定计划，顺利抵达远东的海军基地海参崴，重新夺取制海权，想方设法躲避日舰队，而且还派出一些无关紧要的舰船离开主舰队，到日本海东岸游弋，转移日舰队的视线。俄舰队开赴海参崴有 3 条路线可走，其一是穿过朝鲜半岛与日本本土之间的对马海峡；其二是穿过日本本州岛和北海道之间的津轻海峡；其三是穿过北海道与库页岛之间的宗谷海峡。究竟走那条航线，罗日捷斯特文斯基长时期举棋不定，因为选择其中的任何一条航线都各有长短，日舰队高级将领在东乡平八郎的主持下，加紧分析来自各方面的情报，力争准确地判断出俄舰队的行踪，集中优势兵力将其在到达海参崴之前消灭，保证日本在这场战争中取得最后胜利。

走对马海峡路程最近，但极易被日舰队发现，风险最大，而走其他两条航线因是从太平洋迂回，所以航程长，但被日舰队发现的可能性小。一向专横跋扈的罗日捷斯特文斯基此时也没了主意，破天荒地召集军事会议，请各舰指挥官充分发表意见，决定驶向海参崴的具体航线。经过综合比较，权衡利弊，俄舰队最后决定走对马海峡，因为走津轻海峡同样要冒一定的风险，该海峡狭窄，也容易被日舰队监视网发现或被两岸炮火击中，同时海峡水流湍急，不适宜大舰队编队航行；而宗谷海峡在当时适逢多雾时期，一个月之中难得有几天能看清楚前方的航线，当浓雾笼罩住海面时，几米之外就什么也看不见。如此庞大的舰队若由此穿过，即使不被日舰击沉，也难免自相碰撞而险象环生，以至葬身于无情的大海之中。

罗日捷斯特文斯基作出通过对马海峡的决定后，开始积极准备，5月中旬，一艘被日本雇用的挪威商船从俄舰队附近驶过，被俄舰队扣留强行检查。这时，俄军官奉罗日捷斯特文斯基的命令，故意将俄舰队即将通过对马海峡一事透露给商船船长，希望该船长能将此消息报告给日本人，日方则认为这是故意欺骗，而将主力调到北方航线上，而放松在对马海峡水域的防御，从而使俄舰队能顺利地或以较小代价通过，安全抵达海参崴。

挪威商船船长果然将此情况报告了日方，并很快传到了东乡平八郎耳中。他在三笠号旗舰上同联合舰队的高级将领立即就此情报进行了研究。众将领其说不一，但最后，以东乡平八郎为代表的一种意见占了上风，即认为这是俄国人的计谋，他们企图让日舰队加强津轻、宗谷海峡的警戒，而出其不意地走对马海峡。东乡平八郎表示，决不能受俄国人的迷惑，立即加强同俄舰队在对马海峡作战的各项准备。

日舰队参谋部门将对马海峡及附近海域，制成较精密的地图，地图上标有准确的经、纬度，警戒对马海峡的日舰船均发有这种地图，一旦发现俄舰队驶来，监视船则可按着图上标出的准确位置立即报告，迅速作出反应。当时日军虽然已全歼旅顺港内的太平洋舰队，陆军在前线也接连获胜，先后占领辽阳、旅顺和奉天等战略要地，但却也付出了极大的代价，无力再长期坚持下去，希望能尽快以日本获胜结束战争。因此，即将开始的日俄海军大战成为决定日本能否在这场战争中获胜的最后决战。东乡平八郎像赌徒一样，把最大的赌注压在俄舰队一定要通过对马海峡上。东乡平八郎将主力集结在对马海峡，准备同俄舰队在对马决战的同时，在朝鲜镇海湾日本海军秘密基地以北约300海里处，又建立了一个海军基地，以防备一旦判断出现错误，俄舰队北上走津轻海峡或宗谷海峡时，能使日本联合舰队在此处集结，同俄舰队作战。

在日本联合舰队四处寻找俄舰队的踪迹时，俄舰队也在千方百计了解日本舰队的准确位置。罗日捷斯特文斯基认为日本在对马海峡只部署了少量舰船，而主力舰均在台湾澎湖列岛水域，凭借其庞大的舰队的实力，从对马海峡通过是不成问题的。5 月下旬，俄舰队侦听到日舰的无线电报，说仍没有发现俄舰队，进一步增加了罗日捷斯特文斯基从对马海峡通过的决心。殊不知，日舰队已做好在对马海峡水域同俄舰队展开决战的准备。东乡平八郎将《孙子兵法》视若法宝，即使在激烈的日俄战争中也手不释卷。他大抵深知孙子所说"以近待远，以逸待劳，以饱待饥，此治力者也"这句话的含义，并以此来对付俄国舰队。对马海峡海战，即从拿破仑战争到第一次世界大战期间，世界海战史上规模最大的一次海战即将开始了。

对马海峡海战

5 月 20 日，东乡平八郎命令联合舰队进入战位，准备在对马海峡迎战俄舰队。为此，联合舰队分成 6 个分舰队。5 月 25 日，俄舰队从台湾出发，冒雨向北航行，上午 9 时，罗日捷斯特文斯基向舰队宣布了俄舰队将通过对马海峡的航线。为了减轻负担，他命令 8 艘辅助舰船开往上海，另外 6 艘开往西贡。

日本在远东的间谍立即捕捉到了这一珍贵的情报，并立即报告了联合舰队。东乡平八郎由此推断，既然俄舰队的辅助舰船开

入上海，那么整个俄国舰队也一定距此不远。日舰队派出侦察船信浓号加紧搜寻俄舰队的准确位置。5 月 27 日 2 时 28 分，信浓号在对马海峡西南方发现了俄舰队医疗船阿寥尔号的灯光。由于在 4 天前，即 5 月 23 日，佐渡号侦察船曾误将日本联合舰队第三分舰队的数艘军舰当成俄舰，报告发现敌情而虚惊一场，所以信浓号没有立即报告，而是在夜幕掩护下迅速接近闪烁着灯光的舰船，进一步侦察。两舰距离渐渐接近，天色也愈来愈亮了，日水兵突然发现在前方那艘船的右后方有无数道烟雾正在缓缓地升腾，原来是一支庞大的舰队正在列队行进。信浓号立即将发现敌舰的消息向联合舰队报告。随后，和泉号巡洋舰也将有关俄舰队的更详细的情报报告了联合舰队。值得奇怪的是，当和泉号巡洋舰追随在俄舰队进行侦察时，已被俄舰发现，并监听到该舰正用密码不时地发报。在长达 1 小时的时间内，又在近在 5 海里的距离，罗日捷斯特文斯基只命令苏沃洛夫号旗舰右舷的主炮和舰尾的炮塔炮瞄准和泉号，却始终不下令开炮，而且不允许俄舰对日舰的无线电通讯进行干扰。

东乡平八郎获悉俄舰队已出现，并正是按照他所估计的将从对马海峡穿过，非常激动。既然俄舰队不会从津轻海峡或宗谷海峡通过，堆在日舰甲板上的煤炭已成多余之物，东乡平八郎命令各舰迅速将煤炭抛向大海，并将所有的易燃品转移到有装甲防护或吃水线以下的地方；甲板经清洗后也均匀地撒上沙子防滑。在东乡平八郎的率领下，日第一、第二、第四分舰队，第一、第二、第五驱逐舰队，第九、第十四、第十九鱼雷快艇队，计40余艘，浩浩荡荡地从镇海海军基地驶向日本海。已在对马海峡的第三舰队则从竹敷港驶出，协同各舰队共同对俄舰作战。

罗日捷斯特文斯基知道同日海军决战已不可避免。当日上午11时30分左右，他命令俄舰队改变队形，准备迎战；第一、第二分队提高速度行驶到另一纵队前面，但却没有命令该纵队同时减速，结果众多的舰船相互拥挤，队形顿时大乱，直至日联合舰队距俄舰只有10海里时，俄舰队仍没有摆脱混乱局面，形成单列纵队的战斗队形。

下午1时40分许，日本舰队发现了俄舰队。此时，东乡平八郎已根据侦察船的电报，较准确地掌握了俄舰队的速度及火力配置，以及行动方向等。为了使日舰队能有更广阔的活动余地，他按照预定计划，决定让俄舰队通过对马海峡再实行攻击。

下午1时55分，东乡平八郎在旗舰三笠号上向舰队发出战斗信号：“帝国兴亡在此一战，全体将士奋发努力！”2时零2分，两支舰队的距离为8500米，已进入12英寸重炮的有效射程，俄舰队开始炮轰，但日舰队仍不还击，东乡平八郎决定要同俄舰队展开近战，充分发挥大口径火炮的威力。2时零5分，东乡平八郎指挥日舰截断了俄舰队的航线，在距其不远的海域向左转弯，即日本史书所称著名的“敌前大回头”，准备绕一个“U”字形，抢占有利的攻击位置，使日舰队航行在俄舰队正前方，防止其逃跑。不过，这却要冒极大的风险，因为日舰队向左转航时，它们会被其他日舰挡住视线，俄舰却可集中炮火猛轰暂时处于盲区的日舰。但是，俄舰队当时因急于由行军队形变成作战队形，一时陷于混乱之中，自顾不暇，没有抓住这一可能重创日联合舰队的有利时机。2时11分，日旗舰三笠号率先完成大转向，开始猛轰俄主力舰，两支舰队在相距大约 6000 米处展开激战。

日舰队利用其速度上的绝对优势，采用"T 字横头"的战术，集中火力攻击俄舰队旗舰苏沃洛夫号和奥斯利亚比亚号。所谓"T 字横头"战术是 20 世纪初海战的一种典型战术，日舰队将原来的进攻纵队以约 90 度角从俄舰队队列前穿过，并以舷炮齐射的密集火力攻击俄舰队纵队前进的主力舰，以争取尽快歼灭其主力。此时，日舰与俄舰的距离已不到 1 海里，使日本水兵射击的命中率不断提高，他们所使用的烈性炸药炮弹远远优于俄军，对俄舰产生了极大的破坏力，烟囱、主桅和炮位迅速被摧毁，甲板被炸成碎片，人员伤亡数以百计。俄海军上校符拉季米尔·谢缅诺夫当时说："一枚日本炮弹充分爆炸时所造成的破坏，相当于我们 12 枚充分爆炸的炮弹，而我们的炮弹却又很少能充分爆炸。"在激烈的对马海战中，俄舰重炮一次又一次发射出哑弹，犹如火上浇油，助长了日舰队的攻势。

俄舰队旗舰苏沃洛夫号和奥斯利亚比亚号成为日舰队的众矢之的。罗日捷斯特文斯基所在的苏沃洛夫号旗舰在交火不久就伤痕累累，下午 2 时 30 分，该舰的船舵中弹，失去控制，被迫离开队列。日舰乘此机会更加狂轰猛打，该舰的主桅、烟囱、位于舰尾的 12 英寸重炮炮塔瞬时都被炸飞，全舰除 1 门重炮外，也都被打哑。罗日捷斯特文斯基被炸成重伤，不省人事，已无法继续指挥，约 3 时许，他离开了正熊熊燃烧着大火的旗舰，转移到另一艘驱逐舰上去，与此同时，挂出了"由涅鲍加托夫海军少将指挥"的信号旗。

奥斯利亚比亚号旗舰的命运并不比苏沃洛夫号好。它的主桅上虽依然挂着弗尔克萨姆海军少将的帅旗，但他已病死，舰上存放着装着其尸体的密封棺材。在日本战列舰富士号、敷岛号和数艘装甲巡洋舰的围攻下，该舰甲板变成了一片火海，不时有几枚炮弹落下，火光闪耀处升起一股股浓烟，俄海军官兵伤亡惨重，很快便无还手之力，各类型舰炮统统都被打哑，任凭日舰将其作为一个不会还击的目标穷追猛打。奥斯利亚比亚号船体头前部分的吃水线处被两枚 12 英寸重炮炮弹击中。舰头的钢甲被打落，露出了一个大洞，汹涌的海水立即灌入，船头迅速下沉，急剧向左侧倾斜，3时30分终于沉没，900余名官兵同时落水，只有330名被匆忙被赶来的4艘驱逐舰救起，其余都葬身大海。沉船的碎片随着巨浪起伏，向四处漂去，弗尔克萨姆的密封棺材也在其间随波逐浪，此时已没有任何人能顾得上他了。

俄舰队的两艘旗舰在开战后不久一艘被重创，一艘沉入海底，使俄海军官兵的士气严重受挫。战列舰亚历山大三世号、博岁孚诺号和西索伊—维利基号成为日联合舰队新的集中攻击目标，结果这些主力舰很快又多被击中起火，炮塔和舰面等关键部位被击中，不得不退出战斗行列。

俄日两支舰队的巡洋舰，是在稍晚的时候投入战斗的。下午2时45分，日联合舰队第三、四分舰队与俄舰队的第一巡洋舰分舰队开始交火。日舰参战有16艘，而俄舰只有8艘，由于海面雾大浪急，主要作战的又都是轻型战舰，所以战斗不如日俄双方主力舰交火时打得那么激烈，但双方互有重创。日舰浪速号和高千穗号被击中要害，不得不退出战斗进行紧急抢修，笠置号在3时零8分被俄舰重炮击中要害，海水涌

入船舱，不得不在千岁号护送下返回基地。俄海军少将恩克维斯特少将指挥的巡洋舰分舰队也有不少舰船被击中起火，失去战斗力。3时30分，属于巡洋舰分舰队的10余艘俄国驱逐舰向日联合舰队第四分舰队发起进攻，但很快被击退。

到下午4时，对马海峡海战进行两个多小时后，日俄双方进入了混战阶段，但此时种种迹象已表明，俄舰队在这场大海战中败局已定。除两艘旗舰外，俄主力舰也大多受损，俄舰队的首尾在日舰的攻击下，已失去联系，一支庞大的舰队完全被割裂开，战斗力急剧下降，更严重的是，俄舰队准备驶往海参崴的航路，已被日联合舰队有效地封锁，俄舰队若想冲出一条航路逃向海参崴已是难上加难。

这时，涅鲍加托夫海军少将率领的第三分舰队同第二巡洋舰分舰队，开始汇合在一起。涅鲍加托夫在旗舰尼古拉一世号指挥俄舰用舷炮攻击日舰，数艘日本巡洋舰中弹。4时45分，日本第五、六分舰队投入战斗，集中火力攻打俄国巡洋舰，第二巡洋舰分舰队的旗舰斯韦特拉娜号被击沉，其余各舰则四处逃命，向海

最新整理图文珍藏版

参崴方向突围无望后，转而向南驶去。珍珠号、奥列格号、阿芙乐尔号巡洋舰和另外两艘驱逐舰及3艘军需船逃往菲律宾，被解除武装后扣留，直至战争结束。由于失去了有武装攻击能力的巡洋舰的保护，一些辅助舰船的命运就更加悲惨，只得听任日本舰队的宰割，俄罗斯人号、乌拉尔号、堪察加号和伊尔季什号拖船被击沉，两艘医疗船被俘。

下午5时许，两舰队的主力舰再次相遇，但此时的俄舰已无法同几小时之前相比，一艘艘千疮百孔，危在旦夕，亚历山大三世号的舰首被炸裂，海水不断涌入，最终在7时沉没，舰上官兵无一人幸存。10分钟后，已被重创的博罗季诺号前炮塔被富士号重炮射来的炮弹击中，发生猛烈爆炸，迅即下沉，全舰只有一人生还。7时20分，已经体无完肤的苏沃洛夫号在已完全失去战斗力的情况下，遭到日鱼雷艇毁灭性的攻击，随着一阵阵猛烈的爆炸声，苏沃洛夫号沉入海底，最初幸免一死的俄海军官兵全部落入水中。

经过5个小时的激战，日本联合舰队以极小的代价取得了决定性的胜利。俄舰队的12艘主力舰中仅有7艘幸存，但却完全丧失了作战能力。晚7时30分左右，东乡平八郎命令联合舰队的主力舰撤出战场，向北驶往松岛水域集结，他准备用驱逐舰和鱼雷快艇在夜间向残存的俄舰队发起新的攻击。

天黑之后，日联合舰队中的21艘驱逐舰和40艘鱼雷艇组成的夜袭部队，奉命出动，全力袭击俄舰队。这些舰艇白天大都没有参加作战，在港内养兵蓄锐，此刻正是大显身手之时。当晚日舰队的部署是从四个方向围歼俄舰队，其中第一驱逐舰分队从北面，第二驱逐舰分队和第九鱼雷艇队从东北面，第三驱逐舰分队从东面，第五驱逐舰分队从东南面，此外，第一、十、十五和十七、十八鱼雷艇队则从南面追击。日舰队严格实行灯火管制以利偷袭，在黑暗中，两艘日舰猛烈相撞，被迫退出战斗。

俄舰在白天的战斗中已大多受损，行动缓慢，有些重炮也受损坏，无法使用。俄水兵平日缺乏不开探照灯反击鱼雷艇的经验，所以打开探照灯后立即成为日鱼雷艇瞄准的目标，接二连三被射来的鱼雷击中。日舰队由于在白天的战斗中已占绝对优势，现在的对手又多是中弹累累犹如惊弓之鸟的伤舰，所以鱼雷艇多是在距俄舰400米时才发射，有助于提高命中率。在夜晚的鱼雷战中，战列舰西索伊—维利基号、装甲巡洋舰纳希莫夫海军上将号、纳瓦林号被击沉。其中纳瓦林号的622名船员全部丧生。莫诺马赫号装甲巡洋舰在白天的战斗中基本上没有受损，但在夜间却中鱼雷受重创，因船头被炸毁而失去控制，但其仍将向自己发射鱼雷近在咫尺的日鱼雷艇击沉后，才将无法继续航行的船自沉，由涅鲍加托夫率领的第三分舰队由于受过夜间反鱼雷快艇进攻的训练，所以在夜战中损失不大。在27日夜的鱼雷战中，日舰队进一步扩大了战果，而自己损失却不大，计有3艘鱼雷快艇被击沉，5艘受损，87人伤亡。

自5月28日凌晨起，对马海战进入了最后阶段。代替罗日捷斯特文斯基行使指挥权的涅鲍加托夫率幸存的俄舰继续向海参崴方向航行，但此时除涅鲍加托夫所在的旗舰尼古拉一世号以外，跟随其后的只有阿普拉克辛海军元帅号、谢尼亚文海军上将号、绿宝石号和鹰号4艘军舰。这一天天气特别好，万里无云，风平浪静，能见度极佳。约9时许，日本联合舰队发现了这5艘俄舰，并立即将其包围，在距俄舰约6500米时开始炮击。

涅鲍加托夫此时已完全丧失斗志，他所在的位置距海参崴约有300海里，而且已被50余艘日舰包围，再同日舰对抗下去无异于以卵击石，所以他下令对日舰队的炮轰不再还击。他对其他的海军军官说：唯一能拯救2000余名官兵生命的道路只有一条，那就是投降。大家如能继续活下去，还有机会为国效劳，希望诸位能授权我挂起白旗。见没有人表示异议，一名参谋迅即将一块白台布挂到桅杆上。日舰虽见尼古拉一世号已升起白旗，但恐怕其中有诈，仍继续炮轰不止，直至挂起日本国旗才停止。下午1时左右，涅鲍加托夫在日本联合舰队的旗舰三笠号上签署了投降书。载有罗日捷斯特文斯基的俄舰大胆号在此之前也投降了。该舰升起了白旗，参谋长库伦向日方表示，俄舰队司令因负重伤危在旦夕，为挽救长官的生命，我们停止一切军事行动，希望得到日军的帮助。罗日捷斯特文斯基投降后，被送回佐世保海军基地的日军医院。

日海军官兵以胜利者的身份踏上投降的俄舰，骄横狂妄，不可一世，激起一些俄国水兵的反抗。当一些日军登上鹰号舰时，几名俄国水兵企图将船底阀门打开，使该舰自沉，与日本人同归于尽，结果不慎被日军发现，当场均被枪杀。绿宝石号不肯服从涅鲍加托夫向日舰队投降的命令，加速冲出日舰的包围，向海参崴方向逃去，为躲避日军，该舰被迫绕道，航行中燃料用尽，在距海参崴以北约150海里处触礁搁浅，船员被迫将其炸沉。

俄国海军上将斯克里德洛夫在海参崴焦急地等待着太平洋第二、第三舰队的到来。直至5月29日，金刚石号巡洋舰缓缓驶来，向他报告了俄舰队全军覆没的消息，稍后，一艘驱逐舰和一艘运输舰也赶来。庞大的俄舰队经过1.8万海里的远征后，只有3艘小型舰船按既定计划抵达海参崴，对马海战以俄舰队的彻底失败而结束。在这场举世闻名的大海战中，除突围驶抵海参崴者3艘外，俄舰队被击沉22艘，被俘7艘，逃往中立国港口6艘。人员阵亡近5000人，被俘6142人。此外，逃往中立国被扣留1862人。日联合舰队方面则仅损失了3艘鱼雷艇，阵亡117人，伤587人。

早在日俄战争爆发前，日本便想把库页岛夺到手。但一直未能得逞。对马海峡大海战以日本获得彻底胜利结束后，日统帅部为了在日后媾和中能得到库页岛，并加强日本在谈判中的地位，于1905年6月17日制订了"桦太（库页岛）远征作战计划"，准备派出精锐的独立第3师进军库页岛。6月8日，该师奉命在海军的掩护下，向库页岛进发，并于7月9日和24日，分两批在科尔萨科夫和亚历山大罗夫斯克及雷伊科夫先后登陆，并迫使俄守军在7月底投降。日军统帅部下令组建了"桦太守备军"守卫库页岛。对马海峡海战和日军占领库页岛后，日俄战争的军事行动基本结束了。

土耳其凯末尔革命

当土耳其面临空前严重的民族危机时，软弱、怯懦的苏丹政府不仅毫无振作之举，反而甘当傀儡，事事仰英国人鼻息。苏丹瓦希代丁除关心保持其帝位外，对其他国事一概不问，达马德·费里特里内阁则对"只要是能够

土耳其与英、法、德、日等国签订《洛桑条约》

保全苏丹以及他们个人生命的事"
一概准备表示同意。瓦希代丁和
费里特甚至加入"英国之友协会"
这类卖国组织，准备将奥斯曼土
耳其帝国领土寄予英国的保护
之下。

　　土耳其人对于这样一个政府
已经不抱任何幻想，他们成立了
"色雷斯和土耳其欧洲部分协会"、
"东方各省护权协会"、"特拉布松

手拿烟嘴的凯末尔

和邻省区中心会"，以及伊兹密尔
的"反对兼并协会"等爱国团体，
谋求自救之路。当苏丹政府死心
塌地执行英国人的命令，交出要
塞和军舰，收缴枪械、遣散军队，
要使自己的国家彻底丧失反抗能
力的时候，土耳其人民则纷纷拿
起武器保卫自己的家乡。1919 年 5
月底，希腊人开始扩展占领区，
他们从伊兹密尔出发，分别向马
尼萨、艾瓦勒克和艾登、纳济利
一带推进。在艾瓦勒克，入侵军
受到了以阿里贝为司令的一支约
600 人的土耳其军队的狙击，虽然
土耳其人未能阻止希军的前进，
但这次交火却揭开了民族解放战
争的序幕，此后，希腊人在进军
的沿线到处受到民族自卫军的袭
击。5 月 28 日，民族自卫军突袭
已经进入艾登的希军，并迫使敌
人一度撤出该城。不过，这些自
发性的武装力量人数不足，缺乏
统一指挥，兵器亦极简陋，无法
抵挡希腊正规军的进攻。希腊人
不久就达到了他们的目的，其占
领区北接海峡联军共管地带，南
逾大门德雷斯河与意大利的占领
区域相连，西临爱琴海，东越艾
登与马尼萨一带。达到上述目标
后，希腊暂时停止了军事行动，
转而谋求实现其政治目标，即企

图通过国际公约的形式将其侵占的领土合法化。这样一来，土耳其国民自卫军在占领区周围地带的游击活动，便构成了一条从艾瓦勒克至纳济利、萨赖克伊的防线，双方在一个时期内处于一种军事对峙状态。

另一方面，占领安纳托利亚南部各省的英军，根据协议将乌尔法、安特普、马腊什等地移交给了法军，而法军又进一步占领了梅尔辛和阿达纳，同时纵容军中的亚美尼亚团对土耳其居民大肆屠杀。这一地区的人民忍无可忍，在西线义军的感召下纷纷成立民族自卫军，与占领军进行了顽强的斗争，其中，安特普城的保卫战表现得尤为壮烈。这座城市的军民在极其困难的环境下，与法军展开了殊死搏斗，法国人动用飞机和大炮，仍不能使之屈服。城里的人们坚持了9个多月，最后终于在饥饿与疲惫中垮下来，而法军则以阵亡1200人的高昂代价方才占领该城。土耳其人的英雄气概震惊了西方世界，也迫使法国不得不考虑停止军事进攻。法国东方军团司令戈普将军叹息道："为攻下安特普城，法军曾费去9个月的时间，然而在安纳托利亚有上千个安特普。"1921年2月，为了表彰和纪念安特普人民的业绩，土耳其大国民议会政府决定授予安特普以"加济安特普"，即"英雄的安特普城"的称号。安纳托利亚南方各省的

凯末尔

1922年10月，土耳其人围着国旗在庆祝胜利。

世界通史

最新整理图文珍藏版

抗法斗争，不仅削弱了法军深入土耳其内地给新生的民族政权带来的威胁，而且直接促成了法国政府与安卡拉政府的谈判，为日后法国退出协约国干涉行动，为土耳其对希腊战争的最后胜利创造了先决条件。

以各种爱国团体和各地武装斗争为主体的土耳其民族解放运动蓬勃兴起，但它现在还处于散漫状态，缺乏统一领导，不能对敌实行强有力的打击，且有被敌各个击破的危险。这时，以凯末尔为首的土耳其商业资产阶级毅然承担了领导这一运动的历史重任，穆斯塔法·凯末尔出生于萨洛尼卡的一个官吏家庭，曾受过从幼年军事学校到高级军事学院的系统教育，在意土战争和巴尔干战争中屡立战功。大战爆发后，他指挥了1915年的达达尼尔海峡战役，成功地保卫了首都。在以后的各次作战中，他又不断地为自己赢得了新的荣誉。摩德洛司协定签订以后，他看到苏丹政府一味遵从占领军的旨意，解散军队、收缴武器，不禁忧心忡忡。为日后光复河山，凯末尔将自己所部的骨干军官悄悄转移到托罗斯山以北各地，将所余武器装备散发给安纳托利亚南部各省群众。

1918年底，凯末尔奉调回到伊斯坦布尔，他原想在政府内，联络一些爱国人士，掀起民族救亡运动。但他很快就意识到，在伊斯坦布尔很难有所作为，苏丹及其党羽反对一切民族主义意识形态，对首都所有反侵略活动一律采取镇压手段。于是，他决心回到安纳托利亚去。恰逢此时，瓦希代丁任命他为远驻安纳托利亚东部埃尔祖鲁姆的第三军团检阅使，负责镇压萨姆松一带希腊潘托斯党人的叛乱，并监督执行剩余奥斯曼军队解除武装和复员的工作。于是凯末尔得以摆脱苏丹内阁的控制，在一个自由的环境中，全身心地投入到领导土耳其民族解放的事业中去。

1919年5月19日，即希腊人在伊兹密尔登陆后的第四天，凯末尔在萨姆松踏上了安纳托利亚的土地。之后，他立即通电各省省长及驻军军长，号召他们组织群众集会，抗议希军的占领行动，并提议各省派代表在锡瓦斯召开大会，商讨解决国家危机的方案。通电中关于领土完整、民族独立的救国原则和召开国民议会的提诉，确立了未来《国民公约》的基础，也立即得到了各地驻军军、师长们的热烈拥护。凯末尔的活动引起了苏丹政府的恐慌，他们开始用各种各样公开的或秘密的手段向其施加压力。但凯末尔并未屈服，为了避免发生公开背叛奥斯曼政府的行为，他干脆辞去军职。1919年7月23日，他以一个在野政治家的身份，在埃尔祖鲁姆主持召开了"东部各省保卫主权大会"。会议选出以凯末尔为主席的代表委员会，通过了会议章程及《告全国人民书》。这两个文件的主要内容是，要求实现土耳其国家的统一和领土完整；要求民族自决及武装独立；反对外国的占领与干涉，不承认委任统治等等。并指出如果奥斯曼政府不能保持国家的独立，则应另外建立一个由全国代表大会推选出来的新政府。9月4日，来自全国各地的代表又在锡瓦斯举行大会，凯末尔再度当选为代表委员会主席。委员会将"东安纳托利亚主权保卫会"扩大为"安纳托利亚和罗姆里主权保卫会"，使之具有全国保权总会的性质。大会否定了某些代表关于接受美国委托统治的提议，重申了埃尔祖鲁姆大会的各项原则。

苏丹发现自己已经失去民众信任，便主动派其新任首相与已经迁往安卡拉的代表委员会建立联系，并提议在伊斯坦布尔召集国会，企图利用国会来巩固自己的地位，并削弱凯末尔党人的影响。然而，苏丹的计划还是失算了，来自安卡拉的一部分国会议员，将安纳托利亚的民众呼声带到了伊斯坦布尔，而奥斯曼帝国的国会议员则受到感染，反而于1920年1月28日通过了《国民公约》，它以土耳其独立宣言的形式，确认了埃尔祖鲁姆和锡瓦斯大会所宣布的各项原则。公约明确指出，由大多数土耳其人所居住的土耳其领土是一个不可分割的整体，而西色雷斯、安纳托利亚东部3省以及阿拉伯人所居住的地区，应由当地人民投票决定其命运；要保障伊斯坦布尔和马尔拉海的安全；邻国间民族权力平等；公约还进一步提出了取消治外法权，以保障土耳其拥有完全独立和自由的原则，《国民公约》是对战后帝国主义国家瓜分政策的公开挑战，引起了苏丹及英国人的

土耳其凯末尔到前线检阅部队

不安，1920年3月16日，英国陆战队登陆，占领了伊斯坦布尔及各政府机关，逮捕并流放了几十个倾向凯末尔的议员，国会被解散，费里特帕沙重新上台，凯末尔及其他民族派领导人经伊斯坦布尔军事法庭的缺席审判，被判为死刑。4月18日，一支由苏丹政府军官指挥的"哈里发军"，由伊兹米特开往安纳托利亚内地"剿匪"。同时，苏丹政府还采取各种手段在安纳托利亚制造叛乱。伊斯坦布尔向安卡拉开战了。

当奥斯曼帝国国会被占领军强迫解散的消息传到安卡拉的时候，凯末尔立即召集了"大国民议会"。经过激烈辩论，大会通过了凯末尔提出的建立大国民议会政府的建议。政府由委员会和议会两部分组成，议会负责制定法律和选举政府委员，委员会则是政府执行机关。1920年5月4日，由11位部长组成的委员会正式成立，凯末尔兼任议会议长及委员会主席。然而，民族政府成立之初，整个安纳托利亚仍处于动荡之中：东北部各省面临着亚美尼亚人的威胁；东南部地区有库尔德人声势浩大的武装叛乱；南方诸省正与法国军队苦战；伊兹密尔地区的希腊人则在集结军队，

准备新的进攻；而各地的叛匪活动更是猖獗一时。在巴勒克西尔、博卢、杜齐克、约兹加特、阿菲永和科尼亚等地，都发生了规模不同的武装反叛活动，它们大多受到苏丹政府和占领军的支持与资助，与哈里发军联合起来向安卡拉进攻。面对敌人的进攻，安卡拉政府毫不犹豫地予以反击。4月29日，大国民议会通过了《背叛祖国法》，并成立独立法庭，以审理叛乱案件。各地的民族自卫军及少数驻防部队与叛军进行了激烈的战斗，至6月间，安卡拉以西的各支叛匪均被击溃，哈里发军逃回伊斯坦布尔，中南部约兹加特、科尼亚一带的叛匪不久也被消灭，东南部地区的局势至8月也基本被平定。

当土耳其人正为保卫他们的民族政权与反叛分子激战时，协约国集团却在圣雷莫会议上着手确定瓜分土耳其的条约。条约内容极其苛刻，但苏丹政府不顾人民的强烈反对，于8月10日在法国的色佛尔城签了字。按照条约的规定，土耳其将失去以前在非洲和近东的所有阿拉伯属地，而且还要把基里基亚和叙利亚边境一带的大片土耳其本土割让给法国；摩苏尔要割让给英国，伊兹

密尔及其邻近地区将被希腊吞并；海峡地区将归国际共管，而且无论平时或战时，对协约国军舰、商船都一律开放；土耳其欧洲部分的领土也缩小到只有伊斯坦布尔及其邻近不大的一块地区，而协约国将来仍有权从土耳其手中夺取伊斯坦布尔。条约还拟定，将在小亚细亚东部建立一个独立的库尔德斯坦，而埃尔祖鲁姆、特拉布松、凡湖、比特利斯等省则将并入亚美尼亚。条约还规定安纳托利亚西南部为意大利的势力范围，东南部为法国的势力范围。条约还在其他一些政治条款中对土耳其军队的数量及武器装备作了严格的限制：治外法权被完全确认下来，而且行使范围有所扩大；协约国还将对土耳其实行财政监督。《色佛尔条约》是战后凡尔赛体系中最带奴役性的一个条约，它将使土耳其的领土面积丧失五分之四，国家主权被剥夺殆尽，因此，土耳其人民视《色佛尔条约》为死亡判决书，掀起了全国规模的抗议浪潮。而大国民议会政府早在条约签订之前，就郑重宣布了《国民公约》的各项原则，拒绝承认奥斯曼政府与协约国之间签订的任何条约。

美西战争

1898 年 2 月 15 日，停泊在古巴哈瓦那海面的美国军舰"缅因号"突然爆炸沉没，死伤 300 余人，酿成震惊世界的惨案。由此引发了一场美国与西班牙争夺殖民地的战争，史称"美西战争"。战争本身仅只三个多月。然而，它作为世界上第一次帝国主义性质的战争，被列宁称之为"世界历史新时代的主要历史标志"之一，意义非同寻常。

美国以武力与西班牙争夺古巴和菲律宾的行为，是其对外经济侵略的扩张主义理论发展的结果。

美国在内战之后，经济迅速发展，到 19 世纪 80、90 年代已进

西班牙在埃卡纳投降

入垄断阶段。1899年，占美国制造品总值2/3的产品是由托拉斯企业制造的。此时，国内市场已不能满足资本的膨胀和生产力的高速发展，垄断资本家开始向海外寻找投资场所和掠夺对象。

古巴首当其冲成为美国侵略的目标。它是西班牙的殖民地，但地理上与美国近在咫尺，其丰富资源和优良港湾，对美国颇具诱惑力。1896年，美国在古巴制糖业的投资为3000万美元，使其产品全部供应美国。古巴烟草出口的60%也被美国控制。此外，采矿业、畜牧业和果品业同样是美国渗透的领域。美国在古巴的投资额相当于它在中南美洲各国（墨西哥除外）投资的总和。早在80年代，两国已有6条固定贸易路线，美国对古巴贸易额已占美国对外贸易吨位的1/4。此后与日俱增。1896年，美国从古巴进口货物的价值为1亿美元，向古巴的出口贸易为2600万美元。美国国务卿谢尔曼曾在1897年直率地说，美国对古巴的兴趣，大大超过对整个南美洲的兴趣。

随着垄断资本的形成，帝国主义的扩张理论应运而生，成为美国发动美西战争的依据。

扩张主义最有代表性的口号是："美元到哪里，美国国旗就跟到哪里。"积极鼓吹者有费斯克、伯吉斯、洛奇、马汉等人。他们根据反动的种族优越论，宣扬美国人的祖先盎格鲁撒克逊种族是"被上帝挑选来开化世界，创造文明的发达民族"，"优等民族"有责任强制"落后民族"服从他们，有义务在别国建立"秩序"，只有它才有能力，也才应该统治世界。他们宣称，美国国富民强，应该把它的联邦制度从地球的一极传播到另一极。其他国家则必须向这个年轻的帝国献祭，如同它们在耶稣诞辰去朝圣一样。为达此目的，他们力主建立强大的海军，取得制海权。这种理论集中体现在美国海战学院首任院长艾尔弗雷德·马汉（1840～1914年）的三部著作中。他提出，"谁控制了海洋，谁就控制了世界贸易，而谁控制了世界贸易，谁就控制了地球的财富和地球本身。"他特别强调加勒比海的重要地位，说它是美国的"主要海疆大西洋和太平洋两大洋的战略枢纽"。

根据这些理论，美国扩张主义者设计出一套侵略计划。首先，将加勒比海变为"美国海"，接着在中美洲开凿一条沟通两大洋的运河，第三步，把势力扩大到太平洋地区，特别是菲律宾。第四步，以菲律宾为"踏板"，进入中国。

古巴是整套计划的第一步。美国统治者历来认为，这块地方必须属于美国，否则后患无穷。早在19世纪20年代，美国宣布"门罗宣言"之时，已经抛出了关于古巴的"熟果政策"。它提出，西班牙早晚走向衰落，一旦它无力控制西半球时，古巴这块弹丸之地定会因失去宗主国而无法生存，只有投入美国怀抱，这种结果就如树上的果子成熟后自然落地一样，无可怀疑。门罗总统时期的国务卿约翰·昆西·亚当斯在1823年直言不讳地说，"当人们展望未来50年内事态可能发展的进程时……为确保联邦之完整，将古巴并入我联邦共和国势在必行"。这种反动理论也被叫做"政治上的万有引力定

白宫的作战室

律"。不难看出美国对古巴的野心由来已久。

美国等待已久的"熟果"时机终于到来了。1895年2月，古巴岛上发生了反对西班牙统治的武装起义，起义军声势浩大，仅半年多就宣布成立古巴共和国，通过了宪法。西班牙殖民军队比起义军人数多近5倍，但失道寡助，节节败退。到1896年，其统治已摇摇欲坠。

被西班牙统治了300年的亚洲殖民地菲律宾，经过4年多准备，也于1896年8月掀起了武装斗争。在1年多时间里，起义军采用游击战术，使西班牙军队闻风丧胆。

美国始终密切关注西班牙大帝国的瓦解。1896年正值美国总统大选年，为争取选民，执政的民主党宣布对古巴局势保持中立。参加竞选总统的共和党也佯称希望古巴获得独立。可是，扩张主义分子跃跃欲试，敦促政府切莫坐失良机，不能让古巴从西班牙手中转到其他欧洲列强手中。参议员亨利·洛奇说，干涉古巴是美国"无法逃避的责任"。

1896年，执政的民主党政府开始采取强硬措施。4月初，美国国务卿理查德·奥尔尼照会西班

牙驻美公使德洛梅，称美国在古巴目前局势中的利益仅次于西班牙，因此"进行干涉以终止这场斗争乃是美国政府刻不容缓的和绝对必要的任务"。提出，为了让古巴获得"地方自治"权，美国愿意进行"斡旋"，同时，说美国对古巴并无任何图谋。两个月后，西班牙政府复照拒绝了美国进行斡旋的建议，并毫不示弱地宣称，"古巴岛自它被发现之日起，一直为西班牙所专有"，该岛资源作为一个整体，"都应属于母国"。

总统大选结果，共和党候选人威廉·麦金莱获胜。1897 年 3 月初，他入主白宫，成为美国第 25 任总统。麦金莱在就职演说中继续耍弄"和平外交"的缓兵之计，称"不介入外国纠纷"，"不想进行征服他国的战争"。同时，含沙射影地说，美国"永远坚持在任何地方都能行使美国公民的合法权利"，为今后干涉古巴制造舆论。

垄断资本家积极配合政府，也呼吁对古巴进行干涉。1897 年 5 月，各大城市的 300 个大银行家、大商人、大工业家、大船主和商业代理人联名上书国务卿，要求政府毫不迟疑地对古巴进行干涉，拯救他们在那里面临毁灭

的经济。

9 月，麦金莱政府通过新任驻西班牙公使进一步对西班牙施加压力，要求它在 10 月份必须做到：要么接受美国提出的进行斡旋的建议；要么在古巴实现和平。照会威胁西班牙说，美国在"提出它所拥有的权利并对这种权利采取行动前，只需要等待'适当的时间'了"。

圣胡安山战斗中被俘的西班牙伤兵

西班牙殖民统治面对古巴人民强大的反抗斗争，已山穷水尽。1897 年 10 月，原政府倒台。新政府采取措施以求缓和局势，撤回了驻古巴总督魏勒将军，改派布兰科将军；复照美国，答应建立一个新的执行机构，和岛上权力机构共同进行管理，于 11 月 1 日前让古巴实行自治。与此同时，这个老牌帝国主义国家，对于乳

臭未干的美国并不甘示弱。复照称，在古巴的"军事行动一天也不间断"，而且以攻为守地说，"自从古巴叛乱开始以来就一直利用美国作为一个取之不竭的军火库"，要求美国政府必须"采取多种办法制止联邦领土成为策划支持古巴叛乱阴谋的中心"。不仅如此，西班牙政府还口气强硬地反击说，美国没有说明在古巴问题上将要采取什么手段，而只有"首先确切地说明所提供的援助的性质和将要采取行动的领域"，西美"双方才可能达成完满的协议"。

美国政府在玩弄"和平外交"的同时，早就开始进行军事准备。还在民主党掌权的1896年夏，国会已通过决议，批准建造3艘战列舰。1897年共和党执政后，主战派重要人物西奥多·罗斯福被任命为海军部副部长，备战工作更加紧锣密鼓。他呼吁国会增加海军拨款，立即着手建造6艘大型巡洋舰和6艘战列舰。1897年9月，罗斯福还当面向麦金莱总统提出了对西班牙作战必须"先发制人"的建议，并陈述了他设计的具体行动方案，主要内容包括：主力放在古巴；战前把全部舰队集中在基韦斯特港；宣战后48小

时内主力舰队到达古巴海岸；派出一支远征军插入古巴；派4艘配备重型武器的巨型快速巡洋舰骚扰西班牙海岸；亚洲舰队则封锁乃至夺取菲律宾的马尼拉。他认为如果主动权落入西班牙手中，他们势必派出舰只到美国领海活动，在古巴水域布雷，而且会得到德国和英国的支持，使美国陷入被动局面。罗斯福的见解颇得麦金莱赏识。

西班牙迫于压力，于1897年11月25日宣布允许古巴自治。可是，起义者不接受在西班牙控制下的自治。此时，麦金莱政府认为，"果子成熟"的时机已经来临。12月，麦金莱在国情咨文中指出，由于西班牙已无力控制古巴，"可能导致古巴岛转归某一大陆强国"，所以有必要重申美国在1823~1860年间多次宣布的政策，"不许其他国家干涉古巴和西班牙的关系，除非为了使它独立，或由我们通过购买获得它"。最后，强词夺理地宣布，美国政府"将继续警惕地维护美国公民的权利和财产"，"今后，如果武力干涉"，"将不是出于我方的过失"，而是"我们对自己、对文明和对人类的义务加之于我们的一种任务"。他要求拨发专款，为太平洋

沿岸建造一艘战列舰；建造几艘鱼雷艇；在大西洋沿岸提供 3 ~ 4 个能够停泊最大舰只的船坞，在太平洋沿岸则至少提供一个这样的船坞，在墨西哥湾则设立一个浮动船坞应充分供应弹药和其他军需品；增加官兵数量。这篇咨文不仅是一份干涉古巴的宣言书，而且是向全国发布的动员令。美国已经正式进入了战备状态。

美西战争的进程可以分为序幕和开战两个阶段。第一阶段从 1898 年 1 月至 4 月 25 日美国正式宣战。第二阶段从宣战到 8 月份战争结束。

序幕

麦金莱发表国情咨文后，一场要求向西班牙开战的运动愈演愈烈。1898 年新年伊始，纽约的商人联名上书麦金莱，称古巴战争 3 年来，美国进出口贸易已损失 3 亿美元。强烈要求美国政府以商业蒙受的损失为"正当理由"，迅速采取有效措施，对古巴进行干涉。

1898 年 2 月份，发生了两件诱发战争的事件。第一件，是西驻美公使攻击麦金莱的信件被公开。第二件，美国 1 艘军舰在哈瓦那爆炸。

《纽约日报》2 月 9 日刊登了一份西驻美公使德洛梅去年 12 月写给马德里《先驱报》一位编辑的私人信件。信中谈及麦金莱的国情咨文时，说麦金莱是一个哗众取宠的人，一个自命不凡的政客。信中还有说他两面三刀的意思，一面与党内好战分子搞好关系，一面试图留一个后门。信件公布后，美国舆论哗然，纷纷谴责这是西班牙官员对美国国家元首的侮辱。在压力下，德洛梅宣布辞职，西政府正式向美赔礼道歉。但是，美国仍不罢休，继续对西班牙进行攻击。

马尼拉湾海战"奥林匹亚"号的船舱

一波未平，一波又起。在古巴起义军日益壮大的形势下，1897 年底，美国驻哈瓦那总领事菲茨休·李要求政府派军舰到古巴"保护"美国侨民。12 月 15 日，战列舰"缅因号"奉命开到美国最南端的基韦斯特港。1898年1月25日，美国以"友好访问"为名，将"缅因号"驶入哈瓦那港。2月15日晚9时40分左右，一声巨响划破夜空，"缅因号"突然发生爆炸，火光冲天，照亮了整个港湾。美国官兵死亡266人，受伤100余人。配有24门大炮的这艘乙级战列舰被炸得面目全非，下沉海底。

《纽约太阳报》在第二天发表的报导说，爆炸发生时，人们看见一大团东西直上云霄。但是，在那突然发生的令人目眩的闪光中，似乎无人能够辨认出这团东西是什么或它到底是从船外还是船内升起来的。报社记者采访了幸免于难的舰长萨格斯比。他说，当时他正在舰长室，头部被碰伤，只穿了一件衬衣便奔上甲板，命令首先抢救战舰，向船上的大量火棉灌水。但当他了解到破坏的程度和已造成的伤亡时，下令竭尽全力确保人员安全。然而大部分水兵因正在宿舍里无法逃出，而随船丧身海底。5名水兵为抢救弹药跑进储藏室，无一生还。

2月16日，美国笼罩在一片痛苦与惊恐之中，华盛顿停止了公务，全国举行了空前规模的哀悼活动。人们议论最多的是爆炸原因。尽管报纸提到，许多士兵是被西班牙军舰派出的小艇救起来的。人们还是怀疑此事为西班牙蓄谋制造。

3月份又发生两件激发战争的事件：美方公布"缅因号"调查结果；一位从古巴回来的参议员发表了煽动性演说。

爆炸发生后，西班牙建议与美国联合调查事故原因，遭美拒绝，2月20日，西班牙海军的调查结果排除了爆炸的外部原因。美国自然不能接受。美国在组织单方调查的同时，放出空气说，如果证明爆炸是外因所致，不管能否确认是不是西班牙所为，也要西赔偿1000万至2000万美元，一旦它敢于拒付，美国立即出兵哈瓦那。西班牙已在劫难逃。

美国亚洲舰队司令乔治·杜威

3月28日，麦金莱向国会递交关于调查结果的报告，认定舰上"任何部分都不存在引起任何内部爆炸的迹象"，"该舰系由一枚水雷爆炸而被毁，水雷引起该舰前部两处或多处弹药库的局部爆炸"，而且排除了个人作案的可能性。言外之意，肇事者只能是西班牙政府。

调查结果对于已经群情激愤的国内气氛犹如火上浇油。"让西班牙见鬼去吧"、"记住缅因号"、"讨还血债"的复仇怒吼在美国各地此起彼伏。

还在调查结果公布之前，已有人开始煽风点火。佛蒙特州参议员普洛克特在参议院发表演说，以不久前访问古巴的所见所闻，揭露西班牙在岛上实行集中营的罪行。据当时的《华尔街日报》说，这次演说使"华尔街许多人转变了思想"，倒向主战派。

西班牙为避免与美交战，作出和谈姿态。3月底，西按美要求

"缅因"号军舰残骸

在古巴废止了集中营制度，正式建议将爆炸案提交国际仲裁。麦金莱置之不理。他授意国会通过法案，拨款5000万美元作为紧急国防费用，又拒绝了4月初欧洲6国的联合调停。4月19日，美国参、众两院分别通过授权总统对古巴进行武装干涉的决议。22日，麦金莱发出命令：封锁古巴港口；招募12.5万志愿兵入伍。同日，他还向各县县长下达布雷命令，在美国的大西洋和太平洋沿海共布放1535枚水雷。通讯兵在10大兵营间架设了300英里电线，开通了野战电报、海底电缆，还设立了一座海底电报站。这些现代化的通讯设备，在美国都是首次在战争中使用。

面对美国的挑战，西班牙使用的各种外交手段已无济于事，只得背水一战。4月24日，西班牙对美国宣战。麦金莱旋即于25日向西班牙宣战。

两个战场——菲律宾和古巴

战争首先在菲律宾打响第一场重大战役是马尼拉湾海战。早在1898年2月25日，罗斯福以代理海军部长身份，向亚洲舰队司令乔治·杜威下达将舰队开往香港的命令，要求他一旦西班牙宣战，立即将西舰队牵制在亚洲，

"然后对菲律宾发动进攻"。

美国正式宣战后，4月27日，杜威舰队离开香港附近的大鹏湾，于4月30日下午驶抵马尼拉湾入口处。在确认附近的苏比克港尚未设防后，美舰队于5月1日拂晓5时许进入海湾，开至马尼拉港外。马尼拉市的3个炮台、甲米地的两个炮台和西舰队同时向美舰队开炮。美舰随即还击。杜威指挥的旗舰奥林匹亚号率5艘军舰排成与西舰队平行的队列，与其逆向行进。西炮火猛烈，但命中率很低。他们的鱼雷小艇没有奏效就被击毁。美国舰队的炮火集中猛攻西旗舰雷娜·克里斯蒂娜号。7时许，它终于带着熊熊火焰下沉海底。时至中午，西班牙的所有舰只都被浓焰烈火所吞没，已无抵抗能力。海战过程中，马尼拉的3个炮台射击不止。杜威起初不予理睬，直到大局已定，他才威胁西班牙总督说，将炮轰马尼拉市。炮台被迫停止了炮击。

近7个小时的战斗，美军大获全胜，舰队无损，仅伤7人。

美国亚洲舰队

西班牙全军覆没，损失10艘战舰和1艘运输舰，死伤300人左右。由此，西班牙丧失了在太平洋地区的海军力量。

西班牙舰队

5月3日，美军占领了甲米地兵工厂，并接受科雷吉多岛炮台投降，拆毁大炮。为进一步占领马尼拉城，美国派出1.56万人的陆军远征军，6月30日抵达马尼拉城外。

在古巴的战斗主要集中于圣地亚哥港，分为陆战和海战两部分，陆战以埃尔卡纳和圣胡安山两场战役最为重要。

西班牙向美宣战后，派塞维拉将军统率舰队，于4月29日离开西非佛得角群岛，横穿大西洋，5月19日悄悄驶入古巴东南部的圣地亚哥港。美国误以为西舰队在加勒比海的马提尼克岛一带，派海军中将桑普森率领舰队搜索未果，直到5月29日才发现西舰队的确切位置。

圣地亚哥港呈瓶状，出入口狭窄。西班牙用5艘军舰和两艘鱼雷艇在港内构筑了严密的防线。美国的13艘舰艇和鱼雷艇开到港外，将出口团团围住，由桑普森任舰队总司令。阵势对西军有利，因为布满水雷的入口处使美国人寸步难行，周围山上的炮台居高临下，而美国舰只的大炮由于射程太近失去作用。如果对峙下去，西军有广大陆地作后方，美军却在海上难以坚持。

美军决定先登陆，再进行海战。6月10日，海军陆战队600余人在亨廷顿中校指挥下，冒着枪林弹雨经一天一夜战斗，付出重大伤亡，终于在圣地亚哥港以东不远的关塔那摩湾强行登陆。接着，由35艘运输舰运载的1.6万名官兵，在谢夫特少将指挥下，由美国南部佛罗里达州的坦帕专程赶来增援。6月22日，他们在圣地亚哥湾和关塔那摩之间的代基里登陆。美国舰只排成绵延几

被摧毁的科雷吉多炮台

英里的长队同时鸣笛，庆祝初战告捷。

美军登陆后，开始从东北部和东部向圣地亚哥进发，在其东北部的埃尔卡纳和圣胡安发生两场激战。进发中，最使美国人生畏的还不是西班牙军队的炮火，而是水土不服。山路崎岖，行走艰难，热带雨林气候闷热、潮湿、蚊蝇猖獗，加之士兵穿的还是冬季的厚呢军服，军中疾病流行，不少人不战而亡。西班牙军队长期驻守古巴，不但已适应气候，而且熟悉环境，把火力点安置得十分隐蔽。谢夫特决定速战速决。他派劳顿将军率师攻打埃尔卡纳，7月1日晨对其形成半圆形包围圈。西班牙火力很强。战斗进行了1天，双方均有伤亡。下午3时许，美军发出全线总攻令，士兵们吼叫着跃出战壕，向山上冲去，其中最为突出的是第24黑人团。美军占领制高点后，西军败下阵来。接着，埃尔卡纳城内没有发生激战，就被美军占领了。

美军乘胜前进，由肯特将军和惠勒将军率领直插圣胡安。西班牙军队在周围山上密布了防御工事。美军首先展开炮击，但使用的老式火药每发射一次要间隔1分钟，而且炮弹发射时引起的浓

烟反而暴露了目标，使美军伤亡惨重。后来，美军改用大兵团包抄，向圣胡安山发起进攻。士兵们冒着西班牙碉堡发出的火舌，边攀登边射击。由西奥多·罗斯福指挥的"义勇骑兵团"勇敢善战，表现突出。他是辞去海军部副部长职位，专程参战的。1901年他成为美国第 26 任总统后，这段故事广为流传。战斗打到 7 月 1 日夜里，西班牙司令利纳雷斯负伤，70% 的士兵战死。美国取得了胜利。这两场战役中，美军死亡 230 余人，1280 余人负伤，许多人下落不明。

美军在两场陆战取胜后，形成了对圣地亚哥的包围。7 月 3 日，开始了决定性的海战。上午 9 时许，被围困在圣地亚哥港内的西舰队试图逃走。旗舰玛丽亚·特雷莎号首先冲出港口，3 艘巡洋舰和两艘鱼雷驱逐舰尾随其后，边行驶边向集中在该港入口以东的美舰开炮，港口两岸的西军炮台也同时开火。桑普森和施莱将军指挥的美国舰队立即以大炮还击，展开一场追击战。美国的大军舰配有口径 13 英寸、射程 5 英里的大炮，每发炮弹 0.5 吨重，发射一次要用 500 多磅火药。富有戏剧性的事件是，海军少校温

赖特指挥的小战船格洛斯特号，把上级发给他的旗语命令"脱离危险区"误认为"接近敌舰"，迎着敌舰而上，在最近距离猛烈开炮。此举不只使西班牙人为之一惊，连大舰上的美国人也吓呆了。后来，这位少校因"违反军令"而荣立战功。不到 3 小时的战斗，西舰队全军覆没，死亡 600 余人，被俘官兵 1300 余名。美舰未受重创，只有个别人员伤亡。

捷报传到美国国内，7 月 4 日独立日那天出现了建国以来前所未有的欢腾景象。

经过半个月谈判，圣地亚哥城的西班牙守军 2.2 万人投降。7 月 17 日，谢夫特军队占领了该城。

7 月 21 日，迈尔斯将军率领美军 3400 余人，分乘 9 只运输船

被击毁的西班牙舰队巡洋舰

世界通史

最新整理图文珍藏版

在军舰护航下离开关塔那摩，于7月25日在波多黎各登陆。后又有增援部队到达，共计1.69万美军。27日进攻该岛最大港口蓬塞成功。以后又在4处与敌人交锋，至8月12日，美军已基本占领该岛。

美西战争的最后战役在马尼拉结束。5月初美军在马尼拉海战取胜后，杜威打着把菲律宾"从西班牙枷锁下解放出来"的旗号，以提供军火为诱饵，以菲律宾起义军频繁来往，鼓动他们与西开战。5月31日，起义军在各地发起总攻，占领了大片地区，并为最后夺取马尼拉市作了大量准备工作。6月12日，他们宣布菲律宾独立。美军在古巴站住脚后，即向亚洲调兵遣将。8月13日，由安德逊将军指挥的舰队和陆军向马尼拉市发动总攻。美军按照麦金莱总统的独占菲律宾的旨意，要求起义军不得进入马尼拉。不堪一击的西军很快投降，马尼拉市被攻陷。

全部战事到此结束。西班牙在菲律宾和古巴的军事力量全部被歼。据美国官方统计，美军阵亡297人，负伤1644人，军舰无损，大获全胜。

还在马尼拉战火未熄时，美国已起草了媾和议定书，强迫西班牙接受。8月12日，两国代表签字。10月1日至12日，美西两国在巴黎举行缔结和约谈判。美方在议定书基础上得寸进尺，坚持要全部占领菲律宾。12月10日，巴黎和约签订。它规定：西班牙放弃古巴，由美国占领；西班牙将菲律宾群岛、波多黎各、关岛让与美国；美国将付给西班牙2000万美元，作为割让菲律宾的代价。

美西战争期间，马尼拉海战告捷后，美国国会两院于7月7日通过了关于归并夏威夷群岛的联合决议，称美国接受夏威夷共和国关于其群岛和主权的"转让"。8月12日，美国正式占领该岛，从此将其划为美国领土。

第二节　文化中兴：艺海拾贝　科技撷英

文艺复兴概况

为什么欧洲能够在近代以来的世界竞争中占据优势地位，很多学者把它归功于欧洲曾经经历过一场历史上最伟大的"文艺复兴"革命。这场"文艺复兴"风潮席卷欧洲大陆后，为世人留下伟大的文学、绘画、雕塑艺术作品，及悠扬丰盛的乐章，滋润人们的性灵。最终使欧洲走到了世界的前面。

这场14～17世纪上半期文化运动的得名，是因为16世纪50年代的人文主义者认为这次运动是继希腊、罗马之后欧洲文化史上的第二个高峰，史学家们认为它是古代文化的复兴，所以称它为"文艺复兴"。

15世纪佛罗伦萨艺术、文学和贸易不断繁荣

关于文艺复兴的起源，史学界基本倾向于"文艺复兴多重起源说"，也就是说，文艺复兴是在政治、经济和文化等多方面因素交互作用下产生的。

从经济因素考虑，14～16世纪，西欧各国封建社会内部先后产生了资本主义关系，新的资本

弗拉拉的艾斯提家族

主义要求为自己的发展扫清道路，正在形成的资产阶级为了取得政治上的合法地位，首先向教会神学统治和封建意识形态发起了冲击，文艺复兴是在资本主义关系和人文主义倡导下产生的。文艺复兴最早滥觞于意大利的佛罗伦萨，佛罗伦萨工场手工业发达，商业贸易规模大，为了发展资本主义经济，新文化的发展必然要冲破教会的桎梏和摆脱经院哲学的世界观，于是新兴资产阶级就从文化的各个方面向封建制度和教会展开了斗争。

从政治因素考虑，意大利之所以成为文艺复兴的摇篮，和某些城市政权的支持是分不开的。意大利美第奇家族当政时期是佛

意大利圣罗伦佐教堂

罗伦萨的黄金时代，其中罗伦佐·美第奇不但是"文学家的保护人"，他本身也是一位杰出的学者，对建筑、音乐、诗歌都十分爱好，他统治期间，佛罗伦萨的文化达到最高峰。有些统治者出于统治的需要，重用人文主义者，到15世纪中叶，人文主义者已大量充斥于各地的政府机构中，对推动文艺复兴运动无疑起了积极作用。

从文化因素考虑，若干世纪以来，这里一直是古罗马文化的中心；由于地理位置和历史条件，使意大利在对古希腊文化吸收方面在西欧各国独占鳌头，从古代继承下来的文明还继续居于领导地位；它们有丰富的古典藏书和完备的图书馆系统，独步全欧的经济发展产生了一系列文化效应——文化的世俗化和非闭锁型倾向、注重文化教育投资的城市观念、物质归向于文化型的市民消费特征等，都成为意大利文艺复兴起源的原因。

文艺复兴时期主要的社会思潮为人文主义。

所谓人文主义，从原意讲，是从拉丁文"Humanue"深化而来的，又译成"人道主义"。文艺复兴时代的人文主义起源于14世

纪意大利人文主义者彼特拉克。人文主义的思想核心是"人乃万物之本"，主张以人作为衡量一切事物的尺度。人文主义者重视人的价值，提倡个性与人权，主张个性自由，反对大主教的神权；主张享乐主义，反对禁欲主义；提倡科学和文化，反对迷信。中世纪基督教神学否定人性，否定现实，认为人生来就有罪。人文主义者认为主宰世界的不是上帝，而是人。天堂不在来世，而在现世。现在，人文主义已泛化成一种强调人的作用、地位的世界观或意识形态。

人文主义自14世纪在欧洲文艺复兴时期兴起以后，一直是西方思想史发展的一条主线，比如马克斯·韦伯，就是19世纪末20世纪初德国人文主义社会学的代表人物之一。韦伯承认西方资本主义一直依赖于技术因素，同时，

佛罗伦萨统治者在欣赏米开朗琪罗的雕刻作品

韦伯也认为某种社会精神气质（ethos）对于资本主义精神的发展，尤其是对于它的起源是至关重要的。而这种社会精神气质，无疑是文艺复兴的产物。

吹响文艺复兴号角的是伟大的诗人但丁，他的作品《神曲》闪耀着人文主义思想的曙光，把矛头指向了封建教会，对教会的黑暗、腐败进行了无情的揭露和批判。他斥责教皇、主教和僧侣"用基督的名义做买卖"，"使世界陷入悲惨的境地"，他咒骂罗马教廷是"垃圾堆"。在地狱里，他专门给当时活着的教皇卜尼法斯八世留下了一个空位，预言这个恶人注定是要下地狱的。《神曲》也表达了但丁对人类智慧和理想的追求。《神曲》中的地狱是现实世界的实际情况，天堂是人类的理想和希望，炼狱则是人类从现实到理想须经过的苦难历程。但丁

波提切利

希望人们认识罪恶，悔过自新，去认识最高真理，达到最理想的境界，这在当时是非常难得的思想，显示了新的文化思潮的萌芽。

文艺复兴时期的文学、艺术从内容到形式都有变化，具有以下几个特点：

具有斗争性。当时的小说家、诗人、画家、建筑家、音乐家都以人文主义为思想武器，矛头指向封建主义的精神支柱——教会和宗教神学，向统治中世纪的神权政治进行了英勇的挑战。其次，树立了注重现实和实际的务实精神。文艺复兴肯定现实世界和现实生活，肯定人的伟大，相信人类的发展。他们以人为本，突出人的作用，认为人有改变现实世界的能力，认为血肉之躯并不是什么污浊罪恶的东西，人应享受人间的幸福与爱情。意大利伟大的人文主义作家薄伽丘在他的代表作短篇小说集《十日谈》一书中，提倡男女平等，提倡把人的聪明、才智和思想感情从神的禁锢和封建枷锁中解放出来，强烈地反对禁欲主义，热情地歌颂现实生活。他的这部巨著反映了当时的社会现实，描写了人的世俗生活。深刻地刻画了活灵活现的"人"，不再着笔于那些梦幻般的虚无飘缈的"神"。著名的英国哲学家培根提出了"知识就是力量"的不朽名言。当时意大利有着浓厚的学习风气，佛罗伦萨新成立了美术学校、雕刻园、画院以及研究古典文化的中心等。随着新文化迅速向西欧各国传播，欧洲人把意大利视为"欧洲的学校"，纷纷派遣留学生前往学习，从中汲取新文化的养分。

具有科学性，在这一时期，波兰天文学家哥白尼提出了"太阳中心说"，用科学真理给几千年来上帝创造世界的神学以毁灭性打击。航海家哥伦布和麦哲伦等在地理上的伟大发现，为地圆说提供了无可辩驳的证据。意大利科学家、思想家布鲁诺（1548～1600年），在天主教反动时期坚持科学真理，写了《论原因、本原和统一》、《论无限性、宇宙和世界》等专著，抨击宗教黑暗统治，最后为此牺牲于火刑柱上。像这样的成果文艺复兴中可以说是举不胜举，为人类的进步做出了重要的贡献。

文艺复兴是欧洲从中世纪封建社会向近代资本主义社会转变时期的反封建、反教会神权的一场伟大的思想解放运动，代表欧洲近代资本主义文明的最初发展阶段，是"人类从来没有经历过的最伟大的、进步的变革"，其光彩夺目的成果影响深远。文艺复兴意义不仅在于天才辈出，灿若群星，出现大量美不胜收的各类著作，更因为它是一次思想大解放，从根本上改变了人的价值观念，改变了人们对生活的态度，它促使欧洲人从以神为中心过渡到以人为中心，唤醒了人们积极进取的精神、创造精神以及科学实验的精神，从而在精神方面为资本主义胜利开辟了道路。

世界通史

最新整理图文珍藏版

14世纪：初始期意大利文艺复兴

自14世纪开始，佛罗伦萨的新文化出现了蓬勃发展的景象，当时人们认为这是封建社会中前所未见的，似乎是光辉灿烂的古

达·芬奇设计的战争武器

典文化的"再生"和复兴，因此也就把这种文化发展总称为"文艺复兴"。这种观点，早在当时人对但丁和乔托的文艺活动的评价中已有表露，后来由于人文主义极力提倡学习古典文化，就更为深入人心，这也就是日后史学上通称这时代为文艺复兴的由来。当时人这种看法既表现了对自己新时代的赞赏，也表现了对古典文化的肯定和对中世纪封建文化的批判。他们认识到希腊罗马古典文化中的进步成分，例如哲学中的人本主义思想、文艺中的现实主义传统，以及科学技术的研究等等，和封建社会黑暗时代的教会文化确实判然有别、对比鲜明，前者是值得仿效的典范，后者则是应予抛弃的糟粕；另一方面，当时人尊古典为良师益友，恢复和学习古典文化的努力，绝不是单纯的复古，而是意味着反对封建旧文化和创造新文化，即创造符合新兴资产阶级和人民大众要求的新文化。因此，这个名为学习古典的复兴运动，实际上却是一个春意盎然的新文化运动。

在学习古典和创造新文化的过程中，人文主义思想起着重大作用。人文主义来源于人文学，它最初是一种市民阶级要求掌握

文化的世俗教育活动。在中世纪时，教会垄断文化教育，神学占据统治地位，大学课程不仅少得可怜，而且主要为神学服务。市民阶级兴起后，城市的大学和一般学校开始重视那些和神学关系较少而能为市民经济政治服务的学科，其中主要是修辞学，通过它市民们不仅可以掌握商业通信、契约文件以及政治辩论等实际生活所需的手段，还可以接触古典文化的著作。因为修辞学的教材完全取自希腊罗马古籍。这样，以修辞学为渠道，在14世纪的先进城市中逐渐形成了人文学这一新学科和新思想。最初的这些从修辞学走向人文学的人都是市民活动家——商人、律师、俗人教师、学者等等。到14世纪后半

达·芬奇的子宫内胎儿草图

期，人文学趋于成熟，逐渐成为文艺复兴新文化的主流，它本身也从教育活动进而发展为内容丰富的思想体系，代表着新一代人们的世界观。在14世纪的著名文化人物中，但丁和乔托可以说是属于前半期的阶段，而彼特拉克和薄伽丘则可以说属于后半期，亦即人文主义趋于成熟期的阶段。

但丁（1265～1321年）是佛罗伦萨的政治活动家和诗人，他在1302年后因派系斗争失败遭到终身流放，遂以诗歌创作为自己的主要事业，《神曲》则是其不朽名作。恩格斯称赞但丁说："封建的中世纪的终结和现代资本主义纪元的开端，是以一位大人物为标志的，这位人物就是意大利人但丁，他是中世纪的最后一位诗人，同时又是新时代的最初一位诗人。"这是对但丁的历史地位的确切评价。但丁的《神曲》也可说是中世纪最后、新时代最初的

意大利佛罗伦萨城是文艺复兴的摇篮

一部伟大诗篇，故事情节本身是宗教性的：诗人漫游了地狱、净界和天堂，见到了各类灵魂、诸天圣众直至上帝，其中自不乏中世纪神学观念，但是代表着文艺复兴新思想的萌芽却是诗篇中的精华。他借神游三界的情节广泛反映社会现实生活，爱憎分明、观察入微，抨击教会的贪婪腐化和封建统治的黑暗愚昧；同时，他要求人们关心现实生活，强调人的"自由意志"，歌颂有远大抱负和坚定顽强的英雄豪杰，公开提倡以古典为师，并且努力使文

文艺复兴时期的资助者

化普及于市民群众，坚持文学创作应该使用口语和群众语言，使《神曲》成为奠定意大利民族语言的重要基石。这些都鲜明地表现了他的人文主义思想倾向。和但丁同时代的乔托（约 1266～1337

年）则是在美术方面具有同样开创之功的伟大人物。乔托也是佛罗伦萨人，并且和但丁友谊甚笃。乔托的壁画像但丁的诗一样，虽然题材仍是宗教性的，却开始努力表现真实生动的人物形象和充满矛盾的现实世界，传达出当时初露曙光的人文主义思想，并且在表现技法上取得巨大革新，被日后的文艺复兴艺术大师奉为新美术的鼻祖。可以说，以但丁和乔托为开始，文艺复兴的伟大时代揭幕了。

彼特拉克（1304～1374 年）在人文学的研究和宣传上更见成效，被称为"人文主义之父"。他的抒情诗坦率表露了作者的内心生活，无论是爱情的热烈和生活的渴望，写来都逼真而细腻，在

罗洛佐·美第奇

世界通史

最新整理图文珍藏版

当代和后世都极受欢迎。但彼德拉克对当代和后世最有影响的作品，却不仅仅是这些抒情诗，最重要的还有他用典雅的拉丁文写的文章、书简等等，其中更为鲜明地表现了他的人文主义思想：对古典文化的崇敬与学习、对中世纪旧文化和经院哲学的厌恶与嫌弃、对人性的肯定和个性自由的追求等等。在他的带动下，意大利文化界学习古典成风，掀起了搜求古籍和仿效古典文风的热潮，而且，这种仿效并不停留在形式上或文体上，而是着重吸取古典文化的精神实质，是利用古典文化来反对和批判中世纪的宗教神学与禁欲主义。正因为这样，彼特拉克在古典文化中愈来愈多地找到了合乎新时代的人文主义要求的东西，而古典学同时也就是人文学，两者合而为一。与此相伴的是，他开始从时代的角度批判中世纪旧制度，他看到的中

世纪是一个愚昧、黑暗、野蛮和退化的中世纪。用"黑暗时代"来称呼中世纪，彼特拉克可说是其第一个源头。彼特拉克的好友薄伽丘（1313～1375年）则是第一个近代小说家和热情的人文主义战士。他的名作《十日谈》包括100篇短篇小说或故事，以诙谐生动的语言讽刺教会和贵族，赞扬市民群众，被誉为欧洲现实主义小说的滥觞。但他同时也是和彼特拉克并肩齐力推进人文主义学术运动的主将，他不仅仅写了许多仿效古典的诗文，还学彼特拉克的榜样到处搜求古籍抄本，取得显著成效，其中最有代表性的一次就是他到蒙特卡西略修道院的寻访，他终于在门倒墙斜的

列奥纳多·达·芬奇的《最后的晚餐》是一幅湿壁画

谷腾堡1455年印刷的《圣经》中的一页

古老藏书室中找到了许多久已遗失的重要古籍，把它们从毁灭的边缘上抢救过来。他不仅精通拉丁文，还在彼特拉克的鼓励下，求老师教他学会了希腊文，成为从十世纪以来第一个懂希腊文的西欧学者。他还担任了佛罗伦萨大学的但丁讲座，注释了《神曲》，写了但丁的传记，并把但丁的文学活动称为"复兴"。所有这些，都足以说明为什么他自己认为平生主要贡献不在他的《十日谈》，而在于人文主义的学术研究。

经彼特拉克和薄伽丘的提倡，人文主义和文艺复兴文化在佛罗伦萨蓬勃发展起来，尤其重要的是，人文主义学者开始进入政治界，为共和国政治服务，在这方面开辟道路的是萨琉塔蒂（1330～1406 年）。他从 1375 年起终身担任佛罗伦萨政府的文书长，他用拉丁文写的檄文、信函和外交文件为佛罗伦萨政府解决了不少问题，佛罗伦萨的敌人——米兰统治者甚至赞叹说，萨琉塔蒂的一纸文书所起的影响，可和 1000 兵马的武力相当。人文主义和佛罗伦萨的市民政治的结合，为人文主义的进一步高涨准备了良好条件，因此到 15 世纪，就迎来了人文主义和文艺复兴的新高潮。

15 世纪：早期意大利文艺复兴

15 世纪初年，佛罗伦萨不断面临外敌的威胁，市民阶级为了对外反抗强邻，对内巩固专政，更重视利用人文主义作为动员群众和激励人心的手段。他们把维护共和国的要求说成是保卫独立、自由和新文化繁荣的斗争。每当外敌大军压境之时，人文主义的口号就能发挥巨大作用。而人文主义的高潮也在保卫自由独立的斗争中掀了起来。15 世纪初期的两位佛罗伦萨人文主义的代表：列奥纳多·布鲁尼（1369～1444 年）和波绰·布拉丘里尼（1380～1459 年）都像他们的老师萨琉塔蒂那样长期担任佛罗伦萨文书

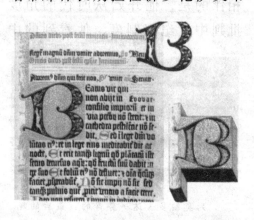

谷腾堡印刷双色字模

世界通史

最新整理图文珍藏版

约翰·谷腾堡

长，他们都写有《佛罗伦萨人民史》之类的著作，极力赞扬佛罗伦萨的共和政治和新文化的繁荣。他们还以空前未有的热情学习和恢复古典文化。布鲁尼除了精通拉丁文外，更千方百计力求精通希腊文。然而，这方面的困难很大。薄伽丘虽然走了第一步，但由于师资和教材的缺乏，他没能传下衣钵。在14世纪末，萨琉塔蒂才在几位热心新文化的佛罗伦萨商人资助下，从拜占廷请来一位造诣很深的希腊学者赫雷索洛那，开了四年的希腊文讲座，布鲁尼就是其中最热心的学生之一。他描述这次学习说："当时我正在专攻法律，要不要放弃它而去学希腊文呢？在我心里引起了剧烈的斗争……我想，意大利已有七百年没人精通这种文字了，但我

们却异口同声地肯定一切学问都是从它而来。难道可以放弃这样一个神圣的机会么？我终于决定全力投入赫雷索洛那的讲座，我学习得那样用心，以至白天所学所读，晚间睡梦中也一直萦回于脑际。"布鲁尼勤学的结果，确实为他，也为整个新时代打开了知识的宝库，他后来翻译和编纂了不少希腊古典名著，特别是他们那种废寝忘食以古典为师的热烈态度，转变了一代学风，使15世纪真正变成了"人文主义的世纪"。

和热烈学习古典并驾齐驱的，是搜求古本古籍的努力。在这方面，波绰·布拉丘里尼是个著名的代表。他曾遍访意大利、瑞士和德国的古老修道院，希望能从中搜寻和抢救出一些佚亡古籍。例如，在瑞士圣加仑修道院的一

《农民家庭》勒南

个荒废多年，据说只用来拘禁死囚的塔楼里，他发现了好几种佚亡的抄本，其中包括古罗马诗人昆体良的《修辞学全书》，这是所有人文学者梦寐以求的珍宝，于是他用一个多月的时间，把这部书抄录下来，并急速送到佛罗伦萨。在佛罗伦萨，他受到了最热烈的欢迎，布鲁尼写信给他说："整个文坛都将为你已发现的宝藏欢欣鼓舞，你真不愧是那些被你发现的古籍的再生父母，就像英雄卡米卢斯是罗马的再造者一样。"从这个具体例子中，我们不难想见当时人学习古典的热烈情况。然而，正如我们前面已指出，当时人学习古典并不是单纯的模仿，而是借古典来反对封建旧文化，创造新文化。因此古诗文对他们说来绝不是什么古董，而是真正的生活教科书，随着人文学

《诺亚方舟》插图，采自 1483 年在纽伦堡出版的《圣经》。

的研究，也就推动了哲学、史学、政治学以及自然科学的研究，形成了新的人文主义教育制度，尤其对现实主义新艺术的发展起了重大影响。人文主义在反对宗教禁欲主义方面也进一步提出了肯定人性和人的全面发展的思想，这就是日后资产阶级人道主义思想的一个重要来源。这种全面发展的人的思想，就是要达到恩格斯所说的那种"在思维能力、热情和性格方面，在多才多艺和学识渊博方面的巨人"。在 15 世纪，确实有不少学者和艺术家力求实践这个思想，把自己培养为学识渊博、技艺全面、精力充沛的人物；而对于人的创造能力的信念，更激发了许多歌颂人的尊严的时代最强音，把人文主义提倡"人道"以反对"神道"，提倡"人权"以反对"君权"，提倡"个性解放"以反对"宗教桎梏"及其一切残余的进步观点发挥得淋漓尽致。例如，洛伦佐·瓦拉（1407～1457 年）通过考证教廷的《君士坦丁敕令》确系伪造，动摇了教廷对西欧拥有统治权的理论根据，并在《论享乐》一文中提出了反对教会禁欲主义的人生观理论。15 世纪后半期的人文主义者米朗多拉在《论人的尊严》的

演说里，借上帝的口表述人的伟大时说："我把你放在世界的中间，为的是使你能够很方便地注视和看到那里的一切。我把你造成了一个既不是天上的也不是地上的，既不是与草木同腐的也不是永远不朽的生物，为的是使你能够自由地发展你自己和战胜你自己。你可以堕落成为野兽，也可以再生如神明……只有你能够靠着你自己的自由意志来生长和发展。你身上带有一个宇宙生命的萌芽。"尽管他们还不反对上帝并且仍然信奉宗教，15世纪人文主义对人性的强调却给日后的资产阶级留下了一份贵重的遗产，在资产阶级上升的时代，这是他们手中的一个反封建的有力的武器。

15世纪早期文艺复兴的另一重大发展是艺术上的成就。新艺术从乔托的创作中就开始起步了，但是14世纪后半期它经历了暂时的停滞，因为他的后继者们拘泥于仿效老师，背离了现实主义方向，成就不大。到15世纪初期，随着人文主义的高涨，在古典艺术的启示下，新艺术大师再度高举面向自然的大旗，才促成了新艺术的高潮。因此，在艺术方面，以古典为楷模同样发挥了非常积极的作用，正如恩格斯所说：罗马废墟中发掘出来的古代雕像，在惊讶的西方面前展示了一个新世界——希腊的古代；在它的光辉的形象面前，中世纪的幽灵消逝了，意大利出现了前所未见的艺术繁荣。15世纪佛罗伦萨的两位著名艺术大师——建筑家布鲁列尼斯奇（1377～1446年）和多纳太罗（1386～1466年），就是通过到罗马废墟学习而形成自己的新风格的。他俩青年时代联袂而至罗马，在古城废墟中直接对残柱断墙和雕像碎片学习观摩，那种热衷的程度甚至被人误认为是在搜求埋于地下的宝物。通过这种直接的观摩学习，他们创作出许多既有优美的古典形式又有新时代特点的建筑和雕刻，终于使整个文艺复兴艺术的发展走上了全新的道路。布鲁列尼斯奇的建筑杰作是佛罗伦萨大教堂的圆顶，这个在高度和宽度上具有空前规模的大圆顶，曾被人认为即使用一百年时间也难以完成，而布氏仅用十多年（1420～1436年）就建成了它，不仅设计新颖美观，而且显示了他对工程技术的精湛知识，使这个建筑变成了新时代第二个宏伟的纪念碑，直到今天仍矗立于佛罗伦萨城中，成为全城的标志和象征。布鲁列尼斯奇还利用他的科学知识从事透视法的研究，为绘画的现实主义表现奠定了科学理论的基础。他的好友多纳太罗则从古典雕刻中得到了现实主义的真髓，不仅倾慕于古典雕像的和谐与优美，还直接观察、研究甚至解剖人体。他的作品在充满古典精神的同时，又异常逼真生动，被当时人誉为"使顽石具有生命"。多纳太罗的杰作如《圣乔治像》、《大卫像》、

初期印刷所

《佣兵队长格太梅拉达骑马像》等等，都以其现实主义的形象体现人文主义的思想，达到了表现形式与思想内容的高度结合。在他们两人帮助和启示下，年轻的画家马塞卓（1401～1428 年）在壁画领域进行了巨大的革新，把透

视画法与人体解剖知识运用于绘画，进一步发展了乔托的现实主义传统。这位只活了二十多岁的画家的作品气魄浑厚，人物形象具有强烈的立体感和重量感，而背景空间则合乎视觉法则，具有前所未见的真实的深远效果。因此，他的为数不多的作品日后一直是所有文艺复兴大师学习的榜样。在马塞卓之后，意大利文艺复兴绘画的繁荣期来到了，在 15 世纪这一百年间，佛罗伦萨一地就产生了许多即使在世界美术史上也足够称为第一流的画家，达到了恩格斯所说的那种"前所未见的艺术繁荣"。

在 15 世纪，文艺复兴在意大利得到了广泛传播，威尼斯、米兰、罗马等城逐渐成为新文化和新艺术的重要中心，与此同时，文艺复兴也传向西欧各国，促成了北方文艺复兴的萌发。

16 世纪：盛期意大利文艺复兴

16 世纪的意大利呈现出远比前两个阶段复杂而矛盾的情况：一方面是文艺复兴文化进入盛期；另一方面却是经济政治的发展面临复杂的局面：意大利的工商业

衰落，政治日益混乱，外国势力占据统治地位，城市共和国逐渐转变为封建君主国。这种经济政治的逆流终于决定了盛期文艺复兴的命运：它是短暂的（实际上只包括16世纪头20年）；经过一百余年的反复，从17世纪起，意大利的经济文化进入一个长期的衰落过程，而意大利也丧失了它在欧洲历史上的领先地位。

盛期文艺复兴的三位伟大代表都是艺术家。艺术在这时候走在新文化的最前列并非偶然，因为只有艺术才最充分地体现了人文主义思想，同时又吸收、结合了科学技术的积极成就。意大利盛期文艺复兴的第一位巨人就是身兼艺术家和科学家的列奥纳多·达·芬奇（1452～1519年），恩格斯称赞他说："列奥纳多·达·

马基雅维利的政治论

芬奇不仅是大画家，而且也是大数学家、力学家和工程师，他在物理学的各种不同部门中都有重要的发现。"他确实是这样一位博学多能，百艺精通的全面发展的人的完美典型。他的艺术创作在体现人文主义思想和掌握现实主义技法上有了极大的提高，塑造了一系列无与伦比的艺术典型。例如，他的壁画《最后的晚餐》，描写耶稣被捕前与门徒最后聚餐的情景，深刻而又精确地画出各种人物的典型性格和动作，被誉为世界艺术宝库中的不朽杰作，古今千百幅同类题材的作品和它相比都黯然失色；他的《蒙娜丽莎》画像则表明对人的观察分析与艺术概括都达到了极高的境界。画中妇女的微笑含意无穷，超过一切言语形容。同时，列奥纳多·达·芬奇精深的艺术创作又是和他广博的科学研究密切结合的。他对许多学科都有浓厚兴趣和重大发现，在解剖学、生理学、地质学、植物学、物理学、应用技术和机械设计方面建树尤多。他对人体观察之精密，解剖之周详，远远超过同时代任何医学家。他不仅在历史上第一次正确、全面地描述了人体骨骼和摹画了全部肌肉结构，而且在神经和血管系

伊拉斯谟像

统方面有不少新发现。他研究过各种岩石构造、地形演变和古生物遗迹，最早提出地质学和地史学的概念。他在物理学、光学、静水力学上的各种发现也是非常惊人的。特别在机械设计方面，他的探索极有创见。他曾设计先进的纺车、高效率的起重机、各种车床、冲床和钻床，而且预想到飞机、潜艇、自行车等等，被誉为许多现代发明的先驱。列奥纳多·达·芬奇的现实主义艺术实践和精博的科学研究还使他进一步形成了初步的唯物主义观点，他在笔记中写道："我们一切知识来源于我们的感觉"，"依我看，那些不从经验（一切无可怀疑的结论的母亲）中产生，又未曾被

经验检查的知识，就全是虚假而极端谬误的"，"一切真科学都是通过我们感官经验的结果"。他这种先进的哲学思想不仅使他和中世纪传统断然决裂，而且也使他能够摆脱当时新文化阵营中出现的保守和唯心主义的逆流。

和列奥纳多·达·芬奇并列的另外两位盛期文艺复兴的代表：米开朗琪罗（1475～1564年）和拉斐尔（1483～1520年），也都在艺术创作上取得了极高的成就。米开朗琪罗在建筑、雕刻、绘画方面都留下了不朽的杰作。他创造的人物形象雄伟有力，精确生动，体现了浪漫主义和现实主义的结合。他在罗马梵蒂冈西斯廷礼拜堂屋顶上画的壁画，面积达500多平方米，是世界上最宏伟的艺术巨作，其中充满了热情洋溢、力量无穷的英雄形象，虽然壁画的题材仍属于基督教的神造世界和人类的故事，作品本身却反映了新时代的气魄和信心。米开朗琪罗的许多雕像精美无比，在技艺上已超过了希腊古典雕刻的杰作，他还设计了罗马圣彼得大教堂的圆顶和一些著名建筑，在发展文艺复兴的建筑艺术上很有贡献。作为后起之秀，学习和充分吸收了列奥纳多·达·芬奇和米

开朗琪罗的优秀成果的拉斐尔，则通过自己的画幅把人文主义的理想发挥到极致，在秀美、和谐、典雅的艺术风格上放出异彩。他画的圣母像最为著名，圣母玛丽亚的形象在他笔下已没有丝毫神秘的宗教禁欲主义的气味，成为生活中的温柔美丽的女性典型。拉斐尔也在梵蒂冈教皇宫中留下了一系列极为优美的壁画作品，无论构图、形象的描绘都达到了第一流水平。他的生命虽然短促，却是佳作如林，影响极大，被后世尊为"画圣"。他们三人在16世纪的意大利艺坛上取得的成就，以后一直是欧洲文化和西方文化宝库中最灿烂的明珠。

马基雅维利（1469～1527年）是盛期文艺复兴最有影响的政治学家和史学家。他曾长期担任佛罗伦萨共和政府的重要职务，有丰富的政治和外交工作经验，在共和政府被推翻后，他转而从事政治学和历史学研究，写有《君主论》、《罗马史论》、《佛罗伦萨史》等书。马基雅维利主要是从意大利的历史和实际中寻找政治问题的解答，他竭力不把政治的概念和任何道德的、伦理的或宗教的概念牵扯在一起，使政治学成为一门独立的学科，因而他被资产阶级学者称为"政治学之父"。他认为人类的政治发展自有其规律，虽然他所谓的规律是从人性论出发，但在摆脱中世纪的神权政治观点上已前进了一大步，并总结了列奥纳多·布鲁尼等人文主义者有关城市共和政治兴替演化的论点。联系到意大利当时强敌压境、城市衰落的现状，他认为唯一的出路在于建立统一的中央集权君主国，他的《君主论》一书主要就是讨论这个问题。然而，可悲的是，在意大利当时既不存在支持统一的强大的资产阶级，也不存在能担当集权君主的政治势力，因此他的讨论不得不围绕着君主统治的手段、计谋、气度等问题上，构成了他的政治

（1503年）米开朗琪罗·博纳罗蒂《圣家族》

学说的一些特点。马基雅维利强调为建立这种君主国应该采用一切手段，并且指出政治统治的实质是不顾一切保持实力。从此出发，他发表了一系列大胆的言论，强调统治者既要坚忍狠毒，又要假仁假义；既要勇猛善战，又要能说会道。残暴能使人敬畏，他就不必顾虑被人指为残暴而退缩；慈悲能受人爱戴，他即使没有也要假装做出来。在《君主论》第18章，当讨论到君主应如何遵守信义的问题时，他就写下了那些日后被称为"马基雅维利主义"的名言："每个人都同意，一个君主能有信于人民，诚笃不欺，那是最好不过的了。可是经验却告诉我们：那些成其大事的君主很少恪守信用，反而总是善用机巧，使那些守信的人大上其当。由此可见，双方相争决定胜负有两种途径：一取决于法律，一取决于强力，前者是人类独有，后者为兽类同具。然而当法律无济于事的时候，就须求助于强力。因此，君主应兼用人兽之术。古人对此有一形象的教喻，他们用阿奚里和其他古代君主受教于半人半马仙基隆门下的故事，说明君主之师既兼有人兽之性，君主之术也应该是兼有两者之长，缺一不可。

《晨》米开朗琪罗

所谓君主之效法野兽，主要是指狮子与狐狸，因为狮子虽勇却不能识陷阱，狐狸虽猾却不能抗恶狼，因此要兼有狮狐之长，如狐之善识陷阱，如狮之威敌恶狼，才可立于不败之地。如果只学狮子，那就要吃亏。由此可见，一个聪明的君主眼见遵守前约于己不利之时，就不能，也不应该讲什么信用，或者，当那些使他守信的理由已不存在之时，他就不妨失信。假若人皆圣贤，我这种观点当然不能成立，可是人性本恶，他们不会守信于你，你又何必跟他们讲什么信用，何况一个君主总会找到合法的理由为自己的失信辩解的。关于这些，当代有无数事例可以说明，多少条约协议都由于君主的失信而归于失败；而那些学狐狸学得最到家的君主就能得到最大的成功。——然而，有必要指出，善学狐狸还得善于伪装，为狐却不露尾，使人不知其为狐，乃为上策。"在这里，马基雅维利的政治学说实际上变成了对资产阶级政治欺骗手法的揭露，同时也鲜明地反映了整个文艺复兴文化的资产阶级个人主义的特色。与马基雅维利同时期的圭契阿迪尼（1483～1540年）的史学著作，阿里提诺论文艺复兴风格的《廷臣论》，阿里斯奥托的文学诗作《狂怒的奥兰多》，是文艺复兴盛期著名的代表作。

16世纪初期，佛罗伦萨共和派曾两次起义，驱逐了从15世纪中期便大权独揽的银行家美第奇家族，但是，得到罗马教皇和西班牙武力支持的美第奇统治者最后终于复辟，并在1532年受封为公爵，把佛罗伦萨所在的托斯卡纳地区变成了公爵国，意大利盛期文艺复兴也从此宣告结束。当时除米开朗琪罗还健在外，我们上面所说的几位代表皆已去世，在意大利只有威尼斯一地还有一个文艺复兴艺术流派——威尼斯画派继续繁荣到16世纪末。可是，在意大利以外，德国、英国、法国和西班牙的文艺复兴运动正方兴未艾，取得了巨大进展。16世纪欧洲的两个具有伟大历史意义的事件"哥白尼日心说"引起的科学革命和马丁·路德领导的宗教改革，也是在文艺复兴影响下发生，并从广义上说包括在文艺复兴的洪流中的。

"自画像之父"丢勒

1471年5月21日，丢勒在纽伦堡出生。他的父亲从事金银加工行业，最初也想把丢勒培养成这方面的行家。但丢勒13岁画的一幅自画像所表现出来的天赋，改变了父亲的想法。在父亲的大力支持下，丢勒15岁时从师于纽伦堡艺术大师米·沃尔格姆特，向他学习版画。3年后学习期满后，丢勒带着父亲的鼓励，开始沿着莱茵河走访周边的城市。在4年的时间里，他游遍了德国主要的工业城市。这段经历孕育了他日后源源不断的灵感，也影响了他的艺术风格和世界观。

丢勒23岁时同故乡的一位音乐家的女儿结了婚，并以首饰匠和画家的身份开始了独立工作。此时，他已是小有名气的艺术家了。

同达·芬奇一样，丢勒也具有多方面的才能。他热衷于透视法和人体解剖学的研究，并把研究成果融入绘画中，创作了许多反映社会现实的绘画作品。他对建筑学很感兴趣，并创立了一种建筑学体系。在美术理论方面，丢勒也取得了辉煌的成就，他写出的《绘画概论》与《人体解剖学原理》一直被视为经典之作。

四使徒

丢勒一生创作甚为丰富，油画、版画都达到了当时最高水平，被视为西方最伟大的版画家之一。其代表作《礼拜三位一体》、《四使徒》和许多自画像、肖像画，

被认为是德国写实精神与意大利艺术典型塑造结合的成功之作。丢勒还支持宗教改革，同情农民战争，主动为宗教改革运动的领袖马丁·路德的宣传册子绘制版画插图。

1528年4月，对德国和西欧16世纪美术产生重大影响的丢勒因病去世。恩格斯把他与达·芬奇并提，称赞他是"多才多艺和学识渊博方面的巨人"。

英国油画的传播者荷尔拜因

15世纪初，油画已在欧洲各国风行，但英国的油画领域还是一块未开垦的处女地。1532年，荷尔拜因移居英国，唤醒了沉睡中的英国画坛，油画也开始流行。

汉斯·荷尔拜因1497年出生于德国奥格斯堡，父亲是当地的一位画家。荷尔拜因自幼随父亲学画，1514年前往瑞士巴塞尔，后又游历意大利，访问米兰。意大利文艺复兴对他产生了重要影响，而且他还结识了人文主义学者伊拉斯谟，受到了新思想的熏陶，画艺大有长进。两年后荷尔拜因为新当选的巴塞尔市长迈尔夫妇画像，一举成名。

荷尔拜因的主要成就是肖像画。文艺复兴时期的画家大都擅长肖像画，但很少有人在肖像画上取得大的成就。荷尔拜因毕其一生从事于肖像绘画，终于成为这方面的泰斗。

荷尔拜因的肖像画注重人物性格的复杂性、矛盾性及独具的精神气质，其质感和空间感都给观众留下深刻的印象。荷尔拜因非常注重人物眼神的刻画，其艺术效果可与今天的照片相媲美。照相机还没有产生时，社会名流都是通过画家把自己真实的影像留存下来，肖像画大师荷尔拜因自然备受青睐。在许多肖像画中最成功的是3幅《伊拉斯谟像》。

荷尔拜因定居英国后，主要为王室和宫廷画像，在写实传真方面又达到了新的高度，但表现的气氛已略显呆板。1543年，横扫欧洲的鼠疫夺去了这位年轻大师的生命。

人文主义先驱伊拉斯谟

1467年，德西得乌·伊拉斯谟在鹿特丹出生。伊拉斯谟年少时在一所教会学校就读，这所教会学校的学生都是尚未皈依天主教的年轻人。伊拉斯谟在那里接触到了人文主义学说，文艺复兴大师们提出的口号——"复兴被遗忘的希腊、罗马的古典文化"深深打动了伊拉斯谟。

伊拉斯谟17岁时，黑死病还在欧洲肆虐，他的父母相继去世。令伊拉斯谟的生活雪上加霜的是，监护人侵吞了他的财产。伊拉斯谟最后进入了一家修道院谋生，但修道院的生活令他十分厌倦。于是，他偷偷地阅读古希腊、罗马的著作，并从那些古典著作里获得了无数乐趣。但这些书都是教会禁止阅读的。

1493年，伊拉斯谟离开修道院，成为坎布雷主教的秘书。在伊拉斯谟的请求下，主教答应让他前去巴黎深造。1495年，伊拉

伊拉斯谟像

伊拉斯谟的雕像

授乳的圣母

斯谟进入巴黎大学攻读神学学士学位，在那里结识了不少人文主义学者。

1499 年，应蒙特乔爵士四世的邀请，伊拉斯谟前去英国访问，并结识了空想社会主义者莫尔。莫尔感叹于他的学识，鼓励他多研究研究《圣经》。伊拉斯谟于是开始攻读希腊语，准备对《圣经》做新的拉丁语翻译，这把他的研究方向引向了宗教改革。

1506 年伊拉斯谟赴意大利，因对教会不满于 1509 年返回英国，发表《愚人颂》，强烈指责教会和贵族的腐败，嘲笑经院哲学家和僧侣们愚昧无知的空谈。

1511～1514 年，伊拉斯谟在剑桥大学任教。1516 年发表《希腊语圣经新约批注》，在纠正教会通用本许多错误的同时，他还对当时的宗教理论进行了深刻的批判，为人文主义者批判天主教的权威地位提供了有力的武器。

1559 年，伊拉斯谟的全部著作被列为禁书，但这已无法阻挡改革宗教的大趋势。

受胎告知

宗教画家康宾

罗伯特·康宾是尼德兰 14 世纪后半叶的宗教画家，出生于法隆西纳。1406 年，他在图尔内（今比利时境内）获得佛兰芒画师称号，以擅长祭坛画而闻名。

人们对于康宾的生平知之甚少，甚至具体出生年份都有争议：有人说是 1378 年，有人说是 1379 年。但康宾享誉当时的画坛是众所公认的，他与凡·爱克兄弟齐名。就是他的弟子也个个不凡，如罗吉尔·凡·德·威登等画家。

康宾的画风与凡·爱克兄弟相近，但在人物形象刻画上，显得更加细腻。康宾的画有一个突出的特点：他往往忽视近处的事物，但在远处的道具上精细有加。近处的事物给人一种模糊的感觉，而远处的事物却让人感觉到清晰真实。这是与人们的视觉规律相悖的。如祭坛画《受胎告知》，近处的报喜天使目光游离不定，只顾阅读圣书的玛利亚似乎也无动于衷。玛利亚的衣褶画得像一块多褶的硬板，看起来十分僵硬。再看其他细节，真是出人意料：窗框、壁炉架等道具是那么细腻、匀整，桌上的蜡烛熄灭后散发出的一缕缕青烟似乎触手可及，墙上的毛巾架、龛内的吊壶与天顶的护板等都清晰而又准确。虽然人物的处理有些欠佳，但道具的细节被表现得淋漓尽致，因此整幅画的艺术效果十分突出。

油画的发明者凡·爱克兄弟

凡·爱克兄弟出生在马斯特里赫特附近的马塞克，但出生日期不详。1415 年，哥哥胡伯特·凡·爱克应德国根特市市长之邀前往该市的圣贝文教堂创作《根特祭坛画》，不幸于 1426 年 9 月 18 日去世。弟弟扬·凡·爱克接下了他的工作，于 1433 年创作完成《根特祭坛画》。《根特祭坛画》完整地展现在世人面前时，凡·爱克兄弟的名字立即响彻了尼德兰和意大利半岛。

根特祭坛画

农民的婚礼

凡·爱克兄弟合作的《根特祭坛画》取材于《圣经·启示录》，为情节连环画。画中人物众多，但描绘细致，有条不紊。构图和色彩沉着安静，作品空间的处理和光、色的表现十分出色。画面以对人和自然的肯定和赞美为内容，在尼德兰绘画史上具有里程碑的意义。

另外，扬·凡·爱克在这幅画上采用了一种新的油色画法，即使用了含有树脂的稀释油。这样颜色就易于调和，运笔也更加自如，层层敷设后画面更加透明鲜亮，表现力十分突出。这种画法很快传到了意大利，并被那里的画家所采用。从此以后，油画就在欧洲各地传播开了。扬·凡·爱克是在木板上成功创作出油画的第一人，在欧洲绘画史上占有重要地位。

扬·凡·爱克1424年移居佛兰德尔后同兄长一起工作，因其才华出众，被勃艮第公爵招为宫廷画家。任职期间，他广招门徒传授画艺，还曾到英国、西班牙和葡萄牙进行考察。1428年，扬·凡·爱克以外交官的身份商谈莫利普公爵和叶赛贝娜的联姻，并为叶赛贝娜画了肖像。后来他定居布鲁日，与上层的文艺界人士来往密切，迎来了自己创作生涯的鼎盛期。扬·凡·爱克在后期创作了大量的肖像画，为近代肖像画的发展奠定了基础。1441年7月9日，扬·凡·爱克与世长辞。

"农民画家"勃鲁盖尔

1525年，彼得·勃鲁盖尔在安特卫普东部的一个农民家庭出生。他从事艺术创作后，在作品中大量揭露了异族的入侵和宗教法庭的残酷，因善于表现尼德兰农民的生活，被誉为"农民的勃鲁盖尔"，是欧洲美术史上第一位"农民画家"。

勃鲁盖尔早年师从于库克·凡·阿尔斯特，并从他妻子那里学到了在细亚麻布上画水彩的方法。库克·凡·阿尔斯特1550年去世后,勃鲁盖尔来到了科克的画店工作。科克是一位风景画家,有很高的鉴赏水平。勃鲁盖尔从此与他长期合作,并在这里陆续出版了自己的作品。

1551年,已成为安特卫普画家行会画师的勃鲁盖尔,取道法国前往意大利进修。次年抵达意大利南部,来到了巴勒摩。意大利的文艺复兴之风让勃鲁盖尔受益匪浅,他忘情地从一个地方转到另一个地方。意大利北部的乡野和阿尔卑斯山脉,丰富了勃鲁盖尔的画笔,给他带来了源源不断的灵感。他早年的代表作品《风景素描》即是在意大利所作。

1554年春,勃鲁盖尔踏上归途,次年开始制作版画稿,为科克的画店印行大幅风景组画。1556年,勃鲁盖尔借鉴博斯的创作技巧,采取幻想的和写实的形象相结合的表现方法,创作带有教育性和讽刺性的人物构图。他的创作题材多从民间谚语和传说中选取,主题严肃,且富讽刺性,表明了他对社会问题的关心。这类代表作品有《大鱼吃小鱼》、《谢肉祭和四旬斋的斗争》等。

法国文艺复兴运动的兴起

当基督教会的神学及经院哲学统治欧洲的时候,法国也被压迫得呼吸困难。随着商品经济的发展和资本主义经济的萌芽,法国新兴的资产阶级急需摆脱这种束缚。为了寻求更广阔的生存空间,他们开始在复兴古典文化的大旗下传播自己的理念,谋求本阶级的利益。

15世纪末,法国文艺复兴运动开始兴起。其实早在15世纪下半叶,一些人就已经在为复兴运动做准备了。他们研究古典文化,并广泛传播这种文化。16世纪初,致力于古典作品研究的一代人取得了辉煌的成就,如布戴·戴塔普尔·皮埃尔等,他们成为了法

法兰西学院

国第一代人文主义者。

法国的文艺复兴运动兴起后，意大利对它产生了不可估量的影。在绘画、建筑、雕刻等艺术领域，法国对意大利是一脉相承的。在文学思想领域，法国吸收外来血液的同时，还形成了自己的人文特色。北欧人文主义学者伊拉斯谟和一些意大利人文主义者都曾在法国游历、讲学，促进了法国人文主义的发展。在意大利战争中，法国国王和贵族从意大利带回了大量人文主义作品、艺术珍品和古代作家手稿，深深影响了法国文化艺术界。法国把这些资源与自己的民族传统文化进行融合，形成了法国自己的人文主义文化。如对古典文化的研究保持了博学的特点，在思想领域继承和发展了怀疑主义思想，在文学表现手法上长于讽刺等等。

"伟大的笑匠"拉伯雷

1494 年，拉伯雷在法国中部希农城一个富裕的家庭出生。父亲大大的庄园装满了拉伯雷童年的欢笑，但到了十多岁时，父亲安排他当了一名修士。

《巨人传》中的插图

修道院里死气沉沉的氛围令拉伯雷十分厌倦，他开始寻找解脱的方法。当时人文主义思潮已经在法国涌动，虽然还没有形成气势，但以一种不可阻挡的姿态发展着。拉伯雷热心钻研古希腊、罗马的作品，研究法语和法律，为人文主义思想所吸引。

拉伯雷在学习希腊文中间，还同人文主义学者比代通过信，但被修道院发现了。对于古典文化，修道院虽然没有直接斥责它为异端邪说，但禁止学习，学习希腊文也被认为是追求异端学说的举止。所以修道院对拉伯雷发出了警告，并搜走了他所有的相关书籍。

拉伯雷愤然离开了这个修道院，开始在普瓦提埃、波尔多、图卢兹、巴黎等各大城市旅游，遍访高等学府，了解社会。他还游览了文艺复兴运动的发祥地意大利，拜访了那里的许多名人。经过这种方式的学习，拉伯雷在哲学、音韵、考古、天文等许多方面都小有成就。

1530 年，拉伯雷到蒙佩里埃大学学医，次年即开始在里昂行医。在里昂生活期间，拉伯雷受

坐落在希农的拉伯雷的雕像

民间传奇故事启发，以化名那西埃写成《庞大固埃》，于 1533 年出版，此书成了他日后创作的

《巨人传》第二部。1564 年，《巨人传》全书面世。据说《巨人传》出版后，两个月的销量就超过了《圣经》九年的销量之和。《巨人传》鞭挞了法国 16 世纪的封建社会，具有浓厚的反封建思想和人文主义色彩。因此，每一部问世均遭追究或查禁。此书还有一个特点就是引人发笑，人人都可以尽情地笑，无所顾忌地笑，因此拉伯雷被人称为"伟大的笑匠"。

1553 年 4 月 9 日，拉伯雷借着最后一口气笑着说："拉幕吧，戏做完了。"然后安详离世。

塞万提斯的潦倒人生

米盖尔·台·塞万提斯·萨阿维德拉，西班牙文艺复兴时期伟大的现实主义作家。

塞万提斯 1547 年 10 月 9 日生于卡斯蒂亚的阿尔卡拉德埃纳雷斯镇一个没落贵族家庭，父亲是位潦倒终生的外科医生。纵观塞万提斯的一生，也如他父亲一样潦倒。

由于家境贫困，塞万提斯上学时间很短，然后就随四处行医的父亲过着颠沛流离的生活，瓦尔亚多利、塞维利亚和马德里等

地都留下了塞万提斯瘦弱的身影。

　　1569 年，塞万提斯充当一名红衣主教的侍从前往意大利，遍游罗马、米兰、威尼斯和那不勒斯等地。1570 年，塞万提斯成为了西班牙驻意大利军队中的一名士兵。1571 年 10 月，塞万提斯参加了抗击土耳其军队的勒班多海战，但不幸身负重伤，左臂成了终身残废。

　　为了生存，塞万提斯不得不继续服役。1572 年塞万提斯参加了纳瓦里诺海战，1573 年参加了突尼斯战役，并随军驻防那不勒斯。1575 年塞万提斯奉命回国，9 月在回国途中遭到土耳其海盗袭击，被掳至阿尔及尔被作为奴隶出卖。直到 1580 年 11 月，足足做满 5 年奴隶的塞万提斯才被赎回。

位于西班牙马德里的堂·吉诃德广场

　　回到西班牙后，塞万提斯从此开始文学创作，第一部有影响的作品是田园牧歌体小说《伽拉苔亚》。塞万提斯还做过一些小官吏，但因缺乏警惕，常常成为贪污腐败案中的牺牲晶。1593 年在负责采购军需物资时受人诬陷被捕入狱。获释后改任税吏，但后来又因储存税款的银行倒闭再次入狱。塞万提斯出狱后用 10 年时间游遍了祖国大江南北，目睹了社会的不平、人民的疾苦，为文学创作积累了大量生活素材。

　　1602 年塞万提斯开始写作长篇小说《堂·吉诃德》，第一卷出版后大获成功，但不幸仍然伴随着他。因家门前有人被刺，塞万提斯涉嫌下狱，尔后为女儿陪嫁事出庭受审。1611 年，就在法院责令他赔偿十多年前所失税款时，他的妻子去世。1616 年 4 月 23 日，患有水肿病的塞万提斯在马德里的莱昂街寓所去世。

大侠堂·吉诃德

　　堂·吉诃德是一位 50 多岁的穷乡绅，因读骑士小说脑子里充满了冒险的荒唐念头。他翻箱倒柜找出了祖上留下的一副盔甲，然后跨上家里那头皮包骨头的瘦马决定行侠仗义。他选定了一个农村姑娘作为意中的公主，并带了一个叫桑丘的农夫随行，从此开始去各地游荡。

在一片平原上，堂·吉诃德认为远处耸立着的几架风车是凶恶的巨人，便挺着长矛冲上前去。转动的风车把堂·吉诃德连人带马抛到了空中，但堂·吉诃德仍然认为是魔法师把巨人变成了风车。又有一天，主仆二人路见两队羊群，堂·吉诃德认为是两支交战的大军，便冲上去攻打邪恶的一方，结果招致牧羊人的一顿石子，被打掉了门牙。还有一次，解差正押着一队犯人行走，堂·吉诃德告诉解差人生来是自由的，

堂·吉诃德 大卫墨菲作于 1973 年

应该放掉他们。解差劝他不要生事，堂·吉诃德便举枪把解差打倒，解救了犯人。然后堂·吉诃德命令这些犯人向他的公主报告功绩，犯人大怒，将主仆二人打翻在地，并夺走了他们的衣服。

在做出了一系列"游侠"事迹之后，堂·吉诃德被同村人装扮的"白月骑士"打败，只好乖乖回家，从此停止游侠活动。堂·吉诃德回家后一病不起，临终时承认自己不是骑士堂·吉诃德，而是善人吉哈诺。

《堂·吉诃德》描绘了 16 世纪末、17 世纪初西班牙社会广阔的生活画面，展示了封建统治的

堂·吉诃德 绘画作品

黑暗和腐朽，具有鲜明的人文主义倾向，表现了强烈的人道主义精神。它是欧洲最早的长篇现实主义小说之一，享有世界声誉。

姗姗来迟的英国文艺复兴

文艺复兴运动在欧洲兴起的时候，英国似乎还在沉睡。直到16世纪牛津大学才成为英国人文主义运动的中心，而英国在16世纪末至17世纪初才达到人文主义运动的高潮。牛津大学成立了一个著名的人文主义小组，宗师伊拉斯谟，初期研读的主要是但丁、彼特拉克、薄伽丘的作品。

约翰·科雷特是牛津大学人文主义小组的核心人物，曾游览过意大利，学过希腊文、法律学

牛津大学校园

和教皇的论述。他利用这些知识传播人文主义思想，并在校内创办了"保罗书简"专题讲座的课程。自1496年起，"保罗书简"一直持续了6年，震惊了英国的学术界。科雷特从文献学、语言学的角度深入讲解圣书，而不仅仅局限于对字义、语法的解释，使人们对"保罗书简"有了一个全新的认识。

1508年，科雷特利用父亲的遗产创办了"圣保罗中等学校"，那里成了他传播人文主义思想的乐园和宗教改革的试验田。他可以无拘无束地演讲，学生也可以随意发表自己的想法，甚至商讨宗教改革的具体计划。不用在意教会的胁迫，因为这所学校完全不受教会控制。

英国文艺复兴虽然起步较晚，但很有特色。英国与西班牙战争赢得海上霸权后，为开拓海外市场与殖民地创造了条件，因而它是与资本主义的最初扩张相伴而生的。另外，英国的文艺复兴还与宗教改革同步，它与教派斗争及都铎王朝的主权之争紧密相连。因此，英国的文艺复兴运动为资本主义的最初成长及宗教、政治斗争提供了强大的思想武器。

"英国诗歌之父"乔叟

大约在1340年，杰弗利·乔叟出生在伦敦一个富裕的家庭里。他的父亲是伦敦一位声名显赫的

威斯敏斯特教堂

酒商兼国王副司膳，这使乔叟在早年接受了良好的教育。乔叟精通多种语言，英语、法语、拉丁语、意大利语等都很出色。他是

《坎特伯雷故事集》中的插图

英国民族文学的奠基人，也是文艺复兴时期活跃于文坛的一员骁将。在英国文学史上，乔叟被誉为"英国诗歌之父"。

1357年，乔叟的名字首次见于记载。当时他在宫廷里当侍从，并接受了宫廷式的教育。后来他还担任了外交官和行政长官等职务，受到了历代国王的信任，爱德华三世、理查二世和亨利四世都对他尊敬有加。

1359年，乔叟随爱德华三世远征法国，但不幸被俘，国王花重金才将他赎回。1366年，乔叟与爱德华三世王后的侍女菲丽巴·罗埃特结婚。1369年左右，乔叟完成了第一篇诗歌创作《公爵夫人之书》。这篇长诗达1300多行，深受法国诗歌的影响，并有古罗马诗人奥维德的风格，但还没有形成乔叟自己的特色。

进入14世纪70年代，乔叟接触到了但丁、彼特拉克和薄伽丘的作品，这些人文主义大师的思想深深地影响了他。乔叟这一时期的重要作品是《声誉之堂》，这一诗篇长达2000多行，初具成熟时期作品的风格。

此后众多名作如《百鸟会议》、《贤妇传说》、《特洛伊罗斯与克丽西达》以及《坎特伯雷故

事集》等相继完成。乔叟运用提纯、净化了的英国伦敦方言，并引进意大利和法国诗歌的形式，大大提高了英国诗歌的表现力。

1400 年 10 月，乔叟与世长辞，遗体被安放在他曾经负责维修的威斯敏斯特教堂。

坚守信仰的莫尔

1535 年 7 月 7 日，伦敦桥上的大雾还没有散去，一个士兵将一颗鲜血淋漓的头颅挂在了桥头。见惯这种场面的英国绅士仍大吃一惊，因为这是英王之下最显要的人物——托马斯·莫尔。

1478 年 2 月 7 日，莫尔出生于伦敦一个律师家庭里。13 岁时莫尔到坎特伯雷大主教、大法官莫顿家中作少年侍卫，14 岁入牛津大学，攻读拉丁文和形式逻辑，后遵从父命改学法律，并于 1496 年 2 月进入林肯法律协会，1501 年成为外席律师。

莫尔在律师界声誉甚隆，并在 1502 年出任伦敦市副执政官，1504 年当选为下议院议员。莫尔当上议员后依然保持秉公行事的作风，因得罪国王亨利七世被迫返回律师界。

1509 年亨利八世即位后，莫尔迎来了政治上的春天。1529 年莫尔当选为英王之下最显要的人物——英国大法官。国王约他一

莫尔的肖像

莫尔与他的妻子道别

同进餐，并同他一起研讨学术问题。

　　但莫尔并没有因为国王的推崇而违背自己的思想，耿直的莫尔与亨利八世之间终于出现了裂痕。亨利八世最初是反对宗教改革主张的，莫尔与他的观点一致，并帮助亨利八世撰写了《保卫七项圣礼》的小册子。后来亨利八世突然改变态度，支持宗教改革，并决定与现任皇后凯瑟琳离婚。当时的宗教是不允许国王私自离婚的。莫尔感到十分难过，他依旧笃信天主教，仍然反对宗教改革。

　　1532年5月10日，莫尔辞职。1533年，莫尔拒绝参加亨利八世与安娜·波琳的婚礼。1534年，莫尔因拒绝承认《至尊法案》被关进了伦敦塔。1535年7月7日，身背"叛国罪"名的莫尔被送上了断头台。

精神家园——《乌托邦》

　　莫尔的代表作是《乌托邦》，全称是《关于最完美的国家制度和乌托邦新岛的既有益又有趣的金书》，它系统地阐述了空想社会主义的基本思想。

《乌托邦》一书所绘的乌托邦岛

　　《乌托邦》是莫尔出使欧洲期间用拉丁语写成的，并于1516年出版。《乌托邦》共分两部分，虚构了一个航海家航行到一个奇乡异国乌托邦的旅行见闻。"乌托邦"即"乌有之乡"，是虚构的、不存在的，它第一次被作者用来作为理想国家的代名词。

　　在"乌托邦"中，人人平等，无论在经济还是在政治方面，每个人都拥有相同的权力。这里实行财产公有制，公民没有私有财产，社会实行的是按需分配的原则。人们的生活方式也很独特，他们工作时穿统一的服装，每人轮流到农村劳动两年，每天只需要工作6个小时就足够了。其余的时间人们则用来嬉闹，用来研究学术，用来做自己想做的一切事情。公民都在公共餐厅里就餐，且每十年调换一次住房。这里没有商品货币关系，因此不会滋生腐败，不会刺激官吏的贪欲。这里的官吏是由投票选举产生的，且不能世袭，这可以维护大众的权利。

在《乌托邦》里，莫尔把私有制看成了万恶之源。他指责私有制使"一切最好的东西都落到最坏的人手中，而其余的人都穷困不堪。"因此"只有完全废除私有制度，财富才可以得到平均公正的分配，人类才能有福利。"莫尔在世界历史上首次提出空想社会主义的某些基本思想。

莫尔对"乌托邦"的赞美实际上是对现实社会的批判。《乌托邦》揭露和抨击了由于圈地运动而导致的"羊吃人"的不合理的社会现象："……不让任何人在庄园上耕种，把整片地化做牧场，房屋城镇都给毁掉了，只留下教堂当作羊圈……"莫尔虽然批判了封建专制和资本原始积累给人民带来的苦难，但无法指出实现理想制度的真正途径，因此只能借助"乌托邦"来寄托自己的梦想。

莎士比亚

花衣小丑

在英国中部的沃里克郡艾汶河畔，有一个名叫斯特拉福的小镇。1564 年 4 月 23 日，这个宁静的小镇降生了一个婴儿，名叫威廉·莎士比亚。苏联作家柯切托夫后来曾这样描述他："有一个人出生、成长、谢世并被安葬在这里。他的作品三个半多世纪以来，一直激荡着生活在这个星球上的人们的心灵与智慧。"莎士比亚的父亲叫约翰·莎士比亚，是经营羊毛、皮革制造及谷物生意的杂货商，后来从政，并在 1568 年走到了仕途的顶点——当选为市政

莎士比亚像

莎士比亚的故居

委员执行官。

　　莎士比亚出生时家境不错，因此受到了良好的教育。他7岁时进入了当地的圣十字文法学校，学习拉丁语、文学和修辞学。但不幸家道中落，1579年莎士比亚的父亲由于债务缠身，不得不把妻子继承的农庄抵押出卖。1582年，在家协助父亲做生意的莎士比亚与大他8岁的邻乡姑娘结婚。当莎士比亚22岁时，即1586年，他的父亲被从市参议花名册上除名。莎士比亚的家境一落千丈，为了更好地生活，莎士比亚次年前往伦敦谋生。

　　初到伦敦的莎士比亚生活艰难，最初是在一家剧院的门口当马夫，专门侍候骑马前来看戏的富人。据当时的演员相传，莎士比亚初进剧团时地位很低微，后来当上了"雇佣演员"，通常扮演配角，充当一些台词不多的角色。因剧院需要经常变换节目，迫切需要剧本，莎士比亚在剧本编辑方面的天赋才逐渐显露出来。莎士比亚后来也曾说过："确确实实我曾到处奔波，扮作花衣小丑供人开心"

莎士比亚半身像

三一教堂

"新抖起来的乌鸦"

1592 年 3 月 3 日，伦敦玫瑰剧院开始上演莎士比亚编写的《亨利六世》。同年，英国著名的剧作家罗伯特·格林曾撰文告诫剧作家们："要提防那些改编他人剧本的演员，不要相信他们；其中有一只新抖起来的乌鸦，用我们的羽毛装扮自己，用一张演员皮包起他的虎狼之心。"罗伯特·格林文中的那只"乌鸦"指的就是莎士比亚，不知他与莎士比亚结下了什么恩怨，也许只是出于嫉妒的恶意攻击，但我们可以判断出当时莎士比亚已经在戏剧上取得了不小的成就。

莎士比亚时代，寻找贵族充当庇护人是当时的社会风气。为了得到举荐，莎士比亚曾写了一首长诗呈献给他的庇护人，同时附上了一封信："钧座大人台鉴：不揣冒昧，将拙诗呈奉阁下，选择坚固如此之柱石以支撑脆弱如彼之赘物，不知天下人将如何罪我。若钧座稍感快慰，我实大受奖赐，誓用余暇以更佳劳作敬奉左右。但若创作之尝试确属畸形，我将因其有如此高贵之教父而深感遗憾，此后将永不耕种如此贫瘠之土地，深恐依然歉收之故也。请钧座加以审处，并愿大人心情愉快。我之心愿将永远符合大人心愿及天下人之厚望。"

这封信对庇护人有溢美之词，但对自己的创作也充满了信心。莎士比亚得到庇护人的支持后，使自己的才华得到了更充分的发挥。1594 年，莎士比亚在宫内大臣剧团工作。他的剧团除在天鹅剧场、环球剧场演出外，也到宫廷演出，夏季或瘟疫流行期间，则到外省演出。后来莎士比亚得到伯爵的帮助，替父亲申请并获得了家徽，他们家成为了世袭的乡绅。

1597 年莎士比亚在斯特拉福购置了房产，1599 年成为环球剧场拥有 1/10 股份的股东。1610 年莎士比亚卖出了他的股份，回乡隐居，同女儿苏珊娜和裘迪丝居住在一起，但仍给剧团编写剧本。1616 年 4 月 23 日，莎士比亚在家乡病逝，葬于镇上的圣三一教堂。

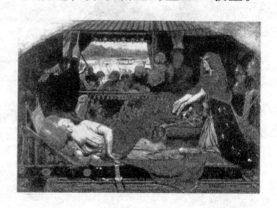

李尔王

不朽的作品

1623 年，即莎士比亚去世 7 年后，曾与他共事的演员海明和康德尔收集其遗作，对其中的剧目按喜剧、历史剧和悲剧 3 类进行编排，出版了第一个莎士比亚戏剧集。一般来说，莎士比亚的戏剧创作可分以下三个时期：第一时期（1590～1600 年）以历史剧、喜剧为主；第二时期（1601～1607 年）以悲剧为主；第三时期（1608～1613 年）以神话剧（传奇剧）为主。

莎士比亚创作的第一个时期为伊丽莎白女王统治时期，当时的英国经济繁荣，社会安定，为文学发展提供了一个良好的氛围。莎士比亚这一时期中的代表作有《威尼斯商人》、《亨利四世》、《罗密欧与朱丽叶》等。这些作品有以爱情、友谊为主题的，也有以英国历史上百余年的动乱为体裁的，莎士比亚对人文主义思想进行歌颂的同时，还洋溢着强烈的爱国主义热情。

莎士比亚创作的第二个时期正值英国新旧王朝交替。四大悲剧《哈姆雷特》、《奥赛罗》、《李尔王》、《麦克白》表现了人文主义思想和现实之间不可调和的矛盾，充满了时代的悲剧性。尽管《特洛伊罗斯与克瑞西达》、《终成眷属》和《一报还一报》等仍可称为"喜剧"，但背信弃义、尔虞我诈的罪恶也充斥在剧中，使其成为了"阴暗的喜剧"。

到了第三个时期时，莎士比亚感觉到自己的思想与现实之间的差距越来越远，但沉重的社会

罗密欧与朱丽叶

皇家莎士比亚剧院

责任感促使他不断寻找实现理想的途径。在《泰尔亲王里克里斯》、《辛白林》、《冬天的故事》中，尽管作者仍然坚持人文主义思想，仍然揭露现实的黑暗，但解决矛盾的方法已转变为机缘巧合、魔法、幻想等偶然事件。

世界文学史上的丰碑

诗人亚历山大·蒲伯在1725年出版的莎士比亚作品集的前言中写下了这样一句话："他的心向着人民。"这或许能反映出莎剧的魅力所在。

莎士比亚以人文主义为思想武器，宣扬人的价值，赞美人的理性和力量，对现实中的黑暗进行了深刻的批判。莎剧最突出的特征就是现实主义与浪漫主义融为一体，闪烁着人文主义理想的光辉而又不失社会现实的广度和深度。

莎士比亚还是一位善于继承与革新的剧作家，经常对一些材料进行"点石成金"的改造。在人物塑造方面，莎剧为我们建造了一个由近700个人物组成的画廊。莎士比亚塑造这些人物时从现实生活出发，使他们的形象十分丰满，如我们耳熟能详的鲍西娅、麦克白、罗密欧、朱丽叶、哈姆雷特、奥赛罗、李尔王等。

从17世纪开始，莎士比亚的戏剧相继传入德、法、意、俄、北欧等国，然后传至美国乃至世界各地。德国的伟大诗人歌德把莎士比亚比作"最美丽山峰上的明星"。1771年10月4日，歌德在法兰克福举行的莎士比亚命名日纪念会上演讲说："我初次读到他的著作的第一页后，我的一生都属于他了。当我读完他的第一个剧本时，我好像是个生来盲目的人，由于神手一指而突然获见天光。"莎剧对各国戏剧发展产生了深远的影响，并已成为世界文化交流的重要纽带。而莎士比亚本人，也如同莎剧一样成为不朽的传奇。

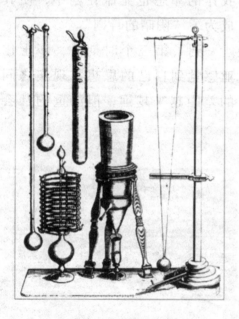

1684年的温度测量仪器

莎士比亚的三个时期

1. 自信

众所周知，莎士比亚的剧本在讲英语的地区无异于世俗的《圣经》。造成这种情况的原因完全在于作者具有一种无人可以匹敌的文字表达才华，在于他超群的领悟力，尤其是在于他对受到情感支配和命运摆布的人物性格所作的深刻的分析。莎士比亚的戏剧非常自然地分为三大类。他早年撰写的那些剧作的特点在于具有一种自信感。它们包括许多历史剧，叙述了导致都铎王朝取胜的英格兰的斗争和荣耀；抒情浪漫悲剧《罗密欧与朱丽叶》；以及种类广泛的喜剧，包括奇妙的《仲夏夜之梦》以及莎士比亚最伟大的喜剧作品《第十二夜》、《皆大欢喜》、《无中生有》。后一部作品虽取名"无中生有"，但莎士比亚的作品，甚至包括它早期最轻松时期的剧作，很少是"无中生有"的。反过来，它们大都睿智而风趣地探究了人的心理特征、荣誉与野心、爱情与友谊等根本性问题。个别时候，它们也触及了深刻的严肃性主题，比如在《皆大欢喜》中，莎士比亚就让一位角色停下来反思"整个世界是个舞台，所有男女都只不过是些演员"，这些男男女女都要经历七"幕"或人生的七个阶段。

2. 危机

然而，这种触及丝毫没有掩盖莎士比亚在第一阶段中所持的有限的乐观主义；但从第二阶段开始他的剧作比前一时期在风格上低沉得多了。1601年前后，莎士比亚显然经受了一次危机，此时他开始极其不信任人性并对整个宇宙体系提出控诉。由此产生了一组以苦痛、经常性的伤感以及对事物的奥秘进行苦苦探索为特征的剧作。这一组戏剧由《哈姆雷特》所代表的优柔寡断的理想主义的悲剧为开端，进而是《一报还一报》和《终成眷属》的愤世嫉俗态度，最后以无比巨大的悲剧《麦克白》和《李尔王》为顶点。《麦克白》剧中的主角曾断言："人生不过是一个行走的影子，一个在舞台上指手画脚的伶人，登场片刻，就在无声无息中悄然退下；它是一个愚人所讲的故事，充满着喧哗和骚动，却找不到一点意义；"同时，如《李尔王》中葛罗斯特所言，"天神掌握着我们的命运，正像顽童捉到飞虫一样，为了戏弄的缘故而把我们杀害"。然而，莎士比亚第二阶段的剧作虽然风格阴沉，但它们普遍构成这位剧作家最具诗歌才华的巨作。

3. 和解

虽然《麦克白》和《李尔王》表明作者处于深深的抑郁之中，但莎士比亚设法解决了个人危机，步入了他戏剧创作生涯的第三个阶段。这一阶段以一种深刻的和解精神为特征。在这一阶段所撰写的三部剧作《均为田园式的传奇》中，最后一部即《暴风雨》最为出色。在这里由来已久的仇恨被埋葬起来，谬误则为自然手段和超自然手段协力匡正，单纯的年轻女主角一见到男人就发出这样的欢呼："噢，美妙的世界上竟有如此出色的人物！"在此莎士比亚似乎在说，虽然人类仍受到种种磨难，人生并非完全都是苦痛，上帝对宇宙的安排毕竟是仁慈公正的。

清教徒诗人约翰·弥尔顿（1608～1674年）虽然不像莎士比亚那样多才多艺，但在善于表述方面并不逊于前者。弥尔顿是奥利弗·克伦威尔统治时期首要的共和主义者，他既撰写过许多论文，阐述清教徒在当代事务上的看法，又曾撰文就斩首查理一世之事为官方进行辩护。但他也是一个充满矛盾的人，对希腊文和拉丁文经典著作的热爱至少不亚于对《圣经》的热爱。由于这个缘故，他可以写出这样完美的田园哀歌《利西达斯》，用纯正的古典词句哀悼一位去世的好友。查理二世登基后弥尔顿被迫离职；此时他虽然已双目失明，仍以《圣经·创世记》中上帝造人和人的堕落为题材着手撰写一部典范之作《失乐园》。《失乐园》这一鸿篇巨作比古往今来任何别的文学作品都要成功地把古典传统与基督教连接起来，实属有史以来最伟大的诗作之一。弥尔顿"证明上帝对待人的行为正当"入手，塑造了撒旦这一具有权威、勇气、领袖才能和政治家风度而又大胆、诡诈地公然反抗上帝的叛逆形象。但在最后撒旦不只是为《失乐园》中真正的"主角"亚当所抵消；后者知悉要容忍人类的伦理责任和受难的命运，因食那禁食的智慧树之果最后与夏娃一起被逐出伊甸园，世界"都呈现在他们面前"。

科学发展史上的一次伟大革命

随着资本主义的出现和发展，手工工场得到了飞速发展，劳动

世界通史

最新整理图文珍藏版

生产率显著提高，这推动了技术的进步，同时也推动了自然科学的发展。劳动人民在生产实践中积累了大量的经验，为科学的发展提供了充足的素材和依据。科学家在解决应用新技术带来的实际问题时，也促进了相关科学的发展。

新航路的开辟为动物学、植物学、气象学、天文学、地理学等的发展提供了更为丰富的素材。麦哲伦环球航行的完成，不仅证实了地圆学说的正确性，而且也使人们逐渐摆脱了传统偏见和教会的荒谬说教，开始正视大自然，从而大大推动了自然科学的发展。

随着生产的进步和科学的发展，新发明的工具越来越多，它拓宽了人们的视野。17世纪初天文望远镜和显微镜出现，遥远的天体被发现，微观的世界也被看清。17世纪中叶，湿度计、水银气压计等都被发明出来，为进一步的实验和研究提供了条件。造纸术和印刷术的广泛应用，更加快了知识的传播速度。

近代自然科学在同教会的斗争中逐渐发展壮大。宗教世界观逐渐被打破，人们开始认识到世界是物质的，物质有自身的规律。科学家开始用观察和实验的方法探究规律，同时又十分重视对理论和规律的应用。

自然科学在文艺复兴晚期得到前所未有的发展，它既是文艺复兴的重要内容，又是文艺复兴的重要成就，更是人类科学发展史上的一次伟大革命。

早期的科研机构

16～18世纪近代自然科学迅速发展，科学巨匠不断涌现，科学发明硕果累累。这一切成就的取得与西欧科研机构的建立是分不开的。

意大利是文艺复兴运动的摇

1672年的温度测量仪器

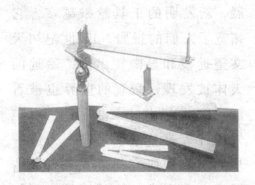

16世纪的几何测量工具

篮，也是近代自然科学发展的沃土。1560年，波尔塔创立"自然秘密研究会"，这是历史上第一个自然科学的学术组织。但该研究会成立不久就被教会以"巫术团体"的罪名取缔。波尔塔在一位贵族的资助下，1603年又在罗马成立了"林琴学会"，伽利略也成

自然哲学家工作的场景

为该学会的院士。另外，伽利略的学生托里拆利和维维安尼在美第奇家族的赞助下，1657年在佛罗伦萨成了齐曼托学院。

受培根思想的影响，建立一个科学的所罗门宫成为英国实验科学家共同的梦想。17世纪40年代在约翰·威尔金斯的倡导下，一个学术团体自发组织起来，他们自称"哲学学会"。内战爆发后，学会的会员威尔金斯、波义尔、雷恩等先后来到伦敦。1660年11月，著名建筑师雷恩在格雷山姆学院组织召开会议，倡议建立一个新学院，以促进科学的发展。1662年查理二世批准成立皇家学会，并授命近臣布龙克尔勋爵担任会长。

法国的科学家起初也是自发聚会，讨论有关科学的问题。后来近臣科尔培尔向路易十四建议成立一个科学团体，为国家服务。于是，巴黎科学院在1666年建成了。1672年，隶属于巴黎科学院的巴黎天文台建成，为天文学家提供了观察和研究的场所。

德国著名哲学家、数学家莱布尼兹很早就构想建立一个科学机构。后来在自己的外交生涯中，莱布尼兹实地考察了英国皇家学会和巴黎科学院，进一步完善了

他的构想。1700 年柏林科学院正式成立，莱布尼兹出任院长。学院不仅研究数学物理，还研究德语和文学。

哥白尼

四十年磨一剑

在蒙昧的中世纪，人们根本不知道星空的本来面目，他们只是根据想象来编造一些美妙的故事来愉悦自己。传说中的一切都是那么美丽，教会和统治者编造出一些更美妙的故事来蒙骗可怜的人们。广大的劳动人民只能在美好的畅想中艰难度日。终于有一天，一把"利剑"刺向云天，所有的一切逐渐明朗。那就是"太阳中心说"的出现。

自然科学的发展以天文学革命为开端，天文学革命又以哥白尼的"太阳中心说"为标志。此学说提出以后，教会的一些荒谬说法不攻自破，教会对人们的思想控制逐渐被打破。

正在进行实验的哥白尼

中世纪最流行的观点是古希腊天文学家托勒密提出的"地球中心说"，他认为地球是不动的，是宇宙的中心，而太阳、月亮及其他星球都围绕地球旋转。虽然有些天文学家发现这不能完满解释天象，但地心说恰巧与上帝造人等神话相吻合，因而成为中世纪教会的柱石，否认此学说就等于反对教会权威，所以没人敢公开提出异议。

随着航海事业的发展及对星空观察的深入，托勒密的"地球中心说"渐渐失去了立脚之地。德国乔治·普尔巴赫及约翰·缪勒等人进行了实际观察，进一步

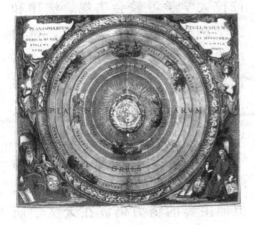

托勒密的地心体系

哥白尼的日心体系

研究古代天文学家的著述，积累了大量的资料，为哥白尼学说的提出奠定了基础。5世纪非洲天文学家马蒂安努·卡培拉也曾提出过不少独到的见解。直到16世纪，波兰天文学家哥白尼经过40年的研究，在分析大量古代的资料和长期观测的基础上，才于1543年临终前出版了《天体运行论》一书，开创了"太阳中心说"，推翻了"地球中心说"。

一生的心血

1473年2月19日，哥白尼出生在波兰托伦城的一个商人家庭。10岁那年，父亲去世，由舅舅抚养长大。哥白尼18岁时进入克拉科夫大学学习。当时的克拉科夫是波兰的首都，也是欧洲著名的文化中心。年轻的哥白尼在那里积累了丰富的基础知识，掌握了希腊语、意大利语和拉丁语，同时大量搜集和阅读有关天文学的书籍，这些为哥白尼以后的发展奠定了基础。

哥白尼的雕像

1496年，哥白尼在舅舅的安排下前往意大利留学，先后在博洛尼亚大学、帕多瓦大学和费拉拉大学学习教会法规、法律和医学。在意大利求学期间，哥白尼曾师从天文学教授诺瓦拉。诺瓦拉深通古希腊著作，很赞赏毕达哥拉斯学派的宇宙和谐观念，这给哥白尼以深刻的影响。

哥白尼30岁时回波兰，在当时已任大主教的舅父身边当助手，但他主要的精力仍放在天文学研究上。1510年前后，哥白尼着手撰写《天体运行论》，大约20年以后才最终完成了这部书的手稿。他大胆提出自己的观点：太阳是宇宙的中心，所有行星都围绕太阳运转；地球不是宇宙的中心，而是绕太阳运转的一颗普通行星。

哥白尼知道《天体运行论》一旦发表，必然会遭到教会的反对，所以在踌躇了多年之后，才下决心拿去印刷。1543年5月24日在病榻上躺了1年多的哥白尼终于看见了倾注了自己一生心血的巨著。医生把书放到哥白尼手上，哥白尼用手摸了摸书的封面，便安然离世。

为真理献身的布鲁诺

1600年，罗马宗教裁判所阴暗、潮湿的囚房里，几个穿着长袍、戴着高帽子的人围在一个垂死的人面前。这个人被捆在板凳上，头发又长又脏，衣服已被撕成了碎片——他就是乔尔丹诺·布鲁诺。在布鲁诺的脚下放着一口锅，锅里是沸腾的油。一个穿黑色长袍的人弯腰舀了一瓢滚烫的油，狞笑着浇在布鲁诺的脚上。布鲁诺抽搐了一下，发出了低微的呻吟声。

布鲁诺的雕像

"他在说什么？"一个穿着红色长袍的人问道。"他说高加索山上的冰川，也不能够冷却他心头的火焰。"一个人答道。"真是魔鬼一样顽固的人！"红衣人诅咒着，手在胸前比划了几下，喃喃道："主啊，让他扔掉那些可怕的思想吧。"

布鲁诺于1548年在意大利那不勒斯附近的一个小镇上。年少时，哥白尼的《天体运行论》深深地吸引了他，他因此而写了一篇短文《诺亚方舟》，公然向罗马教廷发出挑战。他立即被控告为"异端"，被迫逃离家园。但这并不影响布鲁诺对自己理论的坚持："宇宙是无限的，没有一个绝对的中心。"他甚至借流亡之机把这个理论传遍了欧洲各地。

一天，布鲁诺的老朋友莫切尼正在自己的庄园里陪妻子聊天，枢密官别尔良突然来访，并要求与莫切尼单独谈谈。

别尔良低语数声后，莫切尼颤抖着说："我不能那样做，更不能出卖朋友。"

"如果那样的话，这个美丽的庄园就只能改变主人或者变成一堆废墟，而那林荫尽头的青藤上挂着的也不再是花，而是您或者是夫人的头……"别尔良用一种异常平静的语调回答道。

1591年2月，布鲁诺接到了

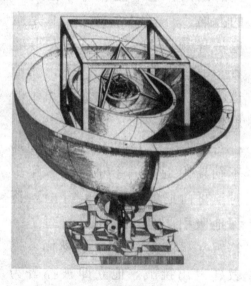

开普勒的宇宙模型

莫切尼的信。这个贵族热情地邀请布鲁诺回去，并且承诺会保证他的安全。当一直眷恋着祖国的布鲁诺踏上故乡的土地时，立即被投进了监狱。

"天空的立法者"开普勒

1630年11月，时值严冬，一位衣着单薄的老人步履蹒跚地走在去雷根斯堡的路上。到达目的

风华正茂的开普勒

地后，老人病倒了。他摸了摸口袋里仅剩的几个硬币，找了一家最差的客栈住了下来。1630年11月15日，当客栈里的伙计打扫房

世界通史

最新整理图文珍藏版

间时，发现老人已经病死在了房间里。这位命运悲惨的老人就是被后人誉为"天空的立法者"开普勒。

1571 年 12 月 27 日，开普勒出生于德国的魏尔。祖父曾任魏尔市市长，父亲多次参加外国雇佣军，并于 1588 年抛弃家庭一去不返。开普勒是一个早产儿，从小体弱多病，还患有高度的近视但病魔没有击倒开普勒，他变得更加顽强。1587 年开普勒进入蒂宾根大学学习，在学校中他认识了秘密宣传哥白尼学说的教授麦斯特林。在教授的影响下，开普勒很快成为哥白尼学说的崇拜者。

火星轨道是开普勒研究天体运动的起点。开普勒先后发现了第一定律"火星沿着椭圆轨道绕太阳运行，太阳处于焦点之一的位置"和第二定律"行星的向径在相等的时间内扫过相等的面积"，并指出这两条定律同样适用于其他行星和月球的运动。

1612 年，开普勒的保护人鲁道夫二世被迫退位，开普勒也因此被迫离开布拉格，到了奥地利的林茨任地方数学家，期间发现了行星运动的第三条定律。

因为得不到支持，开普勒的研究经费短缺，生活也渐渐陷入困境。当时的德国皇室挥霍无度，却长期拖欠开普勒的工资。1630 年，波希米亚的斐迪南三世在雷根斯堡召开选帝侯会议。将近 60 岁的开普勒赶往那里索要工资，不幸病死在了客栈里。

"天空的哥伦布"伽利略

1564 年 2 月 15 日，科学史上的巨星伽利略在比萨出生。伽利略 10 岁那年全家迁往佛罗伦萨，17 岁时遵照父命进入比萨大学学医。在大学里，伽利略对欧几里得几何学和阿基米得静力学产生了浓厚的兴趣。1585 年伽利略因家境贫困而退学，做了家庭教师，但仍坚持自学。

1589 年，小有名气的伽利略被比萨大学聘去讲授几何学与天文学。当时比萨大学使用的教材均是由亚里士多德学派的学者撰写的，充满了神学教条。伽利略对此表示强烈不满，并因此受到该学派学者的排挤。1592 年，伽利略离开比萨大学前往帕多瓦大学任教。远离罗马的帕多瓦属威尼斯公国，学术思想比较自由，这给了伽利略足够的发展空间。

1609 年 7 月，伽利略听说荷

最新整理图文珍藏版

伽利略制造的望远镜

比萨斜塔

兰一个眼镜工人发明了供人玩赏的望远镜。他虽然没有见到过实物，但在思考了几天之后，竟然用风琴管和凸、凹透镜制成了一架倍率为3的望远镜。参议员被邀请到楼顶用它观看远景，无不大开眼界。不久，伽利略又神奇地将倍率提高到了33。

伽利略用自制的望远镜揭开了宇宙的神秘面纱：无数的星体聚成银河；水星的周围有4颗卫星；金星也有圆缺；太阳有斑点，并且斑点的移动说明太阳也在自转，且周期是28天；月亮上也有高山和深谷。伽利略的这些发现与"圣经"里描述的情况有天壤之别，揭穿了教廷的谎言，同时也给予哥白尼的学说以有力的支持，开辟了天文学的新天地。

1610年3月，伽利略出版了《星空信使》一书，震撼了全欧洲。人们称"哥伦布发现了新大陆，伽利略发现了新宇宙"。因此，伽利略被誉为"天空的哥伦布"。

1610年春，伽利略辞去大学教师的职务，接受托斯卡纳公国大公的邀请，担任宫廷首席数学家和哲学家。在此期间，伽利略观察到了太阳黑子及其运动，论证了太阳黑子确实存在于太阳表面。1613 年伽利略发表了 3 篇有关太阳黑子问题的通信稿。1615 年，教会中伽利略的敌人联合起来攻击伽利略，控告他在为哥白尼学说辩护。次年教皇保罗五世下达"禁令"，禁止他以口头或文字的形式传授或捍卫日心说。

此后，伽利略花费了 6 年的时间完成了《关于托勒密和哥白尼两大世界体系对话》一书，但直到 1630 年他才取得了该书的"出版许可证"。该书表面上保持中立，但实际上是在为哥白尼的学说辩护，出版 6 个月后就被罗马教廷封禁。

1632 年底，教皇乌尔邦八世指令伽利略到罗马宗教裁判所受审。此时的伽利略已是病魔缠身，医院开出的证明是"病重，若从佛罗伦萨到罗马很有可能病逝途中。"但教廷不管这些，发出命令："将其抓起来，锁上铁链，押到罗马。"

寒冬时节，年近七旬的伽利略被迫带病前往罗马受审。1633 年 6 月 22 日在圣玛丽亚修道院的大厅上，10 名主教联席宣判伽利略违背"1616 年禁令"和圣经教义。他们强迫伽利略跪在冰冷的石板上，在已经写好的"悔过书"上签字。伽利略签完字后，被判处终身监禁，因他体弱多病又改为在家软禁。

软禁期间，伽利略将自己最成熟的科学思想和科研成果撰写成《关于两门新科学的对话与数学对话集》，由友人携至荷兰莱顿出版。1637 年伽利略双目失明。1642 年 1 月 8 日伽利略病逝，100 年后他的遗骨才迁到家乡的比萨大教堂。

培　根

跌宕起伏的宦海生涯

1561 年 1 月 22 日弗兰西斯·培根出生于伦敦一个新贵族家庭。其父尼古拉·培根是伊丽莎白女王的掌玺大臣，剑桥大学法律系毕业。其母安妮是一位才女，熟练掌握希腊文和拉丁文，信仰加尔文教。良好的家教使培根在各方面都表现出色，年仅 12 岁时就被送到剑桥大学深造。在校期间，他对当时被教会奉为经典的亚里士多德哲学深为不满，认为它流于空论，对人生无实际效益。

1576 年，培根到巴黎任英国驻法国大使随员。1579 年，培根的父亲突然病逝，培根无忧无虑的生活宣告结束。回国奔丧完毕后，培根住进了葛莱法学院攻读法律，同时四处求职谋生。1582年，培根取得律师资格，两年后当选为议会议员。1589年，培根成为法院候缺的书记，不幸的是，培根一等就是20年。在此期间，培根曾经为生活而四处奔波，却未谋得任何职位。

1602年伊丽莎白去世，詹姆士一世继位，培根迎来了政治上的春天。因他曾极力主张苏格兰与英格兰合并，受到了詹姆士的赞赏。1602年培根受封为爵士，1613年被委任为首席检察官，1617年被提升为掌玺大臣，次年晋升为英格兰大法官，并受封为男爵，1621年又受封为子爵。三次晋爵，六次升官，由平头律师一路上升到子爵，着实让培根有点眼花缭乱。正当培根春风得意之时，平步青云的仕途戛然而止。1621年培根被议会指控贪污受贿，被判处以罚金4万磅，并且监禁于伦敦塔，以后再也不得担任议员和任何官职。后来虽然罚金和监禁被豁免，但培根已身败名裂。此后，培根归隐田园，专心从事理论著述。

1626年3月底，培根坐车路过伦敦北郊。当车经过一片雪地时，突然冒出的一个想法驱使他走下了车。风寒趁虚而入，诱发了他的气管炎。1626年4月9日清晨，培根在病痛折磨中永远地闭上了眼睛。

培根的哲学思想

培根一生的仕途可以说是大起大落，值得欣慰的是，他的主要理论著述都是在做官期间完成的。培根主张发展生产，渴望探究自然，要求发展科学。当时流行的经院哲学阻碍了科学的发展。培根提出了著名的"四假相说"，指出经院哲学家利用四种假相来抹杀真理，制造谬误，从而给予经院哲学以

培根

沉重的打击。

培根继承了古代物质是万物本源的思想，从唯物论的立场出发，指出科学的任务在于认识自然界及其规律。但由于所处时代的局限，墙根的世界观还具有朴素唯物论和形而上学的特点。

17世纪早期穿着长袍的培根

1597 年，培根发表了处女作《论说随笔文集》。在书中培根将自己对社会的认识和思考以及人生感悟浓缩成名言警句，受到广大读者的欢迎。1605 年，培根完成了两卷集《论学术的进展》。这是一本以知识为研究对象的著作，在书中培根猛烈抨击了中世纪的蒙昧主义，论证了知识的巨大作用，提示了知识不能令人满意的现状及补救的办法。1609 年培根出版了第三本著作《论古人的智慧》。培根认为远古时代存在着人类最古老的智慧，通过对古代寓言故事的研究可以发现失去的古老智慧。

培根在科学方法的研究方面做出了巨大的贡献，其中以实验定性和归纳法为主。培根本打算撰写一部六卷本百科全书式的著作《伟大的复兴》，对人类知识加以重新整理和改造。但培根只完成了此书的前两部分，1620 年出版的《新工具论》便是该书的第二部分，但这足以让他成为"哲学史和科学史上划时代的人物"。

笛卡尔

解析几何学之父

1596 年 3 月 31 日，笛卡尔出生在法国拉哈耶的一个贵族家庭。笛卡尔自幼丧母，由父亲抚养长大。因体弱多病，笛卡尔8岁才进入学校，并获得了早晨在床上读书的特权，由此他渐渐地养成了喜于安静的习惯。

1612年，笛卡尔进入普瓦捷大学攻读法律，4年后获博士学位。当时法国社会流行这样一种风气：有志之士不是致力于宗教，就是献身国防。笛卡尔因此于1618年前往荷兰从军。服役期间，笛卡尔沉醉于数学王国中。某日休息，笛卡尔在街上散步时看到一张荷兰文招贴，但他不懂荷兰文，于是请身边的一个人给翻译。原来这是数学家下的一张"战书"，征求上列难题的答案。笛卡尔揭榜应战，在数小时内即求得答案，令人对他数学方面的才华刮目相看。

1621年笛卡尔服役期满，恰逢国内战乱，于是便前往丹麦、德国、意大利等地游览。1625年回国，专心研究数学。1628年移居荷兰，并通过年少时认识的梅森与欧洲主要学者保持着密切联系。笛卡尔将代数的方法应用于几何学，从而创立了"解析几何学"，在数学史上具有划时代意义。

除数学之外，笛卡尔对哲学、天文学也有研究。他的著作大都是在荷兰完成的。1628年《指导哲理之原则》完成，以哥白尼学说为基础的《论世界》也在1634年完成，也许是受伽利略受迫害的影响此书并未出版。1637年6月8日《方法论》在莱顿匿名出版。

阐述自己主张的笛卡尔（右二）

1649 年冬，笛卡尔应邀到斯德哥尔摩为瑞典女皇授课，次年因肺炎在瑞典病逝。

伟大的哲学家

17 世纪前期经院哲学到了穷途末路，经院哲学家敌视科学思想，疯狂地用火刑和监狱对付先进的思想家和科学家。摧毁经院哲学，建立新哲学，成为先进思想家的共同任务。笛卡尔和培根一样，举起了新哲学的大旗。

阿姆斯特丹

"我思，故我在"是笛卡尔的名言，也是他怀疑式哲学的集中体现。笛卡尔指出，我们不能盲从。我们已有的观念和论断有很多是极其可疑的。为了追求真理，必须对一切都尽可能地怀疑。只有这样才能破旧立新。

这种怀疑与否定一切知识的不可知论有着根本的区别，笛卡尔强调的是以怀疑为手段，把真理从谬误中解救出来，从而达到去伪存真的目的，所以被称为"方法论的怀疑"。这里的怀疑是一种积极的理性活动，理性成为权威。"我思，故我在"的怀疑式哲学，给予经院哲学以沉重打击。

斯宾诺莎的肖像

当时欧洲的思想界是一片生机勃勃的景象，认识论得到前所未有的发展。培根开创的经验论向传统的经院哲学提出了挑战，笛卡尔开创的唯理论则给经院派以致命一击。笛卡尔认为，凡是在理性看来清楚明白的就是真的。复杂的事情看不明白，应当把它尽可能分成简单的部分，直到理性可以看清其真伪为止。这就是笛卡尔的真理标准，即唯理论。作为 17 世纪唯理论的创始人，笛卡尔没有完全排斥经验在认识中的作用，但认为单纯的经验是不能作为真理标准的。

斯宾诺莎

犹太教的叛逆者

剧院旁边的一条阴暗的小巷里，一个学者模样的人正静静地走着。突然，一个黑影窜了出来，拿着明晃晃的尖刀朝那人的脖子上刺去。那人大吃一惊，急忙往旁边躲闪，但脖子仍被刺得鲜血淋漓。刺客见一击不成，立即逃跑了。

这个学者模样的人就是斯宾诺莎，由于言论"出格"而被犹太教会开除了教籍。一些虔诚的教徒对他恨之入骨，这次刺杀就是那些虔诚的教徒所为。斯宾诺莎到底是怎样一个人物，被永远革除教籍后仍不解犹太教会的心头之恨？

1632 年 11 月 24 日，斯宾诺莎在阿姆斯特丹一个犹太商人家庭出生。他早年在法国古典语言学者安顿创办的学校里就读，提高了拉丁文水平，也学习了希腊语，接触到了唯理论哲学家笛卡尔的著作，同时深受安顿自由主义的影响。

在校期间，斯宾诺莎结识并爱上了安顿的女儿，但因性格内向，所以一直没有表白。就在这时，斯宾诺莎一个外向而且富有的同学勇敢地向这位姑娘求爱，两个人结了婚。这是斯宾诺莎唯一的一次爱情，还没有正式开始就结束了。

后来斯宾诺莎年迈的父亲去世了，他的姐夫寻找借口企图剥夺他的继承权。斯宾诺莎将姐夫告上了法庭，最终夺回了属于自己的遗产。可令人瞠目结舌的是，斯宾诺莎竟然将这笔财产轻蔑地掷给了那些企图用卑鄙手段得到它的人，只拿走了一张床和一条毯子。

斯宾诺莎通过对宗教典籍、犹太思想家和笛卡尔著作的研究，逐渐与正统神学发生分歧。1656 年 7 月犹太人公会给他以最严重的处分：永远革除教籍，并且报告市政当局。但被革除教籍的斯宾诺莎仍被一些虔诚的犹太教徒视为异端，欲除之而后快，于是便出现了本文开头那一幕。

斯宾诺莎的影响

生命受到严重威胁的斯宾诺莎只得搬到阿姆斯特丹南边的一个村庄暂住，靠磨制光学镜片维持生活。1660 年，斯宾诺莎从阿姆斯特丹迁到莱因斯堡村。此时，斯宾诺莎的生活困顿不堪，但他一生中的大部分著作就是在这时写成的，如《简论神·人和人的幸福》、《理智改进论》、《笛卡尔哲学原理》的大部分和《伦理学》的第一卷。

1663 年 6 月，斯宾诺莎移居靠近海牙的伏尔堡。在这里，他继续撰写《伦理学》，并于 1675 年完稿。但此书尚未出版就引来极大的争议，各种不利于斯宾诺莎的流言蜚语四处传播，他只得放弃了出版的计划。1670 年时，斯宾诺莎化名出版了《神学政治论》，引起了社会极大的震动。同年 5 月，他移居海牙，并开始写作《希伯来语法》，另一部未完成的著作《政治论》也是在这里动笔的。

斯宾诺莎探讨了当时哲学的各种问题，建立了一个完整的哲学体系，其中包括实体、属性和样式的学说，唯理论的认识论和方法论，无神论，政治学说和伦理学等。在这些方面，他都为人类认识的发展和社会的进步作出了积极的贡献。

但斯宾诺莎的超前思想在当时并没有引起足够的重视。17 世纪末，法国的贝勒在《历史批判辞典》中肯定了斯宾诺莎哲学中的无神论体系。18 世纪末至 19 世纪初德国的启蒙运动中，斯宾诺莎的哲学经莱辛、赫尔德、歌德等人的宣扬，才为世人所重视。斯宾诺莎的实体论成为黑格尔哲学体系中的重要因素。费尔巴哈称"斯宾诺莎是现代无神论者和唯物主义者的摩西"。

1677 年 2 月 20 日，年仅 45 岁的斯宾诺莎去世。正如斯宾诺莎所言："人类的心灵不会随着肉体的消亡而完全消亡，它的某一部分仍将永存。"他短暂的生命为这句话作了最好的诠释。

斯宾诺莎塑像

火刑柱上的塞尔维特

1553年的一天，一个名叫塞尔维特的中年男子被牢牢地锁在火刑柱上，神职人员点燃了一堆木柴，火焰刚好烧到塞尔维特的脚下。两个小时后，塞尔维特被活活烤死。他的著作也被教会付之一炬，只有《基督教的复活》的三本手抄本被保存了下来。

1511年塞尔维特出生在西班牙的图德拉。年轻时的塞尔维特就很叛逆，写了《论三位一体的错误》批判神学的荒谬，还差点因此而被捕。1536年，塞尔维特进入巴黎医学院学习医学，但时

塞尔维特的著作

间不长便因反对"占星术"而被教会驱逐出巴黎。

塞尔维特更加认真地研究解剖学，并完成了《论糖浆》等药物学专著。1553年，塞尔维特又完成了《基督教的复活》一书。在书中，塞尔维特阐明了人体的结构和功能，说明了血液小循环的机制，并批判了盖仑的灵气说。盖仑说：人体中只有一种灵气，这种灵气本存在于空气中，吸入肺脏后与来自右心室的血液相遇，然后进入左心室，这时血液就带上了灵气，并被送至全身。

这本书的矛头直指神学和当时的神学家加尔文，塞尔维特也因此被宗教裁判所逮捕。被捕之后，塞尔维特巧妙越狱，宗教裁判所只得对他进行了缺席审判，最终判处塞尔维特连同他的著作一起被"用文火慢慢烧成灰"。

MICHAEL SERVETVS ...DE ARAGONIA

塞尔维特

塞尔维特越狱后不到 4 个月，就在日内瓦再次被捕。有人劝说宗教裁判所将火刑减轻为剑刑，或在火刑前将其勒死再烧。但神学家加尔文咆哮着说："用文火慢慢烤，直至烤成灰为止！"就这样，年仅 42 岁的塞尔维特被烤死在了火刑柱上。

近代生理学之父哈维

威廉·哈维，牛津大学教授、实验生理学的先驱。1578 年 4 月 1 日哈维出生在福克斯顿的一个农民家庭，他自幼喜欢安静，思维敏捷。16 岁那年，哈维以优异的成绩考入剑桥大学的冈维尔一凯厄斯学院，在校期间因成绩优异而获得了马太·帕克奖学金。1600 年，哈维到了意大利帕多瓦大学继续学习医学。1602 年，哈

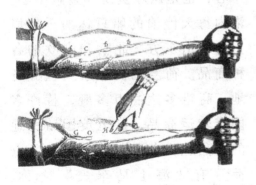

哈维发现的血液循环现象

哈维

维获得医学博士学位，他的博士证书上写道："威廉·哈维以突出的学习成绩和不平凡的才能引人注目，并获得杰出教授的高度赞扬。"

此后哈维回国并在伦敦行医，自 1609 年起任圣巴塞洛缪医院医生，1618～1647 年任英王詹姆斯一世和查理一世的御医。在此期间哈维发现：当用丝带扎紧人的上臂时，丝带下方的静脉膨胀起来，动脉却变得扁平；而在丝带上方的动脉膨胀，静脉扁平。这表明动脉和静脉中血液流动的方向相反：一个从心脏流向肢端，一个从肢端流回心脏。经过无数次的实验和思考后，哈维认为血液在全身沿着一条闭合的路线作循环运动。哈维还预言，在动脉和静脉的末端必定有一种微小的

通道把二者联结起来。1660年，意大利解剖学家马尔比基发现了毛细血管，从而证实了哈维的预言。

1628年哈维出版的《心血运动论》一书，彻底推翻了统治医学达1400多年之久的盖仑理论，具有重大的研究价值和历史意义。但此前在生理学的研究中说了真话的维萨里被赶跑了，塞尔维特被烧死了。哈维提起笔来这样写道：“现在我的赌注已经下定，一切都寄托于爱真理的热情和思想中。”

17世纪前期荷兰经济的发展和对外殖民掠夺

尼德兰革命后成立的联省共和国以荷兰省经济最为发达，它提供全国财政开支的57%。荷兰省还是全国政治中心，国家的最高权力机关设在这里。故联省共和国又称荷兰共和国。

17世纪前期，荷兰资本主义经济获得迅速发展，呢绒业、麻织业、丝织业及陶瓷业等均在国际上享有盛名。迄17世纪初，英国的呢绒还要靠荷兰最后加工和染色，荷兰从事这项职业的工人

达数千人。荷兰的造船业尤为发达，居当时世界的首位。当时荷兰商船的吨数占欧洲总吨数的3/4。荷兰为西班牙造大型船，向英国供应平底船、渔船和运煤船。

郁金香热

荷兰资本主义发展的特点是商业超过工业，对外贸易超过本国贸易。17世纪初，重要港埠阿姆斯特丹，已胜过安特卫普，有居民10万。它不仅是荷兰的经济中心，也是国际贸易和金融中心。港内每天停泊的船只达两千艘以上，转销东方、北欧和中欧的各种商品。荷兰的商船航遍世界各地，商船多达一万多艘，替许多国家转运商品，甚至英国殖民地的商品也由荷兰船只运输，所以荷兰有“海上马车夫”之称。1609年，荷兰创办了欧洲第一个

资本主义类型的银行——阿姆斯特丹银行，其势力伸展到荷兰境外，经营大规模的存款和信贷业务。

17世纪前期，荷兰已拥有庞大的殖民地。对殖民地的血腥掠夺是资本主义原始积累的重要手段。早在16世纪末年，荷兰就已开始了海外殖民侵略。它逐渐排挤了西班牙、葡萄牙和英国在东方的势力，把贸易权夺到自己手里。1597年，荷兰商业远征队首次到达印度，此后继续东进到爪哇和摩鹿加群岛。1602年成立的荷属东印度公司，享有印度洋和太平洋贸易的独占权。它先后排挤了西班牙和葡萄牙。英属东印度公司和它相比，资本额要少十几倍。它以巴达维亚为大本营，先后占领爪哇、摩鹿加、锡兰为殖民地。在印度、马来亚、澳大利亚建殖民据点，还侵占了重要的战略据点毛里求斯等地。这个公司特别注意榨取盛产香料的摩鹿加群岛，采用直接掠夺、强迫贡纳或不等价交换等各种卑鄙手段搜刮当地财富，利润达几百倍。为了保持欧洲市场上香料的高昂价格，有时焚毁大批宝贵的产品。荷兰殖民者野蛮地屠杀当地居民，或掠卖为奴，把强占的土地开辟

为种植园，使用奴隶劳动。马克思在论述荷兰的殖民政策时曾尖锐指出："荷兰——它是17世纪标准的资本主义国家——经营殖民地的历史，'展示出一幅背信弃义、贿赂、残杀和卑鄙行为的绝妙图画'。""他们走到哪里，那里就变得一片荒芜，人烟稀少。"

荷兰在西方也建立了殖民地。1621年，创办西印度公司，从西班牙手里夺取了西印度的一些岛屿。1622年，占领了北美洲东岸的土地，建立新阿姆斯特丹城（1674年被英夺取改名为新约克，即今美国纽约）。1648年，荷兰殖民者从非洲南端排挤了葡萄牙人，将该地区变为荷属"海角殖民地"。17世纪中叶，荷兰几乎控制了德国的对外贸易。在对俄国的进出口贸易中，荷兰排挤了英国而居首位，是波罗的海贸易的主

最新整理图文珍藏版

1821

此图表现了孩子们在荷兰的快乐生活，当时荷兰自由宽松的气氛跃然纸上。

人，该地区 70% 的贸易为荷兰人所控制。

荷兰商船当时也曾出现在我国东南沿海。1624 年，荷兰殖民者开始侵入我国领土台湾，先在安平建立据点，然后逐步扩大占领范围。荷兰殖民者的侵略行径，受到岛上的汉族和高山族人民的强烈抵抗，多次起兵痛击侵略者。1661～1662 年，我国东南沿海人民在民族英雄郑成功的领导下，把荷兰侵略者全部驱逐出去，收复了台湾。

17 世纪的荷兰共和国是一个联邦国家，它有两个首都，政治首都海牙和经济首都阿姆斯特丹，都设在荷兰省。荷兰的政治制度具有半共和、半专制的性质。国家的最高权力机关是三级会议，常设机构是国务会议。国务会议共由 12 名委员组成，按各省纳税数量的多寡决定所出委员的人数，因荷兰和西兰两省纳税最多，故出五名委员，实际左右着国务会议。三级会议由各省的资产阶级、教士和贵族的代表组成，有立法、决定赋税、宣战、媾和、处理重要国务之权。各省不论代表人数的多寡，都只有一票表决权；对重要问题的决议，必须一致通过才有效。国务会议的首脑是执政，

由奥兰治家族世袭。三级会议中各省代表的意见分歧时，由执政协调，如协调仍不能取得一致，执政可行使最高职权进行仲裁，作出决定。

资产阶级在荷兰的三级会议中起着主导作用，因此它具有共和性质。但荷兰的执政与贵族的联系远较同资产阶级密切，他在贵族与资产阶级发生利害冲突时，通常是反映贵族集团的利益和要求，因而荷兰的政治制度又有贵族专制的性质。

荷兰各省在处理本省内部事务时享有广泛的自治权。各省经济发展状况不一，其三级会议的社会成分和作用也不尽相同，如荷兰省的三级会议，贵族势力微弱，大资产阶级占绝对优势；东部的格利德恩和奥维依谢尔，则

17 世纪，对荷兰商人来说最理想的商品莫过于郁金香。

是贵族占多数。

17世纪的荷兰，随着资本主义经济的发展和海外殖民掠夺的加剧，国内的阶级矛盾也尖锐起来。掌握国家政权的大资产阶级和贵族，他们的对内政策是公开反民主的。人民群众在政治上无权，国家和军队的巨额开支的主要负担，都通过间接税压在他们身上。资本家把从殖民地掠夺来的财富，在本国转化为资本，加强了对工人的剥削。荷兰工人的工作日长达12～16小时，工资低微。手工工场里大量雇用女工和童工。许多工人家庭，挣扎在饥饿线上。马克思在说明17世纪中叶荷兰的情况时讲道："荷兰的人民群众在1648年就已经比欧洲所有其他国家的人民群众更加劳动过度，更加贫困，更加遭受残酷的压迫。"

革命胜利后的荷兰，农村仍保留一定程度的封建残余，特别是落后的东部农业省份，封建土地所有制仍旧存在，一部分贵族还享有特权，剥削农民群众。

因此，17世纪荷兰的阶级矛盾仍十分尖锐。农民不时掀起暴动，雇佣工人和小手工业者组成工会，为要求提高工资，改善劳动条件，多次采取独立行动，向资本家展开斗争。

探险家库克

发现澳洲大陆

詹姆斯·库克是英国的一位探险家、航海家和制图学家，因进行了三次探险航行而闻名于世。他18岁时在为一个船主工作，主要工作就是随船到波罗的海航行，这为他以后的航海积累了经验。

1768年8月26日，库克以船长的身份进行了第一次重要的航海考察。当时他乘坐的是"促进"号，目的是调查太平洋中的维纳斯航道并考察该海区的新岛屿。随他同行的有一名天文学家、两名植物学家和一名擅长绘描植物的画家。

库克船长的航海日志

位于澳大利亚墨尔本的库克船长小屋

库克船长的船队到达南极圈

他们先向南航行，然后向西转弯，绕过合恩角，在航行 8 个月后到达塔希提岛。库克对维纳斯航道进行了调查后，于 1769 年 6 月 3 日观察到了金星凌日现象。随后"促进"号调查船驶向新西兰，他们在那里逗留 T6 个月的时间，详细地考察了两个岛屿的地理位置，并准确地把它们的位置标绘在海图上。

为了达到绕地球一周的目的，库克船长大胆决定继续向西航行。又经过 20 天航行，他们发现了澳大利亚这块陆地，在这里库克船长第一次看到了袋鼠。库克船长以英国政府的名义把澳大利亚东海岸命名为新南威尔士，并宣布这块陆地属于英国的领土。"促进号"考察船向西航行的途中穿过澳大利亚和新几内亚之间的海峡，经爪哇、印度洋，最后绕过好望角，于 1771 年 7 月 12 日顺利地返回了英格兰，这是他的第一次重要航行。

第一个闯进南极圈的人

现在人们所说的南极洲大陆，是库克在第二次航行时发现的。本来这次航行的目的就想验证当时人们所说的"在太平洋南温带地区存在一个大陆"的说法。1772 年 7 月，库克从英格兰出发，开始了他的第二次海上航行。

他的航船沿大西洋非洲海岸南下，绕过好望角，穿过南极圈。库克船长是最早探索这片大陆的探险家之一，为后来的南极洲探险奠定了重要基础。1772 ～ 1775 年，库克船长率领"决心号"和"冒险号"两艘独桅帆船，三次进入南极圈，曾一度进入了南纬 74 度 10 分、西经 106 度 54 分的海面。在那个靠木船航行的时代，没有人敢这样冒险，但库克做到了，并把这个航海纪录保持了51 年。

英国海德公园内库克船长的雕像

库克的航船在对南极圈进行考察之后，又去了新西兰，接着对南太平洋包括复活节岛、汤加、新赫布里底、新喀里多尼亚、诺福克岛以及后来以他命名的库克群岛等一些岛屿进行了考察，还将复活节岛和马克萨扬群岛绘制了海图，并在南大西洋中测绘了南乔治亚岛，还发现了南桑德韦奇群岛。1775 年 7 月 29 日，库克再次从好望角返航到英国，完成了在南半球高纬度地区绕地球一周的航海。

这是人类历史上第一次自西向东环绕地球的航行，库克用事实证明了太平洋南温带地区所说的大陆并不存在，而是在更南边有一个南极大陆，这个南极大陆和澳大利亚并不属于同一大陆。

夏威夷群岛被发现

1776 年 7 月，库克开始了他的第三次海上航行，这也是他的最后一次航行。这次他试图寻找一条从大西洋到太平洋的海上通道。自从哥伦布发现新大陆后，人们一直试图寻找这样一条通道。早在法国国王弗朗西斯一世时，就曾两次派人考察了佛罗里达以北直到纽分兰的北美东海岸，但都没有寻找到想象中的那条通道。

库克这次决定从太平洋出发去，或许这样更有希望寻找到那条通道。他率领"决心号"和"发现号"船只绕过好望角之后，横渡印度洋到达新西兰。然后从

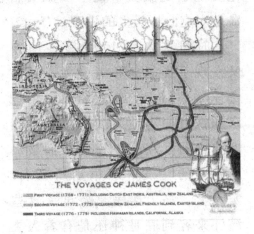

库克船长的探险路线

库克船长

新西兰向北到达塔希提岛，继续北行。一个新的岛屿很快就出现在了他的视野里，因为发现这天是在1776年的圣诞节前夜，库克便把这个小岛命名为"圣诞岛"。接下来库克继续向北航行，这次他发现了夏威夷群岛。夏威夷群岛是库克此行最大的发现。

时间进入到1778年，库克又发现了瓦胡岛和考爱岛，并在考爱岛登陆。上岛后船员们用铜章和铁钉向当地人换取了鱼、猪肉和山药。在这里，船员们被岛上妇女的"友好"举动所吸引。实际上，岛上居民是要试探这些海外来客到底是神还是有着人类欲望的普通人。水手们的行为让他们确信无疑，知道他们也是普通的人类，只不过来自遥远的未知大陆。但是这种尝试使许多英国水手染上了性病。

1778年2月，库克到达了现在叫俄勒冈海岸的地方，他们朝北航行，穿过白令海和白令海峡进入北冰洋。后来，库克没有找到可以向东的行驶航道，不得不返航到夏威夷岛，但没想到的是，那里却成了他的丧生之地。

库克船长之死

库克船长率领他的船员登陆夏威夷岛的时候，受到当地土著们异乎寻常地热情欢迎，因为在当地流传一个传说，他们崇拜的洛诺神就要降临人间了，洛诺神是小个子，他出现的时候会站在桅杆形柱子上，身披一件树皮布的斗篷。库克在登陆夏威夷岛时，他站在船板上的形象和当地人传说中洛诺神的形象是那样的相似，以至于全岛的人都狂欢起来，以为他就是洛诺神。

库克一行住在寺庙里，受到当地人无限的崇拜。当地人向他们祈祷，希望能赐福他们。但是，这样的礼遇他们只享受了几个星期。很快当地人就发现幸福并没有降临到他们的身上，于是他们对船长和他的船员们产生了怀疑。

接下来的灾难就来临了。库克船长的一名船员生病死了，这是灾难的导火索。因为洛诺神是不会死的，船员的死就证明了他们是假的，这些人也和他们一样只是一群普通的人。当地人忽然明白他们受骗了，他们愤怒了，库克一行立即成了他们的敌人。

就这样，双方的关系一天天恶化起来。当地人把库克一行赶出了神庙，接下来，有一群当地人趁"发现号"船上无人的时候，偷走了一条救生船。这件事加剧了双方的矛盾，远洋航行救生船是必不可少的救命工具。库克在愤怒之中丧失了理智，他绑架了当地的酋长，试图通过这种方法来逼迫当地人把救生船拿出来。但是库克船长想错了，他们的举动引起了当地人的无比愤怒，双方发生了激烈的冲突。当地人向他们发起了进攻，用木棍和石块作武器。库克一行则用火炮和弓箭回击，有 17 个当地人被打死。这激起了他们更大的怒火，一轮更猛烈的攻击向库克一行袭来。在当地人的疯狂进攻中，库克和 4 名水手丧生。

牛 顿

充满乐趣的童年

1643 年 1 月 4 日，伊萨克·牛顿在英国林肯郡乌尔索普小镇上出生。父亲在牛顿出生前就去世了，原本就不富裕的家庭生活变得更加艰难。后来牛顿的母亲嫁给了一个牧师，而他则被送到外祖母家里寄住。

小牛顿是个非常淘气的孩子，即使是在他 12 岁入学后，他的淘

库克船长之死

牛顿发现光的折射规律

气性格仍没有丝毫的改变。因为学校离家太远，他被安排在一个药剂师家里居住，但他的淘气常常让药剂师头痛不已。

牛顿从小就喜爱自己动手制造一些小玩具，他收集了斧头、锤子等工具，常常能造出一些让大家感到惊奇的东西来。药剂师住处附近有一架风车，小牛顿放学后常到那里看风车，后来他弄懂了风车的原理，就自己动手制造了一架小型的风车。不过他的风车并不是用风做动力，而是用老鼠。他把老鼠放在一个有轮子的踏车上，然后在老鼠可望而不可及的距离上放一些食物，老鼠想吃到食物，就不停地踏车，这样轮子就转动了起来。他造出的这个小风车引起了当地人极大的兴趣，他古灵精怪的名声传得更远了。

上学这段时期，牛顿最喜欢数学，善于钻研。据记载，他在小学读书时就研究出了"水钟计时"和"太阳钟"。他的水钟是用木箱制成的，用一个容器盛水，用容器滴出的水控制时钟的转动，这样他每天上学就不用担心迟到了。

有一天他注意到了自己的影子，上学时影子在左边，而下午放学后影子跑到右边去了。这个发现让他很受启发，于是他又造出了"太阳钟"，这与中国的"日晷"很相似。

牛顿14岁的时候，他的继父死了。牛顿被迫辍学，回家放羊。这时候的牛顿已经深深迷上了数学，很多时候，他把羊群丢在一边，趴在草地上研究数学问题，羊群走散了他也不知道。

"一个神经不很正常的家伙"

牛顿在舅父的帮助下，很快又复学了。1661年中学毕业后，牛顿考入了英国剑桥大学。因为他在中学时数学根底好，上了大学后更是如虎添翼。他如饥似渴地读着欧几里得的《几何原本》、笛卡儿的《几何学》和《哲学原理》、开普勒的《光学》、伽利略的《两大世界体系对话》、胡克的《显微图集》等等，由于刻苦钻

专心致志的牛顿

研，1665年牛顿发现了微分和积分，这是高等数学中一次伟大的革命。

1665～1666年，剑桥发生瘟疫，学校被迫停课，牛顿又回到了家乡。有一天，他坐在一棵苹果树下，刚好一颗熟透的苹果从树上落了下来。这本来是一件司空见惯的事情，但引起了他极大的兴趣。后来他终于得出了结论，苹果落地，是因为有地心引力的存在。牛顿对苹果落地的解释是："宇宙的定律就是质量与质量间的相互吸引"。这条定律人们已经知道多少世纪了，引力原理不仅适用于地球，也同样适用于整个宇宙。

1667年，牛顿重返剑桥大学。1669年3月16日接替巴罗教授，任卢卡斯讲座教授。从此，牛顿在剑桥大学从事教学和科学研究达30年之久，他的辉煌的科学成就都是在这里取得的。为了科学研究，他的大部分时间都是在实验室里度过的，每天要在这里研究十七八个小时，甚至通宵达旦。"给他送去的热腾腾的晚餐，他常常等到变成冷冰冰的早点才吃到嘴里。"一个人这样说道。即使是在外面的草地上散步，牛顿的脑子里也常常在想着他的科学研究，有时会因为想到了结果而大喊大叫起来，剑桥大学图书馆长甚至说牛顿是"一个神经不很正常的家伙"。

力学三大定律

1687年，牛顿出版了他的《自然哲学的数学原理》，这是一部力学的经典著作。这时候他已经由教授身份变成英国皇家学会的会员，当时皇家学会的会员有好几位都是大名鼎鼎的科学家。在会员中，牛顿和哈雷最投缘，他们努力弥补相互的不足。如在形容行星椭圆轨道问题上，哈雷比牛顿精通；而在万有引力问题上，牛顿却是哈雷的老师。在哈雷的鼓励下，牛顿终于在1686年

哈雷像

底完成了他的《自然哲学的数学原理》。但皇家学会由于经费不足，出版不了这本书。后来靠哈雷的资助，这部伟大的著作才得以呈现在世人面前。

这本书阐述了力学的三大基本定律，即惯性定律、力和运动关系的定律、作用和反作用的定律。他还根据万有引力定律，研究了太阳系里行星、卫星和彗星的运动理论。在《自然哲学的数学原理》一书里，牛顿还研究了潮汐问题、流体静力学、流体动力学的问题，还有弹性介质中波运动的速度问题，并对这些问题作了一个合理的解释。

但是这本书出版却受到了冷遇，因为没有几个人能看懂它，包括一些科学家和哲学家，都觉得过于深奥和离奇，有些人对他的万有引力定律提出了尖锐的批评，认为这些定律太荒唐，从他的理论里人们看到的是一个没有智慧和生气的世界。即使在其后的40年里，这些定律仍是曲高和寡，它的信徒还"总共不到一打"。但牛顿似乎对这些并不在乎，也不对任何意见加以迁就。他只对少数人讲他的原理，"至于世上其他的人，随他们的便吧，死光我也不在乎！"

在做光学实验的牛顿

进入政治的科学巨匠

在社会上有了名望的牛顿，渐渐对政治热衷起来，开始疏远给他带来巨大成就的科学。当时正是詹姆士二世执政时期，国王限制大学的自由，遭到了牛顿等人的强烈反对。威廉一世执政后，牛顿成为了议会的议员，但他并不善于演讲和争辩。他在大会辩论中几乎没有发过言，据说他在大会中只作过一次发言，是要求会场中的招待人员关一关窗户。有人请求国王就政治问题征求牛顿的意见时，国王回答说："啊，不必了，牛顿不过是一个哲学家。"

1699 年，国家铸币局大臣位子出现了空缺，牛顿通过一些有权势的人物的扶持，如愿当上了铸币大臣。当时英国货币比较混乱，各个时期的钱币混用，牛顿花了大力气进行整治，把全国的钱币进行了回收，进行重新铸造。

1703 年，牛顿当选为英国皇家学会的会长，由于他在科学方面的巨大成就，一直到他逝世为止，他的会长位子都无人撼动。在这个时期，他对自己以前的科学研究进行了整理，出版了一些光学和数学方面的许多研究著作。他还利用会长的身份组织科学活

伊萨克·牛顿爵士

动，近代的数学、物理学和天文学就是从牛顿开始创立的。

1705 年，牛顿被安妮女王封为爵士。牛顿晚年的生活可谓十分优裕，在伦敦他设有自己的公馆，在乡下买有自己的庄园。但晚年的牛顿致力于对神学的研究，否定哲学的指导作用，把自己的科学成就归之于上帝。当他遇到难以解释的天体运动时，就认为这是神在推动着这一切，是上帝在统治着万物。他成了一个唯心主义者，从此以后，因为他迷信于神学，而把科学研究荒废殆尽。

1727 年 3 月 20 日，牛顿在伦敦逝世，以国葬礼葬于伦敦威斯敏斯特教堂。

路易斯安那的易主

当《独立宣言》在 1776 年发表时，尚未独立的北美 13 个殖民地只有 83.5 万平方公里，是一个狭长的地带。到 1783 年美国真正独立时，美国的国土已有 205 万平方公里。可是到了 1803 年，竟一跃达 400 多万平方公里，转瞬间翻了一番！这自然与杰斐逊和拿破仑的一笔交易有关，这个令美国占了不少便宜的交易史称

路易斯安那的命名

"路易斯安那购买"。

路易斯安那地区本是一片荒无人烟的获区，当年印第安人常常在这里架鹰牵犬，追捕野兽。不过对欧洲人来说，这片辽阔的土地却是物产丰富的一块宝地。

不断变化的印第安人的房屋

又由于境内有密西西比河流过，而且还濒临墨西哥湾，从而使这里拥有便利的水上交通。因而，这里成为欧洲列强争夺的一块

肥肉。

16世纪时，西班牙探险家便发现了这里，也许是嫌这个地方过于荒凉，因而没有把这里圈为西班牙的殖民地。近百年后，法国探险家沿着密西西比河南下，航行到了新奥尔良以南的河岸，这里便被圈为法国的一块殖民地。为了表示对太阳王路易十四的敬意，这块土地被命名为路易斯安那，意思是"路易的土地"。从1731年开始，这里正式接受法国的统治。当时，法国在北美的殖民地还包括加拿大在内的新法兰西，只有阿巴拉契亚山脉以东的13块殖民地归属英国。1756～1763年的七年战争中，英法两国在北美与印度展开了激烈的争夺，虽然当时法国与西班牙结为盟国，但最终还是被大英日不落帝国打败，失去了北美的大片殖民地。西班牙在这场战争中失去了佛罗里达半岛，法国为了补偿盟国的损失，便将密西西比河以西的路易斯安那送给了西班牙。从此，路易斯安那成为了西班牙的一块殖民地。

"路易斯安那购买"的开始

拿破仑发动雾月政变后，成为法国的第一执政，野心勃勃地想在美洲大陆建立一个辽阔的殖民地。他并没有用武力夺取路易斯安那，而是运用高超的外交手腕，用意大利北部的托斯卡纳与西班牙进行交换。

路易斯安那是一个粮食生产基地，西班牙自然不想轻易转手，但面对逞暴恃强的拿破仑也实在是有些胆怯。于是在1802年，西班牙国王不得不把这块"肥肉"交给了拿破仑，并一再嘱托千万不要将其转让给第三国。言外之意便是如果法国不再想要，自己还想再次拥有。法国则承诺在任何情况下也不会将其转让，言外之意很明显，自然是想一直拥有。

路易斯安那的土地虽然可以种植不少农作物，但由于大部分地区没有开发，所以当时最大的经济来源是新奥尔良市的港口。墨西哥湾和密西西比河的大港口都在这里，而无论哪国商船经过这里，都要交过境费。这个过境

法国出售路易斯安那区域

费，真是一笔取之不尽、用之不竭的财富。而通过这个港口最多的是美国商船，美国南部的农民的产品必须经过水路运到新奥尔良，再从新奥尔良装船运到欧洲各国。所以，这里是美国做梦都想得到的地方。

当时的美国总统是杰斐逊，他最为忧虑的便是路易斯安那对美国构成的威胁。因为穷兵黩武、不可一世的拿破仑可能从此扎根于密西西比河和新奥尔良，阻碍美国在这一地区的活动。杰斐逊对美国驻法大使利文斯说："我国3/8的农产品要经过新奥尔良港运往欧洲各地，法国控制着这个门户收取过境费，是对我们采取挑衅的态度。"在美国国会上他说："当对我国西部贸易具有至关重要的地区仍然属于外国管辖之下时，我们的和平将永远面临危险。"

为了美国的有更大的发展，在经济上不受法国的钳制，杰斐逊指示驻法大使同法国的拿破仑谈判，商讨购买新奥尔良的事宜。同时，指派在美国西部威望最高、人气最旺的门罗为特使，前往法国促成这笔交易。

拿破仑态度的变化

想要一统欧洲的拿破仑怎么会把土地卖掉呢？他非常坚决地

拒绝了美国的请求。然而，真是天助美国，1803 年在拉美爆发的海地独立运动使拿破仑彻底改变了态度。

海地独立之父杜桑用兵如神，打得法国军队全无还手之力，虽然拿破仑用计策擒获了杜桑，但他的部下与战友继续揭竿而起，依然把法军打得狼狈不堪。到后来，拿破仑的妹丈也因黄热病而命丧黄泉，他派去的几万精兵没有一个生还（8000 名残兵归国途中被英国海军俘获）。在这种情况下，拿破仑一边大骂着"该死的糖！该死的咖啡！该死的殖民地！"不得不放弃对海地的控制。

塔列朗

而此时拿破仑正在欧洲战场上同第二次反法同盟激战，无法分身顾及美洲。于是拿破仑为了不让西班牙抢去路易斯安那，同时也为了打击英国的海上贸易，便不再信守曾经的承诺，决意将路易斯安那出售给美国，以换取一些军费。

拿破仑的做法使他的两个兄弟非常气愤。一天，拿破仑正在撒有香水的沐盆里洗热水澡，约瑟夫与吕西安走了进来。吕西安说，"立法机构总不会同意这种出卖领土的行为。"拿破仑一听勃然大怒，挖苦他的弟弟说，"你大可为此事举哀戴孝，但这件事必须要付诸实施。"约瑟夫说，"如果你坚持这样做，我就在议会上带头反对你。"拿破仑大发雷霆，一下从沐盆中站了起来，又倒了进去，洗澡水溅了约瑟夫一身。吕西安最后表示，如果拿破仑不是他的哥哥，就会与他为敌。拿破仑听后大声说："那么，我就会像砸烂这只烟盒一样对待你！"边说边把一个鼻烟盒摔在了地上。

1803 年 4 月 11 日，拿破仑对外交部长塔列朗说："我不要路易斯安那了。我要放弃的不仅仅是奥尔良，我要全无保留地、

世界通史

最新整理图文珍藏版

完全放弃那块殖民地。"并命令塔列朗负责与美国谈判，商讨出卖路易斯安那的事宜。

巧取豪夺的扩张

为了出卖路易斯安那，塔列朗与美国驻法大使利文斯进行了会晤。一阵寒暄过后，塔列朗突然语惊人地直入主题："贵国是否愿购买整个路易斯安那？"

利文斯顿时惊住了。因为杰斐逊总统的指示，只是让他与法国交涉购买新奥尔良市，出价1000万美元。可是近200万平方公里的路易斯安那，得多少钱啊？！

塔列朗接着提出条件要么一起接受，要么一起拒绝！

杜桑·卢维图尔

震惊的利文斯显然无法给塔列朗一个满意的答复，他只得要求再考虑考虑。1803年4月12日，美国的特使门罗来到了巴黎。利文斯和门罗经过反复商量，权衡利弊，最后终于接受了法国的条件——全部购买路易斯安那。两人认为，虽然没有得到政府的指令，但路易斯安那毕竟是一块令人垂涎的土地，它的面积相当于现在的美国。他们怕时间一长拿破仑会收回主意，便急忙找塔

新奥尔良升起美国国旗

列朗进行谈判。经过一番锱铢必较的讨价还价之后，在1803年4月底，双方终于达成协议，美国以1500万美元的价钱买下了辽阔的路易斯安那。这可真是让美国

国会大厦壁饰

占尽便宜的买卖，多花了原来1/2的价钱，竟然使国土增加了一倍！

1803年12月20日，美国在新奥尔良市举行接收仪式，正式将路易斯安那地区划入美国的版图。后来，美国通过一系列巧取豪夺，使国土面积进一步扩大：在1810年吞并了西佛罗里达，1819年"购买"了佛罗里达，1845年得到得克萨斯，1846~1847年的墨西哥战争中夺取了加利福尼亚、亚利桑那和新墨西哥等大片领土，1846年迫使英国放弃北纬49度以南的俄勒冈地区，1867年又从俄国手中购买了阿拉斯加。于是，到19世纪中期，美国领土已经从1783年以前的205万平方公里扩大为777万平方公里，接近原国土面积的四倍。

尼古拉一世

"俄国第一代革命者"

1825年12月14日上午，彼得堡市中心的元老院广场，3000多名俄国陆海军官兵全副武装，荷枪实弹，在彼得一世的铜像旁布成战斗方阵，将枪口直接指向正在准备登基为皇帝的尼古拉一世。"拒绝宣誓！" "要求宪法！" "要求民主！"此起彼伏的口号声使这个冰天雪地的世界洋溢着沸腾的热忱。

这是一场政变吗？不！这是爱国者们发起的一场名垂千古的革命。由于这件事发生在12月份，所以这些革命者被称为"十

穆拉维约夫

二月党人"。他们被列宁高度评价为"俄国第一代革命者"。其实，你不妨认为这是拿破仑的灵魂在起作用，因为的确与这位已去世4年的英雄有关。

拿破仑从来没有彻底征服俄罗斯这头北极熊，亚历山大一世反而把拿破仑赶下了皇帝的宝座。野史记载，他甚至还短时间占有了拿破仑最喜欢的女人约瑟芬。可是，法国的文明却征服了亚历山大的60万将士。当这支胜利之师凯旋而归的时候，部队带回的却是法国大革命的火种。

军官与士兵们，亲眼看到了法国的繁华与文明，于是对穷困的祖国，对落后的农奴制越发不满，一些人甚至萌发了"改造祖国"的愿望。他们先于1816年成立了俄国史上第一个革命团体"救国协会"，两年后改组为"幸福协会"。1821年"幸福协会"因政见不和解散，同年成立了以青年军官彼斯捷尔为首的"南方协会"，赞成共和制度。与此同时，又成立了以青年军官穆拉维约夫为首的"北方协会"，赞成君主立宪制。1822年，南北协会第一次建立了联系，他们达成的共识是：消灭和废除腐朽的农奴制度与沙皇统治。第二年春，经过彼斯捷尔在彼得堡与雷列耶夫商讨，双方就联合行动达成协议，发动各自控制的军队进行武装起义，任何一方开始行动，另一方应立即给予支持。

鲜血染红涅瓦河

1825年11月19日，沙皇亚历山大一世神秘地去世了。这位"北方的斯芬克斯"一生中留下了无数个未解之谜，甚至他的死也成为一桩悬案。因为在他死后10年，有一位雍容华贵的老人因说不清自己的身份而被流放西伯利亚，可是他却能说出亚历山大经历的所有事情，并且和他长得一模一样。

也许亚历山大真的像中国清朝的顺治一样，看破了红尘；也许他被法国的文明所征服，所以早些"驾崩"，好让十二月党人早些干革命。不过他死的太突然了，甚至使十二月党人还没做好准备，而军民却已经准备向本应继承皇

尼古拉一世屠杀十二月党人

亚历山大一世

为3000名官兵只是列开阵式，喊着口号，并没有冲进冬宫逮捕尼古拉。可是尼古拉却派出军队，对兵谏者进行了残酷的镇压。于是在元老院广场发生了激烈的血战。

由于担任起义统帅的特鲁别茨科依不在现场，这就为尼古拉创造了有利的条件。他调集了9000名步兵和3000名骑兵，使用霰弹向起义部队进攻。起义者退到冰冻的涅瓦河上，冰面被炮弹炸裂，使很多人落水而亡。元老院广场上弹痕累累，血迹斑斑，尸横遍地。"北方协会"的"兵谏"很快被镇压下去。而"南方

位的康斯坦丁宣誓。由于亚历山大没有后嗣，所以按规定他的二弟康斯坦丁应当继承皇位。也许康斯坦丁想再给十二月党人一次机会，不过史书上说他因为爱上了一位波兰小姐而放弃了王位，总之他把王位让给了三弟尼古拉。这仿佛命定要让第一代革命者成为"十二月党人"，可是不幸的是，尼古拉却不想做开明君主，并且极其憎恨共和制度与君主立宪制。

当宫廷指定12月14日向尼古拉一世"再宣誓"时，十二月党人按计划开始了武装起义。不过应当叫"兵谏"更为合适些，因

尼古拉一世

彼斯捷尔肖像

协会"的首领彼斯特尔突遭逮捕，在穆拉维约夫等人的领导下匆忙起义，但也很快被镇压下去了。

戴王冠的警察

在残酷镇压了十二月党人起义后，尼古拉一世踩着革命者的鲜血登上了沙皇的宝座。他亲自审讯被逮捕的十二月党人，对革命运动进行彻底绞杀。1825 年 7 月 12 日，彼斯捷尔等五位起义领导人被处以绞刑，121 人遭到流放。穆拉维约夫虽被判处死刑，但经多方营救改判为 20 年流放，押往西伯利亚服苦役。

尼古拉一世为了巩固自己的权力，撕去一切君主都试图穿戴的伪善外衣，断然实行公开的暴政。他发誓说"只要我一息尚存，

革命就不会在俄国发生。"为了防止十二月党人卷土重来，他加强警察职能，设立了宪兵团和内廷第三厅，专门负责惩办"国事犯"，监视分裂分子和外国人，放逐嫌疑犯，搜集秘密情报等。因此他本人被称为"戴王冠的警察"。

尼古拉一世"不需要博学之士，而需要忠臣"，并且"给自由言论加上铁的口罩"，他让教育部门制定了"东正教、专制制度和民族性"三位一体的教育方针。在大学里，禁止讲授哲学、自然法学和政治经济学，并在教材中宣扬农奴制俄国的辉煌灿烂，进行自欺欺人的愚民教育。别尔林斯基、赫尔岑、恰达耶夫等进步

别林斯基

1839

的思想家和文学家，都因发表反对专制统治的作品而受到迫害。讴歌自由的伟大诗人普希金被沙皇政府设计致死，诗人莱蒙托夫因痛斥杀害普希金而被流放到高加索。

尼古拉一世在政治上和经济上巩固贵族地位，确立贵族禁地制，并规定禁地只能由长子继承，并且不得分割和出卖。为了削弱资产阶级的政治地位，他规定这些人永远不能获得贵族头衔，最高只能成为世袭的"荣誉公民"。

这位"戴着王冠的警察"还想成为国际刑警，把保护欧洲封建专制和解决东方问题作为俄国对外政策的两个主要目标，并极其野蛮地镇压了波兰民族起义和匈牙利革命。

工作中的格林卡

流放者中，就有格里鲍耶陀夫、马尔林斯基、奥陀耶夫斯基等，都是当时俄罗斯一流的诗人、作家。

十二月党人的文学团体有"俄罗斯文学爱好者同人会"和"绿灯社"。主要刊物有雷列耶夫和马尔林斯基主编的《北极星》和丘赫尔别凯和弗·奥陀耶夫斯基主编的《谟涅摩辛涅》，他们团结当时优秀作家，包括普希金和格里鲍耶陀夫等，共同宣扬进步思想。

十二月党人的文学重视作品的政治内容，歌颂当代或历史上的英雄人物及其功勋，把斗争的锋芒直接指向沙皇专制制度和农奴制。他们提倡创作民族文学，反对崇拜国外与单纯模仿英国与德国诗人，在语言上要求浅显易懂。

十二月党人

学者的革命

十二月党人大多数参加过反对拿破仑的战争，他们不仅出身名门贵族，而且大多是才华横溢的诗人、作家。如被处以绞刑的十二月党人领袖雷列耶夫便是创作了《公民》、《致宠臣》等诗作的杰出诗人。因涉案被捕、被十二月党人的文学成就主要在诗歌方面。著名诗人有很多，最优秀的是雷列耶夫。奥陀耶夫斯基流放西伯利亚后开始写诗，列宁曾用他的名句"星星之火将燃成熊熊烈焰"作为《火星报》刊头题词。莱蒙托夫十分推崇他，写有《纪念奥陀耶夫斯基》一诗表示悼念。

在小说方面，其代表作家有马尔林斯基、格林卡和柯尔尼洛维奇等。在戏剧方面，十二月党人也有一定成就。丘赫尔别凯写有《阿尔吉维扬涅》、《伊若尔斯基》、《普罗科菲·利亚普诺夫》三部剧本，谴责暴政，讽刺迷信外国，表扬爱国英雄。卡捷宁的悲剧《安德罗玛克》曾受到普希金的好评。

十二月党人的文学在俄罗斯文学史上占有重要的地位。它为俄国文学向现实主义发展开辟了道路。

伯爵夫人特鲁别茨卡娅

有一种女人是如此高贵，如此眩目。她让你仰视之下，双目灼痛，泪流满面。她就是十二月党人的女人们。

十二月党人的妻子大多是出身名门的贵族小姐，她们不仅姿容姣好，而且都受过良好的教育。

特鲁别茨卡娅 俄国画家 Sergey Zary-anko 画

尼古拉一世想要贵妇们与"罪犯丈夫"断绝关系，急忙修正了不予批准离婚的法律，只要哪一位贵妇提出离婚，法院立即给予批准。他还下令：愿意跟随丈夫流放西伯利亚的妻子不得携带子女，不得再返回家乡城市，并取消贵族特权。

但她们却毅然放弃了舒适安逸的都市生活，向欢乐富贵告别，向年幼的孩子与年老的双亲告别，跟随"国事犯"的丈夫踏上了一条不归路。在西伯利亚冰天雪地的茫茫荒原，她们成就了最伟大的爱情。

第一个前往西伯利亚的妇女

是伯爵夫人叶卡杰琳娜·特鲁别茨卡娅。她的丈夫特鲁别茨科依上校是起义部队的总指挥。在丈夫被放逐的次日，她不顾父母亲友的一再劝阻，从彼得堡启程直奔西伯利亚。当她冒着风雪严寒、历经两个月的艰苦旅程，途经伊尔库茨克时，沙皇下令阻止她这"可怕的行动"，让她"迷途知返"。

当地省长奉命来劝导她，说彼得堡有"舞会、灯光辉煌的宫廷、自由和尊敬"，而前面却"只有监狱、凌辱、永无止境的压迫和贫困"，特鲁别茨卡娅却不为所动。于是省长又嘲讽她是丈夫的牺牲品和"可怜的奴隶"，特鲁别茨卡娅却坚定地说："对剑子手的蔑视，对正义的理解，会成为我们的可靠支柱。"最后，省长拿出了最后一招，让她在一份文件上签字，承认甘愿放弃一切贵族特权和财产继承权。令省长感到吃惊的是，这位外表娇柔的少妇，竟毫不犹豫地在文件上签了名。

特鲁别茨卡娅历经千辛万苦，终于第一个来到了西伯利亚的聂尔琴斯克矿坑与丈夫相会了。更可贵的是，她为后来的妇女们开拓了光荣的道路。

玛丽娅和穆拉维约娃

北国一个冰天雪地的冬日，在西伯利亚茫茫荒原，一位十二月党人仰天长视，悲怆无语。前来送行的妻子，长跪在他脚下，俯身亲吻着那寒光森森的镣铐……这幅让人荡气回肠的油画中的女主人公，便是第二个来到西伯利亚的玛丽娅·沃尔康斯卡娅。

她是俄国名将拉耶夫斯基的女儿，在起义前夕，嫁给了"南方协会"领导人之一沃尔康斯基将军。丈夫被流放西伯利亚时，玛丽娅年方二十，刚生下一男孩，却毅然赴西伯利亚与丈夫为伴。此举惊动了整个俄罗斯上流社会和文化界。当她途经莫斯科时，人们为她举行了盛大宴会，隆重

玛丽娅和他的孩子 油画

世界通史

最新整理图文珍藏版

送行。这其中也包括她的爱慕者——普希金。玛丽娅见到衣衫褴褛的丈夫后，激动地跪在地上亲吻他脚踝上的镣铐，以表达对蒙受屈辱的爱国者的深深敬意。玛丽娅给地狱般的矿坑带来了欢愉和乐趣。她为因犯们洗衣、做饭、裁衣服，还帮助难友们逃离流放地，虽然他们当中有的又被追回，却没有一人肯供出玛丽娅的名字，因为他们都从内心感激这位和善可亲的"神的天使"。20 年后，当她终于从流放地回到家乡时，写下了回忆录《祖母的札记》一书。

第三个到西伯利亚与丈夫相会的是穆拉维约娃。她的丈夫是"北方协会"的领袖穆拉维约夫。她整整斗争了一个月，才得到流

放许可。她告别父母弟兄，忍痛丢下三个年幼的孩子，来到了西伯利亚的赤塔监狱。会见时，丈夫发现妻子依然巧施粉黛，衣饰华贵，美丽娇艳，不禁泪如泉涌地说："你还是回莫斯科吧，我不想让你一同忍受饥寒之苦。"而她却坚定地说："为了爱情，我要永远跟随你。"不幸的是，这位被人们称为"西伯利亚圣女"和"爱神"的妇女，28 岁就离开了人世。

尼古拉共批准 14 位女人流放西伯利业，她们在那里谱写了最动人的乐章，至今仍令人无限怀念。

圣西门

法国大革命的产儿

圣西门 1760 年出生在法国巴黎一个封建贵族家庭，承袭伯爵爵位。他早年曾以此为荣，经常自豪地对别人说："我是查理大帝的后裔"。

他幼年的家庭教师也不是等闲之辈——法国著名科学家、启蒙思想家、百科全书派的达兰贝尔。因此，圣西门从小便受到启蒙思想的影响。圣西门自幼勤奋而自信，他每天早上起床时，都

尼古拉一世肖像 俄国宫廷画家画

圣西门伯爵 油画

要仆人对他说："啊，伟大的伯爵，您要完成您伟大的使命，开始新的一天了。"

19岁时，圣西门作为一名少尉奔赴北美，援助美国独立战争。他受美国《独立宣言》的影响，开始推崇资产阶级民主思想。1789年法国大革命爆发时，许多贵族纷纷逃往国外，而圣西门此时却急忙从国外返回巴黎。他不再以"查理大帝的后裔"自居，而是加入革命的洪流，发表演说，拥护革命，并主动放弃伯爵爵位，成为一名法国公民，还与农民一起参加劳动。

"包诺姆，请这样摘花。"热心的农民经常会对摘棉花的圣西门这样说。"包诺姆"是圣西门参加革命后的新名字，即"老百姓"

的意思。因此恩格斯说："圣西门是法国大革命的产儿"，不过应该说他是一个投机者。因为他在革命中利用国家财产进行投机，从中谋利，赚过不少钱。随着雅各宾专政对投机商的打击，圣西门的家产被没收，他本人也被投进了监狱。正是因为这样，使他对革命的态度转为消极，以至后来发展到对暴力革命采取否定和敌视的态度。

1800年，斯塔尔夫人出版了《论文学与社会制度》一书，圣西门看后兴奋不已，他感到遇到了红颜知己，立刻从巴黎跑到她在日内瓦湖畔的住处，向她求婚。他说："夫人，正像我是世界上最伟大的男人，你也是最伟大的女人。并且毫无疑问，我们的孩子将会更加伟大。"他所说的这句话

斯塔尔夫人 拉布鲁画

成为后人的笑料，这桩婚事也没有了下文。因为这位法国女作家是百万富翁、瑞士银行家、原法国财政部长内克尔的千金，虽然一年前与丈夫离婚，但她婚后的情人都是塔列朗、阿尔博内等名流。她的沙龙客人曾经是拉斐德、孔多塞、塔列朗、布里索等政界要人，连罗兰夫人都吃她的醋，而此时她正暗恋着从来没青睐过她的拿破仑，怎么会认为圣西门是"最伟大的男人"呢？

不知是否与求婚未遂有关，总之圣西门开始发表作品了。1802 年发表第一篇著作《一个日内瓦居民给当代人的信》，接着是《人类科学概论》（1813）、《论欧洲社会的改造》（1814）、《论实业制度》（1821）、《实业家问答》（1824）、《新基督教》（1825）。这些著作成为一个系统的思想体系，便是后来人们所说的"空想社会主义"。

不切实际的空想

圣西门是思想史上一位有趣的人物。尽管他实际上并不了解科学，但他却雄辩地论述了科学的重要意义。他甚至渴望一种由科学家当牧师的科学宗教，并且梦想物理学家就像是教皇那样的人。

他还本着科学的态度，勾画出了一个理想国。那是一个绝对平等的社会，不承认任何特权，人们按照最有利于生产的方式组织起来，一切人都要从事劳动。国家实行议会制，由发明院、审查院和执行院组成的议会都由有能力的专家、学者负责。欧洲各国要在议会制基础上，建立欧洲总议会，总部设在日内瓦。在实业制度下，人人要劳动，人人有劳动权，没有失业者，实行"按能力计报酬，按工效定能力"的原则。这些设想虽有不切实际之处，却包含了对未来社会的重要猜测，成为后来科学社会主义的一个重要思想源泉。

圣西门曾一度把实现自己理想的希望寄托于拿破仑，可是滑铁卢战役后，他的希望彻底破灭了。一直到 1825 年 5 月去世，他的观点始终不被人接受。

傅立叶

大宅门的叛逆者

三大空想家中，有两位是法国人。一位是上面已经说过的圣西门，另一位则是比圣西门小 12 岁的傅立叶。

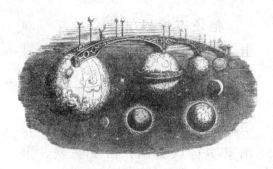

傅立叶的构想 漫画

1772 年 4 月 7 日，沙尔·傅立叶出生在法国东部贝占桑的一个呢绒富商家庭。他父亲文化不高，却很善于理财。母亲也是一位富商的后代。俗话说无商不奸，傅立叶的父母也不例外。不过小傅立叶却是一个十分诚实、富有同情心的孩子。他 6 岁时，一天跟着别人到父亲的呢绒商店里去玩。当他看到一个店员正在蒙骗顾客，便跑过去戳穿了骗局，没

沙尔·傅立叶 版画

让顾客上当。老傅立叶知道这件事后，把小傅立叶痛打了一顿，好让他懂得什么才是经商。

中学时，傅立叶是一名兴趣广泛、品学兼优的学生。他对几何、物理和地理很有兴趣，诗歌和绘画学得也不错，他还学会了好几种乐器，并且会作曲。一边弹着心爱的吉他，一边放声高歌，大概是他最开心的事。在他的房间里，总是摆着许多鲜花，这是他终生不变的习惯。然而，令人难以置信的是，他的理想竟然是想成为一名军人，他竟然从小就羡慕军队中严格的生活方式！

傅立叶中学毕业后，便想进入军事工程学校学习，准备将来做个军事工程师。可是他的父母却一直想让他成为一名杰出的商人。虽然傅立叶 9 岁时父亲便去世了，但狡猾的老傅立叶却用一份遗嘱依然约束着小傅立叶的人生选择。他给家人留下两万法郎的遗产，并规定：儿子应得 2/5，三个女儿各得 1/5。但儿子必须年满 20 岁并从事商业时才能获得这份遗产，如不经商便只能到 30 岁后才能获得。

因此，在母亲的命令下，18 岁的傅立叶不得不到里昂的一位富商那里做徒工，学习经商知识。

以后又辗转到巴黎、卢昂、马赛、波尔多从事商业活动。他还先后到过英国、德国、荷兰和奥属尼德兰，这为他提供了观察各种社会现象的好机会。

从富商到一贫如洗

傅立叶20岁时回到家乡，终于接管了他应得的那份遗产，开始独立经商了。此时，他似乎对商业发生了兴趣。他从马塞购进大批货物运往里昂，也想大发一笔。

可是他的运气实在不太好，这时的法国正是吉伦特派倒台的时候。雅各宾派正在到处搜捕吉伦特派代表，吉伦特派则到处进行演讲，甚至煽动暴乱。工商业发达的里昂，则正是吉伦特派暴乱的中心，他们在那里篡夺了市领导权。傅立叶的全部库存货物，也被吉伦特政权强行征用，他本人也被拉进了吉伦特派组建的军队中，在战斗中险些丧命。

雅各宾党人的军队攻克里昂后，傅立叶因支持叛军的罪名而被逮捕。他的住宅一天曾多次被搜索，家中财物被洗劫一空。后来，傅立叶设法逃出里昂，回到了家乡。但因证件有问题，他在家乡又遭逮捕，蹲进了监狱，幸亏得到他表兄的营救，才被释放。领教了雅各宾派专政之后，傅立叶产生了仇视暴力革命的思想。

1794年，根据当时的兵役法，傅立叶参军入伍，被编入轻骑兵团。但此时他对军队生活已经没有了好感，两年后便退伍离开了部队。但由于他此时没有资本，只能靠打工维持生活了，他先后做过会计员、出纳员、推销员、发行员和经纪人。经济富足的人，尽可以满脑子阳春白雪；一贫如洗的人，似乎不得不面对现实问题。此时，一贫如洗的傅立叶开始对社会有了更深刻的理解与认识。于是他开始构想一个理想中

傅立叶设想的法郎吉

的和谐社会。

傅立叶所构想的社会，并非是没边没沿的胡思乱想，而是包含着许多文化内涵。他为了使自己拥有更多的知识，一直利用业余时间进行自学。哲学、经济学、政治学、历史学、伦理学、教育学、文学和自然科学都是他研读的范围，他还经常作社会调查研究，实际观察资本主义制度的各种罪恶，从而最终树立起一套空想社会主义体系。

一个苹果的启发

傅立叶说，他的学说是在1798至1802年间形成的，并且同牛顿一样，都是因为受到一个苹果的启发。不同的是，牛顿受启发后，研究出自然界的运动规律，傅立叶受启发后，研究出社会的运动规律。

一次，傅立叶在巴黎的一家饭店吃饭。饭后，他买了一个苹果，一付账才发现竟花去了14个苏（当时法国货币单位）。傅立叶大吃一惊——因为在外省，这个价钱可以买到100多个同样质量的苹果。这里面有什么奥妙呢？

也许现在很多人都能明白是怎么回事，但傅立叶却研究了四五年才找到答案，不过他的答案却很深刻：苹果的不同价格，说

"和谐社会"漫画 19世纪末绘

明社会存在着种种罪恶，都是资本主义制度造成的。他说，这个制度是"巧妙地掠夺穷人和使富人发财的组织"，富人是"坐在黄金上的阶级"，他们掠夺了穷人的财物使自己暴富。

傅立叶还列举了资本主义商业的三十六宗罪恶，其中有囤积居奇、投机倒把、买空卖空、哄抬物价、重利盘剥、掺假掺杂、制造饥荒、危害健康、偷运走私、贩卖黑奴等等。当时，法国有800万穷人没有面包吃，却有许多粮食被销毁。2500万人喝不上葡萄酒，却有大量葡萄酒被倒进臭水沟。傅立叶给富商打工时，老板便曾命令过他监督工人们将200万公斤大米扔到

海里。

于是，傅立叶开始拿起他那幽默辛辣的笔，抨击资本主义制度。他讽刺说：在这个丑恶的社会里，医生盼着病人越多越好；建筑师愿意每天都来场火灾，恨不得大火烧掉整条街，甚至是半个城；玻璃商渴望下场冰雹，把城里所有人家的玻璃窗砸个粉碎，律师则希望人们天天打官司……人们把自己的幸福建筑在别人的痛苦之上，这就是资本主义的实质！资本主义的法律，也不过是将偷了一颗大白菜的穷人送上绞架，而让盗窃国家巨款的富商逍遥法外。

从1803年至1807年，傅立叶撰写了大量手稿，但国内的书商却对他的作品不感兴趣。1808年，他匿名发表了重要理论著作《关于四种运动和普遍命运的理论》，他向国内外市场发书，积极推广他与牛顿相媲美的新"发现"，结果读者寥寥无几，上层社会怀疑这本书"是不是大脑病患者的产物。"

不过，傅立叶那充满睿智、嬉笑怒骂、妙趣横生的文笔，后来受到了恩格斯的赏识，他说："傅立叶不仅是批评家，而且是自古以来最伟大的讽刺家之一。"

傅立叶的"法郎吉"

傅立叶这位大空想家，毕竟也得面对现实的穿衣吃饭问题，所以他不得不用大部分时间来给别人打工。不过到了1811年，他就可以把全部精力用在"空想"上了。因为这一年他母亲去世，而她的遗嘱却是要求三个女儿每年付给傅立叶900法郎。

傅立叶的门徒建立的法郎吉大厦内景

傅立叶构想的和谐社会是由许多"法郎吉"组成。法郎吉在希腊语中是"步兵队伍"的意思，傅立叶想让他构想的社会各组织像部队一样齐整。每个"法郎吉"有1600人，分成果园队、种菜队、木工队、纺织队等许多生产队。每个"法郎吉"拥有一座大厦，大厦的主楼中有食堂、交易所、教堂、电报局、图书馆和冬季花园等。大厦里的房间有大有小，设备有高级的，也有普通的，食品有山珍海味，也有粗茶淡饭。

每个人可以按自己的收入多少，租用不同的住房，选吃不同的饭菜。

1832 年，傅立叶的门徒真的建起了一个"法郎吉"，不过规模较小，只有 150 人参加，在傅立叶的领导下，这个"法郎吉"仅存活了一年。

他还登过一条广告，说明自己每天中午在家等待支持"法郎吉"的富人捐款。据说他每天不管多忙，总要在中午赶回家，整整齐齐穿上蓝色的大礼服，围上一条白色的围巾，在家里耐心等候。但直到 1837 年 10 月 10 日他逝世的那一天，也没有等到一个前来捐款的富翁。

新拉纳克全景图

欧文 10 岁时便开始在伦敦自谋生路。他先当学徒，后到一家服装店当店员。19 岁时，他自己办起了一个工厂，不过规模很小，只有 3 名工人。可是在欧文的管理下，效益可观，一年就赚了 300 英镑。很快，欧文的管理才能被一些资本家看中了，一家拥有 500 人的纺纱厂老板请他去当经理。欧文一去，便按照自己的理论进行试验。没过多久，产品质量提高了，利润上升了。从此，欧文成了英国资本家眼中的人才。

欧 文

轰动欧洲的慈善家

三大空想家之一的欧文与前两位的区别是：他是一位英国人，他的空想主义是建立在工业革命基础上的，并且他本身也是一位实干家——欧文按照自己理论，建立了一个既增加工厂主的财富，又增加工人收入的工厂。

欧文比傅立叶年长 1 岁，出身穷苦，父亲是一个手艺人，小

社会改革家欧文

1800 年，29 岁的欧文到英国拉纳克担任一家大纱厂的经理，管理 2500 百名工人。欧文在这里按照自己的理论进行大规模试验。这里的工人原来每天要工作十三四个小时，工资却少得可怜，还经常受到监工的鞭打。欧文则把工人的劳动时间缩短为 10 个半小时，并且提高工资、增加福利待遇。他为工人修建新的住宅，设立公共厨房、食堂和平价商店，又成立了工人互助积金会、保险和医院等部门，并将原来的鞭打改为说服教育。欧文还为工人的孩子着想，办起了托儿所、幼儿园和学校。

欧文的这些改革，花了不少钱，会不会使工厂的利润减少呢？结果却正好相反，由于工人们的劳动积极性大大提高，总产值翻了一番，新拉纳克变成了"模范移民区"。在那里，警察和法官们无事可做——工人们遵纪守法，文明礼貌。

于是，各国的达官贵人、王公大臣、大小资产者和慈善家，纷纷到新拉纳克参观、访问，都想知道欧文获得优厚利润的秘密。欧文成了欧洲最有名望的"慈善家"。

"新和谐"公社

"新拉纳克"的改革虽然轰动了欧洲，但欧文却不认为这是一项成功的实验。因为他发现工人们虽然提高了薪水与待遇，但他们的地位并没有改变，仍然是工厂主管理下的奴隶。

欧文通过思考，终于认识到，这一切都是由可恶的私有制造成的。欧文虽然懂得资本主义剥削的秘密，但他不想利用这个秘密发财致富，他想建立一个没有剥削的国度。这样，欧文便由一名资本家变成了空想社会主义者。

当欧文把自己的这一理论公布于众时，却受到了权贵们的排斥。当他还是一个"慈善家"时，王公贵族都愿意听他讲话，可是当他提出了空想社会主义的理论后，资产阶级、反动僧侣和政府官员便讨厌他了，甚至开始攻击和迫害他，封锁他的言论。

现在的新拉纳克

1851

但欧文没有动摇自己的信念，在继续著书立说的同时，开始了大胆的实践。

1824年，欧文漂洋过海来到美国，在印第安纳州买了3万英亩的土地和一些房屋，建立了一个名叫"新和谐"的公社。在这里实行财产公有制，没有阶级，没有压迫，人们各尽所能，按需分配。既可以从事工业劳动，还可以搞科学研究。这里还设立了较为完善的教育机构，全面培养人才。

欧文幻想通过这个实验，先搞出一个模范公社，然后把他理想的公有制社会传遍全球，造福全人类。可惜的是，这个"新和谐"公社惨淡经营了四年之后，遭到了彻底的失败。最后欧文只得用低价变卖了土地、房屋，结果损失了4万英镑，使欧文几乎失去了全部财产。

1828年，年过花甲、白发苍苍的欧文孤身回到了英国。不过他没有灰心，他帮助工人群众组织消费合作社和生产合作社，开办"劳动公平交换市场"。结果，也都遭到了失败。但难能可贵的，一直到1858年他去世，欧文一直在为消除私有制而奋斗。

巴尔扎克

暴发户家中的叛逆者

巴尔扎克的祖上一直是穷人，不过1799年5月20日他在法国杜尔城出生时，已经可以算作是富家小少爷了。因为，他的父亲在拿破仑战争中发了财，成了有钱的官吏与金融实业家，后娶了巴黎一位呢绒商的女儿为妻。

老巴尔扎克为了儿子以后更有出息，把7岁的儿子送进了管理严格的欧瑞多教会学校读书。然而巴尔扎克却不是让父母省心的孩子，除了课外书外，他对各种课程毫无兴趣。为此他经常受

巴尔扎克肖像

到训斥、打骂，甚至监禁。对他来说，这里无异于一座监狱。

1814 年，巴尔扎克随同全家人迁居巴黎，他进了黎毕德拉先生办的寄宿学校。在这里，他的拉丁文竟然考了第三名——当然，是倒数。以至于他的母亲怀疑他是个废物。但他仍然完成了学业，更确切地说应该是他父亲的钱支持他拿到了中学毕业证。

1816 年巴尔扎克进入法学院读大学。这是他父母帮他选择的学校，因为他们希望儿子将来能成为一名有地位的律师。父母为了让他"笨鸟先飞"，曾先后安排他在一位诉讼代理人和一位公证人的事务所见习。可是巴尔扎克对律师行业却不感兴趣，他的理想是要当文学家——尽管他一直在这方面没有什么突出的才能。

1819 年春，大学刚毕业的巴尔扎克在律师事务所"造反"了，他把那些案卷抛在桌子上摔门而出，回到家里郑重宣布：决不去做律师，而要去当文学家。一直怀疑儿子智力低下的双亲听到这个决定无异于五雷轰顶。经过激烈的争论，父母决定给巴尔扎克两年的试验期。在这期间，每月付给他 120 法郎的生活费，期满后，如未获得成功，就得乖乖地回到律师事务所的凳子上去，否则就取消他的生活费。

坎坷的文学创作之路

1819 年秋天，巴尔扎克搬进了父母为他租赁的工作室。这个工作室冬冷夏热，却饱含着父母对儿子的一片关怀——他们想，当儿子在这里冻得发抖、饿得肚子咕咕直叫的时候，就会回心转意去当律师了。

不过巴尔扎克却在这个又脏又破的工作室里开始了雄心勃勃的创作。他决定选取历史题材，写一部悲剧，取名《克伦威尔》。他不分昼夜地创作着，有时，一连三四天不出屋子。经过几个月奋战，终于完稿了。他兴致勃勃地跑回家里，对家里人和几位朋友朗读他的剧本。他滔滔不绝地一连念了三四个小时，可是听众席上却传来鼾声。一位法兰西学院的院士看过剧本后表示："这位作者随便干什么都行，只要不搞文学。"

巴尔扎克并不灰心，继续以极大的热情投入于文学创作。可是，眼看两年试验期便要到了，他再坚持便会失去了经济来源。为此，从 1821 年开始，他以各种笔名为书商炮制和撰写流行小说。不过这些小说写得很糟糕，以至于巴尔扎克成名后始终不肯承认这是他的作品。

　　两年试验期满后，巴尔扎克生活上开始陷入贫困。以至于他每天的饮食只有数量不多的水与面包。不过他有一个享受丰富美味的绝招：每当就餐，便在桌子上画上一只只盘子，上面写上"香肠""火腿""奶酪""牛排"等字样，然后在想象的欢乐中狼吞虎咽。更令人不可思议的是，在这样窘困的日子里，他竟然花

《朱安党人》剧照

700 法郎买了一根镶着玛瑙石的粗大手杖，并在手杖上刻了一行字：我将粉碎一切障碍。也许读者会说，能买得起这根手杖，说明他还不太穷。其实，这根手杖他没花一分钱，只是写了一张欠条。

　　虽然巴尔扎克的决心可嘉，但是接二连三的退稿使他甚至无法得到少量的面包。在这种情况下，他也只得放弃文学，另谋生路了。

《朱安党人》的发表

　　1825 春，巴尔扎克开始弃文经商。不过他不是从事小商小贩的小买卖，而是去做一名出版商——他准备出版莫里哀、拉·方登两位法国古典作家的作品。

　　他依靠朋友与合伙人的帮助，集聚了必须的资金，准备尽快地付印这两部书稿，但狡猾的批发商见他没有经验，便将带污

巴尔扎克雕像

点的劣质纸张卖给了他。书稿在排印时又用非常小的字体，结果印出来的书，连视力最好的人看了也感到疲惫。最终这些书被搁在印字馆里，一年只卖出了20本。这一年巴尔扎克负债1.5万法郎。

巴尔扎克接着又当了一家印刷厂的老板。他想自己写书，自己编书，自己印刷，自己出版，但是又失败了。到了1828年，他已欠债9万法郎。大量的欠款压得他透不过气来；警察局下了通缉令，要拘禁他，债权人半夜敲门讨债，使他没有片刻安宁。在这种情况下，他只好隐姓埋名，躲进母亲为他租赁的那间小屋，反锁上门，继续从事文学创作。

一切挫折都在他的笔下转化为成功的创作素材，并且巴尔扎克从来没有放弃过对文学的探索，当然也不排除巨大压力造成的

巴尔扎克故居

"急中生智"，总之他成熟了，在1829年终于写出了一部像样的作品——《朱安党人》。这部长篇小说出版时，上面第一次署了真名：巴尔扎克。虽然这部小说并没有在法国社会上引起巨大反响，却为巴尔扎克在文学界赢得了一个稳固的地位，它标志着巴尔扎克现实主义创作道路的开始。

这部小说反映法国1795～1799年间的历史，描写的是共和党人与保王党之间的斗争。为了写好这部小说，巴尔扎克用几个月的时间，阅读了大量的资料，包括地图和当时双方军队的活动情况。他以现实主义的目光，洞察了这场战争的本质，歌颂了共和国军队的普通战士。

从此，巴尔扎克的文学创作一发不可收拾，开始进入创作的高峰期。

《人间喜剧》

从1830年开始，巴尔扎克以目不暇接的速度接连发表小说，部部引人瞩目。及至1833年《欧也妮·葛朗台》问世，他已成为享誉欧洲的著名作家。

1834年，他决定将自己的所有作品系列化。起初，他将这个庞大的作品框架命名为《社会研究》，后因受但丁《神曲》（原名直译为

《神圣喜剧》）的影响改为《人间喜剧》，下设"风俗研究"、"哲理研究"和"分析研究"三个部分。巴尔扎克想把人世间的一切纷争角逐、悲欢离合喻为人生大舞台上的一个个场景，一幕幕悲喜剧。

巴尔扎克原计划写 137 部作品，后来只完成了 96 部。作者笔下刻下了 2000 多个形象鲜明的人物，它们来自社会的不同阶层，有不同的性格、形象，不同的生活方式和遭遇。这部包罗万象的巨著可以说是法国社会、特别是巴黎"上流社会"的现实主义历史，它既是封建社会的没落衰亡史，又是资产阶级的罪恶发家史。

巴尔扎克想成为"文学上的拿破仑"，他特意在书房里摆了拿破仑的塑像，还写了一句话："我要用笔完成他用剑所未能完成的事业。"他经常每天晚上 8 点钟上床，半夜 12 点起床，披上圣多明各式的僧袍，点起四支蜡烛，一口气工作 16 个小时。为了保持精力，他每天饮用大量的咖啡。他对校样总是改了又改，有时是大段大段地重写。《老处女》这部小说从手稿到出版，他改了 9 次。

巴尔扎克如此勤奋地写作，主要是因为钱袋空空。到逝世前，他已欠下了 21 万法郎的债务，所以他只能写作写作再写作。早在 1842 年，他就得了心脏病，但仍然夜以继日地工作。1850 年 8 月，他的心脏病又发作了，这一次病魔占了上风，夺去了他的生命。

巴尔扎克生前没有获得任何官方的荣誉，死后则与托尔斯泰齐名，并称为现代主义文学划时代的大师。

跛子拜伦

拜伦的一生可以说是毁誉参

法文版《欧也妮·葛朗台》封面

半。他的荣誉来自于他那些富有浪漫情怀的长诗和他为自由而战的动人事迹，对他的诋毁，则来自于他生活的放荡与严重的乱伦。

乔治·戈登·拜伦出生于一个名声有些问题的贵族家庭，于1788年1月22日降生在英国的伦敦。由于他出生时右脚畸形，母亲便让女仆用绷带绑住他的双脚，希望用这种办法治好他的残疾，疼得小拜伦整天大声啼哭，邻居们都说这是"老天报应"。

他的父亲杰克曾供职于英国海军，一生放荡粗野，喜新厌旧，人送外号"疯子杰克"。杰克将妻子的财产挥霍一空后，为避债逃到法国，并于1791年客死他乡，此时拜伦才3岁。拜伦的母亲曾是一位很有钱的苏格兰人，她很自负，有些神经质，于是拜伦从小就成了心态不平的母亲的施暴对象。

拜伦不但继承了母亲冲动、乖戾与狂暴，还继承了父系祖先的半疯家族病。因而，冲动、狂暴与感伤、抑郁在拜伦身上形成奇异的混合，铸成了一种独特的"拜伦式的性格"。

拜伦10岁时，他的叔祖——"缺德爵士"去世了。拜伦继承了爵位，并继承了称为"纽斯台德寺院"的大宅邸和已经抵押出去的或已趋于衰败的产业。

拜伦对自己的残疾很敏感，所以一生最怕听到"跛"字。上学后，他常常自惭形秽，很少与周围的同学一起玩。有一次，一名叫印司的学生强迫他用一只脚套着一只篮子，一瘸一拐地绕操场走一周，还让他学猫叫狗叫。拜伦受到欺负后，暗暗发誓：一定要以牙还牙，讨回公道。他开始艰苦地锻炼身体，练习拳击。终于有一天，在操场上把身体健壮的印司打倒了。

拜伦不怯懦、不服输，同情弱小，反抗暴虐，渐渐的在师生

1857

华兹华斯肖像 罗伯特·本杰明画

疯子杰克 油画

青年拜伦 插图画

之间有了好评。他其实一生都坚持这样的原则。

一夜成名

1805年拜伦进入英国剑桥大学学习文学与历史，他在那里住着价钱很贵的宿舍，仆人好几个，并且还养了一头熊。放荡的他经常光顾当地的妓院，偶尔从伦敦寻找更优质的服务，同时也从事射击、赌博、饮酒、打猎、游泳等各种活动。

在普通人看来，拜伦是个惹是生非的学生，破坏纪律，爱搞恶作剧，忽视指定的功课，但却广泛阅读了欧洲和英国的文学、哲学和历史著作。总之，年轻时代的他可以用"生活放荡，债台高筑"八个字来形容。他在大学读书时，还出版了第一本诗集《闲散的时光》。结果这本诗集却受到湖畔诗派的诗人们的非难，使拜伦的自尊心大受伤害。于是在1809年，大学刚毕业的他出版了《英格兰诗人和苏格兰评论家》的讽刺诗作为回答，辛辣嘲讽当时已成名的湖畔诗派的代表人物华兹华斯的作品是写着"最乏味的思想"，使用着"不是单纯的、却是稚气的语言"，抨击这个诗派脱离当时社会的重大问题，而把人们引向封建社会的过去，批评他们的诗作是神秘主义的梦呓。

1809年3月，拜伦作为世袭贵族进入了贵族院，但却受到歧视。于是拜伦带着一种愤懑的心情离开了祖国，先后游历了葡萄牙、西班牙、马耳他、阿尔巴尼亚、希腊、土耳其等地。在旅途中，他着手创作长诗《恰尔德·哈罗德》，回国后完成了第一、二章。1812年2月20日《恰尔德·哈罗德》第一、二章出版了，全城为之轰动。不到三天第一版全部卖完。拜伦说："我一觉醒来，发现我已成为名人了。"

此时，拜伦已长成一个非常漂亮的青年，住在纽斯台德寺院，不断进入伦敦社交界，在上议院发表演讲。爱情对拜伦来说俯拾皆是，从而成为一个风流倜傥的大名人。

在这以后的四年期间，拜伦写了一系列浪漫诗篇，其中最好的有《海盗》和《阿比多斯的新娘》。据说，《海盗》一天就销售了1.4万册。

旅居异乡

拜伦对女性总是容易动感情，而且他漂亮的外表弥补了跛足的缺陷，使他对很多妇女具有吸引力。当拜伦成名后，妇女们更是愿意委身于他，所以风流成性的拜伦可谓出尽风头。他和无数的情人缱绻，甚至与自己的同父异母姐姐也产生了深深的恋情，并

且还与自己的私人医生有断袖之癖。这正如拜伦诗中所说"且来享受醇酒妇人，尽情欢笑；明天再喝苏打水，听人讲道。"

也许是阴错阳差，情人众多的拜伦竟然莫名其妙地爱上了冷漠的、严肃的、有理智的安娜·米尔班克，并且很快与她结了婚。而她除了有很多钱外，对于他根本不合适。结果婚后不到一年，她便离开了他。不过她离夫的理由是很充足的，因为女人们虽然喜欢拜伦那些"不检点的诗篇"，但却没人能够接受他的"公然放荡行为"，更何况他还与自己的同父异母姐姐奥古斯塔生下了一个女孩，并且又有不洁的性习惯与暴虐倾向。当这些丑闻被公示于众，整个社会开始对他采取敌视态度，其中不免有很多添油加醋的诽谤和诬蔑，以至于超过了曾经对他的吹捧。

在与妻子分手的第三个月，拜伦按照拿破仑御用马车的款式定制了一辆马车，于1816年4月离开英国，开始了欧洲之旅，从此终生未归。拜伦对于拿破仑有特殊好感，尽管他的诗也揭露拿破仑的残暴，但他的室内却摆着他的雕像，并为他辩解"他的性格与事业无法不令人倾倒"。

拜伦凭吊滑铁卢战场后，沿莱茵河上溯抵达瑞士，在日内瓦附近结识了"同是天涯沦落人"的雪莱，并和这个杰出的英国诗人结成生死之交。滑铁卢战场又激起其创作灵感，并于当年发表了《恰尔德·哈罗尔德游记》第三章。

值得一提的是，拜伦与雪莱的相识还促成了第一部吸血鬼文学作品的诞生。

1816 年的夏天，拜伦和雪莱、雪莱的情妇玛丽·雪莱及她的妹妹克莱儿，拜伦的私人医生兼暧昧的伴侣——约翰·波里杜利，五人在瑞士别墅中被骤风暴雨惊扰了一夜。第二天大家决定，以此夜的经历为题材各自写出一篇作品。其中，约翰·波里杜利的《吸血鬼》中嗜血贵族卢希梵爵士就是诗人拜伦的魔鬼化身。

自由斗士

1816 年 10 月拜伦从瑞士来到意大利，一直到 1823 年始终客居于美丽的水上城市威尼斯，这是诗人毕生最辉煌的一段时期。他在这里驯养了一群珍奇动物，也搞了不少风流韵事。

在这里，拜伦还和意大利的爱国妇女特雷沙·古巴·格维奇奥里结为夫妇。经她介绍，他参

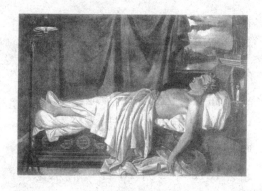

拜伦之死

加了反对奥地利奴役的秘密组织烧炭党。他草拟传单、宣言，在金钱和物资上帮助这个组织，甚至冒生命危险，把自己的住宅变成了起义者的军火库。

这期间，他又接着创作了《恰尔德·哈罗德》第四章，并用了近 8 年的时间完成了这部优秀的长诗。1821 年他创作了优秀历史剧《马利诺·法列洛》，同年又

身穿阿尔巴尼亚服装的拜伦

创作哲理剧《该隐》，表达了反抗教会专制的思想，向基督教提出了大胆的挑战。1822 年，西班牙爆发了民族大起义。为此拜伦创作讽刺长诗《青铜世纪》，加以揭露和反击。1823 年拜伦开始创作长篇诗体小说《唐·璜》。这篇光辉的、刻薄的，但很松散的讽刺叙事诗是以一种通俗的口语体写的，虽然没有写完，但却使他无愧于伟大诗人的称号。

意大利烧炭党的起义因脱离广大人民群众而失败。可是，争取民族独立的起义烈火又在希腊燃起。1823 年夏天，诗人放下正在写着的《唐·璜》，搭乘自己出资装备的战舰"赫库利斯号"来到希腊，参加这里的解放运动。但是第二年，诗人忙于战备工作，不幸遇雨受寒，一病不起，4 月 9 日逝世，年仅 36 岁。他的死使希腊人民深感悲痛，全国致哀 21 天，并把他逝世那天定为国哀日。

歌 德

早熟的才子

歌德是非常复杂的一个人，他有时非常伟大，有时非常渺小，有时是叛逆的、爱嘲笑的、鄙视世界的天才；有时是谨小慎微、事事知足、胸襟狭隘的庸人。歌德一生恋爱无数次，见诸文字、郑重其事的就有 8 次，74 岁还给19 岁的小姐写含情脉脉的情诗，并想娶她为妻。他全身心地生活在一个纷繁扰攘的世俗世界里，然而他却提出："让灵魂站在高处"。

1749 年 8 月 28 日，歌德出生于莱茵河畔的法兰克福市。祖父原是个裁缝，后来经商致富。父亲是一个富裕的市民，取得法学博士学位，学识渊博，曾做皇家顾问，是市里的参议员。母亲是法兰克福市长的女儿，她在 17 岁时嫁给了已经 38 岁的老歌德。因

歌德肖像

为家境富裕，歌德受到很好的教育，很早就学习多种语言，包括拉丁文、法文、希伯莱文、意大利文和英文。歌德聪明早慧，8 岁那年过新年时，他献给外祖父母一首诗，11 岁时，还根据神话编写了一个剧本。

歌德在 14 岁时，就过早地开始了初恋，他的邻居有个叫格兰脱欣的姑娘，他们经常一起玩，渐渐地，歌德对她产生了好感。有一天，他假造了一份格兰脱欣写给他的情书，并拿去找格兰脱欣，要求她在这份情书上签名。好心的格兰脱欣以为歌德在开玩笑，就顺手签上了自己的芳名，但多情的歌德却信以为真，他高兴地跳了起来，竟要和格兰脱欣拥抱、接吻。然而，爱情是不能靠开玩笑成功的。不久，格兰脱欣就正式申明：她是以大姐姐的身份与歌德相处的，他们之间，只有姐弟之爱，绝无婚配之意。就这样，歌德的初恋告吹，他伤心掉泪，夜不能眠。

1765 年，16 岁的歌德到莱比锡大学学习法律。在这里，他过的是一种"花花公子"式生活。第二年他爱上了安内特小姐，并因此写出诗集《安内特》和喜剧《恋爱者的脾气》。

不朽的名声

1770 年春天，歌德改去斯特拉斯堡继续学习法律。在这里，他结识了赫尔德。在文学史上，他们二人的结识被视为"狂飙突进"开始的标志。再加上和一个牧师的女儿布里翁的爱情，歌德写出了他最早闻名的抒情诗，这一系列诗歌颇有民间情调，比如《野玫瑰》、《五月歌》等，这些诗歌被当时和后世的许多音乐家谱成歌曲，广为传唱，歌德也由此成了德国现代抒情诗歌的奠基人。

1772 年，歌德来到韦茨拉尔的帝国最高法院实习。在这里，23 岁的歌德在一次舞会中认识了一名叫夏绿蒂的少女，一见钟情。夏绿蒂是歌德的朋友凯士特南的

约翰·卡斯帕·歌德肖像

歌德在罗马平原

未婚妻，时年 15 岁，而凯士特南却 31 岁。歌德对夏绿蒂十分倾倒，便不顾一切地向她表白了爱情。这使夏绿蒂惊惶失措，她把歌德的表白告诉了未婚夫，凯士特南对此表现得较为大度。歌德知道这个情况后，感到十分震惊，为了自己，也为了夏绿蒂，他立即逃回法兰克福，斩断了这不合适的情丝。几个月以后，他的另一个朋友叶尔查林，因为爱上别人的妻子，受不了社会舆论的指责自杀了。歌德知道这件事后，感触很深，他闭门谢客，足不出产地写了 4 周，完成了《少年维特的烦恼》一书。此书一问世，马上风靡德国，又很快被翻译成十几种语言。年仅 24 岁的歌德一举成为欧洲最享盛誉的作家之一。千千万万青年人不仅读这部书，还纷纷模仿主人公的穿着与风度——长靴、青色燕尾服、黄色背心，甚至学习维特举枪自杀。

当然，歌德最重要的著作是他花了 58 年时间才完成的诗剧《浮士德》。它是堪与荷马的史诗、莎士比亚的戏剧媲美的伟大诗篇。

歌德还发现了人的颚间骨，并且他提出生物进化学说比达尔文早了近百年。他 81 岁时，仍在学习阿拉伯语，一直到 1832 年 3 月 22 日去世，他似乎从没停止过学习与创作。

雨 果

浪漫主义文学家

1830 年 2 月 25 日晚，巴黎法兰西人剧院门前一片骚乱，许多人爬上屋顶，把垃圾箱里的垃圾拼命往下扔，他们要阻止即将上演的浪漫剧《欧那尼》："这部戏糟透了，它彻底糟蹋了古典艺术！我们反对演出！"而另一群人则大声抗议："这戏好极了，它极具想象力与创造力，我们欢迎演出！"这其中便有被打破了头的巴尔扎克。

是谁的剧本引起了这么大的风波呢？原来，他就是法国最杰

维克多·雨果

出的浪漫主义作家雨果。

雨果的父亲是一名将军，英勇善战，追随不可一世的拿破仑征战南北。母亲是商人的女儿，在静谧的农庄长大，是王室的忠实拥护者。在爱情高于信仰的日子里，像所有的年轻人一样，他们不顾一切地结合了。1802 年 2 月 26 日，他们拥有了第三个爱情的结晶——维克多·雨果在法国东部的贝藏松省降生了。

小雨果跟随父亲的军旅到过意大利和西班牙，见过不少世面。但长期的军旅生涯，很难培育出持久的爱情，更何况是双方一直持有相反的信仰。当信仰隔离了相爱的人，小雨果的父母分道扬镳。尚在年幼的雨果无法选择何去何从，命运则让他选择了母亲。酷爱读书的母亲似乎对小雨果有

一定的熏陶，使雨果早早地在文学上显露出极高的天赋。他 15 岁首次应征法兰西学院"读书乐"诗题即获得了很高的评价。在他 17 岁时，以《凡尔登的童贞女》和《亨利四世铜像的光复》一举摘得了都鲁斯美文学院的两项大奖，被当时著名的作家夏多布里昂称赞为"卓绝的神童"。20 岁时因发表诗集《颂歌与杂诗》，国王路易十八赐给他年金。

同巴尔扎克相比，雨果命运的确优越许多。

1827 年，雨果发表剧本《克伦威尔》及其序言。剧本虽未能演出，但那篇序言却被认为是法国浪漫主义的宣言，使 25 岁的雨果成为浪漫主义文学的领袖。

巴黎圣母院

1830 年，雨果的剧本《欧那尼》在激烈的争议下，终于在法兰西大剧院成功上演，从而确立了浪漫主义在法国文坛上的主导地位。

法兰西文学史上的丰碑

少年时期，他受母亲影响写了大量拥戴王室的诗作。随着母亲的去世、年岁的增长，雨果开始成熟起来。他回想父亲跟随拿破仑东征西讨的战争生涯，懂得了共和政体的可贵。从 1827 年起，雨果的作品中开始出现与复辟王朝唱反调、歌颂拿破仑的主题。到 1840 年的 13 年间，除了引起激烈争论的浪漫剧《欧那尼》外，他的作品还有诗集《东方杂咏》和《秋叶集》，人道主义小说《死囚的末日》等。其中 1831 年发表的《巴黎圣母院》是雨果最富有浪漫色彩的小说。小说情节曲折离奇、紧张生动、变幻莫测，富有戏剧性和传奇色彩，鞭挞了中世纪教会的虚伪，宣扬了人道主义思想。美丽动人的吉卜赛少女爱斯美拉达、外表丑陋内心善良的卡西莫多及道貌岸然、阴险狠毒的巴黎圣母院副主教，至今已成为人人皆知的影视人物。

七月王朝不断对雨果进行拉拢，1841 年雨果被选入法兰西学院，1845 年又被授予伯爵头衔，还当上了贵族院议员。雨果为此付出的代价是，沉默 10 年几乎没有写作，其间虽写了一部《卫戍官》，上演时却被观众喝倒彩。

1851 年，路易·波拿巴发动政变，雨果等人发表宣言进行反抗，被迫流亡国外 19 年之久。在流亡期间，雨果把全部精力投入创作活动，写出了《静观集》、《惩罚集》、《海上劳工》以及杰出的《悲惨世界》。

当 68 岁的雨果重回法国时，普法战争刚刚爆发，他立刻为保卫祖国而战。1885 年 5 月 22 日，雨果因病去世，法国举国致哀，表示对这位伟大作家的尊敬。

《悲惨世界》剧照

雨果的作品不仅在法国文学史上占有重要地位，而且在世界文学史上，为浪漫主义小说开辟了广阔的天地。

最新整理图文珍藏版

普希金

崇尚自由的诗人

1837年2月8日，一声清脆的枪声划破了清晨的宁静。在彼得堡近郊黑溪的军官别墅附近，一位卷发的混血种青年捂着腹部应声倒在雪地上。血色从他的脸上退去，雪地被鲜血染红，两天后，他离开了人世……他死时年仅38岁。

这是一场含有政治背景的情敌决斗，死亡的青年便是被称之为"俄国第一位诗人"的普希金。他在多种文学体裁——抒情诗、叙事诗、诗剧、小说、散文、童话等，都取得了杰出的成就，所以也被称为"俄国文学的始祖"。

普希金有一个很长的名字——亚历山大·谢尔盖耶维奇·普希金，1799年6月6日出生在莫斯科郊区的一个贵族世家。这个贵族头衔是彼得大帝赐给的，当时彼得大帝将宫中的一些仆人送给腓特烈一世作为礼物，腓特烈一世便将一批黑奴作为回赠。彼得大帝将这些黑人全部送到了法国接受教育，其中就有普希金的曾祖父。后来，普希金的曾祖父在彼得大帝的军队中屡获战功，于是从奴隶到将军，逐渐成为贵族。这个家族后来一直以法语做

普希金肖像

普希金

为家族语言。通过与白人的几次婚姻，到普希金这一代时，黑人特征已经不是很明显。而自幼生活在法语环境中的普希金，很晚才开始接触俄语，因为他的父母和家庭教师都以法语进行交谈。

普希金 12 岁开始上中学，而在两年前他已经创作并出版了一本小诗集。中学老师都是有进步思想的人，经常向学生赞扬法国的启蒙思想家和法国大革命，普希金深受影响。18 岁时，普希金中学毕业，到外交部任职。这时期他开始和十二月党人密切来往。普希金在他们的影响下写出了大量歌颂自由、反对专制暴政的政治抒情诗，如《自由颂》、《致恰达耶夫》等，引起了很大反响。

在《自由颂》中，普希金称沙皇是"世界的暴君"，亚历山大一世对此异常气愤，决定把普希金放逐到西伯利亚。由于有朋友说情，改为流放到南方 4 年，再流放到他父母的家乡，接受当地官员的监督。

1820 年 5 月，普希金从彼得堡动身，开始了流放生活。然而，俄国南方优美的自然景色，哥萨克地区的风土人情，反而进一步激发了他的创作热情，他在这里写出了《高加索的俘虏》、《强盗兄弟》、《茨冈》等优秀作品，表达了自己对自由的渴望。

沙皇的"仁慈"

普希金的天真、幼稚和热情，与沙皇的深沉、老练和冷酷形成了强烈的对比。

尼古拉一世镇压了十二月党人的起义后，便派人把普希金接到了克里姆林宫，极其亲热地交谈了近两个小时。尼古拉笑着问："假如你在彼得堡，会不会参加这次暴乱？"普希金毫不犹豫地回答道："肯定会，陛下！我的朋友都参加了起义，我是不会袖手旁观的。"沙皇听后没生气，却宣布结束普希金的流放生活。

尼古拉又笑着说："这些日子又写了些什么？"

"因为检查太苛刻，所以什么也没写。"

"那你为什么要写检查通不过的东西呢？"尼古拉那和颜悦色的

普希金演讲 插图画

笑容，简直就像一个慈父在询问调皮的孩子一样。

普希金被沙皇的态度感动了，决心"洗心革面，重新做人"，而沙皇则表示愿意亲自审核昔希金的作品，以免在苛刻的检查官那里不能通过。

于是，普希金在无限欣喜和强烈的创作冲动下写出了剧本《鲍里新·戈都诺夫》，然后满怀信心地把剧本呈交给沙皇审查。而得到的批复却是："朕以为，如果普希金先生把他的悲剧加以必要的修改，那么便可以出版。"

事实上，尼古拉并没有看普希金的大作，他仍然让检查官完成这件事，并且可以用沙皇的口吻进行批复。沙皇见普希金拒绝修改作品，便明白普希金是无法驯服的，于是派警察秘密监视、跟踪他，拆看他的信件，因为他害怕十二月党人卷土重来。

俄国文学史上的丰碑

沙皇的监视，密探的骚扰，使热爱自由的普希金忍无可忍。而一场刻骨铭心的爱情却悄然而至，使普希金的内心充满了甜蜜。

1828年，在莫斯科上流社会的一次舞会上，普希金与被称为俄罗斯第一美人——16岁的娜塔丽娅初次相遇，她的美貌强烈震撼了普希金。同样，诗人的才华和气质也深深打动她的心，他们很快双双坠入情网。不过普希金不是重色轻友、见色忘义之人，他在第二年的春天偷偷来到西伯利亚，看望他的十二月党朋友。这件事使沙皇大为恼火，对普希金进行了严厉的斥责。不过，让斥责见鬼去吧，普希金该筹备美好而浪漫的婚事了。

1830年秋，普希金回到自己家族的世袭领地波尔金诺村准备婚事。因瘟疫流行，交通封锁，他在这里住了三个月，结果却惊人地完成了大量创作，《叶甫根尼·奥涅金》、《驿站长》、《吝啬的骑士》等一批小说和剧本，以及近30首抒情诗和论文都在这里完稿。因此，这三个月被称为"多产的秋季"。

《叶甫根尼·奥涅金》是普希金的代表作，他用了8年时间才完成这部"俄国生活的百科全书"。作品成功塑造了贵族青年奥涅金这样一位热衷社交生活，但又感到生活无聊的"多余的人"。他曾经拒绝了达吉雅娜对他的追求，但后来当他深深爱上她时，她却早已嫁人。作品告诉人们，造成奥涅金这种性格的，正是专制制度和农奴制。普希金期望能够唤醒俄国的青年知识分子，以实际行动反对封建制度。

1831年2月18日，诗人与俄罗斯第一美人终于喜结良缘。当他们有了爱情的结晶后，诗人没有放弃"匕首与投枪"。婚后第三年，他再次回到波尔金诺，在那里创作了《青铜骑士》、《渔夫和金鱼的故事》、《黑桃皇后》。

1836年诗人出版了《上尉的女儿》一书，这本书竟然歌颂了普加乔夫的起义，可见文弱的诗人有多么勇敢。

普希金之死

普希金婚后又重新回到了彼得堡的外交部任职，爱慕虚荣的娜塔丽娅很快喜欢上了彼得堡的交际生活，她频繁出入于上流社会的各种舞会，陶醉于动人的旋律中。她优美的舞姿与绝世的容颜使所有的男子为之倾倒，也使所有的女人醋意顿生。而这，也正是娜塔丽娅的得意之处。她希望丈夫能一起分享自己的魅力所带来的荣誉，结果却使这位伟大的浪漫诗人苦不堪言，他常常是抱着孩子，一脸疲惫地躲在舞厅的一角昏昏欲睡。

娜塔丽娅的美貌甚至影响了沙皇的睡眠，他破例将年已35岁的普希金任命为只有十七八岁的年轻人才担任的宫廷侍卫，其目的主要是想让娜塔丽娅可以方便地参加宫廷舞会。当然，也不乏想压制一下诗人的傲气，甚至是

普希金在旅途中

彼得堡阿尔巴特街上的普希金及夫人塑像

正在策划一场谋杀。

自觉被贬低身份的普希金怒发冲冠，但在朋友的劝解下，也只得忍气吞声。沙皇有意培养大诗人的奴性。忍无可忍的诗人在辞职、请长假未获批准的情况下，只得哀叹："给了我灵魂和才能，却让我生活在俄国，这是魔鬼的作祟啊！"不过他并未与沙皇妥协，而是在37岁这年出版了《上尉的女儿》，公然赞美普加乔夫的机智勇敢与自信乐观。

这自然使恼羞成怒的尼古拉一世顿起杀机，不过他的杀人方式却是极其巧妙。其实彼得堡上流社会人士的大部分人都有谋杀的嫌疑，他们利用娜塔丽娅爱慕虚荣的弱点，再促成法国流亡分子丹特士去追求娜塔丽娅，然后借此大造舆论对普希金进行人格侮辱。普希金受不了这种刺激，被迫同丹特士进行决斗。尽管已为普希金生了四个孩子的娜塔丽娅跪着阻止丈夫，但柔弱而易激动的诗人还是毅然地来到了决斗现场……

1837年2月10日，俄罗斯诗坛上的这颗巨星陨落了。普希金去世7年后，娜塔丽娅嫁给了一名将军，而丹特士则与娜塔丽娅的妹妹结了婚。

海 涅

杰出的犹太诗人

海涅是德国继歌德之后的第二位大诗人，亨利·海涅是他出生时的名字，他长大后的名字实在让人很难记全——克里斯蒂安·约翰·海因里希·海涅。

海涅1797年12月13日出生于德国杜塞尔多夫的一个犹太商人家庭。父亲终年为商店的生意忙碌，聪明能干的母亲对海涅进行极其谨慎的教育——不能读诗，不能看小说，甚至不允许女仆给海涅讲关于神鬼的故事——她想让海涅将来成为一名大商人。

年少的海涅对经商不感兴趣，他崇拜的人物是拿破仑，向往法国的自由精神。在他14岁的时

年轻时的海涅

海涅和茜茜公主

候，拿破仑率军来到杜塞尔多夫，带来了拿破仑法典和自由、平等、博爱的口号，并且把犹太人从奴役中解放了出来。海涅挤在热烈欢迎拿破仑的人群中，能够多看一眼这位无敌英雄便感到是极大的幸福。

中学毕业后，海涅被父母安排到法兰克福的一家商店当学徒。在富有的伯父赞助下，海涅第二年便成为一家商店的老板，但这家商店很快便倒闭了。当时海涅的全部热情，都投入到对表妹的爱恋上，不过对方却始终拒绝他。如果这算是一次失恋的话，那么可以说海涅在失恋中开始找到了诗的感觉。不过他那一直看不起他却一直资助他的伯父却有一句名言："假如他能学点正经东西，他就不用写诗了。"

也许海涅的伯父已经不再对侄子的经商才能抱以希望，所以他同意资助海涅去上大学。1819年，海涅进入波恩大学学习法律。第二年，他又转到哥丁根大学，不到半年就因为一场决斗被学校勒令休学半年。这场决斗是因为有人侮辱他是犹太人，不过有的传记上却记载着他是因为经常去妓院而被开除。

于是，海涅转学去了柏林大学，听了黑格尔的课，参加当时的文学沙龙。像大多数诗人一样，他不是一个好学生，但他也正如多数诗人一样，在大学时代就开始展露诗歌方面的才华。他对诗的理解是：诗歌就应该像一个真正的德国女孩，精神焕发，纯朴自然。不能把诗弄成苍白的修女或夸耀门第的小姐。1821年，海涅出版了第一批诗集，使自己在诗坛小有名气。

1824年，海涅重返哥丁根大学，又去哈尔茨山进行徒步旅行，写了出色的游记《哈尔茨山游记》。途经魏玛时访问歌德，可惜不欢而散。第二年他获得法学博士学位，并放弃犹太教，接受了耶稣教的洗礼，但并未能因此而谋到慕尼黑大学的教授职位。海涅30岁时，将以前的诗歌汇成

《诗歌集》出版，使他一夜成名。他把爱情的各个侧面描写得淋漓尽致，以至于他有3000多首诗被舒伯特、门德尔松、李斯特等著名作曲家谱成歌曲。

侨居巴黎

1830年，法国爆发了七月革命，海涅听到消息后，异常兴奋。第二年他到达巴黎，结识了巴尔扎克、柏辽兹、肖邦、大仲马、雨果、李斯特、乔治·桑等人。也接触到圣西门的空想社会主义。他不断给德国报纸写去通讯，报导法国革命的消息。同时也将德国文化介绍给法国。但他激烈的言论引起普鲁士当局的仇恨，他的作品被禁止在他的德国故乡发行。1843年海涅回德国探望病中的母亲，他根据这次旅行所得，写出了他一生中的创作之冠——《德国——一个冬天的童话》。

结识马克思是海涅一生中最重要的事。尽管两人相差20岁，但很快成了莫逆之交。从此，他把诗歌作为政治斗争的武器，写下了一系列政治讽刺诗。《时代的诗》、《等着吧》、《西里西亚纺织工人》等著名诗篇鼓舞着一大批共产主义战士去埋葬旧世界。可是他的健康却每况愈下，1848年5月他已经完全瘫痪，双目几乎失

明。但是，这个"革命的好鼓手"并没有因病停止战斗。他在"床褥坟墓"中，仍以口授的方式，继续创作出大量的诗歌和散文，直到1856年2月27日逝世。

贝多芬

音乐神童

严格来讲，贝多芬不是德国音乐家，他的音乐源泉来自于维也纳。他的故乡是德意志境内的波恩，而波恩则是当时德意志诸多邦国之一的科隆公国首都，位于莱茵河中部的西畔。这里是奥地利与法国互相争夺的地盘，所以使这里的人们接受了两国各自的优点：维也纳的音乐与法国的

约翰·范·贝多芬肖像

自由思想。贝多芬便是在这样一块奇特的土地上度过了他的少年时代。

1770 年 12 月 16 日，贝多芬出生于一个音乐世家，这个家族是荷兰后裔，对酒有着特殊的嗜好，贝多芬也多少承袭了这种习惯。贝多芬的祖父曾是科隆选侯的唱诗班的低音歌手，父亲约翰·范·贝多芬是唱诗班的男中音。母亲玛利亚是一位厨师的女儿，第一次婚后不久便失去了丈夫，于是在 1766 年与贝多芬的父亲结为夫妇。她温柔慈祥和怡然自得的神态，深深为她那举世闻名的儿子所喜爱。她生了 7 个孩子，但只有 3 个活了下来，贝多芬是最年长的一个。

贝多芬的父亲奢靡浪荡，酗酒无度，使全家陷入贫困，居住在波恩的贫民区内。过度的酒精使他很难成为一名著名的歌唱家，于是他把未来的希望寄托在贝多芬身上——他要让儿子成为神童，以增加家庭收入。家庭的贫困与贫民窟的环境很难使贝多芬成为一名上流社会的绅士，但他的父亲却依然用独特的教育方式使儿子变成了音乐神童。他用威胁、利诱等手段强迫 4 岁的儿子整天关在屋子里，永无止境地练习键

年轻时的贝多芬 油画

盘琴或小提琴。严厉的训斥常常使贝多芬暗暗啜泣，失去了一个孩子应有的童年快乐。但是当美妙的旋律从幼嫩的指间飞出，贝多芬逐渐对音乐产生了痴迷。8 岁时，他便成功地进行了一次公开演出，虽然报酬不多，但却使贝多芬的父亲受到鼓舞，马上为儿子聘请了专业教师，盼望儿子能够更上一层楼。

一家之长

1784 年，奥地利特利萨女王最小的儿子马克西米连·弗兰茨被选为科隆的选侯，定居波恩。这位"欧洲最肥胖的人"酷爱美食与音乐，他组建了一个有 31 件乐手的管弦乐团，而 14 岁的贝多芬则在这个乐团中弹奏中提琴，

荣幸地成为"宫廷乐团副风琴手",年薪150古尔登。

虽有种种迹象显示贝多芬在性方面有些早熟与放纵,但他良好的品行与渐露的才华,还是赢得了弗兰茨选侯的赏识。所以当贝多芬提出要到维也纳学习作曲时,弗兰茨选侯不但欣然批准,还慷慨解囊,给予资助。

1787年3月4日贝多芬来到维也纳,见到了极负盛名的莫扎特。莫扎特聆听了贝多芬的演奏后,给予了适度的赞赏。但贝多芬对莫扎特礼貌性的赞赏很不满意。他想,莫扎特肯定以为这不过是熟能生巧罢了。于是他要求

莫扎特听贝多芬演奏

莫扎特在钢琴上为他弹出变奏的主题,准备与之一争高低。莫扎特不敢再小看贝多芬了,他对贝多芬想象力的丰富与弹奏时的稳健与无误极为惊异,他不禁对友人说:"这个孩子,总有一天会成为全世界瞩目的中心。"

虽然莫扎特给贝多芬上了几堂课,但他们在此相处的时间不是很长,因为贝多芬的母亲病重,他不得不匆忙赶回波恩。1787年7月17日,当他母亲过世时,贝多芬正侍疾床侧。而此时,贝多芬的父亲已经无法唱歌了,因为酒精彻底毁了他的嗓子。他整日耽于饮酒,后来甚至因酒后闹事而被捕,使儿子费了很大周折才把他营救出来。

1789年,虽然贝多芬还未满19岁,便已经成为法定的一家之长,承担起照顾两个弟弟的责任。弗兰茨选侯免去了贝多芬父亲的职务,但却仍然付给他一半的年

莫扎特

薪，另一半则付给他的长子贝多芬。此时，贝多芬在管弦乐团中任首席钢琴手与次席风琴手，收入虽然有限，但还是有所提高。

沉浮维也纳

为了学习作曲，22岁的贝多芬在1792年11月1日离开了波恩前往维也纳，从此再也没有回来过。此时波恩已被法国占领，1815年以后，这里又并入普鲁士的版图，所以后人称贝多芬为德国音乐家。

维也纳是一个音乐的世界，几乎到处都是音乐大师，他们为了争取赞助商、听众，与出版商而钩心斗角，互相排斥。初到维也纳的贝多芬完全陷入孤立之中，连一位知已朋友也没有。不过他的面貌也确实难以获得人们的好感：身材矮小，肤色深黑，像摩尔人，还长了一脸麻子，上下前齿交互重叠，鼻宽而扁，眼睛深陷却傲气十足。头颅像颗"子弹"，头发浓厚且蓬乱竖直，浓密的胡须长到凹陷的眼眶，有时在刮脸以前已有半英寸长。这副模样，连他本人都极度不满："天啊！长成我这样的面孔，那是多么的不幸啊！"

贝多芬对自己的面孔极其绝望，所以在维也纳最初几年，往往不注重仪表与举止。不过这并不影响他得到4位极负盛名的音乐家的教诲。此时莫扎特已离开人世，所以他的老师是音乐之父海顿、作曲大师贝格尔，小提琴家舒本柴、指挥大师萨列里4位名师。尽管这4位大师几乎是免费地传授贝多芬许多技艺，但他们都不把他当作一个好学生，因为狂傲不羁、充满叛逆的贝多芬不想承袭任何传统的作曲原则。

在贝多芬25岁时，已经成为一名著名的钢琴家。他出版的《三首三重奏》更是使他拥有了著名作曲家的身份。当时人们认为"他是在莫扎特之后，继续来慰抚我们的人"。然而，命运似乎在捉

手持《庄亚弥撒》手稿的贝多芬

最新整理图文珍藏版

弄他，第二年他便开始患耳疾，听力逐渐下降。但是他仍然在30岁时完成了《第一交响曲》。他32岁时病情加重，在医生的劝导下来到维也纳郊外的一个避暑胜地疗养。但在这里他逐渐失聪。这对于一个音乐家来说，无疑是最致命的打击！他在这里伤感地写下了为人熟知的《海灵根斯塔特遗书》，准备结束自己的生命。

最后的胜利

虽然贝多芬已写下了遗书，但他似乎很快便战胜了死亡之神。他倔强的性格使他写出了世界上最优美与最强烈的音符。

1803年，贝多芬创作了一生中最明朗的作品《第二交响曲》。这部作品生气蓬勃、热情洋溢，柏辽兹曾称之为"一切都是春天"，洋溢作者的美好回忆与对美好人生的渴望与激情。

情窦初开后，每个人都有对异性的渴望，贝多芬也不例外。然而，尽管他满怀激情地爱过无数个优雅美丽的女人，但似乎喜欢他的女人实在不多，以至于他的一生都是在暗恋、追求与恋爱中度过，至死也没有娶妻，只留下三封尚未寄出的浓情蜜意的情书。不知是不是这种爱情之火使贝多芬战胜了死神，总之，接下

名人墓地

来的《第三交响曲》便奏出了生命的最强音。据说这是专门献给拿破仑的曲子，也称为《英雄交响曲》，但他更像是贝多芬的自传与独白——敲响命运的大门！

此后，贝多芬以崭新的姿态投入音乐创作，以惊人的毅力写下大量的千古传世之作。在这期间，听力退化、肝病与胃病接踵而至，他的性格也越来越孤僻与暴躁。虽然此时他完全有实力雇几个佣人，但却没有一个佣人愿意在他身边，甚至给他看病的医

贝多芬的葬礼

生也不想第二次再见到他。贝多芬给自己开的药方是饮料里面加点酒。

贝多芬49岁时，两耳完全失聪，这时他写下了《第九交响曲》等一批他一生中最伟大、最富于思想性的作品。1824年5月7日，该曲在维也纳进行公演，获得了空前的成功，全场欢声雷动，历久不衰。许多听众激动得流出了热泪，失聪的贝多芬也因这巨大的成功当场晕倒。

1827年3月16日下午，酷寒伴随着罕见的雷声将贝多芬的灵魂升入天国。

达尔文

生物学家的环球航行

1831年底，随着一声汽笛长鸣，英国巡洋舰"贝格尔号"徐徐离开了朴次茅斯港，开始了行程2.5万海里的环球考察。船上有一位22岁的博物学家，5年后他随船归来，告诉人们一个惊人的秘密：人的祖先不是上帝，而是一只猴子。

就是不说，人们也会知道这位青年就是近代英国伟大的生物学家、进化论的奠基人——查理·罗伯特·达尔文。

达尔文出生在英国西部一个世代行医的家庭，父亲是很有名气的医生。富裕的经济，使小达尔文可以随意发展自己的爱好。他钓鱼打猎，摘花养草，卧室里也总是摆满了各种昆虫、贝壳和植物标本，使他自幼对大自然产生了浓厚的兴趣。儿子的这些爱好，使父亲看在眼里，喜在眉梢，心想：这孩子将来肯定是一位大医学家。

达尔文16岁时，与哥哥一起被父亲送进爱丁堡大学学医。可是让父亲头疼的是，达尔文学了两年医学后，仍然"无法忍受外科手术"。看到孩子这一弱点的父亲，也只得改变初衷，把"心慈

少年达尔文

手软"的达尔文送进剑桥大学改学神学。可是达尔文似乎天生对上帝兴趣不大，他只喜欢自然科学方面的知识。在这里，达尔文最高兴的事，莫过于认识了植物学教授汉斯罗。他们很快成为朋友，一起散步，一起到郊外旅行。达尔文因此也被称为"与汉斯罗一起走的人"。

汉罗斯教授对这个跟自己"一起走的人"很器重，他在达尔文毕业之际提出自己的建议，让他去参加对北威尔士的地质考察。达尔文对汉罗斯言听计从，积极报名，并终于获得了有关部门的批准。就这样，这个刚刚毕业的年轻牧师，便以博物学家的身份登上了"贝格尔号"巡洋舰，开始了新奇又刺激的环球考察。

轰动世界的《物种起源》

5 年的环球考察，决定了达尔文一生的事业。虽然这 5 年他没有薪水，船上只提供食宿，但他仍然没有偷闲过半个小时。每到一地，他总是认真研究，跋山涉水，不辞劳苦。他采集了很多动植物和矿物标本，发现了许多新物种。热病的袭击、晕船的折磨、野兽的威胁、山水的险恶，锻炼了意志与能力，随着生物学知识的迅速增长，一个石破天惊

的理论正在逐步形成。

医学知识、神学知识、自然科学知识与科学考察相结合，使达尔文注定成为用科学的手术刀摘除宗教的虚伪与愚昧的伟人。当 1836 年达尔文随"贝格尔号"满载而归的时候，他兜里面装着的便是这样一把手术刀——他已不再相信"神创论"。他谢绝了担任待遇丰厚的英国地质学会秘书的邀请，用了两年的时间，埋头整理他的考察日记和各种标本，出版了很有科学价值的《航海日记》等一批著作和论文。不久，他移居伦敦郊区，建立了一个动植物试验园地，集中精力研究生物进化的原因。经过 22 年的研究实验，达尔文终于写出了轰动世界的《物种起源》。

1859 年 11 月 24 日，《物种起源》出版发行，很快销售一

海上的星期日

空。它像一颗重型炮弹在"神学阵地的心脏上"猛烈爆炸，震动了整个欧美大陆。读者很快形成两大阵营，激烈的争论如同仇敌相见。以赫胥黎为首的进步学者挺身而出，称自己为"达尔文的追随者"。赫胥黎写信给达尔文："我准备接受火刑，也要支持你的理论。"

1860 年 6 月 30 日，牛津大主教威柏弗斯与赫胥黎在牛津图书馆展开最激烈的大辩论，结果赫胥黎妙语如珠，大主教无言以对，天主教徒布留斯特夫人气得晕倒……

牛津大辩论使进化论迅速传遍欧美各地。随着时间的推移，达尔文的进化论已经普遍被学术界接受。到 1877 年达尔文已成为举世闻名的大科学家。

1882 年 4 月 19 日，73 岁的达尔文离开人世。为感谢他对科学的贡献，人们把他安葬在威斯敏斯特教堂牛顿的墓旁。

法拉第

自学成才的科学家

1791 年 9 月 22 日，法拉第出生于伦敦南面萨利郡一个贫穷的

法拉第

铁匠家里。家境的艰难使他少年早成，11 岁时就成为一个沿街叫卖的报童，挣些许小钱以补贴家用。更重要的是，趁此机会可以阅读大量报纸，以增加自己的学识和阅历。1794 年，13 岁的法拉第在一家书店里开始了长达 7 年的学徒生活。这 7 年里，生活虽依然清贫，但书店里大量的书籍使他眼界大开，尤其对电学产生了浓厚的兴趣。工作之余，还从有限的收入中拿出一部分来购买化学药品，做一些实验，并记下大量的笔记。

1812 年，法拉第有幸在伦敦皇家学院听了著名化学家戴维的 4 次讲课，题目是《发热发光物质》。深奥、严谨而又枯燥的化

学知识在这位大师嘴里变得那样透彻、轻松和生动,在法拉第耳中是那样迷人和美妙,法拉第马上被深深地吸引住了。他渴望走进那神奇的科学殿堂,像戴维那样从事崇高的科学研究事业。也就是在那时,法拉第决定把自己的终生献给科学。

为了实现自己的梦想,法拉第写信给当时的英国皇家学会会长班克斯爵士,希望能在伦敦皇家学院找个工作,哪怕在实验室里洗瓶子也行。

在煎熬中苦苦等待了一周之后,依然没有回音。法拉第心急火燎,马上跑到皇家学院去打听,被冷冷地告知:"班克斯爵士说,你的信不必回复!"如此侮辱的答复,令法拉第伤心之极。毕竟在那个年代,命运对一个贫穷的青年绝对不会公平。但受到打击的法拉第并不气馁,对科学事业的执著追求促使他鼓起勇气,又给戴维写了一封信,并附上经过认真整理并装订成册的听课笔记。

戴维展示弧光灯

戴维看到自己的讲座被记录得如此一丝不苟,插图也如此准确精美,非常感动。

1813年3月,在戴维的推荐下,年轻的法拉第成为伦敦皇家学院实验室的助理实验员,从此走上了科学研究的道路。

电磁感应定律的提出

生活在电气时代的人们,千万不要忘记"法拉第"这个名字,因为是他给我们带来了电。

人类很早便对磁有了认识,但一直没有把它和电联系起来。直到1820年,丹麦物理学家奥斯特才发现磁与电有着一定关系,因为他发现通电的导线能够扰乱罗盘中的磁针。后来,法国物理学家阿喇果发现电能生磁。在这个基础上,法拉第想:既然电能生磁,那么磁也定能生电。

为了让磁生电,法拉第经过了10年不懈的努力。他在一张纸

法拉第的演示

上撒上一层极细的铁屑，在纸下面放一块磁铁，然后轻敲纸张。这时，受到震动的铁屑从磁极的两端排成了整齐的缕缕线线，法拉第断定这便是人眼看不到的"磁力线"。通过进一步实验，法拉第惊喜地发现了磁生电的瞬间电流。他于是又做了一个非常著名的实验。他用一个永久磁体与线圈做一出一进的连续运动，电流表上就显示线圈中有电流通过。这一实验导致法拉第在1831年发明了第一台发电机。这个发明再次引发了工业革命，把人类带到了光明的电气时代。

多少与他没上过学有关，法拉第对数学几乎是一窍不通。因此他无法用数学公式把自己的理论表达出来，只能运用自己的直观能力，以图示来说明。正因为如此，他写了三大卷千万余字的《电学的实验研究》，才把他一生的电磁学理论说明白。最终还是麦克斯韦把这一堆"素材"建立成完整的理论，这便是被称为法拉第—麦克斯韦的理论体系。

除此之外，法拉第还发现了电解定律。为了纪念他为此做出的贡献，人们将析出某元素的1克当量的用电量称为1个法拉第，1个法拉第等于96，500个库伦。

另外，电容的单位叫做法拉。

法拉第于1867年8月25日去世，享年76岁。当时有人提议停电三天向法拉第致哀，但这是不可能的。这足以证明法拉第的发现是多么重要！

爱迪生

少年爱迪生

1847年2月11日，托马斯·阿尔瓦·爱迪生出生于美国俄亥俄州的迈兰镇。

从小，爱迪生就显示出非凡的想象力和探究事物秘密的强烈兴趣。5岁的时候，为了使鸡蛋孵出小鸡来，他竟然学母鸡的样子，

爱迪生和他发明的白炽灯

托马斯·爱迪生

把蛋放在自己的身体下面，亲自去孵。

爱迪生8岁上学，但仅仅读了3个月的书，就被老师斥为"低能儿"而撵出校门。从此，他的母亲就成了他的"家庭教师"。由于母亲的良好的教育方法，使得他对读书发生了浓厚的兴趣。8岁时，他读了英国文艺复兴时期最重要的剧作家莎士比亚、狄更斯的著作和许多重要的历史书籍，如《罗马帝国衰亡史》和《英国历史课程》。到9岁时，他能迅速读懂难度较大的书，如帕克的《自然与实验哲学》和《百科全书》。10岁时他开始对化学产生浓厚兴趣。

在好奇心的驱使下，爱迪生经常照着书本的描述，做一些简单实验，借以证明书中的定理。这种强烈的求知欲和做实验的愿望，常给他带来麻烦。有一次，他从书上看到气球升空的原理后，以为只要有了气什么都能飞到空中，于是配制了一包药，让仆人喝下去，想让他飞起来，结果却险些让这个仆人昏厥过去。

12岁时，在父母的允许下，爱迪生在休伦到底特律的铁路线上当报童。1862年2月，他自己办起一张小报——《先驱报》，传递铁路沿线有关美国南北战争的消息、市场动态、物价行情等。从采访到排版、印刷直至出售，都是他一个人。没想到，每期竟有300份的销售量，这样一来，实验经费便有了保障。

爱迪生用所挣得的钱在火车行李车上建立了一个化学实验室。不幸有一次化学药品着火，他连

爱迪生的家

同他的设备全被扔出车外。另外有一次，当爱迪生正力图登上一列货运列车时，一个列车员抓住他的两只耳朵助他上车。这一行动导致了爱迪生成为终身聋子。

门罗公园的魔术师

1862 年 8 月，爱迪生救出了一个在火车轨道上即将遇难的男孩。孩子的父亲对此非常感谢，但由于无钱可以酬报，便教给爱迪生电报技术。从此，爱迪生便和这个神秘的电的新世界发生了关系，踏上了科学的征途。

1869 年 6 月初，爱迪生来到纽约。10 月份，和好友鲍普成立了鲍普——爱迪生公司，专门经营电气工程的科学仪器。不久，他发明了金价印刷机。之后，他靠发明得来的 1.5 万美元，在新泽西州的纽瓦克办了一个小工厂，专心致志地研制电器。从 1872 至 1875 年，爱迪生先后发明了二重、四重、六重电报机，还协助别人造出了世界上第一架英文打字机。

29 岁的时候，他在新泽西州的门罗公园，建造了一座两层楼的工厂。它不仅是座工厂，而且是世界首创的托马斯·爱迪生 1878 年拍摄工业研究实验室。在此，他潜心发明与人们的生产和生活直接相关的电器用品，陆续取得了许多重大发明成果。其中，白炽电灯，就是在经历了无数次失败后才研制成功的。后来，他又发明留声机和碳精电话送话器。在这段时间里，爱迪生所具有的美国人的活跃气质也表现出来。他为了给自己作宣传，替自己起了一个别号"门罗公园的魔术师"。

1881 年，爱迪生在纽约城里建立电站，1882 年试制成功电车，1885 年制造了当时世界上最大的发电机，1895 年发明电影机，1904 年发明镍铁蓄电池。此外，还有印刷电机、长途电话、调速器、电气仪表、熔断器等等。在基础科学方面，他发现了热电效应，即"爱迪生效应"，最后导致电子工业的创立。爱迪生的发明不胜枚举，仅仅 1882 年他就提出

留声机的发明

141 项专利申请。

留声机和白炽灯

1877 年的一天，看见奔涌的海浪，爱迪生产生了一种奇异的想法：人发出的声音和海浪声基本是一样的，既然海浪能在沙滩上留下弧线，那么人所发出的声音，也就是声波，也应该在某种情况下留下痕迹。假如将声音密集起来，在一定的条件下取出来听，人类的声音不就可以保存了吗？

于是，他试着把很薄的锡箔片贴在圆筒上，一边转动圆筒，一边就在上面刻声波。然后在锡箔刻痕上换上一根针，再把圆筒向回转，这种机器就会发出声音来。按照这种方法，经过反复研究，爱迪生发明了留声机。

然而，令人不可思议的是，当时这种机器竟找不到买主。因为许多人不相信，认为这是"胡闹"。爱迪生研究所的几个人便利用门罗公园"秋季集市"的机会，每天在集市上卖留声机。集市上的演示和叫卖很见效。有很多人开始购买这种东西。爱迪生发明的留声机很快传遍美国，不久就跨过大洋传到德国、俄国、法国等国家。爱迪生的名声也随之大振，被称为"世纪魔术师"。

爱迪生发明的留声机内部

对于爱迪生而言，最著名的一项发明，是在 1879 年发明的白炽电灯。当时为了找到一种既耐高温而又持续时间长的灯丝材料，他不分四季昼夜，几乎每天都泡在实验室里钻研。1878 年的一年时间里，他共实验了 1600 多种材料，平均每天实验 5 种之多。有一天，他把一只扇子炭化之后当成灯芯使用，结果发现比过去所用的任何材料都好，燃烧的时间又延长了。他查阅各种生物资料，希望找到一种类似结构组织的物质。为此，他还派得力助手前往日本、中国和缅甸等地寻找最好的竹子。"功夫不负有心人"，人工碳素终于问世了，这使得长期困扰爱迪生的灯丝问题得以彻底解决。白炽电灯很快走进千家万户。

科学界的拿破仑

爱迪生一生在实验室或工厂里度过了 60 多年，他的发明平均每 15 天一项，他通过自己的创造性劳动，对人类的生活产生了深刻的影响。电车改变了城市的交通，电灯、电影机、电话、留声机等大大丰富和方便了人们的生活。而爱迪生，也被大家亲切地称为"科学界的拿破仑"。

爱迪生对如何开展科学研究也做出了伟大贡献。19 世纪以来，虽然生产方式的社会化有了进展，但科学研究的方式还比较落后。科学家还是个人独立地在进行研究，为了更好地集中大家的智慧进行科学研究，1876 年，爱迪生建立了世界上第一个工业研究实验所，并命名为"发明工厂"。"发明工厂"把许多不同专业的人组织起来，里面有科学家、工程师、技术人员、工人共 100 多人，爱迪生的许多重大发明就是靠这个集体的力量才获得成功的。

爱迪生的文化程度极低，对人类的贡献却这么巨大，这里的"秘诀"是什么呢？除了有一颗好奇的心和亲自试验的本能外，就是他那具有超乎常人的艰苦工作的精神了。当有人称爱迪生是个"天才"时，他却解释说："天才就是百分之二的灵感加上百分之九十八的汗水。"

1929 年 10 月 21 日，在电灯发明 50 周年的时候，人们为爱迪生举行了盛大的庆祝会，德国的爱因斯坦和法国的居里夫人等著名科学家纷纷向他祝贺。

1931 年 10 月 18 日凌晨，这位为人类做出了伟大贡献的科学家因病逝世，终年 84 岁。

马可尼

少年天才

马可尼出生在意大利北部的波伦亚城。父亲是个农庄主，母亲是一个爱尔兰贵族的后代。马可尼天资聪颖，勤奋好学，尤其喜欢阅读物理学方面的书籍。小时候他常常随母亲坐船漂洋过海去英国甚至是北美探亲访友。旅途中，当船只航行在一望无际的

治·伊斯门（左）和爱迪生（右）在一起

马可尼在实验

大海上时，常常遇到一些意想不到的麻烦，可是又无法和陆地及其他正在航行的船只取得联系。于是，他常常想，能不能找到一种通信工具，当船在海上航行时，也能和陆地取得联系呢？这种想法一直记在他心里。

1894 年，20 岁的马可尼由于一次偶然的机会在一本电磁杂志

马可尼肖像

上读到一篇介绍赫兹研究电磁波的文章。这篇文章唤醒了马可尼少年时代的幻想。如果使用电磁波传递莫尔斯电码，不就可以不再被电缆束缚吗？他说服了父亲，并从他那里得到一切财政支持。于是他开始在意大利波伦亚他父亲的庄园里进行无线电报的实验。

1895 年夏天，21 岁的马可尼在父亲的花园里进行了一次非常成功的电磁波传递信号实验。

同年秋天，马可尼把电磁波的传送距离扩大到 2.7 公里。他把火花式发射机放在村边的小山顶，天线高挂在一棵大树上。接收机却安放在家里的三楼。一个同伴给他当助手，在小山顶发报，他在楼上接收。对方发送信号的时候，接收机的电铃能够清晰地发出响声。实验取得了成功。

为了使无线电能够有实用价值，能够为人类服务，22 岁的马可尼告别亲人，登上了去英国的征途。

信号跨越大西洋

离开家乡后，22 岁的马可尼来到了英国，在一些商人和大臣的赞助下，继续进行无线电通讯实验。为了引起大家的关注，马

可尼作了一次 10～20 公里的无线电报通讯表演，结果顿时引起了大家的尖叫。第二年，马可尼开始试着将无线电进行商业应用，并成立了无线电报通信公司。1899 年，马可尼把无线电通信的距离增大到 106 公里，无线电信号第一次突破了 100 公里大关。

马可尼发明的无线电发报机

1901 年 12 月 12 日下午 2 点 30 分，对于马可尼和全世界人民而言，都是一个值得记住的日子。这一天，马可尼和他的助手们进行了横跨大西洋的通讯实验。

英格兰西南海岸的康沃尔郡的波尔渡，一个大功率的无线电发射机，一遍又一遍地发出"滴答"的信号声。在距此 2200 公里远的加拿大纽芬兰海岸附近的锡格纳尔山一座峭壁上，马可尼和助手坎普在等待接收无线电信号。

13 日的 12 点 30 分，马可尼听到了三声"滴答"的信号声。随着这三声"滴答"声，在以后

的岁月里，人类的通讯方式发生了翻天覆地的变化，而马可尼也因此被称为"无线电之父"。

由于马可尼在无线电通信方面所做出的贡献，在 1909 年他被授予诺贝尔物理学奖。

近代文学和艺术

有关人类状况的主要表述

人类兼具的不幸与伟大可能是 1560 至 1660 年西欧危机时期异乎寻常地大量涌现的文学和艺术杰作的主题。当然，并非这一时期的所有著作或绘画都表述了同样的思想。在这有着异乎寻常的文学和艺术创造力的一百年间，各种形式、各种观点的作品纷纷涌现，自最浅薄的闹剧到最沉闷的悲剧，自最静谧的静物画到最奇形怪状的宗教殉难场面，应有尽有。尽管如此，这一时期最伟大的作家和画家无不受到人类存在含糊不清和具有讽刺意味这种认识的感染，这种认识与蒙田和帕斯卡尔以不同方式表露出来的看法并无不同。他们都充分认识到，战争的恐怖及人类的痛苦在他们的时代里是无处不在的，同时他们直接或间接地认识到新教

所说的"人邪恶不端"的信念；不过他们也在很大程度上继承了文艺复兴时期积极乐观的思想，因而他们大都更倾向于把世间生活视为一大挑战。

伊丽莎白时代的戏剧

与塞万提斯完全同时的是英国伊丽莎白时代的剧作家，他们共同开创了西方世界戏剧史上最灿烂的时代。这些剧作家进行创作的年代是在英国战胜西班牙"无敌舰队"之后，民族自豪感臻于顶峰的时代；他们都展现出昂扬的生气，但没有一个人是信口开河的乐观主义者。实际上，他们的代表作无不具有一种思想的严肃性，其中一些人，比如那位"具有一针见血观察力"的悲剧作家约翰·韦伯斯特（约 1573～约 1637 年），甚而是病态的悲观主义者。文艺批评家倾向于同意，在群星闪耀的伊丽莎白时代的伟大剧作家，最出类拔萃的是克里斯托弗·马洛（1564～1593 年），本·琼森（约 1573～1673 年），当然还少不了威廉·莎士比亚（1564～1616 年）。在三位大师中，性情暴烈的马洛是最充满朝气、富有活力的一位，他尚不足 30 岁就在酒馆中的一场争吵中被人杀死。在诸如《帖木儿》和《浮士德博士》等剧作中，马洛塑造了带有传奇色彩的英雄人物，他们试图消除前进道路上所有的障碍并体验一切可能的强烈情感，同时差一点就取得成功。不过他们的结局都很不幸，因为马洛虽然极具活力，但他知道人类的努力是有限度的，人类的命数中既有伟大，也有不幸。因而，虽然浮士德请求撒旦用魔法召来的再生的特洛伊的海伦"用吻"使他"不朽"，但他最后还是死了并受到谴责，因为不朽不是由恶魔赐予的，也不见于尘世之吻之中。与英勇的悲剧作家马洛相反，本·琼森撰写针砭性的喜剧，揭露人类的邪恶及瑕疵。在尤为凄凉的《伏尔蓬涅》一剧中，琼森把人描绘成欺诈成性、贪得无厌的动物；但在后来的《炼金术士》一剧中，他对那些聪明地利用其想象中的打赌对手的足智多谋的下层人物不无钦佩，同时同等地抨击了招摇撞骗与轻信受骗。

伊丽莎白时代剧作家中无人可以比拟的最伟大的戏剧天才是威廉·莎士比亚。莎士比亚出生在地方小镇埃文河畔斯特拉特福一个商人家庭。与同时代其他多数大师相比，他的一生扑朔迷离，笼罩在迷雾之中。人们所知的只是，在 20 岁左右时离开了故乡，没有受过什么正规教育，漂泊到了伦敦，在剧院找到了一份差事。他是如何最终当上演员而后又成为剧作家的不为人所知，但有证据表明他到 28 岁时已经成为一位令同行们妒忌的著名作家了。约 1610 年，他退隐到故乡斯特拉特福安居晚年。在此之前他共撰写或与人合写了近 40 部剧作，另外还有 150 多首十四行诗和二首长篇叙事诗。

意大利和西班牙的风格主义

另外，人类存在所内含的嘲讽和紧张也为活跃于 1560 至 1660 年间的一些不朽的视觉艺术大师极其雄辩和深刻地表现出来。16 世纪下半期意大利和西班牙居主导地位的绘画风格是风格主义。"风格主义"（Mannerism）最初是一含轻辱意味的术语，指所谓的模仿者——意即那些模仿米开朗琪罗晚期的"风格"进行绘画创

《基督受难图》，丁托列托作

作的人。在这一时期该词的含义广得多了；确实，艺术史家现在把某些风格主义画家视为西方最伟大的大师。毫无疑问，风格主义画派确实把米开朗琪罗的反古典主义和自然扭曲以产生情感效果的趋势视为自己的出发点，但风格主义画家走得更远，远比米开朗琪罗要强调骚动不宁、不平衡和扭曲。应当承认，他们中的许多人缺乏技巧和深刻的想象力，满足于描绘人休而不是表现肌肉，描绘传奇性场面而不是戏剧性情景。但其他一些人完全成功地把伟大的艺术鉴赏力与四射的内在之光的联络平衡起来。

在后一类画家中，最出类拔萃的是威尼斯人丁托列托（1518～1594 年）和西班牙人埃尔格雷科（1541～1594 年）。丁托列托把风格主义的扭曲、骚动与威尼斯画派传统上喜用华丽色彩的特点结合起来，创作了大量以宗教为主题的不朽作品，包括《圣母参拜神庙》、《基督受难图》、《最后的晚餐》等，这些作品至今仍以弥漫的微光和扣人心弦的戏剧性场面令人油然生畏，敬佩不已。丁托列托的学生埃尔格雷科的作品更富于激情。这位超凡的画家生于希腊克里特岛，本名多梅尼

科斯·提奥托科普洛斯。他吸取了希腊—拜占廷圣像画的某些风格化的拉长特点，而后去了意大利，就学于同时代伟大的风格主义画家诸如丁托列托门下，最后定居西班牙，在那里得到了"埃尔格雷科"（El Greco，西班牙语，意为"希腊人"）的绰号。埃尔格雷科的绘画过于稀奇古怪，在那一时代难以得到很大赏识，即使在今天看来它们也过于不平衡和扭曲变形，似乎是一位几近精神错乱的人的作品。然而，这种观点既低估了埃尔格雷科的技法成就，也低视了他的极度神秘的天主热狂热。今天他最著名的作品是扭曲变形的风景画《托莱多风景》，画中幽暗而令人生畏的光线正破穿乌云照在没有光线的地方；不过埃尔格雷科同样激动人心的作品是其令人头晕目眩的宗教寓

意画《奥尔加斯伯爵的葬礼》（画家认为它是自由的代表作），以及众多惊人的肖像画，画中瘦削而威严的西班牙人具有一种难得的兼备严峻与洞察力的气质。

《托莱多风景》　埃尔格雷科作

继风格主义之后出现的南欧最重要的艺术流派是巴洛克风格，该流派始于 1600 年左右，止于 18 世纪初叶，不只是一个画派，而且是雕塑和建筑流派。"巴洛克"（Baroque）一词源自葡萄牙语，意为一个畸形的未经琢磨的珍珠，这在很大程度上反映出该派的特点。巴洛克风格秉承了风格主义的遗风，和风格主义一样注重激情和扭曲变形，但特点是不像风

《拉奥孔》，埃尔格雷科作

格主义绘画那样多地笼罩着一种低沉的神秘特性，比前者更多地具有一种向上的精神。出现这种情况的主要原因是多种类型的巴洛克艺术通常都是半宣传性的。巴洛克建筑发源于罗马，意在表现反宗教改革的教皇制和耶稣会的理想，它尤其以坚持一种特殊的世界观为主旨。同样，巴洛克绘画往往是应反宗教改革的教会的要求而作的，这一教派在1620年前后处于极盛时期时似乎到处都采取进攻姿态；当巴洛克画家不颂扬反宗教改革的理想时，他们大都应聘为那些试图自我美化的君主服务。

毋庸置疑，罗马巴洛克初期最有想象力、最有影响的人物是建筑师和雕塑家贾洛伦佐·贝尔尼尼（1598～1680年），他经常受雇于教皇，曾设计了通往圣彼得大教堂的一长列大柱廊，这是对教皇荣耀最宏伟辉煌的颂扬方式之一。贝尔尼尼的建筑打破了意大利建筑师帕拉迪奥的安宁的文艺复兴古典主义风格，虽继续使用了诸如圆柱、圆顶等古典因素，但把它们与意在表现过度的焦虑不安及巨大力量的因素结合起来。此外，贝尔尼尼是尝试把教堂正面建成"纵深形式"——建筑正

面，即不是设计成连续的层面，而是以奇特的角度向外突出，看上去让人产生侵入了前面开阔的空间的感觉——最早的人物之一。如果说这些创新的目的是打动观众并从情感上把他引入艺术作品的范围，那么可以说贝尔尼尼所创作的雕塑寓意也在于此。贝尔尼尼的雕塑作品诉诸于希腊化时代雕塑的无休止的动感——尤其是拉奥孔群像——并以米开朗琪罗后期雕塑中已有的趋向为基础，强调戏剧性效果，激发观众作出回应而不是静静地观赏。

由于意大利巴洛克画家大都缺少贝尔尼尼的艺术天才，因而，要想观赏南欧巴洛克绘画最伟大的杰作，就必须把目光转向西班牙，转向迭戈·贝拉斯克斯（1599～1660年）。贝拉斯克斯是马德里一位宫廷画家，适值西班牙濒临崩溃之际。与贝尔尼尼不

左：（大卫）、右《狂喜的圣特雷莎》
贝尔尼尼作

同，贝拉斯克斯并不是一位完全典型的巴洛克风格的倡导者。固然，他的许多油画显示出典型的巴洛克趣味的动感、戏剧效果和力度，但贝拉斯克斯最好的作品具有一种通常所见的巴洛克绘画所少有的较有节制的思想性。因而，他的《布雷达守军投降》这一名作，一方面表现了健壮的战马、光彩照人的西班牙大公，另一方面也表现了对战败的、阵容不整的军队的人道的和深深的同情，后面这一点是非巴洛克风格的。此外，贝拉斯克斯最出色的单幅作品《宫娥图》作于1656年前后西班牙崩溃之后，流露出的是思想内容而不是戏剧效果，是有史以来对幻象与现实进行了最具探索性的艺术考察的作品之一。

在"邪恶的世纪"与南欧争

《宫娥图》　迭戈·贝拉斯克斯作

夺艺术桂冠的北方艺术家是尼德兰人，其中三位迥然相异的画家都最全面地探究了人的伟大与邪恶这一主题。最早的一位是彼得·勃鲁盖尔（"俭省的韵律"）（约1525～1569年），他作画的风格与早先尼德兰的现实主义相关联。但与其偏爱描绘静谧的都市景象的前辈不同，勃鲁盖尔喜爱描绘农民繁忙而质朴的生活。这方面最著名的有欢闹的《农民的婚礼》和《农民婚礼舞》，以及无拘无束的《收获者》，在后一幅画中，一群农民在繁重的劳动之后在正午的阳光下进行理所当然的休息，有的大吃大喝，有的鼾然入睡。这些景象向人表现了未被

《布雷达守军投降》　贝拉斯科斯作

打断的生活节奏；但在其创作生涯晚期对他所亲历的发生在尼德兰加尔文教徒暴动和西班牙镇压期间的宗教偏执和血腥杀戮场面深感震惊，并以一种轻描淡写而又刺痛人心的方式表示批评。比如，在《盲人的寓言》中，我们看到了无知的狂热之徒互相指路时出现的情景。勃鲁盖尔更震撼人心的作品是《屠杀无辜》，从远处望去，它描绘的似乎是白雪覆盖下一个佛兰德乡村的安适的景象，但事实上残忍的士兵正在有条不紊地破门入室并屠杀婴儿，纯朴的农民处于完全被人宰割的状态下；在此艺术家——暗指一位被交战双方天主教徒和新教徒都遗忘的天使——似乎在说："基督时代出现的情景，现在又出现了。"

与勃鲁盖尔迥然相异的是尼德兰巴洛克画家彼得·保罗·鲁本斯（1577～1640年）。与风格主义不同，巴洛克是一场与反宗教运动的扩展密切相关的国际运动，因而，巴洛克在尼德兰那一罹受长期战争之苦、最后仍由西班牙保有的地区得到极其完美的表现，是毫不令人奇怪的。实际上，安特卫普的鲁本斯是一位远比马德里的贝拉斯克斯要典型的巴洛克

《收获者》，彼得·勃鲁盖尔作。在该画中，作者既表现了农民的艰苦劳作，也表现了他们的消遣休息。

艺术家，他确确实实创作了数千幅粗犷的油画，美化再生的天主教，或者拔高二流的贵族，把他们画成身着熊毛皮衣的传奇英雄。就连在其本意不是过分进行宣传时，他仍习惯于滥用巴洛克风格的奢华夸张，以致在今天他可能以描绘保养良好的裸女的完美的肉体最为出名。但与众多次要的巴洛克艺术家不同，鲁本斯并不

《屠杀无辜》勃鲁盖尔作

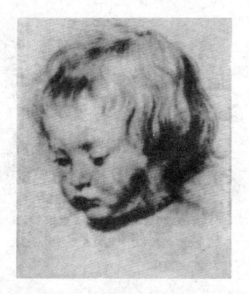

鲁本斯为其子尼古拉斯绘制的肖像

《波兰骑手》伦勃朗作

完全缺乏精妙技巧，且是一位具有多种风格的画家。他创作的他儿子尼古拉斯的柔和的肖像抓住了孩子在安静一瞬间那种纤尘无染的童趣。虽然他在其创作生涯的大部分时间里都颂扬勇武精神，但他晚年的《战争的恐怖》动人

《凝视荷马胸像的亚里士多德》

地描绘了他自己所说的"不幸欧洲的悲哀，这里现在在如此漫长的岁月中一直受到劫掠、暴行和痛苦的煎熬"。

所有尼德兰画家中最为伟大的一位当推伦勃朗·凡·里吉（1606～1669年），他在某些方面融合了勃鲁盖尔和鲁本斯的特点，令所有进行轻率的性格描写的企图都失去光泽。伦勃朗生活在西属尼德兰边界对面恪守加尔文教的荷兰，归属于一个因过于苛严而既无法容忍勃鲁盖尔无拘无束的现实主义、又无法容忍鲁本斯巴洛克风格的浮华肉感的社会。不过伦勃朗设法把现实主义与巴洛克风格融会贯通起来。在早年他靠描绘圣经图景而名利双收，这些圣经题材的画摒弃了巴洛克风格的肉感，而在扭曲变形和大

胆地尝试用光方面保留了巴洛克风格的壮丽。另外，伦勃朗在创作生涯的早期还作为一位现实主义的肖像画家活跃一时，他知道如何通过突出加尔文式的刚毅来满足那些自我陶醉的顾客的虚荣心，从而获得大量钱财。但是他的兴隆局面逐渐衰落了，这有一部分是因为他对奉承之举感到厌倦，同时可以肯定的是因为他进行了一些糟糕的投资。由于个人悲剧在画家的中年和晚年还在加剧，因而他的艺术不可避免地变得比过去忧郁和阴沉得多了，但它具有了庄严、精巧的抒情和令人叹为观止的神秘等新的特点。

因而，他晚年的肖像画，包括他的自画像，渗透着内省的特性，暗示有一半没有表现出来。同样感人的是其具有明晰的哲理性的绘画，诸如《凝视荷马胸像的亚里士多德》，在该画中那位所谓的尘世哲学家似乎被另世中史诗诗人散发出的荣光震住了；以及《波兰骑手》，该画把现实主义成分与巴洛克成分高度综合起来，描绘一位冥想的年轻人无畏地向危险重重的世界进发。就像莎士比亚那样，伦勃朗知道人生之旅充满了危险，但其最成熟的绘画表明这一切都可以用诗艺和勇气征服。

最新整理图文珍藏版

蒸汽机的发明

茶壶盖振动引起的革命

　　蒸汽机的发明，据说是从壶盖震动得到的启发。它的发明者詹姆斯·瓦特，从小就注意到了这种现象。当他还是一个孩子的时候，就常常坐在家中的火炉旁，目不转睛地看水壶。当水壶的水烧开时，壶盖就会一下一下地被顶起来。小瓦特坐在那里，有时候半小时也不说一句话，痴痴地看着蒸汽由沸腾的水壶中冒出、凝结……有时候，他也会把开着水的壶盖来来回回地拿下来又放上去，他还会把水杯和银匙之类的东西放到蒸汽上，看这些东西是不是也会被蒸汽顶起来，家里人都觉得他是一个"懒孩子"。

　　1736年1月19日，瓦特在英国伦弗鲁郡格里诺克市的一个小镇上出生，他的爷爷和叔叔都是机械工匠，父亲做过造船技术工人，做过仪器制造，还做过商人，甚至还当过一段小镇上的地方官。小瓦特就生长在这样的环境里，受到长辈们的耳濡目染，对机械制造有着浓厚的兴趣。

　　小瓦特从小体弱多病，没有受过完整的教育。在正规学校上学时，因为身体的原因，总是断断续续地上课。后来休学在家，他凭着对机械的兴趣，动手制作了滑车、航海器械等。长大后，

瓦特

他到一家仪表厂当学徒工，在那里他学会了仪表制造原理，并养成了一种独立思考的习惯和对新事物探索的兴趣。

瓦特的第一次实验

在他 20 岁那年，瓦特对仪表的制造技术已经相当精通了，并且对其他的物理仪器也颇有研究。一个偶然的机会，格拉斯哥大学的台克教授发现了他的才能，就把他介绍到了该大学做仪器修理工人。在这所高等学校里，他有幸认识了化学家约瑟夫·布莱克和约翰·鲁滨逊等一些名人，瓦特从他们那里学到了很多的物理知识。

纽可门蒸汽机的启示

瓦特蒸汽机的发明，是在总结了许多前人的经验和发明的基础上完成的。人们对蒸汽的认识有着一个漫长的过程，最早可追

巴本像

溯到公元前 2 世纪，那时候古希腊人就发明了第一台利用蒸汽原埋喷射产生反作用力的发动机。到了 17 世纪末期，人们对蒸汽有了进一步的认识，法国物理学家巴本在研究中发现了蒸汽对物体的推动作用，根据这种原理，他创造性地发明了活塞装置。它的大致组成是：把一只活塞装在一个黄铜汽缸里。当加热装在汽缸一端的水时，由此产生的蒸汽就推动活塞向上移动。因为巴本只是一个物理学家，尽管他发明了活塞，却没有对其做进一步的设计和完善，所以这种活塞装置只停留在试验室的状态，并没有得到实际的运用。

活塞装置真正应用到生产中是在 8 年以后，英国工程师托马斯·塞维利对巴本的发明做了进

纽可门蒸汽机

一步的设计，制造出了矿井抽水的蒸汽机。但这种蒸汽机有许多的缺点，一是热源消耗太大，二是因为靠大气压力汲水，工作受到不少的限制，而且也很不安全。

时间又过去了7年，英国有一个叫托马斯·纽可门的小铁匠对塞维利的设计进行了大胆的改进，把蒸汽装置从矿井抽水机中分离了出来，在设计上作了重要革新：不让冷却水直接进入汽缸，而是把冷却水通过一个细小的龙头向汽缸内进行喷射，并引入了巴本的活塞装置。但是纽可门的这项发明并没有引起英国皇家学会的重视，他们甚至不承认这是纽可门发明的。

瓦特在格拉斯哥大学修理仪器时，发现了一台纽可门蒸汽机，这台蒸汽机后来成为了他发明的基础。

伟大的发明

纽可门蒸汽机存在着明显的缺点，最大的缺陷就是冷却不足。从知道了纽可门蒸汽机的原理之后，瓦特对蒸汽机的研究开始着了迷。

瓦特初期发明的蒸汽机

瓦特发明的灵感来自一个星期天。他在郊外散步的时候，还在考虑如何对蒸汽机进行改进，这时候他突然有了一个很好的设想：在纽可门蒸汽机里添加一个冷却装置！他匆忙跑回家后，便开始按照自己的想法设计，他把冷却装置设计成一个单独的容器，这样既不会影响蒸汽机工作，又能使机器得到冷却。他还把用气

瓦特

压做动力改成用蒸汽做动力，这样就消除了纽可门机器里的诸多缺点。

根据设计好的图纸，他制造出第一台蒸汽机模型，经过反复实验，机器运行良好。瓦特想把这种机器运用到实际生产中，但他手里没有足够的资金来造这种机器。正好这时有一名叫罗巴特的商人，急需要一种力量大而节省能源的抽水机。通过布莱克教授的牵线搭桥，双方一拍即合：罗巴特资助瓦特研究的资金，瓦特为他提供这种抽水机。瓦特在取得专利后，成功地制造出了第一台单动蒸汽机。

这台机器投入使用后，虽然降低了燃料耗费，运转速度也加快了许多，还是有不少缺点。比如杠杆只是作反复的直线运动，影响了应用范围；机器的汽缸漏水，使内部无法形成真空状态等。

罗巴特本希望瓦特的发明能为他解决矿井的积水问题，事实证明并没有多少效果，后来罗巴特的矿井因为积水问题而破产，瓦特也被迫停止了蒸汽机的改造。

推动整个世界前进

罗巴特并没有因为破产对瓦特失去信心，他仍非常看好瓦特的发明，并把瓦特介绍给了有名的企业家博尔顿。博尔顿看了瓦特的发明后，也觉得非常有前途，他决定和瓦特合伙，全力支持瓦特改进这种蒸汽机，并准备向全世界推广这种先进的机器。瓦特在博尔顿那里再一次获得了发展的机会。

从1776年到1790年的十几年里，瓦特一直没有停止对蒸汽机

蒸汽机的应用

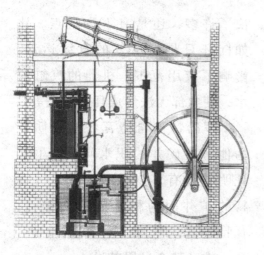

瓦特双作用式蒸汽机工作示意图

命。蒸汽机的发明随后还带动了一大批发明的完成，比如美国的道尔顿把蒸汽机装在船上，发明了蒸汽轮船；英国的斯蒂芬森把蒸汽机装在车上，制造出了火车等。这些发明把人类从手工劳动中彻底解放了出来。后来，瓦特的蒸汽机传遍了世界各地，被称为"第一个真正国际性的发明"。

车床的发明

学徒出身的机械师

一说到车床，人们马上就想到了亨利·莫兹利。他发明了车床上的移动刀架，这一发明使他赢得了"车床之父"的称号。

1771年8月22日，亨利·莫兹利生于英国肯特郡的一个军人家庭，从小就没有受到正规教育，他在12岁那年就进入工厂开始做工了。他做工的工厂主要制造兵器，用于军队。在那里他虽然没有真正地摆弄过机械，但那段时间却让他对机械产生了浓厚的兴趣。

在他14岁时，父母考虑到他的前途，就让他辞去了制造兵器的工作，改做学徒工，跟着一个木匠学做木工活。他不怎么喜欢

的改进，他差不多每两、三年就发明一种新机种。他先是在原来的基础上制造出了分体冷凝器的蒸汽发动机两年后又制造出了蒸汽动力抽水机，并成功地运用到了生产中；五年后他又发明了齿轮，把它巧妙地运用到了蒸汽机中，使蒸汽机从往复运动变成了旋转运动；后来他又发明了双作用蒸汽机、离心调速器。在1790年的时候，他还发明了压力表，这使瓦特蒸汽机配套齐全，运用起来更加方便简单。

到1819年瓦特去世的时候，他的蒸汽机已经被广泛地应用到了英国的工业生产中，差不多影响了英国的所有工业，尤其是采矿业、纺织业、钢铁生产及印刷业，给工业带来了一次全新的革

布拉默制造的锁

这种工作，但又不能违背父母的心愿。一年后，他终于说服了父母，不再当木匠学徒工。相对而言，他更喜欢做铁器活，于是就到离家不远的一个铁匠铺里，跟铁匠当学徒。这是他喜欢的工作，他干活非常卖力，铁匠也很喜欢他，就不断传授给他一些做铁制品的技巧。

莫兹利平时很用功，铁匠教给他的技术他很快就能学会，尤其善于使用铁锉，两三年的时间后，他用铁锉的功夫在附近的村镇已经无人能比了。

莫兹利在那家铁匠铺里当了7年的学徒，对打造铁制品已经很熟了。在他18岁那年，全国的制锁业兴盛起来，当时英国很有名的制锁商约瑟夫·布拉默急需要一名帮手。莫兹利听到这个消息后，非常想进入布拉默的工厂做工，于是他

结束了尚未到期的铁匠学徒生涯，到布拉默那里去报了名。

布拉默对帮手的条件要求很高，经过非常严格的考试，莫兹利很出色地完成了布拉默的各项技术考核，布拉默对他很满意，就录用了他。

在布拉默的言传身教下，莫兹利进步很快，不久就成为了制锁厂的一名优秀技师。

莫兹利

伟大的发明

莫兹利在布拉默那里一干就是8年，由于他很喜欢机械、铁制品的加工等，所以他对这份工作乐此不疲，干起活也很积极，深得布拉默的喜欢。他也从布拉默那里学到了很多的技术，因为对样样制品都要求精益求精，他成了布拉默工厂最优秀的机械工，后来被布拉默任命为总工长。

早期的莫兹利车床

莫兹利制造的第一台螺纹切削车床

工作时，莫兹利常常被一些问题所困扰，如有时候工厂里订单太多，而他们的生产速度总是跟不上。当时的车床非常简单，有些活是人力根本无法做到的，这时候他就想，如果把机床改造成可以借助机械的力量的话，那就方便多了，不仅可以提高产量，还可以做一些人力根本无法做到的活。

他在工作之余开始琢磨车床的改造和研制。他觉得首先要解决车床易动问题，因为机器运转起来后，车床就会出现左右晃动的情况，这样加工出来的产品很难精细。他采用了铸铁制造床身，很轻易地就把这个问题解决了。

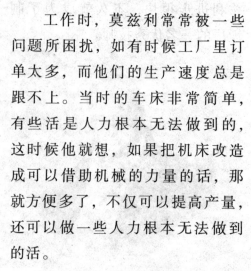

接下来，他开始琢磨如何把制品做得精细。根据自己的设想，他在床身上装了滑动刀架，让滑座可以左右移动，滑动刀架上可以固定切削刀具。这种滑动刀架做得很成功，在这样的滑动刀架上，可以加工任何尺寸的部件。

滑动刀架的成功，给他带来了更大的信心。随后他又发明了两样非常有价值的东西：一种是进给箱，这是一种刀具可以自动进给的装置（在此之前，在车床上制作小型机械零件需要自己组装小型车床进行加工）；另一种是水压机泵的密封装置。

建立莫兹利工厂

莫兹利在市拉默的制锁工厂工作了8年，可以说这8年他为布拉默立下了汗马功劳，但他的薪水一直保持在最初的水平。在他26岁这年，他不得不要求老板加薪，因为他的生活很难维持下去了，但老板布拉默却拒绝了。在这种情况下，莫兹利很无奈地辞去了工作，自己办厂赚钱，来维持他的家庭生活。

他很快就办起了自己的工厂，

世界通史

最新整理图文珍藏版

莫兹利制造的第二台螺纹切削车床

因为他在布拉默工厂就非常有名气，很快就有了第一批订单。在这批订单上，他花费了大量的心思，严格把握产品的尺寸，力求产品件件达到优质。这批订单完成后，给他带来了良好的声誉，随后订单便接连不断，他的小工厂很快就红火起来，不得不雇用一些工人来完成订货。后来随着订单的不断增加，他不断地添加工人、购置机器，在工厂最红火的时候，他厂子里的工人曾达到80多名。

莫兹利工厂生产出的精密产品引起了军方的注意，英国海军向莫兹利订购了一大批滑轮，这种滑轮以前没有人生产过，而且工厂现有的设备也无法完成。莫兹利用于一年的时间来设计军用滑轮的图纸，又用了一年的时间改造和购买制造滑轮所需的设备，在设备齐全后，制造工作十分顺利，他如期把产品交给了海军。

海军订制的这批滑轮产品主要用于朴次茅斯港码头，它们就像一块金字招牌，让许多到过朴次茅斯港的人记住了"莫兹利"这个名字。

莫兹利成了全英国最有名的机械工程师，当时英国的机械工业发展迅猛，有许多优秀的机械工程师活跃其中，由于莫兹利在

最新整理图文珍藏版

莫兹利的工厂

机械制造方面的杰出成就，被大家公认为机械业的权威人物。

后来，莫兹利为了扩大企业的规模，吸收了一个投资者，并把工厂迁移到了兰帕斯，他的企业很快便成了英国重要的机床生产厂家。

不断前进的莫兹利

莫兹利最伟大的发明，就是在车床上安装了刀架。后来人们发明的刨床、钻床、镗床等各种机床，刀架都在其中担当着重要的角色。这看似简单的发明，对当时英国工业的功劳一点也不亚于蒸汽机的发明。后来制锁业和武器枪支的革新，也都源于这项发明。

莫兹利成为英国的名人后，仍没有停止他的发明和对车床的

纳思密斯肖像

改造，比如他设计了锅炉钢板的打刻机，把脚蹬变成了蒸汽机制动、把刻刀由手削变成了自动刀削等。经过多年的摸索、改进和创新，他的工厂生产出来的带有进给箱的车床更加完善，也更加简便耐用，生产出来的产品精密度更高。当然，只有优秀的机器而没有优秀的人才，是无法生产出来优秀的产品的。

莫兹利平时非常善于培养人才，善于开发弟子们的聪明才智，比如在他发明齿轮组合体螺纹加工机过程中，就融入了弟子们的智慧，这种可以多级改变丝杠转速的车床，最后就是由其弟子克莱梅特、惠特尼制作并组装完成的。

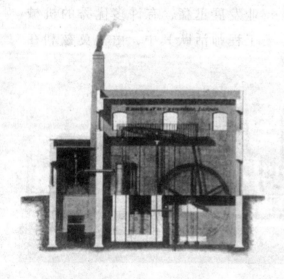

莫兹利工厂生产的蒸汽机

世界通史

最新整理图文珍藏版

他教出的弟子大多身怀绝技，从莫兹利工厂里走出来的人中，有好几位成为了英国有名的机械师，像詹姆斯·纳思密斯、约瑟夫·惠特沃斯、约瑟夫·克莱梅特等人，他们日后都成为了英国机械业界的精英。

1830年，莫兹利长途跋涉看望一位患重病的法国朋友，在归途中他不幸感染了风寒。1831年2月14日，莫兹利去世，终年59岁。

火车的发明

火车出现前的交通

在火车发明以前，人们开采煤炭资源和采石时，用木材做成路轨，人推着车或是用牲口拉着车在轨道上行走。水路运输靠轮船，陆地运输靠马车，不仅运输量小，而且时间太长。这样就造

斯蒂芬森使用过的火车头

成了一些地方的原材料运不出去，而另一些地方则发愁没有资源可用的尴尬。

说来有趣，铁轨的发明，并不是同火车一起发明出来的，而是比火车发明早47年的时间。它的发明完全是一次偶然。18世纪六十年代，由于交通运输的落后，许多地方出现钢铁生产过剩的情况，致使铁的价格狂跌。有一家炼铁工厂，厂子里堆满了生铁。老板让工人把堆在厂子里的生铁全部浇铸成一根根长的铁条，然后铺在厂里的道路上。其目的有二一是腾地方，二是等钢铁价格好的时候再卖。当人们拉着车在上面走的时候，却发现省了不少力气，还非常的平稳。就这样，铁轨在无意中发明出来了。

当然，从铁条到后来的"工"字型铁轨还有一个演变的过程。人们在圆圆的铁条上行车不很方便，车轮胎常常滑出来。这时有人就把铁条改造成了方形有凹槽的铁轨。虽然它防止了轮胎打滑，但凹槽里容易积石子之类的东西，不但轮胎磨损过度，铁轨也容易断。后来有人就把铁轨做成上下同宽、中间略窄的形态，这倒是解决了积堆石子、铁轨易坏的问题，可是翻车的事情却时有发生。

最新整理图文珍藏版

于是，有人就把铁轨制成了现在的"工"字形。

划时代的发明

斯蒂芬森从小是一个放牛娃，14岁时到一家煤矿当蒸汽机司炉工。他很喜欢这份工作，做事很认真，经常把蒸汽机的零件拆卸下来，进行上油维护，所以很快就熟悉了蒸汽机的构造。在家时他没有上过学，因此渴望知道关于蒸汽机的更多知识，于是就在晚上去上夜校。由于聪明好学，他很快就掌握了蒸汽机的原理，并学会了设计图纸。

在学习的过程中，斯蒂芬森知道了特里维希克和维维安曾经制造过了在普通道路上行走的蒸汽机车，但因为过于笨重，他们先后都放弃了研究。斯蒂芬森对他们的发明很感兴趣，就在他们的基础上进行了多次改进，但都失败了，机车在道路上行走缓慢的问题始终不能解决。

有一天，他看到了铁轨，忽

斯蒂芬森像

然有了灵感：何不把机车放在铁轨上呢？他根据自己的设想开始研究如何让机车在铁轨上运行。为防止火车出轨和打滑，他还在车轮的边上加了轮缘棘轮。

斯蒂芬森的蒸汽火车终于在1814年制造成功了，它被命名为"皮靴号"。这个大家伙有30多吨重，带8节车厢，声音很大，震动得很厉害，速度也不快。

几年后斯蒂芬森对火车进行了改进，设计出了一辆新型火车。恰逢企业家皮斯准备建造一条从斯托克顿到达灵顿供马拉车用的铁轨，斯蒂芬森就带着自己的图纸找到皮斯，说服了皮斯支持他把铁轨建成火车专用。在皮斯先生把铁路铺好的时候，他的新型

早期铁路客运场景

世界通史

最新整理图文珍藏版

火车头也出厂了，这辆火车被斯蒂芬森命名为"旅行号"。

那一天，斯托克顿聚集了 4 万群众。当斯蒂芬森亲自驾驶着他发明的火车向这边疾速奔来时，所有的群众都忍不住欢呼了起来，全世界的铁路运输事业就从这天开始了。

电报机的发明

画家的奇想

电报机的发明，大大方便了人们通信。但你也许不知道，它的发明者却是一位画家。塞缪尔·莫尔斯是美国十九世纪中叶非常有名的画家，他在肖像画和历史绘画方面的出色成就，被当时的人们所推崇。电报机的发明是

莫尔斯的绘画作品

一次旅行给他带来的灵感。

作为美国画家协会的主席，1832 年他应邀到法国讲学。在乘

莫尔斯肖像

坐轮船返回途中，为了打发漫长旅程中的寂寞，有一名叫杰克逊的美国医生向船上的旅客们展示了他得到的一种新玩意儿：这种叫"电磁铁"的东西，可以在电流的作用下，变成磁铁，而电流消失后，它的磁性就没有了。杰克逊仔细向旅客们讲述这种器件的用法和原理，并告诉大家，电流可以迅速通过很长很长的线。

杰克逊的话引起了莫尔斯很大的兴趣，也让他产生了无边的遐想，发明一种通过电流传播信息工具的想法油然而生。

这年莫尔斯 41 岁，发明一种

通过电流传播信息工具的想法让他渐离绘画艺术，走进了一个完全陌生的领域。他当时的身份是美院的一名教授，在授课之余开始了这种通信工具的设计。三年之后，已经身陷其中的他毅然辞去了教授的职务，彻底放弃了绘画艺术，不再写生和创作绘画，关起门来，一门心思地用在了电报装置的研究上。

致力于通信领域的先驱们

通过电流进行通信的方法，很早以前人们就想到了。因为电流的传输速度快，用它进行通信再合适不过了。早在七八十年前，有一个叫摩尔逊的人就异想天开地在半空中架了26根线。每根线

伏特像

用一个字母来表示，字母的确认主要靠静电来完成。当某一根电线有静电时，这根电线另一端的

伏特在向拿破仑·波拿巴展示他的成果

小纸球就会被吸住，那边的人就记下这根线所代表的字母。用这种方式进行通信，应该说是电报最早的雏形了。因为当时电池还没有发明出来，靠静电传送的距离有限，研究也只能停留在这种状态上，并没有得到广泛的应用。

在此以后，有人又对这项发明进行了改进：把纸球改成木球，把导线由26根改成了1根，但这种方法仍然没有实用价值。

后来，伏特发明了金属电堆，从中可以得到相对稳定的电流。

随后奥斯特又发现电流可以产生磁效应，电磁学成为了一门新兴的科学。这时莫尔斯开始研究电报机，有着很多的优势。他在前人的基础上把静电换成了恒压电流，并用一根导线传递信号，这种发明取得了初步成功。

新奇的构思

莫尔斯从画家转行研究电报机，就等于一切需要从头开始。以前他学习的是美术学，对物理知识掌握得很有限。他于是一面找来书籍学习，一面向别人请教。纽约大学的物理学教授盖尔是他的朋友，他便把自己的计划告诉了盖尔先生，并得到了盖尔先生的支持。莫尔斯在盖尔的悉心指导下，四处寻找一些制造电报机所需的材料，当年的年底他就造出了第一台发报机。可是，这种发报机只有在两、三米的距离内才有效，距离一增大，信号就失灵了。

莫尔斯电报机的按键

莫尔斯电报收报机

为了进一步研究，莫尔斯购买了大量的试验设备。他趴在实验桌上常常一干就是一夜，但他设计的方案一个又一个相继失败。上帝似乎并不为他的努力所打动，一年过去了，他的电报机研究不见有丝毫的进展。后来，莫尔斯拜访了当时著名的物理学家亨利，说出了一直困扰着他的烦恼。亨利先生建议他把电磁铁换成绝缘导线强力磁铁，把继电器的每个电池串联起来，并使用一条地线。亨利的建议让莫尔斯受益匪浅，莫尔斯的思路大大扩展。他按照亨利的建议把老电报机进行了改进，传递距离的问题终于解决了。

1836年，莫尔斯采用编码传递信息的试验终于成功了。电报的原理是这样的：把英文字母表中的字母、标点符号和空格按照出现的频度排序，然后用点和划的组合来代表这些字母、标点和空格，使频度最高的符号具有最短的点划组合，"点"对应于短的电脉冲信号，"划"对应于长的电脉冲信号，这些信号传到对方，接收机把短的电脉冲信号翻译成"点"，把长的电脉冲信号转换成"划"，译码员根据这些点划组合就可以译成英文字母，从而完成了通信任务。

世界为之而变小

莫尔斯的研究取得了突破性的进展，但他却没有资金推广研究成果。莫尔斯只得重操旧业，到美院去教学，把挣到的钱全部用于投资。为了积攒经费用于研

莫尔斯的墓碑

究，他把自己的伙食水平降低到最低水平。经过了一年多的努力，莫尔斯终于组装成了一台电报机。1838年1月，莫尔斯进行了3英

经过改进的莫尔斯电报机

里距离收发电报的试验，结果非常成功。

1840年4月，莫尔斯为这项发明申请到了专利。此后，他开始四处游说，希望人们投资生产这种电报机，但当时的人们对他的电报机并不感兴趣。莫尔斯在国内遭到冷遇，就到欧洲一些国家去游说。这时候英国的惠斯通发明的电磁电报已经运用到了实际生活中，俄国的希林也制造出了类似于惠斯通的电磁电报，人们对莫尔斯的电报机前景并不乐观。

世界通史

最新整理图文珍藏版

莫尔斯的电报机就这样被搁置了。直到1842年，他的电报机才引起了美国议会的重视。1842年1月，美国议会通过了他的电报技术法案，同意他的电报机在全国使用。

1844年5月24日，在美国议会大厅里举行了一次隆重的电报机通信实验活动。莫尔斯坐在电报机前，嘀嘀嗒嗒地向巴尔的摩成功地发出了第一封电报："上帝创造了惊人的奇迹！"。他的助手很快翻译出了这份电报的内容。

莫尔斯电报的发明，是世界电信史上光辉的一页。莫尔斯的电报由于使用了电报编码，更简单、实用，很快就风靡全球。直到今天他的电报编码仍在被人们所使用。

工业革命在欧洲的扩展

法国的工业革命比英国要晚一些。法国在西欧曾是最发达的国家，但后来由于波旁王朝在经济上过于保守，一直沿着旧的体制从事工业生产，致使经济发展缓慢。后来，法国的波旁王朝被推翻，以路易·菲力普为首的"七月王朝"在经济上开始朝着工

工业革命时期法国铸造厂

业化方向努力。

同英国一样，法国最先发展的也是纺织业。1845年法国的棉花产量增加到了6400万公斤，动力织机达到1万台，纱锭170万支。聪明的法国人在纺织过程中使用了氯漂白棉布的技术，还发明了织造复杂图样的织布机。在此期间，阿尔萨斯、诺曼底等地成为了全国重要的纺织工业区。

同欧洲大陆各国相较，比利

工业革命时期英国纱厂女工在工作
间隙休息及用餐的场景

时的工业革命的进展是首屈一指的。在拿破仑和荷兰统治时期，它就保持着较快的发展速度。19世纪初比利时实现独立后，煤炭的产量一直高出法国，生产的机器在西欧地区非常畅销。另外，比利时的交通业非常发达，通过陆地和海上运输，可以很方便地到达西欧各地。所以，它成为了西欧贸易的集散地。

德意志的经济起步较晚，主要是政治因素造成的。直到19世纪三十年代，德意志经济上才开始有起色，很快就有了几个经济发展很快的工业城市，像科隆、爱北菲特，巴门等。德意志矿产资源丰富，这对德意志工业发展很有利。在这个时期，德意志出现了开采热，大量的矿产资源被挖掘出来，尤其是煤炭资源。煤炭经济的繁荣带动了相关科技的进步，所以，德意志在煤炭副产品的利用方面，比其他国家先进了许多。

工业革命在北美的扩展

美国不论在资源上还是地理条件上，都有着得天独厚的优势，因此英国工业发展对美国的影响最大。美国的工业发展比欧洲的一些国家还要早，最先发展的也是纺织业。从1790年按照英国的式样建立第一座纺纱厂开始，到19世纪初期，纱锭已达到了13万支，纺织业差不多红遍于全国。钢铁行业紧跟其后，1816年在匹兹堡建立的炼铁厂和轧铁厂就是冶金工业兴盛的开端。1860年，美国的铁产量近百万吨，匹兹堡成为著名的冶金中心。钢铁加工业也在这时候发展起来了，惠特尼在康涅狄格州建造了武器工厂，从事标准部件的生产，这项产业使美国标准件加工业走在了世界最前端。

在工业高速发展期间，美国还出现了一股淘金热。在这种热潮中，大量的劳动力涌向西部，这样就造成了人力资源的相对缺乏。尽管有许多的移民进入，但

美国出现的淘金热

世界通史

最新整理图文珍藏版

劳力仍无法满足企业发展的需要。有许多的企业因为缺少人手，效益受到影响，他们不得不通过采用机器代替人力的劳动的方法。如使用轧棉机进行原棉脱籽，一台轧棉机就相当于 50 个人的工作量，这样就节省了很多的人力成本。

在此期间，美国人发明了很多机器，如造纸机、缝纫机、制鞋机、轮转印刷机等。1834 年，麦考密克发明收割机以后，美国相继创制了许多农业机械。1851 年伦敦世界博览会上，美国展出的农业机器模型数量最多。发明机器和广泛使用机器以补劳力的不足，是美国工业革命进程中的一个特点。

富尔顿的蒸汽船

在工业革命以前，还没有铁路交通的时候，水路交通非常繁荣。在欧美各国，修挖了许多的运河。英国通过开挖的运河，把许多的河流连接了起来，形成了一个非常便利的水路运输网；美国开凿的伊利运河，在五大湖和哈得逊河之间建立了一条通道，便利了中西部之间的商业运输。

富尔顿

蒸汽船就是在此种背景下发明出来的，它的发明者是罗伯特·富尔顿。富尔顿的父亲是英国人，1730 年移居到美国。1765 年 11 月 14 日，富尔顿在一个农场里出生。因家境情况不好，富尔顿 17 岁开始外出谋生。在费城他靠给别人绘制车辆和机器图纸生活，在这段日子里他结识了著名的科

富尔顿的"克莱盂特"号

学家富兰克林和瓦特。

高超的图纸绘制技巧给他的生活带来了稳定的收入，后来他学习、研究和生活的费用多是通过绘制图纸挣来的。富尔顿是个非常善于钻研的人，为了搞清楚一些机器的构造和原理，他边工作边自学，并先后学习了法文、德文和意大利文。

在图纸设计过程中，富尔顿萌生了制造蒸汽船的想法。自1793年以后，他就作了许多关于机器、桨轮和船的草图，并研究总结了前人在制造汽船上的经验教训。1803年1月9日，富尔顿开始在巴黎进行蒸汽推动的船模型试验。他制造出了第一个蒸汽船的模型，对这个模型他进行了反复的修改，把每次试验的数据进行比较总结。这样又过了4年，他终于造出了一艘蒸汽船，命名为"克莱孟特"号。他亲自驾驶这艘汽船在哈得逊河上进行了试验，速度每小时4英里，航行非常成功。

"克莱孟特"号的成功，给富尔顿带来了更大的信心。此后，他又造出载运客货的渡轮"约克和杰赛"号。他在一生中共制造了汽船17艘，让世人从此告别了靠风行船的历史。

农业技术的革新

欧洲的农业比起亚洲来，要落后许多。以农具犁为例，欧洲人使用的犁一直是木犁，后来才在木犁尖上加了一块铁。直到18世纪，他们才把木犁换成了铁犁，而中国早在战国时期就开始使用铁犁了，这比中国落后了2000多年。

欧洲的工业革命，也带动了农业的发展和农具的革新。18世纪初，英国人塔尔发明了条播机，改变了以前的遍地撒播方式。在使用中，用牲口拉着条播机播种，也改变了土壤的环境，碾碎土壤中的坷垃，更利于土壤的保墒。

以前，欧洲人耕作采用"三年一休耕"的方式。为了保持土地的肥力，他们每耕作三年后，

塔尔发明的条播机

世界通史

最新整理图文珍藏版

就让土地"休息"一年。工业革命时期，人们创造了农作物轮作的方式，就是每年在土地上种植不同的植物。这种方式既可以保持土地的肥力，又避免了土地的闲置。

在这个时期，英国人发明了打谷机，后来这种机器传到了美国。美国人麦考密克在打谷机的基础上，研究发明了收割机。收割机的发明又让农业生产向前迈出了一大步，节省了大量的农业劳动力，成为当时最重要的农业生产工具。

由于德国的矿产资源比较丰富，他们在化学领域的成就也领先于其他欧洲国家。在19世纪四十年代，他们在对土壤研究时发现，植物生长所需要的氮、磷、

近代收割机的发明者之一麦考密克

钾三种元素必不可少，而土壤中这三种元素远远不能满足植物生长的需要。于是，他们推广使用化学肥料，后来化肥成为了农业高产的关键。

工业革命的社会意义

工业革命的本质说白了就是机器的革命。以前欧洲人靠传统

宪章运动

的手工劳动来进行经济生活，主要还是以农业为主。工业革命的到来把这些传统的东西都打破了，庄园主的土地上由庄稼变成了工厂，手工业和家庭作坊在竞争中迅速崩溃。那些农民也由耕作者变成了工人，改变了他们和庄园主之间的关系。

经济的发展，加快了城市的建设速度。一座座工业化的城市拔地而起，旧的体制全部被推翻

1834年的里昂

和打破，农业不再是控制国家命脉的主体，这就让封建社会的复辟变得不再可能。

工厂多了，农民变成了工人。他们失去了土地，也就失去了最后的依赖。这时大批的工人就成了社会劳动力的主体，成为了无产者，他们除了出卖劳动力来生存外，没有其他任何生存方式。

成为社会主力军的工人，为了生存，他们更加团结，思想意识也不断提高，反抗意识不断增强。19世纪，欧洲各地先后爆发了宪章运动、里昂起义、巴黎公社运动、争取8小时工作制的罢工等工人运动，他们一次又一次在为争取自己的利益而进行不懈的努力。

欧洲的工业革命也让欧洲国家的国力大增，它们迅速成为了世界上的强国，因而更有实力去侵略和扩张。这个时期也是殖民地面积最多的时期，全世界有1/4的版图在他们的侵略中沦为殖民地。

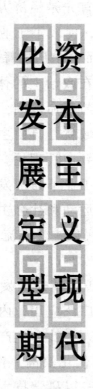

第二章

资本主义现代化发展定型期

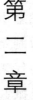

第三编　世界近代史

最新整理图文珍藏版

到 18 世纪中后期，第一次工业革命开辟了 19 世纪初至 19 世纪 70 年代的蒸汽时代。经历了漫长的准备期后，以工业革命为契机，近代社会迎来了现代化的第一次浪潮。首先是经济方面的工业化，它以英国为原点，扩散到法、美、德等国家，促成了工业资本主义的迅速发展，工业资产阶级也取代商业资产阶级而登上历史舞台。

工业资产阶级实力的增强在政治上的体现就是 19 世纪 20—70 年代席卷欧美大陆的资产阶级改革与革命浪潮，这大大推进了西方的政治现代化进程，反映在意识形态领域就是自由主义成为当时的时代主潮，并被大多数国家视为制定政策的导向性理论，边沁、密尔和托克维尔等都是自由主义学说的代表人物。工业革命引发了社会结构的改组，从中分化的工业无产阶级掀起了工人运动和社会主义的潮流，同时资产阶级开拓海外市场的殖民活动引发了民族主义潮流，世界的横向联系大大加强，资本主义世界体系初步形成。

19 世纪最后 30 年第二次工业革命的发生使人类开始进入电气化时代，第二次工业革命以电力的广泛应用，内燃机的发明和使用、化学工业的发展为主要特征，标志着人类社会生产力水平的又一次飞跃，因此也推动了近代社会的第二次现代化浪潮。作为这次现代化浪潮的结果，形成了现代意义的经济模式——以科学技术为先导，以提高劳动生产率为竞争手段、以大型垄断公司为生产组织形式。在现代意义的经济模式基础上，现代意义上的政治模式趋于成熟，英、法、美属于现代民主政治的典型代表，德、俄、日虽然带有浓厚的封建残余，但毕竟向民主化的道路迈进了一大步。

现代意义的经济模式和政治模式的定型，既是资本主义制度逐步成熟的表现，同时表明近代的历史开始向现代转变，19 世纪末 20 世纪初的历史时段是近代史和现代史的分水岭。

与经济和政治领域的变化相适应，意识形态领域中斯宾塞的"社会达尔文主义"和尼采的"超人哲学"高歌猛进。现代的政治、经济模式的确立还赋予了工人运动新的特点，即由过去自发性的暴力政治斗争转化为合法的经济斗争。这个时期，西方列强加大了垄断资本的输出，完成了对世界的瓜分，最终世界资本主义体系完全形成，人类世界联结成为了一个整体。

第一节　史海钩沉：重大事件　历史典故

美国吞并夏威夷

夏威夷群岛位于太平洋中部，自古以来就是波利尼西亚人的故乡。这里风景秀丽，物产丰富，战略位置十分重要。约 1000 多年前，波利尼西亚人迁移到夏威夷群岛，岛上开始有居民。约在 1782 年间，一个名叫卡梅哈梅哈的酋长逐步统一夏威夷，成立夏威夷王国。这时，已有上百艘英美的商船和形形色色的冒险家来到夏威夷。1893 年，一批美国商人在美国领事和军舰的支持下，发动政变，推翻丽奥卡拉尼女王的统治，成立"夏威夷共和国"临时政府。1900 年 4 月 30 日，美国政府宣布夏威夷并入美国，成为美国一个准州。1959 年，夏威夷成为美国第 50 个州。

英国维多利亚女王去世

1901 年 1 月 22 日，英国维多利亚女王逝世。她在位 63 年，经

美丽的夏威夷

老年的维多利亚

历了工业革命的高潮时期，这时期英国逐步走向繁荣的巅峰，成为世界最大的工业和军事强国。

维多利亚女王于 1819 年生于伦敦。1837 年继位成为女王。第二年在威斯敏斯特大教堂加冕。到 19 世纪末，维多利亚女王由于拥有许多皇亲国戚，被人称为"欧洲的祖母"。1876 年成为印度女皇。1897 年英国为她在位 60 周年举行庆典，她成为英国历史上统治时间最长的女王。由于这一时期英国迅速地向外扩张，建立了庞大的殖民地，因此被称为"日不落帝国"。维多利亚女王在 20 世纪初飘然而去，也象征着"日不落帝国"夕阳西下。

总统麦金莱被刺杀

麦金莱（1843－1901）是美国第 25 任总统，生于俄亥俄州，在老威廉·麦金莱和南希·艾利森的八个孩子中排行第七。南北战争期间，麦金莱是未来总统海斯上校的副官。1867 年任俄亥俄州长。1896 年被共和党提名为总统候选人并在竞选中获胜。执政时，他当务之急是复兴经济。执政后，他采取提高关税和稳定货

1901 年麦金莱总统在博览会音乐堂上惨遭枪杀的情景

币的政策，加上其他措施，使美国的经济有了很大起色，麦金莱从而获得"繁荣总统"的美名。对外，他发动美西战争，打败了西班牙海军力量。和谈中，他坚持把波多黎各、菲律宾等归属美国。1900 年初，他在大选中连任总统。同年 9 月 5 日，麦金莱总统正在布法罗的泛美博览会的音乐堂举行招待会时，遭到无政府主义者利昂·乔尔戈什的枪击，于 9 月 15 日在纽约州的布法罗去世。

塞尔维亚国王和王后遇刺

1903 年 6 月 11 日，塞尔维亚国王亚历山大和王后马欣在皇宫中被杀死。这起刺杀事件是塞尔维亚军方和政府高级官员组织的一次军事政变。这场军事政变对

塞尔维亚的历史产生了深远的影响。

被刺杀的塞尔维亚国王亚历山大

虽然刺杀计划严格保密，许多细节无人知晓，但是人们相信，亚历山大国王意欲将军事学院从贝尔格莱德驱逐出去，从而激怒了军人。因此，在他宣布宪法停止生效时，军方便开始密谋这次刺杀行动。这些由马斯沁上校和米斯切斯上校率领的谋杀者于午夜冲进皇宫，向所有企图阻止他们的人开枪射击，刺杀者冲入国王卧室时连开数枪，国王和王后当场毙命。事后，军方宣布彼得·卡拉乔尔杰维奇王子为国王。

列宁主义的诞生

弗·依·列宁（1870～1924）原姓乌里扬诺夫，生于辛比尔斯克。父亲是国民教育视察员，大哥因参与谋刺亚历山大三世而被处死。1887年列宁进喀山大学法律系，因为参加学生运动而被捕和流放。1888年参加喀山的马克思主义小组。次年迁居萨马拉。1891年以校外生资格参加彼得堡大学法律系国家考试，获得优等毕业证书，注册为律师助手。此后，在萨马拉组织当地的第一个马克思主义小组。他一面宣传马克思主义，一面深入社会进行调查。1893年到达彼得堡。1895年，列宁把彼得堡的20多个马克思主义小组统一成为"彼得堡工

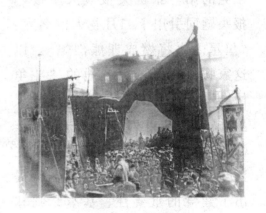

彼得格勒处在革命的前夕

人阶级解放斗争协会"。这是新型无产阶级政党的萌芽。列宁原来设想在各地成立类似组织，进而联合成为全国性的社会民主党。但是，12月列宁被捕，后被流放到西伯利亚。1899年列宁在西伯利亚写了《俄国资本主义的发展》，论述了俄国资本主义的发展以及革命的不可避免，完成了粉碎民粹主义的任务。

1898年，各地"斗争协会"召开了俄国社会民主工党第一次代表大会。但他们没有制定党纲党章，没有统一的组织，而且不久就被严重破坏。实际上并没有把党建立起来，不过，宣布党的成立这件事，本身就有一定意义。

20世纪初，俄国已形成帝国主义，无产阶级革命也进入了新的阶段。1900年，列宁移居国外，在德国莱比锡创办俄国社会民主工党的第一张机关报《火星报》。报头题词引用十二月党人的名言："星星之火将燃成熊熊烈焰"。以这家报纸为核心，各地的"斗争协会"和小组联合起来，形成火星派。1902年列宁的重要著作《怎么办?》出版，批判了修正主义与它在俄国的变种经济派，提出了建党的重要性、基本原则和计划。

1903年7～8月，俄国社会民主工党第二次代表大会先在布鲁塞尔，后迁到伦敦秘密召开。大会最主要的议程是制定党纲党章和选举中央机构。在讨论《火星报》提出的党纲草案时，马尔丁诺夫为代表的经济派反对列入无产阶级专政的内容。但由于列宁为首的火星派的坚持，党纲草案获得通过。这是马克思、恩格斯逝世后国际共运史上第一个，也是第二国际各党中唯一一个明确以争取无产阶级专政为基本任务的党纲，体现出新型无产阶级政党的重要特点。

在讨论党章草案第一条时，革命阵营内部又出现了分歧。列宁提出："凡是承认党纲，在物质上帮助党并且参加党的一个组织的，都可以成为党员。"马尔托夫却提出不一定要参加党的组织，只要在党的一个组织的领导下为

集结在大连的日本军队

党工作的人都可成为党员。马尔托夫的条文将使党成为成分复杂、来去自由、纪律松懈的社团或俱乐部。经过长时间辩论以后，由于多数代表的支持，大会通过了马尔托夫的这条党员资格条文。但是列宁提出的除此之外的党章条文也都获通过。

由于一些经济派和民族主义的大部分人员退出大会，在选举中央领导机构的时候，支持列宁的一派占了多数。从此，俄国社会民主工党分裂为拥护列宁的布尔什维克（意思是多数派）与反对列宁的孟什维克（意思是少数派）两派。由于这次大会，布尔什维克党形成了。它是主张社会主义革命和无产阶级专政的新型的无产阶级革命政党。布尔什维克党的建立是列宁主义诞生的标志。列宁主义诞生了，而它一诞生就立刻领导了俄国的第一次民主革命。

十月全俄总政治罢工

1905 年秋，俄国革命发展到一个新的阶段，即由零散的罢工发展到群众性的大罢工，由地方的罢工发展到全俄的总罢工。

在这个阶段中，莫斯科无产阶级的革命斗争，对整个革命进程产生了巨大的影响。一月事件以前，整整五年，莫斯科没有发生过大规模的罢工，但是，到了8、9 月间，革命斗争的中心已经转移到莫斯科了。这是什么原因呢？主要是由于布尔什维克莫斯科委员会遵照列宁的革命路线，积极地进行了革命工作。列宁称赞它是布尔什维克党的模范委员会之一。

莫斯科的工人在布尔什维克的教育与领导下，于 9 月举行了大罢工。罢工工人举着红旗，在莫斯科主要街上，与反动军警展开了顽强的战斗。这次罢工是全俄总政治罢工的序幕。

9 月间，布尔什维克斯科委员会向铁路工人发出特别呼吁书，号召他们参加莫斯科无产阶级的总罢工。莫斯科—喀山铁路的职工首先响应，于10 月 7 日开始罢工，火车停驶了，运输中断了。铁路工人的罢工迅速发展，到10 月 12 日全国 4 万公里铁路线上的 75 万职工都卷入了罢工运动的浪潮。

铁路工人的创举得到全俄各城市工人的响应，彼得堡爆发了总罢工，罢工迅速地扩展到高加索、乌克兰、克里木、伏尔加河流域、乌拉尔、西伯利亚、波罗的海等全国各地。从10月13日起，全国有2500多个大工厂企业停了工，其他各行各业的工人、职员也参加了罢工，人数总计有200万，还有大批农业工人。他们举行了成千上万人参加的群众大会。

全国各城市工厂停工，商店关门，火车、轮船、马车停驶，饭馆歇业，教师罢教，学生罢课。电灯熄灭了，电话中断了，学校、药房、银行、澡堂、戏院等都关了门。国内生活陷于停顿状态。

在十月总政治罢工的日子里，有些地方群众的游行示威，转变为与反动军警的流血搏斗。俄国已处在武装起义的前夜。

沙皇政府起初打算对罢工运动进行镇压。彼得堡总督特列波夫下令："决不要放空枪，也不要吝惜子弹。"但是，仍然阻止不了革命的洪流。统治集团惊恐万状，沙皇尼古拉二世甚至打算秘密逃往国外。

沙皇政府为了赢得暂时喘息时间，重新集结力量，伺机进行反扑，对人民群众制造了新的政治骗局。10月17日，沙皇颁布了"宣言"，虚伪地宣布人民有言论、集会、结社、出版等自由答应扩大选举权，成立具有立法权的杜马（即议会），任命自由派的代表维特为总理大臣。列宁指出，"宣言"的颁布，表明革命力量与反革命无力量的对比暂时处于势均力敌状态。沙皇政府已经无力镇压革命，革命也还没有力量击溃沙皇政府。

10月17日"宣言"一公布，引起了资产阶级和自由派地主一片欢呼，他们举着香槟酒，彼此庆贺。高呼："不要再革命了，秩序万岁！"催促政府镇压罢工。他们开始集结力量，组织了许多资产阶级政党。工商业大资产阶级和大地主组成了"十月十七日同盟"（或称"十月党"），一部分自由派地主和中等资产阶级建立了"立宪民主党"。孟什维克对10月17日"宣言"也表示满意，认为专制制度的旧枷锁一去不复返了，在俄国面前开辟了资产阶级民主制度的时代。

以列宁为首的布尔什维克及时地揭穿了10月17日"宣言"的虚伪本质。列宁指出："政府的退却……只是表明政府选择了新的自己认为更加合适的战斗阵地罢了。以所谓10月17日诏书这种一纸空文来宣布'自由'，只是企图准备精神条件来同革命作斗争，——与此同时，特列波夫统率着全俄黑帮党徒在为这个斗争准备物质条件。"

事实也正是如此。沙皇一只手公布"宣言"，另一只手却向各省发出命令，要他们调动一切反动势力镇压革命人民。在"宣言"发表的同时，就组成了"俄罗斯人民同盟"之类的黑帮团体，沙皇是"同盟"的"名誉盟员"。沙皇政府供给黑帮分子资金和武器。他们按照政府的指示，在全国各地对革命者进行残酷的屠杀。

当时民间流行的一首歌谣，一针见血地揭露了沙皇"宣言"的欺骗性：

"沙皇吓破胆，赶快发宣言。
死者得自由，活人进牢监。"

沙皇企图使用虚假的"宣言"和血腥屠杀的反革命两手来扑灭革命，但是人民革命的巨流，是什么力量也阻挡住的。1905年秋，不但工人运动有增无减，十月总政治罢工又促进了农民、士兵和非俄罗斯各族人民的革命运动的高涨。

在俄国的欧洲部分有三分之一以上的县份都发生了农民起义，捣毁了约两千个地主的庄园。有许多地方，农民夺取了土地、牧场和森林，赶走了乡警、乡长和村长，不承认沙皇的政权。最先进的农民，在农村中还建立了革命农民委员会。列宁写的《给农村贫民》的小册子，经由布尔什维克地方组织的散发，在农民中起了很大的作用。

1905年秋，布尔什维克在沙皇军队中秘密地建立了许多党组织，加强了军队的工作。10月间，在喀琅施塔得爆发了水兵起义。11月，塞瓦斯托波尔港的水兵发动了规模更大的起义，起义的水兵夺取了奥察科夫巡洋舰。同年秋，甚至遥远的海参崴以及其他城市，都发生了士兵起义事件。

在被压迫民族地区，也展开了争取民族解放的斗争。乌克兰、白俄罗斯、南高加索和波罗的海沿岸各族人民争取自治和解放的斗争风起云涌，特别是由斯大林领导的南高加索的民族运动，走在民族解放运动的前列。

俄国 1905 年革命

1905 年在俄国爆发了一场空前规模的资产阶级民主革命。这场革命是由俄国内部阶级矛盾尖锐所引起的。

20 世纪初，俄国是一个军事封建的帝国主义国家。反动的沙皇统治严重地阻碍了生产的发展和社会的进步，给人民带来了无穷的灾难。1900～1903 年经济危机使国内的矛盾空前尖锐起来。工人、农民以及国内各少数民族的反抗斗争此伏彼起，连绵不断。沙皇政府为了转移人民的斗争视钱，阻止革命的发展，乞灵于一场胜利的对外战争。但是，结果适得其反。1904 年开始的日俄战争破坏了国家的经济，加深了人民的苦难，暴露了专制制度的腐朽，从而加速了革命的到来。

这次革命风暴的开始是 1905 年的彼得堡流血事件。1905 年初，彼得堡最大的普梯洛夫工厂的工人举行罢工，抗议厂方无理开除工人。罢工得到其他工厂工人的支持，很快发展成为全城总罢工。沙皇政府企图在罢工举起之时就把革命火种扑灭掉。它指使加邦牧师诱骗工人列队前往冬宫，向沙皇尼古拉二世呈递请愿书，以便乘机把工人淹没在血泊之中。布尔什维克看穿敌人的阴谋，反复向工人说明：向沙皇请愿是不会获得自由的，自由必须靠自己拿起武器来争取。但是，很大一部分工人认为困苦是下面的官吏造成的，他们仍相信"慈父沙皇"会帮助他们。1 月 22 日（俄历 1 月 9 日）星期日，彼得堡工人携带全家，组成了一支约有十四万人的和平队伍。他们举着圣幡、圣像和沙皇的肖像，拿着陈述工人疾苦要求沙皇赐予恩惠的请愿书，向冬宫前进。结果遭到沙皇军队野蛮枪杀，1000 多人被打死，几千人受伤。1 月 9 日此被称为"流血的星期日"。

彼得堡街头的鲜血擦亮了千百万工人的眼睛。他们愤怒地撕毁了沙皇的肖像，说"沙皇痛打了我们，我们也只好把他痛打一顿！"当天晚上，彼得堡的工人就筑起了街垒，同沙皇军警展开了英勇的搏斗。各地工人也掀起了空前规模的抗议罢工浪潮。仅一月份，罢工人数就达到 44 万，超过了过去十年的罢工总人数。农民和少数民族也掀起了斗争。"打倒专制制度！"的口号响彻全国各地。群众性的革命开始了。

革命的迅猛发展把社会上的各阶级各政党都发动起来了。他们从本阶级的利益出发，制定各自的策略方针和行动路线。沙皇政府深感单用暴力不足以维持摇摇欲坠的统治，因此，它除了残酷镇压之外，还极力破坏人民内部的团结，挑唆俄国各族人民互相残杀，另一方面答应召开咨询性质的国家杜马（代表会议），妄图用反革命的两手扑灭革命。自由资产阶级在沙皇专制和民主力量之间动摇。它们一方面拿革命来恐吓沙皇，要求它实现一些改良，自己也可以从中享一些权力；另一方面，它们更害怕革命，极力与沙皇妥协，共同扼杀革命。俄国资产阶级的这种反革命本性决定它根本无法领导这场革命。

无产阶级是这次革命的领导力量。但是，无产阶级的政党这时分为两派。以列宁为首的布尔什维克主张：无产阶级应积极领导当前的资产阶级民主革命，用武装起义推翻沙皇统治，实现工农民主专政，然后不失时机地把它转变为社会主义革命。而另一派孟什维克却主张：革命应当由资产阶级领导，反对武装起义，主张用和平方式改良沙皇制度。孟什维克的行径分裂了工人队伍，给革命带来了极大的危害。为了彻底批判孟什维克的错误，列宁在 7 月写了《社会民主党在民主革命的两个策略》一书。这部光辉著作对党的路线作了全面精辟的论证，它进一步武装了党和无产阶级。

在 1905 年五一劳动节，全国几乎有二百个城市爆发了工人罢工。5 月末，俄国最大的纺织工业中心伊万诺沃—沃兹涅先斯克的 7 万名工人举行大罢工。在斗争中，工人们发挥了首创精神，选出自己的代表，建立了俄国最早的工人代表苏维埃。6 月在波兰的重要工业中心洛兹，工人同沙皇军队进行了三天的巷战。6 月中，沙皇的最后支柱——军队也发生动摇，黑海舰队"波将金"铁甲舰爆发起义。在革命蓬勃开展的情况下，沙皇政府慌忙与日本签订了和约，以便腾出手来镇压革命。8 月 19 日，又正式发布诏书，召集咨询性质的国家杜马。布尔什维克领导人民抵制了这届杜马。

尼古拉二世和他的儿子

最新整理图文珍藏版

1905 年秋，革命发展到了一个新阶段。首先是莫斯科工人大罢工。10 月初，全国主要铁路线的职工宣布总罢工，随即扩展到各大城市，形成了全俄政治总罢工。参加这次总罢工的工人有 100 多万。此外，低级官员、学生、民主知识分子也参加了运动。总罢工使工厂停工、学校停课、商店停业、邮电不通、社会生活陷于停顿，政府机构也大多陷于瘫痪。在总罢工过程中，各地纷纷建立起苏维埃，它不仅领导罢工斗争，而且自行颁布命令，推行各种革命措施。

　　十月总罢工吓得沙皇魂不附体。他躲到彼得堡郊外，准备一旦情况紧急，就从海路逃亡国外，同时，被迫作出一些重大让

步。10 月 30 日（俄历 10 月 17 日），尼古拉二世签署宣言，答应召集立法杜马和给人民以言论、出版、集会的自由。资产阶级、孟什维克和社会革命党人欢天喜地接受了这个宣言，说"革命已经完成"，"开始了民主宪制"。布尔什维克驳斥了这种谎言，指出 10 月 17 日宣言只是斗争的第一个胜利，沙皇统治并没有崩溃，必须进一步开展革命，用武装起义推翻它。

　　11 月，列宁从瑞士回国，直接领导起义的准备工作。12 月 20 日，莫斯科工人举行总罢工，参加的人数达到 15 万。声势浩大的罢工到了 23 日发展成为武装起义。工人修筑起近千座街垒，同沙皇军队展开了英勇的搏斗。在勃列斯尼亚区战斗进行得特别激烈。400 多名战斗员顽强地保卫着自己的阵地，使沙皇军队不能前进一步。最后，沙皇调来炮队，向这个区发射了 600 多发炮弹，才占领了这个地区。由于敌我力量过分悬殊，最后莫斯科苏维埃决定从 1 月 1 日起，停止武装斗争，以保存革命力量。继莫斯科起义之后，格鲁吉亚、乌克兰、波罗的海沿岸的拉脱维亚、西伯利亚的赤塔和克拉斯诺雅尔斯克

列宁在向人民发表演讲

先后爆发了起义。由于起义的时间参差不齐，缺乏共同的领导中心和统一的计划，缺乏共同的领导中心和统一的计划，缺乏武装斗争的经验，以及孟什维克的妥协投降，起义都被镇压下去了。

十二月武装起义是1905年革命的顶点。起义失败后，革命从高潮进入退却时期。劳动人民是一边战斗一边退却的。从罢工人数看，1905年有280多万，1906年有110多万，1907年有还有70多万。农民运动在1906年上半年继续开展，席卷俄国（欧洲部分）一半左右县份。军队骚动也不断发生。在这种情况下，沙皇不得不继续玩弄反革命两面手法。一面加强对革命迫害，一面主持召开国家杜马。布尔什维克看到革命已转入低潮，就参加了1907年1月召开的第二届国家杜马。布尔什维克利用杜马讲坛揭露了沙皇各项政策的反动本质，引起反动派的恐惧。于是，沙皇政府捏造罪名，把社会民主工党杜马党团的全体成员流放在西伯利亚，并在1907年6月16日（俄历6月3日）解散了国家杜马。这在历史上称为"六三政变"，它标志着俄国第一次人民革命的结束。

俄国1905年革命失败的主要原因，首先是无产阶级和农民没有结成巩固的联盟，农民虽然奋起斗争地主，但是，很大一部分农民幻想沙皇和国家杜马会分给他们土地。农民的这种心理也影响到军队，因此农民和士兵的发动较晚，没能同工人的斗争紧密配合。其次是无产阶级的行动不够协调一致。孟什维克的机会主义路线造成一部分工人的思想混乱，分裂了无产阶级队伍。第三是国内外资产阶级对沙皇政府的支持。

革命虽然失败了，但它具有重大意义。它沉重地打击了沙皇专制制度，锻炼和教育了劳动大众和布尔什维克党，为十月革命的胜利作了良好的准备。列宁指出："没有1905年的'总演习'，就不可能有1917年十月革命的胜利"。（列宁：《共产主义运动中的"左派"幼稚病》，《列宁选集》第4卷，第184页）

俄国革命是帝国主义时代第一次人民革命，它不仅推动了欧洲工人运动的发展，而且促进了整个亚洲的革命运动。俄国1905年革命揭开了帝国主义时代革命风暴的序幕。

流血星期日

1905 年 1 月，彼得堡市的工厂工人举行大罢工。同时召开会议，决定组织一次和平请愿活动。随即他们向彼得堡当局提出了请愿活动的申请，并送交了请愿书副本，得到彼得堡当局的批准。请愿书向沙皇请求公道和保护，还提出了实行 8 小时工作制、停止战争等要求。

俄历 1 月 9 日（星期日），清晨，彼得堡大批工人带着家属，涌上街头。他们冒着风雪，举着请愿书、圣像和沙皇尼古拉二世的画像，唱着东正教祷告歌，前往冬宫和平请愿，各路请愿队伍共有十几万人。沙皇政府预先在通向冬宫的一些路口、桥头和冬宫广场布置了大批军警，许多支请愿队伍中的人们遭到军警的殴打、拦堵，未能抵达冬宫，而进入冬宫广场的和平请愿队伍，还没来得及送交请愿书，就遭到列队于冬宫墙下军警的枪击和砍杀。到中午，请愿人群中被打死打伤的有 4600 多人，其中惨遭杀害的至少有 1000 人。工人们对沙皇的最后一丝幻想在这一天彻底破灭

沙皇政府军队向和平请愿的工人开枪射击

了。这一日，也成为俄国历史上血腥的一天。

德雷福斯事件

1894 年 9 月，法国保安机构发现有人向德国驻巴黎使馆泄秘密军事情报，军事法庭根据笔迹，武断判决罪犯为法军总参谋部上尉犹太人德雷福斯所为，12 月 22 日将他开除军籍，判终身监禁。

德雷福斯被捕时的情景

一年之后，法国情报人员通过一名德国间谍证明德雷福斯根本无罪。然而，法国军方却用尽各种手段，掩盖真相，伪造证据，拒不纠错。这时，法国著名作家左拉，不顾势单力薄，连续发表《告青年书》、《告法国书》，积极揭露事件真相。并于1898年2月发表了举世闻名的《我控诉》，控诉法国军方和整个司法制度。此时，全法国基本分成德雷福斯派与反德雷福斯派，上自政治家下至民众，经常发生纷争。

1899年共和派瓦德克·卢梭组成政府，军事法庭重审该案，仍判德雷福斯有罪，处以10年监禁。当局企图如此了结该案。德雷福斯坚持要求重审，主张正义的社会舆论日益占据上风，1906年7月12日，法庭最终宣判德雷福斯无罪，并恢复其军职，尘封已久的冤案终于得到昭雪。

英国"无畏"号战舰下水

1906年2月10日，世界上最大的战舰——英国皇家海军的"无畏"号下水。

该舰是20世纪战列舰的始祖，1905年10月开始建造，全

战舰始祖"无畏"号战舰

部完工耗资750万美元。该舰排水量为17.9万吨，航速21节，武器装备为305毫米，火炮10门，分别配置在5座炮塔内，其中3座在首尾线上，2座在2舷；76毫米炮24门，供抗击雷击舰用。它的两舷、炮塔和指挥室的装甲厚达280毫米，还有5具457毫米水下鱼雷发射管，4台螺旋桨推进器。这种军舰是第一种用汽轮机做主机的军舰，是当时世界上最先进和最庞大的战列舰，而且是第一艘全部装备大口径火炮的军舰。"无畏"号战舰的出现标志着现代军舰时代的到来。

海牙和平会议召开

1907年在荷兰海牙市召开了第二次海牙会议，由美国总统西

20世纪初期的国际会议城市海牙

年组织之一，其组织遍及216个国家和地区，成员达2500万人。

童子军发起于1907年7月，英国人贝登堡率领20位儿童在海岛上举行为期15日的世界上首次实验露营。当时参加的20位童子军是贝登堡选自英国著名公学伊顿公学和哈罗公学以及当地普勒港、布恩茅斯的儿童，并将它们分为公牛、麻雀、乌鸦和野狼四个小队。在贝登堡的指导下，孩子们将在野营中受到教育，学习射击、侦察，追踪、救生、急救和林中识路技能，并在游戏中考查他们获得的技能知识。露营结束后他们便在岛上立了一块石碑，以记述这件盛事。

奥多·罗斯福倡议，并由沙皇尼古拉二世正式召集。会议自6月15日至10月18日进行，有44个国家的代表参加。会议未能对限制军备问题达成协议，但正式通过了10项公约：限制使用武力索取债务的公约；关于地面战、海战中立国家、人民的权利与义务的公约；关于敷设自动潜水触发水雷的公约；关于敌方商船地位的公约；关于战时海军进行炮击的公约；关于设置国际物价法庭的公约等。另外在附件中再次规定："除各专约规定禁止者以外，特别禁止使用毒物或放毒武器。"

童子军成立

童子军是目前世界上影响最为广泛的非赢利性、非政府青少

童子军

伊藤博文被击毙

1909 年 10 月 26 日，日本官僚政治家伊藤博文被朝鲜爱国志士安重根暗杀于中国哈尔滨车站。

伊藤博文原为长州藩农民林十藏之子，后过继下级武士伊藤武兵卫做养子。早年留学英国，归国后参加"尊王攘夷"和明治维新运动。明治初年任参与外国事务局判事等职。1870 年赴美国考察货币公债制度。1871 年任岩仓使节团副使出访欧美。1878 年任内务卿，1881 年策动明治十四年政变，成为最大的实权人物。1882 年至 1883 年赴欧洲考察立宪制度，参照德国加速组建近代天皇制。1885 年至 1900 年先后 3 次任总理大臣并兼任贵族院、枢密院议长等职，组织政友会，任总裁。对外推行战争政策，侵略中国，与俄国争夺远东霸权。1906 年他任朝鲜统监，封公爵，1909 年在哈尔滨被刺。

伊藤博文十分好色，他所交往的女性大多是艺伎，他的梅子太人也是艺伎出身。

日本首相伊藤博文

英王爱德华七世

1910 年 5 月，大英帝国国王爱德华七世（1841－1910）驾崩。爱德华七世是维多利亚女王的长子，59 岁时继位，在位 10 年。

爱德华七世堪称欧洲"吸烟先驱者"。他从当王太子时起就开始在早饭前吸一支雪茄烟、两支纸烟；晚饭后，也立刻吸烟，平均每天要吸 20 支粗雪茄烟和 20 支纸烟。结果，爱德华七世到 40 岁时就患了严重的肺炎。御医们劝他减少吸烟量，但他把医生的话当做耳边风，根本不加以理会。到了 60 岁，他呼吸已很困难，他在巴尔莫勒尔堡的围场上狩猎时，不能亲自逐鹿于原野，只能端着枪等着随从们把猎物捧到跟前来，再行射击。

1910 年 5 月 6 日中午，爱德华国王吸了一支粗雪茄。刚用过午餐，他回到寝室，就昏倒在敞开的窗前。这天夜里，他便带着烟香离开了人世。

侦察机诞生

侦察机是专门用于从空中获取情报的军用飞机，是现代战争中的主要侦察工具之一。在飞机诞生后，军队刚刚装备了飞机，人们想到了飞机在战争中的第一个用途便是侦察敌情。

1910 年 6 月 9 日，法国陆军的玛尔科奈大尉和弗坎中尉驾驶

欧洲各国君王

着一架亨利·法尔曼双翼机进行了世界上第一次试验性的侦察飞行。这架飞机本是单座飞机，由弗坎中尉钻到驾驶座和发动机之间，手拿照相机对地面的道路、铁路、城镇和农田进行了拍照。可以说，从这一天起，最早的侦察机便诞生了。

第一次进行实战侦察飞行发生在 1911 年 10 月爆发的意大利—土耳其战争中。10 月 23 日，意大利皮亚查上尉驾驶一架法国制造的布莱里奥 X1 型飞机从的黎波里基地起飞，对土耳其军队的阵地进行了肉眼和照相侦察。此后，意军又进行多次侦察飞行，并根据结果编绘了照片地图册。

铁面总理斯托雷平遇刺

1911 年 9 月 18 日，沙俄总理斯托雷平遇刺身亡。事件发生在 9 月 14 日晚的基辅歌剧院内，当时人们正陶醉于精彩的演出中，随着两声沉闷的枪声打断了原有的平静，剧场乱成一团，被打伤的沙俄总理斯托雷平倒在地上。肺部和脊椎严重受伤，送到医院时已经不省人事，没过几天就死在

医院中。经警方调查，凶手是社会党人迪来特里，是位律师，受人指使才实施了这次行动。

斯托雷平自 5 年前任总理以来，由于众所周知的不妥协和不留情面的作风结下了许多仇敌。在其任职期间，各政党、工会和新闻界都相对地得到一些自由，可是俄国立法机关第二届"杜马"由于否决了他的允许农奴充分享有财产权的提案，被他解散了。最使人不满的是，斯托雷平是激烈的俄罗斯民族主义者。他对俄国的少数民族的政策非常苛刻。他解散了大多数的乌克兰人和波兰人的文化团体，他对待芬兰人的态度尤为残暴。

1906 年，有人想在他的圣彼得堡城外别墅内暗杀他，他幸免于难。当时他刚刚进入别墅后部的书房，一颗炸弹炸响了，23 人死亡，其中就有斯托雷平的儿子和女儿。

革命家拉法格夫妇自杀

1911 年 11 月，马克思女儿、女婿拉法格夫妇自杀。

拉法格于 1842 年生于古巴，1851 年回法国。在巴黎学医，从事政治与社会问题研究，但受蒲鲁东主义思想影响。1865 年到伦敦学医，不久加入第一国际，为总委员会委员，并结识了马克思与恩格斯。1868 年与马克思之女劳拉结婚。1870 年回法国，在波尔多出版社工作。1871 年逃往西班牙，并积极参加第一国际内部反对

斯托雷平

拉法格夫妇之墓

巴枯宁主义的斗争。随后成为法国工人运动的领导人之一，建立法国工人党，宣传马克思主义思想，1883 年被捕入狱。1885 – 1894 年成为议员，但反对社会主义者参加资产阶级政府。1911 年 11 月 25 日夫妻俩自杀。

英王乔治五世加冕

1911 年 6 月 23 日，英国国王乔治五世在伦敦威斯敏斯特教堂加冕。加冕仪式象征着君主制传统的继续。许多王室贵族都身着鲜艳华丽的礼服参加加冕仪式。当日，威斯敏斯特教堂和大街上挤满了准备在这里逗留一天的人们。他们共同的心愿就是想看上一眼皇家的队伍。加冕仪式开始了，整齐威严的皇家队伍护着国王来到威斯敏斯特教堂，经过皇家加冕时的各项仪式后，国王终于戴上了由印度政府支付的价值 6 万英镑、专为这次活动制作的新王冠。

乔治五世在位 25 年，1936 年驾崩，其长子爱德华八世（即历史上著名的温莎公爵）即位。

明治天皇病亡

1912 年 7 月 30 日，近代日本的最高统治者明治天皇由于尿毒症病亡，享年 61 岁。

明治天皇

明治天皇出生于 1852 年 11 月，是孝明天皇的第二皇子，幼名佑宫，母亲是英照皇太后。但其真正的生母是中山忠能的女儿典侍庆子。1860 年，他被定为储君，并赐名睦仁。1967 年 12 月，15 岁的明治天皇继承皇位。第二年 1 月，举行践祚典礼。在革命分子的鼓舞之下，12 月断然实行王政复古。1868 年 7 月，将江户改名为东京。8 月举行即位典礼，并改年号为明治。12 月，返回京都，与一条美子（昭宪皇太后）举行大婚之礼。1869 年明治天皇将东京定为首都。接着，在明治政府推动下进行前所未有的改革，推出版籍奉还、废藩置县、制定征兵令等等。其中与天皇地位最有关的就是大日本帝国宪法的制定。

明治政府于 1889 年制定《大日本帝国宪法》即《明治宪法》，这部东亚首部的现代成文宪法是模仿普鲁士宪法的钦定宪法。《明治宪法》第一条规定：大日本帝国由万世一系的天皇统治。明治宪法系基于天皇主权的原理，由天皇总揽立法、司法、行政的统治权。此外，行政各部的官制、陆海军的统帅、宣战的公布、条约的缔结等，都属于天皇的大权。从此，天皇摇身一变，成为神圣不可侵犯的"神人"。

萨拉热窝事件

1914 年 6 月 28 日，是个阳光灿烂的夏日的星期天。这天早上 9 点刚过，奥匈帝国王储弗兰茨·

枪击手普林西普被捕的情景

斐迪南大公和他的妻子索菲女公爵来到萨拉热窝市，准备参加一个军事演习。傍晚时分，一个年轻人在参观人群中慢慢向前面靠近，突然，他一个箭步冲上前去，不等旁边的警察和军官缓过神来，就对准斐迪南夫妇扣动了扳机。两声枪响后，一颗子弹射进斐迪南的脖子，第二颗洞穿索菲的腹部，两个人当场死亡。这两响震惊世界的枪声，成为第一次世界大战的导火索。不久，第一次世界大战全面爆发。

19 世纪末到 20 世纪初，欧洲

费迪南德大公和妻子访问萨拉热窝

各个资本主义强国、美国以及亚洲的日本相继进入了帝国主义时代。但是，由于历史的原因，这些国家之间经济和政治发展的程度是不平衡的。这时候，英国、法国等老牌资本主义国家发展速度相对较慢，而美国、德国和日本的经济则迅速赶上并超过了英法等国。

1870 年的时候，英国的工业产量还占了世界总产量的 1/3，工业产品出口量占 2/5；到 80 年代的时候，美国的钢铁产量就超过了英国，不久美国在生铁制造等行业也超过了英国；10 年后，德国的钢铁产量超过了英国，位居世界第三；到 1913 年的时候，英国煤炭产量占世界比例从 1900 年的 29.7% 下降到了 21.8%。因此，英国在 19 世纪末的时候，已经结束了其独霸世界的时代；相反，美国经济则迅速赶超，到 1913 年，美国钢铁产量超过了英国和德国的总和。

此外，德国的经济也迅速发展。在 1900 年后的 14 年中，德国生铁产量增加了 1 倍多；到 1914 年，德国开采和消费的铁矿石、生铁产量和钢产量，已经超过英国达 70%；德国和奥匈帝国机器制造行业的产量已经超过了英国、

第一次世界大战的导火线

法国、俄国总和的 50%；德国西门子和一些工业巨头的电机厂已经闻名世界。

以经济背景为基础，这些资本主义国家加紧了对世界殖民地的瓜分。到 20 世纪初，世界已经基本被美国、英国、法国、德国、俄国和日本所瓜分。虽然中国、波斯和土耳其等国家虽然还保持中立的姿态，但是实际上也已经成为半殖民地或者帝国主义的势力范围。

虽然英国的工业生产水平居世界第三，但由于它从 15 世纪开始就有"日不落帝国"的称号，其殖民地遍布整个地球，在大战发生之前，英国殖民地面积达到了 3350 万平方公里，殖民地人口达到 39350 万人。而经济居世界第一的美国，其所占的殖民地面积才 30 万平方公里，殖民地人口为

970万；世界第二大经济国德国的殖民地为290万平方公里，人口也只有1230万。总而言之，英国、法国和俄国的殖民地范围极为广大，而美国、德国和日本这3个"后起之秀"却只有可怜的一小块殖民地。因此，帝国主义之间重新划分殖民地领土，成为历史发展的必然，各国之间的斗争也日趋激烈。

普法战争之后，法国战败，德国取得了欧洲霸主的地位。但是法国不甘心《法兰克福和约》带来的屈辱，决议要夺回阿尔萨斯和洛林地区。因此，法、德之间的矛盾成为当时欧洲的主要矛盾。

德国为了改善和法国的关系，决意改善同俄国的关系。虽然奥匈帝国和俄国在争夺巴尔干地区方面存在矛盾，但是在德国的压制下，不得不妥协。1873年，德国、俄国和奥匈帝国缔结协定，成立"三皇同盟"。但是这个同盟不久因为"东方危机"而产生了分化。

1875年，土耳其统治下的黑塞哥维纳和波斯尼亚等国发动起义，争取民族独立。不久，俄国打着"援助斯拉夫同胞"的旗号，插手巴尔干事务。由于塞尔维亚军队很快就被土耳其军队击败，俄国出兵干涉。1877年，俄国对土耳其宣战，并很快进逼土耳其首都君士坦丁堡。

英国、奥匈帝国此时害怕俄国独占巴尔干地区，因此立即向俄国提出警告，俄军被迫停止军事行动。1878年3月，俄国和土耳其签订了和约，规定：保加利

波斯尼亚萨拉热窝市

亚等国家独立，土耳其割让喀斯、巴统以及阿达罕给俄国。

俄国在巴尔干地区势力的加强，引起了英国、德国和奥匈帝国的强烈不满。同年6月，俄国、英国等国在德国柏林召开会议。该会议结果使俄国原先已经取得的利益大为减少，而英国、德国等国则从该会议中得到了好处。俄国对此非常恼怒，俄国和德国、奥匈帝国之间的关系迅速恶化，"三皇同盟"不再续订。

德国和奥匈帝国为了对抗俄国在巴尔干地区的力量，在1879年缔结了秘密军事同盟。条约规定：在缔约任何一方受到俄国进攻时，另一方就要以自己的全部武装力量予以援助；如果一方受到除俄国之外的国家的攻击，另一方保持中立；但是如果攻击的国家受到俄国的援助，则未被攻击的一方应该全力援助另一方。

1881年，意大利和法国在争夺突尼斯的战争中失利，两国关系恶化。意大利感到自己力量弱小，需要依靠外援支持战争。因此在1882年5月，德国、奥匈帝国和意大利3国在维也纳签订了"三国同盟条约"，规定：意大利如果被法国攻击，德、奥需要全力支援；德国如果遭受法国攻击，

意大利同样予以帮助；奥匈帝国则全力阻止俄国援助法国。

三国同盟建立之后，俄国和法国感到受到了很大的威胁，双方开始合作。1891年，法国除了向俄国提供财政支持之外，还和俄国缔结协定，规定当法国受到德国或者意大利攻击、俄国遭到德国或者奥匈帝国攻击时，另外一方应该全力支援。

在三国同盟和法俄集团对立的同时，双方都争取英国加入自己一方，但是英国由于和法、俄、德国都有矛盾，仍然奉行"光荣孤立"的政策。但是到了20世纪初，德国经济的追赶，使大英帝国在欧洲的地位受到挑战，因此全力对付德国。随后，英国和它的宿敌法国接近，试图调整双方的关系。在这种情况下，英国和法国签订合作协约。

英法关系的改善，促进了英、俄关系的改善，加上日俄战争后，俄国在远东对英国造成的威胁大为减少，英国和俄国在共同反德的斗争中日益接近起来。1907年，英、俄也签订了合作协议。英、俄协议的签订，标志着英、俄、法的"三国协约"最终形成。

"三国同盟"和"三国协约"这两大军事集团的形成，给世界

一幅描绘弗郎兹·费迪南大公在萨拉
热窝被刺杀的情景的作品

和平造成了很大阴影。此后，两大集团进行疯狂的军备竞赛。从1883年到1908年的25年中，各国的军事开支增加了81.3%，从1913年到1918年又增加了49.6%，到大战之前，军费开支总额已经增加了两倍以上。

同时，随着欧洲技术革命的开始，一些突破性成果被应用于军事。例如，重机枪成为杀伤力很强的武器，大炮的射程也提高了3倍以上，潜水艇开始大量装备在各国海军，飞机也开始被引

入战争。

战争爆发前，两大军事集团都加紧扩充军备。从双方总的经济军事力量来看，协约国占有一定的优势：英、法、俄三国包含殖民地人口在内的总人口达到了7.045亿，陆军兵力总额达到了977.7万人，三国总共有飞机700多架，海军编制内有各种水面舰艇762艘和潜艇74艘；而德国和奥匈帝国包含殖民地在内的总人口只有1.3亿，陆军总兵力为634万人，德国仅有232架军用飞机，德国和奥匈帝国有水面舰艇403艘和潜艇35艘。

1908年，奥匈帝国用武力吞并了波斯尼亚。奥匈帝国的皇储斐迪南大公是个贪得无厌的极端军国主义分子，他对塞尔维亚垂涎已久，梦想着有一天也把它列入自己的版图。

1914年6月28日早上，一列豪华的专车驶进萨拉热窝车站。一会儿，从车厢走出的斐迪南大公傲慢地环视了一下四周的人群，洋洋得意地偕妻子钻进了一队敞篷汽车内。随后，这一队敞篷车队缓缓地驶离火车站，向萨拉热窝市政厅驶去。奥匈帝国皇储斐迪南夫妇前往波斯尼亚检阅以塞尔维亚为假想敌人的军事演习。

此举激起了塞尔维亚人民的极大愤恨。以加夫里洛·普林西普为首的一个爱国军人团体，组成一个7人暗杀小组，准备暗杀斐迪南夫妇。

下车后，斐迪南夫妇乘坐敞篷汽车进入萨拉热窝城内。这时，埋伏在路旁的一个暗杀小组成员向车队投掷了一枚炸弹，但是此炸弹只炸坏了跟随在斐迪南夫妇座车后面的一辆汽车，导致一个军官受伤。投弹者旋即跳入河中，但是还是被捕。

这声爆炸，把斐迪南大公着实吓了一大跳，他虽未受伤，可脸上那最初的得意神情一扫而光，索菲亚夫人更是面色蜡黄，惊恐不已。受惊的车队继续驶到了市政厅，浑身发抖、不知所措的萨拉热窝市市长正站在那里迎接。在听完市长的欢迎词后，大公决定改变原定去博物馆的行程，先去医院探望受伤者。

车队司机并没有预先得到已经改变行程的通知，因此当车队到达拉丁桥时，司机被命令停下来，准备向左转开往医院。就在这时，19岁的塞尔维亚青年普林西普，在距离大公两米的地方向坐在车上的斐迪南大公射击，导致斐迪南大公夫妇死亡。

对于对塞尔维亚觊觎已久的奥匈帝国而言，萨拉热窝事件是个难得的机会。奥匈帝国决定利用这一事件，挑起摧毁塞尔维亚的战争，但是又害怕遭到俄国的军事干涉。因此，就在斐迪南夫妇遇刺后的第二天，奥匈帝国以备忘录的形式向德国征询意见。威廉二世得知此消息后，叫道："这是个千载难逢的机会"，并认为自己已做好战争的准备。

7月5日，威廉二世亲自接见了奥匈大使，表示德国希望奥匈帝国对塞尔维亚采取军事行动，德国将全力支持奥匈作战。此时，俄国和法国公开宣布支持塞尔维亚。

英国则做出一付置若罔闻的样子，玩弄狡猾的外交手腕：英国外交大臣一边对德国驻英国大使说"将尽一切可能防止在大国之间发生战争"，一边又和俄国大使说"德国认为俄国是自己的主要敌人"，因此极力怂恿俄国对德国作战。应该说，英国的态度，给战争准备不足的俄国壮了胆，同时又给德国造成了错觉，使德国认为自己不愿意卷入战争。

1914年7月23日下午6时左右，奥匈帝国趁法国总统和总理坐船去俄国进行国事访问时，向塞尔维亚政府提出最后通牒，并要求在48小时内答复，排除了进行谈判的任何可能性。通牒要求取缔一切反奥组织，清除军队和政府中的反奥官员，奥匈帝国派人审判刺杀案件等。应该说，这是对塞尔维亚主权的严重干涉。尽管如此，塞尔维亚政府还是委曲求全，除了通牒中有关奥方派人审判刺杀案件外，其余条文都接受了。

最后通牒引起了俄国、法国、英国的惊慌。当天，俄国就召开大臣会议以商讨对策，法国进而宣称支持俄国。而英国则建议俄国、法国、德国、意大利开会，以解决奥、塞争端。但是，由于奥匈帝国发动战争的决心已定，以塞尔维亚没有全部接受通牒条件为由，于7月28日宣布对塞尔维亚作战，开始炮击贝尔格莱德。

奥、塞战争爆发后，俄、法等国家纷纷宣布国内总动员。就在俄国宣布总动员的第二天，德国宣布对俄作战。同日，德国向法国提出最后通牒，要求法国在18个小时给予答复：对于德、俄战争，法国是否保持中立。法国拒绝了德国的最后通牒。8月3日，德国对法宣战。

德国为了取道比利时而进攻法国，便捏造说法国飞机越界轰炸德国铁路，需要借道比利时。由于比利时保持中立原则而拒绝了德国的要求，德国在8月4日越过边界袭击比利时，进而攻击法国。英国以德国破坏比利时的中立为借口，于4日晚上11点对德国宣战。6日，奥匈帝国对俄国宣战。至此，第一次世界大战全面爆发。

萨拉热窝事件，是一个必然的偶然事件，即反抗是必然的，反抗的具体形式和内容则是偶然的，它成为第一次世界大战爆发的导火索，而帝国主义之间发展不平衡则是爆发第一次世界大战的根本原因。当时伦敦的《日监报》评论说："对欧洲来说，这件暗杀事件犹如一声惊雷。"此后，奥匈帝国和德国就以此为借口向"协约国"宣战，第一次世界大战爆发。

第一次世界大战

概况
萨拉热窝事件之后，第一次世界大战迅速爆发，这是一次以欧洲为主战场的战争。

早在战争爆发之前，德国等"同盟国"和法国等"协约国"就做好了战争准备，因此各国都分别制定了作战计划。

1905年，德国军事总参谋长施利芬伯爵就给德国制定了速决战计划。为避免东西两线同时作战，德国政府采用了施利芬计划，准备在6~8周内迅速征服法国。然后挥师东进，在较短的时间内打败俄国。为了避开法国在法德边境的防御阵地，施利芬认为可以通过瑞士或者比利时进攻法国，考虑到瑞士地形比较复杂，难以进攻，而比利时则地势平坦，易于进攻和大兵团作战。因此德国最后的作战计划是：德军小部分左翼部队部署在德法边境以牵制和吸引法军主力，同时德军右翼部队以强大的主攻集团突然通过比利时，从背后打击法军主力。

英军打算把战争中陆上作战的重任交给法国和俄国，自己只派遣为数不多的远征军配合法军行动。它的作战中心在海上，希望在北海对德国海军基地和港口实行封锁，用于保障英国及协约国交通线的安全，然后破坏德国的海上交通线，伺机与敌军舰队进行争夺制海权的总决战。

法国采用著名的"第17号计划"：法国总参谋部认为德国不敢贸然破坏比利时中立而带来的政治风险，因此法军的作战重点在法德边境，在战争开始时把68个师的大部分兵力部署在了这里，而忽视了左翼的防御。法国海军的主要任务是保障地中海的海上交通，并封锁奥匈帝国海军于亚得里亚海。

俄军将战场分为西北战线和西南战线：西北战线的目的在于粉碎德军主力，然后占领东普鲁士，然后控制维斯瓦河地带；西

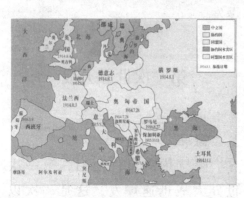

第一次世界大战形势图

军用水上飞机，用于给战舰直接指示炮击目标

世界通史

最新整理图文珍藏版

南战线的目的在于粉碎奥匈帝国的军队，计划占领喀尔巴阡山隘口，防止奥匈军队撤退。

1914年8月初，德国和奥匈军队按照原先的作战计划，以重大兵力首先发起进攻。在欧洲大陆首先点燃的战火，迅速蔓延到中近东、远东和非洲一些国家，但是欧洲仍然是战争的中心。从整个战局来看，形成了3个主要战线：西线从比利时、德法边境到北海，德军与英国、法国和比利时军队在此激战；东线从波罗的海到罗马尼亚，德奥军队和俄军对抗；南线就是巴尔干战场，奥匈军队和塞尔维亚军队、俄国军队对抗。

8月2日，德军突然占领了卢森堡，并突袭比利时。由于比利时仓促应战，德军迅速向比利时首都布鲁塞尔挺进。21日，德军在夏尔勒瓦尔击败了匆忙调来的英法军队，并且越过法、比边境，直逼巴黎。9月初，德军和英法联军在巴黎近郊的马恩河展开首次大会战。

9月5日，德军总参谋长小毛奇率领75个师约68万人和79个师约84万人会战于马恩河。在此战役中，德军犯了一个错误，致使英军和法军对德军形成左右威

胁，迫使贸然南进的德军撤退，瓦解了德军的速决战略。这一战是1914年的关键性战役，战斗刚一结束，小毛奇就向德国皇帝威廉二世报告说："陛下，我们已经输掉了战争。"在这一战役中，英法联军和德军分别损失了22.7万人和25.6万人。

此时，日本在远东地区趁火打劫，于1914年8月23日宣布对德宣战，出兵占领了德国在中国山东的租借地和太平洋的殖民地岛屿，出现了远东战场。土耳其根据早先和德国签订的《德土同盟条约》，土军炮轰俄国城市，次日向俄军宣战，在近东开辟了新战场。这使得战局更加趋于复杂。

东线战场上，俄军经过努力

德军将帝国的象征鹰徽刻在中国青岛的一块岩石上

进入了东普鲁士。但是不久，德军就集中大量兵力进行反攻。1915 年 1 月开始，俄军对德奥联军发动了两次大规模的冬季攻势，但均遭惨败。德国抓住战机，集中优势兵力于 5 月初对俄军发动了著名的戈尔采战役。俄军在德军的连续进攻下，失去了大片土地，并被迫退守至涅曼河和鲍勃尔河一带。德军乘胜深入俄境，企图迫使俄国退出战争。

俄军一败涂地，伤亡和被俘人数达到 175 万左右。但是即使如此，俄军最终还是顶住了德军的迅速进攻，使德军希望迫使俄军投降、解除东线之忧的目的没能达到。不仅如此，德国对东线战争规模的扩大，使自己陷入了两线同时作战的不利境地。

随着战争的进行，交战双方都加紧对中立国的争夺。意大利由于和奥匈边界的争端和利益冲突，于 1914 年 8 月 3 日宣布保持中立，希望借此能够迫使同盟国作出令人满意的报偿作为改变其中立态度的条件。但是奥匈帝国并没有向意大利让步。这时，协约国则答应了意大利的要求：协约国同意在战后将奥地利境内意大利人居住的地区和斯拉夫人居住的地区割让给意大利。

1915 年 5 月 23 日，意大利向奥匈帝国宣战。意大利向战场投入了 39 个师的兵力，拖住了奥匈帝国 50 个左右的师，减轻了其他战线的作战压力。这是战争爆发后的第二年，以英法为首的协约国最值得庆贺的事情，而对德、奥来说，却是当头一棒。

1915 年，德国虽然取得了东线和俄国作战的暂时胜利，但是却未能消灭俄军主力。东线形成僵持的局面。德、奥军事会议认为，英国是德国的主要敌人，法国只是英国大陆政策的工具，此时法国的军事能力已经到了极限，如果在西线发动大规模的战役来粉碎法军的有生力量，将迫使法国退出战争。

因此，德军在 1916 年将主力转向西线，准备集中力量打击法国。德军新任总参谋长法尔根汉把这次行动称为"处决地"，并且公开叫嚣"要让法国把血流尽"！不久，德国参谋部选定了法国东北部的凡尔登作为决战地点。

凡尔登距离巴黎仅 220 公里，是前线最大的交通枢纽，地处马斯河水路交通要道，另外还有 16 条铁路和公路网经过此地。应该说，凡尔登要塞异常坚固，它筑垒地域正面宽达 112 公里，并且由四道防御阵地组成，第四道防御阵地由凡尔登要塞的永备工事和两个堡垒地带构成。当时法国的驻军有 4 个师 10 万多人。德军为了在军队的数量和力量上压倒对方，把俄国、巴尔干半岛前线以及克虏伯兵工厂的大炮全部集中到进攻现场周围，进攻的兵力达到 10 个师 27 万人，是法国守军的 3 倍。

1916 年 2 月 21 日早晨，德军第 5 集团军开始向凡尔登的正面发起猛烈进攻。在第一场战斗中，德军就使用了毒瓦斯和喷火器，并且出动了大量飞机进行阵地轰炸。经过 12 个小时的激战，德军攻破了法军的第一道防线，并且向第二道防线发起进攻。

法军在凡尔登失利的消息很快就传到了法军总司令部。法军总司令命令参谋总长立即赶到凡尔登，要不惜一切代价死守阵地，同时集结兵力，准备增援。

法军的形势仍然非常严峻。这时战场上的一个小插曲，让法军稍微有了一些喘息的机会。当时一个法军炮兵射出的一发炮弹偏离了预定的方向，竟然击中了德军掩蔽在森林中的一个秘密弹药库，引爆了弹药库中的几十万发炮弹。德军的炮弹一下子变成了一堆废铁。利用德军补给炮弹的时间，法军发起了一些小进攻，夺回了一小部分失去的阵地。

法军靠着凡尔登易守难攻的地势拼死守护，使得德军一直难以攻下凡尔登要塞。同时，19 万法国援军和 2 万多吨军火物资运到凡尔登要塞。法国援军的到来，给法军的形势改变起到了根本的作用。德军的无数次进攻，都被法军击退。到 4 月份，德军仍未突破法军防线。

6 月 7 日，德军 20 个师向凡尔登发起再次进攻。德军向法军发射了十几万发毒气炮弹，但是法军仍然拼死抵抗，双方死伤惨重。到 7 月份，由于双方来回拉锯，德军仅向前行进了 5 公里。

此时，俄国在东线开始反击德军，英国也在索姆河发起了对德国的打击，德军不得不抽调凡尔登的兵力去对付英、俄的进攻。因此，凡尔登战役的控制权，逐步转入法军的手中。10 月 24 日，法军在大炮和飞机的掩护下，向德军发起反攻，收复了原来丢失的阵地。到 12 月，历时 10 个多月的凡尔登战役结束。

凡尔登战役是第一次世界大战的转折点，其规模和残酷性都是空前的。在这场战役中，法军先后投入了 70 个师中的 66 个师，德军也投入了 44 个师。在整个战役中，德军伤亡 43.3 万人，法军伤亡 54.3 万人，因此凡尔登战役也被称为"凡尔登绞肉机"。

毛泽东曾经这样评价凡尔登战役："当时的战斗是带有决战性的。德军猛攻不克，整个德、奥、土、保阵线再也找不到出路，从此日益困难，众叛亲离，土崩瓦解，走到了最后的崩溃。"

在凡尔登战役期间，为了减轻凡尔登所受的压力，英法联军于 1916 年 6 月下旬对索姆河上德军坚固防线发动猛烈进攻，史称"索姆河战役"。在这次战役中，联军除了使用了大炮、飞机等武器之外，还首次使用了英军的秘密武器——坦克。这场战役的激

手持卡宾枪取跪姿射击的德国士兵

烈程度和凡尔登战役相比有过之而无不及，英法联军和德军投入兵力分别达到了 75 个师和 95 个师，损失兵力分别达到 79 万和 53.8 万。

坦克首次在战争中使用

经过凡尔登战役和索姆河战役之后，东线和西线战场的交战双方都进入了僵持的局面。

1916 年除了上述两个比较大的战役之外，在海上战场，英德海军主力在日德兰半岛以西，进行了整个大战期间最大的一次海战。

英国海军当时有"海上霸王"之称，其实力居世界第一位，德军海军的实力居世界第二位。在战争之初，英军就按照原来的作战计划封锁了北海，不让德军出海作战。

德军大洋舰队司令下决心打破英国的封锁，并引诱英国海军进入包围圈，然后给予打击。不

德军正在实施观察

料，德军的电报让英军截获，英军海军总司令决定将计就计，让一支较弱的舰队迎战德舰，主力舰队跟在其后面，等到前面舰队接触敌舰后，佯装败退，诱敌深入，然后一举歼灭德国舰队。

5月31日下午，英德海军在日德兰半岛附近相遇，战斗打响。

在整个日德兰战斗中，英方被击沉14艘战舰，死伤6000多人，德方损失11艘战舰，伤亡2500多人。虽然英军在此战斗中失利，但是德军也并没有打破英军的封锁，实际上英军在海上的实力依然超过德军。

从1914年到1917年，交战各国的国内经济因为战争而几乎破坏殆尽。德国规定国内17岁到60岁的男子都要应征入伍，法国动员了国内一半以上的青壮年；1916年，德国人民只能依靠萝卜过日子，彼得格勒也只留下只够10天食用的面粉和3天食用的油脂，人民陷入难以为生的境地。

1917年4月，在战争中一直保持中立，利用战争大发横财的美国借口德国宣布恢复"无限制潜艇战"和德国密电墨西哥企图

德国长枪骑兵

结成德墨反美联盟，向德国宣战，在一定程度上成为英法在财政和军需方面的支柱。随着战火的蔓延，葡萄牙、巴西、印度、加拿大、新西兰等国家也都加入了战争。

1917年10月，俄国人民在列宁为首的布尔什维克党的领导下发动了武装起义，建立了世界上第一个无产阶级专政的国家。十月革命胜利之后，俄国在12月开始和德国和谈，并于1918年3月份签订了和约，双方宣布停战。

此后，德国将兵力集中于西线，从1918年3月份开始，先后向巴黎、瓦兹河右岸等发起强大攻势。但是此时德国的进攻根本起不了什么作用，协约国很快打退了德国的进攻。协约国的军事

德皇威廉二世和威尔士王子一起站在德皇的游艇上，虽然两国皇室有亲密的血缘关系，但依然弥补不了二者之间的冲突。

力量也在战争中得到了很大的加强，光在法国，就有3000辆坦克和3000多架飞机。

从3月到8月，德军在西线遭到了重大损失，兵力损失了近80万。9月29日，保加利亚签署停战协议。10月，德军退守比法边境。此时，德军兵力已经锐减，而且士兵士气极其低落。10月30日，土耳其投降。

1918年，奥匈帝国国内经济更加困难，前线士兵有时候三四天才吃上一顿面包。因此，前线士兵开始大量逃离，有的甚至暴动，使得德国和奥匈帝国的兵力更加减少。国内则出现了多次革命高潮，宣布脱离奥匈统治。例如，捷克宣布独立，加里西亚宣布和波兰合并，克罗地亚也宣布脱离奥匈统治。奥匈帝国分崩离析，被迫于11月3日签订了停战协议。

随着保加利亚、土耳其和奥匈帝国的投降，德国只能孤军作战。11月4日，德国爆发了十一月革命，基尔、慕尼黑、柏林等地纷纷建立了苏维埃政权。11月11日，德国在无奈之下和协约国签订了停战协议，延续了4年的第一次世界大战结束。

第一次世界大战共有33个国

家参战，涉及人口15亿。战争期间，协约国和同盟国总计动员军队7500万人，伤亡和失踪士兵达到3800万，其中死亡900万人。战争期间，法国20到30岁的年轻人损失了58%。各国平民伤亡达到1500万以上。交战双方直接投入经费约为1863亿美元。直到1925年，主要交战国的人口和生产才达到1914年交战之前的水平。

第一次世界大战是人类历史上第一次全世界范围内的战争。战争动摇了帝国主义的统治，摧毁了最为强大的4个帝国。俄国十月革命，产生了人类第一个社会主义国家，在此后的历史中成为与资本主义世界对抗的主要国家。此外，德国、奥地利爆发了

第一次世界大战的欧洲盟国分布图

德炎城榴弹炮

资产阶级民主革命。在战争的废墟上，出现了捷克、南斯拉夫、波兰、罗马尼亚、匈牙利、奥地利等独立国家，以崭新的面貌出现在国际政治舞台上。此外，中国也因此产生了"五四运动"，朝鲜爆发了独立战争。

作战计划和力量对比

两个帝国主义集团早已蓄意用武力来重新分割世界，因此双方在战争爆发以前就制定了自己的作战计划。早在1905年，德奥集团的军事战略计划就由当时德军参谋总长施利芬基本上拟订好了，因而这个计划被称为"施利芬计划"。施利芬以他的两个前任老毛奇和瓦德西（曾任镇压中国义和团运动的八国联军侵略军总司令）先后拟订的计划为基础，

经长期精心修改，制定了自己的计划。

施利芬计划假设战争爆发以后，德军在西线将要面对英、法两国军队，在东线将要面对俄军。根据德国参谋总部的估计，由于俄国经济落后，政治腐败，军事机构臃肿不灵，动员工作必然十分缓慢（实际上后来俄军的动员比德国统帅部的估计要快得多），因此战争初期，德国可以大部分兵力来对付法国，并采用闪击战的方法，用四至六个星期的时间迫使法国投降，然后把主力转移到东线，再用三至四个月时间击败俄国，结束战争。

根据施利芬计划，战争初期，德军在西线配置的兵力将为78个师，在东线将为9个师。西线的德军又将分成两翼：左翼8个师，固守德、法之间275公里长的设防坚固的国界，其任务是抗击法军右翼的进攻；右翼70个师，构成强大的突击包抄部队，担负包围歼灭法军主力的任务，并割断英国与欧洲大陆的联系。

可是，当1914年战争爆发时，具体执行这个计划的德军统帅小毛奇（老毛奇的侄子）因受到两方面的压力，就改变了军队力量的配备。由于俄军出乎德军

参谋总部的意料，动员迅速、并攻入东普鲁士，普鲁士的容克地主阶级叫喊要保护他们的地产，防止俄国的进攻；洛林、威斯特法里亚和萨尔的工业垄断资产阶级则要求保护他们的矿山和工厂，防止法军的侵犯。毛奇向双方都作了让步，一方面加强了东线德军的力量，一方面又减少了西线右翼的突击部队、加强了左翼。因此，右翼只有53个步兵师和7个骑兵师，比施利芬计划规定的70个师减少了11个师，左翼则增加了7个师，共15个师。按照施利芬计划，德军右翼和左翼力量的对比，应是9∶1；而毛奇已把它改为4∶1了。

法军先后制定了16个作战计划，1914年又制定了一个新的计划，叫做"第十七号计划"。这个计划的主要战略思想是把军队主力集中在洛林一带，用全力进攻德军的莱茵河防线。但是"第十七号计划"是建立在两个错误估计的基础上的，第一，错误地认为德军将集结在设防巩固的德、法边境上；第二，认为战争开始时，德国能用于西线的兵力总共不过六十八个师（事实上，德国用于西线的部队比这个数字要多），法国参谋总部曾预料到德国

可能会侵犯比利时和卢森堡，但在法、比国界上，法国竟未建立防御工事，而且没有布置兵力。战争开始后，德国恰恰就是从比利时攻入法国的。

俄军的作战计划则把广阔的东部战线分为两个作战区：西北战区，任务是击破德国军队，占领东普鲁士，进攻柏林；西南战区，任务是击败奥匈军队，占领喀尔巴阡山隘口，切断奥匈军队的退路。

两个帝国主义集团为了准备打仗，都进行了长期周密的备战工作。德国很早就有计划、有目的地修建了一个完整的战略铁路网，战时可以把军队迅速集中到前线，或从西线调到东线，或从东线调到西线。因此，从军事准备方面来说，德国比协约国要充分，而且军队的技术装备也比较好，并拥有较多的受过专门训练的军官。但是，协约国在人力、粮食和军工原料等资源方面则比德奥集团要多。就狭义的军事力量来说，德国的陆军比较强；海军方面，英国舰队同法国舰队加在一起，则占有绝对优势。战争开始不久，1914 年 8 月 28 日，在北海赫耳果兰附近的海战中，德国海军遭受失败，从此德国的舰队就被封锁在自己的海军基地里；同时，德国和奥匈帝国的海岸也都被封锁了。德奥集团与外界隔绝了。这样，德奥集团所能支配的只有本国的经济资源，以及战争开始不久所占领的比利时、卢森堡、法国北部地区和稍后占领的俄属波兰的工业和经济资源。英、法由于掌握了制海权，它们不仅能支配本国的以及两国的殖民地和自治领的经济资源，还能利用美国、拉丁美洲、日本的工业、农业和其他军事资源。

德军战略计划的破产

大战爆发后，在欧洲战场上形成了三条战线：比利时、法国北部和德、法边境构成了西线，

德国野战炮兵部队

那里主要是英、法、比三国军队对德军作战；从波罗的海南岸直到罗马尼亚构成了东线，那里是俄国军队对德、奥军队作战；沿多瑙河和萨瓦河构成了巴尔干战线，那里是奥匈军队对塞尔维亚军队作战。此外，在亚洲的南高加索，有俄、土军队交战；在两河流域和巴勒斯坦，有英、土军队交战。但第一次世界大战主要是在欧洲进行的。

欧洲之所以成为这次大战的主要战场，因为欧洲是资本主义最发达、集中的地区，各帝国主义列强在欧洲也都有自己的经济利益。欧洲又是罪恶的殖民主义的策源地。经过二百多年的资本主义的发展和殖民扩张，全世界的陆地和海洋差不多都成了欧洲几个大国的殖民地和势力范围，欧洲就成了强国敌手的集中地。此外，两大军事集团的头目也都在欧洲。后起的德国要重新瓜分世界，首先就要打败拥有殖民地最多的英国，其次是法、俄等老牌殖民强国。由于欧洲对帝国主义列强有着生命攸关的利害关系，所以，帝国主义列强都把夺取欧洲霸权作为自己的首要目标。在它们看来，谁击败了欧洲的敌手，夺取了欧洲的霸权，那么，战败

国的殖民地和势力范围自然地就转到了战胜国手中了。于是，欧洲就成了帝国主义两大军事集团火并的主要战场。

1914年8月4日，德军右翼首先发动突然袭击，侵入中立的比利时。德军统帅部原来以为攻占比利时是轻而易举的事，只要一个星期就可以通过比利时攻入法国。不料遇到比军的坚决抵抗，德军在列日要塞被阻三天，到8月20日才占领布鲁塞尔。在此期间，英国远征军迅速赶到了法国，22日进入了阵地。德军在占领布鲁塞尔后，分五路向法国北部挺进。22～24日，德军在沙勒罗瓦和蒙斯战役中击败英、法军队，法军全线溃退，德军继续向巴黎推进。9月3日，德军前锋距法国首都仅15公里，巴黎人心惶惶，

正在建造的德国级战舰

世界通史

最新整理图文珍藏版

法国政府迁往波尔多。德国军国主义者气焰嚣张，以为施利芬计划即将实现，胜利已成定局。

法军虽然遭到重大挫折，但主力并没有削弱。法军主力部队仍按原计划那样，集中在法、德边境。法军统帅霞飞发现了德军从比利时方向进攻、法军左翼有被包围的危险等情况以后，就立即重新调配兵力，从右翼抽调兵力加强左翼——法、比前线。德军虽一再迂回，企图包围法军左翼，但由于法军比较机动、顽强，德军未能成功。于是德军改变了军队运动的方向，最初折向南方，以后又折向东南。这样，巴黎从西北面受围的威胁消除了，反而成了德军右翼的一个威胁。德军统帅部看到德军没有达到包围法军的战略目的，而自己的右翼又处于不利地位，便放弃了把法军主力赶往东南的企图，命令中路和左翼德军全线转入进攻，来包抄法军的右翼。这样，毛奇就把解决整个战役的重点，从右翼移到了左翼，这和施利芬原来的想法是完全不同的。

9月5日到10日，法、德两国军队在马恩河进行大战，双方投入兵力共达152万人，战斗十分激烈，法军伤亡14万余人，德

法国元帅霞飞

军伤亡近20万人。10日，德军被迫撤退，据守艾讷河，两军形成对峙的局面。

由于毛奇指挥不力，9月16日，法尔根汉代替了毛奇任德军统帅。9月下半月，德、法两军的战斗又重新开始，在以后两个半

德军在马恩河又一次遭受重大失败

月当中，双方都企图从侧翼包抄对方，但都未达到目的。到12月，整个西线形成胶着状态，战争变成了持久的阵地战。这对德国来说，施利芬计划已彻底破产。就整个战局而言，马恩河之战和施利芬计划的破产，预示着德国军事冒险主义最后将失败。因为战争变成了持久的阵地战和消耗战，在这样的战争中，哪一方面有更多的潜在的人力、物力资源，哪一方面胜利的可能性就多一些。在这方面，协约国远比德奥集团占优势，时间的因素对协约国有利。

在东线方面，俄军为了配合协约国军作战，牵制德军，于8月中旬派莱宁堪普和萨松诺夫两个集团军向东普鲁士发动进攻。东普鲁士的德军约有30万人，而俄军的数量几乎两倍于德军。最初，俄国的两个集团军都取得了

占领阵地的法75毫米炮，1914年，法炮兵希望靠它制胜战场。

一些胜利，但由于指挥官的无能和参谋工作的缺陷，两个集团军没有密切地配合，中间留有110公里的空隙。俄军和德军都使用无线电进行联络，德军从截获的俄军电报中，得知俄军的调动情况，迅速进行反击。8月末，在马祖里湖地区，萨松诺夫集团军首先被兴登堡和鲁登道夫指挥的德军包围、击溃（西欧军事史称之为坦能堡战役），近3万士兵被打死和淹死于湖泊中，9万人被俘，萨松诺夫自杀。德军转过头来又包围了莱宁堪普集团军，这个集团军损失也达14.5万人。俄军被迫退守涅曼河，德军侵入俄国领土。

在东线的西南战场上，俄军击败了奥匈军队；德军从西线抽调部队支援奥匈，亦被俄军击退。俄军包围普热密斯耳要塞，进抵喀尔巴阡山麓。从9月下旬到12月中旬，双方军队曾多次发动进攻，但彼此进展不大。到12月底，在东线也呈现出近似阵地战的状态。

在巴尔干战线上，装备很差但士气昂扬的塞尔维亚军队英勇抗击奥匈军队。从8月到12月，奥匈军队曾三次侵入塞尔维亚，两度占领贝尔格莱德，但均被塞

世界通史

最新整理图文珍藏版

尔维亚军队击退。到 12 月，奥匈军队已被全部逐出塞尔维亚。

除上述欧洲大陆上的三条战线外，战争也在西亚、非洲和远东地区进行。土耳其于 1914 年 11 月 14 日正式向协约国宣战后，英国乘机于 11 月 18 日宣布埃及脱离土耳其，成为自己的"保护国"。以后几年内，英国又攻入美索不达米亚，占领巴格达，进军巴勒斯坦、叙利亚等地。在非洲，英军乘机攻占了德国的殖民地多哥、喀麦隆、德属西南非和德属东南非等地。在远东，日本帝国主义在英军的协助下，占领中国山东，于 11 月攻占了青岛。在这个期间，日军还相继占领了太平洋上的马绍尔、马里亚纳和加罗林等德属诸群岛。

同盟国在东线和南线的进攻

经过 1914 年几个月的激战，交战双方的人力、物力损耗都很大，西部战线形成胶着状态。当时，许多人认为，要突破西线已不可能。于是在协约国方面有人主张：派英、法军队到巴尔干半岛去开辟新战场，与自己的盟国俄国联系起来，持这种见解的被叫做"东线派"；反对这种主张，仍坚持在西线进攻以求突破的，被叫做"西线派"。另外，当时英国海军大臣丘吉尔则主张派海军去进攻达达尼尔海峡和加利波利半岛，威逼君士坦丁堡，以阻止土耳其夺取苏伊士运河和进攻埃及。

德国因西线作战不利，也改变了战略，把战争重心移向东线。德军计划在东线进行两个连续的战役，以达到下列战略目标：第一，突破俄军防线，迫使俄国单独媾和；第二，控制巴尔干半岛，打开直接通往土耳其的道路，割断俄国与其盟国的联系，把俄国孤立起来，第三，把小亚细亚变成进攻埃及和印度的跳板及作战基地，控制地中海的海上交通线。

俄国的军事计划则准备命令其西北战线部队占领东普鲁士和维斯瓦河下游；西南战线部队从喀尔巴阡山攻入奥匈帝国，突入西里西亚，打开通向柏林、维也纳和布达佩斯的道路。

1915 年 1 月至 3 月，在东线

准备乘火车开往前线的俄部队

发生了几次大规模的战斗。俄军占领了喀尔巴阡山隘口，驻守普热密斯尔要塞的 12 万奥匈军队向俄军投降，但俄军再次进攻东普鲁士时却被德军击败。

5 月，德奥集中了 18 个师和 2000 门大炮的强大兵力，由德国将军麦根逊指挥，在俄军西南战线长达 30 公里的地方发动进攻，突破俄军战线。俄军被迫全线退却，到 9 月中，俄军阵线才稳定下来。五个月当中，俄国丧失了波兰、立陶宛、波罗的海沿岸的部分地区，俄军伤亡达 85 万人，被俘达 90 万人。沙皇尼古拉二世撤了尼古拉耶维奇大公最高统帅

1914 年英国大舰队装备上先进的电子产品

的职务，自任最高统帅。德、奥军队不敢贸然深入俄国境内，故德军迫使俄国投降和单独媾和的战略目标没有达到。到 9 月底，

东线又趋沉寂，以后进入了阵地战。

同年 4 月间，英、法还派遣一支 8 万人的远征军在达达尼尔海峡的最南端登陆，占领了加利波利半岛的南端，但在德国将领指挥下的土耳其军队阻止了英法军队的前进。8 月，英国又派了 10 万军队登陆，在占领了 17 公里宽、4 公里深的狭长地带后，进路又为土耳其军队所阻。1915 年底，英军不得不放弃占领达达尼尔海峡的计划，将部队撤走。

意大利于 1915 年 5 月底参加协约国方面作战。它原是同盟国的成员之一，但在战争爆发后宣布中立。意大利统治阶级狡猾地

结成同盟的三国君主画像

向交战双方讨价还价，看谁能满足它的领土要求，就参加到哪一

世界通史

最新整理图文珍藏版

1958

方作战。经过谈判，协约国答应了意大利的领土要求。1915 年 4 月 26 日，英、法、俄、意四国在伦敦签订了秘密协定。根据这个协定，战后，意大利可以得到蒂罗尔南部、特伦的诺、的里雅斯特、伊斯特里亚、达尔马提亚和小亚细亚的部分领土。5 月 23 日，意大利向奥匈宣战。

意大利参战，对整个战局并没有发生重大影响。从 6 月 6 日到 12 月 23 日，意大利出动了 39 个师，在依崇佐河畔举行了四次进攻，损失了几十万人，但未取得什么成就。

1915 年，交战国双方都在继续进行争取保加利亚的斗争。保加利亚统治阶级也乘机向双方讨价还价，它要求得到马其顿和多布鲁查；同盟国同意了它的领土要求。保加利亚看到同盟国在东线的胜利，以为德、奥必胜，于是在 1915 年 9 月 3 日，同德、奥、土签订了军事协定，决定参加同盟国方面与协约国作战。

保加利亚参战后，9 月底，同盟国在奥、塞边境集中了 35 万德、奥军队，在保、塞边境集中了 30 万保加利亚军队，准备给塞尔维亚以致命的打击。塞尔维亚只有 25 万军队在抵抗德、奥、保

三国军队。10 月 5 日，德、奥军队在麦根逊将军的指挥下，从北面进攻，占领了贝尔格莱德，把塞军压向南方。12 日，保军从东面进攻，切断塞军退往希腊的道路。塞军被迫从阿尔巴尼亚和门的内哥罗之间的山间小道退往亚得里亚海；有 10 名士兵和平民，因饥饿、寒冷和敌军飞机的轰炸死在道路上，另外 10 万人克服了重重困难才到达了海岸，以后又转移到希腊的科孚岛，继续组织抗战。在第一次世界大战中，只有塞尔维亚的斗争具有民族解放的性质，是正义的；但是，塞尔维亚却被同盟国军队占领，一直到大战结束。

在西线，交战双方为配合东线战场，也展开了多次恶战。

德舰队司令施佩将军

1915 年初，英、法联军按照法军总司令霞飞的计划，进行了若干次进攻，企图突破德军阵线，迫使德军退到马斯河对岸来结束战争；结果，损失了几十万士兵的生命，却一无进展。在 4 月间的伊普尔战役中，德军第一次使用了毒气，英、法军队猝不及防，遭到巨大损失。在这之后，英、法也使用了化学武器。这一年，德国齐伯林飞艇开始轰炸英国，这是历史上远距离对敌人大后方的第一次轰炸。战争初期，双方已把飞机用在军事上，但主要是用于侦察和指挥炮兵射击，以后才较大规模地用在战争中。

西线血战

鉴于 1915 年的作战经验，协约国决定来年春季同时在东、西、南线发动攻势，使敌人难以应付；同盟国则决定采取战略进攻，打败协约国的联合攻势，并在西线给法国以致命性的打击。德国参谋总部认为，开战以来，塞尔维亚已被击溃，俄国已处于瘫痪状态，意大利作用有限，法国力量也濒临枯竭，只有英国仍握有实力，并对胜利充满信心，德国要取得战争的胜利，必须击败英国。由于德国海军力量的限制，不可能直接进攻英国本土，只有从打击大陆上的英国同盟者着手，首先要摧毁法国，打掉法尔根汉所谓的"英国手中的最好剑支"。

德国统帅部决定选择凡尔登为进攻对象。因为凡尔登是协约国西线的凸出部分，如像一支矛头指向德军阵地，对深入法国和比利时的德军是很大的威胁。同时，凡尔登又是法国的著名要塞、法军阵线的枢纽、通往巴黎大道的一个强固据点。法尔根汉估计，为了保卫凡尔登，"法军指挥部将被迫把它所有的全部力量投入"。因此，他的结论是：这一次进攻，从军事方面来说，将成为"碾碎法军的磨盘"；从心理方面来说，凡尔登如果失陷，将给法国军队的士气以沉重打击。这二者加起来，会促成法国全面崩溃，从而使英国失去有力的同盟者。

德国为了进攻凡尔登，从各

戴着防毒面具进行观察的法军

个战场调了 10 个师 27 万人的兵力和 1400 多门大炮。法国在凡尔登只有 10 万名守军和 600 多门大炮。1916 年 2 月 21 日，战斗开始。德军以空前强大的火力向凡尔登附近的狭窄的三角地带猛烈攻击，整整一天，密集的炮弹和燃烧弹不停地轰击，还施放了毒气。据当时的记载说："历史上从来没有见过这样强烈的炮火，法军第一道防线全被浓烟烈火笼罩，交通壕完全被摧毁，附近森林被炸光，山头完全改变了面貌。"德军炮击以后，21 日黄昏和 22 日，步兵主力就向法军冲击，两军展开肉搏战。法军进行殊死抵抗，伤亡惨重，但第一道防线还是失守了。25 日，德军占领了控制凡尔登要塞和整个地区的都蒙高地。法军阵地被切成数段，与后方的交通线也全被断绝。凡尔登和整个法国战线的防御体系均处于千钧一发之际。

在这个紧急关头，法国政府命令贝当负责保卫凡尔登的任务。贝当认识到，要保卫凡尔登，首先必须打通凡尔登与后方的交通线。他立即组织道路抢修队，修复了原有的公路，又增辟了新的公路，并调集 3900 百辆汽车，在一个星期内，赶运来 19 万生力军和 2.5 万吨军火；平均每天有 6000 辆汽车到达凡尔登，即每十四秒钟通过一辆。法军提出的口号是"他们（德军）不得通过"，而德军则决心要攻占凡尔登。双方反复冲杀，形成了伤亡惨重的拉锯战。6 月中旬，德军已进逼到距凡尔登只有 6 公里的地方，法军不惜伤亡，拼死抵抗，战斗一直持续到年底。法国全国军队 70 个师当中有 66 个师先后参加过这次战斗；德国则投入了 46 个师。由于法军的坚持抵抗，以及其他战线的配合，减轻了法军的压力，德军始终未能攻占凡尔登。这场大规模的流血厮杀，双方伤亡总数达百万余人。凡尔登战役是第一次世界大战中带决战性的战役，也是第一次世界大战的转折点，它标志着德国的军事进攻能力已从顶峰走向下坡路。

当凡尔登战役正进行的时候，为了牵制德军，减轻凡尔登的压

国王威廉一世与参谋长冯毛奇在观看军事演习

力，协约国于7月1日在索姆河畔发动大规模攻势，由英军担任主攻。这是一场巨大的消耗战，双方伤亡达120万人。这次战役中，英国研制的新式武器——坦克首次投入战斗。

凡尔登和索姆河两个战役一直持续到1916年底，双方伤亡已近200万人。德国迅速取胜的企

1915年，英国海军"大力神"舰。

望成了泡影，形势的发展日益有利于协约国。

大战以来，英国依靠它的海军优势，对德国实行严密的海上封锁，使德国海军一直不能出海。德军物资日益匮乏，决心冲破封锁，从英国手中夺取制海权。

当凡尔登战役还在激烈进行的时候，德军指挥部命令海军出

日德兰海战中，随着德海军首先开火，英国舰队迅速投入战斗。

击，于5月31日至6月1日，英、德海军在北欧日德兰半岛的斯卡格拉克海峡展开了一场恶战，这就是日德兰海战。英国出动了151艘军舰，德国出动了101艘，激战结束，英舰损失14艘，德舰损失11艘。英国的损失虽大于德国，但英国海军实力雄厚，仍然牢牢地掌握着制海权。德国海军未能打破被动局面，只得退回海军基地，从此再也不敢贸然出海了。

在南部战线上，奥匈军队于5月15日开始向意大利军队进攻。意军不堪一击，损失惨重；奥匈军突入威尼斯平原，从后方威胁着依崇佐河意军的防线。意大利向俄国紧急求助，俄国统帅部命令布鲁西诺夫指挥俄军从6月4日起在西南战线展开全面进攻。俄军突破奥匈战线，占领布柯维纳和加里西亚的一部分，并重新占

德克虏伯铸钢厂，从事火车和大规模武器生产。

领了喀尔巴阡山山隘，俘虏了奥匈军40余万人。俄军的胜利，减轻了德军对凡尔登和奥匈军对意军的压力。

德军统帅法尔根汉因战争失利被撤职，兴登堡担任了德军总参谋长，鲁登道夫为副总参谋长。

俄军在西南战线的胜利，吸引了罗马尼亚参加协约国方面作战。8月17日，英、汉、俄、意和罗马尼亚签订秘密条约，承认罗马尼亚战后合并特兰西瓦尼亚和巴纳特。8月28日，罗马尼亚正式对同盟国宣战。9月，保加利亚军队和德军分别攻入罗马尼亚；12月，德军占领了布加勒斯特，罗马尼亚被击溃。德奥集团占领罗马尼亚后，夺取了它们所急需的粮食和石油。罗马尼亚的溃败，

使协约国东部战线又延长了500公里。

1914 年的战况

第一次世界大战主要在欧洲大陆进行，欧洲战场有四条战线。西线：英、法、比军队与德军对抗；东线：俄国军队与奥匈、德国军队作战；巴尔干战线：主要是塞尔维亚、门的内哥罗以及后来的罗马尼亚、希腊的军队与奥匈、保加利亚的军队作战；意大利战线：意大利军队在英、法军队支持下对抗奥匈军队。此外还有近东战线（主要是英国军队与土耳其军队作战）和高加索战线（俄国对土耳其）。其中西线和东

英分舰队司令大卫·贝蒂

线是主要战线，西线具有决定性作用。

德军按所谓"施里芬计划"首先在西线发起进攻。"施里芬计划"是德国陆军元帅施里芬（1833～1913）在其担任总参谋长期间所制定的德国东西两线作战的战争计划。其要点是：德国在不可避免的两线作战中，集中优势兵力在西线，只用少数兵力监视和牵制俄国军队。西线分左右两翼，左翼少数兵力仅仅守住德国洛林一带防线，强大的右翼越过比利时和卢森堡，冲入法国北部，然后南下绕过巴黎西方和南方，压逼法军主力到巴黎以东一带加以歼灭，对法军取得决定性胜利后全力转入东线打败俄国。"施里芬计划"是个速决战计划，计划六个星期内取得西线胜利，三至四个月的时间结束整个战争。"施里芬计划"低估了俄军和法军的动员与作战能力，也未估计到比利时军队的顽强抵抗和英国远征军能很快参战，因而注定要失败。后任总参谋长小毛奇对这个计划作了修改，在一定程度上加强了西线左翼和东线对付俄国的兵力，这样便削弱了西线，特别是西线右翼的兵力。

8月3日夜德军侵入比利时，

1918 年英军在圣昆丁突破兴登堡防线

但立即遭到比利时军民的顽强抵抗，5 日受阻于列日炮台，以 4 万士兵的生命为代价夺取了这座城市，直到 8 月 20 日才前进到法比边界。从 8 月 20 日起，近百万德军分 5 路挺进法国北部，21 日至 24 日，双方在沙罗瓦会战，法军失败而退。英国远征早在法国登陆以后于 8 月 23 日在蒙斯和德军交锋，也被德军击败。此后德军迅速推进。8 月 25 日占领那慕尔，27 日占领隆维，9 月 1 日占领苏瓦松，2 日占领拉昂，3 日占领兰斯，前锋距巴黎仅 15 英里。法国政府匆忙迁往波尔多，巴黎危在旦夕。

德右纵队第五集团军继续向东南追击法第五集团军，结果远远超过了第二集团军。9月3日晚，德第一集团军到达马恩河左岸的提埃里堡。这时，小毛奇让第一集团军作第二集团军的第2梯队，并保卫德军右翼。但第一集团军没有执行这个命令，指挥军队渡过马恩河，继续向南追击，只留下1个军在马恩河北岸，防备巴黎法军的威胁。这时，法军调动和重新部署的情报频频传来，小毛奇认定法军在准备大反攻。他意识到德军第一、二集团军力量单薄，受到巴黎地区法军的严重威胁。9月4日，小毛奇决定，由一、二集团军挡住巴黎方面的法军，第三、四、五集团军对付法国其他各军。9月5日，克鲁克虽接到小毛奇的命令，但他仍不执行，继续孤军南下，给法军反攻造成了有利态势。

法军面临有利战机，但统帅霞飞开始有些犹豫，后在部下催促下决定反攻，发出第6号命令。部署是：法第六集团军北出巴黎兵营，沿马恩河向东进发，于6日跨过乌尔克河，攻击德军侧翼；英、法军其他部队同时在各自战线展开反攻。法第六集团军按计划向乌尔克河进发，5日同德第一集团军留在马恩河北的部队在乌尔克河西岸遭遇。开始，双方指挥部对这个战斗都没有重视。但是仗越打越大。到8日，克鲁克不得不将整个集团军带回马恩河北，投入战斗。加里尼也从巴黎驰援法第六集团军。法第五集团军按计划从6日开始反击，掉过头来同一直追赶它的德第一集团军厮杀，其右翼同德第二集团军的部队交火。克鲁克的德第一集团军8日被迫撤回到马恩河北，使德第一、二集团军中间出现了一个约50公里宽的大空隙。这样，德军第二集团军的右翼失去保护，面临被法第五集团军包抄的危险。

英军于9月6日开始反击，前进方向正好对着德第一、二集团军之间的空隙。虽然英军司令弗朗奇胆怯，进军缓慢，但到8日也前凸到接近马恩河的地方，使德第一集团军的背后受到威胁。福煦指挥的第九集团军又将德第二集团军的左翼和德第三集团军

法军增援凡尔登前线

截开，从而使德第一、二集团军处于孤立无援的危险境地。从9月5日到9月9日，马恩河一带长达200公里的战线上，硝烟弥漫，战火纷飞。

9月7日，小毛奇得知战场上的不利情况，立即于第二天派情

战前的凡尔登镇，图中可见梅斯河和大教堂。

报头目里夏德·亨茨巡视右纵队，授权他可以命令各军协同撤退；消除彼此间的空隙。9日，亨茨命令第二集团军撤退到马恩河，第1集团军停止进攻，实行后撤。小毛奇又于10日亲自命令右纵队的第一、二、三集团军撤退，其他各军停止进攻。第二天，小毛奇再次命令德军撤至努瓦茶——凡尔登一线。马恩河地区的战斗，由于德第一、二集团军的撤退告一段落。

在马恩河主要战场以东直到凡尔登附近，德第四、五集团军

同法第三、四集团军对峙的地区也于10日停战。在东部法德边界，德军一直在进攻，法军的第一、二集团军处于守势。10日，德军在这里的进攻也停止下来，并将第七集团军调到埃纳河加强右纵队，把第六集团军撤回边界。马恩河战后，德军撤至埃纳河，在距河北岸3公里的高地上据守一个坚固阵地。

英法联军由于连续艰苦的行军和战斗，疲惫不堪，加上指挥谨小慎微，没有紧追撤退的德军，丧失不少战机。9月13日，联军渡过埃纳河，并在第二天发起强大攻势，但收效甚微，被迫于18日停止进攻，这就是第一次埃纳河战役。德军由于战前受到较好的防御战术训练，使用机枪、手榴弹，借助野战工事保住了阵地。联军调兵从努瓦茶以北对德军侧翼迂回包围，而德军反过来也向北奔袭包抄联军的侧翼。于是两军互相包抄的紧张战斗，把战线逐步推向北方，直到海岸，结果谁也没有得逞。海岸对英军极为重要，英军从埃纳河战线转移到靠海的伊普尔附近。

德军总参谋长法尔根汉（小毛奇因马恩河战败被撤职）乘联军没有站稳的时机，于10月12日

索姆河战役中一次突袭中，英军正准备越过顶点。

向伊普尔发动强大攻势，其目的是突破联军防线，占领法国北海岸，切断英国同其远征军和法国联系的通道。联军方面兵力单薄，形势紧张。此时，霞飞派福煦指挥协调了法、英、比军队的作战，顶住了德军的进攻，守住了联军的阵线。经过一个月的激烈战斗，到11月11日，战斗因气候恶劣停止。这次战斗史称第一次伊普尔战役。

索姆河战役中，英军第十七军团穿越沼泽地跋涉前进。

此后，双方之间形成了一条稳定的战线：从凡尔登向两边延伸，西至努瓦茶，然后转向北进到海岸；从凡尔登向南绕过圣米耶尔突出部，大致沿当时的法德边界到瑞士边境。这条战线在以后几年间没有大的移动，战斗进入僵局，双方相持不下，各自挖掘堑壕，于是阵地战开始了。

1914年在德奥与俄国之间的从波罗的海沿岸到罗马尼亚边境的东线战场有两次大的战役，即俄、德之间的东普鲁士战役和俄、奥之间的加里西亚战役。

东普鲁士战场即俄国的西北战线，德国在此部署了约30万人的兵力，以防止俄国的进攻；俄国兵力约等于德国的两倍。为了配合西线作战，俄国在未完成动员的情况下，于8月中旬便向东普鲁士的德军发起了进攻。17日越过边界，20日在冈比宁战役中获胜，德军被迫撤退，伤亡达1/3。俄第二集团军于23日越过边界，蜂拥而来。德军新任东线总司令兴登堡及参谋长鲁登道夫采取集中优势兵力，各个击破的战术，于26日至28日包围了俄第二集团军，俄军统帅于29日夜自杀，部队全部被歼。接着，9月11日，德军又攻下俄军第一集团军司令部所在地。13 日，俄军退出东普鲁士，虽然避免了被围歼，但损失了 11 万人，德军乘胜渡过尼门河，进入俄属波兰领土。东普鲁士战役以俄国失败而告结束。东普鲁士战役中，俄军总计损失兵力 25 万人左右。处于兵力数量绝对优势的俄军兵败东普鲁士，主要是指挥失误所致。德国有人将第八集团军在东普鲁士的战斗说成是"战争史上无与伦比"的胜利。

俄军在东普鲁士失败的时候，在西南的加里西亚战场却取得了胜利。俄军集中了四个集团军的兵力，在 300 多公里的战线上向奥匈军队发动进攻，奥军抵挡不住，接连败退。到 9 月底，俄军占领全部东加里西亚及布科维纳，到达喀尔巴阡山麓。以后进行的华沙—伊凡哥罗德之战、罗兹之战，俄军连连取胜。到 12 月中旬，双方都停止了进攻。于是东线同西线一样，也呈现了近于阵地战的状态。

1914 年的东线双方互有胜负，德军虽然取得了东普鲁士战役的胜利，但这个胜利迫使它从西线调来援军，从而扩大了东线的战争规模，越来越深地陷入两线同时作战的境地。

南线是塞尔维亚对奥匈的战场，这是第一次世界大战初期唯一的正义战争。8 月 13 日，奥匈军队越过德里纳河，开始侵入塞尔维亚。塞尔维亚人口不多，经过战争动员，兵员达 40 万人，但只有 10 万支步枪，其他战备物资也极为缺乏，但塞尔维亚人民士气高涨，抗战英勇。仅经过四天的战斗，奥匈军队便被逐回德里纳河对岸。虽然以后奥匈军队又发动两次进攻，甚至在 11 月 17 日占领贝尔格莱德，但不过一个月，塞军便收复了贝尔格莱德。奥军在巴尔干战场损失了 28 万多人，塞军损失 1 万余人。塞军这场胜

英国妇女在军工场制造弹药

利的战役是重病在身、年近古稀的普特尼克在卧室病榻之上指挥的。

奥匈帝国前次进攻塞尔维亚失败之后，收拾残部，调整部署，又集结了5个军，于9月7日发动了新的进攻。

遭到毒气袭击的联军

奥匈军统帅部用2个军的兵力在木特洛维察方向上佯攻，而以主力从兹沃尔尼克、留博维亚一线向伐利沃方向突击，以从西南迂回塞军。奥匈军开始时取得进展，但很快受到塞军阻遏。塞军坚守阵地，寸步不退，2个月中未让奥匈军前进一步。

奥匈军久攻不下，便一方面继续向塞军防线正面施加压力，一方面左翼迂回，开始形成夹击之势。此时塞军消耗殆尽，几乎弹尽粮绝，已无法再坚持下去，加上面临两面夹击的险境，只好

英国远征军开往马恩河阵地

撤退。奥匈军全力追击。塞军一路后退，11月7日放弃贝尔格莱德，随即撤向东部斯梅德雷沃、拉左罗瓦茨一线，最后往南沿鲁德尼克高原西面斜坡撤至波热利。

奥匈军紧追不舍，但补给线遭到破坏，粮食和弹药告罄，无法再追下去，于12月2日停止了追击。

此时塞尔维亚军已获得俄、法两国武器、弹药和粮食援助，恢复了战斗力，见奥匈军停止进攻，立即转退为进。12月3日，塞军转入反攻。已被拖垮的奥匈

军在塞军的猛烈冲击下，开始溃败。塞军全线推进，12月15日收复贝尔格莱德，到19日，已肃清境内残敌，俘敌46000人，缴获火炮126门，机枪70挺，军马2000匹，以及许多军用储备品。但是塞尔维亚军队也已疲惫不堪，在萨瓦河和德里纳河一带停止了进军。塞尔维亚军再次粉碎奥匈军的进犯，将敌人驱逐出境。

奥匈军在两次进攻塞尔维亚的战役中共损失7600名军官和274000名士兵。而更大的损失是奥匈军被塞尔维亚军摧垮了自信心。德国陆军总参谋长鲁登道夫在其回忆录中说，在塞尔维亚，"奥匈军队被打垮了"，它已"不是有充分价值的战斗工具"了。

两次失败使奥匈军统帅部暂时放弃了对塞尔维亚的进攻，只留下了两个军驻守塞尔维亚边境一带，其余兵力陆续调往俄国战线。

塞尔维亚军为胜利付出了沉重代价，在两次战役中共损失132000人，所余兵力已不超过10万人。

从此直到1915年10月近一年的时间里，巴尔干基本上保持着静寂的状态。

除欧洲三条战线外，战争也扩展到了世界其他地区。10月29日，德、土舰队炮轰俄国黑海港口，袭击俄国船只。31日，俄军自高加索侵入土耳其国境，土耳其第九军被围投降，第十军全部被歼。随后，俄国进兵占领伊朗的阿塞拜疆。虽然伊朗政府已发表了中立的声明，但交战国集团对这个声明没有理睬，依然在伊朗采取军事行动。英国也派兵到波斯湾，向美索不达米亚推进。12月，英国宣布埃及脱离土耳其统治，把它变成自己的保护国。

8月23日，日本对德国宣战后，不派一兵一卒到欧洲作战，却在远东地区趁火打劫。9月初，占领了德国在太平洋上的殖民地，包括马绍尔群岛、加罗林群岛和马利亚那群岛。同时侵入中国领

全副武装的法国步兵

土山东半岛，占领德国租借地青岛。

1914 年海上作战的规模不大。12 月 8 日，英国海军在福克兰群岛水域击溃了德国的巡洋舰队。在北海，8 月 28 日，英国海军袭击赫尔戈兰港，取得成功，战斗中英国只有一艘巡洋舰受伤，而德国有三艘巡洋舰和一艘驱逐舰

德皇与德陆军参谋长小毛奇于战前视察

被击沉。俄国舰队在黑海也取得了对德国海军的胜利。

1915 年的战况

1915 年 1 月底通过的德奥年度战局计划规定，在西线，从新港到瑞士边境长 700 公里的陆地上进行积极防御；在东线，德奥

军队合同作战，旨在击溃俄军的猛烈进攻，迫使俄国投降，然后把军队调往西线，歼灭英法军队。所以从 1915 年初起，德军就从西线抽调大量部队增援东线。在 1～3 月的战役中，双方互有胜负。俄军在马祖尔湖被德军击败，从东普鲁士撤了出来，但俄军也击溃了装备较差的奥匈军队，巩固了在加里西亚的地位，占领了喀尔巴阡山上的几条通道，威胁到匈牙利。

德国力图要实现其战略意图，继续在东线增兵。到 4 月末，德军已在维斯瓦河上游和喀尔巴阡山之间集中了雄厚的兵力，包括 16 个步兵师、2 个骑兵师、1410 门野战炮和 1000 门重炮。

5 月 2 日，德军以优势兵力，用强大炮火开路，在西加里西亚的果尔利策镇西发起楔形攻击。俄第三集团军正面防御当日即被突破。德军坚持在同一方向突击，拼命扩大突破口。俄大本营给伊

沙皇俄国哥萨克骑兵

凡诺夫将军派去大量增援部队，企图阻止住德、奥军。但是增援部队零散投入战斗，杯水车薪，很快被优势德奥军各个歼灭。

俄军不断撤退，5月14日撤至桑河和德涅斯特河一线。德奥军重兵压来，同俄军展开激战。17日，德军攻占雅罗斯瓦夫，大举渡河东进。23日，意大利对奥匈宣战，奥匈被迫分兵拒敌，德奥联军进攻势头暂时削弱。6月15日，德奥联军恢复进攻，22日攻下莱姆堡（利沃夫）。持续五十二天的果尔利策战役遂告结束。

总计东线五个月的战争结果，俄国放弃了布科维纳、加里西亚、波兰、立陶宛以及拉脱维亚的一部分。从此，东线又转为阵地战。德奥军所防守的战线，北起里加湾，南到布科维纳。俄军的节节败退，使战线大幅度东移。但是德军没有获得决定性的胜利，它没有摧毁俄军，也没能使德军统帅部抽调其东线的全部兵力转移到西线去。

在西线，英法军队多次发动进攻。由于这些战斗都是在极其狭窄的战线上进行的，目标很小，所以收效甚微。2月16日至3月17日，英法军发动了香槟战役，但未能突破德军防御阵地。

德军为了反击英法军的进攻，并掩护军队向东线调动，于4月22日发动了伊普尔战役。在战役中，德军公然违反海牙国际公约，首次使用毒气，但没有收到太大效果。

德军选择伊普尔以北联军阵地英国第三集团军和法国第二十军的接合部作为化学毒气攻击点。这里是战线弯曲部，地势平坦，正好是下风口。

在发动进攻的前几天，德军特种化学分队利用黑夜悄悄地在6公里宽的正面安放了150组共6000个毒气罐。

4月22日下午5时，德军施放5分钟的毒气。2米高的黄绿色雾团趁着风势，滚滚扑向法、英军的阵地。德第二十六军的突击部队戴着防毒纱罩，以密集队形尾随前进。

守军突然发现滚滚黄烟扑面而来，不知何物，正在诧异，毒

英国首相　英国外长　英国海军部
阿斯奎斯　格雷　长丘吉尔

气已钻进他们的眼睛、鼻子和喉咙，像烈火在烧灼。有的人还未喊出声已窒息而死，一些人疼得狂叫。士兵们一哄而散争相逃命。一个目击者谈到当时情景时说："当第一阵浓烟笼罩整个地面，人们喘不过气，拼命挣扎时，最初的感觉是惊异，随之而来的便是恐惧，最后军中一片慌乱。还能行动的人拔腿便跑，试图跑在扑来的毒气前面，但多数人是徒劳的。"

德军在5分钟内施放了18万公斤氯气。英法军1.5万人中毒，其中5000人丧生。伊普雷以北一个宽10公里、纵深7公里的地带立时成为无人防守区。英第五集团军和法第二十军之间出现一个宽3.5公里的缺口。

但是德军突击队未敢乘虚而入。前面毒气尚未飘散，后面没有后续部队。法、英军匆忙用汽车调运来4个步兵师和一些炮兵部队，将缺口堵住。德军没能将这一战术胜利发展为战役胜利。为了减轻东线俄军的压力，9月，英法联军在阿土瓦和香槟再次发动进攻。这一次英军也使用了毒气，但几次进攻，前进的步幅不大，被迫停止了攻势。从11月开始，西部战线逐渐沉寂下来，再

一次转入阵地对峙。在1915年的战役中，双方虽然都损失惨重，但阵地没有太大的变化。

意大利虽是同盟国的成员，但在战争爆发后却宣布中立，实际上是与交战国双方进行讨价还价。最后还是协约国满足了意大利的欲望，于1915年4月26日在伦敦签订了英、法、俄、意协定，按照这个秘密协定，意大利将得到蒂罗尔南部，特伦的诺、的里雅斯特、伊斯特里亚、达尔马提亚及小亚细亚的部分领土。协约还规定了意大利应于一个月内参战。5月4日，意大利宣布废除同奥匈帝国的同盟条约，5月23日向奥匈帝国宣战。这样一来，欧洲就形成了第四条战线，即意大利对奥匈的战线。意大利动员了39个步兵师对奥匈作战，从6月29日到12月10日，在依崇佐河畔发起四次进攻，损失了近30万人，但只取得局部胜利，把战线最多推进了20公里，因此，没有达到协约国要意大利吸引德奥军队的预期要求。年底，意奥战线也转入阵地战。

战争初期，保加利亚宣布"严守中立"，其实是在坐山观虎斗。到1915年下半年，保加利亚政府认为同盟国必胜无疑，遂于9

月 3 日和德、奥、土签订了四国同盟条约，6 日又和德、奥签订了军事协定。保加利亚撕去了中立的假面具参战，对塞尔维亚来说是一个致命的打击。塞尔维亚只有 20 万军队，而在奥塞边界和波斯尼亚却集中了 35 万德奥军队，在保加利亚和塞尔维亚边界有 30 万保加利亚军队。虽然在战役开始后，有 12.8 万英法援军在萨洛尼卡登陆，但他们只以此地为桥头堡，准备将来的战斗，不能直接援助塞尔维亚，力量如此悬殊，胜败可以预料。10 月 5 日，德奥大军开始进攻，9 日占领贝尔格莱德，同时奥军从波斯尼亚进攻。保加利亚于 10 月 14 日正式宣战，于 11 月 5 日占领尼什，截断塞军退往萨洛尼卡的道路。塞尔维亚军队虽英勇血战，但很快就被完全击溃，其残余的 12 万人退守希腊的科孚岛。塞尔维亚被打败以后，德国和土耳其之间的交通畅通无阻，同盟国之间的联系更加密切。

1915 年两大联盟的海军行动并未发生战略性的变化，双方在海上都没有展开决战。规模最大的海战是英、德两国巡洋舰队在北海的一次战斗，英国获胜；另一次是协约国舰队在达达尼尔海

法国军队为战争而设计的装备车，法军在列车上拟定战争动员计划。

峡的战斗，协约国失败。英国海军继续对德国进行海上封锁，德国企图借助潜艇打破封锁，虽未成功，但对协约国的海上交通线构成了很大威胁。

1916 年的战况

1916 年是大战关键性的一年，交战双方最大限度地调动了本国的人力物力投入战争。这一年，德国又把战争重点放到了西线，所以在西线发生几次大战。俄国为配合西线，也在东线发动了

机械化部兵机动中的法军重炮兵

攻势。

这一年西线第一次重大战役是凡尔登大战。

凡尔登战役是第一次世界大战中规模最大、时间最长的一次决定性战役，是德国从战略进攻向战略防御的转折点。

德国 1915 年在俄国战线上取得重大胜利。但是由于俄国幅员广大，交通不便，又时逢寒冬，德军担心重蹈拿破仑覆辙，未敢驱军深入，而将战略重点重新转到西线。

德军统帅部早就认定英国是主要敌人，但因隔着大海，鞭长莫及，暂时对它奈何不得。而法国是英国大陆政策的工具，又是西线主力，如将其击垮，即可使英国孤掌难鸣。法国经一年半的战争，军事力量的使用已达极限，正可给它以致命一击，震溃全军。

德军统帅部基于以上认识，决定在西线选择一决战战场，全力打击法军，毕其功于一役。德军总参谋长法尔根汉将军选择了凡尔登作为消灭法军的决战战场。

凡尔登是具有重要战略地位的著名要塞。它地处马斯河水路交通要道，又有 16 条铁路和公路通过，是法军前线最大的交通枢纽，也是巴黎的西北入口。法尔根汉断定，无论从实际战略价值出发，还是从稳定军心的心理价值出发，法军无论如何也不能丢掉凡尔登，必定倾全力保卫。这样德军就可以凭借强大力量将法军消灭于此。从战场态势上看，德军处于极为有利的地位，法军在凡尔登的设防阵地突出到德军阵地之间，德军可以从东、西、北三面进攻。一旦开战，凡尔登法军的交通线只有城南一条地方铁路可用。法尔根汉决心使凡尔登成为"碾碎法军的磨盘"。

法军在凡尔登要塞筑垒地域构筑了全新防御体系，有 4 个防御阵地。第一阵地通过森林地，距要塞筑垒外防御地带 6 至 7 公里，第二阵地距第一阵地 2 至 3 公里，第三阵地距第二阵地也是 2 至 3 公里，第四阵地是两条炮台带和中间永备筑垒带。

凡尔登要塞的外径为 45 公里，整个筑垒地域的防御正面达 112 公里。筑垒地域被马斯河分成两个地段——右岸东段和左岸西段。所有 4 个阵地都适当地安排在满是深沟与高地的极为起伏不平的森林地。要塞防御体系是永备筑城工事与野战筑垒相结合，纵深梯次配置，防御重心转向野战部队。凡尔登的防御体系是相当牢固的。

凡尔登筑垒地域由法国3个军防守。右岸是第二军和第三十军，有330门火炮；左岸是第七军，有294门火炮。东段每一公里防御正面的密度平均达1.5个营和15门火炮，西段达2个营和21门火炮。在凡尔登以南，筑垒地域指挥官埃尔将军的总预备队是3个步兵师。此外，法军还可调用最高统帅部的预备队3个军。

德军进攻凡尔登的主要部队是德国皇太子威廉指挥的第五集团军，有18个师。集团军指挥部遵照德军总参谋长法尔根汉的计划，将在孔桑武阿到奥恩地段实施突破。第一梯队突击群作如下展开：预备队第七军（2个师）占8公里正面，第十八军（2个师）占2公里正面，第三军（2个师）占4公里正面。突击群的第一任务是：攻占前两道野战阵地，向第四阵地的杜奥蒙炮台和沃炮台进攻。辅助突击由第十五军（2个师）在6公里宽的正面上实施。预备队第六军和第五军实施牵制行动。

德军从1915年12月底开始对战役进行细致而秘密的准备。部队和炮兵的集中和展开，构筑出发地域的工程作业，准备供给基地、通信枢纽和积聚弹药等等，都隐蔽进行。德军最高统帅部打算用强大炮火摧毁凡尔登工事，所以对炮兵的展开特别经心。德军在马朗库至埃坦的正面上共展开1204门火炮和202门迫击炮。其中绝大部分在主要突击方向上展开。每一公里的突破正面上平均有62门火炮和15门迫击炮。第十八军地带内每公里突破正面上的炮火密度达140门。德军在主要突击方向上对法军所占优势为：有生力量多3个师，火炮多4倍以

英发试射60磅重炮弹的大炮

为战争作准备是大战前的重要工作，英国妇女在考文垂军械厂安装炮弹引信。

上。

德军进攻凡尔登的战役代号为"处决地"，预定于2月12日开始。由于天气不好而一再推迟。这使得法军察觉了德军的意图。法国和俄国情报部门都分析出德军将对凡尔登发动进攻。但是直到德军进攻的当天，法军总司令霞飞将军还认为德军的主攻方向不会是凡尔登。

2月21日8时12分，德军的大炮奏响了进攻凡尔登战役的序幕。炮火准备一直持续了9个小时。为了隐蔽主攻方向，炮火准备是在阿沃库尔至埃坦40公里宽的正面上全线进行的。法军筑垒地域的整个防御纵深遭到1500多门火炮和迫击炮的严重杀伤。工事被摧毁，森林被烧光，山头被削平，整个法军防线笼罩在浓烟烈火之中。有记载说："历史上从来未见过如此猛烈的炮火。"同时，德国的飞机也对铁路车站进行了狂轰滥炸。

德军炮火准备过后，凡尔登第一阵地全部地段和第二阵地个别地段的防御配系遭到破坏，部队指挥系统陷于瘫痪。16时45分，德军步兵发起进攻。当日所剩时间不多，德军仅占领了第一阵地的第一线堑壕。次日德突击集团发起强大进攻，但进展依然缓慢，全天共推进1.5至2公里。

1914年，英国皇家海军约435艘舰船拥有无线电通信装备。

俄摩托化中队

2月23日，德第十八军攻下第一阵地。2月24日，德军经炮火准备，开始夺取第二阵地。法军死守，伤亡惨重。野战部队同炮兵和炮台筑垒联系中断，预备队消耗殆尽。2月25日，德军行进间攻占杜奥蒙炮台。法中央集团军群司令被迫将第二军各师从韦夫尔各地撤到马斯高地。德第五集团军的预备队第五军、第十五军和施特兰茨集群投入进攻，于2月27日占领韦夫尔谷地。

法军统帅部自德军发动进攻时起，便决心守住凡尔登。2月24日，法军总司令霞飞将军派总参谋长前往凡尔登，下达了死命令，"必须不惜任何代价将敌人拦阻"在马斯河右岸。霞飞将军任命第二集团军司令贝当将军为凡尔登地区司令，并立即调兵增援。法预备队第二十军、贝当将军的第二集团军军部、第一军、第十三军、第二十一军，相继于2月26日之前赶到凡尔登。

贝当将军的指挥部极其出色地组织了运输线，为法军守卫凡尔登做出决定性贡献。由于经奥伯维耶通往凡尔登的铁路处于德军大炮射程之内，而通过圣米耶尔的道路早就被德军切断，所以全部军队都是用汽车从巴勒杜克

一凡尔登公路上运到的。法军调集了3900辆汽车，靠着这条长65公里的省级公路，从2月27日起在一周内赶运了19万援军和2.5万吨军火和军用物资。公路的通过能力达到每昼夜6000辆汽车，即每15秒通过1辆汽车。法军将这条公路称为"圣路"。

由于运送援兵及时，到3月2日，凡尔登法军兵力增加了1倍，而德军兵力仅增加了十分之一。

德军自进攻之日起，连续五天作战，已疲惫不堪，成为强弩之末。这五天当中，德军只推进了5至8公里。到2月28日，德军的进攻高潮平息下来。

从3月5日起，德军再次发动大规模的进攻，突击正面转移到马斯河左岸。这是德军指挥部的失算，因为在这一带防守的正是法国最精锐的生力军第七军。德军指挥部集中主要力量，试图夺取至关重要的莫尔特—奥姆高地和304高地，切断凡尔登的补给线，消除法军炮兵对德各突击军翼侧的威胁。攻守双方强攻坚守，炮击反炮击，突击反突击，占领反占领，血战了三个月。最后德军总算在5月7日和5月30日分别攻下304高地和莫尔特—奥姆高地。

贝当于 5 月初被调去指挥中央集团军群，尼韦尔将军接替他指挥凡尔登战役。他向士兵提出："不能让他们通过。"这句话成为法军响亮的战斗口号。

德军指挥部急于在英、法军发动索姆战役之前拿下凡尔登。德皇诏令第五集团军务于 6 月 15 日前占领凡尔登。德军发起更为猛烈的进攻。洛霍夫将军的东面集群用 6 个师在 79 个重炮连和几个空军支队的支援下，在 4 公里宽的正面实施攻击，向法军阵地发射窒息性毒气和催泪性毒气炮弹达 11 万发。但洛霍夫将军始终未能攻破法军阵地。无论是 6 月中旬，还是 7 月初，德军都未能执行德皇圣旨摧毁法军防御。

7 月 1 日，英、法军在索姆河发起进攻。德军统帅部不得不从凡尔登抽出兵力。德军在凡尔登城下的攻势开始减弱。战役主动权转移到法军手中。8 月，法军夺回杜奥蒙、弗勒里筑垒和 304 高地等失守据点，修复了防线。德军再也无力组织强大进攻。

8 月 28 日，罗马尼亚参加协约国一方作战，整个形势对德军更为不利。

德皇看出，凡尔登不仅像法尔根汉所说的那样在"碾碎法军"，也是在"绞杀"德军。8 月 28 日，他撤了法尔根汉的职，任命兴登堡将军为德军总参谋长。鲁登道夫将军被任命为陆军军需官，实际上是兴登堡的第一副手。德皇中途换马，也无法挽回德军在凡尔登的失败。

9 月 2 日，兴登堡将军命令第 5 集团军停止进攻。10 月 24 日，法国芒让将军以 4 个师 17 万人、700 多门火炮和 150 架飞机在马斯河右岸实施第　次大规模反击。法军在毒气弹、燃烧弹、重炮和超重炮火力支持下，猛烈突击，于 11 月 2 日占领了杜奥蒙炮台和沃炮台。12 月 13 日，芒让在马斯河右岸再次实施大规模突击，攻下沃、贝宗沃、卢韦蒙、瓦舍罗维等失地。12 月 18 日，法军进抵先前的第三阵地，恢复战役前态势，遂停止攻击。历时十个月的凡尔登血战至此结束。德军目标无一实现，既未攻下凡尔登和打垮法军，也未阻止协约国军队在索姆河转入进攻。

英联部澳大利亚骑兵

第三编　世界近代史

最新整理图文珍藏版

1979

在凡尔登战役中，法军全部70个师有66个师先后参战；德军投入了46个师。双方损失共达100万人，德军损失50个师，法军损失69个师。在这场消耗战中，双方各师兵员损失率达70%或70%以上。双方还消耗了大量物资。仅从2月25日至6月15日，法军就消耗了1550万发炮弹。

凡尔登是新兵器和新战术的试验场。德国使用了喷火器、毒剂和大威力火炮等新兵器，采用了强击队，支援冲击的移动拦阻射击法即徐进弹幕射击法。法国使用了新型轻机枪和400毫米超重炮，采取了炮火反准备、野战筑城工事与永备筑城工事相结合的筑垒地域配系和防御战斗的新集群战术。

凡尔登之战显示出，火炮、迫击炮兵器，工程兵、航空兵、汽车运输等在进攻和防御中起着越来越大的作用。

德军进攻凡尔登失败的原因很多，主要原因之一是总体兵力兵器处于劣势。德军指挥部也犯了严重的战役性错误。实施突破的地段过于狭窄，防卫者能及时调用预备队封住缺口并实施反击，不使战术突破发展为战役突破。

此外，旷日持久的消耗战对兵源本已有限的德军十分不利。

凡尔登战役是第一次世界大战决定性的一战，是德军从战略进攻向战略防御的转折点。鲁登道夫说："我们第一次被迫在所有战线进行防御。"

为了减轻凡尔登的压力，牵制德军，英法军队按照预定计划于7月1日在索姆河畔发动了大规模攻势。这次进攻以英军为主，它活动在索姆河北，进攻的目标是巴波姆；法军配合于索姆河以南，以培隆为目的地。7月1日英法士兵开始向德军阵地发起进攻。进攻前，英法大炮于6月24日开始向德军防线进行"弹幕"射击，7天内共倾泻炮弹达150万发。

7月1日晨7时半，英法士兵们跳出战壕向德军阵地猛冲。但他们前进很慢，因为每个士兵都背负着重达66磅的军用物资。英军部队面对德军猛烈火舌，成千成万地倒下去。到傍晚时分，德军防线前方横七竖八地布满了6万多死伤的英军士兵。法军部队的情况好些。德军防守十分顽强，每一个山头、每一村庄都死守不放。到7月14日为止，法军在17.7公里的战线上，前进最多处不过9.6公里；英军在16公里长的战线上，进展最多处才 4.8 公里。此后双方基本固守对峙。直到 9 月 2 日夜，炮火重又猛烈起来。第二天，英法步兵再度猛攻，但收效不大。这样的攻守起伏到月底，其后因雨雾连绵，道路泥泞，前进困难，英法军队都未能到达预定的目的地。

战役中，英军曾经初试他们的秘密武器——坦克。试前为了保密，他们把它叫做"罐子"（英语中"罐子"的发音即为"坦克"）。试制成的 49 辆坦克中，有 18 辆于 9 月 15 日在战场上初露头角，其中一辆攻占了一个小村庄；另一辆夺取了一条堑壕，躲在堑壕里吓慌了的 300 多名德军被英军俘获。到 1918 年，坦克开始真正纵横称雄于疆场。

索姆河战役最后成为局部性的相互袭击。到 1916 年底，交战双方都成为强弩之末，难以为继了。战役中，英法从德军手中只夺回 180 平方公里土地，有助于缓解凡尔登之围；英军死、伤、被俘 42 万人，法军损失 20 余人，德军则损失 60 万人。英法军队虽未达到预定的夺回失地的目标，但牵制了德军对凡尔登的进攻，这就使整个战局向着有利于协约国方面转化。

在意奥战线上，奥匈军队的进攻获得进展。5 月 15 日，奥匈军队从特兰提诺以强大的炮火开始进攻，一举摧毁了意大利的防御措施，迫使意军在长达 60 公里的战线上退却，意军大败。

西伯利亚哥萨克机枪手

意大利的溃退产生了俄国的"布鲁西诺夫的进攻"。为援救意大利，俄国放弃了自己原来的计划，由布鲁西诺夫将军指挥，集中 60 万人和 1930 门大炮在长达 400 公里的战线上向奥军发动进攻。6 月 4 日拂晓，开始了剧烈的炮战。6 月 5 日，俄军突破奥军阵地，6 月 7 日占领卢茨克，以后继续向前推进，直到占领了加里西亚的大部分和布科维纳，重新出现在喀尔巴阡山上的隘口前。

东线战役的胜利对整个战局产生了重大影响。首先它阻止了奥匈军队的进攻，使意大利军队

俄皇尼古拉二世

免于进一步溃败；其次，改善了
西线战场上的态势，使德军停止
了对凡尔登的进攻，给英法军在
索姆河发动攻势创造了机会；最
后，它促使罗马尼亚决定参加协
约国方面作战。

罗马尼亚政府虽然在大战开
始时宣布中立，但是它仍然敞开
门户，欢迎交战双方跟它商讨价
钱。到1916年，东线俄军既告胜
利，西线德军屡遭失败，罗马尼
亚认为时机成熟，遂于8月17日
同英、法、俄、意签订条约，28

日向奥匈帝国正式宣战。罗马尼
亚的武器装备和军需供应都很差，
对作战并没有充分准备，因而屡
战屡败，同盟国军队反而分两路
入侵：一路越过喀尔巴阡山隘口
进入罗马尼亚北部；一路过多瑙
河进入罗马尼亚南部。两路入侵
的军队于12月6日在布加勒斯特
会师，罗马尼亚的主要粮食产地
以及石油和其他原料产地，都落
到同盟国的手里。在俄国军队的
帮助之下，罗马尼亚战线才于12
月底在多瑙河下游—布来拉—福
克沙内—奥克纳—多尔纳瓦特拉
一线稳定下来。俄军的战线为此
延长了500公里。

战争开始的头两年，由于英
国的海上封锁，德国的舰队始终
龟缩在自己的港口内。德国指挥
部为了突破封锁，改善自己的处
境，决定进行海上进攻。1916年5
月31日至6月1日展开了大战期
间最大的一次海战——日德兰
海战。

1916年5月30日夜，英诱敌
舰队在贝蒂将军指挥下驰离苏格
兰港口罗塞斯。第一、二战列巡
洋舰队先行、第五战列舰队距其5
海里悄悄尾随。当夜，英海军上
将约翰·杰利科勋爵率主力舰队
从苏格兰北方奥克尼群岛斯卡帕

弗洛海军基地出发，开往东南方伏击点。德诱敌舰队司令希佩尔将军也从杰得河口基地出发，开往日德兰半岛西海岸。舍尔海军上将的大洋舰队同时开住设伏海域。贝蒂舰队刚出港，德巡逻潜艇立刻发现并用电台上报。该电文又被英主力舰队截获破译。结果双方都以为敌人上当，怀着紧张而兴奋的心情开赴战场。

5月31日下午2时15分，英舰"盖德利尔"号发现敌舰。同时，德军也认出英舰，双方节节逼近。这时6艘英战列舰插向德侦察舰队后部，企图截断其退路。他们不知德大洋舰队尾随着侦察舰队，刚才的行动已使英舰陷于德军南北夹击的境地。然而，德军循着刻板的诱敌方案行动，结果失去战机。

下午3时40分，英第一、二舰队编成作战队形，驶往东南上风方向，准备攻击。15时48分，双方进入大炮射程，距离1.6万码，巨炮雷鸣般地响开了，无数炮弹越过开阔的水面落在军舰周围。英、德舰艇实力为6:5，虽基本相等，但德舰按既定方针往东南方向边打边走，不想久战。为防备德潜艇，英第5舰队走"Z"形规避航线，迟迟未赶到战场。

德重型水面舰艇采用了新式全舰统一方位射击指挥系统，所有炮齐射时弹着点分布小、精度高。15时51分，德舰"吕措夫"号打了几次齐射，就将英"雄狮"号（司令贝蒂旗舰、超无畏级战列舰、排水量26270吨、航速27节、有8门343毫米大炮）副炮塔炸粉碎。"雄狮"的X、Y两炮塔相继被打哑（英舰前方两主炮塔命名为A、B，中部为P、Q，后部为X、Y）。16时，德舰"卢琴福"号的一发穿甲弹钻透"雄狮"Q炮塔爆炸，炮塔内的发射药被引燃，如果火延着"福尔科奈"号射出2枚鱼雷，击沉德战列舰"波近仑"号和"埃尔宾"号。受伤的德战列舰"吕措夫"号被德海军自沉。6月1日凌晨3时，德舰队突破了英舰队封锁线，

1914年，第一次大战爆发之际，伦敦、巴黎、维也纳等西方主要城市，社会一片恐慌，银行前挤满等着提取现金的人群。

向杰得河口和威廉港飞奔。杰利科率舰队衔尾穷追。

为防御英军海上袭击，德海军早就在赫尔戈兰湾一带布下无数颗水雷，只有舍尔等德海军高级将领才知道雷区间有一条很窄的秘密水路。舍尔找到神秘水道入口，令全体舰队通过雷区。英舰咆哮着接近雷区，但一艘也不敢贸然闯进死神的迷宫，杰利科无奈下令返航。整个海战，德军击沉英3艘第一流战列巡洋舰、3艘巡洋舰、8艘驱逐舰，自己损失2艘战列巡洋舰、4艘巡洋舰、4艘驱逐舰。英国损失虽大于德国，但仍掌握制海权，德军想要突破英军海上封锁的希望破产。此后，德国舰队一直被封锁在港内，再没有较大的海战发生。

在1916年的几次大战役中，同盟国各国都遭到严重挫败，总的军事形势变得对它们越来越不利，东西两条战线都基本固定下来，旷日持久的战争是德国最害怕的。协约国虽然没能击败同盟国，但它的军事力量日益增强，开始占优势地位，战略主动权已经转移到协约国手中。

这一年的战事中最突出的是潜艇战。1月，德国海军总司令部作出一个推算，5～7个月的潜艇战可以造成英国的海运中断，经济崩溃，从而迫使它投降。因此，德国宣布从2月1日起，在英吉利海峡、北海（荷兰、挪威沿海除外）、爱尔兰以西近海以及整个地中海实施无限制潜艇战。

早在1915年2月，德国就开始采用无限制潜艇战。当时宣布环绕不列颠群岛的水域为战区，在这里遇到的敌方商船应予消灭；还声称中立国船只因为常被冒充而且识别难免有误，所以也有可能受攻击。潜艇在进攻前是不发警告的，也不负责人员安全。此后，在袭击协约国船只的同时，也多次击沉中立国商船，甚至客轮。5月7日击沉从美国返回的英国邮船鲁西塔尼亚号，造成1198人死亡，其中包括100多名美国人。美国政府提出强烈抗议。8～9月，又发生两起类似事件后，德国被迫对潜艇行动作出限制。实际上德国放弃无限制潜艇战的主要原因，是对英法没有造成致命的后果。当时德国潜艇数量不多，1915年整年中，德国海军使得世界商船损失总计130多万吨。但是，仅英国商船总量就达2000万吨。

而到1917年，德国已拥有142艘潜艇，德方估计，如果这时

世界通史

最新整理图文珍藏版

实施无限制潜艇战，那么，第一，6个月将使英国求和；第二，这6个月内美国还不会成为严重的军事因素；第三，即使美国参战，潜艇将使美军不能到达欧洲。结果没有一条推测是正确的，尽管确实造成了严重的损失。2～4月，击沉各国船只数直线上升，共计319万吨，英国占119万吨。2～8月，德国潜艇掌握制海权。

1917年的战争进程与美国参战

收到德国的有关照会后，2月3日，美国宣布与德国断交。以一些美国船只受到攻击为理由，4月6日，美国对德宣战。这以前，美国一直宣布中立。因为美国与欧洲远隔重洋，在当时的技术条件下，不存在身不由己被卷进大战的危险。因而美国各阶层孤立主义与和平主义情绪占优势。当局

战前的欧洲

也想暂时保持中立，一方面避免过早地对胜负未卜的欧洲战局下注，一方面避免居民中不同民族的后裔对立冲突。况且同两边都做买卖，也大获其利。

1917年转而宣战，也有深刻原因。几年来，由于英国利用对全球电报网的控制来进行的得当的宣传以及德国人自毁形象的举动，比如击沉客轮，美国的公众情绪已经渐渐倾斜。更重要的是，协约国从1915年中期以后，对美债务有增无已，累计23亿美元。这时的贸易对象也以协约国为主。假如协约国战败，借款将很难收回，外贸也将受严重影响。同时，中立地位将降低，甚至失去对战后国际事务的发言权。因此，1917年的美国作出参战的决策。

美国的参战对战局产生相当大的影响。

首先是它影响了许多其他"中立"国家，在美国宣布参战后，中国、巴西、暹罗、利比里亚、印度、澳大利亚、加拿大、南非、古巴、巴拿马、汉志、危地马拉、尼加拉瓜、海地、洪都拉斯、哥斯达黎加等国也纷纷宣战，先后加入到协约国集团一方，这样就扩大了协约国阵营，使其达到27个国家，形成了对同盟国

最新整理图文珍藏版

的绝对优势。

其次是在军事上对协约国集团直接援助。在 1917 年 6 月，美国派出几十艘军舰协助英国海军，进一步控制了德国海军的活动。至大战结束前，共派出 85 艘驱逐舰参加反潜作战，并选出了 400 艘猎潜艇，美国海军参战是使德国无限制潜艇战失败的重要原因。参战时美国只有 30 万陆军，但在 1917 年 5 月实行了义务兵役制，迅速把军队人数增加到 300 万，并源源不断地把军队派往欧洲前线，共达 200 万人。

最后，在财政和军需供应方面，更是给协约国带来了好处，大量军用物资源源不断运往欧洲战场。美国不仅完全中止了对德、奥的军火供应，而且大幅度提高对协约国的贷款。美国全部战时支出，包括给协约国集团的贷款，共达 350 多亿美元。从物资上为协约国的最终胜利准备了条件。

协约国方面在上半年就着手组织对船队的护航。8 月份，大西洋全部采用护航体系。10 月也在地中海实施。同时采取其他反潜措施。这以后船只吨位损失开始减少，200 万美军也正分批渡过大西洋。春夏两季曾经很有威胁的潜艇攻击到年底明显缓和下来。

协约国 1917 年的计划是东线、西线和意大利战线一起发动"决定性的进攻"。而西线德军在 2～4 月有计划地后撤到大为缩短而又相当坚固的齐格菲防线，史称兴登堡防线。4～5 月，英法军发起自称是"结束战争的突破"。损失 20 万人以后，未达目的。7 月的第三次伊普尔战役以暴雨泥泞、德国首次使用的芥子气烈性毒气和飞机扫射地面士兵给欧战史留下残酷的一页。英军伤亡 20 多万人后略有推进。贝当则在 8 月和 10 月指挥法军组织了两次准备充分的有限攻势，损失不大而有成效。法军的自信开始复苏。意大利军 10 月在卡波莱多大败于德奥联军。英法军赶赴增援，战线得以稳定。

战争的结束

战争给交战各国带来了空前的灾难和破坏。仅在 1915 年至

一战结束后，战场留下的尸骨。

一战纪念碑 法国

1917 年的三年中，德军伤亡和失踪的数目就达 300 万以上，法军损失 270 万，英军损失 170 万。战争所造成的破坏更难以估计。前线的战士和后方的居民在心理上受到了极大的震动，战争开始时的那种盲目热情和短期战争的幻觉消失了，人们开始普遍怀疑战争的神圣性，从 1916 年起各交战国出现了不同形式和不同程度的政治危机。

到 1917 年各交战国都已精疲力竭，经济极端困难，工人罢工，农民夺地，民族起义连续不断，特别在中欧集团各国和落后专制的俄国形势更为严峻。1917 年俄国爆发了"二月革命"和"十月革命"，十月革命的第二天，1917 年 11 月 8 日俄国即向所有交战国提出休战建议，并宣布俄国退出战争。列宁提出的变帝国主义战争为国内战争的口号和俄国革命在各国产生了强烈反响，各国普遍爆发了大规模的工人罢工，德国已处于革命前夕，奥匈帝国即将土崩瓦解。

德国停战代表团成员

面对严峻的经济和政治形势，各国统治者决心加速结束战争。

1918 年初德军统帅部认为俄国退出战争形势于自己有利，决定在美军到达欧洲大陆之前在西线发起进攻，取得决定性胜利。为此集中了 190 多个师的兵力，从 3 月到 7 月连续发起四次攻势，到 7 月中，共损失了约 70 万人，德军的进攻力量枯竭了。

从 7 月中旬起西线方面的优势都在协约国方面。美国参战大大增加了协约国方面的力量，自

1917 年 6 月起美军陆续开到法国，到 12 月底已达 18 万，1918 年 3 月已超过 30 万，从 4 月底开始每月到达 30 万，8 月底已达到 100 万。协约国方面还进一步协调了军事行动，1917 年 11 月 7 日建立最高军事委员会，1918 年 3 月 20 日任命法国元帅福煦（1851～1929）为最高统帅。从此协约国军队在福煦统一协调和指挥下向德军发起连续进攻。

7 月 18 日至 8 月 4 日协约国军发起第一次大规模反攻，向前推进 40 公里，占领了苏瓦松，进攻到马恩河一线。8 月 8 日至 13 日再次在亚眠一带发起进攻，第一天联军使用了 450 辆坦克，席卷德军前沿各师，德军大批投降，后来鲁登道夫称 8 月 8 日是"德军最黑暗的日子"。德军战斗力和士气急剧下降。至 13 日联军进攻时，已在 75 公里宽的正面推进了 10～18 公里，消除了德军对亚眠一带的威胁。随后联军不停地进攻，至 9 月底已突破德军最牢固的防线，总计德军被俘已达 25 万，德军败局已定。

签署一战《停战条约》的车厢

世界停止战争这一天，乔治五世说："噩梦结束了。"

正在西线德军节节败退之际，东线同盟各国已纷纷投降。保加利亚于 9 月 29 日投降，次日签订停战条款，退出战争。土耳其于 10 月 30 日投降。奥匈帝国已土崩瓦解，各非德意志民族纷纷起义，宣布独立。奥地利于 11 月 3 日被迫签订停战协定，无条件投降。

协约国军队继续向前推进，至 11 月 11 日签订停战协定时，德军已被赶出比利时西部，法国只有极少数领土仍在德国人手里，协约国军队准备立即向洛林发起进攻。

军事失利加速了德意志帝国的政治危机和崩溃，10月3日组成了以马克斯·巴登亲王为首的新内阁，从10月3日起德国政府多次提出停战谈判。10月8日凌晨，以中央党领袖埃尔兹贝格为首的德国全权代表到达协约国总司令部所在地贡比涅森林。协约国总司令福煦将军极为苛刻地对德国提出了停战条件，要求：德军在15天内自所有占领的土地上撤退；德国交出5000门大炮，30000挺机关枪、全部海军和空军、5000台火车头，150000辆车厢，5000辆汽车；对德国继续封锁；莱茵河左岸的工厂、铁路完整地交给协约国；在全德实施军事管制，等等。1918年11月11日晨5时，停战协定签字。协定规定，6小时后停止陆上和空中的军事行动。当天11时，101响礼炮轰然发出一声声巨响，历时4年多的第一次世界大战于此结束了。德国最终以战败国的身份退出了第一次世界大战。

第一次世界大战经历了4年多的时间，给世界带来巨大的损失，给人民带来深重的灾难。在这场空前规模的大厮杀中，交战各国动员了7000万兵力，其中死亡约1000万人，受伤2000多万人。直接战争费用超过2000亿美元，间接费用1500亿美元。在各战区还造成难以估算的破坏。

大战改变了世界的政治格局，动摇了帝国主义的统治。俄罗斯帝国、奥匈帝国、德意志帝国、奥斯曼帝国在大战后期和大战结束后相继崩溃。大战的根源是帝国主义的争夺，可是大战不仅没有解决帝国主义之间的矛盾，反而促进矛盾更加错综复杂。战后各大国实力对比发生变化。欧洲列强中战败国元气大损，战胜国也伤痕累累。美国、日本却迅速崛起。这些对以后的世界产生了深刻的影响。大战还导致了人民革命和民族解放运动的高涨。1917年俄国无产阶级取得十月社会主义革命的胜利，建起历史上第一个社会主义国家。一年后，德奥爆发资产阶级革命。1919年匈牙利工人阶级一度建立苏维埃共和国。波兰、捷克斯洛伐克、南斯拉夫和匈牙利随着战争的结束而赢得独立，走上民族新生的道路。战后，亚洲、非洲、拉丁美洲各国人民掀起反帝反封建斗争的新高潮，充满信心地迎接民族解放的曙光。

世界战争史上首次使用毒气

1915年4月，第一次世界大战进入了第二年，德军与法军的战线呈现出僵持的局面。4月22日，在比利时境内的伊普雷前线，坚守阵地的法军发现在一阵炮击后有一股黄绿色的烟云慢慢向他们飘来。等到飘到面前时，他们开始感到窒息，痛苦得喘不过气来，眼睛和喉咙烧灼般疼痛。原来他们遇到了德国刚发明的一种新武器——毒气。德国兵凭借风势，用圆筒施放了160多吨有毒的氯气。然而用圆筒施放毒气有时也会出问题，若是风向临时改变，毒气反而会被吹回自己的阵地上来。为此德国人又研制出了毒气炮弹。这种炮弹的弹药装得很少，主要装液体毒剂，在爆炸时液体毒剂会转变为气体。除氯气外，德国还研制出芥子气，这是一种油状腐蚀剂，粘在人身上会使人的皮肤起泡，引起溃烂。为了防备毒气，人们发明了防毒面具。早期的防毒面具用多层纱布制成，作用不大，后来改用橡皮防毒面具，效果明显改善。为对付防毒面具，德国还在毒气炮弹中用了一种能透过防毒面具的化学药品，使戴防毒面具的人感到憋闷难受，迫使他们扯掉面具。不久，英国和法国也对德国使用毒气。

在一战期间，双方使用毒气造成的伤亡人数超过100万人，其中不少人因被毒气烟熏而暂时或永久失明。这次毒气之战，是世界战争史上第一次。

第一艘航空母舰诞生

1917年3月，英国海军将"暴怒"号巡洋舰改装为世界上第一艘搭载常规起降飞机的航空母舰，航母从此诞生。航母的出现导致了海战场从水面、水下扩展到了空中，夺取海上制空权成为

1917年改造守成的英国海军"暴怒"号巡洋舰

世界通史

最新整理图文珍藏版

1990

夺取制海权的关键，"大炮巨舰"时代的海战方式被彻底变革。

在第二次世界大战中，航母一举取代战列舰成为海上霸主，显示出强大的作战威力。二战后，航母在技术上有了长足进步。1950年，英国研制成功弹射能力强、加速性能好的蒸汽弹射器。1952年，英国海军提出斜角甲板方案，可同时起降喷气式舰载机。1961年，美国建成第一艘核动力航空母舰"企业"号。

为了适应未来战争的要求，美国正在研制新一级大型核动力航母，其他国家则着重发展中小型航空母舰，有些国家还在研究小水线面双体船、气垫船等形式的航空母舰。

俄国1917年二月革命

1917年二月革命推翻了统治俄国达三百零四年之久的罗曼诺夫王朝，彻底埋葬了沙皇俄国的专制制度，同时为俄国向社会主义过渡创造了条件。

在革命过程中，彼得格勒工人和士兵建立了革命政权——工兵代表苏维埃。2月27日，布尔什维克党中央发表《告全体俄国公民书》，号召推翻沙皇专制制度，没收地主土地，实行八小时工作制，建立民主共和国，并立即退出战争。当晚，起义士兵由26日的600人增加到66700人，有力地加快了革命的进程。晚9时彼得格勒苏维埃第一次会议在塔夫利达宫开幕。会议由国家杜马孟什维克党团代表齐赫泽主持。会上选出孟什维克的齐赫泽、斯柯别列夫，社会革命党人克伦斯基为主席团成员，布尔什维克的施略普尼柯夫、扎鲁茨基等11人为执行委员会委员。28日，苏维埃发布公告，宣布彼得格勒苏维埃由各工厂、起义部队、各民主的和社会主义的政党推选的代表所组成。苏维埃的主要任务是"组织人民力量，为在俄国彻底巩固政治自由和实行由人民管理而斗争。苏维埃将指派区委员建立彼得格勒各区人民政权。"

同日，各连队的士兵代表在布尔什维克的支持下，来到塔夫利达宫参加会议。工人代表苏维埃扩大为工兵代表苏维埃。3月1日，工兵代表苏维埃向彼得格勒卫戍部队发布著名的第1号命令：要求在部队中通过选举建立士兵委员会和水兵委员会，并由该委员会领导各部队的政治活动；各部队的所有武器弹药交由士兵委员会或水兵委员会管理，废除旧军衔等一切旧部队中的制度。这样，军队开始掌握在苏维埃手中。

彼得格勒苏维埃成立后，在短短的几天之内，还采取了一系列措施推动革命的发展。例如成立军事委员会和粮食委员会；建立工人民警队，即工人赤卫队的前身，负责维持首都的革命秩序；指派10名区委员建立区苏维埃政权；监督国家银行和造币厂，控制金融支配权；查封反动报纸，出版苏维埃机关报——《彼得格勒工人代表苏维埃消息报》等。苏维埃实际上开始使政权机关的职能。

彼得格勒苏维埃政权建立后，对全俄产生了深刻而广泛的影响。据统计，到1917年3月，在394个城镇中成立了242个工人代表苏维埃，116个士兵代表苏维埃；在90个城市中建立了统一的工兵代表苏维埃。

当时俄国除了苏维埃政权外，还有另一个政权，即资产阶级临时政府。

2月28日，彼得格勒武装起义以迅雷不及掩耳之势取得胜利，完全出于资产阶级的意外。这迫使资产阶级放弃同专制制度勾结的打算，开始窃取革命的胜利果实。革命胜利的前夜，2月27日，资产阶级在杜马解散后成立了国家杜马临时委员会，由原国家杜马主席保皇派首领罗将柯任主席。28日，国家杜马临时委员会发表告俄国人民书，声称将由它来恢复国家政权，建立新的社会秩序，即由它来建立新的政府。

二月革命胜利后，苏维埃掌握了实际力量，特别是军事力量。如果得不到彼得格勒苏维埃的批准，国家杜马临时委员会就没有能力组织新政府。3月1日晚，彼得格勒苏维埃执委会的孟什维克和社会革命党人组成代表团，背着布尔什维克，开始同国家杜马临时委员会举行谈判。他们在谈判中执行机会主义路线，认为政权归资产阶级，这是资产阶级民主革命的必然结果。他们否认苏维埃能成为新的革命权力机关，认为只有资产阶级才有能力领导沙皇制度留下来的国家机构。

3月2日，彼得格勒苏维埃举行全体会议讨论建立新政权问题。布尔什维克代表建议成立工人阶级和革命军队的临时革命政府，不允许资产阶级参加，但是，在孟什维克和社会革命党人的操纵下，布尔什维克的建议被否决，

世界通史

最新整理图文珍藏版

1992

通过了支持临时政府的决议，二月革命的胜利成果拱手交给资产阶级。

同日，资产阶级临时政府成立。大地主、全俄地方自治局联合会主席李沃夫任政府主席兼内政部长，立宪民主党首领米留可夫任外交部长。十月党首领古契柯夫任陆海军部长。莫斯科纺织厂主科诺瓦洛夫任工商部长。糖业大王捷列申柯任财政部长。克伦斯基以社会革命党人的身份出任司法部长。

这样，既有工兵代表苏维埃政权，又有资产阶级临政府政权，形成了两个政权并存的局面。出现这一历史上罕见的现象的重要原因，是"由于无产阶级的觉悟不高和组织不够"。李沃夫后来曾这样分析俄国当时的政治形势："临时政府有权无力，而工兵代表苏维埃却有力无权"。

二月革命胜利后，布尔什维克党组织恢复了公开活动。3月5日，党中央机关报《真理报》复刊。3月6日，列宁用法文拍往斯德哥尔摩的一封电报中指出："我们的策略是：完全不信任新政府，不给新政府任何支持，特别要怀疑克伦斯基，把无产阶级武装起来（这是唯一的保证）……"这

是列宁对临时政府成立的第一个反映。自3月7日起，侨居国外的列宁以给《真理报》写信的方式，揭露临时政府的反动实质，分析俄国革命的动力、特点和前途。列宁确指出：二月革命只是变帝国主义战争为国内战争的第一阶段，目前正处在从革命的第一阶段过渡到第二阶段。4月3日，列宁从瑞士回到彼得格勒，在车站受到工人和陆海军士兵的热烈欢迎。列宁在装甲车上发表演讲，高呼"社会主义革命万岁！"

4月4日晨，列宁出席了在塔夫利达宫举行的布尔什维克党代表会议，作了关于战争与和平的报告。后来在布尔什维克与孟什维克的联席会议上又重述了一次。4月7日，《真理报》发表报告的提纲，题为《论无产阶级在这次革命中的任务》，即具有重大历史意义的《四月提纲》。

《四月提纲》分析了俄国当时的形势，回答了革命面临的迫切问题，提出了从资产阶级民主革命向社会主义革命转变的路线。

提纲明确指出：目前俄国的特点是从革命的第一阶段过渡到革命的第二阶段，第二阶段应当使政权转到无产阶级和贫苦农民阶层手中。《四月提纲》还确定了

1917年4月，列宁在一个群众集会上发表演说。

党的策略方针，即不给临时政府任何支持，并彻底揭穿其种种诺言的欺骗性，争取全部政权归工人代表苏维埃。列宁强调，必须对群众进行耐心的、经常的、坚持不懈的说服教育工作，使他们摆脱小资产阶级政党的影响，不为临时政府所欺骗。《四月提纲》为俄国革命的发展指明了方向。彼得格勒、莫斯科和许多地方的党组织相继召开代表会议，通过了拥护《四月提纲》的决议。1917年4月24日至29日，举行了布尔什维克党的第七次全国代表会议（四月代表会议）。出席会议的代表共有151名（123名有表决权，18人有发言权），代表78个党组织的8万名党员。列宁当选大会主席，并在会上作报告，阐述了他在《四月提纲》中提出的、由资产阶级民主革命转变为社会主义革命的路线和策略，批判了加米涅夫、李可夫等人关于俄国的资产阶级民主革命尚未完成，实现社会主义革命的条件尚未成熟等错误观点。在这次大会上，列宁、季诺维也夫、加米涅夫、米柳亭、诺根、斯维尔德洛夫，斯米尔加、斯大林、费多罗夫当选为中央委员。会议通过了列宁起草的关于战争问题，对临时政府的态度问题、土地问题等决议，确定了党的社会主义革命的路线和措施。

在列宁的《四月提纲》的基础上，布尔什维克党实现了思想上和政治上的统一，为社会主义革命做好了思想上的准备。

俄国 1917 年七月事变

临时政府成立后，战争与和平问题成为临时政府迫切需要解决的问题。彼得格勒、莫斯科等城市多次举行争取和平的示威游行，要求立即停止战争。4月18日（5月1日），俄国人民第一次公开庆祝五一国际劳动节。彼得格勒工人清晨便举行反对帝国主义战争的示威游行，但在同日，临时政府外交部长米留柯夫却向协约国发出照会，表示要"把世界大战进行到彻底胜利"，遵守沙皇政府签订的各种条约。

照会在 4 月 20 日公布后，立即引起工人和士兵的愤慨。彼得格勒的士兵和工人自发地组织起来。20～21 日，10 万名示威者高呼"打倒战争！""打倒米留柯夫！""公布秘密条约！""全部政权归苏维埃！""打倒侵略政策！"等口号。彼得格勒军区司令科尔尼洛夫企图用枪炮镇压示威群众。士兵拒绝向示威群众开火，他们声明，没有工兵代表苏维埃的同意，任何人的命令都不能生效。彼得格勒的示威游行很快扩展到莫斯科、下诺夫哥罗德、明斯克、哈尔科夫等地。

四月示威游行是反对临时政府的政治性示威游行，是临时政府危机的开端。临时政府为了摆脱危机，解除了民愤最大的外交部长米留柯夫和陆海军部长古契柯夫的职务，并提出吸收苏维埃代表参加政府的建议，以维持它摇摇欲坠的统治。这时，苏维埃有可能根据群众的要求，把全部政权夺到自己手里。但孟什维克和社会革命党的首领不但没有利用这个机会，反而以参加临时政府的行动，帮助临时政府渡过了这次危机。

5 月 5 日，新的临时联合政府成立。原临时政府主席李沃夫任总理。在这个政府里有 10 名代表资产阶级的部长和 6 名代表小资产阶级政党的部长。克伦斯基任陆海军部长；社会革命党首领切尔诺夫任农业部长；孟什维克策列铁里任邮电部部长；原财政部长捷列申柯改任外交部长。彼得格勒苏维埃的领导人违反了他们以前所作的不能加入资产阶级政府的决定，他们还认为，临时联合政府的成立是革命民主制度的胜利，是资产阶级的重大让步。实际的情况正好相反。

临时联合政府执行的仍然是反人民的政策，对内，竭力把农民运动引上"合法斗争"的轨道，欺骗农民，要农民等待立宪会议召开后再分得土地，而不要去"强占"地主的土地。在工业方面，政府帮助大资产阶级成立了"保护工业委员会"、"私营铁路委员会"、"联合工业同盟"等组织，要求冻结工资，拒绝任何形式的监督。这些政策使垄断资产阶级的势力了有较大的发展，1917 年上半年，俄国便新成立了 206 家股份公司。对外，临时联合政府加强对协约国帝国主义的依赖，以换取它们的政治、经济方面的支持。1917 年 5 月，美国国务卿鲁特率领军政代表团访问俄国。临时联合政府以继续作战作为交换条件，得到美国 3.25 亿美元的贷款，用来购买美国的武器、弹药和其他军用物资。临时联合政府还表示，它同英法帝国主义的利益是一致的。5 月 31 日向英法发出的照会宣布，它仍将坚定不移地忠于盟国的共同事业。

临时联合政府的内外政策充分暴露了它的资产阶级帝国主义性质，引起广大人民的极大愤慨，加速了无产阶级革命斗争的发展。列宁及其他布尔什维了。

在革命的关键时刻，1917 年 4 月 16 日，列宁从国外回到了彼得格勒。第二天，他在布尔什维克党的领导工作人员会议上作了《论无产阶级在这次革命中的任务》的报告，这就是著名的《四月提纲》。《四月提纲》回答了俄国革命面临的一系列重大问题，制定了从资产阶级民主革命向社会主义革命转变的路线方针和具体计划，为十月革命作了理论准备。同年 6 月，布尔什维克党中央成立了全俄军事局，组织领导全国武装力量，同时在各地积极建立和发展工人赤卫队。

革命的洪流猛烈地冲击了临时政府的统治，7 月中旬。它纠集了一批反动武装力量镇压人民革命运动，强行解散工人武装，封闭布尔什维克党报《真理报》，并下令逮捕列宁。列宁被迫暂时转移到芬兰，布尔什维克党也转入地下状态。列宁被迫暂时转移到芬兰，布尔什维克党也转入地下状态。尽管如此，布尔什维克党的威信不但没有削弱，反而与日俱增，党员人数从二月革命时的 4 万人增至 24 万。8 月上旬，布尔什维克党在彼得格勒秘密召开了第六次代表大会，确立了武装起义的方针，提出了实现社会主义革命的目标，为俄国革命指明了方向。9 月到 10 月间，俄国各地出现了声势浩大的罢工浪潮，俄国的欧洲部分百分之九十以上的县，都发生了农民运动。军队中，士兵赶走军官，成立了布尔什维克领导的军队委员会。波罗的海舰队的水兵，西方、北方战线的士兵以及大部分卫戍部队都站到了布尔什维克一边。俄国境内各少数民族也掀起了民族解放运动的高潮。各种力量汇集在布尔什维克的旗帜下，形成了一支推翻资产阶级统治的伟大的革命生力军。10 月 20 日，列宁秘密地从芬兰回到了彼得格勒，23 日，他亲自主持召开了党中央全会，通过了关于武装起义的决议。25 日，彼得格勒苏维埃执行委员会根据党中央的决定，成立了准备和领导起义的公开机关——军事委员会。29 日，党中央又召开扩大会议，选出了由斯大林、斯维尔德洛夫、捷尔任斯基等人组成的领导起义的党总部，加紧进行起义的准备工作。

十月革命前夕，"阿芙乐尔"号巡洋舰共有 578 名水兵，其中有 42 人是布尔什维克。10 月下旬，革命水兵作出决定，不执行临时政府把"阿芙乐尔"号调出彼得格勒的命令，坚决支持工人赤卫队的武装革命斗争。不久，军事革命委员会命令各武装部队进入战斗准备，并把波罗的海舰队的水兵调来增援。它又命令"阿芙乐尔"号离开涅瓦河畔的法俄造船厂，开近冬宫，船长以水浅为借口加以拒绝。于是，水兵们测量了河航道，逮捕了船长，把巡洋舰开到指定的地点。在起义的前十天，斯维尔德洛夫会见了该舰委员会主席别雷舍夫等人，代表军事革命委员会任命别雷舍夫为"阿芙乐尔"号巡洋舰的政委，并热情地鼓励他们说，党中央和列宁对"阿芙乐尔"号抱有很大希望。

正当起义加紧准备的时候，布尔什维克党内的机会主义分子季诺维也夫、加米涅夫在孟什维克的《新生活》报上公开发表反党声明，反对关于武装起义的决定，这实际上是把党关于起义的决定泄露给敌人。他们的叛卖行径，使临时政府立即行动起来，急速调动五万名士兵加强了对政府机关、车站、军火仓库的警戒；同时，派士官生占领了通往开市中心的各座桥梁，并企图占领党中央的所在地——斯莫尔尼宫。敌人的戒备的加强，使形势骤然紧张起来，布尔什维克党中央根据列宁的指示，立即作出了提前举行武装起义的决策。11 月 6 日，军事革命委员会给"阿芙乐尔"号巡洋舰政委别雷舍夫发去急电："委托您用您所指挥的一切力量恢复尼古拉耶夫大桥的交通"。接到急电后，别雷舍夫立即命令军舰开到尼古拉耶夫大桥，打退了士官生，守住了城市要冲。军事革命委员会通过"阿芙乐尔"号巡洋舰上的无线电台，要求彼得格勒外围的各革命组织进入战斗准备，阻止支援临时政府的反动军队开进首都。

最新整理图文珍藏版

1917年11月6日深夜，列宁越过敌人的封锁线，来到斯莫尔尼宫，直接领导了震撼世界的彼得格勒武装起义。整个晚上到次日凌晨，起义者迅速地占领了主要桥梁、火车站、邮政局、电话局、国家银行、政府机关等战略要地、临时政府的头子克伦斯基钻进美国大使馆的汽车仓皇逃跑。11月7日上午10时，发表了列宁起草的《告俄国公民书》，宣告临时政府已被推翻。政权已经转归苏维埃。"阿芙乐尔"号的电台立即抄收，并播发了这份历史性的文献，从而成了第一个为无产阶级革命服务的电台。

临时政府并没有甘心自己的灭亡，他们拼凑了二千多名军官和士官生，龟缩在冬宫里，负隅顽抗。11月7日下午五时，两万多名赤卫队员、士兵、水兵包围了冬宫，军事革命委员会向盘踞在冬宫的临时政府发出了最后通牒，勒令它于六时二十分前无条件投降，但遭到拒绝。于是，一场彻底的围歼战开始了。

1917年11月7日晚九时四十五分，"阿芙乐尔"号巡洋舰上的一座炮塔旁，别雷舍夫高喊，"开炮！"轰隆一响，一门六英寸口径的大炮打了一发空弹，这是向冬宫发起总攻的信号。霎时间，赤卫队员和革命士兵潮涌般地冲进冬宫，在这座拥有一千零五个房间，一百十七级云石阶梯的三层建筑物中展开激战。到次日凌晨二时许，冬宫的尖顶上升起了红旗，十六名临时政府部长向赤卫队交出了证件。象征着地主资产阶级反动统治的堡垒终于被摧毁了。十月社会主义革命取得了伟大的胜利，"阿芙乐尔"号巡洋舰的炮声报道了人类历史新纪元的开始。

由于"阿芙乐尔"号巡洋舰的历史性的功绩，苏联政府授予它红旗勋章和十月革命勋章。1948年11月17日，苏联海军和列宁格勒执行委员会作出决定，把"阿芙乐尔"号巡洋舰移交给纳西莫夫海军学校，并在涅瓦河中建立了永久停泊处。几十年过去了，"阿芙乐尔"号的雄姿仍然屹立在涅瓦河畔，它作为参加十月革命的英雄，长期以来受到苏联人民的敬慕。

彼得格勒武装起义

七月事件后，布尔什维克党有秩序地转入地下。为了防备临时政府的搜捕，列宁和季诺维也夫秘密转移到彼得格勒郊外的拉兹里夫。8月下旬，列宁迁到芬兰居住。在外地隐匿期间，列宁写了《国家与革命》一书，阐明用暴力打碎旧的国家机器、建立无产阶级专政的必要性。同时，列宁一直同彼得格勒保持着密切联系，指导着党的工作。

8月8～16日，布尔什维克党在彼得格勒召开第六次代表大会。出席大会的代表共171人，代表着162个地方组织和24万党员。会上，斯维尔德洛夫（1885～1919）作了组织工作总结报告，斯大林作了政治工作总结报告。大会讨论了七月事件后的形势，制定了武装起义的方针。由于苏维埃已被小资产阶级政党所败坏，无法通过苏维埃夺取政权，因此大会决定暂时收回"全部政权归苏维埃"的口号，用"政权转归无产阶级和贫苦农民"的口号代替。代表大会选出了由列宁、布哈林（1888～1938）、捷尔任斯基（1873～1926）、季诺维也夫、加米涅夫、李可夫（1881～1938）、斯维尔德洛夫、斯大林、托洛茨基等21人组成的中央委员会。

七月事件后，李沃夫宣布辞职。8月6日，第二届联合政府成立。克伦斯基任总理兼陆海军部长。新政府成立后，资产阶级积极活动，公开叫嚣建立反革命军事专政。米留可夫在人民自由党中央会议上呼吁进行一次"外科手术"，以便永远消除布尔什维主义危险。克伦斯基政府则宣称要"实现国家政权同国内各派组织力量的团结一致"。8月25～28日，政府在莫斯科召开了国务会议。军队的将军、资产阶级政党领袖、前国家杜马议员、社会革命党人和孟什维克都出席了会议。布尔什维克拒绝参加，认为莫斯科国务会议是为反革命阴谋制造舆论的大会，并在会议开幕的当天组织莫斯科40万工人举行抗议罢工。

在国务会议上，俄军最高总司令科尔尼洛夫（1870～1918）公然要求给军官以全权来恢复军队的纪律，企图通过整肃部队建立军事专政。会后，科尔尼洛夫回到设在莫吉廖夫的大本营，加紧反革命叛乱的准备。9月3日，俄国军队放弃里加，德军威逼彼得格勒。9月7日，科尔尼洛夫以"拯救祖国"为名，命令克雷得格勒军区的活动和首都城防工作，实际是准备武装起义的公开指挥部。它的主席最初是左派社会革命党人拉兹米尔，后来是布尔什维克波德沃伊斯基。苏维埃主席托洛茨基在其中起了重要领导作用。在彼得格勒市内，反革命保皇团体准备导演一场"布尔什维克叛乱"，作为用武力镇压工人和革命士兵的借口。

为了粉碎科尔尼洛夫叛乱，布尔什维克党立即动员和组织群众同反革命进行坚决斗争。仅在三天之内就动员了25000余工人参加赤卫队。许多工厂昼夜不停地制造枪炮和弹药。由革命组织所掌握的军队也作了战斗准备。铁路工人拆毁铁轨、破坏桥梁，阻止科尔尼洛夫的军队进攻首都。同时，布尔什维克党还派出数百名宣传员深入到科尔尼洛夫军队中去，在他们的宣传鼓动下，士兵迅速提高了觉悟，许多士兵开始转到工人方面来了。

科尔尼洛夫发动的叛乱被布尔什维克党组织起来的工人和士兵粉碎了。科尔尼洛夫发动的反革命叛乱，本来事先是得到克伦斯基同意的，但是当群众积极行动起来反击科尔尼洛夫时，克伦斯基害怕群众会把临时政府连同科尔尼洛夫叛军一起扫掉，于是他诡称也反对科尔尼洛夫，下令逮捕科尔尼洛夫、邓尼金等人，

"监禁"在一个由中学改成的"监狱"里，实际上是保护起来。列宁曾指出：克伦斯基"是一个偶然同科尔尼洛夫绝交，而现在还继续同别的科尔尼洛夫分子结成极亲密的联盟的科尔尼洛夫分子。"

科尔尼洛夫叛乱的失败，标志俄国革命发展新的转折，它表明革命力量和反革命力量的对比发生了巨大的变化，布尔什维克党的威信已经空前提高，工人阶级和广大群众的革命力量已有巨大的增长，群众的革命觉悟已有进一步提高。苏维埃布尔什维克化的时期开始了。8月31日，彼得格勒苏维埃通过了布尔什维克的使政权转归苏维埃的决议。9月5日，莫斯科也通过了布尔什维克的决议。接着几乎在全国所有大工业中心和工厂的苏维埃都相继转到布尔什维克党的手里。全国有250多个苏维埃表示拥护布尔什维克党的"全部政权归苏维埃！"的口号。这样，布尔什维克党又把"全部政权归苏维埃！"的口号提了出来，但这已不再是革命和平发展的旧口号，而是意味着举行武装起义推翻临时政府，建立无产阶级专政。

到1917年秋天，革命危机笼

罩着全国，国民经济几乎完全崩溃，这既是战争的直接后果，又是资产阶级人为破坏的结果。为了对付革命的工人，在8至9月间，彼得格勒工厂主关闭了230所工厂，乌拉尔工业区关闭了全部企业的50%左右，全国各地资本家大部分宣布停工。资本家靠军事订货大发横财，而劳动人民却忍饥挨饿。到8月底，彼得格勒和莫斯科面包定量减少到1/2磅，而且不是每天都能买到。工人的实际工资比1913年降低了一半以上。战争和破坏的全部重担都落到广大工人和其他劳动人民身上。

广大劳动人民被迫不能按着旧的生活方式生活下去了，人民群众采取了各种尖锐的斗争形式。工人们在和企业主同盟歇业的斗争过程中，开始占领企业，废除旧的管理机关，有的甚至逮捕企业经理，自己管理生产或者监督生产，工人运动已经发展到面临夺取政权的程度了。农民运动也有了进一步发展。许多地区发生了农民驱逐地主，把土地、牲畜和农具夺过来加以分配，农民运动已发展到大有转变为起义之势。军队中也出现了新的斗争形式，士兵们愈来愈认识到战争是为了剥削阶级利益而进行的，因此不断发生整个兵团拒绝执行作战命令的事情，大部分士兵转到布尔什维克方面来了。广大士兵的向背，对革命的成败具有决定性的意义，临时政府失去了军队的支柱，就注定了不可避免的崩溃的命运。国内各被压迫民族地区的民族解放运动也有了新的发展，由于布尔什维克党积极工作的结果，民族解放斗争日益同全国工农革命运动结成统一战线，汇成了一个革命洪流。

工农运动和民族解放运动的高涨也影响到妥协党派，它们的分崩离析加剧了。孟什维克分裂成若干集团，其中的"国际主义者"，愈来愈倾向于布尔什维克。社会革命党分化出左翼，即"左派社会革命党人"。

在革命时机日益成熟的条件下，资产阶级临时政府又玩弄了另一个阴谋。为了保持其摇摇欲坠的政权，在妥协政党的支持下，9月1日，临时政府宣布俄国为共和国。同时，被妥协派政党所把持的苏维埃中央执行委员会，又宣布召开"全俄民主会议"。9月12日至22日，"全俄民主会议"在彼得格勒召开，并产生了"预备国会"，妄图把俄国从苏维埃共

最新整理图文珍藏版

和国引上资产阶级议会制共和国的道路。列宁揭露说："预备议会的唯一使命是欺骗群众，愚弄工人和农民，引诱他们离开新的日益增长的革命，给旧的、人们早已领教过的破烂不堪的'联合'资产阶级的政策披上新外衣……来蒙蔽被压迫阶级。"布尔什维克党如果参加这样的"预备国会"，就会涣散群众斗志，并造成对临时政府的幻想，因此，布尔什维克党决定抵制"预备国会"。在布尔什维克党的抵制之下，"预备国会"破产了。同时，布尔什维克党展开了争取召开苏维埃第二次代表大会的斗争。在布尔什维克党所掌握的各苏维埃的压力下，全俄中央执行委员会被迫决定在10月20日召开苏维埃第二次代表大会。

"民主会议"破产以后，妥协党派又采取建立"联合政府"的老办法，于9月25日组成以克伦斯基为总理的第三届"联合政府"。与此同时，把认为还忠于"政府"的军队从前线调到彼得格勒和其他大工业城市，把具有革命情绪的军队调离首都，并准备同德国单独媾和，把彼得格勒奉送给德国，迁都莫斯科。

国际形势也发生了变化。西欧各国革命运动日益高涨，德国全国各地都在酝酿革命，在秋天，威廉港海军要塞有四艘战舰举行了武装起义。奥匈帝国不断爆发罢工和饥饿骚动。英、法和意大利工人不断举行罢工，抗议帝国主义战争，并发动反饥饿运动。

列宁根据国内和国际形势的分析，于1917年9月得出结论说："革命危机成熟了"。

11月2日，军事革命委员会向卫戍部队派出政治委员。4日，卫戍部队代表会议决定，各项命令必须有政治委员的签字，否则一律无效。这就使驻扎在首都的15万士兵完全处在苏维埃指挥之下。4日，彼得格勒两万多名工人赤卫队员建立中央司令部，直接受苏维埃军事革命委员会领导。中央司令部主席是布尔什维克尤列涅夫。11月5日，拥有八万多名水兵的波罗的海舰队发表声明说："准备在彼得格勒苏维埃的第一声召唤下，就手执武器支持革命"。所有的革命力量都有条不紊地进入战斗准备状态。

临时政府企图阻止起义的爆发。11月6日清晨，派遣士官生和警察封闭了布尔什维克党机关报《工人之路报》的印刷厂。军事革命委员会根据党中央的决定，派革命士兵夺回了印刷厂。中午《工人之路报》出版，号召人民起来实现全部政权归苏维埃。起义开始了。革命军事委员会通过"阿芙乐尔"巡洋舰的电台发出电报，号召彼得格勒以外的所有革命组织进入战斗，采取一切有效办法不让临时政府调军用列车到彼得格勒来。这样，临时政府没有能得到它所期待的来自前线的军队的支援。临时政府本来指望得到首都的哥萨克部队的支援，但哥萨克部队拒绝执行任务，守卫在冬宫的自行车队伍也拒绝执行任务，彼得罗巴甫洛夫斯克要塞的防军也转到革命方面来了。临时政府已陷入四外无援的瘫痪状态。

11月6日，赤卫队和革命士兵夺取了涅瓦河上桥梁，从而加强了市中心和工人区的联系。同时占领了中央电报局、彼得格勒电讯社。当日夜间，列宁来到斯莫尔尼宫亲自领导起义工作。经过一夜的激烈战斗，又先后占领了火车站、发电厂、邮政总局。11月7日（俄历10月25日）清晨占领了国家银行和电话局。至此整个彼得格勒实际上已处在革命军事委员会控制之下，只有冬宫、参谋本部、玛丽亚宫和市中心的几个据点还暂时在临时政府手中。上午十时，革命军事委员会发表列宁起草的《告俄国公民书》，宣告资产阶级临时政府已被推翻，全部政权转归苏维埃。中午攻占了玛丽亚宫，龟缩在冬宫的临时政府成员仍拒不投降，妄图负隅顽抗。是日晚，根据列宁的命令，阿芙乐尔巡洋舰发出了向冬宫进军的炮声，经过激烈的争夺战，深夜攻克了冬宫。临时政府的头子克伦斯基见大势已去，事先借口"亲自去迎接开来的部队"，乘着美国大使馆供给的汽车逃往北方战线司令部去了，其余成员全部被捕。彼得格勒武装起义以占领冬宫和逮捕临时政府部长们而胜利结束。1917年11月7日（俄历10月25日）这一天，成为伟大的十月社会主义革命的胜利日载入苏联和人类历史的史册。

十月革命

革命概况

十月革命以前，俄国已有强大的革命力量。1913年，仅工厂、矿山和官办企业的工人就有310万人。各种类型的无产者人数约

最新整理图文珍藏版

有 2000 万。无产阶级处于社会最底层，是最革命的阶级，是俄国革命的领导力量。占全国人口大多数的农民群众是无产阶级可靠的同盟军。俄国有坚强的无产阶级革命政党——布尔什维克党，这个党以马克思列宁主义为指导，不断地同机会主义、改良主义和社会沙文主义作斗争，积累了丰富的革命经验，特别是两次资产阶级民主革命的经验。列宁在第一次世界大战期间论证的由于资本主义经济政治发展不平衡的规律，社会主义有可能在少数国家甚至单独一国首先获得胜利的理论，鼓舞了俄国无产阶级向资本主义展开进攻。

俄国是帝国主义锁链中最薄弱的环节，是世界上第一个存在着用革命的方式解决帝国主义各种矛盾的现实社会力量的国家。二月革命胜利后，俄国形成既有工兵代表苏维埃，又有资产阶级临时政府的两个政权并存局面。无产阶级和资产阶级的矛盾成为俄国社会的主要矛盾。从民主革命向社会主义革命转变已经是俄国革命发展的必然趋势。

革命胜利后的临时政府不顾人民的死活，按照英法帝国主义的愿望，在前线发动进攻，结果军事冒险遭到惨败。消息传来，群情激愤。7 月 16～17 日，在彼得堡爆发工人和士兵大规模示威游行。临时政府悍然出动军队屠杀示威群众，逮捕和杀害布尔什维克，并下令通缉革命领袖列宁。布尔什维克党被迫重新转入秘密状态。从此，革命和平发展的希望彻底破灭。两个政权并存的局面结束，全部政权转到反革命的临时政府手中。被孟什维克和社会革命党人控制的苏维埃成了临时政府的附属物。布尔什维克党暂时收回"全部政权归苏维埃！"的口号，但没有退出苏维埃。

面对资产阶级的猖狂进攻，布尔什维克党及时地号召和组织武装起义，推翻临时政府，夺取社会主义革命的胜利。1917 年 8 月 8～16 日，布尔什维克党召开了第六次全国代表大会。大会确定了武装起义的方针，号召工人、农民和士兵站在布尔什维克党的旗帜下，准备同资产阶级进行决战。

9 月中旬，列宁给布尔什维克党中央委员会写了《布尔什维克必须夺取政权》、《马克思主义和起义》的信，指出武装起义的时机已经完全成熟。10 月 20 日，列宁从芬兰秘密回到彼得堡，直接领导武装起义。10月23日,在布尔什维克党中央委员会会议上通过发动武装起义的历史性决议。党中央号召全党一切组织讨论和解决有关起义的实际问题。为了对起义进行政治领导,中央全会决定成立中央政治局,由列宁等7人组成。

在准备武装起义的紧要关头,加米涅夫、季诺维也夫反对武装起义的方针。10月31日,加米涅夫在非党的《新生活报》上发表声明,指责布尔什维克党举行武装起义是冒险的举动,泄露了正在准备起义的机密。临时政府闻讯立即调动军队,采取破坏起义的措施。11月6日晨,临时政府下令封闭布尔什维克党中央机关报《工人之路报》。11月7日~11月16日,经过同反革命势力的激烈搏斗,苏维埃政权在莫斯科确立。1917年11月至1918年2~3月,首先从城市,然后到乡村,苏维埃政权在全国各地建立起来,社会主义革命在俄罗斯、少数民族地区和前线都获得胜利。这就是列宁所说的苏维埃政权的"凯歌行进"。十月革命取得了成功。

列宁的重要性在于他领导布尔什维克在俄国夺取了政权,建立了世界上第一个共产主义政权。

他是第一个把马克思理论转化为实践的人。这第一个共产主义政权的建立是近代史的一个转折点。从1917年到1989年,共产主义力量在全世界继续发展,地球上几乎1/3人口生活在共产主义的旗帜下。

十月革命打破了资本主义一统天下的局面,向全世界宣告一种新的社会制度由理想变为现实。从此,世界历史进入了一个由资本主义向社会主义过渡的新时期。

十月革命的胜利对全世界人民产生了伟大和深刻的影响。十月革命后,各国无产阶级、被压迫人民、被压迫民族争取解放的斗争蓬勃高涨。德国、奥地利、匈牙利爆发了革命。中国、朝鲜、印度、波斯、土耳其、埃及等殖民地、半殖民地人民掀起了民族解放运动的新浪潮。

革命进程

1917年,对于俄国人民来说,是惊心动魄的一年,也是欢欣鼓舞的一年。在不到一年的时间内,先后发生了资产阶级革命和无产阶级革命,诞生了一个崭新的国家,震撼了世界。在推翻沙皇统治后,俄国布尔什维克党在列宁的领导下,发动"十月革命",推翻了资产阶级政权,建立了世界上第一个社会主义国家。

弗拉基米尔·伊里奇·列宁，1870年4月22日出生于俄国辛比尔斯克的一个贵族家庭，父亲从事于国民教育事业。列宁的哥哥亚历山大在青年时期就和俄国一些正直的知识分子一起，组织了"民意党"。1887年5月8日，列宁的哥哥因为刺杀沙皇未遂而被杀。

就在这一年秋天，列宁全家迁往喀山，他也进入喀山大学学习法律。在这里，列宁阅读了马克思的《资本论》，并且加入了马克思主义小组，成为马克思主义的忠实拥护者。同时，他向同学们介绍马克思主义，鼓动大家同沙皇政府做坚决斗争。

1889年，列宁搬到萨马拉。在这里，列宁刻苦学习，自学完了大学四年的课程。两年后，列宁以校外生的资格，参加了彼得堡大学法律系的国家考试，结果被授予最优等的毕业文凭，获得注册助理律师资格。

1893年8月底，23岁的列宁来到了俄国的政治中心彼得堡。到这里后，列宁和当地的马克思主义小组取得了联系。在他的倡导下，彼得堡的20个独立的共产主义小组联合成立了"工人阶级解放斗争协会"的秘密组织。

这一年，列宁被沙皇当局逮捕入狱。在狱中，列宁完成了《俄国资本主义发展》一书的大部分书稿。一年零两个月后，列宁再次被流放到西伯利亚东部一个荒僻的村庄。在三年的流放生活中，列宁完成了《俄国资本主义的发展》整个著作的写作，另外还写了几十篇文章。此外，列宁还在此期间认真思考革命问题，勾勒了一个较为成熟的革命计划。

在列宁还在狱中的时候，分散在彼得堡、莫斯科等地的"工人阶级解放斗争协会"于1898年在明斯克召开会议，成立了"俄国社会民主工党"。1903年，俄国社会民主工党在比利时王国的首都布鲁塞尔召开第二次会议。大会将"无产阶级专政"写入了党纲。经投票选举出的党中央机关，以列宁为代表的马克思主义者获得了多数票，被称为"布尔什维克"。1912年，俄国社会民主党正式宣告成立。

从19世纪末到20世纪初，沙皇俄国的统治逐渐出现危机。1905年~1907年，俄国爆发了第一次资产阶级民主革命。虽然遭到镇压，但是对俄国产生了深远的影响。为了转移国内的视线和扩大对外掠夺，沙皇尼古拉二世派兵参加了第一次世界大战。

但是在第一次世界大战爆发后，俄国节节败退，损失惨重。从1914年到1917年，俄国有1400万人去服兵役，其中几百万人战死沙场。战争同时给国内经济带来了灾难：物价飞涨，物资奇缺，人民甚至难以过生活。到1917年1月底，彼得格勒只剩下仅够吃十天的面粉和三天的油脂。

因此，国内反对沙皇政府的斗争此起彼伏。从1916年到1917年，俄国史换了4个首相、6个内务大臣、4个军事大臣和3个外交大臣。为了对付国内的不稳定因素，尼古拉二世决定和德国单方面谈判，退出战争。但是这个决议受到英法等国的拒绝，同时也使得国内资产阶级大为不满，他们希望通过战争以获得更大利益。

1917年初，俄国发生了更大的经济危机，大量工人失业，无产阶级的生活条件更加恶化。1月，彼得格勒15万工人在布尔什维克的领导下上街游行。2月23日，工人们再次游行，高呼"打倒战争"、"打倒专制"的口号。25日，游行队伍扩大到了30万人。

尼古拉二世此时慌了阵脚，决定采取暴力驱赶游行队伍。25

日晚，沙皇派人逮捕了布尔什维克彼得格勒委员会的五个领导人。26日，军警打死40多名游行工人。于是，布尔什维克决定武装起义，推翻沙皇统治。当晚，布尔什维克组织了600人的起义队伍，但到了27日夜时，起义队伍已经扩大到了7万人。

27日，党中央发表了《告全体俄国公民书》，号召全国人民起来推翻沙皇统治，建立民主共和国。28日，起义军占领了海军部和沙皇的巢穴冬宫，逮捕了沙皇政府的大部分高级官员。此时，尼古拉二世急忙从前线调回军队以镇压起义。但是沙皇士兵在革命者的劝说下发生了兵变，宣布和起义军站在同一战线。就在同日，彼得格勒士兵苏维埃和工人苏维埃联合成立了彼得格勒工兵代表苏维埃。

同时，资产阶级也出来掠夺革命果实，于27日成立了国家杜马临时委员会，并于3月2日成立了临时政府。就这样，俄国暂时出现了两个政权并存的局面。彼得格勒起义的胜利，结束了俄国长达300年的罗曼诺夫王朝的统治。毛泽东在评价工人在"二月革命"中的作用时说："俄国皇帝是世界上最凶恶的一个统治者；

当无产阶级和农民的革命起来的时候，那个皇帝还有没有呢？没有了。"

4月16日，列宁从瑞士回到彼得格勒。次日，他发表了后来被称为《四月提纲》的著名讲话，提出了"全部政权归苏维埃"的口号。列宁认为，这次革命的最终目标应将"资产阶级革命"变为"无产阶级革命"，在俄国实现"无产阶级专政"。

5月初，临时政府向协约国发出照会，声称俄国将保证遵守沙皇政府和外国签订的一切条约，决定把第一次世界大战进行到底。这一消息传开后，引起了彼得格勒苏维埃政权的反对。5月4日，彼得格勒十万工人和士兵走上街头进行游行示威，抗议临时政府继续参加战争。临时政府不得不解除发出上述照会的临时政府外交部长。

1917年7月1日，彼得格勒40万工人、士兵再次上街游行，要求"全部政权归苏维埃"。就在同一天，临时政府下令西南前线的30多万俄军在利沃夫向德、奥联军发动大规模军事反攻，但是遭到对方军队的惨重打击，10天内损失了6万人。

这一消息更加激起工人们的愤慨。7月17日，列宁赶到了彼得格勒。考虑到当时武装革命的条件还不成熟，布尔什维克中央决定游行以和平请愿为主。但是临时政府和苏维埃中的社会革命党人决定要镇压工人们的和平游行。当日，临时政府派出大量军警向和平示威群众开枪射击，当场打死400多人。接着，临时政府到处搜捕布尔什维克党领导人，强行解除工人武装，同时派人搜捕列宁。

布尔什维克党此时不得不转入地下，列宁也被暂时护送到彼得格勒附近的拉兹里夫湖畔的一个草棚里。8月8日，布尔什维克根据列宁的指示，在彼得格勒秘密召开了第六次代表大会。斯大林根据列宁的指示，主持了这次会议。在这次会议上，通过了武装夺取政权的方针，并号召全党为准备武装起义而斗争。

同年9月，列宁又被迫流亡到了芬兰。在芬兰期间，列宁又完成了著名的《国家与革命》这部著作。

8月25日～28日，临时政府首脑克伦斯基在莫斯科召开了"国务会议"。在会议上，俄军最高司令科尔尼洛夫积极煽动武装叛乱，妄图建立军事独裁政权。9月7日，他借口镇压布尔什维克，打着"保卫首都"的旗号，命令俄军某部从前线开回彼得格勒，企图武装叛乱。克伦斯基此时不得不求助于布尔什维克，请求武装首都工人以平息叛乱。在布尔什维克和武装工人的支持下，叛乱被平息。

这场斗争胜利之后，布尔什维克在俄国的力量大为上升，而临时政府则处于孤立的地位，况且，工人再次获得了武装。鉴于此，列宁认为武装起义的条件已经成熟，并从芬兰向布尔什维克党中央发回了《布尔什维克必须夺取政权》和《马克思主义和起义》两封加急邮件，信中反复说明俄国革命的时机已经到来，布尔什维克党必须时刻准备武装起义。

1917 年 10 月 20 日，列宁秘密从芬兰回到彼得格勒。25 日，彼得格勒成立了苏维埃革命军事委员会，作为领导武装起义的公开机关。29 日，布尔什维克党中央召开了扩大会议，会议选举斯大林、斯维尔德洛夫等 5 人组成领导起义的党总部，负责起义的领导工作。

就在这时候，一直反对起义的季诺维也夫和加米涅夫在公开报纸《新生活报》上发表了《尤·加米涅夫谈起义》，公开诬蔑起义是"冒险绝望的行动"，反对武装起义。

临时政府获此消息后，马上采取了措施：从前线调回军队以镇压起义；下令逮捕列宁；中断彼得格勒苏维埃的电话联系等。11 月 6 日，临时政府的士兵突然闯入布尔什维克党的机关报《工人之路报》以及《士兵报》的印刷所，企图查封报纸，但是由于革命士兵及时赶到，保证了报纸的按时出版。

面对临时政府的反革命措施，布尔什维克党决定提前起义。11 月 6 日（俄历 10 月 25 日）夜，列宁头戴假发，化装成工人到达起义的总指挥部——斯莫尔尼宫。起义军的主力是两万名武装工人和彼得格勒的 20 万守军，以及驻守在波罗的海的数万名舰队官兵。

在列宁的指示下，起义军迅速占领了彼得格勒的火车站、桥梁、电话局和银行等战略要地，整个首都都处于起义者的控制之下。11 月 7 日早上，革命军事委员会发布了列宁起草的《告俄国公民书》，宣布临时政府已经被推翻，苏维埃已经顺利接管了政权。

到了 7 日傍晚，整个彼得格勒只有冬宫还被临时政府所控制。

下午 6 时，几万名起义军以及 10 来艘军舰包围了冬宫，同时向里面的临时政府官员发出最后通牒，要求他们立即缴械投降。

晚上 9 时，停泊在涅瓦河上的"阿芙乐尔"号巡洋舰向冬宫发起总攻。随后，工人赤卫队、革命士兵像潮水般涌入了冬宫。进入冬宫的起义军官兵和躲在里面的临时政府士兵发生了激烈的白刃战，终于在半夜的时候最终占领了冬宫。彼得格勒的武装起义获得了成功。

晚上 10 时 40 分，全俄工农兵苏维埃第二次代表大会在斯莫尔尼宫召开。大会通过了《告工人、士兵和农民书》，宣告全俄各地政权都归苏维埃政权。接着，列宁做了有关和平和土地的报告，通过了两部法令——《和平法令》和《土地法令》。大会决定成立完全由布尔什维克组成的第一届苏维埃政府——人民委员会，列宁被选为人民委员会主席。人民委员会的设立，标志着世界上第一个无产阶级专政的社会主义国家诞生了。

彼得格勒武装起义的胜利消息传到莫斯科后，莫斯科的布尔什维克党在中央的指示下立即发动武装起义，经过六天的激战，

于 11 月 25 日攻克了克里姆林宫。此后，俄国其他地方也相继发生了革命起义。从 1917 年 11 月，到 1918 年 3 月，整个俄国基本实现了社会主义革命的胜利。

十月革命刚刚结束，苏俄就提出缔结一个不割地不赔款的和约，但是遭到英、法等国家的反对。苏俄只好单方面和德国进行谈判。但是在谈判中，德、奥代表提出割让俄国 15 万平方公里土地的苛刻要求。列宁考虑到苏维埃政权刚刚建立，需要安定的政治环境，因此主张接受德奥的条件。

但是国内的社会革命党人不希望看到苏维埃俄国强大起来，因此他们积极反对签订和约，并且挑起德军进攻。列宁见此，马上起草了《社会主义祖国在危急中》的公告，号召全国人民积极参加红军，保卫祖国。这个号召得到了响应。1918 年 2 月 23 日，红军粉碎了德军的进攻，保卫了新生的苏维埃政权的稳定。

德奥和苏俄决定再次谈判，但是这次德国的要求更加苛刻：增加了对波罗的海沿岸和高加索等地区的领土要求，同时要求增加赔款数额。面对此情况，列宁还是建议接受德国的要求，立即

缔结和约。3月3日，双方在布列斯特正式签署和约，苏俄此后退出了第一次世界大战。

十月革命是人类历史上第一次成功的无产阶级革命，建立了世界上第一个社会主义国家。它开辟了无产阶级革命和无产阶级专政的新时代。此后，马克思主义思想在世界各国广泛传播，东欧各国、中国等都受此影响而建立了社会主义国家。著名学者托洛茨基在《被背叛了的革命》中指出："十月革命第一次显示出社会主义的生命力，由十月革命建立起来的国家计划经济在相当短的一段时期内，成功地将一个经济落后的国家变成了世界上第二大经济强国。"

第二节 文化中兴：艺海拾贝 科技撷英

孟德尔理论重新发现

孟德尔理论是科学史上最杰出的遗传理论之一，但这一发现迟至 1900 年才获得世人认可。1866 年，孟德尔将他的真知灼见发表在一家名不见经传的刊物上，其后的 34 年中，这些发现无人问津。直到 1900 年，来自三个国家的三位生物学者同时独立地"重新发现"了孟德尔多年前所确立的遗传规律并将它发表于世。

从此，遗传学进入了一个新时代。孟德尔创立的遗传规律概括为：第一，当具有成对不同性状的植物杂交时，所生第一代品种的性状都只与两个亲本中的一个相同，另一亲本的性状在品种第一代隐而不显；第二，当同时具有两对或两对以上不同性状的植物杂交并产生第二代品种时，其中每个性状各自按 3∶1 的比数独立分离而互不干扰。

吉卜林的《基姆》出版

1901 年，英国小说家、诗人拉迪亚德·吉卜林历经数年著成的长篇小《基姆》正式出版。小说描述了一个爱尔兰孤儿在印度聆听一位西藏老喇嘛讲授人生经验的故事。这本书确立了拉迪亚德·吉卜林在诗歌和文学艺术殿堂中的崇高地位。就像吉卜林其他优秀的著作一样，《基姆》不仅是一

孟德尔和他的豌豆实验示意图

世界通史

最新整理图文珍藏版

2012

本娱乐性的儿童读物，它也唤起了人们对大英帝国昔日的荣耀的追忆，充分展现了吉卜林在殖民地一度长期生活的所见所闻，以及他对这块土地和人民的热爱之情。

第一个跨越大西洋的无线电讯号

1901 年，三声短促而且微弱的讯号，向世界宣布了无线电的诞生。扎营守候在讯号山（位于加拿大东南角）的意大利科学家马可尼，终于接收到了从英格兰发出的跨过大西洋的无线电讯号。这个实验向世人证明了无线电再也不是仅限于实验室的新奇东西，而是一种实用的通讯媒介。此后短波用做全球性的国际通讯媒介便开始发展起来了。

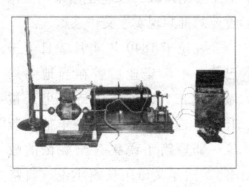

世界上第一台电报机

巴黎画家劳特累克逝世

1901 年，巴黎画家劳特累克逝世，终年 36 岁。作为艺术的革新者，他以描绘和准确表现巴黎蒙巴特尔地区豪放不羁的艺术家们的生活特点而著称。

劳特累克于 1864 年出生于一个富有的贵族家庭，是天才的制图员的后代。他少年时一年内两条大腿骨折，康复后，他更加献

《红磨坊》

身于艺术。然而，他的两腿不断萎缩，到成年时，就变成两条矮短的腿支着一个成人的身体。

劳特累克是一位完全独立的画家，他讨厌一切理论、派别，也不收学生。人物是他惟一的作

画题材。他的画法习惯于把模特儿看成是一个整体而不给予任何阴影的笼罩，他只对人感到好奇。对他来说光线只起一个作用：照明。他不会改变它的颜色，也不会给确定、充足的对象带来任何变化。他创造了一种理想的冷光，这使他能去发掘人的形象，并从中揭示出人内心深刻的秘密，使他所创作的模特儿成为精神上和心理上的裸体。所以他的画风色彩明快，简洁率直。1891 年他发表的第一幅作品《红磨坊》使他名声大振。在他生命的最后 10 年中，又着手画版画，表现了他的艺术洞察力。由于大量饮酒及精神疾病导致这位艺术家早亡。

动摇传统数学基础的罗素

动摇了，这就是所谓的第三次"数学危机"，由此带来了数学观念的变革。

现代数学基础的一场大论战

自从科学巨匠牛顿和莱布尼兹创立微积分把无限带进了数学，数学家柯西接着建立了严格的极限理论，戴德金等人将实数理论严密化以来，数学便有了可靠的基础，成为完整的几乎无懈可击的体系。然而英国的数学家罗素于 1902 年提出了一个集合论上的悖论。这一悖论利用通俗的故事表述出来，极为简单、明确。于是，数学的基础被

法国作家左拉去世

左拉与法国文学巨豪雨果、巴尔扎克齐名，是法国自然主义理论的主要创建者，19 世纪后半期法国重要的批判现实主义作家。

左拉于 1840 年 4 月 2 日生于巴黎。中学毕业后曾在当地书局做打包工人，不久以诗才出众被升为广告部主任。1864 年他出版第一部短篇小说集《给妮侬的故事》，次年又出版长篇小说《克洛德的忏悔》，警方认为书中的某些

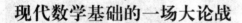

描写"有伤风化"，并发现左拉与共和派人士过往甚密，于是查封了书局。左拉只好离职，从此走上专业创作的道路。

左拉与他的手稿

左拉的创作思想充满矛盾：一方面对现存的制度进行毁灭性的批判，一方面又对资本主义社会抱有不切实际的幻想。他的创作从理论到实践都有上述特色。他受巴尔扎克《人间喜剧》的启示，创作一套长达 600 万字、由 20 部长篇小说构成的巨著《卢贡—马卡尔家族》，反映了法国第二帝国时代社会各方面的情况。在左拉所有的作品中，以描写罢工斗争的《萌芽》和反映普法战争、第二帝国崩溃、巴黎公社起义的《崩溃》最为重要。1902 年 9 月 28 日，左拉因煤气中毒死于巴黎家中。

法国画家高更去世

1903 年 5 月 8 日，法国画家高更在法属波利尼西亚的马克萨斯群岛去世，终年 55 岁。

高更早期作品追求形式的简化和色彩的装饰效果，但没有摆脱印象派的手法。后来多次到法国布列塔尼的古老村庄进行创作，对当地的风土人情、民间版画及东方绘画的风格很感兴趣，逐渐放弃原来的写实画法。由于厌倦城市生活，向往仍处于原始部落

《静物与三只狗》

生活的风习和艺术，高更不顾一切，远涉重洋到南太平洋的一个岛上去生活和画画，直到去世。

高更以极大的热情真诚地描绘了土著民族及其生活。其作品用线条和强烈的色块组成，具有浓厚的主观色彩和装饰效果。高更的艺术对现代绘画影响极大，他被称为"象征派的创始人"。

居里夫人

异国求学梦

1867年11月7日，一个女婴在波兰的一个贫穷家庭里降生了。小的时候，父母称她为玛丽·斯可罗多夫斯卡。贫寒的家境让小玛丽更加珍惜难得的学习机会，十六岁那年，她以优异的成绩毕业于华沙女子中学，并取得了学校颁发的金质奖章。这激起了玛丽学习的热情，但那时波兰已被俄、普、奥三国瓜分，当权者取消了波兰女子上大学的权利。玛丽想到了去国外求学，但贫穷的家庭无法支付高昂的学费，她只好先在乡下做了五年家庭教师。在此期间，上学深造的念头没有从玛丽心底消失，而是促使着她省吃俭用，积攒了一笔可以到国外求学的学费。

1891年冬天，24岁的玛丽前往巴黎求学，目标就是著名的巴黎大学，进入巴黎大学深造一直是她的梦想。进入巴黎大学理学院后，玛丽在学习上倾注了所有的精力，实验室、图书馆是她经常去的地方，或许也只能在那里能发现她忙碌的身影。很快，勤奋的玛丽付出的努力有了回报，她成了全班最优秀的学生，也是教授最喜欢的助手。

刻苦攻读

由于是自己刚刚攒够了学费就来求学，贫困的家里并不能提供经济上的任何帮助，所以玛丽的生活过得很拮据。为了能省下一些钱，她住在最便宜的阁楼

居里夫人和她的家庭

里，忍受着极度恶劣的居住环境；为了减少吃饭用的时间，她很少做饭，只是简单地吃一些面包而已，为了省灯油，她总是去图书馆里学习，直到图书馆熄灯了，她才回去点上小油灯再学到凌晨两三点……

玛丽如此拼命地学习，而营养又跟不上，身体很快到了崩溃的边缘。有一天，她正和同学走着聊着，面色突然变得苍白，随后就晕倒在地上了。同学立即把她送到了医院，玛丽的姐夫也闻讯赶来。因为玛丽的姐夫是一名医生，她替玛丽认真检查后，知道了其中的原委。

当玛丽醒来后，姐夫严肃地问道："你这些天都吃些什么？"

"吃……吃的饭都很正常啊！"玛丽有点恐慌地回答。

"你现在得了贫血病，身体又那么虚弱，明显是营养不良！"

实验室里的居里夫人

玛丽无言以对，知道瞒不过姐夫了，只好把自己的生活情况告诉了他。姐夫听到玛丽每天只吃一点东西，而且为了抓紧时间学习，每天只休息三四个小时后，感叹不已，既为她的精神感动，也为自己没能照顾好她而自责。此后的时间里，姐夫尽全力支持她，玛丽也凭借坚强的毅力使学习成绩一直保持前列。1893年夏天，玛丽获得了物理学硕士学位，是以物理系第一名的成绩毕业的。而第二年夏天，她又获得了数学硕士学位，是以数学系第二名的成绩毕业的。

科学新发现

从巴黎大学毕业后，玛丽原本打算回国做些贡献，但法国物理学家彼埃尔·居里请求她留了下来，他们于1895年结为了夫妻。从此以后，人们就称玛丽为"居里夫人"。

1895年，德国科学家伦琴发现了X射线。次年，法国物理学家贝克勒发现，铀矿物质也能放射出与X射线相似的射线。这引起了居里夫人的极大兴趣。她与丈夫商量研究这个课题，彼埃尔最终决定全力支持她。彼埃尔放下自己正在从事的研究课题，为了方便实验，他搬到了以前工作

最新整理图文珍藏版

居里夫妇一家

文中的意思是"放射"。居里夫人刚一提出自己的推论，很多科学家都不相信，因为他们认为已经对铀研究得够彻底了，有人发难道："如果你的推论是正确的，那请把那种元素提取出来给我们看看吧！"

提炼镭元素

居里夫人为了证实自己的推断，决定提取镭元素。要提取镭元素，必须有大量的沥青铀矿，但这种矿十分稀少，价格也十分昂贵，如果由自己和彼埃尔出钱去买，显然这是不可能完成的。后来奥地利政府了解到了这件事，

过的理化学校。但居住条件很糟糕，实验仪器也很少，他们就在这样艰难的情况下开始了对铀的研究工作。

经过无数次的实验，居里夫人发现，能发射与 X 射线相似的射线的物质不仅有铀，还有钍。但是，贝克勒发现的那种射线却比铀放射的光线强得多，所以居里夫人推断，一定还有一种物质能够放射光线，而且这种物质还是未被发现的新元素，它极少量地存在于矿物中。于是居里夫人把它定名为"镭"，"镭"在拉丁

实验室里的居里夫妇

表示愿意给予他们一定的支持。随后，奥地利政府便赠送给他们一吨已被提取过铀的沥青矿残渣。

布鲁塞尔第一届索尔维量子力学大会

有了提取镭的物质，居里夫妇开始全力投入到提取镭的工作中去。经过三年的努力，居里夫妇终于在1902年提炼出了0.1克的镭，此后，他们又初步测定了镭的原子量。同时他们还发现，这种元素的放射性要比铀强二百万倍，它不需要借助任何外力就可以自然发光发热。镭元素的发现立刻引起科学界的轰动，它打开了人类探索原子世界奥秘的一扇大门。从某种意义上说，镭的发现，开辟了科学世界的新领域，一门新兴的放射学将由此诞生。所以，镭被誉为"伟大的革命者"。

永恒的财富

居里夫妇提炼出镭后，各种荣誉也随之而来，他们先是在1903年获得了当年的诺贝尔物理学奖，并于同年11月获得了英国伦敦皇家学会的最高奖项——戴维奖章。然而不幸的事也随之而来，1906年4月，彼埃尔在一场车祸中死亡。居里夫人一度处于悲痛中无法自拔，但她在科学研究上的作用别人无法代替，她从悲痛中清醒过来，继续投身到工作中去。四年后，居里夫人成功分离出了纯镭，并且还分析出了镭元素所具有的各种性质，同时确定了其中的原子量。同年隆重召开的国际放射学理事会，邀请居里夫人出席了这次大会，并制定了以居里名字命名的放射性单

居里夫人和美国总统哈丁

位，同时还采用了居里夫人提出的镭的国际标准。

镭在医学方面的广泛应用，使它变得身价陡增，曾有人劝说居里夫人去申请专利，因为这样可以为她带来大量的钱财。但居里夫人认为镭应该属于全人类的，自己不应该以此来谋利。曾有一个美国女记者采访居里夫人："如果这个世界上的东西任你挑选，您会选择什么？"

"一克纯镭吧，这样我就可以做更深入的研究了，但太昂贵了，我买不起它。"居里夫人回答道。

这让女记者有点不解："那您当初为什么还把镭送给巴黎大学实验室？"

"那是属于实验室的，它不属于我个人。"居里夫人很坚定地说。

女记者采访完后，很受震动。回到美国后，这位女记者大力宣传居里夫人的无私精神，并号召美国人民进行捐献活动，赠给居里夫人一克镭。经过女记者的努力，美国总统决定在首都华盛顿亲自把一克镭转赠给居里夫人，而居里夫人多次声明："美国赠送的这一克镭，应该属于科学界共有，而不是我个人的私有财产。"

巴甫洛夫与条件反射

神秘的条件反射

1890 年，圣彼得堡军医学院里不知什么时候流传起了"条件反射"的说法，对于这个奇怪的词汇，没有一个人能解释清楚。10 月的一天，几个学生正在去上课的路上争论这个问题，通过那一张张涨得通红的脸，能看得出他们没能争出什么名堂。

"今天这节课是巴甫洛夫教授给我们上，"一个学生说道，"请教一下他就知道谁说得对了！"

喜欢运动的巴甫洛夫

"太好了，巴甫洛夫教授是著名的生理学家，"另一个学生连忙接着说，"听说'条件反射'就是他提出的！"说着，他们走进教室坐了下来。

"叮铃……"铃声未落，巴甫洛夫稳健地走进了教室。教室里顿时静了下来，同学们早就听说过他的大名，他们期待着教授精彩的演讲。巴甫洛夫把教科书放到桌子上，微笑地看着同学们说："我是巴甫洛夫，今天的消化生理课由我来讲。"

这时，有个学生站了起来："巴甫洛夫教授，请问什么是条件反射？"大家刷地把目光集中在那个同学身上，那个学生的脸顿时红了起来，有点不好意思地看着巴甫洛夫。巴甫洛夫对那个学生点了点头，"好，下面我给大家讲个故事。"

巴甫洛夫的诺贝尔奖证书

有趣的故事

巴甫洛夫踱下讲台，开始讲了起来："有人向朋友要了一条狗，因为怕这条狗跑回朋友家，他就用锁链把狗锁到了院子里。

从此以后，这条原本温顺的狗性情大变，它只要看到路人，就'汪汪'狂叫，样子特别凶恶。"

"一天，有一群孩子经过这里，那条狗又开始狂叫起来。孩子们都吓坏了，躲得远远的不敢靠近。其中有一个胆大的男孩子，他慢慢地走上前去。伙伴们都叫了起来：'别过去，狗会咬你的！'那个男孩继续朝那条狗走去，边走边说：'我家就养了一条狗，我觉得只要能把它放开，它不会这么凶了。''一你疯了吗？'听他这么一说，伙伴们吓得四散逃跑。那个男孩真的想办法把锁链打开了，而那条狗却很温顺地伸出舌头舔了一下小男孩的手。伙伴们大着胆子围上来抚摸它，它

巴甫洛夫夫妇

巴甫洛夫和他的学生

也不介意，反而摇头晃脑的，显出很亲热的样子。"

讲到这里，巴甫洛夫停了一下，接着说："起初我也不知道是怎么回事，后来经过研究发现：如果给狗锁上链子，就等于给了它一个约束条件。这个条件使得狗丧失了自由，深深地刺激了它的大脑，于是就引起它本能的自我保护意识的反射。因此，狗变得极为凶恶。后来，锁链被打开了，约束的条件就被解除了，狗的自我保护的反射也自然而然地消失了，所以它恢复了温顺的性情。这就是条件反射的作用。""原来是这样啊，条件反射真的是太奇妙了！"学生们唏嘘不已。

"假饲"实验

1849 年，巴甫洛夫在俄国的梁赞出生。巴甫洛夫出生时，家里很穷，父亲只是一个普通的传教士，经济上不是很富裕。巴甫

洛夫草草地过完了自己的二十一岁生日，然后拿着一张"贫困证明书"走进了圣彼得堡大学。大学里的巴甫洛夫主攻生理学，但他博览群书，并不仅仅局限于生理学这个方面。因为学习成绩优异，在毕业时他获得了学校颁发的金质奖章。毕业后，巴甫洛夫进入了军医学院进行深造，一待就是四十多年。在这些年里，消化系统生理状况的研究，占据了巴甫洛夫生活的大部分时间，而他研究动物体内消化活动的实验成果，给他带来了极高的荣誉。其中最著名的是"假饲"实验，通过这个实验他提出了条件反射的概念。

著名的"假饲"实验

在假饲实验中，巴甫洛夫切断了狗的食道，并把食道的端口

缝在了狗的皮肤上，同时又给狗的迷走神经动了手术。他把这条狗饿了一天，然后端来了一盆肉，饥饿的狗开始大口大口地吞食那盘肉。

由于食管已被切断，被吞下去的肉又顺着食道回到了盆子里，而狗继续贪婪地吞咽着。有趣的事情发生了，过了几分钟，从狗的胃里引出的一根橡皮管流出了大量的胃液。在实验中，可以很清楚地了解到狗的消化腺的分泌情况。原来，狗的第十对脑神经即迷走神经受到了强烈的刺激，它的冲动引起了胃液的大量分泌。

巴甫洛夫在狗的迷走神经上缝了一根细线，只要轻轻一拉这根线，脑与胃之间的联系就会被切断。这时，虽然狗还在不停地吞食着肉，但胃液却停止了分泌。而一松开细线，胃液又大量地冒了出来。这就是著名的假饲实验。

巴甫洛夫的笑

巴甫洛夫通过大量的实验与不懈的努力，发现了条件反射，揭示了消化系统活动的一些基本

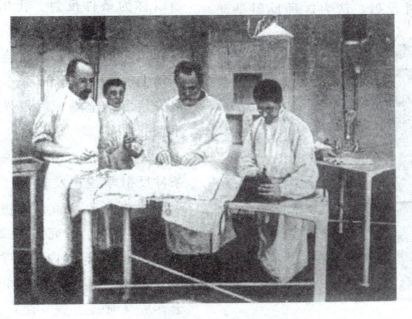

正在对狗施行手术的巴甫洛夫

规律，并把结论发表在《主要消化腺作用》一书中。为此他获得了 1904 年度诺贝尔生理学及医学奖，成为第一个获得这个奖项的生理学家。

创立条件反射学说

20 世纪初，巴甫洛夫又开始对高级神经活动进行研究，首次发现了大脑皮层机能的活动规律。他再次找来一条狗进行实验：巴甫洛夫先在狗的腮帮子上切开一个小洞，找到它的唾液腺，接上一根很细的导管，然后端来一块鲜肉和一碗肉汤。他发现狗吃东西时，导管中就会流出很多唾液，但吃肉时唾液分泌得多，喝汤时唾液分泌得少。巴甫洛夫称之为非条件反射，认为这种反射是动

巴甫洛夫和他的同事们

物们与生俱来的本能反应。后来巴甫洛夫发现，其他的刺激如光线、声音等外界刺激，也会引起狗的唾液分泌。

在一次聚会中，巴甫洛夫为了更形象更深入地解释条件反射，他拿起一个鲜柠檬对现场的人说："这是一个鲜柠檬，我想在座的各位都吃过吧？"话刚说完，有一些人就不自觉地流出了口水，人们相互打趣着对方的馋相。

"为什么大家还没有吃到柠檬，就流出了口水呢？"巴甫洛夫笑着说，"因为大家以前吃过，知道它又酸又甜，现在自然地就产生了这样的反应。这种反应是有条件的，就是你以前吃过柠檬，所以称为条件反射。我相信，条件反射将会在生理学及医学方面发挥出色的作用，它将会极大地推动生理学及医学的发展。"巴甫洛夫说完，全场顿时爆发出经久不息的掌声。

20 世纪初，巴甫洛夫建立了条件反射学说，发表了《大脑两半球活动讲义》和《动物高级神经活动客观性研究实验 20 年》，引起了世界范围内的强烈反响。1907 年他当选为俄国科学院院士，后又被英、美、法、德等 22 个国家的科学院选为院士，并成

为 28 个国家（包括中国）生理学会的名誉会员和 11 个国家的名誉教授。

电子管的诞生

1904 年，英国物理学家弗莱明发明了世界上第一只电子管，标志着世界从此进入了电子时代。

以前，人们使用的都是电子管收音机：打开电源开关，要等 1 分多钟，收音机才会慢慢地响起来。这种收音机普遍使用五六个电子管，输出功率只有 1 瓦左右。但就是这种简陋的、功能有限的收音机，给当时的人们带来了无穷的欢乐。那么，电子管又是怎样发明的呢？

其实，这也是许多科学家所共同寻求的问题，包括爱迪生、马可尼在内的许多科学家都曾做过多次实验，但效果均不理想。1904 年，英国物理学家弗莱明充分利用"爱迪生效应"，他用一个金属圆筒代替了金属丝，套在灯丝外面，和灯丝一起封在玻璃泡里，这样，接收电子的面积大大增加了，经过实验检测，效果十分理想。由于金属筒接正电、灯丝接负电时才有电流通过，因此弗莱明将金属筒称为"阳极"，将灯丝称为"阴极"。这种新诞生的器件，其作用相当于一个只允许电流单向流动的阀门，弗莱明把它叫做"阀"。这种阀后人将其称为"真空二极管"。至此，世界上第一个电子管就这样诞生了。

弗莱明

安东·契诃夫辞世

契诃夫是 19 世纪末俄国伟大的批判现实主义作家、幽默讽刺大师、短篇小说巨匠。他的小说短小精悍，简练朴素，结构紧凑，情节生动，笔调幽默，语言明快，富于音乐节奏感，寓意深刻。他

第三编 世界近代史

最新整理图文珍藏版

2025

善于从日常生活中发现具有典型意义的人和事，通过幽默可笑的情节进行艺术概括，塑造出完整的典型形象，以此来反映当时的俄国社会。其代表作《变色龙》、《套中人》堪称俄国文学史上精湛而完美的艺术珍品。

契诃夫《三姊妹》舞台剧照

1860 年，契诃夫出生在一个小市民家庭，父亲的杂货铺破产后，他靠当家庭教师读完中学，1879 年入莫斯科大学学医，1884 年毕业后从医并开始文学创作。他早期创作的短篇小说作品有：《胖子和瘦子》（1883 年）、《小公务员之死》（1883 年）、《苦恼》（1886 年）、《变色龙》与《普里希别叶夫中士》（1885 年）等。1890 年，他到政治犯人流放地库页岛考察后，创作出表现重大社

会课题的作品，如《第六病室》（1892 年）、《农民》（1897 年）、《新娘》（1903 年）。契诃夫后期转向戏剧创作，主要作品有：《伊凡诺夫》（1887 年）、《海鸥》（1896 年）、《万尼亚舅舅》（1896 年）、《三姊妹》（1901 年），《樱桃园》（1903 年）。

美国著名作家海伦·凯勒获得学位

1904 年 9 月 1 日，美国著名作家和教育家海伦·凯勒用她惊人的意志，光荣地毕业于拉德克

海伦·凯勒

利夫学院。

凯勒于 1880 年生于亚拉巴马州塔斯坎比亚市，两岁时因病丧失视力和听力。但她从 7 岁起，在她的教师沙利文女士的教育下，开始学习读盲文，并用特制打字机学习打字。通过 14 年的刻苦学习而一举考上著名的哈佛大学拉德克利夫女子学院。在大学学习期间，凯勒使用的是特制盲文课本，并再次由沙利文女士帮助她理解教师讲授的内容。她不仅圆满完成所学课程，而且过着几乎与健康人同样的生活。

《历史的地理基础》

哈尔福德·麦金德是英国地理学界的"老祖宗"，是发展大学地理教育方面的引路人。1904

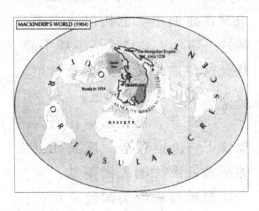

麦金德对世界的构想

年他在英国皇家地理学会上作了一篇举世闻名的讲演《历史的地理基础》，提出"大陆心脏说"，把世界分为两大阵地：一个是亚欧大陆腹地，包括亚洲内陆和东欧，称为"世界岛"；另一个是具有海权的滨海外缘地带，包括西欧、北美、东亚和其他大陆。他认为 20 世纪以来，海权将衰落，陆权将崛起，"谁统治东欧，谁就能统治'腹地'，谁控制'腹地'，谁就能统治世界"。

捷克作曲家德沃夏克辞世

1904 年 5 月 1 日，19 世纪捷克最伟大的作曲家之一，民族乐派的主要代表人物德沃夏克辞世。

德沃夏克（1841－1904）生于一个肉商的家庭，16 岁时进布拉格风琴学校学习，后入布拉格临时剧院（后改建为国家剧院）乐队拉中提琴，并正式开始创作。在他音乐创作中，始终把民族性这一重要因素放在首位，他的全部音乐都有一种自然的新鲜感，这种感觉往往掩盖了构成乐曲的精湛技巧和构思一个主题所费的苦心思索，仿佛是天赐的旋律。对他一生影响德沃夏克最著名的作品有：《e 小调第九交响曲》（自新世界）、《b 小调大提琴协奏曲》、《狂欢节序曲》、《F 大调弦乐四重奏》和歌剧《水仙女》、《国王与矿工》等。

法国雕刻家巴托尔迪逝世

1904 年 10 月 4 日，美国自由女神的雕塑者、法国雕刻家巴托尔迪在巴黎逝世。

1834 年巴托尔迪出生在法国的一个意大利人家庭，他从青年时代起就酷爱雕塑艺术。1851 年路易·拿破仑·波拿巴发动政变推翻第二共和国后的一天，一群坚定的共和党人在街头筑起防御工事，暮色苍茫时，一个年轻姑娘手持火炬，越过障碍物，高呼前进的口号向敌人冲去，结果姑娘倒在血泊中。巴托尔迪亲眼目睹这一事实，心情久久不能平静，从此这位高举火炬的勇敢姑娘就成为他心中自由的象征。

1865 年，巴托尔迪在别人的提议下，决定塑造一座象征自由的塑像，由法国人民捐款，并作为法国政府送给美国政府庆祝国家独立 100 周年的礼物。1869 年

德沃夏克

最深的是斯美塔那、勃拉姆斯和瓦格纳的音乐以及捷克民歌。

德沃夏克多次出国演出，他先后五次的赴英演奏旅行所获得的辉煌成功可以同亨德尔、海顿和门德尔松先后在英国得到的荣誉相媲美。为了表达对德沃夏克的最高敬意，英国剑桥大学在 1891 年授予他音乐博士学位。

德沃夏克还是一位著名教育家，先后被聘为纽约音乐学院和布拉格音乐学院院长兼教授，培养出 50 多位音乐家，其中包括著名的作曲家诺伐克、苏克和保加利亚的克里斯多夫等。

巴托尔迪由于他的卓越功绩而当选为纽约市荣誉市民和法国荣誉勋团指挥级团员。

物理学家波波夫逝世

波波夫是第一个探索无线电世界，并将一生的精力投入无线电事业的俄国科学家。由于沙皇封建制度的腐朽，他的事业没有得到国家的支持。1906 年 1 月 16 日，他因脑溢血突发而去世，年仅 47 岁。由于诺贝尔奖金只发给活着的科学家，波波夫没有获得这个荣誉。

波波夫于 1859 年出生在俄国的一个牧师家庭中。18 岁那年，他考进了彼得堡大学数学物理系，不久转入森林学院学习。1888 年，德国物理学家赫兹发现电磁波的消息传到了俄国，29 岁的波波夫从此改变先前要把电灯装遍俄国的志向，树立了要让电磁波飞越全世界的理想。

1896 年 3 月，波波夫和助手雷布金在俄国物理化学协会上，正式进行了用无线电传递莫尔斯电报码的表演，表演的时候，接收机装设在物理学会会议大厅里，发射机放在附近森林学院的化学

自由女神像

自由女神像的草图设计完成，为争取美国人对塑像计划的支持，巴托尔迪来到美国。1876 年巴托尔迪参加在费城举行的庆祝独立 100 周年博览会，会上，他的自由女神像引起了公众的注意，并引起一场轰动。不久，美国国会便通过决议，正式批准总统提出接受女神像的请求，同时确定利勃坦岛为建立女神像的地点。1884 年 10 月，自由女神像终于全部完工，美国总统亲自参加自由女神像揭幕典礼并发表了讲话。

俄国物理学家波波夫

馆里。雷布金拍发信号,波波夫接收信号,通信距离是 250 米,物理学会分会会长佩特罗司赫夫基教授把接收到的电报字母逐一写在黑板上,最后得到的报文是:"海因里希·赫兹"。这份电报虽然很短,只有几个字,它却是世界上第一份有明确内容的无线电报。

现代戏剧之父易卜生辞世

1906 年,现代戏剧之父、挪威作家和诗人易卜生在奥斯陆去世,享年 78 岁。

1828 年 3 月 20 日,易卜生出生于挪威东南海岸希恩城的一个富裕的家庭。1844 年至 1850 年,他离开中学,在药店当学徒,繁重工作之余,他刻苦自修,并学习文艺创作。1850 年写出第一部历史悲剧《卡蒂林纳》,从此开始创作生涯。1851 年来到首都奥斯陆创办《文艺新闻周刊》,并继续参加民族独立运动。1851 年至 1862 年曾任剧院经理和艺术指导。1862 年剧院破产,他靠借债度日,但仍孜孜不倦地创作。1864 年离开挪威,侨居罗马、德累斯顿、慕尼黑等地。27 年后,即 1891 年,易卜生回国定居。

易卜生的剧作布局不凡、结

现代戏剧之父——易卜生

构紧凑、对话简洁生动，善于运用倒叙法，强烈地激起观众的思想共鸣。因他的作品大多以社会问题为主，而获得了"问号大师"的美誉。其主要作品包括：《社会支柱》（1877 年）、《玩偶之家》（1879 年）、《群鬼》（1881 年）、《人民公敌》（1882 年）、《海上夫人》（1888 年）等。

后期印象大师保罗·塞尚逝世

塞尚（1839－1906）是后期印象派大师，西方现代画家称他为"现代绘画之父"。他于1839

后期印象画派的代表人物塞尚

年 1 月 19 日诞生于法国南部埃克斯的一个富商家庭。父亲要他学法律，他却坚持学绘画，因考巴黎美术学校未被录取，便自己钻研，开始与一些印象派画家交往，并参加印象派画展，但由于个人粗放的用笔和结实的立体造型，使他很快与其他印象派分道扬镳。

塞尚追求的是实在的形体和永恒的视觉，他不太注意光的表现，认为"光线对绘画来说在本质上是不存在的"。1904 年在秋季沙龙中塞尚的作品再次轰动了法国，也为他确立了"现代绘画之父"的名望。但两年后，他不幸离开人世。

门捷列夫逝世

1907 年 2 月 2 日，俄国杰出的化学家门捷列夫逝世。门捷列夫最大的贡献是在 1867 年发现了著名的化学元素周期律，并根据这一规律，科学地预言了一些元素的存在及它们的性质。他的这一发现，对近代化学史产生了巨大的推动作用。

门捷列夫出生于俄国西伯利亚的托波尔斯克市，读书时就擅长数学、物理和地理学。1850 年入彼得堡专科学校，1855年取得教师资格，并获金质奖章。1856年获化学高等学位，1857年大学毕业，两年后，他被派往德国海德堡大学进修。在此期间，他与法国化学家和意大利的化学家进行了交往，这些化学家在区别原子量和分子量方面的坚决主张，对他产生了很大影响。1865年，仅31岁的门捷列夫通过博士论文的答辩，被选为彼得堡大学的教授。

在当时，门捷列夫发现的元素仅有63种，他在制定周期表时对当时尚未发现的元素留下空格，并着手进行研究。1871年他将3种未知元素暂称之为"类铝"，"类硼"、"类硅"。

随后十几年里镓、钪、锗相继被科学家发现，得出的结论正与门捷列夫所预言的一致，它表明了科学理论对于实践的指导意义至关重要。

伟大的化学家门捷列夫

路易·卢米埃尔发明彩色照相技术

20世纪初，人们开始认识到彩色摄影的魅力，尽管在当时的彩色加工工艺制作起来确实不容易，但也未能阻止科学探索者的步伐。电影的发明者法国的路易·卢米埃尔兄弟开始将自己的天赋用于彩色摄影上，1907年6月10日，他们发明了一种新的彩色工艺，首先将马铃薯淀粉染成红、绿、蓝三色，再把它们完全混合后，均匀地涂在玻璃板上，制造出了照相微拉屏干版，干板可以在透光观察时呈现出几乎完美的彩色效果。

微拉屏干版，法语音译为"奥托克罗姆"。奥托克罗姆的问世，标志着彩色相片可以成功拍摄了。至此，卢米埃尔兄弟终于为人类圆了一个彩色梦。

作曲家格里格辞世

1907年9月4日，挪威最杰出的作曲家格里格因病逝世，终年64岁。

爱德华·格里格

格里格于1843年6月出生于挪威的贝尔根，他的父亲是一个商人，母亲是挪威钢琴家。在格里格6岁的时候他母亲就开始教他钢琴，使格里格在音乐方面从小就得到了良好的教育。1858年

格里格被挪威著名小提琴家奥勒·布尔推荐去德国莱比锡音乐学院学习。毕业后曾到哥本哈根求教于丹麦作曲家尼尔斯·加德。后结交挪威国歌作者卡德·诺德拉克，共同从事民族音乐创作。1867年他创办挪威音乐学校，并根据挪威诗歌创作了具有独特风格的抒情歌曲，同时将大量民间歌曲加以整理和改编。1885年起他在贝尔根郊区隐居。

格里格的作品大多以表现挪威自然景物、生活风俗，民间传说为内容，体裁形式以抒情小品为主，音乐富有诗情画意和民族特色。在旋律、调式、和声方面有很大的创新。其代表作品有：《钢琴抒情曲集》10卷、钢琴协奏曲、话剧配乐《彼尔·金特》（后选8段编为两部组曲）、3首小提琴奏鸣曲、g小调弦乐四重奏等。

里姆斯基·柯萨科夫逝世

1908年6月21日，俄罗斯著名的作曲家、歌剧艺术的巨匠里姆斯基·柯萨科夫，因心脏病发作病逝。

里姆斯基·柯萨科夫于1844

年出生一个贵族家庭，从小受到家庭音乐气氛的熏陶，6岁开始学钢琴，11岁尝试作曲。1856年他进了海军士官学校，这期间他常去听音乐会及歌剧。1860年他跟卡尼尔学习钢琴，并结识了巴拉基列夫，得到他的赏识和帮助。1865年12月，他首演了《第一交响曲》获得成功，1871年夏他应聘兼任彼得堡音乐学院教授，后兼任海军军乐队督察员和免费音乐学校校长，从此正式成为专业音乐家。

里姆斯基·柯萨科夫从事教学工作近30年，有很多位音乐家在他的门下学习，其中有：阿连斯基、阿萨菲耶夫、格拉祖诺夫、李亚多夫、伊波里托夫·伊凡诺夫、朱亚斯科夫斯基和普罗科菲耶夫等著名作曲家。1905年俄国革命时期，他因支持青年学生的

里姆斯基·柯萨科夫

革命行为而被学校撤职。不久，在进步大学生的声援和彼得堡音乐学院新院长的努力下，学校又重新聘请他归校复职。

里姆斯基·柯萨科夫惟一的遗憾就是没能看到他那最后一部象征沙皇制度必定灭亡的讽刺歌剧《金鸡》的首演（1909年）。

里姆斯基·柯萨科夫主要作品有：《普斯科夫姑娘》、《五月之夜》、《雪女郎》（1882年）、《圣诞节前夜》、《萨特阔》（1898年）、《沙皇的新娘》（1899年）、《萨坦王的故事》、《金鸡》、《第一交响曲》、交响组曲《安塔尔》和《天方夜谭》（1888年）等。

格罗弗·克利夫兰逝世

1908年6月24日，美国第22任和第24任总统格罗弗·克利夫兰在新泽西州普林斯顿的家中去世，终年71岁。

格罗弗·克利夫兰于1837年3月出生在新泽西州卡尔德威尔的一个牧师家庭。16岁时，因丧父故而不能上学深造，他先在律师事务所做办事员，自学法律，1859年开始与他人组织了布法罗律师事务所，并参加了民主党。

格罗弗·克利夫兰

1881 年任布法罗市长，次年任纽约州州长，1884 年被民主党提名为总统候选人并在竞选中获胜。就任总统后，他坚决推行文官制，反对实行保护关税。1888 年，格罗弗·克利夫兰在大选中失败，去纽约市当了律师。四年后再次参加竞选并获胜，重新回到白宫，开始了总统的第二任期。重新上台后，正遇美国金融大恐慌，工人频频罢工，格罗弗·克利夫兰采取了诸多强硬措施，包括对罢工工人进行镇压。对外，克利夫兰采取孤立主义政策，反对领土扩张。由于各种原因他很快失去了民心。

晚年的格罗弗·克利夫兰隐居在新泽西州的普林斯顿，为失去美国人民的信任和爱戴而深感沮丧。

轻型飞机在法国诞生

1909 年 3 月，世界上最早的轻型飞机出现在法国的上空。这架飞机的主要结构是 3 根竹竿，飞行员座位于机翼下方，并固定在两根竹竿之间的一块帆布上，发动机装在机翼上。这架飞机是由巴西人桑托斯·杜蒙制造的，并取名为"蜻蜓"。这架飞机在航空史上很重要，因为它也是世界上第一架"家庭制造的飞机"，桑托斯·杜蒙没有为飞机申请专利，并免费向任何人提供制造技术。

如今，人们将飞机自身重不

桑托斯·杜蒙制造的第一架轻型飞机

最新整理图文珍藏版

超过 150 千克、载人不超过 2 名、飞行速度不超过 100 千米/小时的飞机称为超轻型飞机。由于重量轻、结构简单、容易驾驶，而且价格便宜，这种飞机在一些国家发展很快。超轻型飞机具有广泛的用途，不但可以作为体育、娱乐和个人交通工具，同时也能用于农业、护林、交通监视等。

染色体学说创立

1910 年，美国遗传学家摩尔根和他的学生一起用野生型红眼果蝇作材料，证明了遗传变异与细胞中染色体的变化是密切相关的，创立了遗传染色体学说，又称为连锁与交换律。至此，生物间各物种的遗传和变异有了夯实的基础，变得有据可循。

摩尔根的连锁与交换律的要点是：每对染色体上有许多基因，各对基因在染色体上有一定位置，这一定的位置叫做位点。在同一条染色体上的基因是不能分离的，这种现象称为连锁律。同源染色体相互之间发生交换而使基因连锁群发生了重新组合，这种现象称为交换律。

挪威人阿蒙森和英国人斯科特争夺南极点

1910 年，英国斯科特探险队和挪威阿蒙森探险队都宣布将向

阿蒙森去南极途中

南极点进军，两支探险队之间展开了一场激烈的角逐。阿蒙森一行五人，乘狗拉雪橇，经过千辛万苦于 1911 年 12 月 14 日成为第一批到达南极极点的人。而斯科特探险队一行五人，使用的是马拉和人拉的雪橇，结果马在严寒中陷入了泥沼。他们用雪橇拉着设备，顶风冒雪经过 82 天，于 1912 年 1 月 16 日终于到达南极点。在得知挪威探险家阿蒙森一行已于一个月前率先抵达的事实后，失落之余，斯科特一行在回

程途中由于天气的恶劣外加饥饿劳累，队员全体罹难。两队攀登南极点的角逐为南极考察热留下光辉悲壮的一页。

一代文豪托尔斯泰去世

1910年11月7日，19世纪俄国最伟大的文学家托尔斯泰走完其人生旅程。

托尔斯泰出身于贵族家庭，1844年入喀山大学，受到卢梭、孟德斯鸠等启蒙思想家影响。

托尔斯泰

1847年退学回故乡作改革农奴制的尝试。1851至1854年在高加索军队中服役并开始写作。1854至1855年参加克里米亚战争。几年军旅生活不仅使他看到上流社会的腐化，而且为他以后的文学创作打下坚实的基础。1855年11月，他到彼得堡进入文学界，写成自传体小说《童年》，并一举成名。1857年托尔斯泰出国，看到资本主义社会重重矛盾，但找不到消灭社会罪恶的途径，只好写书向人们呼吁按照"永恒的宗教真理"生活。

1860至1861年，为考察欧洲教育，托尔斯泰再度出国。1863至1869年托尔斯泰创作了长篇历史小说《战争与和平》，这是其创作历程中的第一个里程碑。1873至1877年他经12次修改，完成其第二部里程碑式巨著《安娜·卡列尼娜》，标志着他的小说艺术已达到了巅峰。1889至1899年托尔斯泰又创作了长篇小说《复活》，这也是他长期思想、艺术探索的总结，也是对俄国社会批判最全面、最深刻、最有力的一部巨著。

晚年的托尔斯泰力求过简朴的平民生活，但未能如愿。1910年10月从家中出走，11月7日病逝于一个小站，享年82岁。

托尔斯泰的其他作品有:《忏悔录》(1879－1882年)、《黑暗的势力》(1886年)、《教育的果实》(1891年)、《魔鬼》(1911年)、《伊凡·伊里奇之死》(1886年)、《克莱采奏鸣曲》(1891年)、《哈泽·穆拉特》(1886－1904年)、《舞会之后》(1903年)等。

哈雷彗星回归

1910年5月13日,哈雷彗星回归,当它从太阳和地球之间通过时,离地球只有2400千米,而它长长的彗尾足有2亿千米。当彗尾扫过地球时,曾有许多人惊慌失措,以为世界末日来临,并举行集会,甚至有人去自杀。直到5月19日地球安然无恙地被

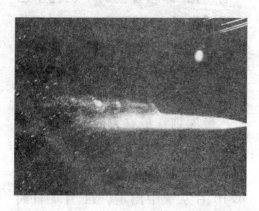

1910年哈雷彗星回归时的情景

彗尾扫过,这种杞人之忧才宣告结束。地球也并未发现任何特殊的迹象。

亨利·卢梭辞世

1910年,法国著名画家亨利·卢梭逝于巴黎。

亨利·卢梭于1844年生于拉瓦尔。他是一个自学成才的画家,父亲是工人,母亲出身农家。青年时期曾在军中服役4年,结识了去过墨西哥的士兵,他们讲起的异国风情,使他十分向往。1868年他定居巴黎,1870年又参加了普法战争,退伍后在巴黎当了一名海关雇员,后因受骗失职而被解雇,只得在酒馆以演奏来糊口。当时,他也参加当地举办的绘画活动,但未经训练,所绘作品技巧拙朴,这种不做作的"拙味"被当时著名诗人阿波里奈尔所赏识,并为他写文章推荐。从此,他在画坛上获得了一定声誉。后经表现主义艺术家的鼓励,他保持这种率真的观察事物方法,并在题材中杂以某种神秘主义,使他的艺术独具一格。

亨利·卢梭的主要作品有:《自画像》(1888－1890年)、《弄

蛇者》（1901 年）、《独立一百周年》（1892 年）、《足球选手》（1908 年）、《今与昔》（1907 年）、《诗神与诗人》（1909 年）、《梦》（1910 年）、《睡着的吉普赛人》。

卢瑟福提出原子核概念

英国物理学家欧内斯特·卢瑟福被称为"原子能之父"，这个称谓是他在 1911 年得到的。当年，他根据 a 粒子通过金箔的散射实验发现了原子核，并进而提出了原子结构的行星模型：原子的结构与太阳系的结构相似，原子中心有一个带正电的核，带负电的电子围绕原子核转动；原子核所带的单位正电荷数等于核外的电子数，使整个原子呈中性。卢瑟福提出的原子核概念成了现代物理学的重要基础，被称为"人类自德谟克利特以来对物质这一概念的最重大的改变"。

癌病毒的发现

1911 年 1 月 21 日，美国弗朗西斯·佩顿·劳斯发表医学报告，提出癌肿瘤是病毒所致，这一提

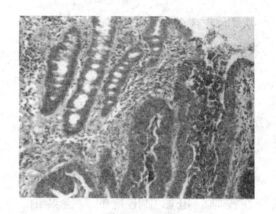

令人谈虎色变的癌细胞

法在医学史上属首次。劳斯是纽约市洛克菲勒研究所的内科医生。在此前一年，一位养鸡人送给劳斯一只发育奇特的鸡。他从这只鸡的癌性肿瘤中抽出传染物，又注到另外几只健康鸡体内，于是癌症状传给了这几只健康鸡。既然这种污染物能穿透很薄的薄膜，看来它就是所有微生物中最小的——病毒。

美国作家巴勒斯发表
《泰山》故事

美国小说家巴勒斯以塑造泰山这个传奇人物而闻名于世。1912 年 10 月他在《故事》杂志上发表一篇《泰山》故事，描述一位英国贵族的儿子，在婴儿时期便被遗弃在深山丛林中，后由类

人猿哺育长大，成为森林之王。这篇以"泰山"为名的小说一经发表立即赢得广大读者的喜爱。巴勒斯又撰写了26本同系列的小说。此后泰山故事被译成56种以上的语言，广为传播，人猿泰山成为举世闻名的英雄人物。然而，在漫画、电影中出现的人猿泰山，已与原著里在大自然中孤独奋斗的"泰山"有所差异。

"泰坦尼克"号沉没瞬间

"不沉之城"泰坦尼克号葬身洋底

1912年4月10日，被称为"世界工业史上的奇迹"的"泰坦尼克"号载着2224名乘客和船员，从英国的南安普顿出发驶往美国纽约。4月14日，"泰坦尼克"号在距离纽芬兰150千米处撞上冰山沉入大西洋。除了登上救生艇的711人幸存外，共有1513人葬身冰海。死者中包括一些工业界的精英人物，如创建著名的美国麦西百货公司的约翰·雅各布·阿斯特和伊希多·施特劳斯，以及泰坦尼克号的设计师托马斯·安德鲁斯等。

由于"泰坦尼克"号称是当时世界上最大、最先进、最舒适的邮轮，又是第一次横渡大西洋，许多有钱人都想先试为快。他们拖儿带女，甚至带上佣人，浩浩荡荡一家子上船旅行。

4月14日，"泰坦尼克"号以最高时速前进到加拿大纽芬兰洋面上。当在它前面几海里航行的通讯船发来电讯，告知前面是浮动冰山区时，"泰坦尼克"号船长未予理睬，照样高速前行。午夜23时，两名在前桅楼上观望的水手惊呼有冰山，值班长下令转舵，可惜为时已晚，惯性将船首推向冰山水线以下的尖棱角，撞开了10多米长的口子，海水汹涌进舱。全船一片混乱，接着传来一声巨响，巨轮被齐切成两截。船员比较镇定，引导妇幼老弱先登上救生艇，乐队不间断地演奏，起了安定人心的作用。15日凌晨2时，全船倒竖沉入冰海。在几个小时的生死搏斗中，许多人表现了惊人的勇气，礼让妇女儿童下艇，甲板上出现一幕幕生离死别、催人泪下的场景。

大陆漂移学说首次提出

1912 年，德国科学家魏格纳（1880－1930）发表论文，首次正式提出了"大陆漂移学说"，他在其专著《海陆的起源》中了详尽地阐述了这一理论。

魏格纳的主要论点是：地球上所有的大陆在中生代以前曾经是统一的巨大陆块，称之为"泛大陆"或联合古陆。中、新生代时期，泛大陆分裂并漂移，逐渐达到今天的海洋和陆地分布的格局。他认为大陆地壳是较轻的花岗岩的硅铝层，并在较重的、黏性的大洋地壳——玄武岩质的硅镁层上漂移。

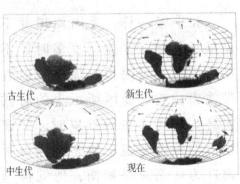

古生代　新生代　中生代　现在

大陆漂移过程

魏格纳的大陆漂移说一经提出，就在地理学界引起轩然大波。年轻一代为此理论欢呼，认为开创了地质学的新时代，但老一代的地质学家仍然保守着过去的传统观念，对这一理论进行抨击和围攻。直到魏格纳去世 30 年后（1960 年），板块构造学说席卷全球，人们才终于承认了大陆漂移学说的正确性。

医药学家埃尔利希逝世

埃尔利希（1854－1915），出生在德国西里西亚的斯特恩，父亲是一位犹太医生。他自幼便饱尝了种族歧视的痛苦，立志当一名良医，普济世人。当时，传染病正在欧洲和世界猖狂肆虐，已夺去千万人的生命。埃尔利希目睹这一悲惨现实，在他刚进医学院时就立下宏愿："我一定要发明一种神奇的子弹，让它只射杀人体内的病菌，而不致伤害人体。"

1878 年，埃尔利希获得莱比锡大学医学博士学位，并到当时欧洲规模最大的病理研究院工作。他从染色分析法做实验入手，通过比色，区别出人体、动物体内的病菌和正常细胞组织，被称为

"埃尔利希反应"。不久，他又创立了"侧链学说"，即有机体和周围化学物质（食物、药物等）结合的学说，进而又科学地导出免疫化学和化学疗法理论。

埃尔利希在医学理论上做出巨大贡献之后，就把晚年的全部精力投入到化学药物的研制上。1904年，他终于找到了一种能杀死鼠体内锥虫的染料"阿托克西尔"，即对氨基苯肿。但这种药虽能杀死病菌，治疗后果却很惨，病人虽不致死，却变成瞎子。他决定改变对氨基苯肿的化学结构，经过不懈的努力终于合成了二氨基二氧偶肿苯（人们常用的药名"六零六"），实现了他的宏愿。1908年，埃尔利希以此获得诺贝尔医学奖。

1915年，这位医学界的先驱于8月20日逝世于巴特霍姆堡。但是，他的名字和他发明的"六零六"却永载史册。

爱因斯坦

少年木讷

1879年3月14日，爱因斯坦出生在德国西南的乌耳姆城，一年后随全家迁居慕尼黑。爱因斯坦的父母都是犹太人，父亲是一个小业主，在当地经营着一个电器作坊。母亲玻琳是受过中等教育的家庭妇女，非常喜欢音乐，在爱因斯坦六岁时就教他拉小提琴。

爱因斯坦和妹妹

和牛顿一样，爱因斯坦并不是早慧的孩子。他三岁多时还不会讲话，父母因担心他是哑巴曾带他去检查。爱因斯坦小的时候很喜欢思考，在四五岁时，父亲送给他一个罗盘。他非常惊讶指南针为什么总是指南，他觉得一定有什么东西隐藏在这现象后面。

正在讲课的爱因斯坦

他不停地询问身边的每一个人，问出了一连串的问题。爱因斯坦在 67 岁时，仍能回忆出当年的情景。

爱因斯坦十五岁时，父亲的企业因经营不善倒闭了。为了生存，爱因斯坦的父亲决定带着家人一起到意大利谋生。爱因斯坦并没有立即随父亲去意大利，而是继续留在慕尼黑上学。但是，爱因斯坦非常讨厌德国学校里的

年轻的爱因斯坦

军国主义教育，因此，爱因斯坦想尽快脱离学校前往意大利。

德国当时的法律规定，男孩在 17 岁以前离开德国就不必回来服兵役了，爱因斯坦决定在 17 岁以前逃离这个地方。于是他请数学老师给他开了张证明，证明他数学成绩优异，早就达到大学水平了；然后从一个熟悉的医生那里弄来一张病假证明，说他神经衰弱，需要回家静养。爱因斯坦以为有这两个证明，就可逃出这厌恶的地方。

可是，还没等他提出申请，训导主任却把他叫了去，以败坏班风、不守校纪的理由勒令他退学了。爱因斯坦脸红了，他并不是羞愧于这种离学方式，而是为自己想出的狡猾的主意感到内疚。后来，每提及此事，爱因斯坦仍然会害羞得脸红。

爱因斯坦到意大利和家人会合后不久，就转学到了瑞士阿劳市的州立中学。1896 年 10 月，爱因斯坦跨进了苏黎世联邦工业大学的校门，在师范系学习数学和物理学。在学校的时候，除了数学课以外，他又对自然科学产生了浓厚的兴趣，热衷于探索自然界的奥秘。那时候，他利用课余时间阅读了大量哲学和自然科学的书籍。

创立狭义相对论

1900 年，爱因斯坦从苏黎世联邦工业大学毕业。由于他对某些功课表现冷漠，以及对老师态度冷淡，被拒绝留校。在失业一年半以后，他的同学马塞尔·格罗斯曼向他伸出了援助的手。格罗斯曼说服自己的父亲把爱因斯坦介绍到瑞士专利局去工作。1902 年爱因斯坦被伯尔尼瑞士专利局录用为技术员，从事发明专利申请的技术鉴定工作。爱因斯坦终身感谢格罗斯曼对他的帮助，他后来曾说："这有点像救命之恩，没有他我大概不至于饿死，但精神会颓废起来。"

1900～1904 年，爱因斯坦每年都写出一篇论文，发表于德国《物理学杂志》上，但让他扬名的是 1905 年，对于世人来说，这是爱因斯坦创造奇迹的一年。在这一年里，爱因斯坦写了六篇论文，而且是利用在专利局工作以外的时间写的，在三个领域做出了四个有划时代意义的贡献。尤其是 6 月份提出的狭义相对论，在很大程度上解决了 19 世纪末出现的古典物理学危机，改变了牛顿力学的时空观念，是近代物理学领域最伟大的革命。那个时候，爱因斯坦也只不过刚刚过完二十岁生日。

反战宣言

1911 年，爱因斯坦被布拉格大学聘为大学理论物理学教授，1912 年任母校苏黎世联邦工业大学教授。1913 年，他又重新回到了德国，任柏林大学教授，并当选为普鲁士皇家科学院正式院士。1914 年，应 M. 普朗克和 W. 能斯脱的邀请，任威廉皇帝物理研究所所长兼柏林大学教授，但是还没到四个月，第一次世界大战就突然爆发了。

战争期间，爱因斯坦与一位哲学家共同起草了《告欧洲人民书》，公开发表反战宣言，呼吁欧洲科学家应该为结束这场人类大屠杀而共同努力。然而，当时并

爱因斯坦的头发

拉小提琴的爱因斯坦

没有著名的人士加以响应。爱因斯坦在这段时间非常痛苦，他闭门不出，对自己的科学研究进行深入探索。

爱因斯坦从没有满足于狭义相对论的创立，他在研究中发现狭义相对论的理论体系并不够完善，于是决定图突破狭义相对论的局限性，建立一个完善的体系。1915～1917年这3年时间，爱因斯坦迎来了科学成就上的第二个高峰。他在三个不同领域中分别取得了历史性的成就：1916年他在辐射量子方面提出了引力波理论，1917年又开创了现代宇宙学，而被公认为人类思想史中最伟大的成就之一的广义相对论，则是他在1915年创建的。

创立广义相对论

关于爱因斯坦是如何创造广义相对论的，他的太太米列娃曾对查理·卓别林讲述过，后来卓别林把这事记在了他的自传里：

"吃早餐时，博士还像往常那

爱因斯坦在普林斯顿的房子

样穿着睡袍下了楼，可是吃完后却显得有点魂不守舍。我就问他出了什么问题。"

他回答："亲爱的！我得想一个巧妙的想法。"

喝完咖啡后，他走到钢琴前弹奏起来。弹奏一会，就停下来在纸上记录一些东西，然后不停地说："我得想一个巧妙的想法，非常美妙的想法。"

"这的确有点困难，但我仍要进行工作。"

他继续弹钢琴，也继续在弹

奏的间歇写下一些东西。半个小时之后，他走进了楼上的研究室，并且告诉我不要打扰他，让我每天把食物送上楼就行了。傍晚时他会出来散一会步，然后继续钻进实验室里。

两个星期后，他走下楼来，脸色显得苍白。"我终于想出了一个巧妙的想法！"他把两张纸放在桌上，这就是他的"相对论"。

1933年，希特勒在德国上台，开始对犹太人进行了残酷的迫害，爱因斯坦成了头号迫害对象，被迫迁居美国，同时任普林斯敦高级学术研究院教授。1939年，爱因斯坦向罗斯福总统建议进行原子弹研究，但原子弹对生命的毁灭让他晚年深感愧疚。1955年4月，爱因斯坦因主动脉瘤破裂逝世于美国普林斯顿。他在自己的遗嘱中要求不发讣告，不举行葬礼，把自己的脑供给医学研究，身体火葬焚化，骨灰撒在不让人知道的河里……

第三节　社会生活：生活百科　民俗缩影

巴黎世界博览会揭幕

1900 年，世界博览会在巴黎揭幕。此次博览会吸引人们前来参观的主要焦点有二：一是曲线优美、色彩鲜艳夺目的各陈列馆，其建筑风格表现出 19 世纪末最流行的艺术流派特征，二是阐明新世纪将进入机器生产时代及该时代的工业机械类展示。

本届世界博览会拥有历年来欧洲最大的展览会场，占地面积达 22153.5 公亩，全部对外开放。大部分与会国的会馆均沿着恺撒道的国家街而设立。博览会中最引人注目的景观是位于香榭丽舍大道的水堡及魔幻走廊中利用电力所产生的壮丽景象，以及横跨塞纳河的亚历山大三世桥。此外，法国与英国殖民地区的异国情趣展示，也受到参观群众的欢迎。

怪诞的新世纪奥运会

在 1894 年巴黎国际体育会议上，顾拜旦曾建议第一届奥运会于 1900 年与世界博览会同时在巴黎举行，借以扩大奥运会的影响。

巴黎以法国文化中心而闻名，巴黎圣母院、埃菲尔铁塔、罗浮宫、凯旋门等都是巴黎最富有魅力的名胜。

1900 年，巴黎举办了第二届奥运会。运动会于 5 月 20 日至 10 月 28 日进行，比赛日程安排得很不紧凑，如击剑赛安排在 6 月，田径、体操赛在 7 月，游泳、赛艇在 8 月，自行车赛在 9 月等等，整个运动会开了 5 个多月，堪称是一次"马拉松"式的运动会。比赛场地也很分散，大会组织者竟别出心裁，将比赛项目按同年在巴黎召开的博览会工业展区类别分在 16 个区域进行。例如，击剑被安排在刀剑制造工业区，划船被安排在救生系统展览区等。实际上，运动会成了博览会的一部分，成了博览会招揽观众的体育表演。有的项目比赛完了，个别选手甚至不知自己参加的是奥运会赛。

揭开"血型"的奥秘

1900 年，奥地利医学家兰茨泰纳在维也纳病理研究所工作时，发现了甲者的血清有时会与乙者的红血球凝结的现象。这一现象当时并没有得到医学界足够的重视，但它的存在对病人的生命是一个非常危险的威胁。兰茨泰纳对这个问题非常感兴趣，他开始

了认真、系统的研究。一次他用22 位同事的正常血液交叉混合，发现红细胞和血浆之间发生反应，也就是说某些血浆能促使另一些人的红细胞发生凝集现象，但有

兰茨泰纳

的也不发生凝集现象。他将 22 人的血液实验结果编写在一个表格中，通过仔细观察这份表格，他终于发现了人类的血液按红血球与血清中的不同抗原和抗体可分为许多类型，于是他把表格中的血型分成三种：A、B、O。不同血型的血液混合在一起就会出现不同的情况，就可能发生凝血、溶血现象，这种现象如果发生在人体内，就会危及人的生命。至此，兰茨泰纳因发现了 A、B、O、AB 四种血型中的前三种，于 1930年获得诺贝尔医学和生物学奖。

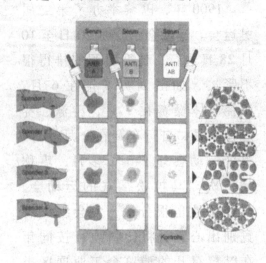

兰茨泰纳血液交叉实验图

加尔维斯顿飓风

1900 年 9 月 8 日，美国历史上危害最大的飓风侵袭了得克萨斯州加尔维斯顿市。该市位于一个岛上，由一条长 3.2 千米的堤道与大陆连接。风暴越过墨西哥湾，风速达到每小时 217 千米，掀起 7 米高的排头浪，风暴肆虐 18 小时后才向北转移，逐渐平息。

此次灾难共有 6000 人丧生，整座城市被毁，没有死于这次风暴的幸存者却开始死于饥饿和干渴。到处都在发生抢劫事件，军队不得不采取严厉的措施以维护秩序。

加尔维斯顿市重建时，地面比以前填高约 4.5 米，建造了一条新的护城堤，该堤高出此次风暴的高水位线，超过以前的高水位记录 2 米多。

飓风过后的加尔维斯顿城

飞机的发明

聪明的莱特兄弟

1877 年的冬天，在美国代顿地区一个白雪皑皑的山坡上，有一群孩子正在兴致勃勃地玩着爬犁——他们正在进行爬犁比赛。其中，有两个小男孩拉着一个又矮又小的爬犁，伙伴们都嘲笑他们的矮爬犁像个小怪物。"咱们走着瞧！"那两个小男孩心想。

比赛开始了。那两个小男孩驾驶着小"怪物"，迎着凛冽的北风，一马当先，远远地把伙伴们

莱特兄弟故居，摄于 1900 年。

高大的爬犁抛在后面，飞快地冲过了终点线。原来，矮爬犁可以减小风的阻力，所以能跑得更快。

这两个喜欢动脑筋的小男孩

就是后来发明了飞机的莱特兄弟，"小怪物"爬犁就是他们自己动手做的。可这时候有谁能想到，航空史上的新时代将要由他们这两双小手开辟呢？

圣诞节来临了，小莱特兄弟收到的了爸爸送的礼物：一个缠着橡皮筋的玩具。爸爸告诉他们，这个玩具能飞上天，并给他们做了演示。

"它能不能把人带上天呢？"兄弟俩不约而同地问道。"人？"老莱特愣了一下，看着孩子们天真的小脸，他笑了，摇了摇头说，"傻孩子，只有鸟才能上天，人怎么可以上天呢？"然而，"能不能造个东西把人带上天"这个疑问却从此在他们脑海里扎下了根。

莱特兄弟长大后，开了一家自行车商店，和普通人一样过着平平常常的日子。1896年的一天，奥维尔在报纸上看到了德国的李林塔尔驾驶滑翔机失事身亡的消息，急忙告诉哥哥。威尔伯听后陷入了沉思，然后认真地注视着奥维尔说："我们为什么不能做一个更好的滑翔机呢？""是啊！"兄弟俩的手紧紧地握在了一起。

制造滑翔机

自从决定制造滑翔机以后，他们除了照看商店外，其他的精力都花在了查找飞行资料上，全力以赴地研究飞行理论。就这样过了三年，他们把掌握的航空知识与鸟类飞行的原理结合起来，开始了第一架滑翔机的设计工作。

童年时代的奥维尔，摄于1881年。

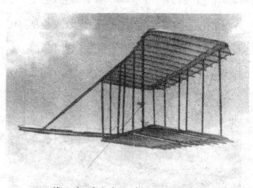

第一架滑翔机，摄于1900年。

1900年10月，莱特兄弟的滑翔机研制成功了。他们把滑翔机带到空阔的吉蒂霍克海边拼装好，借助强劲的风力，滑翔机飞起来了！虽然只有一米多高，莱特兄弟依然受到了极大的鼓舞。成功的喜悦使他们再次以狂热的激情，投入到了改进滑翔机性能的工作中。

到了第二年秋天，兄弟俩又进行了一次试飞。只见滑翔机借着风势，像只展翅的雄鹰一样，飞上了180米的高空。然而莱特兄弟并没有感到满足，因为他们想要的是一架不需要借助风力就能自行起飞的滑翔机。

怎样才能让滑翔机获得自行起飞的动力呢？莱特兄弟到处搜集资料，反复论证，伤透了脑筋，但仍然没有什么头绪。

一天，有人到他们店里借东西，说要修一下汽车发动机。当听到"发动机"这三个字时，威尔伯脑子里灵光一闪，忽然想到了用发动机作滑翔机动力源的方

成年后的莱特兄弟合影（左为弟弟奥维尔，右为哥哥威尔伯）

法。狂喜之余，莱特兄弟马上满世界地寻找优良的发动机。然而当时世界上生产的发动机都非常笨重，在那样的重压下，飞机根本无法起飞，而且也没有工厂愿意专门为他们研制小发动机。于是，莱特兄弟不得不自行研制合乎要求的发动机。在自行车技师泰勒的帮助下，他们终于研制成了一台12马力，重量不及普通发动机三分之二的发动机。

发动机的问题解决了，可是怎么才能让它派上用场呢？这个问题并没有难倒聪明的莱特兄弟，经过反复试验，他们想到了用发

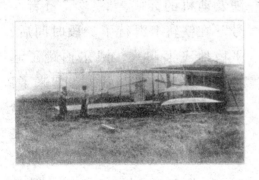

飞行者1号

动机带动螺旋桨来使滑翔机飞行的办法。

试飞成功

1903 年 9 月，莱特兄弟制造成了带发动机的飞机，可惜第一次试飞没能成功。他们总结经验，多次改进飞机的性能，并给它起了一个响亮的名字"飞行者 1 号"。1903 年 12 月，他们在作了充分的准备之后，又开始了一次试飞。这次他们在地上用木头固定了两条稍微倾斜的铁轨，然后把飞机放在铁轨上。由于这是一次危险的试飞，兄弟二人都想第一个起飞，争执不下的他们只好用抛钱币的方法来决定，最后威尔伯获得了胜利。飞机起飞了，可是它只在空中飞行了几秒钟就坠落了下来。幸运的是威尔伯并没有受伤。

兄弟俩赶紧检查飞机，飞机部件没有出现任何问题，回忆操

奥维尔试飞成功

作程序，也没有问题。"这可怪了！"威尔伯自言自语道。奥维尔忽然说道："我明白了！因为在地上滑行的时间太短，螺旋桨没能达到足够高的速度，没有完全抵消机身的重力，所以很快坠了下来。"于是他们把铁轨移到平坦的地面上，并增加了铁轨的长度。

奥维尔和"飞行者 1 号"

1903 年 12 月 17 日上午，温度很低，泥泞全都结了冰。试飞开始了，这次由奥维尔驾驶，伴随发动机的轰鸣声，"飞行者一号"在铁轨上滑行了一段时间后，平稳地飞了起来。威尔伯跳了起来，跟着飞机欢呼着："起来了！飞起来了！"这次飞机飞了 12 秒钟，约 36 米远。后来兄弟俩又飞了三次，由威尔伯驾驶的第四次试飞，距离达到了 260 米，时长

59秒钟，这是公认的世界上最早的空中持续动力飞行。

莱特兄弟把这个激动人心的消息告诉了报社，然而报社的反应却十分平淡，他们把这看作是一起无聊的恶作剧。莱特兄弟毫不理会这些讥笑，他们更加认真地改进飞机的性能。后来他们陆续制造了"飞行者2号"与"飞行者3号"，后者竟能在空中飞行一个小时之久，消息传出后，惊动了美国政府。于是，政府让他们在公众面前进行一次飞行表演。

飞天之舞

1908年9月10日上午10点，无数的美国人聚集在一个空间的场地上，大家都迫切地想知道，停放在中央的那个怪物到底能不能飞起来。而奥维尔正在怪物——"飞行者三号"里面，有条不紊地做着试飞前的准备工作。

能够搭载乘客的飞机

威尔伯细心地检查了飞机的所有器件，发现毫无问题后，长出了一口气。然后他信步走到飞机的左侧，接过工作人员递过来的令旗，向奥维尔挥旗致意。全场顿时静了下来，鸦雀无声，都把心提到了嗓子眼上。

这时奥维尔启动了发动机。只见威尔伯高高地扬起令旗，猛地往下一挥，飞机马上顺着铁轨向前滑去。在人们的期待中，在发动机的轰鸣声中，"飞行者3号"潇洒无比地滑动着，接着它徐徐地飞了起来，如同展翅高飞的雄鹰一般冲向空中。它越来越快，越来越高，最后，在蔚蓝的天空中平稳地盘旋起来。啊，飞天之舞！无数人的梦想终于变成了现实。

地面早就沸腾起来了，人们忘情地狂呼着。小伙子们把帽子高高地扔向空中，姑娘们解下鲜艳的头巾向天空中伟大的英雄挥舞着。"飞行者3号"像鸟儿一样在高达76米的天空中，自由地展示着人类的飞天之舞，这非凡之舞整整持续了74分钟。之后，"飞行者3号"又成功地搭载了一名乘客，那名勇敢的乘客赞叹道："太美妙了！我竟然能在天空中飞行!"

威尔伯·莱特与奥维尔·莱特因此于 1909 年获得了美国国会荣誉奖。莱特兄弟的这次试飞是人类在飞机发展史上取得的巨大成功,它圆了人们的飞天之梦,开创了航天时代的新纪元。

伦琴和他的实验仪器

伦琴射线

奇怪的绿光

1895 年 11 月 8 日晚上,德国维尔茨堡大学的校长伦琴教授,像往常一样来到实验室里,准备继续做改良阴极射线管的实验。

伦琴简单而谨慎地做了一些准备工作,蒙上了所有的窗子,熄灭了灯,接通了阴极射线管的电源。然后他用黑纸把阴极管包了个严严实实,检测黑纸是否漏光。这时,他忽然发现离工作台

伦琴的实验室

不远的荧光屏上有隐约的绿色光线发出,他又检查了一下阴极管——它被黑纸包得很严实。"真奇怪!"伦琴自言自语道,"难道荧光屏上的绿光与阴极管有关系?"他顺手切断了阴极管的电源,荧光屏上的绿光消失了。他又接通电源,绿色光线又出现了。"可是阴极射线是不可能穿透黑纸的,它连几厘米的空气都穿透不了。"他反复切断、接通电源,绿色光线随之时隐时现,"这到底是怎么回事呢?"他沉思了一会儿,脑子里有了点眉目:绿色光线肯定是由于阴极管而出现的,很可能是阴极管发出的某种射线到达荧光屏,而使荧光屏的屏幕发出了绿光。

强大的穿透力

这种射线能不能穿透空气以外的物质呢？他试着把一张纸挡在阴极管与荧光屏之间，绿光依然存在，他随即又拿起一本书去挡，仍然无济于事，他又用木板、橡胶模具……然而所有这些都不能阻挡绿光的显现。

坐在实验仪器旁的伦琴

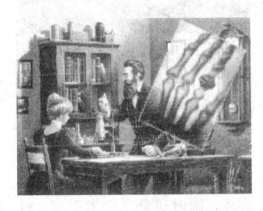

伦琴射线下的手

"上帝啊！这真是太神奇了！"巨大的喜悦使得伦琴教授完全忘记了时间，他寻找着各种质地的物品，反复地进行试验。最后，他终于确定，阴极射线管发出的一种无名射线到达荧光屏面后，可以使荧光屏发出荧光。他把这种神奇的射线叫做 X（未知的）射线。

后来，他发现荧光屏之所以会发出绿光，是因为屏幕上覆盖了一层叫氰亚铂酸钡的无机盐，而换成类似的无机盐这种现象也会发生。他又发现很多金属都会被 X 射线穿透，而只有铅等少数金属可以吸收 X 射线。而且很多荧光物质在遇到神奇的 X 射线后，都会不同程度地发出荧光。

造福人类

伦琴发现这些神奇的现象后，激动得不能自己。就在这时，他无意之中把手放到了阴极管与荧光屏之间，忽然看到荧光屏幕上闪动着一个骨架似的怪东西，顿时大吃一惊，呆住了。天哪，他看到了什么？荧光屏上赫然显示着一个阴森森的手形骨架！

他压抑住巨大的惊喜，又试了一次。千真万确，X射线竟然可以透视人体！

伦琴打电话叫来妻子，他请妻子把手放在用黑纸包严的照相底片上，用X射线照射，底片显影后，看到伦琴夫人的手骨像，手指上的结婚戒指也非常清晰，这成了一张有历史意义的照片。伦琴称这张照片为"X"射线照片。后来这种照片被应用于人体医学，发挥了非凡的作用。

1895年12月8日，伦琴把这张"X"射线照片连同论文《一种新的射线》发表在报纸上，顿时引起了全世界的轰动。他又于1896年及1897年分别发表了论文与演讲。在演讲中，他激动地说道："'X'射线的发现，对物理学尤其人体医学来说会是一个新的革命。"从此，人们都把X射线叫做"伦琴"射线，伦琴因此于1901年获得了首届诺贝尔物理学奖。

斯德哥尔摩

的祖父曾经做过一名军医，但现在已经上了年纪；父亲伊曼努厄尔·诺贝尔似乎对外科器械设计比较感兴趣，对于造船工程还很痴迷，同时还是一个发明家、科学家，并一直致力于爆破性化学的研究。父亲对科学的广泛兴趣，深深地影响了诺贝尔。

受父亲影响，诺贝尔从小对

年轻的诺贝尔

诺贝尔

人生起始点

1833年10月21日，诺贝尔在瑞典首都斯德哥尔摩出生。他

世界通史

最新整理图文珍藏版

化学、物理学和机械工程学产生了浓厚的兴趣，在十七岁时，还曾专门前往美国学习造船工程学。

在美国学习造船工程学期间，诺贝尔经常去郊外游玩。当时，他看见很多工人为了开通一条铁路或公路在荒山中用铁锤拼命地敲打石头，这种落后的工作方式给他留下了很深的印象。他时常思考着：如果发明一种东西，能够不费力气就把大山劈开，那对人类该是多大的贡献啊！

学成回国以后，诺贝尔便回到父亲的工厂工作，主要从事硝化甘油和其他烈性炸药的实验和制造，由于工作需要，有时也前去俄国。

1866 年，经过数百次危险极大的实验，诺贝尔终于研制成功一种爆炸力极强的液体炸药："诺贝尔炸油"。但是，"诺贝尔炸油"虽然威力巨大，为人们省了不少力，但是，它也有一个致命的缺陷，就是容易引起爆炸，只要有剧烈的震动或摩擦，它都可能发生爆炸，这给长途运输带来了极大的麻烦。美国旧金山的一辆火车曾运送过这种炸药，但因为行车时发生颠簸，引爆了炸药，从而使车毁人亡；一艘巨轮也曾运送过这种炸药，但风浪袭击，造

诺贝尔的父亲

成了船体内部震动，最终引爆了炸药，使巨轮沉到了海底。

"诺贝尔炸油"的不稳定性，让人们心生寒意，谁也不愿意去接近它。许多运输公司对它实行禁运，人们也不再使用它，这使"诺贝尔炸油"失去了存在的意义。为了能更好地服务人类，诺贝尔开始倾力研制更为安全的炸药。

沉重的代价

1864 年 9 月 3 日，诺贝尔离开实验室出去工作了。但当他回来时被眼前的惨景惊呆了：他的实验室已不复存在，浓浓的硝烟还在废墟上游荡，刺鼻的气味在废墟周围凝结着，四周散落了一地的碎玻璃，砖块下还渗出了滩

诺贝尔曾经的实验室

滩鲜血。诺贝尔有一种不祥的感觉。赶到医院他才知道，5名工作人员已经全部遇难，弟弟也因抢救无效而死亡，父亲变成了终身残废。

诺贝尔突然有点不知所措。但不服输的心理又让他鼓起了勇气，他从巨大的悲痛中解脱出来，然后尽全力投入到了新的实验中。为了避免爆炸造成大的损失，诺贝尔在朋友的帮助下把实验室迁到了一条船上。

船上的诺贝尔可以随心去做试验了，因为即使发生爆炸，也只是炸掉自己和一条船而已。经过四年的努力，诺贝尔在进行数百次实验后，终于制造出了更为安全的黄色固体炸药，这种炸药只有经过引爆才能爆炸，摩擦、震动已经构不成威胁了。诺贝尔的研究还不止于此，人类历史上第一个引爆装置——雷管，也是他发明的。

又一次冒险

由于对炸药爆炸力的苛求，诺贝尔经过反复试验，终于研制出了威力更大的炸药。但是，他无法判断这种炸药的爆炸力究竟有多大，于是他决定进行一次冒险试验。很显然，爆炸力越强，危险性也就越大。

1875年的一天，诺贝尔决定测验炸药的爆炸力。1864年9月3日那次意外，还深深地印在他的脑中，这次他决定一个人冒险。他把所有的人赶出了实验室，把自己锁在了里面。然后，他再次检查了一下炸药，开始点燃导火线。导火线迅速地燃烧着，留下一股刺鼻的烟味。为了能够掌握炸药的爆炸的真实情况，他死死盯着导火线，而炸药离他也只有很短的一段距离。

随着"轰"的一声，实验室

诺贝尔圣彼得堡的家

纷冲向实验室门口。门忽然开了，里面冲出了一个满身是血的人，他边跑边喊："成功了！成功了！"人们顾不得分享他的喜悦，赶紧拉住他给他检查伤势。这一天，诺贝尔研制出了威力强大的胶质炸药。

诺贝尔奖金的设立

诺贝尔经过不懈的努力，研制出了安全性更好、威力更大的炸药，而且还在不断地更新。这为他带来了"炸药大王"的荣誉，同时还为他带来了不菲的收入。资金充裕了，诺贝尔的实验环境有了大的改善，实验条件也充足了。1887 年，诺贝尔成功研制出了无烟炸药，并被人们一直沿用至今。

诺贝尔雕像

1896 年 12 月 10 日，"炸药大王"诺贝尔在意大利去世。而在前一年，他立下了一个伟大的遗嘱：把自己所有的财产全部捐献出来，设立一个基金，然后把基金所产生的利息奖给在物理学，化学、生理学或医学、文学与和平事业中"对人类作出最大贡献的人"。

1901 年 12 月 10 日下午 4 时 30 分，20 世纪初最伟大的盛会在瑞典首都斯德哥尔摩的音乐厅内隆重举行。参与这次盛会的都是各个领域里的顶尖人才，"诺贝尔基金会"将给那些为人类做出突出贡献的人，颁发荣誉证书和巨额奖金。最后，瑞典国王亲临致词，向得奖者表示衷心的祝福。这就是第一次诺贝尔奖颁奖典礼的盛况。

老阿斯旺大坝的建成

1902 年，埃及尼罗河上的阿斯旺水坝竣工。这座 2000 米长、40 米高的大坝是由英国设计、埃及军队和希腊及意大利工人耗时 4 年完成的。大坝的建成使尼罗河下游的百姓大大减少了遭受定期泛滥的洪水的危害，使这里的大部

阿斯旺大坝

分地区可以终年得到灌溉，不但使可耕地面积一下子增加了100多万英亩，而且使庄稼由一年一熟增为一年二熟和三熟，棉产量增加40%以上。

凯迪拉克汽车品牌的创立

凯迪拉克是我们再熟悉不过的美国汽车品牌了。在它身上集中了所有我们印象中收集得到的美国风格：近乎没有道理的宽大、奢侈，充斥着耀眼、夸张的镀铬装饰，还有骄傲的、也极易辨认的鱼鳍式尾翼。但是你大概不会知道，凯迪拉克这个品牌诞生于危难之时。品牌的奠基人名叫亨利·利兰德，在19世纪末时他只是奥尔兹公司的一个配套商，最早生产变速箱，后来又开始生产发动机。然而，天有不测风云，

奥尔兹后来由于经营不善，突然中止了部分合同，使利兰德一下子陷入了窘境：发动机都生产出来了，却没有汽车可装。当时，企业家墨菲和鲍文对利兰德表示出了极大的信任，吸收他于1902年加入了底特律汽车公司。他们共同为新诞生的汽车品牌选择了凯迪拉克这个名字，这是一位来自法国南部的，同时又是底特律城创建人的名字。就这样，当时不甚景气的底特律汽车公司很快便蓬勃发展起来。

凯迪拉克轿车一向被公认为是充分演绎美国精神和领袖风格的豪华轿车典范，其乘坐者的尊贵、沉稳、豪迈和权力，更使凯迪拉克成为一种彰显权贵的象征，

凯迪拉克创始人利兰德

世界通史

最新整理图文珍藏版

它一直是各国政要和华贵家族出入重要场所的首选座驾之一。

培雷火山喷发

加勒比海马提尼克岛的培雷火山喷发，是历史上造成死亡人数最多的一次火山喷发。培雷火山高 1350 米，耸立在马提尼克岛的北部。圣皮埃尔城离该火山约有 8 千米远。

1902 年 4 月初，灾难的征兆已开始显露。当时，来自培雷火山喷发出的火山灰雨降落在周围地区。一星期后，当从火山涌出的熔岩流经圣皮埃尔附近时，约有 150 人丧生。5 月 8 日凌晨，培雷山又开始怒吼，山顶上两个火山口的岩浆四处飞溅，泉水般往外涌。就在这一刹那，圣皮埃尔消失了。随后，一个调查组乘战船到达圣皮埃尔港。从远处望去，

被火山爆发吞噬掉的圣皮埃尔城

岸上一片凄凉，连一个活物也没有。昔日的参天大树都不见了踪影，广场上到处是残尸，周围的建筑已变成废墟。这场灾难使圣皮埃尔 4 万余人丧生。

培雷火山喷发对马提尼克岛经济的破坏如此之大，人员伤亡如此骇人听闻，以致政府曾计划立刻让所有人员撤离该岛，但后来没有这样做。经济得到了重建，今天马提尼克岛有 32.7 万人，大约是火山喷发前的 2 倍。

福特汽车公司创立

1903 年，亨利·福特与一些底特律商人合作，在密歇根州迪尔伯恩创建了福特汽车公司。尽管公司只有 10 位雇员，但他们却

1908 年生产的福特 T 型车

制造了性能稳定的 A 型汽车，这种汽车为福特日后的发展奠定了

1903 年福特生产的第一辆四轮汽车

物质基础。1908 年亨利·福特决定让福特汽车公司只生产一种经济型轿车即著名的福特 T 型车，并努力降低售价，以使其能够迅速普及。这一政策大获成功，T 型车深受欢迎，供不应求。1913 年福特公司建起了汽车工业史上第一条流水线，开辟了大批量生产汽车的时代。

到 1920 年，美国车辆中的 60% 是福特牌。1938 年，福特公司仅次于通用汽车公司和克莱斯勒汽车公司之后，在汽车行业中位居第三。20 世纪中叶，福特公司经历了沉浮动荡。如今，福特公司再次成为世界利润最高的四大汽车制造商之一。

自然旅行家约翰·缪尔

约翰·缪尔是美国最著名、也是最有影响的自然主义者和环保主义者。作为荒野的探险者，他独自攀登过加州的阿拉斯加冰川，并游历世界各地以发现自然之美；作为描写自然的作家，他于 1869 年在内华达山脉牧羊时写下了充满诗意的日记，使他那个时代和现在的人们认识到了体验自然和保护自然的重要意义。由于他所开展的自然环保的运动，1890 年美国政府建立了塞阔亚国家公园和约塞米蒂国家公园。1892 年缪尔创建了塞拉俱乐部，

美国总统罗斯福与缪尔在国家公园的高山上

该俱乐部将缪尔对大自然的热情化作全国性的运动。缪尔激发了西奥多·罗斯福总统对资源保护区的兴趣，1903年罗斯福总统和缪尔一起到优胜美地国家公园野营。

"布尔什维克"和"孟什维克"

1903年7月，俄国社会民主工党的第二次代表大会在布鲁塞尔召开，大会主席团的主席是普列汉诺夫，列宁为副主席。大会的主要议程就是通过党纲和党章。在有关党的纲领上要不要写上无产阶级专政和党章以及党员资格的问题上引起了激烈的争论，投票表决的结果是：在党纲问题上通过了列宁的意见，写上无产阶级专政的条文；但在党员资格问题上列宁的意见被否决了。在最后选举党的中央领导机构时，由于部分反对列宁的代表退出大会，导致拥护列宁这一派代表变成多数。至此，俄国社会民主工党从此形成两派即多数派（布尔什维克）和少数派（孟什维克）。

布尔什维克的革命领袖列宁

首届环法自行车赛

环法自行车赛是世界上规模最大的公路自行车比赛，也是欧洲国家一系列公路自行车比赛中历史最悠久的比赛。

环法自行车赛起源于1903年两家报社的竞争。当时《机动车报》的编辑亨利·德斯格朗吉为了提高报社的知名度，决定组织一项"世界上最重要的自行车比赛"。于是在1903年的7月1日，第一届环法自行车赛诞生了。共有60名选手参加了这次比赛，比赛的起点是法国巴黎以法国各地，终点均为法国首都巴黎的香榭丽舍大街。比赛分阶段计时，各阶段累计时间最少者胜。随着环法自行车赛的声势不断扩大，该比赛的难度不断增大，比赛距离也不断增长。每届环法自行车赛都能吸引大量欧洲人前来观看，其热闹场景仿佛过节一般。

第一届环法自行车赛冠军毛瑞斯·盖利

南20千米的蒙日龙，全程2428千米，历时19天。最后法国选手毛瑞斯·盖利获胜成为世界上第一位环法赛的总冠军。他的成绩比第二名的选手博希尔要快3小时。

第一届环法自行车赛后，每届环法自行车赛都规定在每年的7月间举行。每届比赛都有众多来自世界各国的职业自行车运动员参加，赛程约4000千米，包括平地和山路，路程一般要遍布

西伯利亚铁路竣工

1904年7月13日，经过13年的建筑施工，横跨西伯利亚的大铁路终于通车。这条铁路以切尔亚宾斯克为起点，沿乌拉尔山的南麓，一直抵达到太平洋岸的符拉迪沃斯托克为止。

有关西伯利亚铁路大量的研究论证工作从19世纪中期就开始了，在多方面研究的基础上，1891年俄国决定修建这条铁路。当年5月首先从符拉迪沃斯托克开始向北破土动工，1892年7月又从切尔亚宾斯克往东修建。为建造这条铁路，俄国人克服了无数困难，到1898年，这条线路已从伊尔库茨克伸展到了哈巴罗夫斯克。与此同时，俄政府同中国协商签订了一项条约

（1896 年），让俄国人修建中东铁路，这样经过满洲以更短的距离、更为直接地将符拉迪沃斯托克和贝加尔湖连接在一起。俄国人修建了 1000 多个车站，站与站之间距离主要是根据土质而定，但基本上是隔 27 英里一站。

今日的西伯利亚铁路

西伯利亚大铁路的修建，不仅拉近了欧亚人民之间的距离，而且大大促进各国间的经济交流与合作。

国际足联成立

国际足球联合会（简称足联）于 1904 年 5 月 21 日在法国巴黎的法国体育运动联合会总部正式成立，法国、比利时、丹麦、西班牙、荷兰、瑞典及瑞士等 7 国为发起成员国。

在成立大会的两天后，即 1904 年 5 月 23 日，国际足联举行了第一次选举，法国人罗伯特·盖因当选第一任主席。国际足联成立之初，还只是一纸协议，如何真正建立起一个代表各国足协的世界性组织，这个团队首要任务就是说服了现代足球起源国家——英国的加入。

直到 1909 年以前，国际足联的成员还仅限于欧洲国家的足协。直到后来，国际足联开始吸纳其他洲的足协组织。自此，国际足联逐渐开始了世界范围内的交流，这也为后来发展壮大、成为最具影响力的国际单项体育组织奠定了坚实的基础。

国际足球联合会的任务是：采用足联及其执委会认可的任何

1904 年，欧洲的校园足球俱乐部。

1904年参加足球运动的欧洲女学生

第三届奥运会

方式促进足球运动的发展；通过组织各级水平（业余、非业余、职业）的比赛以及其他可能的手段发展足联会员之间和运动员之间的友好往来，采用一切必要而适合于防止章程、代表大会的决议和比赛规则遭到破坏的方法对足球运动进行控制；禁止种族、政治和宗教信仰歧视。

规模最小的一届奥运会

第三届奥运会是现代奥运史上规模最小的一届奥运会，于1904年7月7日至11月23日于美国圣路易举行。本届奥运会地点一改再改，顾拜旦男爵选中纽约，国际奥委会看中芝加哥，最后由美国总统罗斯福裁决，由圣路易城举办。有12个国家的625名运动员参加，由于远隔重洋，旅费昂贵，欧洲一些国家没有参加。即便派队参加的英、德、澳、匈、瑞士、希腊，总共也只派出了39名运动员。比赛共设87个小项，这是欧洲在奥运会史上参加国家最少、人数最少的一次。

世界产联成立

"世界产业工人联合会"（简称产联）成立于1905年6月，它是延续了近半个世纪的美国工人运动的产物，它的领导人和组织

产联杰出的代表比尔·海伍德

者是在工人群众中久负盛名的活动家比尔·海伍德。它的成员主要是非熟练工人和季节工人，主张用阶级斗争的方法来解放工人，争取建立社会主义社会，但产联受无政府工团主义影响较大，而使社会主义者退出产联。第一次世界大战前夕产联实际上陷于瓦解，十月革命后，产联的优秀分子组成美国共产党。

旧金山大地震

　　1906 年 4 月 18 日，一场强度为里氏 8.3 级的大地震袭击了旧金山。这场大地震仅仅持续了 75 秒钟，但该城市大部分地区的高楼大厦、平房陋室，顷刻间被毁，许多人被当场压死。随即更可怕的事情又一次袭来，地震过后不久，一场大火燃起，使震后的旧金山雪上加霜。大火整整烧了 3 昼夜，烈火所到之处，一片火海，火魔无情地吞噬了旧金山大部分地区，约 8000 平方米范围被毁，有近千人被火烧死，或被倒塌的建筑物砸死，使地震后的一切更加无法挽回，损失估计高达 2 亿美元。在烈火和地震双重打击之下，原来的旧金山不复存在了。灾难过后，许多惶恐不安的市民纷纷离开家园，带着痛苦到异地寻求生路。

桑托斯·杜蒙法国的破纪录飞行

　　桑托斯·杜蒙是巴西人，移居巴黎，数年前因驾驶自制飞艇绕埃菲尔铁塔一周而成名。1906 年 12 月 12 日，他驾驶箱形复翼机飞行成功，滞空 21 秒，飞行 220 米。他的这架飞机是根据箱形风筝的原理设计的。由于莱特兄弟的消息这时没有传到法国，巴黎

杜蒙与他的箱形风筝飞机

人以为自己是飞行老大。桑托斯·杜蒙生性耿直，晚境不佳，作为早期飞行先驱之一，他对飞机被移作军事用途失望，于1932年自杀。

维苏威火山爆发

维苏威火山位于意大利那不勒斯湾之滨，海拔1277米，是欧洲大陆惟一的活火山。它的火山口周边长1400米，深216米，基底直径3000米。

维苏威火山过去被称为苏马山或索马山，其古老山地的边缘部分现呈半圆形，环绕于目前的火山口。火山口总是缭绕着缕缕上升的烟雾，散发的热量足以点燃一张纸。山脚下遍布着果园和葡萄园，而火山上的坡则显得荒凉和险恶。

维苏威火山在公元前有过多少次喷发，没有详细记载。但公元63年的一次地震给附近的城市造成了相当大的损失。从这次地震起直到公元79年，常有小地震发生。至公元79年8月地震逐渐增多，地震强度也越来越大，导致火山大爆发。也就在这次爆发中，将古罗马帝国最繁荣的城市庞贝化为乌有。20世纪维苏威火山已发生了6次大规模的喷发。1906年4月7日，维苏威火山又一次爆发，流出的岩浆包围了奥塔维亚诺镇，夺去了数百人的生命。

北京—巴黎汽车大赛

汽车拉力赛是一项艰苦的赛事，一般在公路和荒野间进行，通常可能有多个出发点，而最后有一个公共的会合点，因此拉力赛就是汽车集合的比赛。历史上最早的一次长途远征汽车赛是北京—巴黎汽车拉力赛。

1907年6月10日，车队从北京城出发。当时的道路都是简易的土路，由于雨季的到来，车队

汽车拉力赛赛场

一出北京城就陷入了泥泞之中，在当地人的帮助下人推马拉，像蚂蚁一样簇拥着汽车往前爬行，7天才行程321千米，而前面还有无数的山川、河流、沙漠、荒原在等待着他们，就连汽油也只有在几个地方才可以取到，更恐怖的是沿途还有土匪的袭击。为了减轻汽车的负载，车手们不得不扔掉随车带来的各种生活用品。燃料和配件的短缺，使一些赛车几乎陷入绝境，简直就是一场死亡的游戏。

8月10日，由博盖塞驾驶的伊塔拉赛车第一个到达巴黎，其余的赛车都于8月30日前陆续抵达巴黎，历时81天跨越欧亚大陆的北京—巴黎汽车拉力赛终于落下了帷幕。这是有史以来历届汽车拉力赛中最艰苦的一次，也是一次最具危险的比赛。

第四届伦敦奥运会

1908年，在英国伦敦举行第四届奥运会，时间长达6个多月，参赛国家共22个。首次参赛的有冰岛、新西兰、俄国、土耳其和芬兰。1900年，亚洲的印度曾有一名运动员随同英国队参加了巴黎奥运会，使欧美亚及大洋洲均有代表参加当届运动会，只是缺少非洲国家；1904年，非洲与欧美及大洋洲均有代表，但亚洲缺席。本届奥运会世界五大洲都有国家出席，这对奥林匹克日益国际化起到了重要的历史意义。

奥运会于7月13日正式开幕。英国国王、王后和国际奥委会主席顾拜旦出席了开幕式。本届奥运会也首次规定：开幕式上各代表团应统一着装，在本国旗帜引导下列队入场。

这次大会共设有24个大项，首次列入的有曲棍球、花样滑冰、水上摩托和一些奇异不常见的项目，如热杰球，这是一种古老的类似网球打法的球。但这项比赛在奥运会上寿命不长，很快被取

1908 年伦敦奥运会的会徽

通古斯大爆炸情景再现

消了。

伦敦奥运会首次公布了各国得奖统计表，它对以后各国进行这方面统计或计算正式得分产生了积极影响。本届获奖牌最多的前三名国家是英国、美国、瑞典。

通古斯卡大爆炸

1908 年 6 月 30 日，位于今俄罗斯西伯利亚的通古斯卡地区，一团巨大的火球划破苍茫的夜空，随即，一场毁灭性的大火，烧毁了周围数百英里内的原始森林，成群的驯鹿在大火中化为灰烬。

大爆炸后的数日内，通古斯卡地区方圆 9000 英里的天空，被一种阴森的橘黄色的烟雾所笼罩。另外在北半球广大地区连续出现了白夜现象。

这次爆炸的能量相当于 1000 枚广岛原子弹爆炸能量的总和。关于这次爆炸至今仍没有一个肯定的说法。为了解开通古斯爆炸之谜，近百多年来科学家不断进行探索并提出了多种假设，然而每一种假设都不能给予确切的解释。目前最为流行的是陨石撞击说，但至今未能找到残存的陨石碎片。

飞机失事死亡事件发生

1908 年 9 月 17 日，美国陆军通讯兵中尉塞尔夫里奇在由奥维尔·莱特驾驶的飞机失事中身亡，他是莱特兄弟开辟了航空新纪元以来在飞机失事中死亡的第一人。

坠机事故发生在弗吉尼亚的梅尔堡。奥维尔·莱特一直在那里进行一系列的飞行以证明这架飞机符合美国国防部所定的各项

奥维尔·莱特失事瞬间

要求。他与塞尔夫里奇在 2500 名观众的面前于 9 月 17 日下午 5 时起飞，这架双引擎飞机绕起飞的检阅场飞了 3 圈安然无恙，但飞到第四圈时机前部的螺旋桨的一个叶片突然断裂，飞机向下俯冲 75 英尺撞到地面。当人们赶到现场时发现，塞尔夫里奇的头骨骨折，已停止了呼吸。奥维尔·莱特身受重伤，不久便恢复了健康。

起源于法国的军乐队

欧洲的"管乐"由来，可以上溯到罗马时代。在罗马的文献里，可以看到吹着铜制的号角、或者用皮革蒙着的各种鼓乐来领导军队，演奏进行曲的场面；因此，管乐可以说很早便在欧洲盛行。

根据记载，18 世纪后，拿破仑成立了至今仍非常有名的法国

法国军乐队

禁卫军乐队，自此法国的军乐队及鼓乐队开始起源。

在此之前，欧洲的军乐队只是担任各种庆典、仪式及军队行进中进行曲的演奏，所以基本上是一种"仪仗队"的形式，一直到 19 世纪中期以后，才开始

让管（军）乐队成为"音乐演奏"的一种形态。如上述的法国禁卫军管乐团，于19世纪末时，就曾在位于巴黎铁塔前举办的巴黎万国博览会上演出了数场的音乐会，当时可说是技惊全场，让全世界知道了管乐队也能演奏出如此优美及艺术化的音乐。

通用汽车公司成立

通用汽车公司是世界上最大的汽车制造企业。1904年，全美最大的马车制造商威廉·杜兰特买下了别克汽车公司，开始进入汽车制造业。资金雄厚的威廉·杜兰特经过他苦心经营，使别克公司迅速发展起来。这时，威廉·杜兰特先后与福特汽车的老板亨利·福特、REO汽车老板兰索姆·奥兹协商，试图与他们联合起来成立更大的汽车公司，但因

"马刀"跑车

拿不出足够的资金而遭到拒绝。威廉·杜兰特没有因此而灰心，转而联合了奥兹莫比尔汽车公司、卡迪拉克汽车公司、奥克兰汽车公司、雪佛兰汽车公司等20多个小公司，于1908年秋正式成立了通用汽车公司，并将总部设在底特律。

国际母亲节

每年5月第二个星期日是全世界人们向伟大母亲表示敬意的日子——母亲节。

母亲节的发起者安娜·贾维斯（左）和她的母亲

母亲节起源于希腊，古希腊人在这一天向希腊神话中的众神之母赫拉致敬。在17世纪中叶，母亲节流传到英国，英国人把封斋期的第四个星期天作为母亲

节。在这一天里，出门在外的年轻人将回到家中，给他们的母亲带上一些小礼物。而现代意义上的母亲节起源于美国，由安娜·贾维斯（1864－1948）发起，她终身未婚，一直陪伴在她母亲身边，在母亲于1905年逝世时，她悲痛欲绝，为了怀念母亲她决定用节日来纪念母亲。两年后，安娜·贾维斯和她的朋友开始写信给有影响的部长、商人、议员来寻求支持，以便让母亲节成为一个法定的节日。不久，安娜·贾维斯的提议得到了政府的支持。

第一个母亲节于1908年5月10日在西弗吉尼亚和宾夕法尼亚州隆重举行，在这次节日里，康乃馨被选中为献给母亲的花。1913年，美国国会通过了一份议案，将每年5月的第二个星期天作为法定的母亲节。母亲节从此流传开来。

美国摄影家海因镜头里的童工

1908年间美国摄影家、社会学家路易斯·海因，通过自己的内心感受用摄影机拍下了在美国底层的童工悲惨生活照片。他拍

纺织厂的女工

摄的童工照片，有的以群体出现，巨大的厂房、瘦弱的群体；有的以个体特写出现，童稚的面

玻璃厂的童工

孔、沉重的负担。这些直面现实的照片，以不可怀疑的直观性揭露了美国现实生活中存在黑暗的一面。这些作品登出后直接导致美国立法改革，通过了《儿童劳工法》，从而改善了工农劳动者和童工的社会地位和物质待遇。

国际劳动妇女节

国际劳动妇女节是世界各国劳动妇女为争取和平、民主、解放而斗争的节日。1909 年 3 月 8 日，美国芝加哥的劳动妇女和全国纺织服装工业的女工举行大规模的罢工和示威游行，要求增加工资，实行 8 小时工作制和拥有选举权。这是美国历史上妇女的第一次游行示威。这一举动得到美国和世界各国劳动妇女的热烈支持和响应。

1910 年 8 月，第二届国际社会主义妇联大会在哥本哈根举行，有 17 个国家代表参加。会议讨论的中心议题是反对军国主义扩军备战、保卫世界和平，同时还讨论了保卫儿童权益、争取 8 小时工作制和妇女选举权等问题。德国社会主义革命家、国际妇女运动领袖克拉拉·蔡特金在第二次国际社会主义妇女代表大会上，建议每年 3 月 8 日为世界妇女斗争日，该提议获得一致通过，大会将 3 月 8 日定为国际劳动妇女的节日。

飞机首次飞越英吉利海峡

1909 年 7 月 25 日，法国飞行员布莱里奥成功地飞越了英吉利海峡，这是人类首次飞越英吉利海峡。飞行从加莱桑加特起飞，降落在多佛堡，历时 43 分钟。此次飞行布莱里奥也赢得了不菲的奖金。

布莱里奥驾驶的飞机是用钢丝连接的木制单翼飞机，带有 1 个双翼螺旋桨，由 3 台汽缸的引擎作动力，其重量仅为 20 千克，飞行器上没有指南针，他只能照着下面的班轮确定航线，可见飞行难度之大。其实这次飞行有三位选手参加，他们是布莱里奥、兰伯特伯爵和休伯斯·莱瑟姆。他们共同来到加莱海峡，准备尝试飞行史上的一

布莱里奥的飞机

次跨越。但是兰伯特的飞机途中损坏了，无法飞行，所以没有成功。休伯斯·莱瑟姆因病中途退出。

皮里征服北极点

　　1909年4月，美国探险家皮里成功地到达北极点，成为世界上第一个徒步到达北极的人。

　　皮里曾先后四次对北极进行探险，前三次都没有成功。1909年，皮里决定率探险队第四次远征北极。他吸取以往几次失败的经验和教训，并做了充分的准备工作。这次，他把参加探险的24名队员分成六组，其中五个组是辅助队，一个组是主力队。辅助队的主要任务是在前面开路、修筑营房和搬运行李物资，以保证主力队有效地向北推进。同年2月，皮里率领的探险队从格陵兰岛西北的哥伦比亚角（北纬83°07′）出发，那儿离北极点约760千米。探险队经过25天的行程后，到达了北纬85°，平均每昼夜仅前进10千米。在到达北纬85°以前，皮里就命令辅助队返回营地，同时给主力队的雪橇调换上了最好的狗。3月，皮里到达了北纬87°。4月

6日，探险队到达了北极点。皮里在北极逗留了30小时后才返回营地。

　　北极点位于北冰洋北极海域的中部。那里终年寒冷，各类浮冰分布面积广，海洋生物种类和数量都十分缺乏，生存环境十分恶劣。也正是由于这样，它吸引了世界上的很多探险家。自从1650年荷兰地理学家瓦烈尼马斯首先独立划分北冰洋起至今，300多年来，人类从未停止过到这个被称为"世界神秘顶点"——北极的探险。他们使用了一切可能使用的方法和手段：有的乘海船去，有的坐狗拉雪橇或徒步去；有的企图同浮冰一道

美国探险家皮里

漂流前往；也有的乘坐气球或飞艇去。近年更有人想利用潜艇在冰下航行或乘飞机去，然而这些先进方式都比不上美国探险家皮里的双腿。

巴甫洛娃巴黎公演

世界著名的古典芭蕾演员巴甫洛娃以演出独舞《天鹅之死》而享有盛名。"垂死的天鹅"是她在独舞中的代表形象。

1909 年 5 月 19 日，由狄亚基雷夫所创办的俄罗斯芭蕾舞团，在巴黎举行首场公演。著名舞蹈家尼金斯基与巴甫洛娃演出了福金编导的《阿尔米达帐篷》、《伊格尔王》、《天鹅之死》等舞剧。这次演出也吸引了很多著名人物，包括：音乐家圣桑、雕刻家罗丹、法国阁员及夫人们，以及来自世界各地的剧院领导人。尼金斯基与巴甫洛娃精湛的舞技和表演引起了整个巴黎艺术界的极大震撼，倾倒无数观众。

里诺城

1909 年，内华达州的里诺市已由过去的矿业城镇逐渐走向了繁荣的金融城市。这一转变的直接原因是家庭婚姻的不稳定带来的直接经济利益。

当时，美国的风气比较保守，虽然离婚在美国绝大多数州都是合法的，但要判决一个婚姻破灭，需要经历缓慢慎重、费用昂贵、

巴甫洛娃在表演《天鹅之死》

里诺城一景

令人难堪的过程。于是内华达州规定，任何人只要在里诺境内住满 6 个月，就可以走进法庭向法官申诉离婚理由，法院就会立即办理。

新法律颁布后，最早在内华达州拿到离婚判决书的是 35 岁的拉塞尔伯爵和 18 岁的萨默维尔夫人。这是一对都想摆脱原配偶的英格兰恋人，他们在里诺住满 6 个月后分别办妥了各自的离婚手续，立即北上 50 英里，通过另一名法官办理了结婚手续，然后在里诺市举行了结婚仪式。消息传到伦敦，舆论哗然，拉塞尔伯爵一回到英格兰，就被贵族法院以重婚罪逮捕，受到审判，并被判处 3 个月监禁。然而，这个倒霉的伯爵却成了很多婚姻不幸人的效仿对象。

里诺城自从改变离婚法之后，旅馆、农舍，饭店和小赌场陆续繁荣起来，城市收入也大幅度增长。

酚醛塑料的发明

1909 年，美国化学家贝克兰（1863－1944）发明酚醛塑料，这是人类最早合成的塑料。

酚醛树脂的发明者贝克兰

早在 1872 年，著名的德国化学家拜尔在斯特拉斯堡大学当教授时就研究过酚和甲醛的反应，并得到像树脂一样的物质，其实这也是一种塑料，但是拜尔没有进一步研究下去。贝克兰经过实验发现酚和甲醛之间产生化学反应，而且可以控制，他将酚醛树脂添加木屑加热、加压模塑成各种制品，并以他的姓氏命名为"贝克里特"。这样贝克兰就成为塑料的第一个发明者。酚醛树脂绝缘性能极佳，常用于制作电器制品，故又称为电木。此外这种塑料坚硬，不怕热水烫，在火焰中不燃烧，所以又是制造许多日用品的材料。

酚醛树脂的发明，使人们受到了很大的启发，不少人纷纷研究其他树脂，各种新型的塑料纷纷问世。

父亲节诞生

世界上的第一个父亲节，1910 年诞生在美国。

1909 年，住在美国华盛顿州士波肯市的杜德夫人，在参加完教会举办的母亲节祭祀之后，心里有了很深的感触，她认为父亲在养育儿女过程中所付出的爱心与努力，并不亚于任何一个母亲的辛苦。她心里想着：为什么这个世界没有一个纪念父亲的节日呢？

杜德夫人将她的感受告诉教会的瑞马士牧师，她希望能有一个特别的日子，向自己亲爱的父亲斯马特先生致敬，并能以此纪念全天下伟大的父亲。瑞马士牧师听了她的想法之后，表示支持。于是杜德夫人在 1910 年春天开始推动成立父亲节的运动，不久得到各教会组织的支持。在杜德夫人的奔走努力下，美国华盛顿州便在 1910 年 6 月 19 日举行了全世界的第一次父亲节聚会。

1924 年，美国总统柯立芝支持父亲节成为全美国的节日；1966 年，美国总统约翰逊宣布当年 6 月第 3 个星期日，也就是斯马特先生的生日为美国父亲节；1972 年，美国总统尼克松签署正式文件，使之成为美国永久性的法定纪念日。

约翰逊总统

约翰逊拳坛卫冕

1910 年 7 月 4 日，美国著名黑人拳手杰克·约翰逊为了保住世界重量级拳击冠军称号，在第

世界通史

最新整理图文珍藏版

引发美国种族骚乱的约翰逊对杰弗里之战

15 回合中将白人拳手吉姆·杰弗里斯打倒。这起事件也激起了美国各地的种族骚乱。事情刚刚发生，拳击场内立即发生骚乱，在场的白人与黑人开始殴斗。街上行走的一群群黑人和白人厮打起来。据报有 10 名黑人死亡，几十人受伤。一名黑人在新奥尔良电车上由于用嘲笑的口吻宣告约翰逊的胜利，被一个白人当场砍死。

约翰逊拳坛的卫冕，在现在看来并没什么，但在当时却加剧了美国种族之间的矛盾与仇恨。

提灯女士南丁格尔逝世

1910 年 8 月 13 日，19 世纪伟大女性南丁格尔在睡眠中溘然长逝，享年 90 岁。她的一生，历经整个维多利亚女王时代，对开创护理事业做出了超人的贡献。

弗罗伦斯·南丁格尔于 1820 年 5 月生于意大利一个富有的移民家庭，后随家迁居英国，曾就读于法国巴黎大学。她的父母希望她发展文学、音乐才能，跻身名流社会，而她对此兴致淡薄，最终选择了护士的道路。1853 至 1856 年，为争夺巴尔干半岛的控制权，英、法、土与俄国进行了著名的克里米亚战争，英国战地士兵死亡惨重。南丁格尔主动申请志愿前往担任战地护士工作。她率领 38 名护士抵达前线，在四所战地医院服务。她竭力排除各种困难，为伤病员解决必须的用物和食品，认真护理，使战地医院面貌大为改观。因她每夜都手持油灯巡视伤病员，士兵们都亲切地称呼她为"提灯女士"。

1856 年，南丁格尔任陆军医院妇女护理总监。战后回国，被尊为民族英雄。1860 年，南丁格尔用英国政府奖励的资金，创建了世界上第一所正规护士学校，随后又创办了助产士及济贫院护士培训班。1907 年，英王颁发命

弗罗伦斯·南丁格尔

国际救生联合会救助行为

令，授予南丁格尔功绩勋章，她成为英国历史上第一个接受这一最高荣誉的妇女。

国际救生联合会成立

1910年，国际救生联合会由比利时、丹麦、法国、英国、卢森堡、瑞士和突尼斯等国发起，并在西班牙和意大利的支持下，在巴黎成立。此后分别在法国和比利时两国举行代表大会和锦标赛。如今，该组织是国际奥委会大家庭的成员，世界上有130多个国家和地区是这个联合会的成员。

据统计，世界上每两分钟就有一人溺水而死，每年约有25万人被水夺去生命。鉴于这一情况，国际救生联合会将其任务确定为改善水上救生的技术；开展救生教育、交流救生经验、医学技术和科研成果；在全世界普及水上救生技能；防止水的污染；促进救生器材、标志、符号和法律的发展。

国际救生联合会的最高决策机构是所有协会会员出席的代表大会，每4年召开一届。主任理事会是联合会的核心机构，负责贯彻联合会的决定，处理联合会的事务。该理事会由14人组成，包括地区理事会的代表，每年至少召开一次会议。

国际救生联合会设有非洲、美洲、亚太地区和欧洲4个地区理事会，各地区的国家协会是该地区理事会的成员。

《蒙娜丽莎》被盗

1911 年 8 月，世界名画《蒙娜丽莎》在巴黎罗浮宫被盗，此事件震动了世界。经过仔细检查，在被丢弃的镜框玻璃上发现了四个指印，这一发现引起了法国有史以来规模最大的核对指印工作。在全国的火车站、公路和轮船码头上都散布了大批密探。接着，侦探们又来到彼得堡、伦敦、南美等地。经过一年的追踪，巴黎警察局以偷窃国宝的罪名逮捕了名叫乔治的男子。乔治对此案供

《蒙娜丽莎》

认不讳。

《蒙娜丽莎》失而复得，然而一些收藏家认为，那不是真品，而是经人复制的赝品。如今世界上许多名画册上登载的《蒙娜丽莎》有很多。1985 年，美国缅因州波特兰美术馆向新闻界透露，他们馆发现收藏了一幅《不微笑的蒙娜丽莎》。消息传出，美术界为之哗然，经专家使用最先进的油画测定仪检测确定，这幅画确属达·芬奇的手笔，画中的蒙娜丽莎除面上不带微笑外，其他酷似带笑的蒙娜丽莎。美术史家们推测，新发现的这幅《不微笑的蒙娜丽莎》可能是达·芬奇在创作微笑的《蒙娜丽莎》时的一幅底稿。当然也有的学者认为《不微笑的蒙娜丽莎》有其独特的创作内涵。

奥运会上首次升起五环旗

奥林匹克委员会会旗系 1913 年根据顾拜旦的构思而设计制作的。1914 年 6 月 15 日，为庆祝复兴奥林匹克运动 20 周年，在巴黎举行的奥林匹克代表大会上首次升起了这面旗。这面第一次使用的会旗在第一次世界大战中毁于

奥运会五环旗

位于伊斯坦布尔的 IBM 公司大楼

战火。

国际奥委会的会旗为白底无边，中央有五个相互套连的圆环，即奥林匹克环。环的颜色自左至右为蓝、黄、黑、绿、红，象征五大洲的团结，全世界的运动员以公正、坦率的比赛和友好的精神，在奥运会上相见。

IBM 公司创立

IBM 即国际商业机器公司，1914 年创立于美国。最初它只是一个生产计时器、穿孔卡、统计分类机、称量器具等产品的小公司。1924 年改为现在的名字。几十年过后，IBM 以超前的技术、出色的管理和独树一帜的产品、尽善尽美的服务，终于成为当今美国最大的电子公司，并在计算机领域居于世界领先地位。目前，IBM 公司是世界上最大的信息工业跨国公司，拥有全球雇员 20 多万人，业务遍及 150 多个国家和地区。

电影史上第一部大型商业片获得成功

1915 年 3 月，美国著名导演格里菲斯拍摄的影片《一个国家的诞生》上演后获得空前的成功。这部长达 3 个小时的影片，也是电影史上第一部真正意义上的商业片。此前的电影，其长度基本上限于一卷胶片，即 10 分钟左右。而《一个国家的诞生》的长度却达到了近 3 个小时，从而彻底改变了电影作为一门艺术的样式和面貌。《一个国家的诞生》

齐柏林飞艇

投资 10 万美元，票房收入超过百万，这在金本位制的金融制度下简直是一个神话。尤为值得一提的是，格里菲斯在影片中开创性使用了许多表现手法，极大地丰富了电影语言，如遮光片的使用、垂直 90°拍摄镜头、夜景布光等等，都可以在《一个国家的诞生》影片中找到。

昆廷希尔火车相撞

　　1915 年 5 月 22 日早晨，英格兰和苏格兰间的西海岸铁路呈现出一派繁忙的景象。在两处交界的昆廷希尔站，有 3 列火车正在等待信号远行，其中一列车停在干线的上行轨道上，另两列车停在会车线上。第 4 列车是运兵专列，正在上行轨道上向南行驶。约在 6 时 45 分，军车以时速 110 千米的速度猛撞在上行轨道上的那列火车。失事列车的碎片散落在两条轨道上。1 分钟后，自伦敦开来的快车猛烈地冲入残骸堆中。此次事故大约造成 227 人丧命，250 人受伤。

　　这是英国铁路史上严重的交通事故。它的起因是，一名信号员忘记了有一列火车停在上行轨道上而发令允许军车继续行驶。

全美第一家节育诊所开设

　　1916 年 10 月，玛格丽特·桑格在纽约布鲁克林首开全美第一家节育诊所，头 9 天就接待了 464 人次，第 10 天桑格被捕，被判进入劳教所服刑 30 天。

　　玛格丽特·桑格（1883－1966）因她为推广节育作出坚韧不拔的斗争而成为国际知名人物。她出生于纽约科宁，曾在贫困的纽约市东区当护士，亲眼目睹了当地产妇和婴儿高死亡率的悲惨情景。当时法律规定，提供节育知识是有罪的。桑格同这种法律规定进行了斗争。1914 年她出版了叫做《妇女反叛者》的杂志

（以后更名为《节育周刊》），发表了一本标题为《家庭人口限制》的小册子。因为当时印发或传播这种信息是非法的，所以她被指控邮寄违法材料和"公妨罪"而被捕。

第四编

世界现代史

世界现代史是指以公元 1917 年俄国十月革命为开端。主要包括：第一次世界大战、苏联社会主义道路的探索、凡尔赛—华盛顿体系下的西方世界、第二次世界大战、主要资本主义国家的发展变化、社会主义国家的改革与演变、亚非拉国家的独立和振兴、战后世界格局的演变、科学技术和文化。

世界现代史的总主题是资本主义继续发展，社会主义曲折前进，两种社会制度长期并存的历史；是世界人民反抗殖民主义和霸权主义，争取民族独立、政治民主、经济发展和国家主权的历史；是各国家、各地区和各民族之间多元文化共存、冲突、交流与融合的历史；是科学革命、技术进步和知识增量突飞猛进，并且对人类社会和历史变迁产生越来越大影响力的历史；是国际关系由体系化向多元化发展、国际秩序由两级或单级化向多极化演变、国际交往由单一式向多样化发展、国际和平由暂时性向长久性过渡的历史；是整体世界背景下，世界经济由民族经济、区域经济向现代化和全球化发展的历史。

革命的年代
战争、危机和

第一章

最新整理图文珍藏版

战争是国内政治的继续，战争必然导致国内政治危机，一战中的俄国十月社会主义革命和二战后东欧国家人民民主政权的普遍建立是战争→危机→革命主题的最好证明。

战争导致以欧洲（西欧）为中心的旧国际关系体系的危机，形成以美国和苏联为中心的东西方阵营对抗格局。战争导致旧的国际冲突解决手段的危机，使国际关系向组织化、规范化方向发展，使解决手段向民主化、多元化方向发展，诞生了跨越国别、地区、民族、意识形态和政治体制界限的普遍性国际组织——国际联盟和联合国。"维护世界和平""集体安全""民族自决"原则和"五项基本原则"得到国际社会的普遍尊重和遵守。战争促进和引发新的科学革命和技术进步。第一次世界大战加速了以电气、化学工业为代表的第二次工业革命的进程，第二次世界大战推动了以电子计算机、宇航、原子能和合成材料为代表的第三次工业（科技）革命的启动。

世界通史

最新整理图文珍藏版

第一节 史海钩沉：重大事件 历史典故

苏维埃反对捷克军团叛乱

十月革命胜利后，沙俄反动将领和民族主义分子立即在各地掀起叛乱。其中规模较大的有：哥萨克头领杜托夫在乌拉尔南部奥伦堡地区的反叛；哥萨克另一头领卡列金（1861～1918）在顿河地区的叛乱；贝加尔湖地区的临时政府特派员谢苗诺夫将军在远东地区的暴乱；民族主义分子在南高加索和中亚地区的骚动。这些叛乱很快就被平息了。只剩下一些残匪流窜在顿河流域和北高加索地区。

帝国主义列强在十月革命胜利之时正忙于第一次世界大战，无力对苏俄立即进行军事干涉。它们一方面采用各种隐蔽的形式进行干涉：向叛乱者提供金钱武器，或通过间谍特务组织暗杀破坏。另一方面，积极筹划武装干

涉。1917年12月22日，协约国代表在巴黎开会，讨论并商定对苏维埃国家武装干涉的计划。会议的备忘录说："我们认为必须保持同乌克兰、哥萨克地区、芬兰、西伯利亚、高加索等地区的联系……我们的首要任务是提供资助以改造乌克兰，供养哥萨克和高加索的军队……如果法国承担向乌克兰提供军费的义务，英国将能为其他地区找到资金。当然，美国也会参加这项事务"。12月23日，英法签订了《关于英法军队未来在俄国领土上作战区域》的秘密协议，规定英国的活动地区是哥萨克地区和高加索，法国的活动地区是乌克兰、比萨拉比亚和克里米亚半岛。美国资产阶级历史学家张伯伦认为，英法划分势力范围的基础是各自的经济利益。他指出"英国投资控制了高加索，法国则关心乌克兰的煤矿和铁矿。"

1918年3月3日，苏俄同德

奥集团签订《布列斯特和约》退出第一次世界大战。3月9日，英国就以履行盟国职责，防御德国舰队入侵为名，派军队在苏俄北方的摩尔曼斯克港登陆。不久，法美意的军队也开了进去。外国干涉军的人数约1万名。8月协约国军侵占苏俄北方的另一重要港口——阿尔汉格尔斯克。在东方，日本以保护侨民为借口，于4月5日派军队占领海参崴，接着，美国军队也在该地登陆。日美干涉军多达8万人。与此同时，德国军队进入了乌克兰和波罗的海沿岸地区。从此，开始了帝国主义对苏俄的武装干涉。但此时，干涉军尚未公开打出颠覆苏俄政权的口号，还没有向苏俄中心进攻。

苏俄国内战争的全国爆发是在1918年5月。它的标志是捷克军团的叛乱。这个军团是由在俄国的捷克战俘组成的，大约有4.5万人。军团司令是绍科罗夫。十月革命后，苏维埃政权允许他们经西伯利亚到法国去，但不得携带武器。5月，当装载着捷克军团的60列军车停在奔萨到海参崴的铁路沿线时，捷克军团于25日首先在乌拉尔以西的马林斯克掀起叛乱。接着，占领了奔萨、萨马拉（今古比雪夫）、乌法、伊尔库

茨克。伏尔加河中游地区、乌拉尔及西伯利亚的大部地区落入叛军手中。

捷克军团的叛乱是在苏维埃政府处于困难时刻爆发的。当时，苏俄面临严重饥荒。1918年4月份的粮食采购只完成计划的14.1%，政府被迫于5月9日宣布实行粮食专卖，规定全体农民必须把剩余的粮食按规定的价格卖给国家，违者将被逮捕判刑。政府还组织征粮队下乡，以保证国家得到最低限度的粮食，来供应城市居民和红军。

苏维埃的这项政策遭到富农的疯狂反对。人数众多的中农则对苏维埃政权的信任发生动摇。这一情况被社会革命党和孟什维克所利用。它们在各地建立起形形色色的反苏维埃的政府。社会革命党人德尔贝尔于1918年初在托木斯克建立了西伯利亚临时政府。6月，社会革命党人沃洛茨基另组新的西伯利亚临时政府。6月8日，在捷克军团攻占萨马拉的当天，社会革命党人沃尔斯基在市内组成《立宪会义成员委员会》。7月末，捷克军团攻入叶卡特琳堡（今斯维尔德洛夫斯克），社会革命党、人民社会党和立宪民主党联合组建了叶卡特琳堡临时政府。

此外，在苏俄北方的阿尔汉格尔斯克有人民社会党的柴可夫斯基政府。在中亚的阿什哈巴德有社会革命党的丰季科维政府。在格鲁吉亚有孟什维克政府。这些政府打着"立宪会议"、"买卖自由"和"反对布列斯特和约"的旗号，极力诱骗农民和中小工商业者参与它们的反苏维埃叛乱。

1918年9月，社会革命党和孟什维克邀集各地反苏维埃集团的代表在乌法开会，成立以社会革命党人阿大克森齐也夫为主席的5人执政内阁。执政内阁自称为全俄临时政府，但它所能实际控制的只是原立宪会议成员委员会和西伯利亚临时政府管辖的地方。

捷克军团和社会革命党、孟什维克的叛乱，使年轻的苏维埃政权在1918年夏天陷于四面包围之中。苏俄政府所控制的地区只有全国面积的1/4，主要是莫斯科周围的土地：东边到伏尔加河流域，西界大体是离莫斯科500～600公里的普斯科夫—莫吉廖夫一线；北边不到白海，南边不超过同乌克兰交界的地方。苏维埃失去了重要的粮食、原料、燃料产地。铁路瘫痪，工厂停工，粮食奇缺，人民生活十分困苦。首都

工人每天只能得到极少量面包，有时连这一点也得不到。与此同时，暗藏的敌人不断进行颠覆破坏。1918年7月，左派社会革命党人在莫斯科等城市掀起叛乱。8月30日，社会革命党人卡普兰开枪打伤列宁，无产阶级领袖中两颗毒头子弹，伤势很重。

苏维埃的处境十分危急。1918年6月14日，全俄苏维埃中央执行委员会决定把社会革命党人和孟什维克开除出苏维埃。7月，把左派社会革命党人也开除出苏维埃。9月2日，全俄中央执行委员会宣布苏维埃共和国为统一的军营，要求在"一切为了前线"、"一切为了战胜敌人"的口号下，把各项工作都转入战时轨道，要求"全体公民不分职业和年龄，必须无条件地履行苏维埃政权赋予的保卫国家的义务"。

为了把所有的人力物力都集中起来用于战争，政府逐步改变过去的作法，实行"战时共产主义"政策。城市中，除大工业外，中等工业也收归国有。国家对收归国有的企业实行统一集中管理。农村中，实行余粮收集制。"战时共产主义"政策取消了自由贸易，对粮食和日用工业品实行配给制。不同阶级、职业和年龄的人，给

予不同的定额。苏维埃政府决定实行全民劳动义务制，组织全体成年人参加各项劳动。"战时共产主义"政策是在战争条件下采取的一项政策，对保证战争的胜利起了积极作用。

布尔什维克党十分重视工农武装的建设。它动员自己的一半成员参加军队，使1918年初才组建的红军到10月就达到80万人。9月，成立革命军事委员会，负责具体领导各条战线的战斗。委员会的主席是托洛茨基，总司令是参加红军的旧军官瓦采蒂斯。11月30日，成立了以列宁为主席的工农国防委员会，统一领导全国的防务工作。

1918年夏，捷克军团和萨马拉政府的军队占据了辛比尔斯克（今乌里扬诺夫斯克）和喀山，企图向西攻打莫斯科。布尔什维克党中央研究了这一形势，确认东方战线是当时首要的、具有决定意义的战线。8月初，托洛茨基乘坐专列，亲赴伏尔加河流域前线鼓动宣传，组织力量，指挥战斗。在整个国内战争期间，革命军事委员会主席的专列开赴前线36次，行程10万多公里。

9月底10月初，红军在东线司令谢·谢·加米涅夫的率领下，解放了喀山、萨马拉，把敌人一直赶到马拉尔。乌法的5人执政内阁见形势不妙，于10月迁往西伯利亚的鄂木斯克。

盘踞在顿河流域的克拉斯诺夫将军，在德国的支持下，于1918年夏天率领近6万哥萨克部队进攻察里津（后改称斯大林格勒，今称伏尔加格勒）。7月19日，苏维埃政府建立北高加索军区的军事委员会。斯大林担任主席。他指挥红军在8月、10月两次打退克拉斯诺夫的进攻。

苏维埃粉碎高尔察克和邓尼金的进攻

1918年11月，德奥集团战败，第一次世界大战结束。苏维埃政府立即宣布废除布列斯特和约，同时命令红军开入乌克兰、白俄罗斯和波罗的海沿海地区，收复德军占领的土地，支持当地人民建立苏维埃政权。

德奥的失败使协约国得以加紧对苏俄进行武装干涉。11月下旬，12个法国师和希腊师在敖德萨、塞瓦斯托波尔等港口登陆。英国舰队运送陆战队在巴统和诺沃罗西斯克登陆。协约国很快就在苏俄的南部集结了 13 万兵力，并在黑海各港口停泊 3 艘主力舰，8 艘巡洋舰和 12 艘鱼雷艇。干涉军的司令是法国唐谢利姆将军。

11 月，协约国以自己的干涉军为主力，联合顿河地区的克拉斯诺夫萨克部队和北高加索地区的邓尼金部队，共同向北进攻。

苏维埃政府紧急动员各地力量支援南方战线和乌克兰战线。1919 年初，红军反攻，解放了顿河流域。2 月 5 日，红军开进基辅，收复乌克兰北部地区。与此同时，布尔什维克党派遣大批人员到协约国军队中活动，组织俄国工人士兵同他们联欢。在革命宣传的影响下，越来越多的外国士兵拒绝同红军作战。4 月 4 日，乌克兰战线的红军攻入克里米亚半岛。在红军节节胜利的形势下，停泊在塞瓦斯托波尔的法国舰队水兵于 4 月 20 日举行起义，反对武装干涉苏俄，要求返回祖国。法国政府看到自己军队内部不稳，难以继续军事干涉，便从乌克兰南部撤走全部军队。英国希腊等国也相继从苏俄的南方和北方撤回干涉军。这样，协约国想主要靠自己的武装力量来推翻苏维埃政权的企图彻底破产了。列宁在评价这一事件的意义时说："我们迫使英法撤走本国军队这一胜利，是我们对协约国的一个极其重大的胜利。我们夺走了协约国士兵。我们用劳动者团结一致反对帝国主义政府的精神，夺走了协约国在军事上和技术上的莫大的优势"。

1919 年春，协约国改变了反苏斗争策略。它把白卫军队推到第一线，组织他们统一进攻莫斯科。协约国最初以盘踞在西伯利亚的高尔察克军队为反苏维埃的主力。高尔察克原是沙皇的海军上将，黑海舰队司令。1918 年 11 月 4 日，被任命为西伯利亚政府的陆海军部长。18 日，高尔察克发动政变，推翻阿夫克森齐也夫的 5 人执政内阁，自称为"俄国的最高执政"。协约国大力支持高尔察克，派去许多军事顾问，运去大量武器弹药。据不完全统计，仅美国就给高尔察克运去 20 万支步枪和 400 多万发子弹。还有 10 多万日美英法干涉军驻扎在贝加尔湖以东的地区，保护着高尔察克的后方。1919 年 3 月 4 日，拥有 25 万人的高尔察克军队在乌拉尔地区发动大规模进攻。不久，攻占乌法，扑向伏尔加河流域。与此同时，北高加索的邓尼金将军，苏俄北方的米列尔将军，苏俄西北部的尤登尼奇将军也向红军发起攻击。

4月12日，《真理报》发表了列宁起草的《俄共（布）中央关于东方战线局势的提纲》，指出东方战线再次成为决定性战线，号召全民动员，消灭这一危险。广大党团员、工会会员积极响应号召，将近5万人走上前线。在后方，莫斯科—喀山铁路莫斯科编组车站机车库的工人，于4月12日星期六利用工余时间义务劳动，修好了3台机车。各地工人纷纷起来效法，用星期六义务劳动来支援前线。列宁高度评价这一运动，称它为"伟大的创举"。

1919年春，红军兵力增加到150万。东线红军分为南北两路，北路红军在绍林指挥下，向卡马河流域进攻。南路是重点。4月28日，伏龙芝（1885～1925）指挥南路红军发起反攻。在尖刀部队中，有传奇式英雄恰巴也夫（旧译夏伯阳），他指挥的第二十五师勇猛善战，歼灭了高尔察克的军官突击大队，并于6月9日解放乌法。高尔察克军队败退100多公里，撤回乌拉尔山区。

正当红军节节胜利的时候，托洛茨基和总司令瓦采蒂斯建议抽调东线的大量兵力去支援南线

反邓尼金的斗争。7月，党中央开会，否定了这项建议，认为停止东线进攻会使高尔察克得到重整旗鼓的机会，以再以向苏维埃政权反扑。为了贯彻这一决定，苏维埃政府任命谢·谢·加米涅夫接替瓦采蒂斯担任红军总司令。新任东线司令伏龙芝指挥红军继续东进，8月解放整个乌拉尔地区。11月，红军开进高尔察克的"首都"鄂木斯克。1920年初，高尔察克被俘获。革命军事委员会判处他死刑。1920年2月7日，红军同捷克军团签署停战协议，并允许捷克军团从远东撤离苏俄。这样，协约国组织的第一次武装干涉彻底失败了。

1919年下半年，协约国组织了反苏维埃的第二次进攻。主力是邓尼金的部队。邓尼金（1872～1974），曾任临时政府的总参谋长，西方战线和西南战线司令。十月革命后，在北高加索和顿河流域南部掀起叛乱。1919年时，邓尼金的部队大约有15万人。协约国给这支白卫军送去了38万支步枪，200门大炮，100辆坦克，194架飞机。还派去了几百名军事顾问和飞行人员。1919年7月3日，邓尼金发布进攻莫斯科的命令。不久，占领了顿巴斯和乌克

兰大部地区。

7月9日，布尔什维克党中央发布了列宁起草的公开信《大家都去同邓尼金作斗争》，号召全党和全体劳动人民都去抗击邓尼金。8月底，绍林指挥南线红军反攻，进展不大，在顿河上中游地区受阻。8月，英国陆军大臣丘吉尔在自由党代表大会上宣称，要组织14国武装干涉苏俄。但是，这一狂妄计划未能实现。8月底，邓尼金依仗自己的优越武器和剽悍骑兵，占领了基辅和第聂伯河西岸的乌克兰地区。9月3日，他再次发出进攻莫斯科的命令。9月20日，白军突破红军防线，占领了库尔斯克。10月13日，占领了离莫斯科只有300多公里的奥廖尔，直接威胁到红色首都。全世界资产阶级都在为邓尼金叫好鼓气。顿巴斯的资本家宣布，将赏给第

冬宫前的广场及凯旋门

一个冲进莫斯科的团队百万卢布巨奖。

在这危急关头，党中央于9月26日宣布举行征收党员周。大约有20万工农加入了布尔什维克党。这表明人民大众对共产党和苏维埃政权的充分信赖。在人民的全力支持下，红军于1919年10月的上半月，在南方集中了16万把刺刀，2万多把马刀和4000多挺机枪，而邓尼金部队只有6万把刺刀，近5万把马刀和2000多挺机枪。10月中旬，红军以优势兵力转下反攻，10月20日，南线司令叶戈罗夫和军事委员斯大林指挥红军解放了奥廖尔。11月和12月，解放了库尔斯克、哈尔科夫和基辅。1920年1月，绍林指挥东南战线红军攻进察里津和罗斯托夫。邓尼金部队被分成两半。一股逃向乌克兰南方。南线于1920年1月改称为西南战线，其任务是追击这股敌人。红军解放了敖德萨，但未能攻进克里米亚半岛，另一股是邓尼金的主力，败退到北高加索。东南战线于1920年1月改称为高加索战线，由图哈切夫斯基指挥。红军打败了敌人，进入北高加索。邓尼金本人逃亡国外。残余部队在弗兰格尔（1878～1928）的率领下逃

到克里米亚半岛。

红军在粉碎东面的高尔察克和南面的邓尼金的同时，也平定了其他地区的叛乱。在苏俄的西北部，尤登尼奇白卫军于1919年5月向彼得格勒发起进攻。由12艘巡洋舰，20艘驱逐舰和12艘潜水艇组成的英国舰队开进波罗的海，从海上支持尤登尼奇的军队。正当战斗激烈进行之时，协约国间谍又策动彼得格勒附近的红丘灰马、奥勃鲁切夫3个炮台叛乱，严重威胁着彼得格勒的安全。5月17日，党中央派斯大林到彼得格勒战线。他指挥红军扑灭了3个炮台的叛乱，打退了敌人的进攻。波罗的海舰队的水兵击败了英国舰队企图冲进彼得格勒的尝试。

9月，当邓尼金军队进攻莫斯科最得手的时候，尤登尼奇白卫军再次发起进攻。10月，进抵离彼得格勒只有十几公里的地方。形势十分危急。列宁向彼得格勒工人和红军战士发出战斗的号召："同志们，战斗到最后一滴血，守住每一寸土地，坚持到底，胜利就在眼前！"党中央派托洛茨基到彼得格勒亲自指挥作战。10月底，守卫彼得格勒的第7集团军发起反攻，取得胜利，并将尤登尼奇的残部逐至爱沙尼亚，它们被爱沙尼亚政府解除了武装。在北方战线，红军也节节胜利，于1920年2月21日和3月13日，先后解放了阿尔汉格尔斯克和摩尔曼斯克。

这样，红军便粉碎了协约国第二次联合进攻，基本上解放了乌拉尔、西伯利亚、乌克兰和北高加索。

1919年是红军取得决定性胜利的一年。它消灭了国内的主要叛乱巢穴，严重打击了帝国主义阵线。1920年1月16日，协约国最高委员会正式解除对苏俄的封锁，宣布允许协约国和中立国家同俄国人民进行商品交换。苏维埃国家赢得了宝贵的暂时和平。

巴黎和会

概况

历时四年三个月，牵连到30多个国家、15亿人口的第一次世界大战在1918年年底终于有了分晓。由于美国在1917年加入协约国参战以及1918年德国在西线的全面溃败，1918年10月奥匈帝国土崩瓦解，接着11月德国投降，在法国贡比涅森林协约国联军总司令福熙元帅的行军列车上，双方签署了停战协定。第一次世界大战正式宣布结束。

早在第一次世界大战快要结束的时候，法国、美国、英国、日本等等帝国主义就谋求自己对战败国的利益。

美国在战争中发了横财，从战前的债务国变成了战后的债权国。战前，美国欠欧洲近60亿美元的债务，而大战结束时，美国不但还清了债款，还借出了100亿美元给协约国；而且战后美国集中了世界黄金储备量的40%。因此，为了进一步扩大自己在世界政治舞台中的作用，美国首先必须抑制英国和法国的实力，在欧洲保持一个具有一定实力的德国。美国总统威尔逊早在1918年春，就在国会中宣布了保障人权的十四点原则，就是：

巴黎和会

一、各国外交公开，禁止秘密国际协定。

二、平时与战时均尊重海洋自由。

三、撤除各国经济壁垒。

四、裁减各国军备。

五、公平解决殖民地之分配。

六、归还俄国被占之领土。

七、归还比利时被占之领土。

八、撤退法国境内盟军，解决阿尔萨斯（Alsace）及洛林（Lorraine）问题，并归返法国。

九、依民族自决原则，重划意大利边界。

十、依民族自决原则，重划奥匈领域。

十一、依民族自决原则，重划巴尔干各国边界，恢复罗马尼亚、塞尔维亚及门的内哥等国的领土。

十二、土耳其自治，开放达旦尼尔海峡。

十三、恢复波兰之独立。

十四、议定宪章，组织国际联盟，保障各国政治独立领土完整，不论国家之大小，一律享受同等权利。

威尔逊的十四点原则被各国公认是重建战后世界和平的原则。不过由于战后各方利益博弈的缘故，这其中只有四点是最后在巴黎和会上保留下来的：

一、要求恢复比利时。

二、要求将阿尔萨斯、洛林两省还给法国。

三、奥匈帝国内各民族的自治。

四、成立国际联盟。

其他各点都被忽视或被改得面目全非。

法国鉴于在普法战争中的耻辱和战争中受到的惨重损失，极力要求削弱德国的力量，以确立自己在欧洲的霸权地位。法国的具体目标是：收复在普法战争中割让给德国的阿尔萨斯和洛林地区；大量裁减德国军备；把法德边界推到莱茵河；向德国索取巨额赔款。

英国的意图则和法国不同，它不希望在欧洲大陆上看到一个"霸王"，因而采取传统的"大陆均势"政策，不愿意看到德国过分被削弱，以便于和法国、俄国对抗。但是英国又要剥夺德国的殖民地和绝大部分军舰和商船。

日本的主要目标，是想提升自己在远东地区的控制能力。具体来说，它想占领德国在中国的势力范围——山东半岛，掠夺德国在太平洋上的殖民地。

意大利的目标则是亚得里亚海，把过去属于奥匈帝国的一部分领土归为己有，并进占巴尔干地区。

从上面这些意图来看，各国在瓜分势力范围和利益方面是存在冲突的。

1919 年 1 月 18 日，战胜国在巴黎附近的凡尔赛宫召开和会。参加和会的有 27 个战胜国的代表，5 个新成立的国家和"社会团体"的代表。参加和会的人数共1000 人，其中全权代表 70 人，后改为"四人会议"，即美国总统威尔逊、英国首相劳合·乔治、法国总理克列孟梭和意大利首相奥兰多。最后又变为"三人会议"，他们是巴黎和会的三巨头。苏维埃俄国未被邀请，德国、奥匈帝国等同盟国国家也被拒之门外。

参加和会的各国代表的权利是不平等的，参加会议的国家被分为四类：第一类是"享有整体利益"的国家，它们是美、英、法、意、日这五个超级帝国，它们可以参加一切会议；第二类是"享有局部利益"的国家，包括比利时、中国、巴西、塞尔维亚、希腊等国和英国的一些自治领，它们可以参加讨论与各自相关问题的会议；第三类是与德、奥断绝外交关系的国家，包括厄瓜多尔、秘鲁、玻利维亚和乌拉圭，它们只能在讨论涉及本国的问题时才允许出席；第四类是中立国，它们可以在五大国的邀请下，就直接问题发言。

根据上面的四类国家，和会规定各参加国的代表名额是不等的：第一类国家可以派 5 名代表，比利时、巴西和塞尔维亚可以派 3 名代表，其余国家则只能派 1 ~ 2 名代表。

另外，和会分三类不同的会议：一是与会国所有代表参加的"全体会议"；二是审议各种专门问题的"特别委员会"；三是决定一切重大问题的"最高会议"。全体会议选举法国总统为大会主席，美国国务卿、英国首相、意大利首相和日本前首相为副主席。表面上，一切决议都由全体会议通过，实际上这种会议仅是走走过场而已，一切决定均在"最后会

巴黎和会上各国代表在和约上签字

议"上做出。法国总统当时甚至说："只有五大强国先行决定了一切重大问题，然后才走进会场。"

"最高会议"最初是由五国首脑和外长参加的"十人会议"，但是后来"十人会议"转变为由英、法、美、意四国首脑组成的"四人会议"和由此四国外长及一名日本代表组成的"五人会议"。在"四人会议"中，由于意大利在大战中作用不大，加上意大利国内经济、军事实力又薄，故被英法冷落一边。据说有一次意大利首相奥兰多愤然离去，没有一个代表起身挽留；过些日子，当他不得不回来的时候，也没有人理睬。因此，主宰巴黎和会的实际上只是英国、法国和美国。

由于各国抱着不同的目的来参加和会，因此会议一开始就陷入争吵。美国坚持首先讨论国联问题，并认为国联是与和约不可分割的，对所有国家都具有约束力，但是遭到英法的反对。"十人会议"对此问题进行了长达 4 天的争论，最后达成妥协：该问题和其他问题平行讨论，同时成立一个委员会起草《国联盟约》，美国总统威尔逊担任委员会主席。

对战败国殖民地的处置问题，是和会的一个重要议题。美国认

为对德国以及奥匈帝国领土的处理，应在国联范围内解决，建立"委任统治制"，即由国联委托"先进民族"代管。但是由于英法在战争过程中就已经瓜分并占领了德奥土等国的殖民地，所以坚决反对委任统治制。最后在美国的一再坚持下，英法只好接受了"委任统治制"。

4月份，英法同意了由美国主导起草的《国联盟约》，并在28日的"全体会议"上全体通过。《国联盟约》规定：凡是参加对德作战的国家，均是国联创始国，美、英、法、意、日为常任理事国；确定了殖民地委任统治制；国联的主要机构是会员全体代表大会和行政院。虽然美国坚持设立国联，但是到头来却并没有捞到什么好处：德奥的殖民地由国联交给英、法、比、日和英国自治领，成立后的国联由于英法等国自治领的票数总和多于美国而受到英法的控制。因此，美国国内对《国联同盟》一片反对之声，1919年11月19日，美国参议院以大多数票数拒绝批准和约。

在对德国疆界和赔款问题上，各个国家展开了最激烈的斗争。在和会上，法国按照计划，要求归还阿尔萨斯和洛林，并在莱茵河流域创建一个依附于法国的莱茵共和国，同时建立一个包括波兹南和但泽在内的大波兰，以牵制俄国和德国。但是英国和美国从各自的利益出发，坚决反对法国的计划。最后，这些国家达成了协议：将莱茵河左岸同德国分离开来，由协约国军占领，莱茵河右岸50公里地带进行非军事化；阿尔萨斯和洛林地区归还法国，波兰得到但泽走廊。

关于赔款，劳合·乔治坚决主张"赔偿只能由参加过战争的一代人负担"，德国赔款数额应该和支付能力相适应；英国参加和会的著名经济学家凯恩斯提出，德国的赔偿数额不应该超过500亿金马克。同时，英国认为对赔款的分配比例应该是：法国50%，英国30%，其他国家20%。

法国原先拟定的赔款数额为4800亿金马克，法国享有赔款的58%，英国则为25%，其他国家为17%。因此法国代表在看到英国的文件时非常生气："英国首相对德国真是慈悲为怀，那就索性慷慨到底，把殖民地和海岸也都让给德国算了。"美国见英国和法国在赔款问题上争吵不休，建议双方妥协，法国享有赔款的56%，英国为28%，剩下的给其他各国，并且美国不要赔款。

美国和英国见法国还是不肯让步，就以退出会议相要挟。和会处于破裂边缘。经过反复争吵和幕前幕后的活动，4月中旬克雷孟梭致函威尔逊，表示同意美国将门罗主义原则列入国联盟约的主张，作为交换条件，美国必须对法国的领土要求做出让步。威尔逊答应重新考虑其立场。英国支持美国对法国让步，但要求美国放弃海上军备竞争。美国对英国的要求做出承诺。最后，各方总算在德国疆界问题上达成妥协。

日本代表借口山东在日本对德宣战后事实上已为日本所占领，要求将德国在山东的"权利"全部转交日本。中国代表则正式提出归还山东，要求取消"二十一条"，收回德国在山东的一切权益。中国代表顾维钧与日本代表展开激烈辩论。英法支持日本的要求。美国担心日本在华势力过于庞大而影响美国在华的利益，于是建议将德国在山东的权益交给即将成立的国联，然后交还中国。但是日本态度强硬，并以拒签和约相威胁。最后，和会决定满足日本要求。消息传到中国，群情激愤，引发了中国的"五四运动"，中国代表最终拒绝在和约上签字。

战后主要战胜国的计划

第一次世界大战结束了。战争给人类留下了一笔纷乱的"遗产"。从政治方面看，四个帝国解体了，它们是德国、俄国、奥匈和奥斯曼土耳其。国际政治权力中心已不再单纯地集中于中西欧，而已经开始向北美转移；同时，新诞生的苏维埃俄国亦对旧秩序提出了强烈的挑战。民族主义意识蔓延，民族独立运动进入了一个活跃的新阶段。在经济方面，旧的国际经济关系亦发生了深刻的变化。欧洲经济脆弱，而美国却由战前的负债国变为债权国。其他列强对它的负债数约达20亿英镑。美国还控制了世界黄金储备的40%。在各种政治经济因素的交织下，战后世界矛盾重重，其中不仅有战胜国与战败国之间的矛盾，如美、英、法等国与德国的矛盾；也有战胜国之间的矛盾，如英法矛盾和美日矛盾。此外，西方资本主义列强与苏维埃俄国的矛盾，宗主国与殖民地国家的矛盾都不可调和。在列强的实力形成新对比的形势下，美、英、法、意、日这五个主要战胜国又各自有着不同的掠夺要求和争霸计划。

第一次世界大战给美国留下了丰厚的遗产。它不仅因参战较晚、战场远离本土而损失轻微，并且利用战争机会使自己一跃而成为世界第一经济强国。从1914年至1918年，在世界对外贸易总额减少40%的情况下，美国的外贸出口却增长了两倍，进口增加80%，出超额累计116亿美元。美国的工农业生产在战时也得到了大幅度的增长。美国的国民财富从1912年的1870亿美元增加到1920年的5000亿美元，几乎超过了整个欧洲。美国战时资本输出高达132亿美元，借给协约国战债约100亿美元。美国从战前的债务国一跃而成为世界头号债权国，全世界有20个国家欠美国的债务。世界经济的重心已向北美转移，美国纽约已取代英国伦敦成为世界金融中心，世界黄金储备的40%，约45亿美元掌握在美国手中。美国的军事力量在战时也急剧膨胀起来。军队由战前的30万人发展到了战争结束时的450万，海军力量也大大加强了。美国已聚集了问鼎世界霸权的能量，欧洲独霸的世界权力结构已成为过眼烟云。与经济实力的增长同时膨胀起来的是美国攫取战后世界领导权的政治野心。正如

威尔逊总统在战后所说："金融领导地位将属于我们，工业首要地位将属于我们，贸易优势将属于我们，世界上其他国家期待我们给予领导和指引。"

1918年1月8日，威尔逊在国会讲演中针对苏俄的各项和平建议，提出了被称为"世界和平的纲领"的"十四点原则"。这个文件以及同年10月威尔逊的顾问豪斯上校委托李普曼和科布草拟的对"十四点"的注释，集中体现了美国对战后国际秩序的设想。它的主要内容是：第一，战后的世界应当是一个"开放的"世界。包括：公开的和平条约必须公开缔结；保持公海航行的绝对自由；消除一切经济壁垒；各国军备必须裁减；调整殖民地，对当地进行开发应该根据门户开放原则。第二，抵制并消除苏俄的布尔什维主义影响。办法是由世界各国协助解决俄国问题，通过承认并援助俄国境内各少数民族建立的临时政府，使之自由发展来肢解俄国。第三，要求在给欧洲及近东各民族以自决权的基础上恢复和建立民族国家，或建立受到列强保护、实行门户开放原则的保护国。第四，成立一个具有特定盟约的普遍性的国际联盟，使大

小国家都能相互保证政治独立和领土完整，这是达到永久和平的全部外交结构的基础。

可以看出，这个文件涉及到有关列强瓜分世界的原则、战争与和平、建立国际组织等一系列重大的国际政治问题。美国企图以其经济优势，以商业、航海自由和国际性"门户开放"为旗号，在全世界扩张自己的势力；在"民族自决"、"裁减军备"的幌子下抵消苏俄和平法令的影响，换取世界舆论的支持，削弱英、法等竞争对手；进而通过国际联盟使美国取得对各种重大国际问题和国际纠纷的干预权与仲裁权，控制战后国际局势。因此这个文件是美国企图冲出美洲、对长期以来欧洲列强主宰世界的国际格局发出的公开挑战和冲击，是美国争夺世界霸权的总纲领。

纲领的实现

为了实现这个纲领，美国力图在西半球巩固并发展对拉丁美洲的控制；在欧洲保持德国在政治军事上的较强大地位，使它成为抗衡英法的力量和反对苏俄的阵地；在经济上反对过分削弱德国，以避免产生使美国经济受到巨大损失的连锁反应；它还希望在东南欧建立一个由它控制的巴尔干联盟。在东半球，美国打算拆散英日同盟，要求列强承认"门户开放"原则，并夺取德国在太平洋上的一些岛屿，以削弱在亚太地区的争霸对手。但是美国的勃勃野心必然会遭到竭力保持并扩大既得利益的英、法、日等国的顽强抵抗。由于在争霸斗争中最具关键作用的军事实力方面美国尚不能与英法相抗衡，而威尔逊在国会中又未能得到多数人的支持，因此面对具有丰富外交斗争经验的英法政治家们，美国必将受到很大挫折。

英国作为当年协约国中最有实力的国家，在大战中受到了削弱。为了最后的胜利，它在资源动员方面已山穷水尽。在战争期间，整个英帝国死亡官兵94.7万人，伤200多万人，军费开支达124.54亿英镑，相当于国家收入的44%，商船损毁不下900万吨。为了平衡国际收支，英国失去了海外投资的1/4，并向美国举债，1919年英国欠美国的债务已达8.42亿英镑，开始失去国际金融垄断地位。在海外，美国和日本趁大战之机不仅在拉丁美洲和远东排挤英国的势力，甚至把英国的自治领也视为它们扩张的对象。与此同时，各自治领和殖民地的离心倾向也迅速增长。这一切都减弱了英国在战前世界上拥有的力量和影响。

但是战后的英国仍然拥有相当实力。在经济上它的国际金融地位尚未显露出永久衰落的迹象。在国际市场上它仍然保持着较牢固的传统财政金融联系，继续支配着殖民帝国的巨大资源，并保持着对欧洲盟国的债权国地位（不包括俄国，英国各欧洲盟国在战后共欠英国 17.4 亿英镑）。在军事上，随着德国这个主要海上竞争对手的战败，英国仍然是世界上最大的海军强国。大战使它的殖民帝国进一步扩大，它不仅夺得了大部分德国殖民地，而且占领着对英国经济和战略具有极重要地位的原奥斯曼帝国的巴勒斯坦、美索不达米亚和阿拉伯地区。因此与它的欧洲其他盟国相比，英国更拥有左右欧洲事务，争夺世界霸权的资格。

战后英国的计划是：维护殖民帝国的最大利益，尽量扩大其殖民帝国，巩固其在战争中抢到手的德国殖民地的统治权；恢复其海上霸权和世界金融中心的地位，消灭具有威胁性的德国海军，要求战败国支付战争赔款以恢复被战争破坏的经济。为达此目的，在欧洲，英国继续玩弄"大陆均衡"政策。法国在战后已经成为英国在欧洲的主要竞争对手，所以英国不愿意法国过分强大，为使德国成为制止法国势力过于膨胀的国家，它不想过分地削弱德国，以便自己在法德抗衡中渔利。英国还想利用美法矛盾达到英国主宰欧洲事务的目的，既联合法国一起对付美国称霸世界的野心，又拉拢美国一起对付法国独霸欧洲大陆的企图。在远东及太平洋地区，英国希望维持英日同盟来限制美国在太平洋地区的扩张，并换取日本在欧洲事务上对英国的支持；同时谋求与美国合作，共同反对日本独霸中国的野心，以保护英国在这一地区的既得利益。

法国也是战胜国，也获得一定数量的殖民地，但为胜利所付出的代价是惨重的。据官方统计，法国在大战期间经济上的损失达 2000 亿法郎，有 1 万家企业遭到破坏和损失，有 90 万所住房变成瓦砾或无法使用，1919 年农产品总产量只有战前的 1/3，工农业发达的东北地区，几乎成为一片废墟。四年战争失去了 140 万人，伤残者更是不计其数。法国由战前的债权国沦为债务国；战前给俄、奥、土等国的债款，因这些国家瓦解而化为乌有。法国为胜利付出了惨重的代价。

但是同盟国的失败使法国在欧洲大陆占有军事战备优势。它不仅拥有世界上最强大的陆军，而且占领着便于控制中欧的莱茵兰地区和一些易于向东欧、巴尔干和近东扩张的重要基地。因此法国成为战后争夺欧洲霸权的另一个国家。

法国的战略总计划是：建立在欧洲的霸权，最大限度地削弱德国，这既可以保证自身的安全，又可以消除可能与之竞争的宿敌和对手，以确保自己在欧洲大陆上的绝对优势。因此，法国主要的打算是彻底地摧毁德国，收回在普法战争中被德国夺去的阿尔萨斯和洛林，占领萨尔；肢解德国，把法德边界推到莱茵河，在莱茵河左岸建立一个在法国保护下的莱茵共和国，在德国南部建立独立的巴伐利亚国家，在德国东部割出一部分土地分给波兰、捷克斯洛伐克和罗马尼亚；从经济上摧毁德国，要求德国赔偿巨额的战争赔款，索取高达 2000 亿金法郎的战争赔款；彻底裁减德国军备，防止德国东山再起；尽量夺取德国在非洲的殖民地和土

耳其在中近东的一些属地。此外，法国力图把德国以东的国家组成一个以它为盟主的同盟体系，以代替它从前的盟国俄国。这样，法国就可以通过控制东欧和中欧，插足巴尔干，巩固非洲和西亚的阵地，以建立它的欧洲霸权。法国要彻底严厉惩罚德国、称霸欧洲的计划，与英美的全球战略存在着尖锐的矛盾，它遭到英美的反对，而法国本身经济上的困境也削弱了它在外交斗争中的地位。因此，法国的计划不可能得到全部实现。

意大利是协约国集团中既贫又弱、却又野心极大的奇特角色。其战争之初，原本宣布中立，后来利欲熏心，怀揣英、法、俄与其订立的伦敦密约（密约规定，意大利在积极对奥作战的条件下，战后可以得到大量领土）站到了协约国的队列中去。但令协约国失望的是，意大利徒有其表，在战场上损失惨重，却毫无建树，屡战屡败。意大利在战争中死亡65 万人，支出军费 120 亿美元，其他损失 30 亿美元，还欠下美、英债务 44 亿美元。虽然实力虚弱，没有战绩只有败绩，但意大利人不但要求英法履行伦敦密约，索取南斯拉夫和土耳其的大块领

土，还要获得有争议的阜姆港，从而使自己在亚得里亚海和东地中海处于支配地位。意大利的争霸野心必定要与美英法的计划发生矛盾与冲突，并且不可能全部获得满足。

日本是一战中无损失只获利的唯一帝国主义强国。日本在战争中的作为可以说是无赖加强盗。日本靠发战争横财养肥了自己，是仅次于美国的第二个暴发户。日本积极为协约国战争机器提供大宗军火，从事战争投机，取得了丰厚利润。同时乘西方殖民者埋头于战争外贸萎缩之机，日本在亚太地区巧取豪夺，占领足以撑饱肚子的市场份额。在中国，日本有力地排挤了英国，其对华贸易额所占比重由 1913 年的 18.9% 跃升至 1918 年的 38.6%，即使在英国的殖民地印度、马来半岛和自治领澳大利亚，也遍地日货。1914～1919 年，日本工业生产总值增长了近四倍，出口增长了三倍以上，外贸盈余和海运收入累计达 32 亿日元以上，日本还由战前的长期入超国一跃成为大量出超国，由昔日的债务国变成了债权国。

战争中日本高举着对德参战的幌子，趁机夺了德国在远东的权利和殖民地。1917 年 8 月 23 日，日本对德宣战，日军在中国山东省龙口港登陆，占领了胶州湾和青岛市，夺取了德国在山东的权利；一支日本海军力量向南洋进军，占领了包括原德国在太平洋上的加罗林群岛、马绍尔群岛和马里亚纳群岛。日本还乘机在亚洲地区为非作歹，称王称霸，强迫中国的袁世凯政府接受屈辱的"二十一条"。战后日本的战略目标是：力图使它在战时侵吞的利益合法化，并妄图独占中国，称霸亚太地区。日本的野心与美国的打算发生了尖锐的冲突，也威胁到在远东有较大利益的英国，更为中国所不容。为了对付主要劲敌美国，日本希望利用英日同盟，以在欧洲问题上支持英国换取后者对它在亚太地区的支持。

主要战胜国各自不同的争霸目标和战略意图，必然导致在缔结和约前的一番激烈争斗。

巴黎和会和列强之间的矛盾

1919 年 1 月 18 日，和会在巴黎的凡尔赛宫正式开幕。在此之前，美、英、法、意、日五大战胜国已经举行了非正式会谈，为控制会议做了安排。实际出席和会的共 32 个国家，美国总统威尔逊、英国首相劳合·乔治、法国

巴黎和会三巨头·劳合·乔治、克里
孟梭与威尔逊（左起）

总理克里孟梭、意大利首相奥兰
多、日本前首相、元老西园寺公
望都亲率代表团出席和会，盛况
可谓空前。但他们却把苏俄和战
败国德国、奥匈帝国、土耳其和
保加利亚排斥于和会之外。

与会国的代表权很不平等。
美、英、法、意、日五国各有 5
名全权代表，可以出席一切会议，
其他国家只有 1 至 3 名全权代表，
只能出席与他们有关的会议。和
会的组织机构更是强权政治的产
物。其决策机构为最高委员会，
最初由五大国的政府首脑和外长
组成，因此也叫"十人会议"，后
来又缩小为由美、英、法、意四
国首脑组成的"四人会议"，而实
际起操纵作用的是由威尔逊、劳
合·乔治和克里孟梭组成的"三
巨头"会议，他们有权决定和会
的一切重大问题。五大国外长则
另组"五人会议"以协助决策，
解决次要问题。和会还设有若干
专门委员会，它们虽由有关国家
的代表组成，讨论和审议某些专
门问题，但同样要受到大国的支
配。至于由所有代表参加的全体
会议，其作用不过是举手通过最
高委员会已做出的决定。正如和
会主席克里孟梭所说，"只有五大

北京政府驻美公使顾维
钧在巴黎和会上拒绝签字

强国先行决定了一切重大问题，
然后举行会议"。在长达五个多月
的会期中，全体会议只开过七次，
实际成为和会的一种点缀。

巴黎和会——列强的分赃计划

1919年1月18日，为建立第一次世界大战结束后的世界新秩序，在巴黎凡尔赛宫召开了历时达半年之久的和平会议。这是一次帝国主义战胜国重新瓜分世界的分赃会议。会议产生了国际联盟，并对德国、奥地利、保加利亚、匈牙利和土耳其5个战败国分别缔结了《凡尔赛和约》、《圣日耳曼和约》、《纳伊和约》、《特里亚农和约》及《色佛尔和约》。根据这些和约所确立的战后国际关系的新体系和新秩序，就被称为凡尔赛体系。这个体系是几个战胜的协约国列强妥协分赃的产物，它对战败国实行了骇人听闻的制裁和掠夺，给一些殖民地、半殖民地国家套上了新的枷锁，还把矛头指向苏维埃俄国和各国革命运动。巴黎和会在世界现代史上是一个重要事件，也是污秽的一页。

1918年11月11日早晨，协约国联军总司令福煦与德国交通大臣埃尔茨伯格为团长的求和代表团，在贡比涅森林的雷通车站福煦元帅乘坐的列车上，签订了停战协定。这场历时四年零三个月、给人类带来空前浩劫的帝国主义战争宣告结束。

贡比涅停战协定为期36天，其间德国曾5次请求缔结和约，都遭到拒绝。停战协定不得不一再延长，表面上的原因是协约国要等待美国总统威尔逊的到来。实际上，却是因为协约国集团内部就缔结对德和约的条件，在预备性谈判中一直不能取得一致意见。美、英、法、日等帝国主义战胜国各怀鬼胎，钩心斗角，都想在有利于自己的条件下多分一些赃物，最大限度地实现各自的掠夺野心并抑制对手。

法国虽然在战争中损失惨重，但已跃居第一号陆军强国。签于普法战争的耻辱和大战中成为进攻目标的教训，法国害怕德国东山再起，尽量想方设法削弱和肢解德国，以便确立法国在欧洲大陆的霸权。它的具体目标是：收复失地（即普法战争中割给德国的阿尔萨斯和洛林），把边界推到莱茵河，索取巨额赔款，大量裁减德国军备，夺取德国在非洲的殖民地；它对土耳其在中近东的领土甚至小亚细亚的一部分也怀有领土野心，并且力图插足和控制中欧和东南欧。法国这项分赃计划的执行者，就是具有丰富外交和政治斗争经验、外号"倒阁能手"和"老虎"的总理克利孟梭。

英国带着分赃计划出席和会的是，"第一流的资产阶级生意人和滑头政客"劳合·乔治。根据传统的"大陆均势"政策，英国不愿德国被肢解或过分孱弱，以利于同法国抗衡和制约苏俄。但英国又要大大削弱德国的竞争能力，剥夺其全部殖民地和绝大部分军舰及商船，以利于巩固自己的世界霸权地位。它想利用日本与美国抗衡，也支持意大利和巴尔干国家拆法国的台。

美国在大战中发了横财，从债务国变为债权国，集中了世界黄金储备的40%。经济实力陡然增长，使美国在资本主义世界中的地位大大增强，并一跃称雄于世界舞台。为进一步扩大美国在国际事务中的影响，实现称霸世界的野心，美国首先要抑制英法，办法是："一、保持一个拥有一定实力的德国，使它成为在欧洲抗衡英法的力量；二、大力鼓吹并迫使英法承认贸易、航行自由等原则，以便利用自己雄厚的经济实力，打进英法的地盘，逐步排挤英法的原有势力。其次要削弱日本在远东的势力，扩大美国在中国的势力，办法是：一、争取它所主张的"门户开放"原则获得国际承认；二、以协约国的集体名义接管德国在华权益，以排除日本独占的企图，使美国自己取得染指的机会。再次是建立国际联盟，把国际联盟纳入和约内容，以便利用自己支配下的国联来控制世界，并通过国联的处置，分得殖民地。美国对外政策的基石、并在和会上兜售的纲领，就是美国总统威尔逊早在1918年1月8日演说中提出的"十四点"原则。美国上述的各项考虑大都是这"十四点"原则的体现。威尔逊为了实现自己的计划，不惜远涉重洋，率领一个庞大的代表团来到巴黎，这是美国建国以后总统第一次参加大型国际会议，也是出席和会的唯一的国家元首。

意大利的打算是独霸亚得里亚海，把过去属于奥匈帝国的一部分领土和战时英法意俄瓜分土耳其密约中所允诺给意大利的领

巴黎和会场景

土，并入自己的版图，还要进占巴尔干，首先是阜姆港。它在和会上虽然也跻身于强国之列，毕竟实力不够，力难从心。意大利派遣了以总统奥兰多为首的代表团参加巴黎和会。

日本的主要目标在远东，即：使强占中国山东半岛的权益合法化，进一步扩大对中国的侵略；获得德国在太平洋上的殖民地加罗林、马绍尔、马利亚纳群岛。日本代表团是由西园寺公望侯爵、牧野男爵、新田子爵等组成的。帝国主义列强上述掠夺野心是互相冲突，矛盾重重的。

经过激烈的讨价还价和紧张的筹备，1919年1月18日，规模空前的巴黎和会终于在法国外交部大厅正式开幕。参加会议的有：英、美、法、日、意、比利时、玻利维亚、巴西、古巴、厄瓜多尔、尼加拉瓜、巴拿马、海地、秘鲁、危地马拉、洪都拉斯、乌拉圭、波兰、葡萄牙、罗马尼亚、捷克斯洛伐克、塞尔维亚—克罗地亚—斯洛文尼亚王国（今南斯拉夫）、希腊、中国、暹罗（今泰国）、汉志、利比里亚以及英国的自治领澳大利亚、新西兰、加拿大和南非；此外还有印度。代表达1000多名，其中全权代表只有70人。

和会从一开始就体现出强权政治的原则：

第一，参加和会的各国代表的权利是不平等的，出席会议的国家分为四类：第一类是"享有整体利益"的国家。即会议的组织者和操纵者美、英、法、日、意5个国家，可以参加一切会议；第二类是"享有局部利益"的交战国，包括比利时、中国、巴西、希腊、印度、英国几个自治领、危地马拉、海地、汉志、洪都拉斯、古巴、利比里亚、巴拿马、尼加拉瓜、波兰、葡萄牙、罗马尼亚、塞尔维亚—克罗地亚—斯洛文尼亚、暹罗、捷克斯洛伐克，这些国家可以出席与他们有关问题的会议；第三类是与德奥等断绝外交关系的国家，其中包括厄瓜多尔、秘鲁、玻利维亚、乌拉圭，其代表只能在讨论涉及本国问题时才允许出席；第四类是中立国和即将成立的国家，它们可以在5个大国中的某一国的邀请下，就直接有关的问题发言。会议把苏维埃俄国排除在外，德奥等战败国也不允许出席。

其次，代表名额也是不平等的：第一类国家可以派5名代表；比利时、巴西、塞尔维亚可以派3

名，其余国家只能派 2 名或 1 名。

第三，和会把会议分为三种：最高会议、专门委员会会议和全体会议，以便列强操纵。为了保证会议按几个帝国主义大国的意愿进行，和会成立了由 5 国首脑和外长组成的"十人会议"，即最高会议，它操纵了和会进程和重大问题的决定权。"十人会议"成员是：美国的威尔逊和兰辛、法国的克利孟梭和毕松、英国的劳合·乔治和贝尔福、意大利的奥兰多和索尼诺，以及日本的牧野男爵和新田子爵。克利孟梭赤裸裸地说："只有五大强国先行决定了一切重大问题，然后才走进会场。"这充分暴露列强主宰国际事务的本质。全体会议选举克利孟梭为大会主席。兰辛、劳合·乔治、奥兰多和西园寺公望为副主席。

在和会进行过程中，他们仍然感到"十人会议"对于解决分赃问题很不方便，又成立了由美、英、法、意首脑组成的"四巨头会议"和五国外长组成的"五人会议"。即使在"四巨头会议"中，奥兰多充其量不过是一个配角而已。威尔逊、克利孟梭、劳合·乔治才是和会真正的主角，他们操纵了和会的一切大权。至于全体会议，在长达半年的会期里只开过 7 次，而且都不过是走过场。

和会一开始，主要战胜国便陷入激烈的争吵之中，有时甚至达到互以退会相威胁的程度。正像英国外交大臣贝尔福预言的那样，"和会将变成一个相当动荡不安的场所"。帝国主义列强都想为自己捞取最大的利益，这使巴黎和会一开始就陷入激烈的争吵之中。

在讨论会议程序时，威尔逊坚持首先讨论建立国际联盟问题，他认为国际联盟同和约应是一个统一体，处置战败国以及重新分配它们的殖民地应该由国际联盟最后作出决定。很显然，如果先建立国际联盟而美国又能控制它的话，美国就可以通过它获取一些殖民地，还能通过它去支配国际事务。美国还可以通过国联取消其他国家的联盟，主要是英日同盟。威尔逊说过"国际联盟本身就是一个同盟，它不需要其他任何联盟"。所以威尔逊一再坚持先讨论建立国际联盟问题，称之为"达到永久和平的全部外交结构的基础"。

克里孟梭和劳合·乔治坚决反对首先讨论国际联盟问题。法国积极主张首先讨论边界、殖民地和赔款问题；英国则主张讨论从德国手中夺来的殖民地以及土耳其领地的归属问题。英法都主张把国际联盟与对德和约分开。这个问题在"十人会议"上争论了四天，最后达成协议，将国际联盟交由一个由威尔逊担任主席的专门委员会去讨论。和会决定首先讨论德国殖民地与土耳其领土的归属问题。

对德和约问题是和会讨论的中心问题，主要包括德国的边界问题、赔款问题、军备问题和殖民地问题。在讨论每一个问题时，各大国都从自身利益出发进行了激烈的争夺。

关于德国西部边界，引起激烈争论的是莱茵区问题和萨尔问题。法国认为"大自然在侵略线上只安置了一个障壁，即莱茵河"。它坚持以莱茵河为德国西部天然边界，以确保法国的安全。莱茵河左岸和荷兰、比利时、法国边界以东的中间地带应建立一个自治的中立国家，实则是法国卵翼下的附庸。法国的这个计划，1917 年初曾得到沙皇俄国的秘密谅解，然而现在沙俄早已不存在了，英、美两国又表示断然反对，克里孟梭同威尔逊几乎闹翻了脸，

最后法国不得不接受英、美的妥协方案。和约确定莱茵河右岸 50 公里以内为非武装区，禁止德国驻军和建立军事设施。莱茵河左岸法国原拟建立附庸国的中间地带，自北而南分别由协约国军队占领五年、十年和十五年。此外，英、美还分别同法国签订了安全保障条约，保障法国东部边界不受德国的侵犯。但是后来由于美国参议院拒绝批准凡尔赛和约，美国和英国的保障条约也就随之告吹了。

萨尔问题是因为法国要求合并德国领土萨尔而引起的。萨尔同阿尔萨斯、洛林两州相连，洛林富有铁矿，萨尔盛产煤炭，法国企图把萨尔和洛林联合起来，建立一个完整的工业区，用以支持法国的欧洲霸权。法国合并萨尔的方案最后也被英、美挫败了。凡尔赛和约规定萨尔区由法国占领了十五年，十五年后举行公民投票决定隶属。萨尔煤矿在占领期间归法国所有。

波兰问题直接涉及德国的东部疆界、法国的欧洲霸权和协约国的反苏计划。法国希望建立一个"大波兰"作为自己的盟友，用以牵制德国和树立自己的欧洲霸权，同时还可以作为反对苏、

俄的工具。英、美是反对法国谋求欧洲霸权的任何企图的，但是在反对苏俄问题上他们找到了共同点，因而原则接受了法国的设想。和约规定波兰领土包括：波兹南全部，西普鲁士大部，波美拉尼亚、上西里西亚、东普鲁士的一部，此外还有奥匈帝国的加里西亚以及特申的一部。国际联盟管辖的自由市但泽，允为波兰的出海口。

赔款问题包括三个方面，即赔款范围、赔款总额和赔款分配，这是巴黎和会又一个争论得最为激烈的问题。赔款范围是以美国方案为基础取得协议的，和约没有要求德国赔偿协约国直接的军费开支，只规定它赔偿非战斗损失和军人抚恤费。关于赔款总额和分配比例，由于各方意见严重对立会上未能达成协议，规定另行组织赔款委员会研究解决。在赔款问题上，尽量减轻德国赔款负担是美国的基本立场，因为它认为使德国负担过重，影响其经济恢复，会削弱德国支付赔款的能力，归根结底将影响美国收回对协约国的战债。英、法两国则持另一种立场。英国虽不愿德国过于削弱，但它坚持赔款不能太少，否则将影响它偿还战债的能

力。法国的要求就更高了，仅受战争破坏的法国东北各省的复兴费便要求 30 亿英镑，这连英国也是不同意的。和约只是规定，赔款委员会应于 1921 年 5 月 1 日前确定德国赔款总额，在此之前德国须先行支付赔款 200 亿金马克，不久增为 500 亿金马克。后来赔款委员会最后确定的赔款总额为 1320 亿金马克。

在如何处置德国武装力量的问题上，又引起了美英法三国的争论。美国出于牵制英法和对付苏俄的考虑，主张几乎全部保留德国的军事力量。英法对此坚决反对，英国所考虑的是要彻底摧毁德国的海上力量，而不过分削弱德国的陆军，使它能同法国互相制约，以保持"大陆均衡"。法国则要彻底摧毁德国的军事力量，还要求限制德国的军火生产，使这个宿敌没有东山再起的机会。最后各方都作出让步，才解决了这个问题。

重新瓜分世界主要是瓜分战败国的殖民地，巴黎和会以"国际联盟委任统治"的形式把德国殖民地分光。协约国帝国主义经过一番激烈争吵后确定，德属东非的坦噶喀为英国所有，卢旺达和布隆迪划归比利时，西非的多

哥和喀麦隆两地大部割给法国，另一部归属英国。德属西南非交由英国自治领南非联邦统治。太平洋上的德国殖民地，和约规定赤道以北的马利亚纳群岛、加罗林群岛、马绍尔群岛全部为日本所有，赤道以南则统归英国自治领管辖：新几内亚为澳大利亚占有，萨摩亚群岛由新西兰统治。在瓜分殖民地问题上，和约接受了美国提出的"委任统治制度"，但实际上它的霸权政策完全失败了。

中国山东问题是日本阻挠中国收复山东主权，要求所谓继承德国殖民权益的问题。19 世纪末帝国主义争相瓜分中国的时候，德国于 1897 年强占山东胶州湾，夺取了建筑胶济路和开采沿路矿藏的权利。第一次世界大战中中国属于战胜国，理应收复山东的主权。然而日本竟借口 1914 年它在山东抢占德国殖民势力的军事行动有"不小牺牲"，无理要求把德国在山东的全部权益转让日本。美国反对日本扩张其在华势力，主张德国在华权益全部让与协约国，由协约国议决处置办法，英国提议胶州湾实行"委任统治"。日本则趁意大利总理奥兰多为阜姆问题负气离开会议的时机，以

不满足它的要求就拒绝签署和约相威胁，同时公布了 1917 年它同英国、法国和意大利就山东问题达成的秘密谅解。实际上英、法都是支持日本的，英国尤其关心日本支持它取得太平洋上赤道以南的德国殖民地。最后，美国也同日本妥协了，因为日本在和会讨论的许多问题上支持了美国，现在又同意撤销美国所反对的在国联盟约中列入种族平等的要求。巴黎和会完全接受了日本的要求，实际上是以中国主权当成帝国主义交易的筹码。协约国帝国主义的行径，激起中国人民轰轰烈烈的"五四"爱国运动。中国关于收复国家主权的要求遭巴黎和会拒绝后，当时的中国代表一退再退，要求对德和约不对山东总题作最后决定，中国在和约的山东条款下作保留收复主权的声明，在和约条文后作保留收复主权的声明，但是连这些要求也统统遭到协约国帝国主义的反对，中国代表在人民群众的强大压力下最后在和约外作保留收复主权的声明，拒绝在对德和约上签字。

虽然帝国主义列强在上述问题上争吵不休，但在反对苏维埃俄国方面却态度一致。由于"从一开始，俄国革命的巨大阴影就

隐隐地笼罩着和会"，因此尽管会议中没有苏俄代表，"俄国问题"也未见诸于和会议程，但"列宁是一个占据了无形一席的无形成员"，成为影响和会的强有力因素，以致列强在整个和会过程中多次讨论如何扼杀或遏制俄国革命的影响问题。和会决定对苏俄实行经济封锁、保留德国东线部队、建立由波兰、波罗的海三国和芬兰组成的所谓"防疫地带"，还批准了反苏俄武装干涉计划。这一切使巴黎和会实际成为帝国主义武装干涉苏俄的大本营。但是列强遭到了失败。

《凡尔赛条约》和凡尔赛体系的确立

主要战胜国在经过几个月的讨价还价之后，在需要共同对付日益高涨的革命形势下终于达成了协议，最后拟定了对德和约。

巴黎和会完全是战胜国的会议，德国代表、外交部长勃洛克道夫只是在和约草案拟成后才被召到巴黎，并被告知不得作口头申诉，必须在限期内无条件接受。这是一项苛刻的条约，勃洛克道夫和政府总理谢德曼由于不敢接受这项条约而辞职了。由于兴登堡等军事首脑强调军队已不能作战，否则必然彻底崩溃。只得派出新任外长米勒和司法部长贝尔代表德国，于 1919 年 6 月 28 日在凡尔赛宫的镜厅在和约上签字。这就是凡尔赛和约。

《凡尔赛条约》共 15 部分，包括 440 个条款和一项议定书，第一部分为国际联盟盟约。条约的主要内容是：

第一，德国及其各盟国应承担战争罪责。

第二，重划德国疆界。西部：莫列斯纳、欧本和马尔梅迪划归比利时。阿尔萨斯—洛林重归法国；萨尔煤矿由法国开采，其行政权由国际联盟代管十五年，期满后通过公民投票决定其归属（1935 年公民投票以压倒多数决定归属德国）；莱茵河西岸的德国领土由协约国占领十五年，东岸 50 公里内德国不得设防。南部：德国承认奥地利独立，德奥永远不得合并。德国承认捷克斯洛伐克

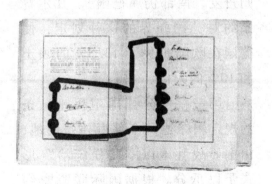

《凡尔赛和约》条文图影

在协约国规定的疆界内完全独立，并将西里西亚南部的古尔琴地区划归该国。东部：德国承认波兰独立。波兰从德国得到西普鲁士和波兹南的绝大部分，东普鲁士的索尔道县和中西里西亚的若干小块领土，以及穿过西普鲁士的以波兰居民为主的波莫热，即所谓"波兰走廊"的狭窄出海口（该"走廊"把东普鲁士和德国其余部分完全隔开了），但泽市（一个主要是德国人居住的城市）被宣布为国际联盟保护下的自由市，其港口由波兰海关管理，波兰有权处理该市对外关系和保护其侨居公民，并保证波兰人自由进入该市。德国放弃默麦尔地区，该地区暂由协约国占领，1923 年合并于立陶宛。北部：在德国与丹麦之间的石勒苏益格地区实行公民投票以决定其归属（1920 年 2 ~3 月的投票结果，该地区北部重归丹麦，南部仍属德国）。凡尔赛条约对德国疆界的这种划定，使德国在欧陆丧失了 13.5% 的领土和 10% 的人口。

第三，瓜分德国殖民地。条约规定剥夺德国全部海外殖民地，由主要战胜国以"委任统治"形式予以瓜分。根据国际联盟盟约第 22 条的委任统治文件，太平洋的德属新几内亚和赤道以南除德属萨摩亚和那卢以外的群岛归属澳大利亚；赤道以北原德属马绍尔群岛、加罗林群岛和马利亚纳群岛为日本所得；那卢岛名义上委托于英国，实由澳大利亚统治；萨摩亚分给新西兰。德属西南非洲交给南非联邦；多哥和喀麦隆由英、法共同瓜分；德属东非（坦噶尼喀）归属英国；乌干达—布隆迪地区划归比利时。

此外，和会还不顾中国的反对与抗议，把德国在山东的一切非法权益和胶州湾租借地全部移交给日本，这激起了中国人民的极大义愤并引发了伟大的"五四运动"。在全国人民的反帝爱国高潮推动下，中国代表拒绝在条约上签字。

第四，限制德国军备。规定陆军不得超过 10 万人，仅用于维持国内秩序和边境巡逻，其中军官不得超过 4000 人；解散总参谋部并不得重新成立；禁止生产和输入坦克、装甲车等重型武器；废除普遍义务兵役制；德国应拆除莱茵河以东 50 公里内的工事，但南部和东部边界要塞工程应照现状予以保存，德军从所占领的各国撤回，但秘密附件规定在东线的德国占领军听候协约国特别部署再行调动。海军限定为战斗舰和轻巡洋舰各 6 艘，驱逐舰和鱼雷艇各 12 艘，不得拥有主力舰和潜艇；海军兵员不得超过 1.5 万人，其中军官不得超过 1500 人；在德国港口以外的德国军舰一律交协约国销毁。德国不得拥有陆海军航空兵力。协约国设立专门委员会监督上述军事条款的实行。

第五，赔款与经济条款。和会未能对赔款总额达成一致协议，仅规定由赔偿委员会于 1921 年 5 月 1 日前确定总额；在此之前德国应偿付与 200 亿金马克价值相等之物，并承担占领军的一切费用。经济条款规定德国关税不得高于他国，战胜国对德国输出货物不受限制；德境内几条主要河流为国际河流，基尔运河对外国军舰与商船开放。

从上述内容可以看出，英、法、日等国追求的主要目标都已达到。但对美国来说，尽管"十四点"中的某些具体内容在条约中得到了体现，但它攫取世界霸权的计划却遭到了失败。因此美国参议院拒绝批准凡尔赛条约。1921 年 8 月 25 日美国与德国单独签订了和约。

《凡尔赛条约》签订后，协约国与其他各战败国相继签订了一系列和约。

1919 年 9 月 11 日，协约国与奥地利签订了《圣日耳曼条约》。条约确认奥匈帝国解体，匈牙利与奥地利分立；承认捷克斯洛伐克和南斯拉夫（1929 年以前称塞尔维亚—克罗地亚—斯洛文尼亚王国）独立，并接受协约国规定的奥地利与上述国家和与保加利亚、希腊、波兰、罗马尼亚的疆界；禁止德奥合并；割让南蒂罗尔、特兰提诺、的里雅斯特、伊斯的里亚和达尔马提亚海外的一些岛屿给意大利；前波希米亚王国（包括 300 万讲德语的人居住的苏台德区）、摩拉维亚和奥属西里西亚（包括以波兰人为主的切欣地区）划归新成立的捷克斯洛伐克；波斯尼亚—黑塞哥维那和达尔马提亚沿岸等地划归南斯拉夫，布科维纳和切尔诺夫策割让给罗马尼亚；加里西亚暂由协约国管理，后合并于波兰；宣布阜姆为自由港。此外条约还规定废除强迫普及征兵制，陆军不得超过 3 万人；除保留 3 艘巡逻舰外，其余舰只全部交给协约国；禁止拥有潜艇和空军。赔款总额由赔偿委员会研究决定；财政由协约国加以监督。

1919 年 11 月 27 日在巴黎郊

区的纳依，协约国同保加利亚签订了纳依条约。这项和约规定，保加利亚把西色雷斯割给希腊，马其顿的一部分划归南斯拉夫，此外还规定保加利亚赔款22.5亿金马克。匈牙利苏维埃共和国失败后，1920年6月4日协约国同德国在欧洲的最后一个盟国匈牙利的霍尔蒂政权签订了和约，这就是在凡尔赛的特里亚农宫签订的特里亚农条约。对匈和约规定特兰斯瓦尼亚归并罗马尼亚，匈牙利赔款22亿金法郎。同年8月10日，协约国在巴黎附近的色佛尔同土耳其苏丹签订了色佛尔条约。这项对土和约把埃及和整个阿拉伯半岛划归英国统治叙利亚、黎巴嫩、巴勒斯坦和伊拉克等地被英、法瓜分，土耳其在欧洲的领土除君士坦丁堡及其近郊外，全部割让希腊。条约只准土耳其给苏丹设700名卫队，保留35000名宪兵，还规定协约国有权对其财政进行监督。色佛尔条约使土耳其失去80%领地，并沦于殖民地的地位。

协约国同德国及其盟国签订的一系列和约，重新瓜分了世界，形成了新的帝国主义秩序，史称凡尔赛体系。

国际联盟的建立

国际联盟是帝国主义政治的产物。第一次世界大战期间，美国的一些资产阶级和平团体主张建立调处国际纠纷的机构，以防止世界大战这样的浩劫。美国总统威尔逊接过了这个主张，并纳入了他的"十四点原则"，力主建立国际联盟以确保所有国家的政治自由和领土完整，实则试图利用这样一个国际组织，作为建立美国世界霸权的支柱，因而为策划和建立国际联盟竭尽了最大的努力。

巴黎和会开幕后，威尔逊曾坚持要首先讨论建立国际联盟问题，并主张把国联盟约列为对敌和约的必要组成部分，以示盟约的神圣和确立国联的地位。在英、法操纵下，巴黎和会决定设立国联盟约起草委员会，威尔逊任主席，这一来便把他要首先讨论建立国联的要求轻而易举地推开了。事实上英、法并非反对建立国联，它们只是反对威尔逊的野心。国联盟约起草委员会收到许多国家和团体提出的盟约草案和陈述书，并就对战败国殖民地和属地实行委任统治问题，门罗主义列入盟约问题，反对在移民问题上的种族歧视问题等展开激烈的争论。

世界通史

最新整理图文珍藏版

国联盟约草案先后经过 26 次修改之后，才在 1919 年 4 月 28 日的巴黎和会上通过；并把它列为对德、奥、匈、保各国和约的第一部分内容。1920 年 1 月 10 日，国际联盟正式成立。

在创建国际联盟的过程中，美国总统威尔逊起了很大的作用，甚至有人用"国联是威尔逊的产儿"来形容他为国联的建立所做的工作。但由于在巴黎和会上美国没有取得多少实际利益，它所制定的战后长远战略计划和近期目标都未能实现，引起美国统治集团内部的争吵。美国参议院认为盟约中所规定的会员国保证"尊重并维护所有国联会员国的领土完整及现有的政治独立，以防御外来侵犯"的条款有损于美国的利益，它意味着美国要为他国承担许多义务，而威尔逊则认为这是盟约的核心，拒绝在这一条款上妥协。故而在威尔逊的政敌共和党操纵下的参议院拒绝批准威尔逊已签了字的凡尔赛条约，也拒绝加入国际联盟。

国联在成立时有 44 个会员国，以后发展到 63 个，德国和苏联分别在 1926 年和 1934 年被接纳成为会员国。

国联的主要机构是全体会员国组成的代表大会、行政院和常设秘书处。日内瓦被选定为国联总部所在地。国联大会至少每年举行一次，必要时可召开特别会议，每个会员国都派代表参加，代表至多不得超过三人，但只有一票表决权。每个国家都可以在大会上发表意见，进行辩论；其职权为"处理属于联盟行动范围以内，或关于世界和平之任何事件"。然而，主要的决定是由国联行政院作出的。行政院由美、英、法、意、日五个常任理事国（美国没有参加国联，实际上只有四个；德国加入后成为常任理事国）和经大会选出的四个（后来增加到九个）非常任理事国组成，每年至少召开会议四次。它逐渐变成了大会的一种执行委员会，负责为已为大会原则上接受的政策拟定具体细节并监督其执行情况。按照国际会议的惯例，以上两个机构的决议一般都必须全体一致通过。常任秘书处被认为是国联体制中最富有创新的部分。它由埃里克·德拉蒙德爵士任秘书长。它负责安排会议、接受报告和控诉、登记条约、准备大会和行政院文件、管理出版物和新闻发布工作。

除了这三个主要机构外，国

联还设立了国际常设法院、国际劳工组织，常设委任统治委员会等六个常设机构和专门委员会以及许多辅助机构，负责许多具体的繁杂的工作，如发放贷款、禁止鸦片贸易和照顾各国难民等，都在它的工作范围之内。

国联盟约宣称其宗旨在于"促进国际合作，保证国际和平与安全"，并提出了会员国的主要义务与职责。

盟约中提出了各会员国有保持各国领土完整、行政独立的义务和防御外来侵略、保持各国之间和平的责任。为达此目的还作了裁减军备和对发动战争进行制裁等方面的规定。盟约还规定与国联盟约不符的各国之间的条约均应废除，进行"公开邦交"等。

然而，在这些所谓和平条款中有些观点并不统一而是互相矛盾的。例如盟约规定了处理争端的方法，即法庭解决、提请仲裁，或由行政院调查。如果发生争端的某一方敢于诉诸战争进行侵略时，那就对该国进行经济制裁和采取集体军事行动。有关经济措施规定得非常详细，而军事措施则含糊不清。如果冲突的双方都不按上述三种调解方法，或者行政院解决争端的报告不能被全体

一致通过，那么会员国就可以诉诸战争而不会受到制裁，这就是说，盟约并没有排除战争的可能性，也没有宣布战争为非法行为。盟约所规定的会员国"必须将本国军备减到最少限度，以足以保卫国家的安全及共同实行国际义务为限"的裁军条款，只是一纸空文。因为它没有规定各国军队的具体数额或裁军比例，所以，对各国政府没有任何约束力。各国往往以"保卫国家安全"和"实行国际义务"为理由拒绝裁军。

盟约规定了委任统治制度。它是南非总理史末资将军提出，得到威尔逊的赞同，在盟约第二十二条中建立起来的。委任统治地被分为甲、乙、丙三类。甲类包括前属奥斯曼帝国的阿拉伯领土，"其发展已达可以暂被承认为

尼古拉二世全家

世界通史

最新整理图文珍藏版

独立国之程度"，但"仍须有受任统治国予以行政之指导及帮助，至其能自立之时为止"。乙类是在中非的前德国殖民地，"依其发展之程度，受任统治国必须负地方行政之责"，但应保证其他国家"在交换上、商业上之机会均等"，这实际上是承认了美国的"门户开放"政策。这两类地区何时才能独立，未作明确规定。丙类是德国过去在西南非的殖民地及太平洋上的岛屿属地，应"受制于受任统治国之法律，作为其领土之一部分"，根据受任国的法律进行管理。以上三类委任统治地区面积达 125 万平方公里，人口 1900 万，每年贸易额达 1.6 亿美元。委任统治制度是战后列强慑于民族解放斗争的声势，对殖民体系的一种改造。它反映了时代的进步，但没有改变殖民统治的实质。

国际联盟盟约列入巴黎和会制定的各项和约之中，表明了它已成为凡尔赛体系中不可分割的组成部分，国际联盟作为第一个政治性国际组织，反映了 20 世纪的世界已经发展成为一个互相关联的整体。根据 1946 年 4 月 18 日大会的决定，国际联盟正式宣告解散。

沙皇尼古拉被处决

1918 年 7 月 16 日，布尔什维克处决了最后一个沙皇尼古拉二世和他的儿子阿列克谢，结束了统治俄国 3 个世纪的罗曼诺夫王朝，尼古拉之妻、前皇后亚历山德拉，他们的 4 个女儿及几个仆人也被处死。他们都是在西伯利亚被处决的。

尼古拉二世从 1894 年统治到 1917 年，实行家长式的专制政治，他的双手沾满了国内外人民的鲜血。他心胸狭窄、顽固不化，又

俄国末代沙皇尼古拉二世

极端残忍。他在 1905 年 1 月 9 日以"工人想摧毁冬宫、杀害沙皇"为借口，下令向彼得堡请愿的工人群众开枪，当场被子弹打死、马刀砍死和军马踩死的有 1000 多人，受伤者在 2000 人以上，其中包括许多妇女和儿童。彼得堡街头洒满了工人们的鲜血，这就是世界为之震惊的"流血星期日"。这一血腥暴行激起了俄国人民的极大愤慨，导致俄国 1905 年革命爆发。1907 年 6 月 3 日，尼古拉二世又下令解散国家杜马，逮捕社会民主工党的杜马集团，使全国陷于反动恐怖之中。他对外推行扩张政策，1896 年攫取了中东铁路建筑权，1898 年强占旅顺、大连，1900 年参加八国联军对中国的侵略，并乘机侵占中国东北。1904 至 1905 年进行日俄战争。1918 年终于死在人民的枪口下。

朝鲜爆发"三·一"起义

1910 年，日本正式吞并朝鲜，实行最残酷、最野蛮的"武断政治"。为了消灭朝鲜民族的印记，占领当局禁止朝鲜人民使用本民族语言，以日语为"国语"；在学校禁止讲授朝鲜的历史和地理，

"三·一"起义中的朝鲜女学生

并诬蔑朝鲜为"劣等民族"。

日本帝国主义对朝鲜的殖民奴役与残酷压迫，激起了朝鲜人民的强烈反抗。1919 年 1 月 22 日，朝鲜废王李熙被日本帝国主义所毒死的这一事件，引燃了朝鲜人民斗争的导火线。

1919 年 3 月 1 日，成千上万的工人、学生、农民和其他阶层的群众，在汉城塔洞公园举行集会。与会民众群情激昂，高呼"朝鲜独立万岁"、"日本人和日本军队滚出朝鲜"、"朝鲜是朝鲜人民的朝鲜"等口号，会后 30 万群众举行了声势浩大的游行示威。日本占领军荷枪实弹，对示威群众实行血腥镇压，打死打伤和逮捕的人无数。这更激怒了朝鲜人民，反日示威立即转为武装起义。起义群众与日本宪兵、警察展开了英勇搏斗，汉城白天黑夜一片

世界通史

最新整理图文珍藏版

厮杀声。

汉城群众的英勇斗争迅速扩展到整个朝鲜领土。到12月底，全国218个府郡中，有211个府郡发生了3200余次示威和暴动、200万以上的群众参加了斗争。当然，日军的镇压手段也变得更加残酷了。据统计，从3月1日到5月31日，就杀害了7500多人，打伤15900多人，逮捕入狱的有46900多人，焚毁民房700多家。

朝鲜"三·一"起义是俄国十月革命后亚洲民族解放运动中的一次重大事件。此事件也成了朝鲜人民的民族解放斗争的转折点。

萨科－万泽蒂事件

萨科－万泽蒂事件是美国政府在20世纪20年代镇压工人运动中制造的一桩假案。1919年开始的经济危机使美国国内阶级矛盾激化，罢工浪潮席卷全国。美国统治当局进行了残酷的镇压，并大批逮捕工人运动领导人和积极分子。

1920年5月5日，警察指控积极参加工人运动的意大利移民、制鞋工人萨科和卖鱼小贩万泽蒂

萨科和万泽蒂

为波士顿地区一桩抢劫杀人案主犯而加以逮捕。虽然他们提出了足以证明自己无罪的充分证据，仍被判处死刑。美国统治集团迫害萨科和万泽蒂的罪行，在全世界范围内引起巨大的抗议浪潮。萨科和万泽蒂的辩护律师在判决后，一再要求复审，并6次提出新的人证物证，均为法庭拒绝。1927年8月22日，在国际抗议声中，萨科和万泽蒂被处决。此后，人们不断要求为萨科和万泽蒂昭雪。1977年7月17日，宣布萨科和万泽蒂无罪，恢复名誉。

墨西哥总统卡兰萨遇害

1920年，墨西哥总统卡兰萨在韦拉克鲁斯被谋杀，凶手是反对派埃雷拉将军。

墨西哥总统卡兰萨

卡兰萨（1859－1920）是一位狂热的民族主义者。1910年当选科阿韦拉州州长，并参加马德罗领导的反对迪亚斯的斗争。1913年率军反对杀害马德罗的韦尔塔。1915年4月，卡兰萨的军队击败比利亚的军队后，卡兰萨任临时总统。1917年5月1日成为法定总统后，与比利亚和萨帕拉继续发生冲突，但由于迟迟不进行土地改革而引起社会的普遍不满和骚乱。1914年4月他反对美国对墨西哥土地的侵占。1916年3月，阻止美国军事远征队进入墨西哥。1918年将石油工业置于墨西哥控制之下而激怒了美国。1920年12月卸任，并强行决定自

已选定的人接班，遭到反对，后被反对派杀害。

哈定当选美国第 29 任总统

1920年11月2日，在美国总统竞选中，共和党候选人沃伦·哈定以404票的绝对优势当选美国第29任总统。

1865年11月2日，哈定出生于美国俄亥俄州科西嘉。15岁时进入俄亥俄中心学院学习。在他34岁的时候，首次竞选俄亥俄州参议员获得成功，后来，哈定又当选为俄亥俄州副州长。1915年，

哈定

他当选国会参议员，并且担任1916年共和党全国代表大会的发言人兼主席。1920年哈定当选总统。

哈定当选总统后，根据国内的形式进行了一系列的改革。如改变国内关税法，对战时兴起的化学、药品等美国工业实行特别保护，宣布联邦政府不干预私营企业等等。改革卓有成效，对美国战后的经济发展起到了一定的作用。1923年6月20日，哈定率领大批随员巡游全国各地，进行考察。两个月后，他在加利福尼亚州旧金山的皇宫饭店内突然去世，死因至今未明。哈定尽管只做了3年的白宫主人，但他短短的总统史却以极端的腐化和道德败坏而著称。

苏联打退波兰的武装干涉

苏俄赢得的和平，没过多久就被打破了。1920年4月25日，波兰在协约国支持下入侵苏俄。不久，占领了基辅和乌克兰、白俄罗斯的大片土地。盘踞在克里米亚半岛的弗兰格尔白卫军也乘机向北进犯，企图攻占顿巴斯。苏维埃国家又一次面临着严重的威胁。

党和政府紧急动员各方力量支援前线。仅5～6月间，就有1.2万名共产党员被派往前线。6月，西南战线红军在叶戈罗夫和斯大林指挥下发起反击，解放了基辅和乌克兰。7月，图哈切夫斯基指挥西方战线红军进攻，迅速突破波兰防线，解放了白俄罗斯领土，进而越过国界，于月底逼近波兰首都华沙。

为了使波兰军队免于覆灭，协约国一方面由英国外交大臣寇松出面，要求红军停止进攻，并建议苏波双方举行和谈，划定边界；另一方面则加紧向波兰提供军事援助。波兰军队得到增援补充后，于1920年8月16日转入反攻。红军由于进展过速，先头部队远离后方，同时西方战线和西南战线相互配合得也不够好，在敌人进攻面前不得不后撤。但是，红军很快就扭转了不利处境，挡住了波兰军队的进攻。10月，苏俄同波兰签订初步和约。1921年3月，双方签订里加和约，划定两国边界。

对波战争结束后，红军集中全力对付弗兰格尔。1920年11月，苏俄政府再次成立南方战线，伏龙芝任战线司令。11月6

日，南线红军发起总攻击，摧毁彼列科普地峡和琼加尔地峡的坚固工事，冲进克里米亚半岛，消灭了弗兰格尔军队。协约国组织的第三次武装干涉被粉碎了。

1920年底，苏俄国内战争基本结束。但在边疆少数民族地区，平息叛乱驱逐外国干涉军的斗争还持续了一段时间。

中亚是少数民族聚居的地区。早在1918年4月，这一地区就成立了土耳克斯坦苏维埃自治共和国。后来，杜托夫在乌拉尔南部地区叛乱，割断了它同莫斯科的联系。形形色色的民族主义分子乘机掀起反苏维埃暴动。

1919年夏秋，红军解放乌拉尔地区后，分出一支队伍，组成土耳克斯坦战线。伏龙芝率领这支队伍开进中亚，平息了当地的叛乱。但是，在威海南岸的乌兹别克和土库曼地区还存在着两个封建王国——希瓦汗国和布哈拉埃米尔国。1919年底，希瓦人民举行起义，在红军帮助下获得胜利。1920年4月，正式成立花剌子模人民苏维埃共和国。1920年8月，布哈拉人民起义，在红军帮助下推翻了埃米尔政权。布哈拉人民苏维埃共和国于1920年10月正式宣告成立。

在南高加索，政权掌握在协

向土耳其进发的希腊联军

约国支持的阿塞拜疆资产阶级民族主义政党木沙瓦特（亦译作平等党），亚美尼亚资产阶级民族主义政党达什纳克（亦译作联盟党）和格鲁吉亚孟什维克手里。1920年，英国看到邓尼金部队已经崩溃，红军即将进入高加索，慌忙把自己的干涉军撤离这一地区。这以后，南高加索人民的斗争蓬勃兴起。1920年4月，阿塞拜疆人民举行起义，在红军帮助下推翻木沙瓦特政权，建立了阿塞拜疆苏维埃共和国。1920年秋，亚美尼亚劳动者起来反对达什纳克政府。1920年11月，亚美尼亚苏维埃共和国正式成立。1921年2月，格鲁吉亚的孟什维克政府被推翻，格鲁吉亚苏维埃共和国诞生。

在远东地区，反对白匪和外国干涉军的斗争一直持续到1922年。在高尔察克被歼灭后，苏维埃政府为了避免同日本干涉军发生直接武装冲突，决定在贝加尔湖以东的地区建立一个缓冲国。1920年4月，远东共和国正式成立。它是共产党领导下的议会制共和国，建有自己的人民革命军。1922年10月，共和国军事部长勃留赫尔（即为我国熟知的加伦将军）指挥人民革命军攻进海参

崴，迫使最后一批外国干涉军撤离苏维埃国土。11月，远东共和国并入俄罗斯联邦。在战胜国内外敌人的基础上，1922年12月30日，苏维埃社会主义共和国联盟（苏联）正式成立。

凯末尔与民族独立

赢取民族独立

第一次世界大战结束后，土耳其因追随德国，领土遭到了战胜国英、法、意和希腊等国的瓜分，面临着亡国的危机。为了实现民族独立，土耳其人民展开了大规模的抵抗运动。

当时执政的是苏丹政府，但他们卖国求荣，无心进行民族独立运动。已被授予将军职衔的穆斯塔法·凯末尔决定辞去军职，投身到争取民族解放运动中去。凯末尔的这一行为，赢得了广大人民的称赞，他很快就被推为了各民族主义组织的领袖。

1920年4月，凯末尔党人在安卡拉召开大国民议会，并成立了临时政府。临时政府在批判苏丹政府卖国行为的同时，宣布开始组织自己的正规军以反对帝国主义的侵略行径。凯末尔党人成

立的政府受到了国际无产阶级的大力支持，列宁领导的苏维埃俄国也与他们签订了友好条约，并对他们进行各种支援。

凯末党人临时政府的成立，让已经分得土耳其领土的国家十分恼火。1921年8月，希腊的十万大军在英国支持下，向凯末尔临时政府发动了猛烈进攻。当时，凯末尔党人刚刚建立国民军，在数量和武器装备上都远远落后于希腊联军。但全体国民军将士斗志昂扬，在十多天的时间里击退了敌军一百多次进攻。甚至一些妇女也勇敢地拿起枪支奔赴前线，和男性士兵们一起作战。

总司令凯末尔

世界通史

最新整理图文珍藏版

为什么不摔倒我

凯末尔率领国民军经过一个月的苦战，抵挡住了希腊联军的疯狂进攻，并逐渐进入了反攻的阶段。在反击中，国民军异常勇猛，他们不仅把希腊联军赶下了爱琴海，甚至还俘虏了希腊联军的总司令。在对希腊联军取得胜利后，国民军开始把矛头转向了苏丹政府。他们迅速将军队开进了伊斯坦布尔。土耳其皇帝苏丹穆罕默德六世见势不妙，慌忙带领妻儿溜上英国战舰逃跑了。

土耳其人民开始庆祝这得来不易的胜利，他们在伊斯坦布尔巨大的广场上举行了庆祝晚会。深夜时分，晚会的最后一个节目——土耳其民族传统的摔跤比赛开始了。这时，凯末尔突然向军中的一位摔跤大王挑战，人们都来了兴趣，纷纷围过来观看。比赛开始，摔跤大王猛一使劲，凯末尔就被抱了起来，人们一阵惊呼，就在凯末尔将要被摔倒时，摔跤大王轻轻把他放到了地上。

"为什么不摔倒我？"凯末尔站稳后笑着问。

"您是我们国家的英雄，七个国家的敌人都没有打倒您，我怎么有能力把您摔倒呢？"摔跤大王的回答顿时博得了全场的喝彩。

1922年10月，大国民议会在安卡拉再次召开。凯末尔宣布废黜公开投敌的苏丹，并宣告土耳其共和国由此成立，首都定为安卡拉。在这次大会中，凯末尔被推选为共和国第一任总统。此后，他连续4次当选总统。1934年土耳其大国民议会为表彰他对土耳其人民的功绩，授予他以"阿塔图尔克"为姓。"阿塔"在土耳其语中的意思是"父亲"，"阿塔图尔克"就足"土耳其之父"的意思。

华盛顿会议

《四国条约》和《五国海军协定》

1921年11月12日，华盛顿会议正式开幕，美国国务卿休斯被推选为大会主席。会议主要议题有二：一为限制军备问题，二为处理有关远东和太平洋问题。前者由美、英、日、法、意五大海军国组成的"裁减军备委员会"商讨，后者则由与会九国组成的"远东问题总委员会"合议。大会期间共有7次公开的全体会议，听取正式报告，批准各项决议。

大会虽标榜废除秘密外交，实际上所有重大问题都先由英、美、日、法四国代表团团长会议决定，其中又主要受美国代表休斯、英国代表贝尔福和日本代表加藤操纵。会议共批准与通过了7项条约与13项议决案，其中直接关系到中国的在10项以上。在所有条约中最重要的是1921年12月13日美、英、法、日签订的《四国条约》、1922年2月6日美、英、日、法、意五国签订的《五国海军协定》，以及同日由九国订立的《九国公约》。

要达成限制军备的协议并调整列强在远东和太平洋的关系，首先必须解决英日同盟问题。拆散英日同盟，美国最为起劲。还在会议之前，美国就曾对英国打招呼说，英日同盟的缔结是以抗衡俄、德两国为目标的，既然来自两国的威胁已不复存在，美国认为没有理由继续保持同盟。20年代初，英国正遇到爱尔兰民族独立运动兴起的麻烦，休斯借机对英施加压力，声称美国对爱尔兰独立是否予以承认，当视英、日关系而定。实际上是威逼英国放弃英日同盟。

对此，英国首相劳合·乔治在下院的一次演说中表示，"日本是英国的旧盟友，双方在20年的同盟中，甚有所益，当今美国与英国极为协和，我认为首先应该与美国增进友好的合作，其次也要维持对日本的亲善与合作"。英国决定以两全之策，即用英、美、日3国协定来取代英日同盟。1921年11月11日，英国代表团刚抵达华盛顿，贝尔福便就这个问题与休斯秘密会晤。12月1日，英、美、日三方再次密谈。贝尔福首先提出以英、美、日三国同盟来取代英日同盟的方案。由于这个方案不仅限于太平洋区域，还包括对华问题在内，并要求缔约国承担一定的军事义务，因而遭到美国反对。

美国表示不能承担军事义务，对华问题应另结国际公约来解决，还提议邀请法国参加，缔结四国条约。休斯后来谈到此举的目的时说："法国的加入，将使盟约有四票而不是三票，因此没人能说英、日可联合起来反对我们。"

经过一系列的谈判协商，12月13日，美、英、日、法签订了《四国条约》，1922年2月6日又签补充条约。其主要内容为：缔约各国相互尊重彼此在太平洋区域内岛屿属地和岛屿领地的权利；如发生争端，则召开四国会议解决。一旦受到外部威胁，则四国协商采取行动。经商定，一俟缔约各国批准，英日同盟应予终止。条约有效期为10年。

对美国来说，拆散英日同盟的外交目标已达到，为了防止有承担军事义务之虞，1923年美国参议院在批准条约时仍保留声明：美国"不投入武装力量、不结盟、不承担参加任何防御的义务。"

英国也把条约的缔结看作是外交上的成功，认为条约有利于维护英国在太平洋区域的利益，既不失与日本修好，又改善了同美国的关系，一举而数得。

英日同盟的终结，对日本无疑是一大冲击，日本代表私下讽刺英国人说："无论如何，你们给同盟举行了盛大的葬礼。"但在另一方面，日本也以英、美承认日本在太平洋区域的地位而自慰。外相内田康哉说："四国条约是华盛顿会议的一大成功，日本的国际地位有加无已。"《四国条约》的签订反映了帝国主义列强之间企图缓和矛盾，巩固现有秩序，以协同对付正在蓬勃兴起的远东与太平洋地区民族解放运动的需要。但帝国主义之间的妥协和联合是暂时的，它们之间的矛盾并未根本解决。

作为华盛顿会议主要议题之一的限制海军军备问题，始终是列强争吵不休的中心。在1921年11月12日第一次会议上，美国代表休斯提出一个方案，引起与会各国的震动，被称为休斯的"外交炸弹"。其要点为：（1）各国放弃一切现有的和正在制订中的主力舰造舰方案；（2）各国废置一定数量的旧舰，以便进一步裁军；（3）有关各国的现有海军实力将一般地予以照顾；（4）以主力舰的吨位作为计算海军力量的尺度，同时容许按比例配备辅助舰只。"按照休斯的方案，五强拥有主力舰吨位的比例应是：英美各50万吨，日本30万吨，法意各17.5万吨；同时规定最大主力舰吨位不得超过3万5千吨。美国的目的首先是争夺"裁军"旗号，捞取政治资本；其次是先发制人，率先提出有利于确立美国优势地位的方案，迫使英、日接受其在军舰吨位比例上的领先地位。

　　英国虽在会前即曾通过海军大臣李氏，表示愿意放弃自1887年以来所奉行的"双强标准"，接受海军力量对等的原则，并愿与美国就此达成协议，但美国的突袭，仍为英国所始料不及。英国代表波蒂听到休斯要求英国停止

建造4艘新式大型军舰时，竟为之晕厥。现实的经济实力对比，使英国意识到无力继续与美国进行军备竞赛，只得退而接受力量对等原则。为了在欧洲保持优势，英国把眼睛盯在法国的陆军与潜艇上，提出对潜艇加以限制与裁减陆军的要求，以削弱法国在潜艇方面与英国相差无几的实力和赖以称霸欧洲大陆的陆军，遭到法国代表白里安的强烈反对。双方唇枪舌剑，针锋相对，几乎使会议陷入僵局。由于意、日的反对，英国才未如愿，潜艇与陆军问题不了了之。

　　法国最关心的是意大利与它在军舰吨位上的对等，认为法国与二等强国意大利平起平坐，意味着法国在地中海优势的削弱，所以它也对休斯方案提出异议，要求法、意之比应该"类似于美、日之比。"然而在整个会议期间，法国常遭英、美的排挤，孤掌难鸣，再则大战创伤未愈，最后只好接受休斯的方案。

　　日本明知经济状况不允许其进行更大规模的军备竞赛，但它仍拼命反对美国的方案，坚持提出10：10：7的比例。英美当然不愿让步。美国宣称，如果日本执意孤行，美国将以牙还牙，日本造1

最新整理图文珍藏版

艘军舰，美国就造 4 艘。双方争持不下，于是日本提出以美英在太平洋海域中的某些岛屿不设海军基地与新的要塞为条件，换取对美国 5∶5∶3 方案的赞同。日本政府指令加藤对美国阐明日本的立场，即日本认为"关于设防工事问题，是整个海军军备协定中一个不可分割的部分，日本决心为此争论到底。"加藤还声言，军舰比例少于 10∶7，将引起日本公众舆论的反对。

经过激烈的争吵，日、美达成妥协，1922 年 2 月 6 日《五国海军协定》签字，规定各国主力舰总吨位限额，英、美各为 52.5 万吨，日本 31.5 万吨，法、意各为 17.5 万吨，即维持 5∶5∶3∶1.75∶1.75 之比例；同时还规定了一个为期十年的停止建造主力舰的"海军休息期"。此外，还就太平洋地区设防工事问题，作出若干规定：除夏威夷和新加坡之外，英、美不得在太平洋西部地区建设与加强海军基地，连关岛和菲律宾的防御工事均不得加强。日本亦不得在千岛群岛、小笠原群岛等岛屿加强防御工事，但不包括日本本土。

所以从总体上看，日本虽在主力舰比例上逊于英美，但会前

日本在小笠原群岛的设防工事已经竣工，五国协定对之并无影响，而对英美的限制却大得多。日本在太平洋海军基地的建设上显然占了便宜，实际上"更有利于日本海军对中国海岸的控制"。日本军方认为：维持太平洋防务现状的规定，使日本"赖以挽回颓势不少"，"得以弥补'八八舰队'计划的财政破绽，太平洋上的势力得以保持平衡，为不幸中之大幸。"日本通过《五国协定》所占有的优势，在 1941 年太平洋战争爆发之后，得到了充分的体现。

《五国协定》是现代史上第一个裁军协议。它暂时缓和了帝国主义在某些方面的军备竞赛和冲突，但作用极为有限。随着科技的迅速进步，新式军备不断涌现，新的军事竞赛很快又在其他领域内开展起来，使这一条约随之失去了实际意义。

《九国公约》和"门户开放"

华盛顿会议上一个更加重要的问题，是商讨解决远东和太平洋问题，而中国问题无疑是这一议题的核心。中国希望能在华盛顿会议上得到英、美的支持，从日本手中收回山东主权，并且能解决列强在华的一系列权益问题。然而，帝国主义列强却完全漠视

了中国的愿望。

1921 年 11 月 15 日深夜，也就是远东和太平洋问题总委会第一次会议的前夜，中国代表团突然接到美国国务院的通知：中国代表团可在次日的会议上提交报告。在美国的授意下，中国代表匆匆起草了关于解决中国问题的十大原则，大旨为：尊重中国领土与主权完整，赞成"门户开放"、"机会均等"；各国缔结有关中国及远东条约时须通知中国；废除过去中国给予各国在华的一切特权；撤销各国对华各种政治上、司法上、行政上的限制；现有的对华条约应有期限规定；凡涉及让与权的解释应有利于让与国；中国如不参战，应尊重中国的中立；订立解决远东与太平洋和平问题的条约；设一专门会议定期讨论远东与太平洋问题。

中国北洋政府提出的这十大原则，是十分空洞的，而且并未提出实施的具体要求，其中第二条"中国既极赞同所称开放门户主义，即与约各国一律享有工商业机会均等主义，故自愿承认该项主义，并实行于中华民国各地方，无有例外。"特别迎合美国的心意。美国代表鲁特又把十大原则中稍有涉及具体的各条舍去，

着重保留了维护现状与门户开放方面的内容，修正为四条，称之为"鲁特四原则"。其内容为："（1）尊重中国的主权与独立以及领土与行政的完整；（2）给中国一个完全无阻碍的机会，使之能发展并维持一个强有力而巩固的政府；（3）运用各国的影响，以求切实建立和维持在全中国领土上的各国工商业机会均等的原则；（4）不得利用中国的现状，以求获得特别权利，而致削弱其他国家的权利，并不得奖助有害他国安全的行动。其实质就是在尊重中国独立与领土完整的幌子下，维护机会均等和门户开放的主张。

鲁特的四原则在 11 月 21 日的会议上提出之后，日本代表曾问，"行政完整"的意义是什么？鲁特回答说，并不影响合法的特别利益。这就更进一步表明，所谓中国主权独立和领土行政完整，是受不平等条约的约束的。对此，日本代表表示满意。此后，美国代表休斯又向大会提出"关于中国门户开放案"，重申"门户开放，机会均等"的原则。但当中国提出归还德国在山东的权利、关税自主、收回治外法权、收回外国租借地、撤退外国驻军等具体要求时，帝国主义列强或拒绝，

或推诿拖延，或仅在十分次要的小问题上作点微不足道的让步。因此，中国的要求基本上未能实现。

1922年2月6日签订了《九国关于中国事件应适用各原则及政策之条约》（简称《九国公约》）共9条。鲁特四原则被列为第一条，构成了这一公约的核心。其他各条的主要内容是，保证第一条原则不受侵害，并规定为保证"门户开放""机会均等"之实施，各缔约国不得"在中国任何指定区域，获取有关商务或经济发展之一般优越权利"和"任何专利或优越权"。还就中国铁路运输的运费待遇，尊重中国战时保持中立及条约具体实施的技术性问题，达成协议。

《九国公约》标榜："尊重中国主权、独立和领土完整"，实际上无视中国在会议期间提出的上述具体要求。其主要之点在于确立了美国主张的"门户开放"、"利益均等"原则，为美国排挤英、日，加强对华扩张准备了有利条件，这是美国取得的重要成就。因此休斯心满意足地声称："由于有了这个公约，'门户开放'才在中国终于变成事实。"美国外交史家普拉特也承认，《九国公约》是"首次将美国对华关系的传统政策，以条约的形式固定下来。"

会议期间的一个引人注目的插曲，是中、日关于山东问题的谈判。中国原先希望大会能直接解决山东问题，但日本坚决反对。而1914年英国与日本共同出兵，从德国手中夺取山东时，曾许诺将山东作为日本参加对德作战的酬报，所以仍然支持日本。美国虽表面上支持中国对山东的要求，但为了使日本承认"门户开放"政策和在海军军备问题上让步，又决定同意日本关于通过中、日谈判解决山东问题的要求。在英美的斡旋下，中日举行了关于山东问题的谈判，英美派观察员列席。

中、日会谈从1921年12月1日开始，到1922年2月4日结束，断断续续地进行了两个月。在谈判中，双方争执最激烈的是胶济铁路问题。日本态度蛮横，坚持霸占一切有关铁路的权益。而中国代表则要求收回胶济铁路，并愿向日本给予补偿。日本拒绝了这一要求，使会谈陷入僵局。但由于中国人民要求归还山东权益的呼声日益高涨，中国代表顾维钧等人据理力争，同时美国也对日本施加压力，最后日本不得不在山东问题上被迫后退。

1922 年 2 月 4 日，中、日双方签订了《解决山东悬案条约及其附约》。条约规定：山东归还中国，但中国必须开放若干商埠口岸；胶济铁路路权归属中国，但中国要偿还日本 5300 万马克（合3200 万银元）的铁路产值；在未偿清之前，车务长与会计长的职务仍由日本人担任。中国收回山东主权与胶济铁路路权，是对《凡尔赛和约》关于山东问题规定的修正，也是中国在华盛顿会议期间所取得的一个外交成果，但实际上日本仍对山东保持了很大的控制权。

华盛顿会议调整了帝国主义列强在远东和太平洋地区的关系。它所建立的华盛顿体系补充了凡尔赛体系在东方的空缺，凡尔赛—华盛顿体系从而成为一战后维系国际关系新格局的基石。

美国在华盛顿会议上取得了重要的成就，它既迫使英国承认了两国在海军军备上处于平等地位，又迫使日本接受了在中国问题上的"门户开放"、"机会均等"原则，从而使自己在华盛顿体系中处于优越地位。帝国主义之间的矛盾与斗争，从此进入了新的阶段。

华盛顿会议使日本独霸中国的狂妄野心受到压制，"又使中国回复到几个帝国主义国家共同支配的局面"，中国的半殖民地地位依然如故，中国革命面临着艰巨的任务。

华盛顿会议暂时地和在一定程度上缓和了帝国主义列强之间的关系，但缓和中又酝酿着新的冲突。建立在这样一个基础上的华盛顿体系，当然不会是巩固的，它必然逃不脱崩溃的命运。

列强在远东太平洋区域的矛盾

巴黎和会之后，由于美国参议院拒绝批准凡尔赛条约，也拒绝加入国际联盟，因此，战胜国企图通过对战败国缔结和约的方式建立战后全球新秩序的努力并未获得完全的成功。列强在远东和太平洋地区的矛盾不但没有解决，反而益显尖锐。

第一次世界大战后，帝国主义在亚太地区的争霸形势与战前相比有了新的变化。战前主要是英、法、俄、德、日、美六国相互角逐，争斗的中心是宰割衰弱的中国。战后，德国败北，沙俄消亡，法国则忙于医治战争创伤和处理欧洲事务，于是在亚太地区的国际政治斗争舞台上便形成了英、美、日三国继续争夺中国和太平洋海上霸权的新局面。这种新的争霸格局有三条主线：第一，日本在该地区实力的明显增强以及它独占中国势头的迅速发展，引起了英、美两国的极度不安。因此尽管它们之间存在着种种矛盾，但都力图遏制日本的扩张野心。第二，为争夺亚太地区的霸权，英、美、日三国展开了激烈的海军军备竞赛，使远东形势格外紧张。第三，中华民族的觉醒以及巴黎和会期间中国人民对帝国主义任意宰割中国所表现出来的强硬态度，使列强极为惊恐。如何保持中国的贫弱状况，如何保护列强的在华既得权益，是它们必须处理的另一个问题，而且除非它们相互妥协，否则这个问题就得不到解决。

战后，英、美、日三国之间的相互关系发生了某些与战前不同的重要变化。

英日关系逐渐从盟友走向了某种程度的对抗。第一次世界大战前，英国虽然在华拥有最大权益，但它的优势地位已受到其他列强的挑战。英国感到无法单靠自己的力量保卫其远东帝国和在华权益，遂放弃"光辉孤立"的外交政策，于1902年与日本结成英日同盟，并在1905年和1911年两度续订，企图依靠日本替自己照看远东财产。然而日本却利用这一同盟，在战前和大战期间极大地扩展了自己的在华利益。到大战结束时，日本对华出口已居各国之首，而英国则落后于美国屈居第三；在对华投资方面，双方已不相上下。这一切对英国造成了严重威胁。巴黎和会上日本对大战中获得的权益寸步不让，更加强了它在远东的经济及战略地位的优势。现在，当英国在欧洲的对手德国一败涂地之时，它昔日的盟友日本却准备把它赶出远东，英国再次面临如何保住远东帝国和在华权益问题。因此，无论英国对即将于1921年7月到期的英日同盟是否续订如何考虑，最重要的是它必须在远东寻找新的盟友。

对日本来说，由于持续了近二十年的英日同盟给日本带来了巨大好处，它自然希望维持该同盟，使其继续作为日本对外扩张的国际支柱。但是战后的形势表明，英日同盟是否续订，不仅取决于英国，更要看美国的态度如何，而美日关系的恶化最终将使日本的打算落空。

大战结束后，围绕对华关系，

美国的"门户开放"原则与日本独霸中国政策之间的对立日益尖锐。巴黎和会期间日本在中国山东问题上取得的胜利是美国国会未能批准凡尔赛条约的重要原因之一，因为它与日本在大战中获得的其他战利品一起，彻底破坏了远东及太平洋地区的战前均势。另外美国打算组织美、英、法、日四国银行团，利用美元的力量摧毁日本独占中国政策的努力也由于日本的实际抵制而受挫。于是美日两国相互视对方为自己争夺亚太地区霸权的主要障碍，都把对方看作是自己的假想敌国。

日本军部在1907年上奏天皇的《帝国国防方针》中，便把美国列为仅次于俄国的第二号假想敌国。大战结束后，美国实际取代了俄国的位置。美国则早在1904年就开始考虑制定针对日本的作战计划；1913年军方正式提出了以日本为敌人的"橙色作战计划"；1919年巴黎和会之后，美国更对该计划给以最多的注意，并进→步考虑加强在夏威夷、关岛和菲律宾的设防。此外，为了消除在未来的对日战争中英、日联合对抗美国的潜在危险，美国力图拆散英日同盟，而美英两国在遏制日本方面的日趋一致最终

使美国达到了目的。

在战后争夺远东及太平洋地区霸权的斗争中，美英两国既是对手，又是反对日本扩张的伙伴。尽管战后美国凭借经济实力，在全球范围内激烈地与英国争夺市场、原料和投资场所，并向英国自治领和南美洲渗透自己的势力，但美国深知，在亚太地区，在与其主要的敌人日本的争斗中需要英国的支持。英国作为最早侵华的国家，把中国最富庶的长江流域和华南地区变成了自己的势力范围。一战前它凭借政治经济优势，消极对待美国的"门户开放"。但战后英国既无力阻止日本对中国的经济进攻和对英国势力范围的"侵犯"，也无法抵挡美国对中国的经济渗透，加上它在财政上对美国的部分依赖，便调整了远东外交战略，逐渐转向支持"门户开放"政策，希望借助美国遏制日本，以保住自己的既得利益。这不仅表现在1919年英国积极支持美国关于组织新的国际银行团的建议方面，更表现在英国被迫在战后的海军军备竞赛方面寻求与美国妥协。

海军军备竞赛

海军历来是帝国主义对外侵略扩张和争夺世界霸权的主要工

最新整理图文珍藏版

具，海军实力的强弱直接影响到争霸的结局。第一次世界大战结束后，海军军备竞赛随着德国海军的败亡和美国的崛起，已从英德两国在北海和大西洋地区的争夺转移到以英、美、日为主在太平洋地区的竞争。

英国在战后仍然保有最强的海军实力，能够在太平洋地区同美日进行较量。美国和日本都相互把对方看作是自己争夺远东及太平洋地区霸权的主要障碍。日本军部早在 1907 年上奏天皇的《帝国国防方针》中，便把美国列为仅次于俄国的第二号假想敌国，在 1923 年修改方针时，则将头号假想敌国改为美国。而美国也很早就考虑制定针对日本的作战计划，1913 年美国军方正式提出了以日本为敌人的"橙色作战计划"。在战略地位上，日本处于比美国更优越的地位。日本在台湾、琉球设有海军基地，在库页岛、千岛群岛、马里亚纳群岛、加罗林群岛、马绍尔群岛设有据点。在辽阔的太平洋海域日本可以自如地调度自己的舰队，对美国来讲就非常困难。虽然美国于 1920 年已把它的舰队主力从大西洋调到太平洋，但直到 1921 年，美国国会才通过拨款筹建菲律宾和关

岛的基地。一旦发生战争，美国在西太平洋没有作战基地的情况下，要取得对日的海上优势是根本不可能的。因此，美国要疯狂地扩建海军。

在全球范围内，美国开始向英国的传统地位挑战。威尔逊曾提出要建立一支最终能"与世界上任何国家所维持的最强大的（海上力量）势均力敌"的海军，而英国决心要保持它的海军优势地位。英国首相劳合·乔治对美国豪斯上校说："英国宁愿耗尽它最后一个金币，也要保持对美国或其他任何国家的海军优势。"英国海军大臣温斯顿·丘吉尔更加坚决地表示，"世界上无论什么东西，无论什么见解，无论什么论据和劝说，不管它们如何动听，都不应该使我们放弃我国赖以生存的海上霸权"。

1918 年 12 月，威尔逊向国会提出拨款六亿美元以扩充海军的计划。英日两国对此极为不安。1919 年 4 月，在巴黎和会之外展开了一场英美两国的谈判，被称为"巴黎的海战"。英国坚持要求美国放弃新的海军计划，并承认英国拥有强大的海军是属于"特殊需要"，并以巴黎和谈的某些条款相要挟。威尔逊被迫答应了英

国的要求。然而，仅过了几个月，到 1919 年 7 月，美国国会便批准了扩充海军的计划。要求在三年内建造军舰 137 艘，其中包括 10 艘主力舰，6 艘巡洋舰和 50 艘驱逐舰。美国为了建造新舰到 1921 年底已经用去了 1.87 亿美元，要完全实现其扩建计划，估计还要再耗掉 3 亿多美元。按照这个计划，美国到 1924 年将拥有 38 艘主力舰，大大超过当时英国 32 艘的数字，将成为超过英国的世界第一海军强国。

英国长期以来实行"两强标准"（即英国海军实力必须等于其他两个海军最强国实力的总和）。它不甘示弱，于 1921 年通过决议，除已建造的 10 艘主力舰外，再增加 4 艘 4 万吨级的巨型战舰，此外还建造 10 艘巡洋舰和 30 多艘潜水艇。扩充海军军备的计划使英国的财政极为紧张，1919～1920 年其海军开支比 1913～1914 年增加了三倍。

日本更是野心勃勃，在 1917 年通过了建造"八四舰队"的计划，到 1920 年 7 月，建造"八八舰队"的计划（即每八年更新一次，各拥有八艘主力舰的两支舰队）又获通过。依照此计划，到 1928 年，日本可增加八艘主力舰、八艘新式巡洋舰。为完成该计划，1921 年度日本的海军拨款高达近 5 亿日元，比战前几乎增加五倍，约占其全部国家预算的 1/3。

到 1921 年，英、美、日的海军力量对比以美国为基数 10 的话，其比例为 13.5∶10∶4.9；其中主力舰（包括巡洋舰）的比例为 13.9∶10∶6.8；如果把已经开工建造的那一部分计算在内，主力舰的比例则变为 10.6∶10∶8.7。英国已经不占多少优势，特别是英国舰艇的老化程度高于美国。

帝国主义的军备竞赛是在极端矛盾中进行的，一方面力图通过大规模的造舰计划来实现争霸的野心；另一方面造舰的庞大支出又造成不胜负担的财政压力，军费的无限制的增加又会引起人民群众的不满情绪。因此，帝国主义在军备竞赛的同时，又提出举行限制军备的谈判，企图以此来限制对方，达成妥协，缓和军费支出造成的财政困乏。正是在这样的形势下，加上美国力图通过外交途径来遏制日本势力的扩张，增强和巩固自己在远东和太平洋上的地位，美国遂于 1921 年 7 月发起召开华盛顿会议，讨论限制海军军备和协调帝国主义列强在远东和太平洋地区的矛盾。

华盛顿会议的召开

早在 1920 年 12 月，美国参议员威廉·E·博拉就提出了召开各国限制海军军备的国际会议的建议。1921 年 5 月和 6 月，美国参、众两院以压倒多数通过了博拉的上述议案，要求政府开始与英、日举行促进裁军的谈判。英国也在 1921 年 4 月正式通知美国政府，它准备放弃传统的"两强标准"，并希望与美国讨论两国的舰队均势问题。这个政策得到了当年英帝国会议的批准。同年 7 月 5 日，英国外交大臣寇松首先向美国提出建议，希望美国总统首倡以解决远东与太平洋问题和裁军问题为目的的国际会议，美国欣然同意。7 月 10 日，美国国务卿休斯发表公开声明，向英、日、中、法、意五国建议在华盛顿召开会议。8 月 11 日，美国正式向在远东有利害关系的八个国家英、日、中、法、意、比、荷、葡发出邀请，准备于当年 11 月在华盛顿召开会议，但把苏俄排除在会议之外。

1921 年 11 月 12 日，美、比、英、法、意、荷、葡、中、日九国代表参加的华盛顿会议开幕。会议的正式议程有两项：一、海军军备的限制；二、远东和太平洋问题。为此会议组成了两个委员会：由美、英、法、意、日五国组成的"缩减军备委员会"和由与会九国组成的"太平洋远东问题委员会"，分别进行讨论。会议的主持者竭力标榜该会议的公开性，不搞秘密外交，甚至把代表们的讲话和发言登载在报刊上，并出版会议的速记报告书，但所有重大政治问题实际上都是在幕后谈判时由美国务卿休斯、英国枢密院大臣贝尔福和日本海相加藤友三郎决定的。会议历时近三个月，于 1922 年 2 月 6 日闭幕。会议期间共缔结条约 8 项（其中一项未生效，一项为会议期间由中日两国订立的），议决案 13 项。其主要内容是：关于废除英日同盟的四国条约；关于限制海军军备的五国条约和关于中国"门户开放"原则的九国公约与中日解决山东问题的条约。

《四国条约》

英日同盟问题虽未被列入会议议程，但事情非常明显，如果不解决这个问题，其他问题就很难达成协议，因此它成为会议讨论的重要问题之一。美国代表团把废除英日同盟视为自己的首要任务，英、美、日三国为此展开了秘密讨论。

早在会议开幕之前，美国就一再向英国施加压力。一方面向英国催还战债，使英国的金融市场出现不稳定的局面而必须在经济上依赖美国；另一方面则以爱尔兰问题相要挟，声称如果英日继续结盟，美国将支持爱尔兰独立，迫使英国就范。英国本国和一些英联邦成员也认为该同盟没有存在的必要了，它们感到日本依靠这个联盟得到的好处太多了，战后应把同美国保持良好关系作为帝国的政策基础。日本当然希望英日同盟能够维持下去，在条约即将到期的前一个月，日本曾派出皇储裕仁赴英活动，争取续约。但是同盟是否能延续已不完全取决于日本和英国，更要看美国的态度如何了。

英国在财政上有求于美国，但又不愿意得罪日本，因此英国试图以英、日、美三国同盟取代英日同盟。1921年12月1日在三国代表的秘密会议上，英国外交大臣贝尔福正式抛出这一方案。这个方案不但涉及太平洋诸岛，而且涉及中国；不但规定要使用外交力量，而且规定要使用军事力量。他们计划的三国同盟实际上是英日同盟的扩大，遭到美国的坚决反对。美国认为，这是变

相保留英日同盟，它既不符合美国的传统政策，又有悖于本次大会的方针。它主张，缔约国不应有使用军队的义务；该条约的范围应限于太平洋区域，对华问题另订《九国公约》。此外，美国坚持邀请法国参加这一协定。因为美国觉得英法两国在争夺近东及德国问题上矛盾重重，特别是法国对美国负债累累，把法国拉进这个协定，可以增强美国同英日角逐的力量。这样就形成了"四国同盟"。在英国原方案和美国主张的基础上，由日本代表币原提出了一个修正案，该修正案经休斯、贝尔福、加藤三巨头会议通过后，由休斯通知法国，请其加入。

1921年12月13日，在美国国务院，美、英、法、日四国代表正式签订了《关于太平洋区域岛屿属地和领地的条约》，简称"四国协定"。条约主要内容共有四项：

1. 缔约国"互相尊重它们在太平洋区域内岛屿属地和岛屿领地的权利"。

2. "如上述权利遭受任何国家侵略行为威胁时"，缔约国应"进行协商，以便达成协议，联合或单独地采取最有效的措施"。

3. 条约有效期为十年。

4. 该条约生效时，英日同盟即告终止。

"四国协定"签字时，美国针对日本又对条约作出两项特别保留：条约不妨碍美国与日本交涉雅浦岛问题；各国国内问题亦不受条约的限制。此项旨在防止日本启用条约做武器攻击其一直不满的美限制日本向美移民的政策。

"四国协定"签订后，由于在条约适用的范围是否包括日本本土的问题发生了争论。四大国在1922年2月6日又签订了《关于太平洋区域岛屿属地和领地的补充条约》，明确规定："四国协定"的范围不包括日本本土四岛，仅适用于日本的南库页岛、台湾、澎湖列岛和日本的委任统治地。

"四国协定"的签订是美国外交的一项重大胜利。美国以实力为后盾，辅之以坚定的外交立场、积极灵活的外交行动，彻底埋葬了英日同盟，从而一举改变了与己不利的战略态势，为与日争雄、称霸远东创造了有利条件。

英国对签订"四国协定"也甚感满意。劳合·乔治称之为英国外交的一大成功。因为英国既没有抛弃老盟友，又交结了新朋友。一个游刃于美日之间的新局

面的开启，对英国来讲，无疑是有益无害。为了表彰贝尔福的功绩，英国皇室特为他授予爵位。

与英美不同，日本怀着悲喜参半的复杂心情接受了新条约。通过新协定，日本长期以来通过侵略扩张夺占的太平洋岛屿，得到了西方诸强的承认。但日本谋求延续英日同盟的外交毕竟失败，对此，日本代表对英国人幽怨地说："无论如何，你们给英日同盟安排了一个盛大的葬礼。"

"四国协定"的签订，调整了帝国主义美、英、日、法四强在远东和太平洋地区的关系，也暂时缓和了美、英、日在该地区的矛盾和冲突。

《五国海军条约》

限制海军军备问题是华盛顿会议的主要议题之一，在这个问题上各国矛盾尖锐。会议一开始，美国便提出了一个限制主力舰吨位的方案，主要内容是：今后十年内停止建造主力舰（包括目前正在建造的），十年后也只能建造用以替换退役舰的主力舰；销毁某些旧舰；参照与会国现有海军力量确定各主要国家的主力舰吨位限额，美、英各50万吨，日本30万吨，即5：5：3的比例。美国的意图十分明显：消除英国在主

力舰方面对美国的优势并确保自己对日本的优势。

英国不难接受上述比例。由于战后英国已把自己的海军力量的理想标准定为"一强标准"，因此自然能较顺利地接受与美国的5∶5的比例，而对与日本的5∶3的标准也没有太大异议，它认为这个差额足以对付日本并满足国内水域的需要。

但是这一比率遭到日本的激烈反对。长期以来日本便把其主力舰吨位要达到美国的70%作为追求的目标，在日本代表团赴会前，日本政府又向他们下达了"对美绝对需要保持七比十的比例"的训令。因此日本最初坚决反对5∶3的比例，要求会议注意它的"特殊需要"，坚持获得10∶7的标准。然而美国在英国的支持下不肯让步，并扬言如果日本坚持己见，那么日本每造1艘军舰，美国将造4艘与之抗衡。日本自知财力不足，又需要与英美保持协调关系，只好妥协，但以英美放弃在西太平洋建设和加强海军基地为条件，后者表示同意。法、意两国在发了一通牢骚之后，也最终接受了对它们主力舰吨位的规定。

但是在辅助舰方面，除航空母舰外均未达成协议。英国借口帝国防务而拒绝限制巡洋舰和其他水面舰只的数目；法国则借口自己的主力舰少，坚决反对削弱和限制潜水艇，并得到日、意的支持。在裁减陆军方面，会议也因为法、日、比、意等国的坚决反对而无结果。

1922年2月6日，费时近三个月而制定的五国海军条约终于最后签字。条约全称为《美英法意日五国关于限制海军军备条约》。条约共有3章24条。主要内容有：

1. 关于五国主力舰与航空母舰吨位的限制性规定。主力舰吨位，美英为52.5万吨，日本31.5万吨，法意各为17.5万吨，五国比例依次为5∶5∶3∶1.75∶1.75。航空母舰，美英各为13.5万吨，日本8.1万吨，法意各为6万吨。

2. 关于各类军舰最大排水量吨位和舰上炮口直径的规定。主力舰排水量不得超过3.5万吨，大炮口径不得超过16英寸。航空母舰排水量不得超过2.7万吨，炮口口径不得超过8英寸。

3. 五国十年内停造主力舰。

4. 关于美、英、日在太平洋上领地和属地内军事基地的防务维持现状范围的规定。美国除本国近海岸、阿拉斯加、巴拿马运河区各岛（阿留申群岛不包括在内）和夏威夷群岛外，在太平洋中现在或将来所有的岛屿和属地的要塞及海军基地，须维持现状；英国除加拿大附近岛屿、澳大利亚和新西兰外，在东经110度以东（包括香港）的岛屿和属地的要塞和海军基地，亦维持原状；日本则在千岛群岛、小笠原群岛、奄美大岛、台湾和澎湖列岛维持其所设要塞和海军基地的现状。

五国海军条约的签订是美国在华盛顿会议上的又一大外交胜利。它既迫使英国彻底放弃了"双强政策"，又在一定程度上限制了日本。美国的海军优势由此开始确立，并最终取代英国成为新的海洋霸主。

日本虽没有实现其取得10∶10∶7的主力舰比例的外交目标，但它却成功地取得了美英在太平洋广大范围的领属地内不得增加和扩建军事基地的保证，从而使日本能够在接受美英主张的主力舰5∶5∶3比例的同时，继续保持其在西太平洋地区的海军优势。签约时，日本在小笠原群岛已构筑完成了能对美国海军形成威胁的军事基地工程，而美国却受条约限制不得在阿留申群岛、菲律宾、

关岛等接近日本的区域增扩基地。实际上最后的条约对日本来说更实惠，既节省了财力，又无伤海军优势地位。

法国对五国海军条约却甚为不满。在法国人看来，"这个条约的签订是英国参加谈判的代表贝尔福取得的一个以损害法国的利益为基础的真正成功"，法国的主力舰吨位竟然降到了意大利的水平。

五国海军条约的签订实质上是五强迫于形势压力而根据各国海军现有实力状况而实行的一次暂时妥协。但它却非军备竞赛的终结。潜水艇、驱逐舰、巡洋舰等舰种并未受到限制，诸强尽可在这一些缺口领域内继续角逐。

中国问题和《九国公约》

华盛顿会议的另一个主要议题是"远东及太平洋问题"，其核心是中国问题。因为列强要争夺远东及太平洋地区的霸权必然要争夺中国。中国代表团在华盛顿会议上重申了在巴黎和会上所提出的要求。

中国的外交目标是，力争主动，修改《凡尔赛和约》中山东问题的条款，同时争取修改或取缔历史上与帝国主义诸强订立的不平等条约和严重损毁中国主权

世界通史

最新整理图文珍藏版

的外国在华特权。

中国向华盛顿派出了达一百多人的大规模的代表团。主要代表是中国驻美公使施肇基、驻英公使顾维钧，前司法总长王宠惠。

1921 年 11 月 16 日，远东及太平洋委员会举行第一次会议。会议由美国务卿休斯主持。

会前，中国代表团已接到休斯授意，要求先提出原则问题进行讨论。中国代表完全照此行事。会上，中国首席代表施肇基首先发言，提出了"十人原则"，作为会议讨论中国问题的基础。

"十大原则"主要内容如下：

1. 各国尊重中国"领土之完整及政治行政之独立"；

2. 中国完全赞同"门户开放"和"机会均等"之原则；

3. 没有中国参加，各国不得缔结直接有关中国或太平洋与远东和平之条约或协约；

4. 以往中国政府给予外国的一切特别权利，应予废除；

5. 中国在司法、政治、经济与行政上所受之限制，应予取消；

6. 中国与各国已经签订的成约中没有限期者，都须给以确定的期限；

7. 凡关于给予特别权利或特别权益的文据，应依照通行的解释原则，从严核实解释；

8. 将来发生战争时，中国如不加入，其中立权利应受到完全尊重；

9. 应订立和平解决条文，以便解决太平洋及远东地区有争议之国际问题；

10. 应订立条款，以便随时召集会议，讨论关于太平洋与远东地区国际问题，并作为缔约国决定共同政策之基础。

中国的提案得到美国政府的支持。美国代表鲁特把十项原则归纳为四条，作为有关中国问题的决议草案：一、尊重中国之主权与独立，即中国领土与行政之完整；二、给予中国机会，以发展并维持一个有力而巩固的政府；三、各国在中国商务实业机会均等；四、不得利用中国的现状，谋取特别权利，以致削减其他国家的权利，也不得赞助有损他国安全的行为。日本代表加藤对"行政的完整"的含意进行询问，卢特说这不影响合法的特殊权益，日本代表对此表示满意。可见，所谓尊重中国主权独立和领土完整，只是维持中国作为半殖民地的"完整"，以利于实行"门户开放"和"机会均等"的政策。但四条原则当然是对企图独占中国的日本的一个打击，但既然保持了日本原有掠夺的利益，日本也表示可以接受。经过会议讨论通过，成为解决中国问题的指导原则。

根据"鲁特四原则"，中国代表提出了收回山东的要求；在国内人民强烈要求下，中国代表又向远东总委员会提出，"二十一条"严重影响中国的生存、独立和完整，应当予以废除。日本代表认为这是中日两国之间的问题，不能在大会上讨论，而只能在中日两国进行双边谈判时解决。中国政府最反对的就是直接与日本单独谈判。这使英美两国陷入左右为难的境地，为应付国内外舆论，它们必须公开支持中国的正当要求，可是又不想得罪日本，从而影响正在进行的其他谈判。最后在美国的斡旋下，采取折中的办法，中日在会外进行谈判，英美以观察员身份列席参加。

谈判从1921年12月1日正式开始。在谈判中，双方争执最激烈的是胶济铁路问题。日本要求接替以前德国的一切权益，不但包括铁路，而且包括铁路区域内的矿藏，以及整个山东省的经济权益。而中国代表则坚持收回权利，赎回胶济铁路。中国代表据

理力争，同时美国施加了压力，最终使日本作出让步，提出铁路由中日公司合办，后来虽同意将铁路售于中国，但又拒绝中国用现款支付，想借此继续控制铁路，中国代表坚决不肯同意，最后在美国总统哈定直接干预下，中国政府才被迫接受了日本的方案。

关于"二十一条"的谈判进行得很不充分。在会谈没有任何结果的情况下曾一度休会，直到整个大会即将结束前几天的2月2日才恢复对这一问题的讨论。谈判中，日本代表币原声称，"二十一条"是经过两国政府正式批准的，完全合乎国际惯例，并威胁说，如果废除这一条约，将使亚洲、欧洲乃至全世界的国际关系出现不稳定局面，而带来不良后果。在中国代表的坚决要求和各方压力下，日本才被迫放弃了部分次要条款，如：将获得在"南满"及东部内蒙古建造铁路借款的优先权，以及这两个地区的各种税款作抵押的借款的优先权让与四国银行团；放弃向"南满"派遣顾问和教官的优先权等。中国代表不满意日本的让步，还想继续讨论，但英美却认为日本的让步已经达到了最大限度，中国应该满足了，因此没有必要作进

世界通史

最新整理图文珍藏版

一步的讨论，会议匆匆收场。

1922年2月4日，中日签订了《解决山东问题悬案条约》及其附约。

《中日解决山东悬案条约》共有28条内容。条约规定，日本将胶州租借地归还中国，具体涉及撤退日军，移交公产、矿山、盐场、海关等多项内容。条约第14条至第21条规定了胶济铁路的解决办法，具体为：按德国过去对该铁路做的估价，中国付给日本5340.06141万金马克赎回铁路。赎金以中国国库券形式交付日本，期限15年，5年后中国应通知日本，将国库券全部或一部分偿清；中国在赎回铁路之前，须选任日本二人，一为车务长，一为会计长，其属中国局长管辖，有相当理由时可以撤换。

从条约内容来看，日本通过附加条件，在山东仍然保留了相当的经济势力，但日本不得不在条约中宣布把山东归还中国，把它在《凡尔赛和约》中吞下的赃物又吐了出来。因此，华盛顿会议期间对山东问题的解决，无疑是中国旧时代外交少有的一次胜利。出席会议的中国代表以弱胜强，辛苦困难自不待言，中日谈判历时两个多月，仅大的会议就

达36次之多，经过艰难的外交斗争，中国代表为中国在很大程度上争回了主权。

美国在山东问题解决过程中也起了一定作用，从美日争夺远东霸权的角度看，这也是美国对日本取得的一大外交胜利。

1922年2月6日，美、英、法、意、日、荷、比、葡、中九国签订了《九国关于中国事件应适用各原则及政策之条约》，简称为《九国公约》。

《九国公约》共有九项条款，主要内容是公约前四项所列的鲁特"四点原则"，此外还有在中国全境铁路维持"机会均等、门户开放"原则、缔约各国尊重中国遇有战争决定不参战时之中立权利等内容。

《九国公约》的核心是肯定了美国提出的在中国实行"机会均等、门户开放"的原则。这一条约的签订使日本独占中国的政策受到沉重打击，却标志着美国外交的又一重大胜利。条约签字后，休斯掩不住得意之色，说："多亏这个条约，对华'门户开放'终于实现了。"

毛泽东曾敏锐地分析和评论说："第一次世界大战曾经在一个时期内给了日本帝国主义以独

最新整理图文珍藏版

霸中国的机会……1922 年美国召集的九国华盛顿会议，又使中国回复到了几个帝国主义国家共同支配的局面。"

墨索里尼创建法西斯党

1921 年 11 月 7 日，墨索里尼宣布法西斯党为意大利国家法西斯党，并自称是这个党的"领袖"。

贝尼托·墨索里尼

法西斯党的党名来自古罗马权力的象征（一种木棒束上插有战斧的武器，为古罗马长官出巡时所持的标记）。该党以"右翼激进主义"在政治界闻名于世。这种法西斯运动强调国家崇高和个人对领袖的绝对服从。严格的法律和命令，维护严格的阶级结构是该党的原则。该党的目标是必要时对社会主义者进行思想上和军事上的斗争。法西斯党员一律身着黑衫，行罗马战士的军礼，并恪守像军纪一般严格的党纪，近似军队组织。

意大利法西斯的兴起

概况

1914 年 10 月 5 日，米凯莱·比昂基等 10 人在米兰建立了第一个法西斯组织，取名为"国际行

法西斯党魁墨索里尼

动革命法西斯"。这个组织的参与者以垄断资产阶级和民族沙文主义者为主，积极主张意大利进行扩张，因此极力鼓吹战争。

与此同时，意大利参议员乔万尼·普莱奇奥西等人纠集了150名参议院、众议院的议员，组成了"议员法西斯"，在议员中积极活动，以便推动议员赞同参战。1914年9月，意大利政府在法西斯分子的宣传下，开始从中立转向支持参战。

在战争期间，意大利经济受到了很大消极影响：大约70万军人死于战争，战争费用支出占了国家预算支出的80%，同时外债增加了200亿里拉。同时，战争造成大量工人失业，农业产量急剧下降，国内通货膨胀严重，阶级矛盾日趋尖锐。工人罢工经常发生，农民也卷入了革命浪潮，退伍军人也参加了反政府的斗争。

第一次世界大战结束后，意大利作为四大战胜国之一，参加了巴黎和会。但是在《凡尔赛条约》中，英法等协约国并没有实现原先在《伦敦密约》中许诺的诺言，意大利只得到了1.5万平方公里的土地。意大利人民对此非常不满。民族沙文主义者和法西斯分子借此发动了反对《凡尔赛和约》的政治运动。

在俄国十月革命的影响下，意大利工人革命愈演愈烈。到1920年秋，意大利北部的工厂基本上被工人占领，工人运动发展

墨索里尼在罗马威尼斯广场演说

到了意大利南部和中部。面对此种形势，意大利政府决定镇压工人运动。此时，墨索里尼纠集了一批退伍军人组建了法西斯党。此后，墨索里尼在垄断资本家的支持下日益猖獗起来。

墨索里尼于 1883 年 7 月 29 日出生于意大利瓦拉诺·迪科斯塔的一个铁匠家里。1270 年前后，墨索里尼的先祖乔瓦尼·墨索里尼是波伦亚这个好战尚武的城市的领袖。但是由于不断的党派内争，墨氏家族后来就逐渐衰落了。到了 19 世纪，墨索里尼家族已经变成了一个自食其力的中下等家庭。

1890 年，墨索里尼到邻村去读书。在这个学校中，墨索里尼蛮性未改，行为乖戾，不听教诲，经常和同学们打架。两年之后，墨索里尼被学校开除了。

后来，他被送到了另一个学校，不过他的脾气依然如故。不过，墨索里尼聪明出众，教师们都夸奖他是"栋梁之材"。在老师们的帮助下，墨索里尼渐渐知道用功，而且功课也非常好。其外，墨索里尼的口才特别好。有一次口试，他一口气说了半小时，裁判员给了他零分，但是称赞他的口才非常好。在家里的时候，他总是练习演讲。母亲问他干什么，他说："长大以后，我一定要让意大利听我的指挥。"

1902 年，墨索里尼乘车到了瑞士西部。就在这一年，他的父亲因为参加社会党的暴动而被捕入狱。墨索里尼在瑞士经常参加当地的群众集会，有时也在公众场合发表演说。有一次在演讲时得罪了瑞士当局，被驱逐出境。此后，他回到意大利，随即在历史名城维罗纳参加了巴萨列里奥的联队。

1913 年，墨索里尼成为意大利社会党的领导者之一，倾向于无政府主义。当法西斯主义在意大利兴起、并坚决主张意大利参战的时候，当时身为意大利社会党左派领导人的墨索里尼突然改变了原来的反战立场，于 1914 年 10 月 18 日发表了题为《从绝对中立转向积极有效的中立》的文章，公开支持意大利参战。社会党因此开除了墨索里尼。

11 月 14 日，墨索里尼在米兰创办了《意大利人民报》，鼓吹战争。第一次世界大战为墨索里尼的发迹提供了很好的机会。在英、法等协约国拒不实现原先的承诺的时候，墨索里尼借古罗马的辽阔版图，鼓吹战争以扩大意大利版图。他曾在公开场合说："要么修改《凡尔赛和约》，要么进行新的战争。"

为了实现自己的反动抱负，墨索里尼于1919年3月，在米兰招集旧时政治上和行伍中的同伴150人，组织了"战斗的法西斯党"。入党的人，多是一些退伍军人。一战后，意大利退伍军人对政府非常不满，他们没有土地，没有生活来源。墨索里尼抓住这一机会，在报纸上极力为军人歌功颂德，强烈建议为退伍军人分发土地，并公开支持他们去夺取地主的荒地，从而得到了广大退伍军人的拥戴。

在成立"战斗的法西斯党"时，墨索里尼扬言推行普选，实行8小时工作日，确定工人最低工资标准，把工厂的管理权交给无产阶级的组织，修改劳保法、把享受劳保的年龄从六十五岁降至五十五岁等。所以从表面打着社会主义招牌的法西斯党，貌似代表工人阶级利益，但是其实在建立之初，就决心要摧毁布尔什维克在意大利的势力，决定镇压工人罢工。他们的宗旨是："用军队的组织，组成一个革命团体，恢复意大利固有的国性，铲除赤化势力。"

"战斗的法西斯党"成立之后，由于在社会上攻击社会党是民族的叛逆，所以并没有起到笼络人心的作用，同时在社会上的影响也十分有限。在1919年11月的意大利第25届议会选举中，该党派无一人当选。墨索里尼此时举棋不定，最后决定投靠资产阶级。

1920年5月24日，"战斗的意大利法西斯"在米兰召开了全国代表大会，会议决定把暴力作为该党的组织原则，把古罗马的"束棒"作为该党的标志。此后，墨索里尼对工人运动采取了凶残的暴力。他们的战斗小分队四处活动，对人民群众进行恐吓、抢劫、勒索和骚扰。法西斯别动队四次袭击工会，焚烧社会党的《前进报》馆，殴打、枪杀进步人士和共产党人。

短短几个月中，意大利的工人运动大为减少，罢工从1920年的2070次降低到1921年的1134次。垄断资产阶级对法西斯分子的行动大为赞赏，此后给墨索里尼提供了大量的活动经费，让他们购买武器。此后，法西斯党的势力迅速增加，党徒从1920年的两万多人增加到了1921年的20万人；基层党组织也从原先的88个增加到了 834 个。

1921 年 12 月 7 日，"战斗的意大利法西斯"在罗马举行全国代表大会，宣布将党名正式改为"意大利国家法西斯党"，选举意大利法西斯"元老"为总书记，墨索里尼为"领袖"。

此外，法西斯党还将"束棒"作为自己党的标志。该党的党徽是一束棒子，中间捆着一柄斧头。棒子原是古罗马高级执法官的标志：在古罗马时代，贵族出游的时候，常常由仆人举着一个中间插着一把斧头、用红条紧束的棒子，这个束棒就叫"法西斯"（Fasces），是古罗马权力的象征。墨索里尼把棒子象征人民，斧头象征领袖，意思是人民要绝对服从他们勇武的领袖。

意大利国家法西斯党成立后，马上就进行了夺权的准备。12 月 16 日，法西斯党在其机关报《意大利人民报》上刊登了一个公报，决定把党的支部和法西斯军事组织行动队合并，所有党员一律参加行动队。此外，法西斯党在全国建立了一批能容纳千人以上的大型兵营，并强化法西斯军队的纪律。在采取了上述措施后，法西斯武装在数量上已经大大超过了意大利国民军。

此后，法西斯党加大了对工人组织破坏的程度。从 1922 年开始，法西斯党以帮助恢复社会秩序为名，有计划地袭击、捣毁各个城市的工会，夺取社会党控制的城市。从 5 月开始，法西斯开始转入武装夺取社会党控制的城市，先后占领了费拉拉、波伦亚等城市。

1922 年 10 月 16 日，墨索里尼在米兰召集了党徒们开会，决定发动军事政变，同时决定由巴尔波、比昂基等 4 人组成"四人领导小组"，亲自指挥"向罗马进军"的军事政变。20 日，"四人领导小组"制定了具体的行动计划，确定了军队的部署和指挥人选。

10 月 20 日夜，法西斯总部下令全国总动员，同时发表了对全国国民的檄文，宣布进军罗马，劝告意大利国民军不要和他们作战，说明他们的目标仅在于推翻腐朽的统治阶级，劝慰有产阶级不要害怕，并且声明保护工农的正当权利。

10 月 24 日，法西斯党在那不勒斯召开了由 3 万法西斯分子参加的大会。墨索里尼在会议上对党徒们说："假使我们不能和平接受国家政权，便带兵到罗马去，清君侧，用武力攫取政权。"墨索里尼话音刚落，下面的党徒们就狂叫着："到罗马去！到罗马去！跟我们的领袖到罗马去！"这场大会实际上是法西斯分子向罗马进军的誓师大会。此时，法西斯的武装党徒已经发展到了 50 万人，普通党员达到 100 万。另外，在他操纵控制下的工会和其他社团还有 250 万人。

法西斯上述的行动并没有引起意大利政府的足够重视，他们错误的认为法西斯已经放弃了向罗马进军的计划。26 日的时候，意大利首相法克塔还说："那不勒斯法西斯群众大会是在平静的气氛中举行的，今天晚上法西斯行动队队员已经开始返回各自岗位了。迄今为止，没有发生任何事情。现在我相信，他们已经放弃了向罗马进军的计划。"

可就在这天晚上，墨索里尼在那不勒斯的一个旅馆召集"四人领导小组"，最终决定立即向罗马进军。27 日，法西斯分子兵分 3 路，向罗马挺进。此时的意大利，天空阴云密布，恐怖气氛笼罩全国。

27 日晚，意大利国王回到罗马，听取了首相法克塔的建议，同意实行全国戒严。但是法克塔并没有提出要将法西斯分子的镇压措施，甚至连一句警告的话都没有，只是强调"确保和平解决"。

当 28 日早上法克塔去王宫要求国王签署戒严令时，国王却对此断然拒绝，他认为当时的罗马，只有 5000 到 6000 人的卫戍部队，而且全是征集起来的，100% 靠不住，因此罗马是完全抵抗不了法西斯分子的进攻的。其实，墨索里尼早就在暗地里和国王达成了交易，法西斯党对每个人都做一些许诺。此外，垄断资本家也向国王施加了压力，期望通过法西斯军队的势力来镇压革命。

其实，墨索里尼也做好了进军失败的打算，因为如果保卫罗马的普里埃塞师团出面干预，法西斯武装肯定会被打败。因此，墨索里尼在 28 日后把法西斯军队的指挥权都交给了"四人领导小组"，自己则准备一旦进军失败，就跑到瑞士去。

就在墨索里尼准备逃亡时，接到了国王首席副官的紧急电话，说国王邀请他前往罗马组建新的政府。此时的墨索里尼还不相信，因此一定要求国王通过电报的形式把这些话再讲一次。收到电报后，墨索里尼当晚就前往罗马。

最新整理图文珍藏版

30 日早上，他就接受了国王的组阁委任状。次日，墨索里尼组成了新政府，建立了世界上第一个法西斯政权。

此后，墨索里尼通过各种方式削弱了非法西斯在意大利的势力。1924 年意大利举行大选，法西斯党徒使用武力控制了选举机构，最后法西斯党获得了 65% 的选票，议员的席位从原来的不足 50，增加到了 375 席。1925 年 1 月，墨索里尼改组了内阁，把非法西斯大臣都赶出了内阁。继而，他解散了除法西斯党之外的所有政党，确认了自己的军事独裁统治。

墨索里尼可以说是法西斯的

墨索里尼在恺撒塑像前，他建立新罗马帝国的野心暴露无余。

鼻祖，他在意大利法西斯分子的支持下，向罗马进军，最终建立了世界上第一个法西斯政权。此后，法西斯势力在意大利进一步得到巩固，在传播法西斯思想和推动世界法西斯势力方面，起到了很大的作用。此后，德国、日本也相继建立了法西斯政权，最终发动了第二次世界大战，给世界人民带来了巨大灾难。各国法西斯主义虽然具体纲领和表现形式有所不同，但憎恨自由精神，反对民主制和议会政治，宣扬极端的民族主义，推崇强权和暴力，主张专制统治，无情镇压反对派却是其共同特点。

意大利法西斯政党的建立

1922 年 10 月 27 日，以法西斯创始人墨索里尼为党魁的意大利国家法西斯党，以它所控制的那不勒斯和佩鲁贾等城市为基地，发动了所谓"向罗马进军"的武装政变，关于 10 月 31 日夺取国家权力，建立了世界上第一个法西斯政权。

1914 年第一次世界大战爆发后，意大利各派政治势力围绕着参战还是中立的问题，展开了激烈的斗争。

以社会党为代表的绝大多数意大利人民反对参战，主张中立。

垄断资产阶级和民族沙文主义者企图利用世界大战的机会，对外进行扩张，建立起梦寐以求的"意大利帝国"，因而极力主张参战，并为此建立了各种名目的组织，进行战争宣传。其中有的组织为了标榜革命，笼络人心，以"法西斯"命名。第一个法西斯组织是由米凯莱·比昂基和切萨雷·罗西等10人于1914年10月5日在米兰建立的，取名"国际行动革命法西斯"，于10月11日发表了鼓吹参战的宣言。

"国际行动革命法西斯"建立后，除鼓动深受民族沙文主义思想毒害的青年学生举行游行，要求参战外，积极同墨索里尼等有影响的各派政治势力的领导人进行接触，以便取得他们的同情与支持。

与此同时，参议员马菲奥·潘塔莱奥尼和乔万尼·普莱齐奥西等人，网罗150名参、众两院议员，组成了一个"议员法西斯"，在议员中广泛进行活动，以便推动议会赞同参战。

1914年9月，以萨兰德拉为首相的意大利政府，为了摆脱内外交困的处境，从开始主张中立转而支持参战，致使参战派的声势大增。这使墨索里尼意识到，意大利参战是大势所趋。在投机心的驱使下，这个名噪一时的社会党左派领导人突然改变原来的反对参战的立场，于1914年10月18日，在由他任主编的社会党机关报《前进报》上，发表题为《从绝对中立转向积极、有效的中立》的文章，公开支持参战。为此，他于10月20日离开《前进报》，24日被开除出社会党。

墨索里尼依靠本国的昂萨尔多公司和皮雷利公司等大垄断集团提供的50万里拉，以及法国政府每月向其提供的1.6万里拉的经费，于1914年11月14日在米兰创办《意大利人民报》，鼓吹战争。他加入了《国际行动革命法西斯》，并以该组织领导人的身份，把米兰等几个地方组织改名为"革命行动法西斯"。

1915年1月24日～25日，"革命行动法西斯"在米兰召开第一次代表大会，正式宣布成立。它打着社会主义的旗号，凭借墨索里尼在社会党素有"强硬的革命派"的名声，吸引了不少人参加。到2月底，"革命行动法西斯"分布在全国各地的基层委员会共有105个，成员约9000人。"革命行动法西斯"在罗马和米兰等地，组织一些受沙文主义毒害的青年，上街游行和举行集会，支持主战的政策，攻击和殴打反对参战的议员。

在主战派的威逼和英、法等国政策的利诱下，意大利国王维托利奥·埃马努埃莱三世，批准萨兰德拉政府于 1915 年 3 月开始同协约国政府就意大利参战的条件问题，举行谈判。4 月 26 日意大利同英、法、俄三国秘密签订《伦敦条约》，5 月 24 日，意大利正式对奥地利宣战。

然而，"革命行动法西斯"却随着墨索里尼于 1915 年 8 月应征入伍，而名存实亡。

第一次世界大战结束后，意大利虽然也以四大战胜国之一，出席巴黎和会，但在《凡尔赛和约》中，《伦敦条约》对意大利所作的许诺并未兑现。意大利仅仅分得 1.5 万平方公里的土地。它在这次战争中总共动员了 500 万人，死亡 65.5 万人，伤残 145 万人。军费总支出高达 650 亿里拉，致使这个当时每年国民总收入仅 200 亿里拉的国家债台高筑，有外债 200 亿里拉，内债 350 亿里拉。意大利付出巨大的代价，本来指望能够攫取它所期望获得的大片地区，结果所获甚微。意大利对此强烈不满。垄断资产阶级和民族主义分子借机发动了一场反对《凡尔赛和约》的政治运动。反动文人邓南遮组建一支由 2500 名退伍军人和狂热的民族主义分子参加的义勇军，于 1919 年 9 月 12 日占领阜姆城，并宣布阜姆与意大利合并。这种民族主义思潮加剧了战后的意大利发生的政治和经济危机。

意大利的工业，特别是与战争有关的工业，在第一次世界大战期间发展很快。战后由于政府撤销大批军事订货，造成工业生产急剧缩减。到 1921 年，有 26% 的钢铁公司倒闭。生铁的产量只相当战前水平 20%。许多企业、银行和股份公司破产。100 多万人失业。通货膨胀，粮食和工业品的价格昂贵。与战前的 1913 年水平相比，物价提高了 441%，生活费用上升 317%。工人的实际工资收入降低了 50%。

广大工人生活状况的进一步贫困，引起阶级矛盾尖锐化。在俄国十月革命的影响下，意大利的工人运动蓬勃发展。1919 年有记载的罢工达 1871 次，参加者共 55.4 万人次。1920 年罢工增加到 2070 次，参加者达 231.4 万人次。就在这一年的 8 月底，意大利冶金工会为抗议厂主"同盟歇业"，决定让米兰、都灵等地的冶金工人占领工厂。社会党左派领导人葛兰西等积极参与领导,组织各工厂建立"赤卫队"和"工厂苏维埃"。运动很快蔓延到整个意大利北部和中部的大部分地区。参加者共达60多万人,革命形势在逐渐成熟。

随着工人运动的发展,意大利社会党的威望大大提高,党员人数迅速增加。1919年10月,意大利社会党还只有党员7.1万人,1921年1月增加到22万人。工人运动的发展,使社会党成为左右国内形势的重要力量。通过1920年的地方选举,它在全国67个省和8327个市镇议会中的26个省和2166个市镇控制了多数席位。这使广大工人产生了在意大利建立"苏维埃政权"的希望。

这时,社会党内部分化加剧,党的领导人屠拉梯等人深受第二国际改良主义的影响,不能肩负起领导无产阶级革命的重任。以塞拉蒂为首的人数众多的"最高纲领"派虽然表示赞同无产阶级专政,却迟迟未同改良主义者决裂。尽管以葛兰西为首的左派于1921年1月21日退出社会党,建立了意大利共产党,但在当时,其力量和影响十分有限,还不具

备把工人运动引向无产阶级革命的能力。这样,1919~1920年蓬勃发展的工人运动,也就未能转变为革命。

第一次世界大战使意大利的农村经济遭到严重破坏。大片耕地荒芜,1920年的粮食生产比战前的平均年产量减少1800万公担。战后,社会党提出"土地社会化"的口号,即主张所有土地统归合作社所有,遭到农民的坚决反对。当城市工人举行大罢工和占领工厂时,农村爆发了占地运动。1919年全国有50多万农民参加了这个运动,1920年达到100多万。墨索里尼针对有地农民害怕失去土地和无地农民渴望得到土地的心理,提出"扩大小农所有制"和"分土地给农民"等口号,深得农民的拥护。农民转到了法西斯运动一边,成了这个运动的主要群众基础。

战后,意大利有100多万士兵退役。这些人主要来自农村,多数是无地或少地农民。王国首相曾在他们入伍前许诺:退伍时分土地给他们。但战后政府却拒不履行这个诺言。战前反对意大利参战的社会党不仅不支持他们的要求,反而对他们采取歧视、虐待的态度,不准他们加入社会

党，甚至殴打战争中受伤致残者和获得勋章的人。退伍军人对现政权不满，对社会党抱敌视情绪。他们期望有人能帮助自己改变现状。这就为墨索里尼拉拢退伍军人提供了极好机会。他在报纸上极力为军人歌功颂德，提出分土地给退伍军人，并支持他们去夺取地主的荒地。这使他赢得了退伍军人的拥护。

在取得农民和退伍军人的支持后，墨索里尼于1919年3月2日在他创办的《意大利人民报》上，刊登一则启事，宣布将于1919年3月23日在米兰举行"一次非常重要的集会"，要求各方人士积极参加并给予大力支持。启事刊出后，他组成了一个以他为首的7人执行委员会，并于3月21日在他的办公室举行了第一次会议。3月23日在米兰的圣·塞波尔克罗广场，如期举行了以退伍军人为主要成分的会议。会上正式建立法西斯组织，取名"战斗的意大利法西斯"。会议通过一个宣言，"要求实行普选，给妇女以选举权和被选举权"；"实行八小时工作日，确定最低工资标准"和"把工厂或公用事业的管理权交给无产阶级组织"，"修改……劳保法，把享受劳保的年龄从65岁降至55岁"等等。

然而，由于墨索里尼在会上攻击社会党是"民族的叛逆"，使这个貌似代表工人阶级利益的"革命"纲领，没有起到笼络广大工人的作用。同时，它所打出的"社会主义"招牌，又使垄断资本家很不放心。

"战斗的法西斯"建立后，在国内的政治影响十分有限。在1919年举行的第25届议会选举中，法西斯分子无一人当选。许多法西斯分子纷纷退党。"战斗的意大利法西斯"一时处于危机之中。墨索里尼一度左右徘徊，举棋不定，最后才选定了投靠垄断资本的路线。他于1920年5月24日在米兰召开"战斗的意大利法西斯"全国代表大会。会议决定把暴力作为该组织的行动准则。自此以后，大搞暴力恐怖活动，"法西斯"同"蓖麻油和大棒"成了同义语。它彻底抛弃了虚假社会主义外衣，充当垄断资产阶级镇压工人运动的忠实工具。7月20日，法西斯分子袭击并焚毁了罗马的社会党《前进报》编辑部。

1920年8月30日，意大利北部地区爆发了60万工人占领工厂的运动，"战斗的意大利法西斯"中央委员会于9月6日晚举行紧急会议，研究对付冶金工人占领工厂的策略。会后发表声明，指责政府无能，要法西斯分子做好采取行动的准备。同年11月中旬，法西斯分子在当局的纵容下，开始对工人阶级采取了大规模的暴力行动。他们袭击和捣毁工会、殴打、杀害工人和革命者。法西斯分子在采取行动时，个个手提大棒，因而又被称为"棒喝队"。在短短几个月时间里，法西斯分子的暴力恐怖政策收到了使垄断资产阶级满意的效果。罢工大大减少，1921年罢工减少到1134次，参加者仅有72万人次。

法西斯分子的反革命行动深得垄断资本家的赏识。他们向法西斯分子提供大量经费，为他们购买武器和制作统一的黑色制服。法西斯分子在1921年春季都身穿黑衫，所以人们也常常称他们为"黑衫队"或"黑衫党"。此时，国王、高级军政官员和教会都把法西斯组织看成是国家秩序、尤其是王国权威的恢复者。官方的这种态度，促使一些深受沙文主义毒害，梦想当"英雄"和"骑士"的小资产阶级分子和青年学生，纷纷参加法西斯组织。法西斯党徒的数量迅速增加。据法西斯书记处公布的材料，到1921年

底，它的基层组织从1920年底的88个增加到834个，党员从20615人增加到249036人。

法西斯势力壮大后，"战斗的意大利法西斯"于1921年11月7日在罗马举行全国代表大会。会议通过了一个声称"国家是至高无上"的纲领。法西斯组织正式更名为"意大利法西斯党"，选举米凯莱·比昂基为总书记，墨索里尼为"领袖"。

墨索里尼夺取政权

第一次世界大战后，意大利经济困难、政局动荡，法西斯势力乘机崛起。1919年3月，墨索里尼在米兰成立了法西斯战斗团，成员多为退伍军人和对现实不满的人。法西斯一方面利用"民族主义"和"爱国主义"的口号做宣传，同时利用上层对共产主义的恐惧心理，大力打击社会党和共产党人。法西斯战斗团到处破坏工人集会，捣毁社会党的活动中心，借此扩大自己的势力。1921年5月意大利进行选举，墨索里尼进入议会。11月法西斯党正式建立，并提出了它的纲领。

1922年法西斯党发展到20多

率领军队向罗马进军的墨索里尼

万人。7月，法西斯党见法克塔政府发生危机，便趁机打击工人的力量，夺取了米兰市政府。10月22日，墨索里尼在那不勒斯召集3万余名武装的法西斯党徒开大会，叫嚣罗马、意大利以及政府的权力是属于他们的，并宣布向罗马进军。10月27日，全副武装的法西斯党徒分4路向罗马进军，并占领了罗马的交通线。当晚，法克特政府决定实行戒严，但国王埃马努埃莱三世不同意，法克塔被迫辞职。28日法西斯党徒开进了罗马。10月29日，国王邀请墨索里尼到罗马，请他出面任总理并组织内阁。这样墨索里尼夺取了政权，便在全国建立了法西斯专制统治。

啤酒馆政变

1923年11月8日，纳粹头目阿道夫·希特勒在慕尼黑东南郊一家名叫贝格勃劳凯勒的啤酒馆发动政变。这是他的法西斯理论的第一次实践，也是他想在德国建立一个法西斯独裁政权的第一次尝试。他的这次发难，虽然没能成功，但对他后来攫取政权有很大的影响。

青少年时代的希特勒，已经是一个"狂热的日耳曼民族主义者"。他24岁离开奥地利投奔德国时，就对民主主义、马克思主义和犹太人怀有刻骨的仇恨。

1919年1月，德国成立了"德国工人党"。9月，希特勒加入了这个党的委员会，成为该党委员会中第七名委员。由于他的活动，1920年4月，该党更名为"民族社会主义德国工人党"，即"纳粹党"。希特勒是该党的党魁。他企图以这个党来统一德意志国家，建立一个高度集中的独裁权力机构。希特勒准备采用恫吓和暴力的手段，先夺取巴伐利亚邦政权，继而向柏林进军，推翻中央政府，实现他夺取全国政权的野心。以能在"这个地球上"为德意志民族争得"足够大的空间"，来保证它"民族的生存、自由"，以便"能在东方进行扩张。"

1923年11月4日，是德国"阵亡将士纪念日"，慕尼黑市中心要举行军事检阅。希特勒计划在这一天用卡车装上几百名纳粹党冲锋队员，在受阅军队到来之前，封锁、包围通向检阅台的街道和检阅台，在检阅开始前扣押巴伐利亚邦的大官——卡尔和洛索夫等，然后宣告政权移交。但当冲锋队长罗森堡提前到这里侦

察时，发现这里戒备森严，已由全副武装的警察守卫着，希特勒感到不易得手，只好放弃这个计划。

希特勒的第二个计划在11月10～11日进行。10日夜间把冲锋队员和"战斗联盟"的武装人员集中在慕尼黑北面的弗罗特曼宁荒地上，到11日"德国投降纪念日"的上午，把武装人员开进慕尼黑市内，占领各战略要地，然后冲进市府机关，夺取政权。然而，希特勒得知11月8日晚，巴伐利亚邦长官卡尔和驻巴伐利亚的国防军总司令洛索夫将在贝格勃劳凯勒大啤酒馆内，向三千名企业家、团体发表施政演说的消息，真是喜出望外。8日晚8点45

希特勒在慕尼黑一家啤酒店发动政变

分，希特勒带领冲锋队员包围了贝格勃劳凯勒啤酒馆，在卫士的簇拥下，冲进大厅，走向讲台。一名少校警察想阻止他，他用手枪对着少校警察，少校警察只好闪开。

希特勒走上讲台，大声宣告："全国革命已经开始"，"这个地方已由六百名武装人员占领，任何人都不准离开大厅！"希特勒喊道："大家必须肃静……巴伐利亚政府和全国政府已经被推翻，临时全国政府已经成立，国防军营房和警察营房已经被占领，军队和警察已在卐字旗帜下从郊区向市内挺进！"其实希特勒是在虚张声势、瞒天过海，他的最后一句话是假的。但在混乱中谁也辨不清真伪，而希特勒手中握着的手枪，却是千真万确的。卡尔、洛索夫及警察局长赛赛尔在冲锋队员的推搡下，进入了后台的一个房间里。台下喧闹的企业家们，有的向警察打手势，有的干脆嚷道："快开枪，别那么胆小！"但是，警察们看着自己的局长和头头们都那么乖乖地被人押走，而冲锋队员们已占领了整个大厅，只好罢休。戈林走上了讲台，叫嚷道："大家安静点，不要害怕，我们没有恶意。隔壁房间里正在

组织新政府，喝你们的啤酒吧！"

隔壁房间里确实在组织新政府，可是三巨头谁也不愿意与希特勒合作。他们一言不发，长时间的沉默。希特勒火了起来，威胁道："我的手枪里有四颗子弹，如果你们都不愿意跟我合作，那么三颗子弹送给你们，一颗留给我自己。"那三个人仍是无动于衷。希特勒感到毫无办法，于是急中生智，大步冲出房门，登上讲台，对着惶惶不安的人群，嚷道："巴伐利亚政府已经撤换，……新政府今天将在慕尼黑这个地方宣布成立！""鲁登道夫将担任德国国防军的领导工作。"希特

希特勒

世界通史

最新整理图文珍藏版

勒的谎言和欺骗确实灵验，喧闹的人群立刻安静了下来，一听说卡尔、洛索夫等与他们组成了新政府，有的将信将疑，有的欢呼，有的恐惧。这时，鲁登道夫将军被希特勒的亲信施勃纳·里希特接来，走进大厅。这个在第一次世界大战中给德国人带来死伤600万人、耗资1940亿金马克的同盟军统帅、1920年3月又以推翻共和国重建君主政体为目标的"卡普暴动"的"英雄"，此时又粉墨登场，与希特勒沆瀣一气，合演了一幕触目惊心的丑剧。

其实，鲁登道夫对希特勒很不满意，一是希特勒瞒着他干了这么一件大事；另是他不满意即将把持德国独裁政体的竟是个前陆军下士，一个无名小辈。他心中闷闷不乐，但也没办法，木已成舟。而希特勒却不在乎这些，只要他肯出面说服巴伐利亚三巨头与他合作就行。鲁登道夫立刻去劝说，三巨头居然同意了以"国王的代表"的身份与希特勒合作。希特勒喜不自胜，马上率众人回到讲台上，每个人都发表了几句效忠新政权的讲话。大厅里不少人听了以后兴奋得跳上了桌子，有的搬起椅子，有的扔起了帽子，乱敲乱舞。希特勒高兴得

嘴都合不拢，挥舞着拳头，叫嚷"立即向柏林进军"。

散会以后，赫斯"留下"几名巴伐利亚内阁阁员，希特勒留下了卡尔、洛索夫和赛赛尔三巨头，以"商量"具体的合作事宜。突然，希特勒接到一个报告说："高地联盟"在陆军工兵营房与正规军发生了激烈的冲突。希特勒急于前往解决，把啤酒馆里的一切交给鲁登道夫处理。

希特勒走了以后，洛索夫向鲁登道夫提出，要回陆军司令部去一下，具体了解和安排一下措施，以"减少不必要的争端。"施勃纳·里希特要阻止，被鲁登道夫呵斥了一顿，只好作罢，任洛索夫走去。接着，卡尔、赛赛尔也各自找了个借口一个个地溜了。

当希特勒处理完"高地联盟"的事，兴高采烈地回到贝格勃劳凯勒，满以为他那些新上任的部长们都正忙于处理公务，迎接着他的胜利归来时，弄得他目瞪口呆的是，"鸟儿"全已出笼，除了岁姆占领了舒恩菲尔德街陆军军部的一个办公室外，其余的各战略要地、机要部门均未拿下，甚至连电报局也没拿到手，战略计划也没拟出，他大失所望，气得几乎昏厥过去。然而，此时的柏

林很快地下达了镇压政变的命令。

洛索夫、卡尔和赛赛尔从啤酒馆溜回去以后，确实是做了各种了解、安排和部署的工作，然而不是帮助、配合希特勒，而是调兵遣将，做各种镇压希特勒叛乱的准备。

1923年11月9日上午11点钟左右，希特勒、鲁登道夫等，率领"三千名"冲锋队员，举着"卐"字旗和高地联盟的旗帜，从贝格勃劳凯勒啤酒馆的花园出发，每几排队伍后面跟着一辆卡车，车上架着机枪；冲锋队员挎着马枪，有的还上了刺刀。希特勒手里握着手枪。浩浩荡荡地向慕尼黑市挺进。他们自以为势不可挡，威风凛凛。在路德维希桥上，他们也确实唬住了一队守桥的武装警察。戈林威胁警察说："如果你们胆敢开枪，我们就首先杀死押在队伍后面被留做人质的内阁部长和阁员（其实只有两名内阁部长）"。警察果真把他们放过了大桥。

然而，他们在通往奥第昂广场的府邸街口时，却受到武装警察的顽强阻止，施勃纳·里希特首先应声倒下，接着戈林的大腿中弹也倒下了……在一分钟内，十六名纳粹党人毙命，不少人受伤；鲁登道夫当场被捕；两天后，希特勒也在朋友家中被捕；戈林受伤后被抬进一家银行，后来由他妻子陪同，化装逃往奥地利；赫斯也逃入奥地利。几天后，除戈林、赫斯等人外，其余的纳粹党头目全都被捕入狱，纳粹党被勒令解散。希特勒的第一次政变以他的全面失败而告终。

三个月后，1924年2月26日~3月20日，慕尼黑特别法院判处希特勒有期徒刑五年，鲁登道夫无罪释放。

从此，希特勒就在兰德斯堡旧炮台的监狱里，开始一章又一章地口述他的《我的奋斗》一书。

啤酒馆爆炸事件的幕后指挥者

1939年10月10日，正当希特勒向他的高级将领宣布要越过中立国比利时、卢森堡和荷兰地区，发动进攻英法的西线作战计

耀武扬威的纳粹军队

划时，谋杀他的幕后活动也在紧张地进行。陆军参谋总长哈尔德将军等高级将领已预备发动推翻希特勒的政变，但因怯懦尚未动手。11月8日晚，为纪念1923年啤酒馆政变，希特勒在慕尼黑的贝格勃劳凯勒啤酒馆里，向纳粹党内的"老战友"发表一年一度的演说。他的演说结束不久，突然，"轰隆"一声巨响，暗藏在讲台后面柱子内的定时炸弹爆炸了。顿时硝烟滚滚，血肉横飞，死亡7人，炸伤63人，希特勒也险些丧命。

谁是这次爆炸事件的真正凶手和幕后指挥者呢？几十年来众说纷纭，莫衷一是。

希特勒的喉舌——《人民观察家报》在刊登谋杀希特勒的新闻消息时说，这一爆炸事件是英国首相张伯伦一手策划、由英国间谍机关直接指挥的。事实是：11月9日下午，党卫队保安处人员在文洛镇的一家咖啡馆门前，击伤了被他们骗来的荷兰谍报官克洛普中尉，并逮捕了与克洛普同来的两名英国谍报官斯·潘·贝斯特上尉和阿·亨·斯蒂芬斯少校，声称他们就是啤酒馆爆炸事件的案犯。接着，党卫队又在瑞士边境逮捕了这次谋杀事件的

真正凶手、自诩同情德国共产党的艾尔塞木匠。尽管纳粹德国党卫队头目希姆莱明知艾尔塞木匠与这两个英国间谍之间没有任何联系，但他仍然宣布这次爆炸事件是英国谍报机关受张伯伦之令策划、并由谍报官斯蒂芬斯少校和贝斯特上尉直接指使德国共产党的同情者艾尔塞木匠干的。

啤酒馆爆炸事件的直接凶手艾尔塞供认，他是受达豪集中营的德国纳粹军官唆使的。1939天夏天，艾尔塞因同情共产党被关进达豪集中营。10月的一天，他被叫到集中营长官办公室，被介绍给两个陌生人。他们要艾尔塞做一个定时炸弹并安放在慕尼黑的贝格勃劳凯勒啤酒馆里一根位置适当的柱子内，当希特勒在11月8日晚到这里发表演说时发生爆炸，并许诺在事成之后，不仅可以给艾尔塞一大笔赏金，而且可帮他逃往瑞士享福。这位手艺高明的家具匠、电工兼补锅匠，为了获得自由和发财致富，竟然同意了这一冒险行动。达豪集中营长官改善了他的生活条件，为他提供木匠工作台和一套工具。艾尔塞按时做好定时炸弹并按要求将其安放在慕尼黑贝格勃劳凯勒啤酒馆内。啤酒馆爆炸事件后，

艾尔塞被德国秘密警察诱骗到瑞士边境后逮捕了。1945 年 4 月，德国秘密警察宣布艾尔塞被盟军炸死，实际上是被他们处决了。据此可知，啤酒馆爆炸事件的幕后指挥者是德国达豪集中营长官和两名身份不明的陌生人。

那么，策划这次爆炸事件的真正目的是什么呢？有人认为，这次爆炸事件是经过希特勒认可的，希特勒企图以此来抬高自己的声誉，激起德国人民的战争狂热。

一些忠于希特勒的纳粹党徒则认为这次爆炸事件是那些与希特勒政见不和的纳粹高级军官们策划的。其目的在于推翻希特勒的统治，改变德国的政策，与英国议和，结束英德战争。如纳粹战犯施伦堡供认，他起初怀疑海因里希·希姆莱是这次事件的策划者。

但是，据艾尔塞被捕后叙述，在达豪集中营的长官办公室里，让他做定时炸弹并安放在啤酒馆里的柱子内的两个陌生人声称，这是为了搞掉希特勒的几个"心怀二意的"追随者，消灭希特勒的政敌，摧毁他们的政变阴谋，确保希特勒战争计划的执行。

还有人认为，这次爆炸事件"很像是一次新的国会纵火案"。纳粹党卫队头目希姆莱宣称这次爆炸事件是张伯伦幕后策划、英国特务机关指使"德国共产党人"艾尔塞干的，是为了达到一箭双雕的目的：一方面想使那些容易受愚弄的德国人相信，英国政府打算通过谋杀希特勒及其高级助手们的方法来赢得战争的胜利，进而煽动德国人对英国人的仇恨，全力支持希特勒的西线作战计划。另一方面，乘机给德国共产党加上卖国投敌的罪名，大肆逮捕、屠杀反对希特勒发动侵略战争的德国共产党人和一切正义之士。

慕尼黑贝格勃劳凯勒啤酒馆爆炸的幕后指挥究竟是谁？他们的真正目的何在？大致就是上述几种猜测，至于哪种说法更合乎实际，还有待进一步考证。

"啤酒馆暴动"的经过及其后果

1923 年 11 月 8 日晚，巴伐利亚州长官冯·卡尔要出席在慕尼黑东南郊贝格勃劳凯勒啤酒店举行的集会，出席大会的还有洛索夫将军、赛赛尔上校以及一些知名人士。卡尔向 3000 名听众发表了讲话。会议开始不久，会场入口处一片骚乱，希特勒率领冲锋队员们包围酒店，强行冲进会场。希特勒在戈林、赫斯及其警卫乌里希·格拉夫等人的簇拥下走向讲台。这时，会场仍然乱哄哄，希特勒向他右边的随员作了个手势，那个人朝天花板开了一枪。这时，希特勒叫喊道："国民革命已经开始了！这个地方已经由六百名武装人员占领，任何人不得擅离一步"。

在希特勒威逼下，卡尔、洛索夫和赛赛尔跟他一起来到讲台后面的一个房间。希特勒向他们宣布，巴伐利亚州政府已被推翻，巴伐利亚是全国政府的出发点，这里需要有一个全国的统治者。希特勒说他自己将出任德国政府总理，鲁登道夫担任全国军队领导。卡尔、洛索夫、赛赛尔将分别担任巴伐利亚摄政者、陆军部长和公安部长。三人不肯轻易就范，希特勒拔出手枪威胁道："每一个人都要接受分配给他的职位，谁若不接受，他就没有继续生存的权力。你们必须同我一起战斗，同我一起取得胜利，或者一起死亡，一旦形势逆转，我的手枪里有四颗子弹，三颗子弹是为我的同事准备的，如果他们背弃我的话。最后一颗子弹留给我自己。"卡尔向希特勒说："你们可以逮捕我，你们可以枪毙我，你可以亲自枪毙我。我的生死是无关紧要的。"

希特勒见威胁无效，便回到会场竟当众玩弄骗局，宣布卡尔等人已经支持他的行动，以稳定人心。同时，他派人去请鲁登道夫。鲁登道夫来到后向三位先生表白说，"我同你们一样为此感到惊奇。但这一步骤已经采取了，这是关系到祖国与伟大民族和种族的事业，我只能劝你们给予合作、共同行动。"鲁登道夫的到来使房间里紧张的气氛顿时有所缓和。在鲁登道夫的劝说下，洛索夫的态度有所转变，对鲁登道夫说："阁下的愿望，对我就是命令。"

希特勒虽然利用鲁登道夫，但不允许三位先生同鲁登道夫进行讨论，也不允许他们三人之间进行商议。他坚持自己的暴动计划，只想从他们口中得到"同意"二字。他宣称："已经采取了这一行动，不可后退，它已经载入史册了。"经过长时间的说服，洛索夫和赛赛尔优柔寡断地表示了"同意"，愿意同鲁登道夫站在一起。接着，希特勒对卡尔进行威吓和哄骗，卡尔也表示"准备作为君主政体的代表，掌管巴伐利亚的命运。"希特勒要求他到会场去宣布这一声明，但卡尔说，他既然已被那样地带出会场，就不愿再回去了。可是，最后他们还是一起步入了会议大厅，人们狂呼着欢迎他们。希特勒喜形于色地讲了一段话后，会议宣布结束。

11月8日晚，武装团体之一"德国战旗"在慕尼黑勒文勃劳凯啤酒店开会，传来了希特勒在贝格勃劳凯勒啤酒店用手枪威逼巴伐利亚军政领导人同意讨伐柏林的消息。罗姆和希姆莱兴奋异常。罗姆将一面帝国军旗交给希姆莱，随后列队向贝格勃劳凯勒啤酒店进发。当队伍行至布里恩纳街时，被希特勒派来的通讯员拦住，他带来希特勒的命令，要求罗姆占领舍恩菲尔德大街巴伐利亚第七军区司令部驻地的陆军部。可是，希特勒并没有派人去占领其他要害部门，甚至连电报局也没占领，希特勒暴动的消息便从这里传到柏林，西克特要巴伐利亚军队镇压暴动的命令也通过电报局发了回来。

当希特勒离开贝格勃劳凯勒啤酒店时，卡尔等人趁机溜走了，并改变了"同意"希特勒暴动的态度，声明在枪口威胁之下被迫发表的许诺一概无效。此后不久，在慕尼黑街头便贴了卡尔的声明，其中写道："一些追求虚荣的人的背信弃义和欺诈行为，把已经形成的德意志民族重新觉醒的行动变成了一场令人作呕的暴行……假如这种既无意义又无目标的叛逆企图一旦成功，德国社会将堕入深渊，而巴伐利亚也在劫难逃。"声明宣布要解散纳粹党以及"高地联盟"、"德国战旗"两个武装团体。洛索夫控制下的军队和赛赛尔统治下的警察局部署了镇压啤酒店暴动的计划。这样，希特勒以突然袭击的方式劫持巴伐利亚领导人搞政变的阴谋便以失败告终。

为了挽回败局，希特勒建议退到罗森海姆附近的乡村，动员农民支持他们。鲁登道夫拒绝了这个建议，希特勒还想请王子普雷希特出面斡旋，以谋求和平解决，但也毫无结果。鲁登道夫建议举行游行来唤起军队士兵和居民的支持。希特勒稍事迟疑后，在无计可施的情况下表示同意。

11月9日下午12时15分，游行队伍从贝格勃劳凯勒啤酒店出发向市中心行进。希特勒、鲁登道夫、朔伊贝纳法官和戈林等人走在队伍前列，冲锋队、巴伐利亚南部联盟、战斗联盟的队员以及参加暴动的士官生们，计约二千余人跟随于后。队伍在横跨伊萨尔河通往市中心的路德维希桥上，击退了警察的阻拦，通过双桥大街走向市中心的马林广场。驻扎在政府官邸的警察在这个地区以及在普雷辛街旁边的梯阿汀纳街设置了警戒线。游行队伍行进在狭窄的府邸街上，想前去解救陷在陆军部的罗姆，但道路被州警察和部队封锁住，在铁丝网后面的罗姆和希姆莱正举着军旗直打哆嗦。

当游行队伍走进奥第昂广场上统帅府大厦的时候，遇到一支人数众多的警察部队。双方在警戒线纠缠了许久。希特勒和鲁登道夫面色苍白地挪动着脚步，希特勒的卫士格拉夫跳起来喊道："别开枪！过来的是鲁登道夫阁下和希特勒！"突然间，游行者当中放出了一枪，警察队伍里也开枪射击。在枪战中，有16名希特勒党徒和四名警察丧命。这时游行队伍陷入一片混乱，一些人逃回马克西米里安大街，另一些人逃往奥第昂广场。希特勒听到枪声便卧倒躲避，是"第一个跳起来向后跑的人"，他不顾地上的死伤者，登上汽车去投奔他的朋友恩斯特·汉夫施滕格尔在芬兰的乡间别墅。11月11日，警察在那里

逮捕了希特勒，并把他关进兰德斯堡炮台监狱。鲁登道夫没有卧倒，在行进到奥茅昂广场时被捕。受伤的戈林被抬到附近一家银行里，经过急救后，偷越边境到了奥地利。赫斯也逃到奥地利。游行队伍顿作鸟兽散。希特勒苦心策划的"向柏林进军"，就这样不光彩地被镇压下去。

希特勒暴动之所以遭到镇压，首先因为柏林政府对巴伐利亚政府施加了压力，艾伯特政府将执行权和国防军的最高指挥权交给了西克特。西克特下令在全国取缔纳粹党。

其次，以希特勒为首的极端民族主义分子同以卡尔为首的地方分裂主义之间存在矛盾。虽然两者都企图反对柏林中央政府，但目标不一致。暴动时，希特勒对卡尔等人又采取了威胁和侮辱的手段，从而激怒了"三巨头"。洛索夫控制下的国防军和赛赛尔统帅下的警察都参与了11月9日镇压希特勒暴动的行动。

啤酒店暴动前，纳粹党在巴伐利亚境外还默默无闻。虽然慕尼黑的纳粹党员约有35000人，但参与暴动者仅有数千人。在纳粹党的实力还不足以抵挡国防军的时候，希特勒发动暴动是铤而

走险。

希特勒暴动失败后，纳粹党瓦解了。1924年2月26日开始，由一个特别法庭对希特勒—鲁登道夫集团进行审判。这次审判不仅没有断送他们的前程，反而让希特勒和纳粹党捞取了一笔宣传资本。希特勒在法庭上滔滔不绝地为自己辩护，否认犯有罪行。他辩解说："洛索夫、卡尔和赛赛尔的目标与我们相同——推翻全国政府……如果我们的事业确是叛国的话，那么在整个时期，洛索夫、卡尔和泽塞尔也必然一直同我们在一起叛国。"

希特勒把法庭当作进行煽动宣传的讲坛，他可以任意打断证人的话，不受限制地长篇发言。这是因为巴伐利亚司法部长弗朗兹·古特纳是纳粹党的朋友和保护者；法庭的首席法官与被告在"民族主义"思想上并无原则分歧。因而，希特勒被判处了最轻的徒刑——监禁五年，如表现好还可减刑。尽管如此，陪审法官还认为判得过严，于是主审法官表示，该犯在服刑六个月后就有资格申请假释。经过这次审讯，希特勒名震巴伐利亚，乃至整个德国，甚至许多外国报纸都登载他的名字。暴动没有成功，他却由此变成一个著名的政治人物，这为纳粹党的复兴奠定了基础。

从1924年4月1日判刑开始，希特勒实际上只服刑264天，而且是在较舒适的环境中度过监狱生活的。纳粹党领导人之一奥托·施特拉塞说道：无论是监禁，还是审判本身都是一幕滑稽剧。希特勒在兰德斯堡炮台监狱里，如同在旅馆里一样，独处一室。他可以在这里接见朋友、喝酒、玩牌，在附近的饭馆里订名贵的菜肴。八个多月适合思考的安静环境给希特勒提供了深思熟虑和计划东山再起的条件。希特勒从1924年7月开始，在狱中写《我的奋斗》，其中大部分是他口述，由其秘书赫斯等人笔录的。

1924年12月20日，希特勒获释出狱。他曾向巴伐利亚总理海因里希·赫尔德承认"啤酒店暴动"一举是个错误，表示今后不再攻击政府。他骗取了巴伐利亚政府的信任，使其对希特勒的活动采取了容忍的态度。希特勒出狱后重整旗鼓，次年2月26日，《人民观察家报》复刊，2月27日，重建纳粹党。他从"啤酒店暴动"中吸取了"教训"，准备用合法的手段夺取政权。